2015

浙江公安年鉴

浙江公安史志编纂委员会　编

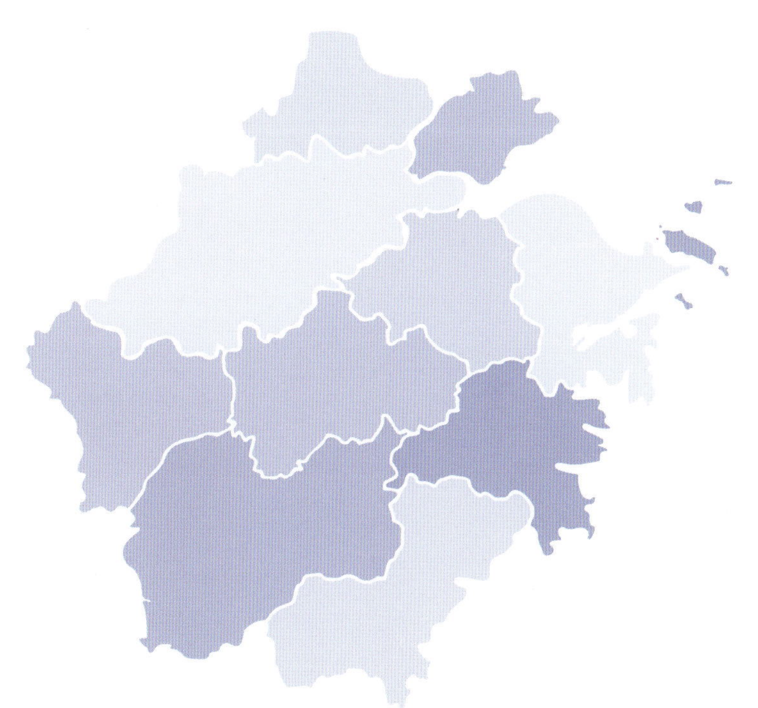

浙江古籍出版社

浙江公安史志编纂委员会

《浙江公安年鉴（2015）》编辑人员

编辑说明

壹《浙江公安年鉴》是在浙江省公安厅党委领导下，由浙江公安史志编纂委员会组织编纂，按年发布浙江省公安工作和队伍建设成就与面貌的资料性工具书。

贰本年鉴以中国特色社会主义理论为指导，贯彻落实党的十八大和十八届三中、四中全会以及习近平总书记重要系列讲话精神，坚持党的基本路线、方针和政策，坚持解放思想、实事求是、与时俱进，追求年鉴的综合性、资料性、知识性和时效性。

叁本年鉴从2004年起逐年编纂出版，2015卷为第12卷。本卷年鉴叙事时限原则上为2014年1月1日～12月31日（个别工作延续至2015年的，则记述时限相应顺延）。其中省公安厅副处长以上领导和各地市以上公安局局长的任职情况截止时间为2015年9月底，各县级公安机关领导的任职情况截止时间为2014年底。“人物”中有关厅领导变动信息截止时间为2015年9月；如有关情况在上卷年鉴中已记述的，不再重复记述。叙事区划及专业范畴为全省行政范围和公安工作。

肆本年鉴采用分类编辑法编辑，由卷首、百科、卷尾3个基本单元和类目、分目、条目3个层次构成。卷首部分设专文、彩图、特载、大事记4个类目，百科部分设“组织机构”、“防范打击犯罪”、“公安行政管理”、“行业公安”、“警务综合保障”、“队伍建设”、“市、县（市、区）公安”、“人物”、“典型案例”9个大类，卷尾部分设发文目录和索引2个类目。

伍本年鉴资料的选取和编排及条目内容的要素和记述程序等，均按照既定的体例加以规范。本年鉴中的统计数据，原则上采用厅属各部门和各市公安局提供的数据；全省综合性数据一般以省公安厅办公室统计科核准数据为依据；专业术语以有关法律文书和专业权威部门规定为准。

陆虽经努力，但书中难免有疏漏、讹误和不当之处，敬请专家、学者和广大读者批评指正。

柒本年鉴在公安系统内部发行，免费赠阅。同时，本年鉴网络版上载于“浙江公安信息网”。本年鉴所载录资料未经许可，不得随意公开引用。

本年鉴在策划、组稿、编辑、校对过程中，得到省公安厅各部门和全省各市及有关县（市、区）公安局的大力支持，谨表示衷心的感谢。

浙江公安史志编纂委员会办公室

2015年10月

刘力伟

中共浙江省委常委、政法委副书记，省公安厅党委书记、厅长、督察长，省武警总队党委第一书记、第一政治委员，副总警监

回顾与展望

2014年，全省公安机关在省委、省政府和公安部的正确领导下，成功挫败敌对组织、邪教、非法宗教等势力捣乱破坏活动，守住了反恐领域不出事不惹事底线；圆满完成上海亚信峰会、北京APEC会议、南京青奥会、古田全军政工会议和桐乡首届世界互联网大会安保任务；扎实开展打防侵财犯罪、打防通讯（网络）诈骗、打击整治“伪基站”、百城禁毒会战、“猎狐2014”等专项行动；进一步严密立体化社会治安防控体系，全省刑事发案继续下降，命案、五类案件、“两抢”案件降幅均超过10%；稳步推进户籍制度改革，创新流动人口和外国人管理服务，推出户籍管理12项便民措施，依法打击以访牟利职业信访人，加强吸毒人员和肇事肇祸精神病人管控；印发改进和加强新形势下派出所工作指导意见，取消打防控考核和市级综合考评；健全110警情分类分层次接处警方式，实行派出所“三室合一”；优化奖励性补助资金分配，加强派出所经费保障；完善加强情报体系，加快建设全省警务工作平台和派出所工作模块，健全省级信息对接交换与共享共用机制，深化视频监控深度应用；坚持从严治警与从优待警相结合，认真开展第二批党的群众路线教育实践活动；建成浙江公安英烈墙（英烈馆），举办首届警察体育大会；进一步健全“又好又多”执法办案体系，执法公信力得到新提升；成功承办全国公安厅局长座谈会。

2015年，全省公安机关要以党的十八大和十八届三中、四中全会精神为指导，深入贯彻习近平总书记系列重要讲话精神，按照全国公安厅局长会议和省委政法工作会议部署，主动适应经济发展新常态对维护安定工作和队伍建设提出的新要求新挑战，坚持以服务“平安浙江”、“法治浙江”、“两富”“两美”浙江建设为己任，以全面深化公安改革为动力，以建设法治公安目标为引领，以大力推进“四项建设”为载体，以夯实基层基础为支撑，以守纪律讲规矩听指挥为保证，有效管控各类危机风险，进一步提升人民群众安全感、满意度和公安机关执法公信力。

要保持从容应对各种复杂情况的定力，做到观念上适应、认识上到位、方法上对路、工作上得力，牢牢把握维护社会安定的主动权。一要坚定服务大局，更加自觉地把公安工作置于经济社会发展大局中谋划和推动，努力消除影响社会和谐稳定、妨碍经济健康发展的因素。二要坚持民意主导，使公安工作成效更多更直接地体现在保障民安、惠及民生上。三要强化法治思维，既最大限度维护稳定，又想方设法创造稳定，不断提升执法公信力。四要勇于改革创新，既注重顶层设计，又尊重基层创新，勇于探索，大胆实践。

要守纪律，讲规矩，听指挥。认真开展“守纪律、讲规矩、听指挥”主题教育实践活动，真正让各项警纪警规入脑入心，践之于行。坚持“五个必须、五个决不允许”，不另想一套、不另讲一套、不另搞一套，坚决与以习近平同志为总书记的党中央保持思想上政治上行动上的高度一致，确保“刀把子”牢牢掌握在党和人民手中。坚持从严治警，切实落实党风廉政建设党委主体责任和纪委监督责任，履行好“一岗双责”，坚定不移抓好党风廉政建设和反腐败斗争，坚决反对公器私用、司法腐败，彻底肃清周永康严重腐败案在公安机关的不良影响。坚持零容忍，强化执纪办案，使守纪律、讲规矩、听指挥和心中有党、心中有民、心中有责、心中有戒成为全体民警的自觉。

要有效管控危机风险，驾驭复杂局势。完善维护国家政治安全体制机制，健全立体化情报侦察工作体系。密切关注风险隐患，加强信息排摸、预警防范，实行“网格化管理、组团式服务”，依靠群众了解情况，化解矛盾。围绕群众安全诉求摆布打防工作重心，既严厉打击严重暴力犯罪、多发性侵财犯罪以及黑拐枪、黄赌毒等传统领域违法犯罪，又严防严打个人极端暴力犯罪、通讯（网络）诈骗等非接触型犯罪以及危害食品药品安全、污染环境、侵害公民个人信息安全、侵犯知识产权、电话“黑卡”、P2P网贷平台、影子银行、关键词诈骗等新型涉众型犯罪。切实加强道路交通、消防、危化品领域事故隐患滚动排查治理，并将寄递、物流、公交地铁高铁等新型公共安全问题以及群众自发聚集活动纳入工作视线，督促行业、企业、单位建立健全内部安全防范机制，确保不发生重特大安全事故。管控危机风险，也要坚持打击防范两手抓。要认真贯彻落实2014年公安部召开的全国刑事侦查工作会议和创新完善立体化社会治安防控体系工作会议精神，着眼于快破大案、多破小案、严控发案、确保办好案的总体要求，抓紧完善打击犯罪新机制，将专业手段、警务保障、基础信息等资源要素最大限度向侦查破案聚焦，增强打击的针对性、实效性。更加突出系统治理、依法治理、综合治理、源头治理，进一步完善立体化智能化社会治安防控体系。要进一步完善全域覆盖、全网共享、全时可用、全程可控的视频监控体系，加快组建视频专业队伍，加强数据挖掘、人像比对等现代科技手段的应用，努力提升视频技术服务实战效能。

要抓“八项改革”，促“四项建设”。按照公安部总体安排，重点推进户籍、“绿卡”、驾考、执法、人民警察管理、人民警察职业保障、警辅人员管理制度以及相关重大改革试点等“八项改革”，争取在某些项目上形成“浙江样本”。同时，全面推进“四项建设”，提升公安机关履职能力和水平。在基础信息化建设上，完善“六张网”，加快建设省厅云计算中心，稳步推进“多网合一”建设，把管人、管网统一起来。在警务实战化建设上，力求街面警力再叠加一层、指挥调度再缩短几秒钟、警力到达现场再快一分钟、应对技术手段再多几种、更多警力参与实战。在执法规范化建设上，坚持把促进社会公平正义作为首要价值追求，坚持严格规范公正文明执法，努力建设法治公安，全面提升执法能力和执法公信力。在队伍正规化建设上，坚持以党建带队建，用新时期人民警察核心价值观铸造警魂，用生动活泼严肃紧张的警察文化凝聚警心。关爱基层公安民警，加强先进典型选树，弘扬队伍正能量。认真落实人民警察训练条令，深化实战化培训，造就一批公安机关领导人才、业务领军人才和专门型人才。

要继续解放派出所战斗力，夯实公安工作基础。再次出台加强和改进派出所建设的省厅“1号文件”，进一步促进派出所松绑减负、提能增效。建议对派出所不再考核、不再排名，明确县级公安机关围绕“发案少、秩序好、社会稳定、群众满意”评估派出所工作绩效，省市公安机关不再部署要求派出所硬性参加的专项行动。推进社会应急联动机制常态化、实战化，加快为一线民警配备警务通，探索建立行政案件快速办理工作机制。建立“三张清单”，明确警种部门需要派出所完成的事项、自身对派出所应履行的责任以及服务指导帮助派出所的事项，减少对派出所工作的干扰。要求派出所松绑不松劲，更加突出提能增效，号召广大社区民警扎根社区、融入群众，发动和依靠群众做好社区警务，夯实社会安定基础。

省公安厅党委成员

（2015年9月）

刘力伟

省委常委、政法委副书记，
省公安厅党委书记、厅长、督察长，
省武警总队党委第一书记、第一政治委员，副总警监

洪巨平

厅党委副书记、常务副厅长，正厅长级，
一级警监

华乃强

厅党委专职副书记、巡视员，一级警监

华远平

厅党委委员、副厅长，二级警监

黎伟挺

厅党委委员、副厅长、巡视员，二级警监

张　钢

厅党委委员、纪委书记，二级警监

毛善恩

厅党委委员、副厅长，二级警监

王　冰
厅党委委员、副厅长、
警卫局局长(副军职),武警少将

王海仁
厅党委委员、副厅长、巡视员,一级警监

叶寒冰
厅党委委员、副厅长,
杭州市委常委、市公安局局长,一级警监

金伯中
厅党委委员、副厅长,二级警监

石小忠
厅党委委员、副厅长,二级警监

刘　静
厅党委委员、政治部主任,三级警监

③

④

① 9月22日，国务委员、公安部部长郭声琨等领导在出席全国公安厅局长座谈会期间，视察杭州市公安局下城区分局长庆派出所

② 6月27日，公安部党委副书记、常务副部长杨焕宁在杭州火车东站督导调研反恐维稳工作

③ 9月22日，公安部副部长陈智敏，公安部党委委员、政治部主任夏崇源在杭州市公安局余杭区分局刑侦大队调研指导合成作战和可视化指挥体系建设

④ 9月21日，公安部副部长黄明在杭州市公安局交警支队西湖大队文教中队调研

⑤ 1月9日，省委书记、省人大常委会主任夏宝龙在杭州市公安局交警支队西湖区大队松木场岗慰问民警和协辅警

⑥ 8月26日，省委副书记、省长李强在省重点工程G60沪昆高速公路新岭隧道拓宽施工现场检查工作

①

②

⑤

⑥

① 3月19日，省委副书记、政法委书记王辉忠在绍兴市柯桥区调研反恐怖基层基础工作

② 1月7日，省委常委、纪委书记任泽民等省领导在嘉兴公安消防支队秀洲区大队看望慰问消防官兵

③ 1月21日，省委常委、宣传部部长葛慧君出席全省公安系统优秀集体和优秀民警颁奖典礼并为先进代表颁奖

④ 1月26日，时任省委常委、常务副省长蔡奇专题听取全省流动人口管理服务工作情况汇报

⑤ 3月5日，时任省委常委、杭州市委书记龚正在杭州市公安局交警支队指挥中心调研交通治堵工作

⑥ 10月11日，省委常委、常务副省长袁家军专题听取全省禁毒工作汇报

⑦ 3月30日，省委常委、省军区政委王新海在温州公安边防支队南麂边防派出所辖区检查指导工作

⑧ 11月25日，省委常委、宁波市委书记刘奇在宁波市公安局强制隔离戒毒所调研禁毒工作

① 11月13日，时任副省长毛光烈在浙江公共安全技术研究院调研
② 1月28日，副省长熊建平在省公安厅调研打击环境污染犯罪工作
③ 8月6～7日，副省长黄旭明在温州公安边防支队霞关边防派出所辖区检查指导“一打三整治”专项执法行动
④ 8月18日，副省长郑继伟在杭州边检站执勤现场检查指导疫情管控工作
⑤ 2月11日，副省长朱从玖在省公安厅调研打击金融犯罪工作
⑥ 6月6日，副省长梁黎明在宁波国际会展中心检查“两会两展”安保工作
⑦ 4月28日，副省长、时任舟山市委书记孙景淼在舟山市公安局调研指导工作

②

④

⑤

⑥

⑦

①

⑤

⑧

⑨

⑧ 4月22日，省公安厅副厅长叶寒冰在海宁市公安局听取“固边工程”三道防线情况汇报

⑨ 4月15日，省公安厅副厅长黎伟挺在浦江县公安局调研

⑩ 5月15日，省公安厅党委委员、政治部主任石小忠在岱山县公安局调研指导

⑪ 4月16日，省公安厅副厅长陈石春在诸暨市公安局枫桥派出所调研督导党的群众路线教育实践活动

⑫ 2015年1月28日，省公安厅党委委员、政治部主任刘静走访嘉兴麦宝科技信息有限公司

⑩

第二批党的群众路线教育实践暨“三警”大讨论活动

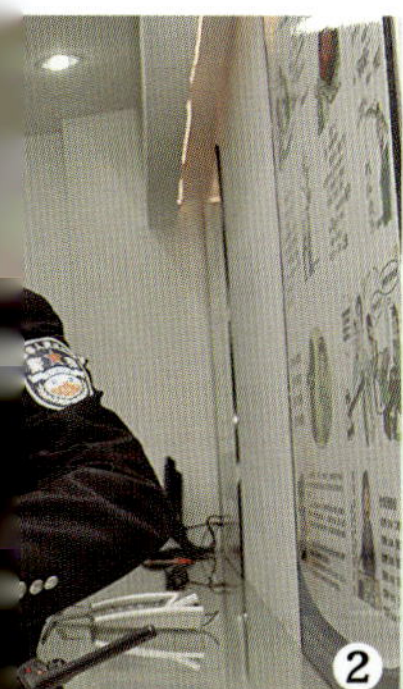

① 5月29日，省委常委、公安厅厅长刘力伟在长兴县公安局夹浦派出所水口警务站调研

② 4月3日，时任省公安厅党委副书记、副厅长，杭州市委常委、公安局局长柯良栋在滨江公安分局长河派出所调研

③ 5月7日，省公安厅党委副书记、常务副厅长洪巨平在温州市公安局鹿城区分局双屿派出所调研

④ 3月27日，省公安厅副厅长华乃强在松阳县公安局调研指导党的群众路线教育实践活动

⑤ 4月9日，省公安厅副厅长华远平在宁波市公安局江北分局调研督导党的群众路线教育实践暨“三警”大讨论活动开展情况

⑥ 9月15～16日，省公安厅副厅长、警卫局局长王冰在台州市开展下访活动期间，在椒江公安分局海门派出所调研

⑦ 4月9日下午，省公安厅副厅长、纪委书记王海仁在衢州市公安局衢江分局大洲派出所调研党的群众路线教育实践活动情况

⑥ 8月8日，省公安厅在金华市公安局举行全省公安机关党的群众路线教育实践暨“大讨论”主题巡回演讲活动

⑦ 5月29日，省公安厅办公室举行全省公安机关办公室系统“为何从警、如何做警、为谁用警”暨“五前”精神主题演讲比赛

⑧ 5月4日，省公安厅高速公路交通警察总队举行以“为何从警、如何做警、为谁用警”为主题的演讲比赛

⑨ 3月8日，永嘉县公安局举行庆祝“三八”妇女节暨党的群众路线教育实践活动知识竞赛

第二批党的群众路线教育实践暨“三警”大讨论活动

① 6月11日，时任金华市委常委、市公安局局长毛善恩在金东区赤松镇赤松山社区调研新型农村社区警务模式

② 3月5日，时任湖州市委常委、市公安局局长金伯中在吴兴区公安分局爱山派出所辖区参加“学雷锋纪念日”广场警务活动

③ 10月17日，台州市公安局召开党的群众路线教育实践活动总结大会

④ 10月17日，湖州市公安局召开党的群众路线教育实践活动总结大会

⑤ 6月25日，省公安厅举行全省公安机关党的群众路线教育实践暨“大讨论”活动主题演讲比赛

②

④

⑤

⑧

⑨

打击暴力犯罪

打防侵财犯罪

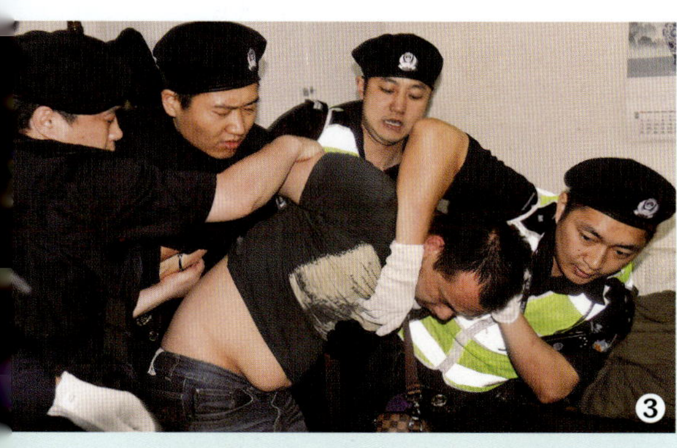

① 7月5日，杭州市公安局侦破“7•5”公交车放火案。图为民警勘查现场
② 3月28日，乐清市公安局侦破一起特大绑架案。图为民警抓获犯罪嫌疑人
③ 6月12日，杭州市公安局治安防控机动队在上城区大三元水果店快速处置劫持人质事件
④ 4月7日，丽水市公安机关抓获“4•4”凶杀案犯罪嫌疑人

⑤ 2月24～25日，省公安厅在慈溪市召开全省公安机关打防侵财犯罪专项工作部署会议
⑥⑦ 10月28日，省公安厅组织全省公安机关对“5•30”高速公路逃费诈骗专案开展集中收网行动
⑧ 6月13日，庆元县公安局侦破南宋古墓被盗案。图为民警清点追回的文物
⑨ 8月5日，杭州铁路公安处侦破“7•25”高铁拎包案。图为民警抓获犯罪嫌疑人
⑩ 4月12日，天台县公安局侦破一起价值逾百万元的盗窃财物案件。图为民警清点收缴的赃物

“猎狐 2014”专项行动

打击整治传销活动

⑤ 10 月 23 日，省公安厅和杭州市公安机关对以“1040”工程为幌子的特大传销案开展统一收网行动。图为办案民警在余杭区体育馆询问涉案人员

⑥ 5 月 19 日，海盐县公安局联合工商等部门开展打击传销集中行动。图为公安机关遣散传销人员

① 8月1日，省公安厅召开全省公安机关缉捕在逃境外经济犯罪嫌疑人专项行动部署电视电话会议

② 7月3日，浙江省公安机关境外缉捕工作组将卷款潜逃至乌干达的犯罪嫌疑人俞某某押解回国

③ 11月7日，浙江省公安机关赴菲律宾缉捕工作组将涉嫌虚开增值税专用发票罪的犯罪嫌疑人钱某某押解回国

④ 12月4日下午，省公安厅召开浙江省公安机关"猎狐2014"专项行动暨"大决战"新闻发布会

打击整治假币犯罪

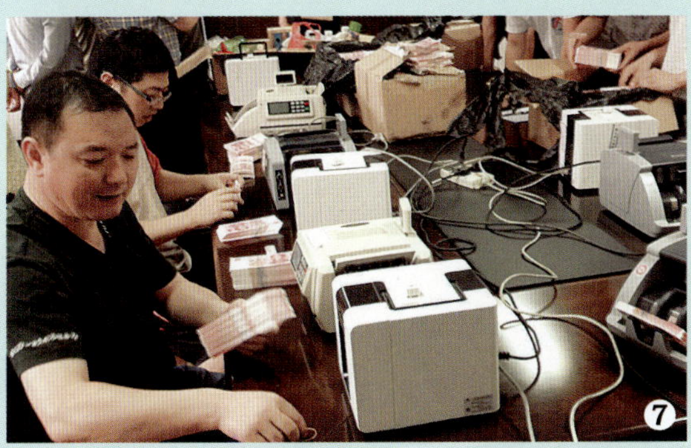

⑦ 6月28日，台州市公安局指挥临海市和椒江、路桥区公安(分)局捣毁出售假币犯罪团伙窝点。图为清点缴获的假币

⑧ 11月15日，温州市公安局、平阳县公安局对"3•26"假纪念币专案开展收网行动。图为缴获的部分假纪念币

打四黑除四害

1

缉枪治爆

5

① 4 月 29 日，平阳县公安局在萧江镇雷渎村端掉一个赌博窝点

② 2 月 12 日，绍兴市公安局柯桥区分局查获某浴场内一卖淫窝点

③ 10 月 13 日，义乌市公安局侦破“8•16”特大跨国制售假药案。图为民警押解犯罪嫌疑人

④ 3 月 25 日，三门县公安局、环境保护局联合查处陈美娇污染环境案件

⑤ 1 月 3 日，杭州市公安局民警销毁收缴的废旧炮弹

⑥ 4 月 6 日，舟山市公安局定海区分局民警在西山家园建筑工地现场处置战时遗留的高射枪弹

⑦ 11 月 20 日，嘉善县公安局魏塘派出所民警清点在“缉枪治爆”专项行动中查获的枪支弹药

⑧ 4 月 16 日，遂昌县公安局石练派出所民警清点在“缉枪治爆”专项行动中查获的土铳和子弹

禁毒工作

① 10月10日，省公安厅召开全省公安机关百城禁毒会战部署视频会议

② 6月20日，省公安厅副厅长华远平在杭州市检查指导全省查禁毒品集中统一行动

③ 12月5日，省公安厅、杭州市公安局联合侦破萧山“12·4”特大运输毒品案件

④ 11月1日，宁波市公安机关侦破“10•10”特大毒品专案。图为民警清点制毒设备

⑤ 2月18日，丽水市公安机关侦破特大制贩毒案件。图为民警抓获犯罪嫌疑人

监所管理

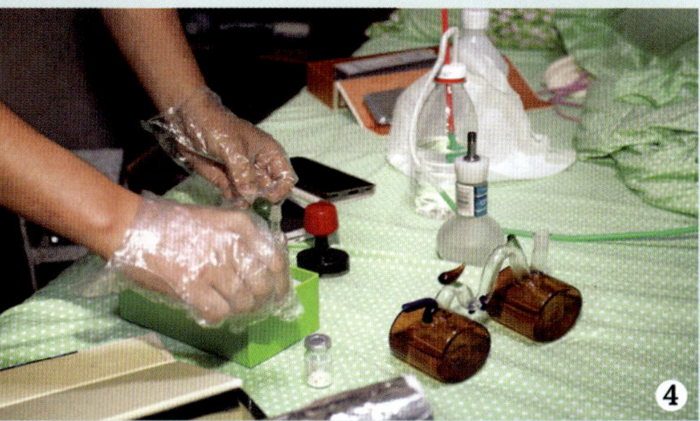

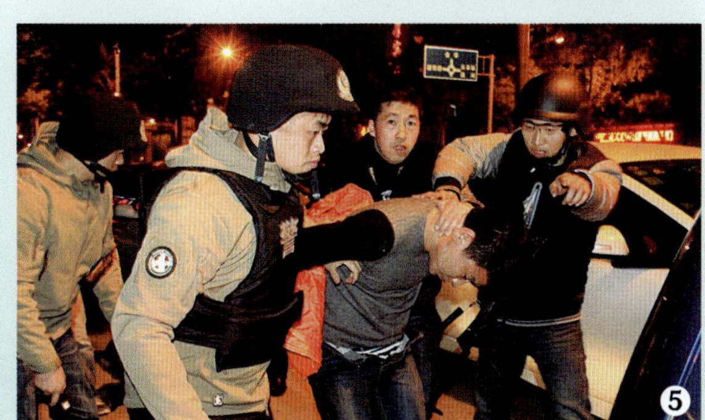

⑥ 8月29～30日，省公安厅副厅长华远平在上海参加全国看守所“五化建设”现场会时介绍浙江经验做法

⑦ 12月8～11日，全省公安监管场所开展以“人权司法保障看监所”为主题的集中对社会开放日活动。图为杭州市拘留所开展集中对社会开放日活动

⑧ 9月30日，金华市公安局强制隔离戒毒所组织戒毒人员开展戒毒宣誓等爱国主义教育活动

⑨ 4月10日，台州市公安局椒江区分局邀请心理咨询专家对拘留所涉毒人员进行心理辅导

⑩ 7月31日，温岭市看守所举办“教育转化”暨“现身说法”警示教育现场会

打击“伪基站”专项行动

打击走私和保护野生动物

⑤ 2月17日，宁波公安边检站查获一批走私玉石

⑥ 11月12日，衢州市衢江森林公安民警解救野生猕猴

⑦ 11月14日，杭州走私犯罪侦查局台州分局侦破“11•13”走私旧服装案

⑧ 11月19日，宁波走私犯罪侦查局销毁罚没的质检不合格大米

① 2月24日，省公安厅联合省经信委等八部门召开全省打击整治非法生产销售和使用“伪基站”违法犯罪活动专项行动动员部署电视电话会议

② 10月25日，湖州市公安机关侦破“9•12”利用手机木马系列盗窃资金案。图为缴获的银行卡、电脑等物品

③ 4月13~15日，温州市公安局侦破“3・24”特大非法生产销售“伪基站”案。图为民警抓获犯罪嫌疑人

④ 4月3日，海盐县公安局侦破“3•22”特大非法生产销售“伪基站”案。图为缴获的部分设备

②

③

4

6

7

8

反恐维稳

① 5月27日，浙江省公安机关“特警3号”反恐维稳汇报演练在省公安消防总队绍兴袍江训练基地举行，省委书记、省人大常委会主任夏宝龙等省领导观摩装备展示和汇报演练

② 3月3日，省公安厅副厅长黎伟挺在杭州城站火车站检查指导反恐怖工作

③④ 8月22日，省公安厅在义乌市举办浙江省公安特警、武警反恐力量“联训、联勤、联战”现场会

⑤ 7月7日，义乌市公安局加强“7•5”期间社会面巡逻防控工作

⑥ 4月22日，杭州铁路公安处在杭州火车东站枢纽地区开展反恐应急演练

⑦ 12月9日，省公安厅机场公安局举行反恐应急演练

处置群体性事件

⑧ 4月28～29日，温州市公安局完成三江宗教场所违法建筑拆除工作执法保障任务

⑨ 5月10日，杭州市公安机关妥善处置余杭中泰"5•10"事件

大型活动安全保卫

① 1月13日，省委常委、公安厅厅长刘力伟等领导检查指导省“两会”安保工作

② 10月31日～11月2日，省公安厅副厅长、警卫局局长王冰在温州、衢州、丽水等地的省际卡点检查督导全军政治工作会议安保工作。图为王冰在苍南县省际卡点检查

③ 8月6日，省公安厅副厅长陈石春在高速公路交警总队嘉兴支队王江泾检查站检查指导南京青奥会安保工作

④⑤ 10月18～28日，绍兴市公安局做好浙江省第十五届运动会安保工作。左图为安保现场指挥部研究部署工作，右图为民警在火炬传递现场维护秩序

⑥⑦ 11月19～21日，首届世界互联网大会在桐乡市乌镇举行。左图为省公安厅副厅长陈石春指挥大会安保工作，右图为民警在现场巡逻

⑧ 5月10日，省公安厅高速公路交警总队湖州支队民警在亚信峰会期间，在S13练杭高速德清服务区对车辆进行安检

⑨ 11月7日，湖州市公安局做好2014第五届环太湖国际公路自行车赛湖州赛区安保工作

⑩ 11月2日，杭州市公安局完成杭州国际马拉松赛安保工作

⑪ 2月15～28日，宁波市公安局圆满完成2014亚太经合组织第一次高官会和相关会议警卫安保任务。图为公安武警联合在火车站周围巡逻

护航“五水共治”

① 3月19日，省委常委、公安厅厅长刘力伟在浦江县黄宅镇调研指导“五水共治”工作
② 4月25日，省公安厅在金华市召开全省公安机关配置“河道警长”护航“五水共治”工作现场会
③ 6月30日，舟山市公安局普陀区分局民警开展河道清理活动
④ 3月15日，海盐县公安局民警参与元通街道清理河道工作
⑤ 5月22日，德清县公安局在河口水库设立警务站，协助水库管理人员开展巡查
⑥ 2月24日，三门县公安局海游派出所组织青年民警在珠游溪开展“五水共治”清理活动
⑦ 3月13日，衢州市公安民警在常山县大桥头乡濛桥村开展建“生态家园”活动

户籍制度改革

⑧ 11月17日，省委常委、常务副省长袁家军在浙江分会场参加全国进一步推进户籍制度改革工作电视电话会议并在会后就贯彻落实会议精神作出部署

⑨ 11月24～25日，全省公安机关户籍制度改革现场推进暨人口服务管理工作会议在德清县召开

⑩ 11月12日，玉环县公安局在楚门镇启动户籍制度改革试点工作

出入境管理工作

① 7月7日，省委、省政府在杭州市召开全省外国人管理服务工作会议

② 9月15日，省公安厅常务副厅长洪巨平出席浙江省启用电子往来港澳通行证首发仪式暨媒体通气会并为申请人代表颁发首批电子往来港澳通行证

③ 9月1日，金华市公安局出入境管理局启用自助填表机，实现无纸化填表高效办证

④ 6月10日，省公安厅副厅长叶寒冰在余姚市火车站慰问执行遣送“三非”人员任务的民警

⑤ 11月28日，台州市公安局发放首批电子往来港澳通行证

①

交通管理

⑥

⑦

⑧

2

3

4

5

⑥ 10 月 16 日，省政府在宁波市召开全省黄标车淘汰工作推进会

⑦ 2 月 27 日，省公安厅、杭州市公安局联合举行 2014 浙江省暨杭州市公安机关整治城市交通秩序集中统一行动启动仪式

⑧ 5 月 29 日，杭州市公安局交警支队启动全市道路交通“纠违治危”专项整治

⑨ 12 月 15 日，宁波市公安局交通管理局交通机动大队执法小分队在城郊开展机动三轮车（残疾车）整治工作

⑩ 10 月 20 日，湖州市公安局在城区开展整治黄标车违反限行规定及燃油助力车上道路行驶统一行动

⑪ 7 月 31 日，省公安厅高速公路交警总队台州支队三大队民警在服务区对营运大客车进行检查

9

10

11

⑥ 8月21日，三门县公安局亭旁派出所民警自带“便民百宝箱”，上门为辖区务工人员和老年人服务

⑦ 5月14日，杭州铁路公安处特警在杭州火车东站大堂和站区武装巡逻

⑧ 5月26日，舟山公安边防支队组建服务小分队，向渔民宣传伏季休渔期的法律法规，帮助渔民整理捕鱼工具

⑨ 5月22日，省公安厅高速交警总队温州支队民警在绕城高速公路永嘉瓯北收费站为外籍人士指路

⑩ 9月9日，湖州市公安机关民警在银行开展电信（网络）诈骗防范堵截宣传活动

① 7月22日，省委常委、公安厅厅长刘力伟等领导在海警二支队码头迎接海警任务舰艇凯旋归建并看望慰问海警官兵

② 6月10日，浙江警察学院在景宁县开展“服务畲乡百姓”科普服务活动

③ 10月15日，嘉善县公安局开展“护校安园”专项行动。图为魏塘派出所民警在杜鹃小学门口执勤

④ 9月9～12日，省公安警务航空队开展第二十一届中国国际钱江（海宁）观潮节空中安保工作

⑤ 4月5日，杭州市公安局地铁分局安保人员在地铁1号线劝导旅客有序排队、文明乘车

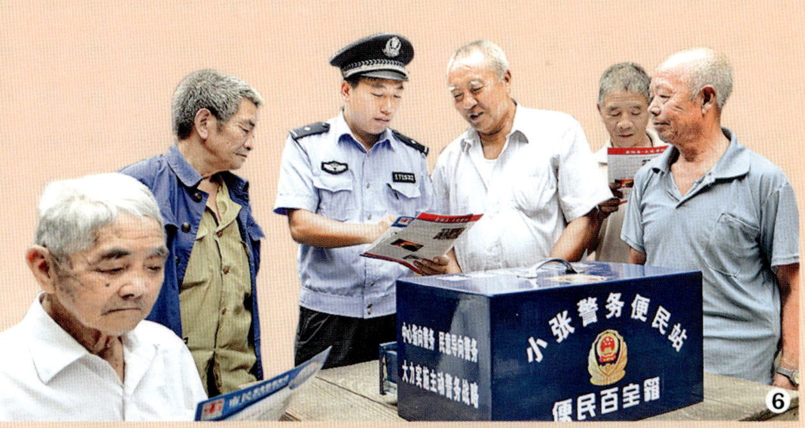

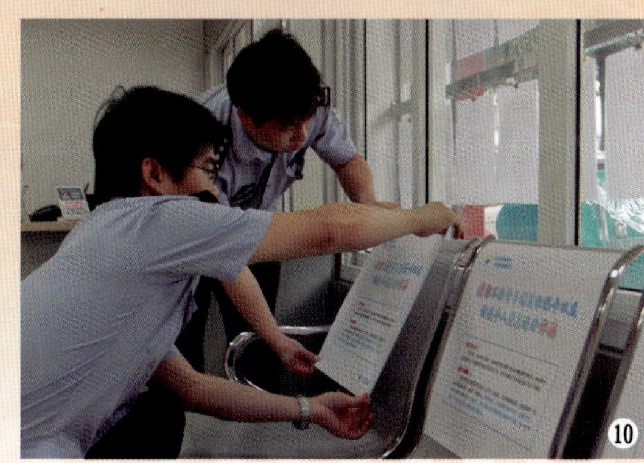

① 11月13日，嘉善县公安局天凝派出所民警在洪溪村检查快递营业点
② 3月26日，绍兴市公安局柯桥区分局兰亭派出所户籍民警在古筑村的户籍便民服务点为村民解答户籍问题
③ 4月2日，慈溪市公安局交警大队“流动车管所”在逍林镇为居民提供服务
④ 4月4日，长兴县公安局夹浦派出所民警参与处置顾渚山森林火灾

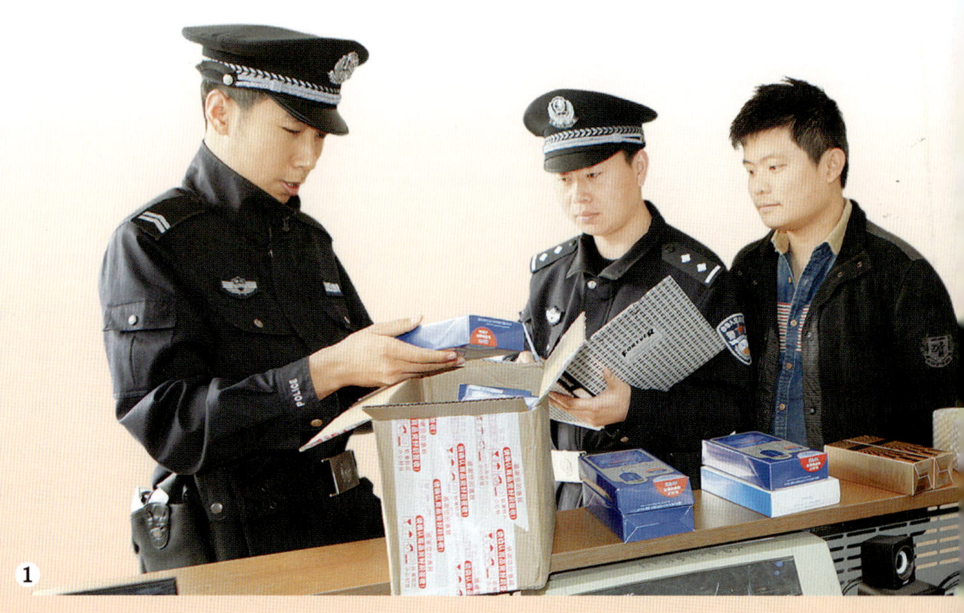

抢险救援

⑤ 1月14日，台州公安消防支队扑救台州大东鞋业有限公司火灾。图为消防官兵救援被困人员
⑥ 12月1日，温州公安消防支队官兵在鹿城区化工市场化学物品爆燃事故中全力灭火
⑦ 4月4日，宁波公安消防支队官兵救援奉化市锦屏街道居民楼倒塌被困群众
⑧ 7月12日，杭州公安消防支队官兵在杭瑞高速公路临安出口处抢救侧翻的大客车上的乘客
⑨ 8月19～20日，丽水公安消防支队官兵在丽水火车站抗洪救灾
⑩ 7月27日，安吉县公安消防大队官兵在山川乡景区救援因山洪暴发被困的群众

①

③

⑥ 11 月 12 ~ 13 日，省公安厅党委副书记、常务副厅长洪巨平在丽水市调研指导警务实战化建设
⑦ 4 月 10 日，省公安厅副厅长黎伟挺为厅情报研判大厅揭牌
⑧ 5 月 6 日，省公安厅被公安部评为“五十百千”示范单位
⑨ 1 月 16 日，基于大数据架构的公安信息化应用公安部重点实验室揭（授）牌仪式在浙江警察学院举行
⑩ 11 月 14 日，省公安厅审计室民警对丽水市公安局交警支队开展执法活动财物审计
⑪ 11 月 18 日，嘉兴市公安局督察支队对世界互联网大会安保工作开展现场督察

⑧

⑨

① 10 月 16 日，省公安厅召开全省公安机关贯彻落实省厅一号文件经验交流电视电话会议

② 8 月 15 日，省公安厅在海宁市召开全省公安机关深化执法规范化建设现场推进会

③ 9 月 9 日，省委常委、公安厅厅长刘力伟在浙江警察学院临安校区检查指导学校建设工作

④ 8 月 20 ~ 22 日，省委常委、公安厅厅长刘力伟在安吉县公安局开展下访活动

⑤ 6 月 26 日，省公安厅召开《浙江省公安志（1995-2014）》编纂工作推进会

⑤ 11月17日，省委常委、公安厅厅长刘力伟会见韩国全南地方警察厅代表团

⑥ 9月21日，省公安厅副厅长华乃强会见澳门研修班学员

⑦ 3月19日，省公安厅副厅长华远平会见澳大利亚联邦警察驻华联络官

⑧ 6月17日，老挝高级执法官员研修班在丽水市莲都区曙光服务管理救助中心交流工作

⑨ 7月19日，亚洲国家出入境管理研修班学员在义乌市公安局参观交流

⑩ 10月15日，美国德克萨斯州警察研修团在东阳市公安局参观交流

⑪ 11月28日，厄瓜多尔国家警察学院代表团在金华市公安局参观交流出入境管理工作

①② 7月9～16日，省委常委、公安厅厅长刘力伟率代表团访问俄罗斯、土耳其。左图为在俄罗斯列宁格勒州内务总局开展警务交流，右图为参观土耳其伊斯坦布尔市警察局防暴队的装备

③ 11月16～23日，省公安厅党委副书记、常务副厅长洪巨平率团访问澳大利亚、越南。图为走访澳大利亚西澳洲警察学院

④ 6月19～20日，省公安厅党委委员、政治部主任石小忠率团赴南非参观交流

⑨ 5月30日，省委常委、公安厅厅长刘力伟，副厅长黎伟挺到普天东方通信集团调研网络安全和信息化工作

⑩ 4月11日，省公安厅与省通信产业服务公司举行战略合作协议签约仪式

⑪ 1月26日，省公安厅与中国建设银行浙江省分行举行合作备忘录签订仪式

① 12月10日，省委常委、公安厅厅长刘力伟，副厅长黎伟挺出席在合肥市召开的苏浙皖沪区域警务合作第六次联席会议

② 3月21日，浙江省公安厅、上海市公安局在杭州联合召开亚信峰会环沪社会面管控工作对接会议

③ 7月11日，省公安厅副厅长华远平出席在南京市召开的第十五届华东地区禁毒协作会议

④ 12月2～6日，省公安厅副厅长黎伟挺率团赴云南考察交流反恐怖工作

⑤ 5月12~16日，省公安厅副厅长华远平率团赴湖南、湖北学习交流禁毒工作。图为签订《湘浙禁毒合作框架协议》仪式

⑥ 1月8日，省公安厅副厅长叶寒冰出席在杭州市召开的九省一市经侦区域警务合作联席会议

⑦ 3月20日，湖南省公安厅考察团考察浙江规范化建设和经济犯罪侦查工作

⑧ 10月14日，吉林省公安厅考察团考察浙江国内安全保卫及经济文化保卫工作

2

3

6

7

8

10

11

①

4

5

⑧ 10 月 25 日，浙江省公安系统首届警察体育大会开幕式在浙江警察学院举行

⑨ 12 月 25 日，省公安厅在桐乡市召开 2014 年度“温暖警营”、“最美警察”评审会

⑩ 9 月 30 日，省公安厅老干部合唱团在省人民大会堂参加浙江省老干部庆祝新中国成立 65 周年演唱会

8

全国
公安机关
爱民模范集体

杭州市公安局交通警察支队西湖大队北山中队
地址 杭州市曙光路白沙泉5号
电话 0571－87888720

温州市公安局瓯海区分局娄桥派出所
地址 温州市瓯海区娄桥街道上汇村中汇路87号
电话 0577－86281110

金华市公安局出入境管理局
地址 金华市八一北街1055号
电话 0579－82512200

浙江省
模范集体

舟山市公安局普陀山分局
地址 舟山市普陀山龙树路63号
电话 0580-6091601

龙游县公安局
地址 龙游县龙洲街道龙翔路465号
电话 0570-7016000

浙江省公安机关分布图
本图未能标明的公安分局
杭州市公安局
西湖风景名胜区分局
经济技术开发区分局
宁波市公安局
海曙分局
江东分局
江北分局
高新区分局
宁波港公安局
机场分局
温州市公安局
鹿城区分局
湖州市公安局
吴兴区分局
经济开发区分局
太湖旅游度假区分局
嘉兴市公安局
南湖区分局
绍兴市公安局
越城区分局
袍江分局
镜湖分局
金华市公安局
婺城分局
江南分局
衢州市公安局
柯城分局
柯山分局
舟山市公安局
新城分局
台州市公安局
椒江区分局
开发区分局
丽水市公安局
莲都区分局
经济开发区分局
浙江省公安厅
地址：杭州市清泰街民生路66号 邮编：310009
浙江省公安厅位置图
省政府
下城区公安分局
江干区公安分局
浙江省公安厅
杭州市公安局
上城区公安分局
杭州站
汽车南站
图例
省公安厅
设区市公安局
县级公安局 公安分局
乡、镇、街道
村庄
省、直辖市界
设区市界
县（市）、区界
铁路
高速公路
建筑中高速公路
国道
省道
运河
主、支渠道
河流 湖泊 水库
机场 关隘 山峰
浙江省第一测绘院 编制 电话：0571-88893003
地图审核：浙S（2010）192号
本图界线不作划界依据，基础地理底图资料由
浙江省测绘与地理信息局提供
江苏省
上海市
安徽省
江西省
福建省
东海
舟山群岛
浙江省公安厅
长兴县公安局
湖州市公安局
南浔区分局
嘉善县公安局
秀洲区分局
嘉兴市公安局
平湖市公安局
安吉县公安局
桐乡市公安局
海宁市公安局
海盐县公安局
德清县公安局
余杭区分局
拱墅区分局
西湖区分局
杭州市公安局
临安市公安局
高新技术产业开发区（滨江）分局
萧山区分局
富阳市公安局
绍兴县公安局
上虞市公安局
余姚市公安局
慈溪市公安局
绍兴市公安局
镇海分局
北仑分局
大榭开发区分局
宁波市公安局
鄞州分局
东钱湖分局
洋山分局
嵊泗县公安局
岱山县公安局
定海区分局
舟山市公安局
普陀山分局
普陀区分局
桐庐县公安局
诸暨市公安局
嵊州市公安局
奉化市公安局
新昌县公安局
象山县公安局
淳安县公安局
建德市公安局
浦江县公安局
宁海县公安局
兰溪市公安局
义乌市公安局
东阳市公安局
金东分局
磐安县公安局
天台县公安局
三门县公安局
开化县公安局
龙游县公安局
金华市公安局
衢州市公安局
衢江分局
常山县公安局
江山市公安局
武义县公安局
永康市公安局
仙居县公安局
临海市公安局
遂昌县公安局
缙云县公安局
黄岩区分局
台州市公安局
路桥区分局
丽水市公安局
松阳县公安局
温岭市公安局
青田县公安局
永嘉县公安局
乐清市公安局
温州市公安局
玉环县公安局
龙泉市公安局
云和县公安局
景宁畲族自治县公安局
瓯海区分局
龙湾区分局
洞头县公安局
文成县公安局
瑞安市公安局
平阳县公安局
泰顺县公安局
苍南县公安局
庆元县公安局

数据统计

2014年全省人口比例图

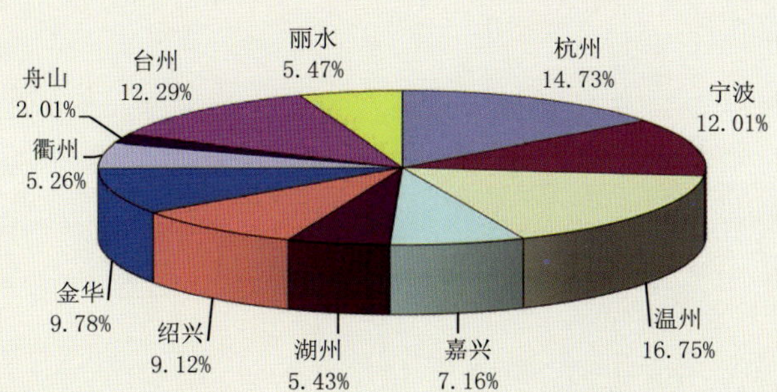

2014年接处警情况分布图

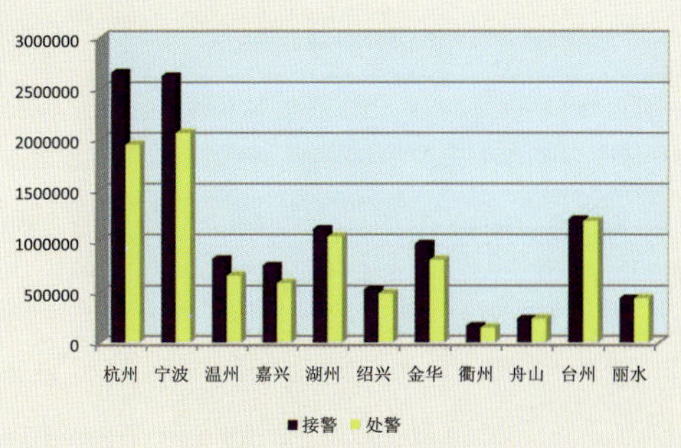

2014年刑事案件分地区比较表

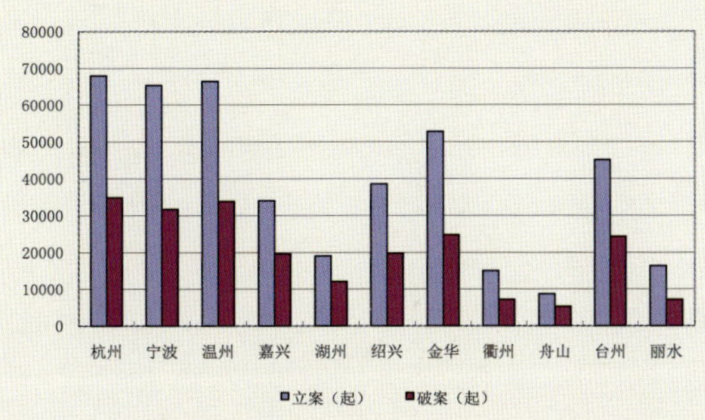

2014年侵财犯罪案件分处所比例图

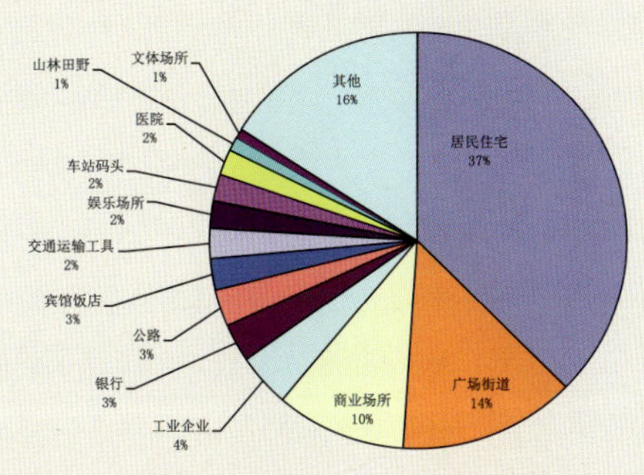

2014年逮捕情况分地区比例图

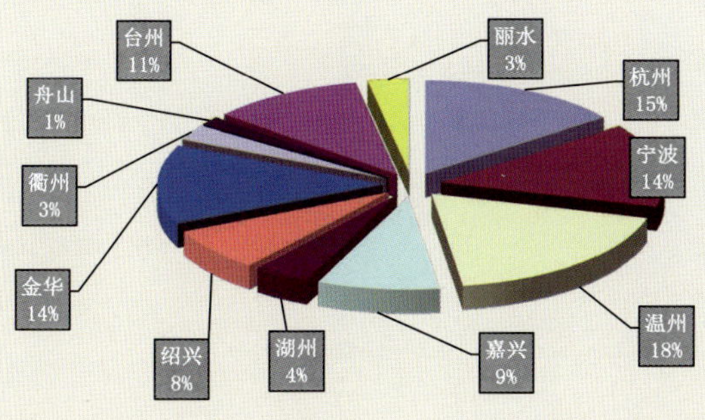

2014年交通事故分地区比较图

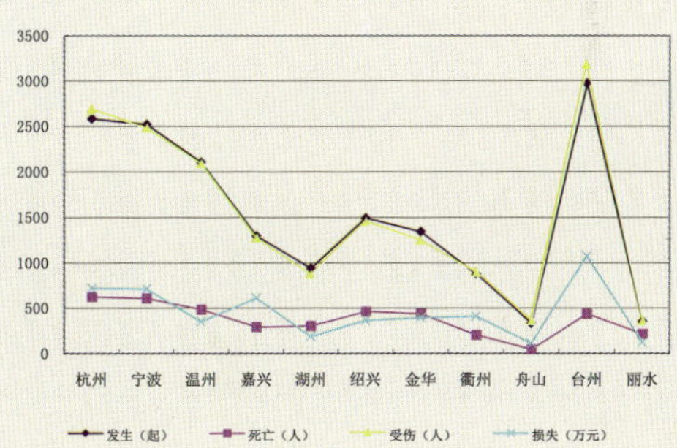

2014年火灾起数与损失情况分地区比较图

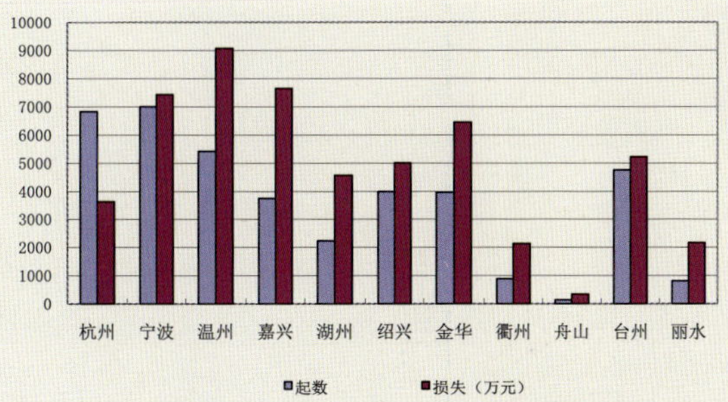

（省公安厅办公室统计科供稿）

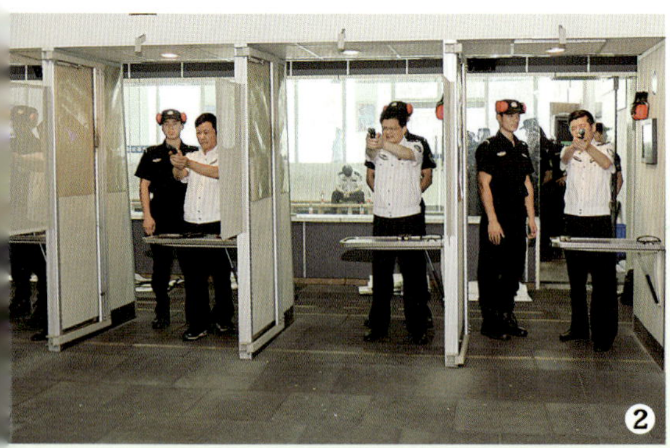

① 3 月 5 日，省公安厅召开全省公安机关反腐倡廉建设电视电话会议

② 6 月 19 日，省公安厅领导和厅属各部门负责人在浙江警察学院参加第二期依法使用武器警械专项训练培训班

③ 5 月 11 日，省公安厅副厅长、纪委书记王海仁在 2014 年度全省公安机关人民警察基本级及中级执法资格等级考试杭州考点巡考

④ 10 月 28 日，省公安厅党委中心组学习十八届四中全会精神

⑤ 9 月 28 日，省公安厅在杭州云居山革命烈士纪念馆碑林区举行浙江公安英烈纪念墙暨事迹陈列馆落成仪式。图为民警代表向公安英烈敬献花圈

⑥ 11 月 5 日，省委常委、公安厅厅长刘力伟在杭州会见在第五届“我最喜爱的人民警察”评选活动中获奖的民警

⑦ 8 月 26 日，“中国梦・警察梦”——浙江省公安系统第六届“东海卫士”书法、美术、摄影作品展开幕式在杭州西湖博物馆举行

目　录

特　载

全国公安厅局长座谈会在浙江省杭州市召开 …… 001
国务委员、公安部部长郭声琨在浙江省嘉兴市视察调研公安工作 …… 003
省委书记、省人大常委会主任夏宝龙观摩全省公安机关“特警3号”反恐维稳汇报演练并作重要讲话 …… 004
省委副书记、省长李强主持省政府常务会议专题听取全省禁毒工作汇报 …… 005
省委副书记、政法委书记王辉忠到省公安厅调研指导工作 …… 006
以改革创新精神抓好“四项建设” 推动浙江公安工作上新台阶 …… 007
提高运用法治思维和法治方式的能力 坚持不懈推进法治公安建设 …… 008
解放派出所要全面推进“1号文件”落地见效 …… 009
全省公安工作会议在杭州市召开 …… 011
2014年浙江省公安工作综述 …… 012

大 事 记

2014年浙江公安大事记 …… 015

组 织 机 构

2014年浙江省公安厅处级以上机构 …… 024
浙江省公安厅领导和厅属部门班子成员名录 …… 025
各市公安局党委成员及县(市、区)公安局局长、政委名录 …… 038

防范打击犯罪

国内安全保卫 …… 054
经济犯罪侦查 …… 054
刑事侦查 …… 057
监所管理 …… 060
技术侦察 …… 062
网络安全保卫 …… 063
禁毒工作 …… 064
反恐怖工作 …… 066

公安行政管理

治安管理 …… 067
人口服务管理 …… 070
出入境管理 …… 072
边防管理 …… 074
消防管理 …… 076
警卫工作 …… 080
交通管理 …… 086
高速公路交通管理 …… 089

行 业 公 安

铁路公安 …… 091
森林公安 …… 093
走私侦查(杭州) …… 095
走私侦查(宁波) …… 096
机场公安 …… 097

警务综合保障

警务督察与民警维权 …… 099
办公室工作 …… 101
后勤保障 …… 106
公安审计 …… 108
科技信息化 …… 109
指挥中心工作 …… 112
情报中心工作 …… 114
公安法制 …… 115
警务航空 …… 118
公安新闻传媒 …… 120
浙江省警察协会 …… 121
浙江省刑事犯罪学学会 浙江省青少年犯罪研究会 …… 121
浙江省见义勇为基金会 …… 122

队伍建设

纪检监察 …… 123
机关党建与工青妇工作 …… 124
警务管理 …… 130
干部人事 …… 147
公安宣传 …… 149
教育训练 …… 151
现役部队管理 …… 152
离退休干部管理 …… 153
浙江警察学院 …… 155

市、县(市、区)公安

杭州公安 …… 166
宁波公安 …… 174
温州公安 …… 185
湖州公安 …… 195
嘉兴公安 …… 203
绍兴公安 …… 211
金华公安 …… 217
衢州公安 …… 224
舟山公安 …… 230
台州公安 …… 235
丽水公安 …… 243

人物

新(转)任厅领导 …… 252
离任厅领导 …… 252
先进人物 …… 253

典型案例

经侦案件 …… 255
刑侦案件 …… 256
禁毒案件 …… 258
治安案件 …… 258
网络案件 …… 259
出入境案件 …… 260
边防案件 …… 260
火灾事故 …… 261
道路交通事故 …… 261
行业公安机关侦破案件 …… 262

发文目录(部分)

浙江省公安厅2014年发文目录 …… 265

索引

主题索引 …… 271

特 载

全国公安厅局长座谈会在浙江省杭州市召开

2014年9月22～23日，全国公安厅局长座谈会在浙江省杭州市召开。国务委员、公安部部长郭声琨出席会议并讲话。浙江省委书记、省人大常委会主任夏宝龙在会上致辞。公安部党委副书记、常务副部长杨焕宁主持会议。公安部党委委员、副部长孟宏伟、陈智敏、黄明、傅政华、李伟、刘彦平，部党委委员、政治部主任夏崇源出席会议。省委常委、公安厅厅长刘力伟在大会上作《以改革精神推动"四项建设"基层实践，把公安工作和公安队伍建设提升到新水平》的发言。

会议传达了中共中央总书记、国家主席习近平的重要指示和中共中央政治局委员、中央政法委书记孟建柱重要批示精神。郭声琨指出，习近平总书记就进一步加强和改进公安工作和队伍建设作出的重要指示，从全局和战略的高度，深刻阐述了事关公安工作发展方向的一系列重大问题，为进一步加强和改进新形势下的公安工作和队伍建设指明了奋进方向、提供了新的思想武器。当前和今后一段时期，全国公安机关要把学习贯彻习近平总书记重要指示精神作为首要政治任务，深刻领会科学内涵和精神实质，准确把握公安工作的着眼点着力点、维护社会稳定的战略思维、平安中国建设的方向目标、公安工作的总体思路、公安队伍建设的根本要求、从严治警惩治腐败的鲜明立场，坚持以问题为导向、以改革为动力，以与时俱进的精神加强和改进新形势下的公安工作和队伍建设，为全面建成小康社会和实现中华民族伟大复兴的中国梦作出新的更大贡献。

郭声琨强调，贯彻落实习近平总书记重要指示精神，关键是要充分发挥公安机关职能作用，确保国家安全和社会大局稳定。要始终把确保国家政治安全、政权安全放在首位，下好先手棋、打好主动仗、把握主动权，坚决捍卫中国共产党的领导、坚决捍卫中国特色社会主义制度。要深入开展反恐怖斗争，坚持以打开路、重拳出击，始终保持对暴力恐怖活动的凌厉攻势；坚持情报引领、协同作战，切实形成反恐怖工作的强大合力；坚持标本兼治、源头治理，着力铲除滋生暴力恐怖活动的土壤。要深入推进平安建设，始终坚持依法严打方针，紧紧抓住群众反映强烈的突出治安问题深入开展打击整治行动，创新立体化社会治安防控体系，着力提升驾驭社会治安复杂局势的能力，大力加强公共安全管理，严防发生重特

图为全国公安厅局长座谈会现场(9月22日)

大治安灾害事故，切实提升人民群众安全感。

郭声琨指出，坚持一手抓当前维护稳定工作，一手抓公安工作长远建设，是多年来公安机关探索积累的一条成功经验。各级公安机关要在继续巩固“三项建设”成果的基础上，大力推进基础信息化、警务实战化、执法规范化、队伍正规化建设，进一步提升公安机关的履职能力和水平。要把“四项建设”作为贯穿公安工作和队伍建设的基础性、全局性、战略性工程，科学谋划、精心组织，加强研究、积极探索，扎扎实实地把这些打基础、管长远、利全局的工作抓紧抓好，力争“每年有进步，三年大提升”。

郭声琨强调，基础工作是整个公安工作的根基，是推动公安事业发展的永恒课题，大力推动基础工作与信息化有机融合，已成为新形势下公安基础工作的鲜明特征。既要紧紧依靠群众、深入发动群众，始终保持与人民群众的血肉联系，继承发扬好“枫桥经验”等经验做法，又要积极顺应信息化发展大势，大力推进基础信息化建设，不断提升情报主导、精确打击、主动防控水平，努力使信息化手段贯穿到公安工作的各个方面，为服务公安现实斗争提供强有力的支撑。

郭声琨指出，常态实战是公安机关不同于一般行政机关的最大特点，实战水平高低是检验公安机关战斗力的根本标准。要坚持战斗力标准，着眼“打得赢”目标，大力推进警务实战化建设，健全完善快速高效的指挥处置机制，健全完善科学灵活的勤务运行机制，健全完善支撑有力的实战保障体系，着力构建体现实战特点、符合实战要求的现代警务机制，努力做到打击更加有力、防范更加严密、应对更加有效。

郭声琨强调，公安机关担负着行政执法和刑事司法的重要职责，严格规范公正文明执法是公安工作的生命线。要积极适应全面推进依法治国新形势，紧紧围绕建设法治公安目标，大力推进执法规范化建设，建立健全科学完备的执法制度体系，建立健全系统严密的执法管理体系，建立健全严格规范的执法责任体系，力争通过三至五年的努力，基本实现执法队伍专业化、执法行为标准化、执法管理系统化、执法流程信息化。各级公安领导干部和广大民警要切实增强法治意识、坚定法治信仰、践行法治原则，在每一起案件办理、每一个执法环节上都能体现社会公平、彰显法律正义。

郭声琨指出，加强正规化建设，始终是贯穿公安队伍建设的一条主线。要始终坚持政治建警、素质强警、从严治警、从优待警方针，以铸造忠诚警魂为根本、以科学管理队伍为核心、以增强素质能力为重点、以培养优良警风为保障，大力推进队伍正规化建设，创新思想政治工作，完善人民警察管理制度，加强反腐倡廉和纪律作风建设，努力打造一支信念坚定、执法为民、敢于担当、清正廉洁的高素质公安队伍。

郭声琨特别强调，要毫不动摇地坚持党对公安工作的绝对领导，以坚定的信仰追求保持政治定力，以强烈的担当精神强化党性原则，真正把公安队伍打造成为维护公平正义之师、守护人民安宁之剑，确保公安队伍绝对忠诚、绝对纯洁、绝对可靠。要毫不动摇地坚持从严治警惩治腐败，从重大违法违纪案例中深刻汲取教训，举一反三、警示全警，坚决打好反腐倡廉这场攻坚战，对公安队伍出现的腐败问题和苗头坚持“零容忍”，依法严厉查处。要紧紧抓住权力运行的关键环节，以领导班子、领导干部为重点，强化制度建设和监督制约，健全完善具有公安特色的惩治和预防腐败体系，最大限度地遏制腐败问题的发生。

郭声琨强调，要全面深化公安改革，着力解决影响和制约公安事业发展的突出问题。要坚持以人为本，针对人民群众反映强烈的突出问题，一方面注重从源头入手，进一步完善制度设计，另一方面不断改进管理服务工作，研究推出新的便民利民举措，努力取得让群众看得见、摸得着的公安改革成果。要针对公安民警超负荷、强应急、高风险的职业特点，健全完善人民警察分类管理和职业保障机制，研究解决基层民警关心的问题，不断激发公安队伍的生机与活力，不断提高公安队伍的整体素质和战斗力。

会议期间，与会代表参观考察了浙江公共安全技术研究院和杭州市公安局下城分局长庆派出所、余杭分局刑侦大队、交警支队西湖大队文教中队等基层一线单位。省公安厅副厅长、杭州市委常委、公安局局长叶寒冰向公安部领导等汇报了杭州市公安局“四项建设”情况。

国务委员、公安部部长郭声琨在浙江省嘉兴市视察调研公安工作

2014年1月16日和5月18日，国务委员、公安部部长郭声琨先后在浙江省嘉兴市调研基层公安工作和视察指导上海亚信峰会“环沪护城河”安保工作。

1月16日，郭声琨在公安部党委委员、政治部主任夏崇源，省委常委、公安厅厅长刘力伟等陪同下，深入嘉兴市基层公安机关调研公安工作和队伍建设。郭声琨强调，各级公安机关要深入学习贯彻习近平总书记系列重要讲话和中央政法工作会议精神，主动顺应人民群众新期待，积极适应大数据时代新特点，大力加强信息化条件下的公安基层基础工作，深入推进执法规范化建设，着力提升人民群众安全感、满意度和公安执法公信力。在嘉兴市公安局南湖分局七星派出所湘城社区警务室，郭声琨详细了解社区人口、治安、警务室人员配置、日常运作、办证等服务群众工作情况，听取社区民警警务六件套、警民一键通等警用装备操作介绍，观看移动警务通和社区警务平台的使用演示，查看防范体验区、办公区、矛盾纠纷调解区，并与社区警务室工作人员亲切交谈。对社区警务室“以三色管理控案、五心为民服务、七彩警务引领”的做法，特别是对通过警务通和移动警务平台等信息手段提高工作效能的做法，给予肯定。在秀洲公安分局新城派出所，郭声琨考察了“五室合一”功能区和执法办案中心。郭声琨指出，现在是“大数据”时代，公安机关要特别重视整合各类信息系统和信息平台，健全完善实时采集、动态录入和高度共享、深度研判机制，切实提升基础工作信息化水平。要从每一个执法单位做起，从每一个执法环节抓起，充分利用现代信息技术，全面加强执法管理，着力强化执法监督，加大警务公开力度，切实做到让执法权阳光运行，让广大人民群众感受到公平正义就在身边。在南湖公安消防大队特勤一中队，郭声琨观摩了消防战士综合救援技能演练，考察了部队党的政治思想工作建设。郭声琨强调，部队坚强的战斗力来自于坚定的信念、细致的思想工作。政治思想工作是我们党的优良传统。过去是优势，现在仍要保持这个优势。消防部队一定要把政治思想工作做在前、做到家、做到位，把官兵的“精气神”提起来。要通过加强学习、谈心谈话等多种形式的活动，及时发现和解决官兵思想上存在的问题。在队史教育馆，郭声琨与功模代表亲切交流，勉励他们再接再厉，再立新功。在消防教育馆，郭声琨对部队充分利用消防站定期开放的功能加强消防知识宣传教育的做法予以充分肯定。郭声琨指出，消防工作“要消，更要防”。要坚持工作关口前移，大力加强消防宣传教育，树立全民的火灾防范意识，形成全社会齐抓共管、共同防控火灾的良好氛围。要进行一次大排查，及时消除火灾隐患，防止发生重特大火灾事故。

5月18日上午，郭声琨在嘉兴市视察指导上海亚信峰会“环沪护城河”安保工作，强调要认真学习贯彻习近平总书记重要指示精神，紧紧围绕中央提出的“四个防止发生”目标要求，以严谨细致的工作作风、奋发有为的精神状态、万无一失的标准追求，全力做好上海亚信峰会“环沪护城河”安保工作，守好环沪安保圈的“南大门”，确保亚信峰会安全顺利

图为郭声琨亲切慰问高速交警(5月18日)

举办。郭声琨先后实地察看了嘉善县公安局110指挥中心、G60沪昆高速大云卡点，看望慰问正在基层一线执行安保任务的民警、武警和协辅警，转达中共中央政治局委员、中央政法委书记孟建柱对全体参战同志的亲切问候，并听取浙江省公安厅、嘉兴市公安局的安保工作情况汇报。郭声琨认为，浙江省及嘉兴市在上海亚信峰会“环沪护城河”安保工作中，传承和发扬了世博安保有益经验，各级领导高度重视，各项安保工作措施细、做得实，执勤人员精神面貌好，工作成效显著。郭声琨指出，嘉兴是环沪安保圈的南大门，担负的安保工作责任重大、任务繁重。在嘉善县公安局110指挥中心，郭声琨通过视频调度察看了嘉善各入沪通道的安保工作情况，强调既要守好高速、国道等重要入沪通道，也要守住通往上海的小道、小河，严防不法分子从无名道口进入上海。郭声琨详细询问了客运站点对前往上海旅客的身份核查工作，强调既要做好源头安检和身份核查工作，也要注意途中管控，防止不法分子在途中上下车、逃避安检。在旅客安检大厅，郭声琨与正在接受安检的群众亲切交流，就“安检工作是否给群众出行带来不便”的问题倾听群众意见。在安检门前，郭声琨亲身体验“安检”过程，强调公安民警在安保执勤中，既要严格管理，又要热情服务、文明执勤，对因安保检查给人民群众带来的不便，要耐心细致地做好解释工作，并要不断地总结经验教训，改进管理服务举措，赢得群众的理解和支持。在G60沪昆高速大云卡点，郭声琨实地察看了安检大棚、安检通道等设施，听取卡点“一个中心、六个区域”、一级查控勤务期间警力部署、各岗位职能要求等情况介绍，了解卡点的流量、车辆检查数、安检流程及安保以来工作运行情况，查看卡点分指挥中心监控系统和浙江高速入沪路网图。他指出，浙江与上海毗邻，路网交叉、错综复杂，各卡点要牢固树立守土有责意识，牢筑安全屏障。郭声琨还检阅了卡点应急小分队，并在应急处突岗向执勤特警询问武器警械的配备和使用、应急处置等情况，并亲自体验使用警用钢叉。他指出，民警在执勤过程中，要加强装备配备，提高安全防护意识，注重自身安全；面对不法分子穷凶极恶的行为，要依法、果断使用武器警械，坚决打击制止。同时，要妥善保护、保管好武器警械，防止因武器警械管理使用不当出现问题。郭声琨专门了解了民警伙食等情况，强调要关心关爱民警，科学合理使用警力，并积极争取党委政府的支持，落实好各项经费保障。

省委书记、省人大常委会主任夏宝龙观摩全省公安机关“特警3号”反恐维稳汇报演练并作重要讲话

2014年5月27日上午，全省公安机关“特警3号”反恐维稳汇报演练在省公安消防总队绍兴袍江训练基地举行。全省公安机关特警、刑侦、消防、警卫、交警、警航等部门的1500余名民警和驻浙武警部队部分官兵参加了9个课目的实战演练。省委书记、省人大常委会主任夏宝龙观摩装备展示和汇报演练，并作重要讲话。省委常委、公安厅厅长刘力伟主持汇报演练。

图为夏宝龙在观摩式上作重要讲话(5月27日)

夏宝龙在讲话中用“非常成功、非常真实、非常精彩”对汇报演练给予高度评价，并代表省委、省政府向参演公安民警和武警官兵表示问候，对全省公安机关和武警部队为“平安浙江”作出的突出贡献表示感谢。他指出，国内外形势正在发生深刻复杂变化，必须按照中央的要求，高度警惕起来，紧急行动起来，迅速开展打击暴力恐怖活动专项行动，全面加强社会面安全防范工作，坚决打一场反对暴力恐怖活动的人民战争，全力维护人民群众生命财产安全，全力维护社会安定。

夏宝龙指出，全省公安机关和武警部队是维护国家安全和社会稳定、保障人民安居乐业的忠诚卫士，必须增强政治意识、大局意识、忧患意识和责任意识，按照习近平总书记“平时多流汗、战时少流血”的总要求，切实加强公安特警、武警特勤等专业处置力量建设，锻就一支英勇善战的“维稳铁军、反恐尖兵”。特警队员责任重大、使命光荣，要做到听党话，指到哪打到哪；练好功，真正成为特战精英、反恐尖兵；枪上膛，随时准备雷霆一击；出重拳，让犯罪分子闻风丧胆；勇担当，始终保持高昂的战斗意志。

夏宝龙强调，各级党委、政府主要负责同志要切实担负起反恐维稳的重大责任，切实加强对反恐维稳工作的组织领导，统筹抓好维护社会稳定各项工作，特别是要从国家安全和政权建设的高度，切实领导好、管理好、使用好、保障好公安特警、武警特勤这两支队伍，切实关心他们的工作和生活，帮助解决他们的实际困难，让他们安心安然地战斗在反恐维稳的第一线。

夏宝龙最后强调，要以这次汇报演练为新的起点，以更加坚定的信心、更加昂扬的斗志、更加扎实的作风、更加过硬的本领，做好反恐维稳各项工作，切实为全省人民站好岗、放好哨，为维护全省社会和谐稳定作出更大贡献！

省政协主席乔传秀，省委副书记、政法委书记王辉忠，省委常委、省委秘书长赵一德，省人大常委会副主任茅临生，省军区司令员王海涛，副省长黄旭明，省武警总队政委戴建国等，以及公安部、省级有关部门领导，省公安厅党委班子成员和各市公安局局长出席汇报演练。

省委副书记、省长李强主持省政府常务会议专题听取全省禁毒工作汇报

2014年10月17日下午，省委副书记、省长李强主持召开省政府第34次常务会议，听取省委常委、公安厅厅长、省禁毒委常务副主任刘力伟关于全省禁毒工作的汇报。

李强在听取汇报后强调，各级党委、政府及相关部门要把思想认识统一到习近平、李克强等中央领导同志对禁毒工作的重要指示、批示精神和党中央、国务院对禁毒工作的重要决策部署上来，深刻认识毒品的极端危害性，切实落实禁毒工作责任；要坚持打击与防范并举，注重从源头上加强对毒品违法犯罪的打击防范，切实遏制毒品发展蔓延势头；要加强禁毒宣传教育，突出青少年这一群体，充分运用典型案例，广泛宣传毒品危害，增强全民特别是广大青少年的禁毒防毒意识和能力。

李强指出，全省采取综合治理手段，突出预防吸毒、严厉打击贩毒、积极开展戒毒，禁毒工作取得了明显成效。但是，全省毒情加速蔓延势头仍未从根本上得到遏制，禁毒形势依然严峻，禁毒工作任重道远。

李强指出，毒品是人类公害，禁毒工作是事关人民群众身心健康和经济社会稳定的一项重要工作。针对当前全省的毒情与发展趋势，根据中央有关要求，必须进一步加强和改进全省禁毒工作。

李强强调，要深刻认识做好禁毒工作的重要性，对国家、对民族、对人民、对历史高度负责，采取坚决果断措施，全面加强禁毒工作，下大力气治理毒品问题；适时组织开展严打行动，做到主动打击、持续打击、重拳打击，保持对各类毒品犯罪活动的严打高压态势，切实掌握禁毒工作主动权；动员全社会广泛参与，建立健全全民禁毒预防体系，综合采取禁种、禁

图为李强发表讲话（10月17日）

制、禁贩、禁吸等措施，加强涉毒场所和物品管理，有效防范毒品、制毒用品扩散，坚决遏制毒品发展蔓延的势头；适应禁毒工作新要求，调整充实省公安厅禁毒总队内设机构和编制，提高相关内设机构规格，增强警力配置；增加禁毒财政经费投入，完善保障机制，提高保障水平，加强收治场所建设，表彰对禁毒工作作出突出贡献的集体和个人；各地、各部门要进一步明确分工、落实责任、通力合作，形成综合治理毒品问题、共同打击毒品违法犯罪活动的合力。

省委副书记、政法委书记王辉忠到省公安厅调研指导工作

2014年12月24日，省委副书记、政法委书记王辉忠到省公安厅调研指导公安工作，并向全省公安民警表示亲切慰问。省委常委、公安厅厅长刘力伟陪同调研。

王辉忠在听取全省公安工作主要情况和2015年工作思路的汇报后指出，2014年，全省公安机关积极推进公安工作和队伍建设，围绕中心，服务大局，敢于担当，保驾护航，切实发挥维护国家安全和社会稳定的主力军作用，有效维护了全省社会政治稳定和治安平稳，为保障全省经济实现平稳增长作出了重大贡献。

王辉忠强调，2015年，全省公安机关要认真贯彻落实党的十八大和十八届三中、四中全会及省委十三届六次全会精神，主动适应新常态，积极融入中央和省委“三个全面”建设大局，把各项措施细化、具体化，以精耕细作的要求确保各项工作落地落实，为建设平安浙江、法治浙江作出贡献。要按照中央深化司法体制改革的统一部署，扎实稳妥有序推进公安工作改革，积累经验，凝聚共识，大胆创新，确保各项公安改革取得实效、走在前列。要坚持问题导向，深入分析研判经济进入新常态后对维护政治安全和社会稳定工作带来的新变化，准确把握经济发展新常态下改革发展稳定的平衡点，利用好有利因素，解决好不利影响，进一步提升公安工作服务经济社会发展的针对性、实效性。要积极适应云计算、大数据时代要求，大力推进警务信息化建设，不断完善公安信息化建设顶层设计，做优做实基础工作，完善与社会各部门的信息共享机制，促进信息资源共建共享共用，真正实现“机器换人”，警力无增长改善。要进一步加强民警能力建设，针对个人极端、暴力恐怖事件常发、易发的实际情况，大力开展针对性的实战化训练，提升公安机关应急处置能力和水平。会做、善做群众工作是公安民警的基本功，要逐步引导民警从以往过分依赖行政推动转向与群众的互动沟通、双向交流等柔性做法，提升管理和服务水平。要抓住以审判为中心的诉讼制度改革契机，完善证据制度，强化非法证据排除，严密错案、冤案防范机制，切实提升民警依法办案能力，努力以法治思维和法治方式处理各项维护稳定和执法管理工作。要善于借势借力，充分利用社会资源，推动行业主体责任落实，进一步拓宽和丰富公安工作的手段。公安队伍肩负着维护社会大局稳定、促进社会公平正义、保障人民安居乐业的特殊使命，一言一行体现党委、政府形象，在政治素质、工作作风、组织纪律等各方面要求必须更高更严。要一以贯之抓好队伍作风建设，坚持从严治警不放松，做到以上率下，一级带一级，一级做给一级看。要时刻牢记作风建设永远在路上，365天一天都不能松懈，一刻都不能松弛，以正在开展的纪律作风专项整改行动为契机，狠抓正风肃纪，推动作风建设常态化，确保队伍不出事、少出事。

图为王辉忠作重要讲话（12月24日）

以改革创新精神抓好“四项建设”推动浙江公安工作上新台阶

刘力伟

中共中央总书记、国家主席习近平在专门听取公安部工作汇报后作出重要指示，为进一步加强和改进新形势下的公安工作和队伍建设指明了奋斗方向、提供了强大思想武器。习近平总书记的重要指示，充分体现了党中央对公安工作的高度重视和对公安队伍的关心厚爱。当前，我们正在深入学习、深刻领会指示精神，着力将习近平总书记的亲切关怀和指示要求转化为推动工作的强大动力，努力推进浙江公安工作再上新台阶。

一、以信息化建设为引领，扎实推进基础工作建设

基础工作是整个公安工作的根基。在云计算、大数据时代，必须推动基础工作与信息化有机融合，努力使信息化手段贯穿公安工作的各个方面，推动公安机关战斗力生成模式的深刻转变。要一以贯之推进情报信息主导警务战略，按照全警采集、全警录入、全警应用、全警受益的原则，把采集获取情报信息作为基础工作的基本内容，把研判运用作为日常打防管控的有效手段，进一步完善信息采录工作机制，扩大社会信息资源共享交流，并且努力将情报信息部门打造成数据分析、工具研发、人员管控、维稳研判、安保支撑、治安预警和实战服务中心，不断提升情报主导、准确预警、精确打击、主动防控水平。紧盯大数据和移动互联网发展方向，积极依托浙江公共安全技术研究院，不断深化警务云建设，注重基础数据集成，健全信息数据采集梳理、分析研判、实战应用等工作机制。

二、以“常态实战”为导向，不断推进警务实战化建设

国务委员、公安部部长郭声琨明确指出，常态实战是公安机关不同于一般行政机关的最大特点。在严峻复杂的治安形势面前，特别是随着暴恐活动和个人极端犯罪的现实威胁加大，提升公安机关实战能力已是当务之急。要不断健全完善社会治安状况常态评估机制，继续深化110接处警勤务机制改革，促进公安机关在合成作战、巡防一体、动态布警、主动防控、精确打击等警务机制改革方面的创新实践，打造实战、实用、实效警务。充分利用建设“平安浙江”载体，健全完善社会治安防控体系，加强对社会治安的全时空、全方位、立体化防控。加强单兵作战能力培训，因人施教，不断增强实战本领。

三、以“又好又多”执法办案体系为载体，着力推进执法规范化建设

以建设法治公安为目标，坚持问题导向，坚持不懈推进执法规范化建设，努力实现执法队伍专业化、执法行为标准化、执法管理系统化、执法流程信息化目标。进一步深化“又好又多”执法办案体系建设，全面推行执法办案积分制，实现“办好案”前提下的“多办案”。进一步深化“阳光执法”体系建设，落实权力清单制度，创新警务公开方式，形成执法公开常态机制，最大限度把执法活动置于阳光之下。进一步完善全流程执法监督管理机制，强化非法证据排除，加强对接处警、受立案、案件办理、涉案财物、场所使用、证据保管等环节的全流程管控，确保每个环节、每道手续都依法依规。进一步完善刑事案件审核，完善证据、证人保护、民警出庭、技侦措施审批、行政执法与刑事司法衔接等一系列制度，实行刑事案件统一审核、统一出口，全面落实重大疑难刑事案件集体议案制度。进一步深化执法信息化建设，尽

图为刘力伟在全国公安厅局长座谈会上发言（9月22日）

快启用集教育管理、业务办理、分析预警、查案执纪于一体的公安监督管理信息平台，将办案流程涉及的制度规范融入系统，推动制度刚性落实。

四、以“三个绝对”为目标，大力推进队伍正规化建设

过硬的公安队伍是履行职责的根本保障，加强队伍正规化建设，始终是贯穿公安队伍建设的主线。要进一步创新思想政治工作机制，凝聚警心，激发士气，确保队伍绝对忠诚、绝对纯洁、绝对可靠，真正使公安队伍成为维护公平的正义之师、守护人民的安宁之剑。严格落实党风廉政建设责任制，强化权力运行监督，严查队伍违法违纪问题，做到发现一起、查处一起、通报一起。同时，进一步深化爱警惠警举措，认真落实人民警察分类管理制度，拓宽民警职业发展空间。进一步完善符合民警职业特点的医疗和伤亡保险制度，加强民警职业保障。深化“美丽警营”建设，构建和谐活力警营，让民警快乐工作、幸福生活。把协辅警队伍建设纳入队伍正规化建设之中，推动建立政府牵头、公安主导、财政保障、部门配合的协辅警管理体系，进一步明确协辅警职责，规范招录、使用、管理制度，研究确定协辅警经费保障标准，并择优招录协辅警进公安队伍。

（本文节选自 2014 年 9 月 22 日刘力伟在杭州市召开的全国公安厅局长座谈会上的发言）

提高运用法治思维和法治方式的能力
坚持不懈推进法治公安建设

刘力伟

中共中央总书记、国家主席习近平在中央政法工作会议上的重要讲话中，提出了许多关于社会主义法治建设的新思想、新观点、新要求，特别是强调各级领导机关和领导干部要提高运用法治思维和法治方式的能力，对全面推进依法治国、加快建设社会主义法治国家提供了强大的理论指引和思想武器。公安机关作为国家重要的刑事司法和行政执法力量，在全面推进依法治国中肩负着重要职责，发挥着特殊作用，必须以习近平总书记重要讲话精神为指导，坚持不懈推进法治公安建设，为加快建设社会主义法治国家作出积极贡献。

习近平强调，努力让人民群众在每一起司法案件中都感受到公平正义。法治归根到底是人性之治、良心之治。公安机关要肩负起维护公平正义的神圣职责，关键在于每一位民警都能恪守执法为民的职业良知。要深入开展党的群众路线教育实践活动和“为何从警、如何做警、为谁用警”大讨论，使每一位民警深知：公安机关是“人民的公安”，人民性是公安机关的根本属性；公安机关的权力是“人民的权力”，是人民通过宪法法律赋予的，是用来为人民服务的，对人民负责，也受人民监督；公安机关掌握的“刀把子”是人民的“刀把子”，是用来维护社会公平正义和人民利益的，不是用来欺压百姓的。使每位民警都把信仰法治、坚守法治作为毕生追求，把伸张正义、扶弱济困作为神圣天职，自觉扛起公正天平，擎起正义之剑，维护群众对法治的信仰和信心。

当前正处在改革开放的深水区、社会转型的关键期，利益调整引发的社会矛盾凸显，违法犯罪高位运行，维护社会稳定任务艰巨。同时，随着物质生活条件改善，人民群众的安全需求更加强烈。只要犯罪形势严峻，严打利剑就要时刻高悬；只要有案件发生，就要全力去侦破，这是公安机关职责所在、使命所系，也是法律惩戒功能得以彰显的必然要求。要始终坚持严打方针不动摇，既快破“大案”，依法严厉打击严重刑事犯罪活动，又多破“小案”，千方百计侦破面广量大的侵财犯罪。当前，网络电信诈骗案件和污染环境、有毒有害食品药品案件多发，严重影响群众安全感，要切实加强打击防范工作，震慑犯罪分子嚣张气焰，切实维护群众合法权益。

法治是迄今为止人类能够认识到的最佳治国理政方式。在法律框架内妥善处理公安工作遇到的难题，是对公安领导干部履职能力的重要考验。要教育引导各级公安领导干部正确处理维权与维稳的关系，善于运用法治思维谋划公安工作，善于运用法治方式破解维护稳定、化解矛盾、社会治理中遇到的难题，做到全面、及时、充分履职。所谓全面，就是不折不扣执行法律，杜绝选择性执法，不搞运动式执法，不搞地方和部门保护主义，不论时间地域、身份地位、远近亲疏，都一视同仁，使执法活动常态化。所谓及时，就是讲求执法的效率，处理好公正和效率的关系。所谓充分，就是用足用好法律武器，做到每项执法首先找对应的法律规则。没有具体的法律规则，就寻求相应的法律原则;没有法律原则,就诉诸法律的方法。通过法律规则、原则和方法的正确运用,确保每项执法活动都在法治轨道内运行,提高执法公信力。

一定意义上说,严格和公正是一个统一体,两者相辅相成。执法不严,就会丧失公信力;执法不公,法之必行就无从谈起。保障公安机关严格公正执法,关键要做到一切用证据说话、按法律程序办事。当前,正在进一步完善证据制度,区别不同类型案件,制定证据标准和收集、固定、保存、审查等环节的工作规则,引导民警依法规范取证。一方面,更加注重源头证据采集,在全省公安机关加快推进刑事案件现场统勘制,确保现场应勘尽勘、证据能采尽采;另一方面,更加注重客观证据的收集、固定、应用工作,教育引导民警坚决破除口供中心主义,善用物证、书证、电子证据等客观实物证据揭露证实犯罪。同时,进一步完善证据审查判断标准,细化非法证据排除规则,明确非法证据类型、表现形式、排除方法,防止非法证据进入诉讼程序。进一步加强和改进刑事案件法律审核工作,推动各级公安机关领导、办案部门负责人、法制部门以及专兼职法制员落实法律审核审批职责,把好事实关、证据关、程序关和法律关,确保每一起案件都经得起诉讼和时间的检验。

推进法治公安建设,关键在队伍。要把提高广大民警的思想政治和法治素养摆在重要位置,常抓不懈,组织民警深入学习贯彻习近平总书记重要讲话精神,坚持用中国特色社会主义理论体系武装头脑、指导实践;以组织开展全省公安机关执法自信和执法公信专题轮训活动为契机,教育引导各级公安领导干部率先成为法治精神的践行者、捍卫者,带头学法、知法、守法、用法、护法;立足实战应用,采用集中培训、以案释法、案例指导、模拟训练等方式,加强全体民警执法培训,提高法律素质和业务能力。同时,进一步深化“又好又多”执法办案体系建设,全面落实执法办案积分、中层领导办案、岗位执法资格认证管理等制度,解决民警怕执法、怕办案和干多干少一个样、干好干差一个样的问题。

(本文选自《浙江警学》2014 年第 3 期)

解放派出所要全面推进“1 号文件”落地见效

洪巨平

2014 年 1 月 19 日,省公安厅党委印发《浙江省公安厅关于进一步改进和加强新形势下派出所工作的指导意见》(以下简称“1 号文件”),着重对解放派出所提出了指导意见并作出了具体部署。“1 号文件”下发后,全省各级公安机关坚持降压减负与提能增效并重,认真落实各项工作措施,虽然时间不长,但成效比较明显:一是认识不断提高,统筹领导协调得到加强;二是考核渐趋科学,派出所工作主动权得到增强;三是借力更加广泛,派出所工作任务得到分流;四是机制逐步优化,派出所工作效能得到提高;五是工作更接地气,基础防范工作得到强化;六是政策逐渐落地,派出所保障力度得到加强。

在肯定成绩的同时,也要清醒地认识到,当前各地贯彻“1 号文件”取得的成绩还是初步的、阶段性的,离厅党委的要求和派出所民警的期盼,还存在一定差距:一是一些地方贯彻不够深入,二是考核任务仍然较重,三是一些部门下沉任务较多,四是职能部门协作不够有力,五是一些地

图为洪巨平在全省公安机关贯彻“1 号文件”经验交流电视电话会议上讲话(10 月 16 日)

方从优待警措施落实不多。这些问题不仅影响了派出所工作的积极性，也影响了公安工作的长远发展，一些基层公安机关特别是派出所甚至对解决这些问题信心不足。造成这些问题的原因是多方面的，既有历史累积的原因，也有现实复杂的因素，既有客观的制约，更有思想上的禁锢。许多问题的解决需要一个过程，特别是一些体制机制问题。也正是由于解决这些问题难度大、意义更大，厅党委才专门下发“1号文件”，并作为厅党委的一号工程来抓。

进一步改进和加强新形势下派出所工作，是厅党委深入贯彻党的十八届三中全会精神和深化党的群众路线教育实践活动的重要举措，充分体现了厅党委一以贯之抓派出所建设的信心和决心。下一步，各地公安机关要按照厅党委的统一部署，牢牢把握“减负、增效、强基”三大要点，进一步加大工作力度，把各项工作措施落到实处。

一是进一步强化统筹领导，切实加大整体推进派出所工作力度。下一步，厅党委成员要开展分批下基层蹲点派出所当一周普通民警活动，既体验生活，又实地调研，同时将继续组织由厅级领导带队的巡视督导组对各地贯彻“1号文件”工作进行督促检查。各地也要开展相应的蹲点调研和督促检查活动，开展自查自纠，找准薄弱环节，落地工作措施，切实将文件转化为行动、将办法落实为做法。充分发挥派出所工作领导小组办公室的作用，切实加强对派出所的统筹领导。各地各部门在起草、审核各类文件时，凡涉及到派出所建设或将工作任务分解落实到派出所的，应当送同级派出所工作领导小组办公室会签。各警种凡要求延伸到派出所的业务工作，应事先征求同级派出所工作领导小组办公室意见，并经主要领导批准同意。为充分赋予县级公安机关警力调配主动权，厅属各部门凡涉及机构设置、编制和警力配备的事项，统一由厅政治部按规定程序提交厅党委研究。厅属各部门不得以书面或口头形式对市、县两级公安机关下达有关机构设置、编制和警力配备等指标，不得将这些指标列入警种考核、评比、检查的内容。

二是进一步改进考核，充分赋予派出所工作主动性。厅党委决定，除公安部和省公安厅已有部署外，省、市两级公安机关原则上不再部署涉及派出所的专项行动。确需部署的专项行动需经厅党委、市局党委集体研究，一个口子出，且不搞层层加码和以打处数为重要衡量指标的战果排名。鉴于当前公安机关承担的平安考核任务较重的实际，一方面，省公安厅将继续向省平安办建议科学设置考核项目，特别要求各地平安办在分解任务时不能简单地将数据核准作为落实工作、完成任务的唯一主体，对一项条款中存在多个责任部门的，要做好分解细化工作，减轻公安机关压力；另一方面，各地公安机关要积极主动地向当地党委、政府做好汇报工作，注重区分考核责任主体与数据核准主体的不同要求，最大限度争取支持，促使合理划分考核责任。

三是进一步优化勤务机制，切实提升派出所整体工作效能。要按照城市和农村的地域特点、辖区治安复杂程度以及警力配备等不同情况，因地制宜推行派出所勤务制度改革。在城区治安复杂派出所和县(市)城关镇派出所，可以逐步建立起集接警值班、信息研判、视频监控等功能于一体的综合指挥勤务体系，加强对辖区警情、案件以及社会面稳定情况的分析、研判和预警，把警力最大限度地部署到案件多发时段和防范薄弱环节，做到巡处合一、就近处置，提高工作效率。要从有利于发挥派出所区域优势的特点出发，科学规划设定派出所和各专业警种的职能分工，扬长避短，有效整合，推动派出所腾出更多精力做能做的工作，做有优势的工作。

四是进一步做好借力文章，有效缓解派出所工作压力。除专业技术人员和特殊岗位外，县级公安机关新录用民警必须全部充实到派出所。在当前警力资源十分短缺的情况下，更要树立警力有限、民力无穷的理念，坚持眼睛向外，依托党委、政府，整合各种社会资源，取得多方支持。年初，厅党委专门向省人大提了关于“非警务分流”的建议，目前已由省委政法委牵头成立专项工作组，对进一步完善社会应急联动工作进行研究，省公安厅将积极推动此项工作，争取尽快制定进一步深化社会应急联动工作的意见，进一步明确各联动单位工作责任、工作要求，并加大对社会应急联动工作监督检查考核力度。各地公安机关也要积极争取当地党委、政府支持，加大对联动单位的督促检查，努力把公安职责范围以外的社会服务事项更多地分流出去。加强与司法部门的协作配合，不断深化“警调衔接”机制，配足配强专职人民调解员，全面落实人员工资和以奖代补等经费保障。充分发挥社区、村(居)等基层组织特别是农村治保组织作用，推动村级治保组织规范化、实体化建设，推进新时期“枫桥经验”在各地全面开花。

五是进一步争取多方支持，努力提高派出所待遇。学习借鉴金华市公安局金东分局等地做法，积极争取民警考核奖励与基层乡镇干部同等待遇。积极推进社区民警兼村官工作，提高社区民警的政治待遇，并争取纳入乡镇联村干部的考核奖励范围，给予兼任村官的社区民警同等奖励待遇。加大对派出所的表彰力度，受表彰人数要与派出所民警占比一致。在提拔干部和非领导职务晋升时，对派出所民警要有一定的倾斜政策，使民警愿意到派出所工作、安心在派出所工作。

六是进一步转变工作作风，全力支持派出所工作。对省公安厅“1号文件”巡视督导时基层反映的10个方面问题，要分解给厅机关相关警种和部门限期解决。为解决派出所信息化建设过程中的系统冗余、重复录入等问题，已在金华开展“浙江警务工作平台·派出所模块”试点。派出所是公安工作可持续发展的根基，也是各项公安业务工作的支撑。要特别强调，抓好派出所工作最关键的一点，就是要充分发挥县级公安机关的主体作用。同时，公安机关各部门、各警种都有责任关心和支持派出所工作，进一步树立为派出所服务的意识，切实转变工作作风，争取每年为派出所办一至二件实事。

（此文节选自2014年10月16日省公安厅党委副书记、常务副厅长洪巨平在全省公安机关贯彻“1号文件”经验交流电视电话会议上的讲话）

全省公安工作会议在杭州市召开

2014年1月21～22日上午，省公安厅在杭州市召开全省公安工作会议。会议学习贯彻中共中央总书记、国家主席习近平在中央政法工作会议上的重要讲话精神，根据全国公安厅局长会议和全省政法工作会议部署，回顾总结2013年全省公安工作，深入分析面临形势，研究部署2014年工作。省委常委、公安厅厅长刘力伟出席会议并作重要讲话，厅党委副书记、常务副厅长洪巨平主持会议并作会议小结。

会议强调，全省公安机关要坚持以改革为统揽，以维护社会大局稳定为基本任务，以促进社会公平正义为核心价值追求，以保障人民安居乐业为根本目标，着力创新社会治理、夯实基层基础、优化警务运行，深入推进平安浙江、法治浙江、过硬队伍建设，为全省全面深化改革创造安全稳定的社会环境、公平正义的法治环境和优质高效的服务环境。

会议指出，全省公安机关要一手抓打击，一手抓防控。公安机关作为党和人民的“刀把子”，哪里有犯罪，就刺向哪里，严厉打击敌对势力，严厉打击严重危害人民群众生命财产安全的各类刑事犯罪活动，严厉打击阻碍党委政府中心工作推进的违法犯罪行为。同时统筹规划和布局“六张防控网”，壮大专业巡防和群防群治力量，提高违法犯罪分子“触网”几率，提高人民群众安全感。进一步完善情报信息主导的打防管控一体化运作机制，做到准确预警、精确打击、整体防控，不断增强警务部署的科学性、打击整治的实效性、巡逻防控的针对性。

会议强调，全省公安机关要把人口管好，把网络管好。加快推进户籍制度改革和流动人口居住证制度改革，依法加强外国人出入境和居留动态管控，加强肇事肇祸精神病人和归正人员、极端暴力倾向人员、社会闲散人员、病残吸毒人员等特殊人群的管理服务工作，严防脱管失控。坚持依法管网、以人管网、技术管网，推动全警触网，构建完善网上网下相结合、打防管控一体化的综合防控体系，严防各类违法犯罪活动在网上滋生蔓延形成危害。

会议强调，全省公安机关要解放派出所，切实落实省厅“1号文件”，为派出所松绑减负，赋予县级公

图为全省公安工作会议现场（1月21日）

安机关和派出所更多的工作自主权，让派出所做该做的事，把基础工作搞扎实，把人口底数搞清楚，把疑情案线摸上来。进一步精简机关、推动警力下沉，并用一定的待遇吸引民警流向基层。规范派出所打击破案职责，理顺所队关系，推动警种抓好基层基础工作。

会议强调，全省公安机关要确保队伍绝对忠诚、绝对纯洁、绝对可靠。坚持政治建警方针，始终把思想政治建设置于首要位置，切实打牢高举旗帜、听党指挥、忠诚使命的思想根基，永葆忠于党、忠于国家、忠于人民、忠于法律的政治本色。毫不动摇地坚持党对公安工作的绝对领导，始终与以习近平同志为总书记的党中央保持思想上政治上行动上的高度一致。认真开展市、县两级公安机关党的群众路线教育实践活动，坚定不移做维护人民利益的坚强卫士。把执法为民作为职业良知，深化“又好又多”执法办案体系建设。进一步深化干部制度改革，加强从一线选用人才，落实好各项从优待警措施。牢固树立从严治警、平安从警是最大关爱和最大福利的理念，持之以恒地抓好纪律作风建设。牢牢把握“五个过硬”要求，努力打造一支信念坚定、执法为民、敢于担当、清正廉洁的公安队伍。

会上，刘力伟与各市公安局局长签订了党风廉政建设责任状。会议以电视电话会议形式开至县级公安机关。厅党委成员、厅属各部门主要负责人，各市公安局局长、纪委书记、政治部主任、办公室主任在省厅主会场参加会议；各市、县公安局党委班子成员及部门主要负责人在各地分会场参加会议。

2014 年浙江省公安工作综述

2014 年，全省公安机关在省委、省政府和公安部领导下，认真贯彻落实中共中央总书记、国家主席习近平系列重要讲话精神，按照党的十八届三中、四中全会和省委十三届四次、五次、六次全会部署，坚持问题导向、改革统揽、法治思维，扎实推进平安浙江、法治浙江和过硬公安队伍建设，有效维护了全省社会政治稳定和治安平稳，为全省全面深化改革，建设“两富”现代化、“两美”浙江创造了和谐稳定的社会环境。

一、维护社会政治稳定取得新成效。始终把维护政治安全和政权安全放在首位，大力加强情报信息、专案侦查、重点控制、应急处置工作，严厉打击严密防范境内外敌对势力渗透颠覆破坏活动。科学调整警力部署，实行屯警街面、动态备勤机制，推进特警武警“联训联勤联战”试点工作，完善机场、铁路联勤联动机制，有效防范暴恐案件发生。加强反恐响应机制建设，组织全省公安机关“特警 3 号”反恐维稳汇报演练和全省公安特警跨区域拉动演练，提高公安特警、武警特勤、消防特勤、警务航空、警卫部队协同能力。积极排查化解“三改一拆”中的不安定因素。

二、护航经济社会发展推出新举措。按照做小权力清单、做大服务清单、做实责任清单的要求，加快推进“四张清单一张网”建设，省公安厅本级削减行政审批项目 65%。制定实施保障省重点项目建设指导意见，全面推行项目警官制，为全省扩大有效投资、推进重点项目建设提供扎实有效的公共安全服务。坚持主动治水、依法治水，开展“打污染清江河”专项行动，侦破环境犯罪案件 950 起，抓获犯罪嫌疑人 2262 名。召开全省公安机关配置“河道警长”护航“五水共治”工作现场会，为全省“河长”对应配置省、市、县、派出所四级“河道警长”，健全市、县两级公安机关驻环保工作联络室，联合省高院、省检察院、省环保厅建立打击环境违法犯罪协作机制，完善案件移送、情报共享、联席会商等河段警务协作。淘汰黄标车、老旧车 38.1 万余辆，查处黄标车违反通行规定等违法行为 5 万余起。深化城市治堵工作，建立路面网格化管理机制，查处 8 类城市道路严重交通违法行为 450 余万起。推进 P2P 网贷平台、影子银行排查及预警机制建设，防控潜在金融风险。推进打击恶意逃废债、打击整治传销、打击骗取出口退税、打击假冒伪劣犯罪、打击侵犯浙商品牌知识产权犯罪等专项行动，侦破各类经济犯罪案件 4848 起，挽回经济损失 52.94 亿元。开展“猎狐 2014”专项行动，从 35 个国家和地区抓获犯罪嫌疑人 85 名，综合绩效居全国第二位。稳妥推进户籍制度改革，嘉兴市以及平阳、德清、龙游、玉环、云和县全面实施试点改革。创新流动人口管理服务，开展以全员登记、依规领证、凭证服务、积分量化为主要内容的居住证制度改革试点工作，推出户籍管理 12 项便民服务措施。

开展出入境“亮窗工程”建设，启用电子往来港澳通行证，完成全国出入境申请表“三表合一”工作试点。配合舟山自贸港区申报工作，实行杭州口岸72小时过境免签政策。推出船舶试航随船监护、活水渔船提前办检、冰鲜渔船事先办检、航修外轮无障碍进坞措施，推广海港边检勤务综合指挥系统，加快建设旅客自助通关系统，全年检查出入境人员484万余人次。精心组织东海维权巡航，遂行中建南护航保障任务。推行消防审批“三制”试点改革，培育社会消防技术服务机构。加快推进保安队伍职业化和保安协会建设。

三、深化平安浙江建设取得新进展。坚持专项整治和整体防控相结合，开展一系列严打整治专项行动，全省刑事发案总量同比下降2%，其中命案、五类案件、“两抢”案件、入室盗窃案件发案同比分别下降11.22%、15.98%、15.16%、2.23%；侦破各类刑事案件22.1万起，抓获犯罪嫌疑人11.4万余名。严格落实重大疑难案件挂牌督办制度，健全命案积案跟踪侦查工作机制，命案和五类案件破案率分别达99.07%和99.64%。开展打防侵财犯罪专项工作，侦破各类侵财案件18.05万余起，抓获犯罪嫌疑人5.64万名，打掉5人以上且涉案10起以上犯罪团伙511个。加强通讯(网络)诈骗打防工作，健全与银行业、通信企业的协作配合机制，打掉犯罪团伙210个。开展打击整治“伪基站”专项行动，侦破刑事案件110起，打掉团伙43个，捣毁生产窝点4个，收缴设备210台。开展“打四黑除四害”、打击食品犯罪保卫餐桌安全、食品安全百日严打行动、医疗器械五整治等专项行动，侦破有毒有害食药犯罪案件941起，抓获犯罪嫌疑人1812名。开展扫黄扫赌、“两打一创”行动，侦破涉黄涉赌刑事案件5379起，抓获犯罪嫌疑人1.35万余名。开展禁毒大排查大管控专项工作、百城禁毒会战以及毒驾治理集中行动，侦破涉毒刑事案件5694起，抓获犯罪嫌疑人8204名，缴获各类毒品835千克；查处吸毒人员4.4万余名，其中强制隔离戒毒1.06万名。全面推行多警种合成作战、多手段同步上案机制，进一步严密互联网违法信息巡查处置和网络阵地管控工作网络。以系列平安创建为抓手，推广社会治安状况预警评估机制，织严织密社会治安防控“六张网”。深化平安医院、平安高校创建，开展“护校安园”活动和地铁公交安全大检查，指导人员密集场所完善人防物防技防措施。制定加强安全生产管理意见，完善公安管辖安全生产管理责任体系。制定进一步加强公安监管工作十条措施，深化平安监管场所创建，首次实现全省公安监所全年安全零事故。开展第二次清剿火患战役、重大火灾隐患排查整治、劳动密集型企业消防安全等专项治理，全省火灾事故形势总体平稳可控，火灾起数、死亡人数同比分别下降14.4%、13.5%，未发生特大火灾事故。深化道路交通管理“治理创新年”创建活动，开展纠违治危专项整治行动，全省道路交通事故四项指数同比分别下降6.22%、9.23%、7.07%、10.88%。整治爆破作业资质挂靠和违法违规作业行为。加强区域警务协作，适时启动安全保卫“护城河”，圆满完成上海亚信峰会、北京APEC会议、南京青奥会、古田全军政治工作会议和首届世界互联网大会安保任务。圆满完成229批级别警卫任务。

四、深化法治公安建设再上新台阶。加快推进“又好又多”执法办案体系建设，落实中层领导办案规定，形成领导干部带头办案良好氛围。省公安厅制定县级公安机关执法办案积分制指导意见，有效激发队伍执法办案积极性、主动性。组织开展增强执法自信和执法公信轮训活动，开设网上平台、微信学法、庭审旁听等学法平台，提升广大民警法治思维和执法办案能力水平。组织1.9万余名民警参加执法资格等级考试，鼓励民警参加国家司法考试和申报公职律师。参与党内法规和规范性文件清理工作，梳理刑事、行政规范性文件1186件。探索建立全省公安机关规范性文件备案审查规定、行政复议听证规则。制定严禁刑讯逼供五项规定和防止涉案人员非正常死亡工作意见，推进现场统勘制，探索刑事案件办审分离机制，制定加强和改进刑事案件法律审核工作意见，加快落实重大疑难刑事案件集体议案制度，完善防止冤假错案制度体系。开展执法检查“回头看”和执法办案区“四个一律”专项检查活动。推进执法办案综合应用系统建设，规范执法办案流程，全省公安机关行政、刑事案件卷宗电子化率分别达到92.7%、88.1%。大力推进“阳光执法”，实现行政案件办理公开、行业管理公开、互联网执法信息公开，初步形成上下联动、纵横交叉的立体型阳光执法工作体系。加强公安监所人权司法保障工作，推进看守所法律援助站建设。部署开展省、市、县三级公安机关领导干部集中下访活动，依法化解重要信访件130件。建立涉法涉诉信访问题甄别办理、内部转办、退出机制、司法救助、处置非访五项工作机制，联合检法制定依法处理进京实施妨害社会管理秩序行为指导意见，依法打击处理“以访牟利”等非法上访活动。

五、公安信息化建设迈出新步伐。开展全省公安科技信息化“十三五”规划编制，完成浙江公安云数据中心建设规划编制和论证。加快推进资源集中、框架开放的全省警务工作平台以及派出所工作模块建设。健全省级信息对接交换与共享共用机制，建成内含公安类信息资源95类101.7亿条、社会类信息资源101类58.6亿条的全省数据集市。建成以大数据应用为核心的省级公安信息资源服务平台，搭建大数据处理平台，完成人、案、物专题库建设，开发云搜索、关系人分析、自主碰撞等应用模块，挂接200余个数据服务接口，初步形成公安信息资源服务体系。建成人像比对系统，完成户籍人口、流动人口、在逃人员等人像建模7634.1万个。建成省、市两级网警综合应用平台，实现全省11个市、52个县（市、区）联网使用。加快建设全省警用350兆数字集群PDT通信系统，构建新一代公安应急通信保障专网。制定实施社会视频资源整合工作意见，全省新增各类视频探头9万余个，全省现有政府投资建设的视频探头23.2万个，社会建设视频探头132万个，其中21.22万个接入视频共享平台，基本覆盖全省中心城镇主要街区、公共路口和重点部位，借助视频抓获犯罪嫌疑人2.34万余名。

六、基层基础建设水平得到新提升。省公安厅印发《关于进一步改进和加强新形势下派出所工作的指导意见》，努力提升派出所战斗力，夯实基层基础。取消全省公安机关打防控考核与市级综合考评，明确各类专项行动统一由相关业务警种承担，一律不对派出所下达工作指标，一律不实行战果排名。在各市分别确定1个城区所、1个城郊或农村所作为省厅试验点，不参加上级考核，探索派出所工作考核评估机制。继续开展厅领导下基层当一周普通民警活动。完善警调衔接机制，全省派出所全部建成调解室，95%以上矛盾纠纷得到及时化解。推动110社会应急联动工作向乡镇（街道）、社区（村居）延伸，健全派出所110警情分类分层次接处警办法，有效分流非警务警情。深化110接处警勤务机制改革，完善巡处一体化、布警动态化、指挥扁平化、全程可视化、流程规范化、工作制度化、作战合成化的基层勤务运行机制，提升快速反应和打击犯罪实效。充实调整派出所警力，深化社区警务站分级制建设，推行社区民警专职化。全省设派出所1109个，建成城乡社区警务室4031个，配备派出所民警2.4万余名，占总警力35.14%；配备城乡社区民警8055名，占派出所总警力33.5%。优化公安奖励性补助资金分配方案，加强派出所经费保障。联合省发改、住建等部门印发进一步加强全省公安派出所基础设施建设的通知，落实在建基础设施建设项目69个，其中业务技术用房24个，落实中央补助资金5519万元、中央奖励资金1508万元以及省级配套补助资金4043万元。

七、公安队伍建设呈现新活力。扎实开展全省公安机关第二批党的群众路线教育实践暨“为何从警、如何做警、为谁用警”大讨论活动，确保队伍绝对忠诚、绝对纯洁、绝对可靠。加强各级公安机关党建工作，以党建带队建，以队建促工作。组织开展全国公安机关爱民模范先进事迹浙江巡回报告会，开展“感受温暖警营、寻访最美警察”主题宣传活动，选树、发挥先进典型群英效应。做好宣扬见义勇为工作，慰问、走访全国、省级、市级见义勇为困难人员、先进人物1162人次，发放慰问金290余万元。开展全省首届公安微剧本、微电影创作大赛，策划推出金融安全“心防工程”宣传、禁毒微电影评选、“特警3号”演练等微直播、微话题，提升宣传工作成效。修订完善全省公安机关人民警察录用考察工作细则、全省公安消防警卫部队师团职后备干部选拔管理等规定，进一步规范干部人事工作。深化浙江、内蒙古、湖北、贵州三省一区公安机关素质强警交流合作。开展全省公安机关刑事侦查与刑事司法类优秀课程评审和“微课程”征集评审活动。制定全省新录用民警初任训练大纲，开展全省公安机关依法使用武器警械专项训练活动。举办全省公安系统首届警察体育大会。组建省级心理危机干预团队，健全心理危机干预机制。制定公安荣誉奖章、荣誉证书管理规定，建成浙江公安英烈墙（英烈馆）。开展全省公安机关“关爱英模·情暖警心”活动，筹建省公安厅民警互助基金。基本完成《浙江省公安志（续志）》编纂工作。开展“纪律作风建设年”活动，健全正风肃纪常态化工作机制，严格执行中央“八项规定”、省委“28条办法”、公安部“十项规定”，认真整改落实省委巡视组对省厅党委的巡视督导意见。建立省厅党委巡视督导制度，对下级公安机关和相关警种开展专项巡视督导。印发《浙江省公安机关领导干部直接联系群众八项制度》。

2014年浙江公安大事记

1月2日 **国务委员、公安部部长郭声琨在省公安厅2013年12月24日编发的《"解放"派出所》一文上作出批示** "请焕宁、崇源同志阅示。浙江的经验值得学习借鉴，下基层做民警要提倡。"

1月8日 **九省一市经侦区域警务合作联席会议在杭州市召开。**

1月9日 **省委书记、省人大常委会主任夏宝龙到曙光路保俶路交警岗亭和西湖公安分局文新派出所看望慰问公安民警。**

1月10日 **省公安厅召开党委会议** 传达学习中央政法工作会议、全国公安厅局长会议和省委政法委全会精神；审议《浙江省公安厅进一步改进和加强新形势下派出所工作的指导意见》及2011～2013年度全省优秀公安局、2012～2013年度全省优秀公安基层单位优秀人民警察和2013年度全省公安正规化建设优秀单位评选；听取关于公安部柳州会议及全省公安"138工程"建设、"温暖警营、美丽警察"评选情况汇报。

1月13日 **省公安厅印发《浙江省公安机关重大疑难刑事案件集体议案制度》、《关于加强和改进刑事案件法律审核工作的意见》** 加强对全省公安机关办理重大疑难刑事案件的指导和监督，加强对刑事案件重点环节的全流程质量监控和法律审核。

1月14日 **省公安厅印发《浙江省县级公安机关执法办案积分制》** 明确县级公安机关重点对执法管理、案件办理、执法效率、执法效果、执法能力等事项进行考核计分，纳入民警个人及部门执法质效评定范围。

1月14日 **温岭市城北街道杨家渭村大东鞋厂发生致16死5伤的火灾事故** 起火建筑为三层砖混结构，建筑面积约800平方米。省委常委、公安厅厅长刘力伟指派厅党委副书记、常务副厅长洪巨平及省公安消防总队负责人赶赴现场处置。

1月16日 **国务委员、公安部部长郭声琨调研指导浙江工作** 郭声琨在嘉兴市出席全国公安现役部队党的建设工作会议期间，到嘉兴市公安局南湖分局七星派出所湘城社区警务室、秀洲分局新城派出所和南湖公安消防大队特勤一中队等基层单位调研公安信息化建设应用、执法规范化建设和公安现役部队党建情况，看望慰问基层一线的公安民警、消防官兵。

1月16～17日 **公安部在嘉兴市召开公安现役部队党的建设工作会议** 深入学习贯彻中共中央总书记、国家主席习近平系列重要指示和中央政法委书记孟建柱重要批示精神，就进一步加强和改进新形势下公安现役部队党的建设工作进行专题研究部署。国务委员、公安部部长郭声琨，公安部副部长、纪委书记刘金国，部党委委员、政治部主任夏崇源出席会议并讲话。公安部副部长刘彦平，浙江省委副书记、政法委书记王辉忠，省委常委、公安厅厅长刘力伟出席会议。

1月18日 **公安部边防管理局在嘉兴市召开公安边防部队2014年党委扩大会议** 公安部副部长孟宏伟在部边防管理局指挥中心通过电视电话会议系统出席会议并讲话。会议明确了2014年公安边防工作的指导思想。

1月19日 **宁波市公安局侦破"1·17"爆炸案** 是月17日17时至18日9时，宁波市海曙、江东区接连发生4起爆炸案件，4名外来务工人员使用捡拾到的台灯、电风扇等家电时发生爆炸，造成6人受伤。宁波市局组成专案组开展侦查，于19日7时许在杭州市江干区抓获犯罪嫌疑人袁某某(男，33岁，湖南省新化县人)，查明其投放6枚爆炸装置，意图制造影响，伺机敲诈宁波市政府和市公安局的犯罪事实。

1月19日 **省公安厅印发《关于进一步改进和加强新形势下派出所工作的指导意见》** 进一步明确新形势下派出所工作的指导思想、基本内涵和职能定位，进一步改进新形势下派出所工作的勤务机制、方式方法和手段，进一步加强新形势下派出所工作的组织保障、警务保障和政策导向。

1月20日 **省公安厅印发《关于2013年度全省公安队伍正规化建设优秀单位的通报》、《关于2013年度全省公安机关执法质量考核评议结果的通报》、《关于表彰全省公安系统优秀单位和优秀人民警察的命令》** 杭州市公安局西湖风景名胜区分局等22个单位为全省公安队伍正规化建设优秀单位；杭州市公安局拱墅区分局等72个单位为全省公安机关执法质量优秀单位，杭州市公安局下城区分局等46个单位为全省公安机关执法质量达标单位；杭州市公安局西湖风景名胜区分局等5个单位为2011～2013年度"全省优秀公安局"，杭州市公安局交警支队景区大队等50个单位为2012～2013年度"全省优秀公安基层单位"，黄海鹰等100人为2012～2013年度"全省优秀人民警察"。

1月21～22日 **全省公安工作会议在杭州市召开。**

1月24日 **省公安厅召开党委会议** 传达学习公安部关于学习贯彻习近平总书记重要批示精神进一步加强和改进公安工作和队伍建设的通知、中纪委和省纪委三次全会、全国公安现役部队党的建设工作会议、省"两会"等精神，讨论厅机关年终考核工作。

1月26日 **省委常委、常务副省长蔡奇专题听取全省流动人口管理服务工作情况汇报** 要求从全面深化改革、推进新型城市化、建设"平安浙江"的高度继续抓好该项工作。

1月27日 **省委副书记、政法委书记王辉忠慰问公安现役部队官兵和基层民警** 王辉忠率省新春慰问团先后到杭州边检站、杭州消防支队萧山大队市北中队、杭州市公安局萧山分局宁围派出所慰问一线执勤官兵和基层民警。

1月28日 **岱山县一船舶发生7死爆燃事故** 岱山县海舟修造船有限公司检修的印度籍油轮"橡树号"，在清舱过程中发生爆燃事故，7名作业人员死亡。

2月7日 **温岭市渔船发生严重生产事故** 是日12时许，温岭市石塘镇渔业经营有限公司所属的浙岭渔冷90058船(共有22名船员)在中日协定海域(2014海区9小区)生产作业时，因氨气泄漏爆炸引起火灾，造成船上6名船员死亡，另有1名受伤船员送往医院救治。

2月10日 **省公安厅召开党的群众路线教育实践活动总结暨年度表彰大会** 省委常委、公安厅厅长刘力伟出席会议并作重要讲话。省委第九督导组组长张惠康对省厅开展教育实践活动情况作点评。厅党委副书记、常务副厅长洪巨平主持会议。厅党委委员、政治部主任石小忠宣读有关表彰决定。

2月11日 **副省长朱从玖到省公安厅调研金融部门与公安机关的协作配合等工作。**

2月13日 **磐安县一村庄大会堂屋顶坍塌造成9人死亡** 17时30分许，磐安县万苍乡雅庄村一村民在村大会堂办喜事用餐时，发生因连日积雪导致屋顶坍塌事故，造成9人死亡、91人受伤(其中重伤12人)。省委书记夏宝龙，省长李强，省委副书记王辉忠，省委常委、公安厅厅长刘力伟分别作出批示。副厅长、纪委书记王海仁到厅指挥中心指挥抢险救援。

2月15～28日 **全省公安机关圆满完成2014APEC宁波高官会警卫安保任务** 来自亚太经合组织各经济体的25个代表团、2091名高官和代表出席会议。省委常委、公安厅厅长刘力伟，副厅长王冰、陈石春等多次赴甬协调指导安保工作。厅相关警种与宁波市公安机关圆满完成大会警卫安保任务，得到外交部的肯定。

2月18～21日 **省委常委、公安厅厅长刘力伟率团考察福建、湖南两省警务工作。**

2月24～25日 **全省公安机关打防侵财犯罪等专项工作部署会议在慈溪市召开** 会议回顾总结2013年刑侦工作，分析面临形势，部署2014年工作，重点部署打防侵财犯罪专项工作、现场统勘、打防黑恶犯罪、立线侦查及打击"伪基站"专项行动等。厅党委副书记、常务副厅长洪巨平出席会议并讲话。

2月26日 **省委书记、省人大常委会主任夏宝龙到省公安厅调研网上舆情处置工作** 省委常委、宣传部部长葛慧君，省委常委、秘书长赵一德陪同调研。省委常委、公安厅厅长刘力伟，厅党委副书记、常务副厅长洪巨平参加调研座谈。

2月27～28日 **省公安消防总队党委第二届委员会第二次全体(扩大)会议在杭州市召开** 省委副书记、政法委书记王辉忠出席会议，要求加快推进消防行政审批制度改革，并给省公安消防总队颁发省政府记集体一等功奖牌。省委常委、公安厅厅长刘力伟为上合组织联合救灾演练记一等功的官兵代表颁奖。

3月3日 **省反恐办召开成员单位联络员紧急会议** 副厅长、省反恐办主任黎伟挺通报3月1日云南昆明恐怖事件案情，传达中央、省委领导的指示和批示精神，并对反恐怖工作进行专题部署。是日下午，黎伟挺赴铁路杭州城站、地铁城站至婺江路站一线、汽车客运南站，检查指导反恐怖工作措施落实情况。

3月5日 **省公安厅召开全省公安机关反腐倡廉建设电视电话会议** 总结2013年工作，分析面临形势，部署2014年党风廉政建设和反腐败斗争任务。省委常委、公安厅厅长刘力伟出席会议并讲话，强调要抓好公安队伍党风廉政建设和反腐败斗争。

3月12日 **省公安厅召开全省公安法治建设工作电视电话会议** 总结全省公安机关执法规范化建设情况，分析面临形势，强调以法治公安为目标，以"又好又多"执法办案体系为抓手，推进公安法治建设。省委常委、公安厅厅长刘力伟出席会议并讲话。厅党委副书记、常务副厅长洪巨平主持会议，并代表厅党委与各市公安局及厅机关相关总队签订2014

年度执法责任书和下放许可事项委托书。副厅长、纪委书记王海仁作工作报告。

3月14日　**衢州市公安局侦破非法集资案件**　是日，衢州市局经侦支队在上海警方配合下开展统一收网行动，抓获“中宝投资”网络借贷平台主要犯罪嫌疑人周某，在衢州、上海等地查封扣押房产、车辆、银行存款等涉案资产1亿余元。

3月18日　**全省公安现役部队党的建设工作会议在杭州市召开**　会议强调加强公安现役部队党的建设是确保队伍坚持正确方向、履行职责使命、永葆忠诚本色的生命工程，要求加强对公安现役部队的组织领导。

3月18～19日　**省委副书记、政法委书记王辉忠到义乌市、绍兴市柯桥区调研反恐怖工作**　王辉忠在省民宗委、省安全厅、省公安厅、武警浙江总队有关负责人陪同下到义乌市、绍兴市柯桥区调研反恐怖工作。其间，王辉忠先后深入武警金华支队一中队营部、义乌市公安局稠城派出所宾王警务室、义乌市国家安全局、柯桥区公安分局特警大队、柯桥派出所等地进行调研，实地检查反恐怖基层基础工作。

3月20日　**省公安厅印发《委托下放行政审批事项实施方案》**　委托下放行政审批事项12项，主要涉及治安、禁毒、科信三个部门。

3月21日　**浙沪两地公安机关在杭州市联合召开亚信峰会环沪社会面管控工作对接会议**　省委常委、公安厅厅长刘力伟，上海市副市长、公安局局长白少康出席会议。

3月24日　**省公安厅召开全省公安信访工作电视电话会议**　讲解省厅《关于依法处理涉法涉诉信访问题的实施办法》。

3月26日　**省公安厅召开推进“五水共治”新闻发布会**　向中国人民广播电台、《人民公安报》等20余家媒体通报全省公安机关严打环保犯罪、全力服务保障“五水共治”工作情况。

3月27日　**省委、省政府在杭州市召开全省流动人口管理服务工作会议**　总结全省流动人口管理服务工作情况，分析形势，研究部署完善和创新流动人口管理服务相关工作。

3月28日　**公安部召开2014年全国“缉枪治爆”专项行动动员部署电视电话会议**　会后，省公安厅召开续会，部署全省开展“缉枪治爆”专项行动实施意见。

4月2日　**省公安厅召开党委会议**　传达学习习近平总书记在兰考县委常委扩大会议上的重要讲话精神以及全国公安机关第二批群众路线教育实践活动暨“大讨论”活动推进会、全省流动人口服务管理工作会议等有关精神，研究公安机关服务保障“五水共治”工作和全省公安机关组织开展执法检查“回头看”活动，审议2014年厅机关预算安排、《2014年全省公安队伍正规化建设评估要点》、《浙江省公安现役部队巡察工作规定(试行)》等事项。

4月8日　**上海亚信峰会“环沪护城河”安保工作省级协调会在杭州市召开**　省委常委、公安厅厅长刘力伟出席会议并作重要讲话，副厅长陈石春介绍工作情况。省维稳办、信访局、安全厅、财政厅、交通运输厅、武警总队、浙江海事局等19个单位负责人参加会议。

4月10日　**省公安厅召开全省重要信息系统和政府网站安全专项检查工作总结暨省网络与信息安全信息通报中心2014年第一次会议**　会议由省厅和省网络与信息安全信息通报中心联合召开。省人力社保厅、国家电网浙江省电力公司、浙商银行、省卫生计生委作信息安全工作典型发言。

4月11日　**省公安厅召开党委会议**　研究成立厅全面深化改革领导小组等有关事宜及贯彻落实全国公安机关开展依法使用武器警械训练活动动员部署会议的意见，听取反恐怖工作情况汇报，审议《浙江省公安机关建立健全惩治和预防腐败体系2013～2017年工作细则》。

4月11日　**省公安厅与省通信产业服务有限公司举行共同推进浙江省“科技强警”建设战略合作协议签约仪式。**

4月11日　**省公安厅印发《浙江省公安厅关于切实加强依法使用武器警械训练工作的通知》**　要求提高基层一线民警的应急反应和综合实战能力。

4月14日　**全省道路交通安全工作专题会议在建德市召开**　副省长毛光烈出席会议并讲话。副厅长叶寒冰代表省道路交通安全工作领导小组办公室通报全省道路交通安全工作情况。

4月17日　**省公安厅成立全面深化改革领导小组**　职责是贯彻实施公安部和省委各项改革决策部署，统筹推进全省公安机关各项改革任务。下设办公室(简称“改革办”)，作为领导小组办事机构，负责处理日常事务工作。改革办设在厅办公室，下设警务机制及公安行政管理改革工作小组、公安队伍建设改革工作小组、公安法制建设改革工作小组。

4月18日　**省政府召开全省禁毒工作电视电话会议**　回顾总结2013年全省禁毒工作，分析形势，部署目标任务。

4月18日　**省公安厅落实省政府关于加强防治空气污染应急响应措施**　部署建立健全全省公安机关重污染天气应急响应机制。

4月18～21日　**国务院考核组检查考核浙江消防工作**　文化部党组副书记、副部长杨志今带领国务院第四考核组，对浙江省2013年度消防工作进行检查考核。副省长毛光烈参加汇报反馈会。

4月23日 **省公安厅印发《浙江省公安厅关于全省公安机关护航"五水共治"工作的实施意见》** 部署推行"河道警长制"，履行参与保障职责，推进"打污染清江河"专项行动。

4月23日 **永嘉县三江镇发生因拆除基督教堂引发的群体性事件** 27日，省公安厅调派杭州、宁波、金华、台州市公安局特警协助平息事态。

4月25日 **省公安厅在金华市召开全省公安机关配置"河道警长"护航"五水共治"工作现场会** 推广金华市公安机关在全省率先建立"河道警长"制做法，决定全省公安机关配套建立相对应的省、市、县、派出所四级的"河道警长"，省厅6名厅领导担任钱塘江、瓯江、曹娥江等重要水系的"河道警长"。与会人员实地考察金华市婺城区乾西乡长湖治理现场，了解"河道警长"工作开展情况。金华市、温州市、海宁市、浦江县公安局以及兰溪市、安吉县公安局的两位"河道警长"分别作交流发言。省委常委、公安厅厅长刘力伟，省政府党组副书记、顾问王建满出席会议并讲话。

4月27日 **完成丹麦王国女王玛格丽特二世访浙警卫工作。**

4月29日 **省政府召开打防电信(网络)诈骗犯罪专题协调会** 研究、讨论建立省打防电信(网络)诈骗犯罪工作推进机制及省级有关单位工作职责。省公安厅党委副书记、常务副厅长洪巨平汇报全省打防电信(网络)诈骗犯罪工作情况。省委宣传部、省教育厅、省财政厅等有关单位参加会议。

4月29日 **省公安厅、省卫计委在宁波市联合召开全省防范和处置医患纠纷工作现场会** 总结推广宁波等地防范处置医患纠纷、有效维护医疗机构治安秩序的经验做法，研究部署全省进一步落实医患纠纷防范处置及严厉打击涉医违法犯罪活动工作措施。杭州、宁波市公安局，宁波海曙公安分局，宁波市第二医院等单位分别作交流发言。

4月29日 **宁波走私犯罪侦查局侦破"2·28"海上走私成品油团伙专案** 抓获包括主犯在内的涉案嫌疑人32人，查封张家港1处油库。

4月30日 **省公安厅召开党委会议** 听取省委巡视组进驻安排和准备工作、全国公安机关网安工作座谈会和公安部"417"会议精神及贯彻落实意见的汇报，研究确定厅领导担任"河道警长"事宜及贯彻落实全省民族乡(镇)工作现场会精神的意见，审议浙江省公安机关执法质量考核评议实施办法。

5～6月 **省委第一巡视组对省公安厅开展巡视** 此次巡视的主要任务是突出中央、省委"四个着力发现"的要求，重点对省公安厅领导班子及成员2009年以来深入推进党风廉政建设和反腐败斗争情况，贯彻落实中央"八项规定"、省委"28条实施办法"、"六项禁令"情况，严明党的政治纪律情况，以及执行民主集中制和干部选拔任用情况等进行监督检查。9月5日，巡视组反馈了巡视整改意见。

5月7日 **省公安厅召开全省公安机关打击整治非法生产销售和使用"伪基站"违法犯罪活动专项行动推进会** 温州、金华、丽水市公安局作交流发言。

5月8～11日 **完成中共中央政治局常委、全国人大常委会委员长张德江在浙警卫工作。**

5月10日 **杭州市余杭区部分群众因抵制建造垃圾焚烧厂而引发群体性事件** 11日，省公安厅调集宁波、湖州、绍兴市公安局特警协助平息事态。

5月12日 **省委副书记、政法委书记王辉忠到省公安厅高速公路交警总队嘉兴支队大云公安检查站检查指导"亚信峰会"安保工作。**

5月13日 **完成土库曼斯坦总统别尔德穆哈梅多夫和10位副总理访浙警卫工作。**

5月13日 **省公安厅印发《全省公安派出所办理经侦部门管辖经济犯罪案件暂行规定》** 明确刑事案件管辖分工和执法办案程序。

5月15日 **全省首届公安微剧本、微电影创作大赛颁奖仪式在绍兴市柯桥区举行。**

5月16日 **省委常委、公安厅厅长刘力伟会见土耳其高级警官代表团** 刘力伟在杭州会见以土耳其共和国科尼亚省警察局长侯赛因纳玛尔为团长的高级警官代表团。

5月18日 **国务委员、公安部部长郭声琨到浙江视察指导亚信峰会安保工作** 是日上午，郭声琨先后察看了嘉善县公安局110指挥中心、G60沪昆高速大云卡点，看望慰问基层一线民警、武警和协辅警，并听取省公安厅、嘉兴市公安局的安保工作情况汇报。

5月19日 **省公安厅印发《拘留所办理收拘、解除拘留工作规程》。**

5月19日 **完成蒙古国总统查黑亚·额勒贝格道尔吉访浙警卫工作。**

5月20日 **省公安厅印发《浙江省公安厅关于对应"河长"配套设置"河道警长"的通知》** 决定配套省级"河长"设置省级"河道警长"。

5月22日 **完成柬埔寨王国首相洪森访浙警卫工作。**

5月27日 **全省公安机关"特警3号"反恐维稳汇报演练在省公安消防总队袍江训练基地举行。**

5月27～28日 **省政协副主席张泽熙到金华市**

调研打防通讯(网络)诈骗工作 张泽熙考察了金华市公安局公安服务在线、舆情作战室、网络直播室、合成作战室,并主持召开省政协十一届二次会议第503号重点提案办理协商座谈会。

5月29日 **省公安厅、省教育厅联合召开全省中小学幼儿园安全防范工作视频工作会议。**

5月30日 **公安部召开进一步加强火车站等人员密集场所安全防范暨社会面整体防控工作视频会** 会后,省公安厅部署铁路、机场公安机关做好与属地公安机关工作对接,强化社会面治安管控。

6月6～15日 **浙江等6省公安机关联合开展"903"非法拼装烟机系列案件集中收网行动** 浙江省公安机关于年初根据公安部经济犯罪侦查局布署,以温岭"9·3"非法拼装烟机案为切入点,扩展出6条外地假烟生产团伙订购烟机、生产假烟的线索。是月6日,公安部下达收网指令,浙江、湖北、河南等地开展集中收网行动,共抓获犯罪嫌疑人72名,查扣YJ14、YJ23等型号烟机成品27台、半成品13台,以及大批假烟和原材料,涉案总价值4000万余元。7月5日,国务委员、公安部部长郭声琨为该案签发嘉奖令。

6月9日 **省公安厅召开全省公安机关开展严厉打击暴力恐怖活动专项行动部署电视电话会议。**

6月9日 **省公安厅与公安部第一研究所、温州市人民政府举行合作创办浙江安防职业技术学院签约仪式。**

6月10日 **省公安厅和省质量技术监督局印发《浙江省公安厅 浙江省质量技术监督局转发公安部国家质检总局关于加强和改进机动车检验工作意见的通知》** 推出扩大新车免检范围,试行非营运轿车等车辆6年内免检,推行机动车异地检验等措施。

6月16日 **公安部严厉打击暴力恐怖活动内地工作督导组到浙江督导检查。**

6月16日 **省公安厅、省卫生和计划生育委员会印发《关于进一步深化维护医疗机构治安秩序的意见》** 要求各地落实医疗机构内部治安保卫工作责任制,加强涉医案(事)件防控处置力度,强化涉医案(事)件警医联动机制,强化法制宣传和舆论引导工作。

6月19日 **省公安厅、武警总队在义乌国防教育训练基地召开特警、武警"三联"义乌试点推进会。**

6月26日 **浙江省、杭州市及上城区禁毒委在杭州市吴山广场联合举办"阻击合成毒品全民总动员"国际禁毒日主题宣传活动。**

6月26日 **省公安厅召开"两志"编纂工作推进会** 厅党委副书记、常务副厅长洪巨平主持会议并讲话。

6月26～29日 **公安部常务副部长杨焕宁到浙江调研反恐维稳工作** 杨焕宁听取了省公安厅和杭州、金华、绍兴市公安局及江干、义乌、柯桥区(市)公安(分)局的反恐怖工作情况汇报,观看全省反恐怖业务信息平台和情报中心人员管控平台演示,实地检查杭州火车东站、地铁和义乌小商品市场、柯桥轻纺城等地的反恐维稳措施落实情况,并在杭州主持召开维吾尔族学生群体管控工作座谈会。其间,到浙江公共安全技术研究院调研建设推进情况。

6月30日～7月2日 **2014年度全省公安特警跨区域拉动演练在绍兴举行。**

7月1日 **省委书记、省人大常委会主任夏宝龙视察嘉善县公安局魏塘派出所** 夏宝龙在嘉善县参加和指导县委常委会专题民主生活会期间,走访视察了魏塘派出所,了解公安工作和社会治安情况,慰问基层民警和保安队员。

7月2日 **省公安厅在乌干达共和国抓获重大经济犯罪嫌疑人俞优静** 2月24日,永康市公安局以涉嫌合同诈骗对浙江百舸进出口贸易有限公司法人代表俞优静立案侦查。6月30日,省公安厅经侦总队境外追捕小组赴乌干达执行抓捕任务。7月2日,在乌干达恩德培地区抓获俞优静。经查,该俞涉嫌合同诈骗金额达5000余万元,骗取贷款金额达1.3亿余元。

7月4日 **公安部在杭州市召开《省级公安机关党风廉政建设责任制检查考核办法》研究座谈会。**

7月4日 **全省社区矫正工作会议在杭州市召开** 会议强调要贯彻落实习近平总书记重要指示精神,按照全国矫正工作会议的部署要求,围绕把社区服刑人员教育改造成守法公民这一中心任务,提高社区矫正工作规范化水平。

7月5日 **杭州市一公交车上发生放火案** 是日17时零3分,杭州市一辆7路公交车途经东坡路与庆春路交叉口时车内突然起火燃烧,事故造成32人受伤。7日,杭州市公安机关抓获犯罪嫌疑人包来旭,系公交车内被烧成重伤的男子。2015年2月12日,杭州市中级人民法院一审判处被告包来旭死刑,剥夺政治权利终身。

7月7日 **省委、省政府在杭州市召开全省外国人管理服务工作会议** 总结全省外国人管理服务工作情况,分析形势,研究部署工作,省公安厅、省外侨办和杭州市、义乌市作经验交流。

7月8日 **省禁毒委在杭州市召开中央领导重要指示批示精神专题传达学习会** 传达学习习近平总书记、李克强总理的重要指示、批示,通报中央政治局常委会议和国务院常务会议精神,解读中央6号文件。

7月8日　**温州市公安局鹿城分局侦破一起网络赌博案**　该分局在温州市新世界庄园、百里大厦、龙湾国际机场等地分别抓获涉赌嫌疑人郑某、李某等14人，冻结银行卡37张、资金500余万元，扣押电脑23台，涉案金额上亿元。

7月8日　**省公安厅召开党委会议**　传达学习省委常委扩大会议有关精神，研究贯彻意见；听取关于杭州公交车放火案、南京青奥会安保工作筹备以及全国公安机关深化打击整治“东伊运”恐怖音视频网上传播专项行动视频会议主要精神及贯彻意见的汇报。

7月9日　**省公安厅传发《关于2012至2013年全省县级车辆管理所等级评定情况的通报》**　评出一等县级车辆管理所26个(其中余杭、临安、富阳、北仑、奉化、宁海、桐乡、温岭车辆管理所被公安部评为全国优秀县级车辆管理所)，二等县级车辆管理所25个，三等县级车辆管理所16个。

7月9～16日　**省委常委、公安厅厅长刘力伟率团访问俄罗斯、土耳其。**

7月10日　**宁波市公安机关侦破“4·4”特大组织他人偷越国(边)境案**　该案为公安部督办案件，共抓获并移诉犯罪嫌疑人11名，查获非法入境越南籍务工人员394名。

7月15～17日　**省公安厅组织参加2014年度华东合作区公安特警拉动演练**　该演练在安徽省淮南市举行。全省公安机关共出动16辆车、108名现场拉练人员，拉动距离逾1000千米。

7月18日　**宁波市公安机关侦破重大骗税案**　是日，宁波市公安局经侦支队联合宁波市国税稽查局、宁波走私犯罪侦查局对宁波虬龙水产公司、宁波誉丰水产公司涉嫌骗取出口退税案开展收网行动，抓获违法犯罪嫌疑人7人，扣押银行卡20余张及各类涉案账册、凭证1200余册。经查，2010年至2014年4月，犯罪嫌疑人王某某通过控制别人账户，涉嫌虚开增值税专用发票金额近7亿元、骗取出口退税金额近1亿元。

7月22日　**台州市公安机关侦破特大集资诈骗案件**　是日，台州市公安局椒江分局在金华抓获涉嫌合同诈骗的在逃犯罪嫌疑人翟某某(男，57岁，台州市人)。经查，2013年至2014年，该翟虚构经营燃料油生意缺资，向社会不特定对象非法集资约1亿元，并涉嫌签订虚假合作经营燃料油协议，诈骗邱某某等人1000余万元。

7月23日　**省反恐怖工作领导小组在杭州市召开全省反恐怖突击暗访工作情况通报会**　省委副书记、政法委书记王辉忠出席会议并就突击暗访中发现的问题进行点评并提出要求。

7月28日　**省公安厅召开党委会议**　传达学习习近平总书记在中央政治局第十六次集体学习时的重要讲话、中央司法体制改革试点工作座谈会及省里有关座谈会精神，并进行讨论；听取警卫工作、关于2014年上半年全省公安机关党风廉政建设和反腐败工作情况、省厅“1号文件”巡视督导工作中收集的问题和有关建议、全省公安机关打防侵财犯罪专项工作情况及下步意见、全国公安机关加强地铁公交安保工作紧急视频会议精神及贯彻落实意见、2014年公安特警跨区域拉动演练工作情况、全国深入推进户口登记管理专项清理整顿工作第二次电视电话会议精神及贯彻落实意见、全国公安机关缉捕在逃境外经济犯罪嫌疑人专项行动电视电话会议精神及贯彻落实意见的汇报，并进行讨论；审议新一轮全国公安机关执法示范候选单位。

7月29日　**省委副书记、政法委书记王辉忠到浙江公共安全技术研究院调研**　听取研究院组建、项目建设、科研开发、服务政法工作等情况汇报，强调要面向公共安全，形成一批具有浙江特色、适应信息化趋势的建设成果。

7月30～31日　**公安部“五十百千”示范工程片区座谈会在常山县、宁波市鄞州区召开。**

8月1日　**省公安厅召开全省公安机关缉捕在逃境外经济犯罪嫌疑人专项行动部署电视电话会议**　通报全省缉捕在逃境外经济犯罪嫌疑人工作情况，就全力开展缉捕在逃境外经济犯罪嫌疑人专项行动作出部署。

8月1日　**省公安厅召开党委会议**　学习讨论中央《关于对周永康严重违纪问题立案审查的决定》；传达学习省委政法委第三次全体(扩大)会议精神，研究贯彻落实意见；听取关于东阳、诸暨两起民警职务犯罪案件、筹备召开全省公安机关深化执法规范化建设现场推进会的汇报，并进行讨论；审议《浙江省公安机关协辅人员保密规定》。

8月14～16日　**完成斐济共和国总统奈拉蒂考访浙警卫工作。**

8月15日　**全省公安机关深化执法规范化建设现场推进会在海宁市召开**　会议要求全省公安机关着力构建安全运行、运转高效、监督有力的执法监督体系，进一步完善“又好又多”执法办案体系。

8月16日　**温州市公安局侦破“8·1”中广有线电视网络机顶盒遭黑客攻击专案。**

8月19日　**省委书记、省人大常委会主任夏宝龙在宁波市慰问海警官兵。**

8月22日　**浙江省公安特警、武警反恐力量“联训、联勤、联战”现场会在义乌市举行**　省委常委、公安厅厅长刘力伟出席会议，强调各地公安特警和武警官兵要开展针对性训练和合成演练，不断提高快速反应和实战处置能力。

8月26日　**省委副书记、省长李强检查沪昆高速公路新岭隧道拓宽工程项目建设**　听取厅高速交警总队关于优化工程交通组织、落实三级服务保障等工作情况汇报。

8月28日　**省委610办、省公安厅、省检察院、省法院联合召开全省反邪教专项工作视频推进会。**

8月29～30日　**完成马达加斯加共和国总理罗歇·库卢访浙警卫工作。**

9月1～3日　**省委常委、公安厅厅长刘力伟调研指导温州市工作**　召开专题会议研究浙江安防职业技术学院(筹)工作，听取相关工作情况汇报，实地察看该校射击馆等设施建设情况。其间，先后到温州市公安局水上分局、平阳县公安局南麂边防派出所、空军某部雷达基地调研。

9月2日　**温州市、龙湾区两级公安机关侦破一起生产销售有毒、有害食品案**　抓获21名犯罪嫌疑人，涉案价值1000余万元。

9月5日　**省公安厅召开党委会议**　听取关于加强国际执法合作工作情况、深入推进土地房屋专项治理工作情况、全省干部监督会议和优秀年轻干部培养选拔工作座谈会精神及贯彻意见的汇报，并进行讨论；审议《全省公安机关优秀公安局优秀公安基层单位和优秀人民警察评选办法》。

9月6～8日　**完成马来西亚最高元首哈利姆访浙警卫工作。**

9月10日　**省禁毒委员会办公室　省公安厅印发《吸毒人员分级分类管控工作规定(试行)》。**

9月15日　**省公安厅召开浙江省启用电子往来港澳通行证首发仪式暨媒体通气会**　厅党委副书记、常务副厅长洪巨平到会讲话，并为申请人代表颁发首批签发的电子往来港澳通行证。

9月15日　**省公安厅印发《浙江省公安机关严禁刑讯逼供五项规定》**　要求严肃办案纪律，落实责任追究。

9月17日　**省政府在温岭市召开全省火灾等安全事故防控综合治理体系建设现场会**　总结推广温岭市“大教育、大整治、大落实、大监管、大防控”经验做法，推动建立火灾等安全事故防控综合治理体系。副省长毛光烈，公安部消防局副局长牛跃光出席会议并讲话，厅党委副书记、常务副厅长洪巨平参加会议。

9月19日　**省公安厅召开党委会议**　研究全国公安厅局长座谈会筹备工作；听取关于全国看守所“五化建设”现场会精神及贯彻意见、全国涉法涉诉信访改革工作推进会精神及贯彻意见、公安部情报中心主任黄洪来浙调研工作情况及下步建议、全省网络安全工作现状及下一步建议的汇报，并进行讨论。

9月21日　**省公安厅物证鉴定中心通过中国合格评定国家认可委员会评审组实验室认可现场评审。**

9月22～23日　**全国公安厅局长座谈会在杭州市召开。**

9月24日　**省十二届人大常委会第十三次会议举行规范执法公正司法专题询问会**　省委常委、公安厅厅长刘力伟介绍全省公安机关规范执法公正司法工作情况，就执法规范化、制度建设、队伍建设、司法公开、信息化建设等问题回答有关代表询问。省人大常委会副主任茅临生出席会议并对公安机关规范执法公正司法工作给予充分肯定。厅党委副书记、常务副厅长洪巨平就贯彻实施修订后的《刑事诉讼法》、刑事案件办审分离机制以及成立重大疑难案件侦查办案指导委员会等问题作了说明。

9月25日　**省公安厅印发《全省优秀公安局优秀公安基层单位和优秀人民警察评选办法》。**

9月26日　**省公安厅召开落实省委巡视组巡视意见整改工作通报会**　省委常委、公安厅厅长刘力伟通报省委第一巡视组对省厅巡视情况的反馈意见，并对落实巡视意见整改工作提出要求。28日下午，厅党委副书记、常务副厅长洪巨平主持召开落实省委巡视组巡视意见整改工作推进会，对推进整改作出部署。

9月28日　**省公安厅举行浙江公安英烈纪念墙暨事迹陈列馆落成仪式**　省委副书记、政法委书记王辉忠，省委常委、公安厅厅长刘力伟在杭州市云居山为落成仪式揭幕。厅党委副书记、常务副厅长洪巨平代表省厅讲话，厅党委委员、政治部主任石小忠主持仪式。30日，夏宝龙、李强、乔传秀、王辉忠、刘力伟等省领导瞻仰新落成的浙江公安英烈纪念墙。

9月28日　**金华市、义乌市两级公安机关查处“8·11”组织卖淫案**　抓获27名犯罪嫌疑人及64名卖淫嫖娼人员。

10～11月　**省公安厅领导分头到联系点蹲点当一周民警。**

10月9日　**义乌市公安局对“8·16”特大跨国制售假药专案采取收网行动**　该案的侦破得到中央领导李克强、张高丽、汪洋、孟建柱、郭声琨等的批示肯定。

10月9日　**省公安厅召开党委会议**　传达学习全国禁毒工作会议精神，研究贯彻意见；听取关于全军政治工作会议“环闽护城河”安保有关情况汇报，并进行了讨论；审议《浙江省公安厅党委会议事规则（修订稿）》和《浙江省公安厅务会议事规则》。

10月10日　**省公安厅印发《浙江省公安厅党委会议事规则（修订稿）》和《浙江省公安厅务会议事规则》。**

10月10日　**省公安厅召开全省公安机关百城禁毒会战部署视频会议**　省委常委、公安厅厅长刘力伟出席会议并作重要讲话，要求全省公安机关创新打击管控方式，打好百城禁毒会战。杭州、宁波、温州、台州市公安局主要负责人在会上作了发言。

10月11日　**省公安厅向省政府专题汇报禁毒工作**　省委常委、常务副省长、省禁毒委主任袁家军在听取汇报后，对下一步省禁毒委向省委常委会、省政府常务会议汇报禁毒工作的相关准备工作提出明确要求。

10月16日　**省政府在宁波市召开全省黄标车淘汰工作推进会**　副省长熊建平出席会议并讲话。省公安厅党委副书记、常务副厅长洪巨平作工作部署。

10月17日　**省政府第34次常务会议专题听取全省禁毒工作汇报**　研究解决加强禁毒工作组织领导、工作考核和责任追究、力量建设、经费投入、宣传、收治场所建设及表彰奖励等事项。

10月17日　**省公安厅召开党委会议**　传达学习中央和全省党的群众路线教育实践活动总结大会精神，研究贯彻意见；审议《中共浙江省公安厅委员会落实〈省级公安机关落实党风廉政建设党委主体责任纪委监督责任检查考核办法〉责任分解》和《浙江省市级公安机关落实党风廉政建设党委主体责任纪委监察责任检查考核办法》；研究调整厅机关党组织设置问题。

10月17日　**省公安厅召开厅务会议**　讨论《人民警察法》（修订征求意见稿）修改意见，研究《户籍管理十项便民服务措施》，审议《关于办理领导同志批示件的规定（试行）》。省委常委、公安厅厅长刘力伟主持会议。

10月21日　**省公安厅召开"四项建设"调研工作部署会**　厅党委副书记、常务副厅长洪巨平强调要上下联动、警种协同、深入调研，共同研究谋划好"四项建设"方案和2015年的全省公安工作思路。

10月27日　**全省公安系统首届警察体育大会闭幕**　6月始，来自各市公安局和省公安厅直属机关、边防局、消防局、高速公路交警总队、杭州铁路公安处、浙江警察学院等17个代表团的1600余名运动员，参加了10大项41个小项的竞赛。温州、宁波、杭州市公安局代表团分获团体总分前三名。

10月28日　**省公安厅召开党委扩大会议**　传达学习贯彻党的十八届四中全会和省委常委扩大会议精神。

10月29日　**省委副书记、政法委书记王辉忠，省委常委、公安厅厅长刘力伟会见全国公安爱民模范集体代表和爱民模范。**

10月29日　**中共浙江省公安厅委员会印发《浙江省公安机关领导干部直接联系群众八项制度》**　八项制度分别是：调查研究制度、基层联系点制度、挂职锻炼制度、定期接待群众来访制度、与民警谈心谈话制度、征集群众意见建议制度、问题整改反馈制度、扶贫帮困制度。

11月2日　**杭州市公安机关圆满完成2014年杭州国际马拉松赛安保工作**　来自中国大陆、香港、台湾及美国、日本、英国、德国等34个地区和国家的2.9万余名选手参加该项赛事。杭州市公安机关、武警杭州支队共出动5400余名警力，完成各项安保工作。

11月3日　**省委常委会听取禁毒工作汇报**　研究部署加强全省禁毒工作力量，加大打击力度，加强禁毒宣传，加强组织领导等。

11月3日　**宁波市公安机关侦破"10·10"毒品专案**　抓获177名违法犯罪嫌疑人，缴获冰毒约29千克、仿64式手枪1支、子弹17发。

11月5日　**省委常委、公安厅厅长刘力伟在杭州市会见浙江在第五届"我最喜爱的人民警察"评选活动中获奖的民警。**

11月6～7日　**全省公安机关深化网络社会管控工作会议在杭州市召开**　会议总结网络社会治安管控工作取得的成绩，分析形势和问题，对推进"四项建设"、深化网络社会管控工作作出动员部署。省委常委、公安厅厅长刘力伟出席会议并作重要讲话，副厅长华乃强作主题报告。

11月6～7日　**完成加拿大总理斯蒂芬·哈珀访浙警卫工作。**

11月12日　**省委常委、常务副省长袁家军专题听取户籍制度改革和流动人口管理服务工作情况汇报。**

11月13日　**副省长毛光烈到浙江公共安全技术研究院调研。**

11月13日　**省公安厅印发《户籍管理十二项便民服务措施》。**

11月16～23日　**省公安厅党委副书记、常务副厅长洪巨平率团访问澳大利亚联邦、越南社会主义共和国**　洪巨平分别与澳大利亚西澳州警察厅、越南庆和省公安厅相关负责人会谈，并与越南庆和省公安厅签署《关于开展警务交流与合作的会谈纪要》。

11月17日　**国务院召开全国进一步推进户籍

制度改革工作电视电话会议 省委常委、常务副省长袁家军在浙江分会场参加会议，并在会后就贯彻落实会议精神作出部署。

11月17～21日 **韩国全南地方警察厅代表团访问浙江** 17日，省委常委、公安厅厅长刘力伟在杭州市会见以厅长白升昊为团长的韩国全南地方警察厅代表团。

11月19～21日 **完成首届世界互联网大会安保工作** 该会议在桐乡市乌镇举行，由国家互联网信息办公室、浙江省人民政府共同主办，来自近100个国家和地区的1000余人参加会议。全省公安机关在省公安厅统一部署指挥下顺利完成大会各项安保工作。

11月19～21日 **完成中共中央政治局常委、国务院总理李克强来浙警卫工作。**

11月24日 **省公安厅印发《浙江省公安厅关于刑事案件办理程序若干问题的规定》** 对刑事案件的管辖、立案、律师参与诉讼、侦查、网上追逃、强制措施作出规定。

11月26日 **省公安厅、省司法厅联合召开全省“警调衔接”机制建设推进工作视频会议。**

11月26～27日 **全国公安监管部门艾滋病防治工作培训班暨医疗卫生专业化建设现场会在长兴县召开** 省厅监管总队、长兴县公安局介绍了公安监所在预防艾滋病、推进监管医疗卫生专业化建设等方面的工作经验。与会代表实地观摩了湖州市、长兴县看守所医疗卫生专业化建设成果。

12月2日 **华东地区公安技侦反恐协商会暨第二十六次华东地区公安技侦协作会议在嘉兴市召开。**

12月2～3日 **公安部、武警总部联合调研组到浙江调研指导看守所安全工作** 武警总部副司令员戴肃军、公安部监所管理局局长赵春光率领联合调研组听取了浙江看守所安全工作的情况汇报，实地检查杭州市江干区、德清县、嘉兴市看守所，了解看守所“四防一体化”等建设情况。

12月4日 **省公安厅召开全省公安机关“猎狐2014”专项行动暨“大决战”新闻发布会** 通报全省专项行动进展情况和“大决战”工作部署并答记者问。

12月5日 **省公安厅印发《关于进一步加强全省边防派出所建设的决定》** 要求强化边防派出所治安防控基础性地位作用，加强基础信息化、警务实战化、执法规范化、队伍正规化建设，提升综合保障能力。

12月8～12日 **国家禁毒委督导组到浙江督导中央6号文件贯彻落实情况** 国家禁毒委副主任、海关总署副署长胡伟率国家禁毒委督导组到浙江督导贯彻落实中央6号文件及全国禁毒工作会议精神。9日下午，省政府召开督导汇报会，省委常委、常务副省长袁家军出席会议，副厅长华远平代表省禁毒委作工作汇报。

12月9日 **全省边防治安防控体系暨边防派出所建设会议在杭州市召开** 舟山市公安局、温州市边防支队、象山县公安局和台州前所公安边防派出所分别作交流发言。会议表彰了6个“罗家岙式”先进所队和10名“罗家岙式”先进个人。

12月12～14日 **完成爱尔兰总统希金斯访浙警卫工作。**

12月15～16日 **完成中共中央政治局常委、国务院副总理张高丽来浙警卫工作。**

12月23日 **浙江省高级人民法院、浙江省人民检察院、浙江省公安厅印发《浙江省高级人民法院等三部门关于简化刑事案件管辖对接问题的意见》。**

12月24日 **省委副书记、政法委书记王辉忠到省公安厅调研指导公安工作** 听取2014年全省公安工作主要情况和2015年工作思路汇报。

12月24日 **省公安厅召开全省公安机关纪律作风专项教育整改行动动员部署电视电话会议** 厅党委专职副书记华乃强主持会议，对专项教育整改行动提出要求。

12月26日 **省委副书记、省长李强主持召开省政府第39次常务会议，专题研究部署全省进一步推进户籍制度改革工作。**

组织机构

【概述】 浙江省陆域面积 10.18 万平方千米，海岸线总长 6486 千米。全省有副省级城市 2 个，地级市 9 个，市辖区 35 个，县 35 个，县级市 20 个。据省统计局 2014 年 11 月 1 日零时人口变动抽样调查公布的主要数据，年末全省常住人口为 5508 万人，其中男性 2827.6 万人、女性 2680.4 万人。2014 年，全省共有县级以上公安机关 116 个，其中省公安厅 1 个，副省级城市公安局 2 个，地级市公安局 9 个，县(市、区)公安(分)局 90 个，非行政区划公安分局 14 个；共有公安派出所 1128 个。全省总警力共 68593 人(含行政编制工勤人员)，其中大专以上文化程度的占 97.39%，40 岁以下的占 59.48%，警力占全省常住人口的 1.2‰。

2014 年浙江省公安厅处级以上机构

浙江省公安厅
- 政治部
  - 警务处
  - 干部处(协辅警管理处)
  - 宣传处
  - 教育训练处
  - 现役工作办公室
- 纪委・监察室
- 警务督察总队
- 直属机关党委
- 办公室(信访办公室)
- 警务保障部
- 警用物资管理中心
- 人民警察培训中心
- 审计处
- 科技信息化局(2014 年 3 月 18 日由科技通信管理局更名)
- 信息技术处(信息中心)
- 省公安科技研究所
- 离退休干部处
- 指挥中心
- 情报中心
- 国内安全保卫总队(港澳台事务办公室)
- 反邪教处
- 经济犯罪侦查总队
- 治安总队
- 巡特警管理处(2014 年 1 月 29 日省编委批复设立)
- 人口服务管理总队
- 居民身份证制作中心
- 刑事侦查总队
- 省公安物证鉴定中心(浙江省公安司法鉴定中心)
- 监管总队
- 省看守所
- 出入境管理局
- 机场签证办事处
- 出入境证照制作中心
- 技术侦察总队
- 交通管理局
- 车辆管理所
- 网络警察总队
- 省网络与信息安全信息通报中心
- 禁毒总队
- 反恐怖总队
- 法制总队
- 边防总队
- 消防总队
- 警卫局
- 杭州铁路公安处
- 森林警察总队(森林公安局)
- 杭州走私犯罪侦查局
- 宁波走私犯罪侦查局
- 高速公路交通警察总队
- 机场公安局
- 省公安警务航空队(省应急救援航空队)
- 新闻传媒中心
- 浙江警察学院

注：信息技术处(信息中心)、反邪教处、巡特警管理处、省看守所、车辆管理所、省网络与信息安全信息通报中心，由厅党委分别委托厅科技信息化局、国内安全保卫总队、治安总队、监管总队、交通管理局、网络警察总队统一领导；机场签证办事处系省厅正处级派出机构，由出入境管理局统一领导；警用物资管理中心和人民警察培训中心、省公安科技研究所、居民身份证制作中心、省公安物证鉴定中心、出入境证照制作中心为事业单位，分别由厅警务保障部、科技信息化局、人口服务管理总队、刑事侦查总队、出入境管理局统一领导；现役工作办公室、边防总队、消防总队、警卫局为公安现役正师级机构；省公安警务航空队同时挂“浙江省应急救援航空队”牌子；杭州铁路公安处、森林警察总队以及杭州、宁波走私犯罪侦查局，分别序列省公安厅十五处、十七处、二十四处、二十五处。

浙江省公安厅领导和厅属部门班子成员名录

机　构	职　　务	姓　名	警　衔	附　注
浙江省公安厅	省委常委、政法委副书记，厅党委书记、厅长、督察长	刘力伟	副总警监	兼任武警浙江省总队党委第一书记、第一政治委员
	党委副书记、副厅长，杭州市委常委、市公安局党委书记、局长	柯良栋	一级警监	2014 年 6 月免职
	党委副书记、常务副厅长、正厅长级	洪巨平	一级警监	
	党委专职副书记、巡视员	华乃强	一级警监	2014 年 11 月任党委专职副书记，此前为党委委员、副厅长
	党委委员、副厅长	华远平	二级警监	
	党委委员、副厅长、警卫局局长	王　冰	武警少将	副军职
	党委委员、副厅长、巡视员	王海仁	一级警监	2015 年 7 月免去纪委书记，8 月免去兼任的副督察长职务
	党委委员、副厅长，杭州市委常委、市公安局党委书记、局长	叶寒冰	一级警监	2014 年 6 月任杭州市委常委、市公安局党委书记、局长、督察长
	党委委员、副厅长、巡视员	黎伟挺	二级警监	2015 年 7 月任巡视员
	党委委员、纪委书记兼副督察长	张　钢	二级警监	2015 年 7 月任党委委员、纪委书记，8 月兼任副督察长
	党委委员、副厅长	毛善恩	二级警监	2015 年 7 月任职
		金伯中	二级警监	2015 年 7 月任职
		石小忠	二级警监	2014 年 11 月任副厅长，12 月免去兼任的政治部主任职务
	党委委员、副厅长、巡视员	陈石春	一级警监	2014 年 10 月任巡视员，2015 年 7 月正式免去职务并退休
	党委委员、政治部主任	刘　静（女）	三级警监	2014 年 12 月任党委委员、政治部主任，此前为政治部副主任兼干部处处长
	正厅长级、副督察长	王　和	一级警监	2014 年 1 月任正厅长级，2 月任副督察长，2015 年 8 月免去副督察长职务

续表

机　构	职　　务	姓　名	警　衔	附　注
浙江省公安厅	副巡视员	胡明法	二级警监	2015 年 9 月免职
		朱海鸥(女)	二级警监	2014 年 2 月任职
		张留声	二级警监	2014 年 11 月任职
		何建军	二级警监	2015 年 7 月任职
政治部	副主任	闫敬辉	武警大校	兼现役办主任
		齐跃明	三级警监	兼离退休干部处处长
		吴高峻	三级警监	2014 年 1 月任职，兼警务处处长，2015 年 9 月免职
		罗　杰	三级警监	2014 年 1 月任职，兼宣传处处长，2015 年 9 月免职
		江锡华	一级警督	2015 年 4 月任职，此前为政治协理员
	警务处处长	张宏亮	二级警督	2015 年 9 月任职
	警务处副处长	谢国科	三级警监	2014 年 12 月免职
		陆燕乃	三级警督	2014 年 3 月任职，4 月免职
		邬海珍(女)	一级警督	2014 年 12 月任职
		王海航	二级警督	2015 年 6 月任职
	干部处(协辅警管理处)副处长	陈忠良	三级警监	
		齐　宁	二级警督	
		吕利安	二级警督	2014 年 12 月任职
	宣传处处长	陆子宝	三级警监	2015 年 9 月任职
	宣传处副处长	洪　波	三级警监	
		詹肖冰	二级警督	2014 年 5 月免职
		俞　涛	二级警督	2014 年 12 月任职
	教育训练处处长	毛伟平	一级警督	
	教育训练处副处长	沈　健	一级警督	
	现役工作办公室副主任	孙荣华	武警大校	
		张复兴	武警大校	2014 年 5 月任职，此前为厅警卫局副师职参谋

续表

机　构	职　　务	姓　名	警　衔	附　注
纪委·监察室	副书记	邵金强	三级警监	2014 年 2 月免职
		刘美娟(女)	三级警监	
		方文军	一级警督	2015 年 9 月免职
	副书记兼副督察长	丁荟平	武警大校	
	监察室主任	张为民	三级警监	2014 年 11 月免职
		韩丰平	三级警监	2014 年 12 月任职
	监察室副主任	石　尧	三级警监	2015 年 3 月免职
		刘永明	二级警督	2014 年 10 月免去兼任的纪委办公室主任职务
	政治协理员	邬海珍(女)	一级警督	2014 年 12 月免职
	案件检查室主任	俞永生	一级警督	
	案件审理室主任	王毓斌	一级警督	
警务督察总队	总队长兼副督察长	施亚夫	三级警监	
	政　委	杨岳成	三级警监	
	副总队长	林宝富	三级警监	2014 年 12 月任职
		李静文	一级警督	
		王　杰	三级警监	2014 年 9 月免职
直属机关党委	副书记	李建平	三级警监	2014 年 8 月任职
	厅工会工委专职副主任、正处长级	胡民力	三级警监	
	办公室主任	费明福	三级警监	2015 年 3 月免职
	团委书记	江永志	一级警督	2014 年 12 月免职
办公室（信访办公室）	主　任	夏文星	三级警监	2015 年 9 月免职
		罗　杰	三级警监	2015 年 9 月任职
	正处长级秘书	谭功荣	一级警督	2014 年 10 月免去兼任的副主任职务
	副主任	黄思科	三级警监	2014 年 8 月免职
		余侠军	一级警督	
		何雪龙	二级警督	
		叶　晟	一级警督	
		卢志斌	二级警督	2014 年 10 月任职，此前为政治协理员
		胡　军	一级警督	2014 年 12 月任职，此前为信访办公室副主任
	信访办公室副主任	章鹏挺	二级警督	2014 年 12 月任职
	厅团委书记	侯云生	三级警督	2014 年 12 月任职，厅领导秘书

续表

机构	职务	姓名	警衔	附注
警务保障部	主任	张征宇	三级警监	2014年8月免职
		王子云	三级警监	2014年8月任职
	副主任	王祝兰	三级警监	
		谢国科	三级警监	2014年12月任职
		管　静(女)	一级警督	
		曾金火	一级警督	2014年10月任职，此前为政治协理员
	人民警察培训中心副主任	邱钢翔		
	警用物资管理中心副主任	孙　平		2014年12月任职
		周宇雷		2014年12月任职
审计处	处长	王子云	三级警监	2014年8月免职
		何小刚	三级警监	2014年8月任职
	副处长	张郁平	一级警督	
科技信息化局(2014年3月由科技通信管理局更名)信息技术处(信息中心)	局长	聂展云	三级警监	2014年8月免职
		沈　虹	三级警监	2014年8月任职
	政委	吴敏萍(女)	三级警监	
	省公安科技研究所所长	张明亮	三级警监	2014年10月免去兼任的副局长职务，2015年4月免去公安科技研究所所长职务
	副局长	郑小林	三级警监	兼信息技术处处长职务，2014年8月免职
	信息技术处处长	方向忠	一级警督	2014年8月任职
	副局长	许世祥	三级警监	2014年12月免职
		孙小玲(女)	三级警监	
		商建学	三级警监	2014年12月任职，此前任信息技术处副处长
	信息技术处副处长	蒋乐中	一级警督	
	省公安科技研究所副所长	陈　港	二级警督	
	信息技术处副处长	杨　磊	二级警督	2014年12月任职
离退休干部处	副处长	蔡冶水	一级警督	
指挥中心	主任	裘永进	三级警监	2014年2月免职
		王文运	三级警监	2014年8月任职，此前为政委

续表

机　构	职　务	姓　名	警　衔	附　注
指挥中心	政　委	黄思科	三级警监	2014 年 8 月任职
	副主任	许世祥	三级警监	2014 年 12 月任职
		左爱彬	一级警督	2014 年 8 月免职
		王　凌	二级警督	
	省公安科技研究所副所长	陈小林	一级警督	2014 年 12 月免职
		张晓良	二级警督	2014 年 12 月任职
情报中心	主　任	葛　牧	三级警监	
	政　委	杜红阳	三级警监	
	副主任	陈倩如(女)	一级警督	
		吴仁伟	二级警督	
国内安全保卫总队(港澳台事务办公室)	总队长、副厅级	金江新	二级警监	
	政　委	朱海鸥(女)	二级警监	2014 年 2 月免职
	政委、副厅级	张征宇	三级警监	2014 年 2 月任政委,2015 年 7 月任副厅级
	副总队长	张留声	二级警监	兼反邪教处处长,2014 年 8 月免去反邪教处处长职务(保留正处长级);11 月免职
	反邪教处处长	袁忠民	三级警监	2014 年 8 月任职
	副总队长	沈永兴	三级警监	2015 年 3 月免职
		翁生华	三级警监	2014 年 10 月免去兼任的反邪教处副处长职务
		陆敏敏	三级警监	2015 年 3 月免职
		张永彪	一级警督	
	反邪教处副处长	陈林峰	一级警督	2014 年 10 月免去兼任的副总队长职务
	机动侦察队队长	毛勇军	一级警督	
经济犯罪侦查总队	总队长、副厅级	蔄　牛	二级警监	2014 年 1 月任副厅级
	政委、副厅级	张申才	二级警监	2014 年 1 月任副厅级
	副总队长	何小刚	三级警监	2014 年 8 月免职
		丁平练	三级警监	
		王　晖	一级警督	
		施　鹏	二级警督	2014 年 12 月任职

续表

机构	职务	姓名	警衔	附注
治安总队	总队长、副厅级	朱思恩	二级警监	
	政委、副厅级	沈鑫祥	二级警监	2014 年 2 月免去政委职务
		陈溪和	三级警监	2014 年 2 月任政委，2015 年 7 月任副厅级
	副总队长	韩丰平	三级警监	兼居民身份证制作中心主任，2014 年 12 月免职
	巡特警管理处处长	朱国振	三级警监	2014 年 8 月任职，此前为治安总队副总队长
	副总队长	冯金寿	三级警监	2014 年 12 月免职
		王顺大	三级警监	2014 年 8 月免职
		丁仕辉	三级警监	
		江永志	一级警督	2014 年 12 月任职
		马勇军	一级警督	
		盛洪卫	二级警督	
	副处长级	陈建跃	三级警监	2015 年 7 月不再保留副处长级职务
	省驻京信访工作组副组长	俞国孟	一级警督	
人口服务管理总队	总队长	阮文广	三级警监	
	政　委	马坚斌	二级警督	2014 年 4 月任职，此前为副总队长
	副总队长	孙芝芳	一级警督	
	居民身份证制作中心副主任	王麟伟	三级警监	2014 年 3 月免职
	省流动人口综合信息中心副主任	朱健辉		2014 年 12 月任职
	居民身份证制作中心副主任	林　旭		2014 年 12 月任职
		解晓勇		2014 年 12 月任职
刑事侦查总队	总队长、副厅级	蒋庆明	二级警监	2014 年 7 月免去总队长职务
	政委、副厅级	应剑峰	二级警监	
	总队长	聂展云	三级警监	2014 年 8 月任职，2015 年 9 月免职
	省公安物证鉴定中心主任	陈　斌	二级警督	2014 年 8 月任职

续表

机构	职务	姓名	警衔	附注
刑事侦查总队	副总队长	蔡鸿鸣	三级警监	
		沈　虹	三级警监	2014 年 8 月免职
		吕建平	三级警监	
		徐春法	三级警监	
	省公安物证鉴定中心副主任	朱虹辉	三级警监	2015 年 7 月免职
		马继雄	一级警督	2015 年 7 月免职
	副政委	徐林苗	一级警督	
	省公安物证鉴定中心副主任	陈德良	三级警督	2015 年 7 月任职
监管总队	总队长	陈溪和	三级警监	2014 年 2 月免职
		伍建利	一级警督	2014 年 4 月任职
	政　委	李建平	三级警监	2014 年 8 月免职
		蔡高提	三级警监	2014 年 8 月任职
	省看守所所长	吕忠校	三级警监	2014 年 10 月免去兼任的副总队长职务
	副总队长	夏德俊	三级警监	2014 年 2 月免职
		陈　斌	二级警督	2014 年 8 月免职
	省看守所政委	宁国华	三级警监	
	副总队长	叶建军	一级警督	2014 年 12 月任职，此前为省看守所副所长
		李　孟	二级警督	2014 年 12 月任职
	省看守所副所长	沈建新	一级警督	
		王斌玲	二级警督	2014 年 12 月任职
出入境管理局	局长、副厅级	徐　青(女)	二级警监	
	政委、副厅级	孟　涛	二级警监	2015 年 7 月免去政委职务
	机场签证办事处主任	张国芳	三级警监	2014 年 10 月免去兼任的副局长职务
	副局长	郑　斌	一级警督	2014 年 10 月免去兼任的义乌分局局长职务
		陈剑远	一级警督	
		张海燕(女)	二级警督	2015 年 7 月任职，此前为出入境证照制作中心副主任

续表

机　构	职　　务	姓　名	警　衔	附　注
出入境管理局	机场签证办事处副主任	孔令根	一级警督	
	出入境证照制作中心主任	蔡高提		2014年8月免职
		左爱彬		2014年8月任职
	出入境证照制作中心副主任	王永峰		2015年7月任职
技术侦察总队	总队长、副厅级	丁　宏	二级警监	2014年1月任副厅级
	政委、副厅级	钱晓峰	二级警监	2014年1月任副厅级
	副总队长	单连升	三级警监	2015年5月免职
		周　进	一级警督	
		陆　巧	一级警督	
	指挥监督中心主任	叶继泰	二级警督	
交通管理局	局长、副厅级	缪德礼	二级警监	2014年2月免职
		汪永和	二级警监	2014年2月任职
	政委、副厅级	王伟业	二级警监	
	副局长兼高速公路交警总队总队长、副厅级	何卸洪	二级警监	2014年2月任副局长，10月免去副局长职务
	副局长	宋晓春	三级警监	2014年7月退休
	车辆管理所所长	吕水泉	三级警监	2014年2月免职
		郑小林	三级警监	2014年8月任职
	车辆管理所政委	柳　颖（女）	三级警监	
	副局长	冯金寿	三级警监	2014年12月任职
		黄希和	一级警督	
		盛红标	一级警督	
	车辆管理所副所长	吴　良	一级警督	
		吴松魏	二级警督	
网络警察总队（2015年9月更名为网络安全保卫总队）	总队长、副厅级	丁仁仁	二级警监	
	政委、副厅级	丁建忠	三级警监	2014年1月任副厅级，2月免去政委职务
	政　委	裘永进	三级警监	2014年2月任职
	省网络与信息安全信息通报中心主任	张宏亮	二级警督	2014年10月免去兼任的副总队长职务，2015年9月免职

续表

机　构	职　　务	姓　名	警　衔	附　注
网络警察总队（2015 年 9 月更名为网络安全保卫总队）	副总队长	罗　宁（女）	三级警监	2015 年 3 月免职
		陈　龙	一级警督	
	省网络与信息安全信息通报中心副主任	骆恩标	一级警督	
	副总队长	施雄伟	一级警督	2015 年 7 月任职，此前为省网络与信息安全信息通报中心副主任
	副政委	黄海涛	二级警督	
	省网络与信息安全信息通报中心副主任	吕勇刚	一级警督	2015 年 7 月任职
禁毒总队	总队长、副厅级	缪敏红（女）	二级警监	2014 年 1 月任副厅级，2 月任总队长，此前为政委
	政　委	邵金强	三级警监	2014 年 2 月任职
	副总队长	林宝富	三级警监	2014 年 12 月免职
		梁力珲	一级警督	
		周联盟	三级警监	2015 年 3 月免职
		钱吉伟	三级警监	
		王　庆	二级警督	2014 年 12 月任职
反恐怖总队	总队长	袁忠民	三级警监	2014 年 8 月免职
		王顺大	三级警监	2014 年 8 月任职
	政　委	叶昌德	一级警督	
	副总队长	王一初	三级警监	
		陈小林	一级警督	2014 年 12 月任职
法制总队	总队长	张晓峰	三级警监	
	政　委	徐芳根	三级警监	
	副总队长	吴益中	三级警监	2015 年 9 月任职
		傅勇慧	二级警督	
		胡　耿	二级警督	
边防总队	党委书记、总队长	蒋建卫	武警大校	
	党委副书记、政治委员	贺长江	武警大校	
	党委常委、副总队长	王海兴	武警大校	
		黄清水	武警大校	
	党委常委、副政治委员	裘建华	武警大校	

续表

机　构	职　　务	姓　名	警　衔	附　注
边防总队	党委常委、总队参谋长	魏奇华	武警大校	2014年3月调海警总队(筹)
		徐晓伟	武警上校	2014年8月任职
	党委常委、政治部主任	陈庆忠	武警大校	
	党委常委、后勤部部长	章春红(女)	武警上校	
海警总队筹备组	临时党委副书记、组长	魏奇华	武警大校	2014年6月任职
	临时党委书记、组长	章有良	武警大校	2014年6月任职
	临时党委委员、副组长	梁如良	武警大校	2014年6月任职
		肖永国	三级警监	2014年6月任职
		蒋　勇	武警上校	2014年6月任职
		王　青	武警上校	2014年6月任职
		陈国光	武警上校	2014年6月任职
	临时党委委员、执法执勤组组长	王　结	武警上校	2014年6月任职
	临时党委委员、政工组组长	梁胜利	武警上校	2014年6月任职
	临时党委委员、后勤组组长	卢东进	武警上校	2014年6月任职
消防总队	党委书记、总队长	冷　俐	武警少将	2014年10月调公安部消防局任副局长
	党委书记、政治委员	王新建	武警少将	2014年7月晋升少将,11月任总队党委书记
	党委副书记、总队长	陈子浩	武警大校	2015年3月任总队长,4月任总队党委副书记
	党委常委、副总队长	吕照明	武警大校	
	党委常委、副政治委员	虞益元	武警大校	
	党委常委、副总队长	刘维劲	武警大校	2014年3月任副总队长,此前为参谋长
		张飞军	武警大校	2014年3月任副总队长,此前为政治部主任。2015年3月调陕西任职
	党委常委、总工程师	严晓龙	武警大校	
	党委常委、参谋长	傅绍荣	武警大校	2014年3月任参谋长,4月任党委常委
	党委常委、政治部主任	余昌带	武警大校	2014年3月任政治部主任,4月任党委常委
	党委常委、后勤部部长	傅立新	武警大校	

续表

机 构	职 务	姓 名	警 衔	附 注
消防总队	党委常委、防火监督部部长	周志忠	武警大校	2014 年 3 月任防火监督部部长，4 月任党委常委
警卫局	厅党委委员、副厅长、警卫局党委书记、局长	王 冰	武警少将	
	党委副书记、政委	傅永琪	武警大校	
	党委委员、副局长	王勇刚	武警大校	
		朱景武	武警大校	
		傅立平	武警大校	
	党委委员、副政委	叶 兵(女)	武警大校	
	党委委员、副局长	翁卡尔	武警大校	
	党委委员、正师职参谋	于文忠	武警大校	
	党委委员、办公室主任	李善敏	武警大校	2014 年 8 月任党委委员
	党委委员、政治处主任	陈增云	武警大校	2014 年 8 月任党委委员
	党委委员、后勤处处长	陈 谷	武警大校	2014 年 8 月任党委委员
	党委委员、副师职参谋	吴建新	武警大校	2014 年 8 月任党委委员
杭州铁路公安处	党委书记、处长	蔡昌辉	三级警监	
	党委副书记、政委	宋灵峰	三级警监	
	党委委员、副处长	姜 明	三级警监	
		姜马腾	一级警督	
		陈雷升	一级警督	
	党委委员、政治处主任	项秀平	一级警督	
	党委委员、纪委书记	吴为人	一级警督	
森林警察总队（森林公安局）	总队长	蒋国洪	一级警督	
	政 委	杭韵亚	三级警监	
	副总队长	卢 斌	一级警督	
		贾伟江	一级警督	
杭州走私犯罪侦查局	局 长	陈保军	二级警监	杭州海关副关长兼，2014 年 9 月免职
		张冀平	二级警监	杭州海关副关长兼，2014 年 9 月任职
	政 委	朱英伟	二级警监	

续表

机构	职务	姓名	警衔	附注
杭州走私犯罪侦查局	副局长	从兵	二级警监	
		陶谦	三级警监	2014 年 12 月免职
		朱康平	三级警监	2014 年 11 月免职
		王臻	三级警监	2014 年 12 月任职
宁波走私犯罪侦查局	局长	邱刚毅	二级警监	宁波海关副关长兼，2014 年 5 月调任
		谭佳华	二级警监	宁波海关副关长兼，2014 年 12 月任职
	政委	黄元超	二级警监	2015 年 3 月免职
	副局长	杨明	三级警监	
		杨敏	三级警监	
		吴建平	三级警监	2014 年 3 月任职
高速公路交通警察总队	党委书记、总队长、副厅级	汪永和	二级警监	2014 年 2 月免职
		何卸洪	二级警监	2014 年 2 月任党委书记、总队长，此前为党委副书记、政委
	党委副书记、政委、副厅级	丁建忠	三级警监	2014 年 2 月任党委副书记、政委
	党委委员、副总队长	孙翔	三级警监	2015 年 3 月免职
		刘渊	三级警监	2015 年 3 月免职
		王展	三级警监	2014 年 12 月免职
		方向忠	一级警督	2014 年 8 月免职
		黄欣建	三级警监	2015 年 6 月任副总队长，此前为政治处主任
		方其冲	三级警监	2015 年 6 月任副总队长，此前为副政委
		王刚	一级警督	2015 年 6 月任副总队长，此前为纪委书记
		沈艾中	三级警监	
	党委委员、纪委书记	张庆龙	三级警监	2015 年 6 月任纪委书记，此前为办公室主任
	党委委员、副政委	朱嘉	二级警督	2015 年 6 月任职
	党委委员、政治处主任	劳建雄	一级警督	2015 年 6 月任职

续表

机　构	职　　务	姓　名	警　衔	附　注
机场公安局	党委书记、局长	汤仲海	三级警监	
	党委副书记、政委	单守疆	三级警监	
	党委委员、副局长	高晓明	一级警督	
	党委委员、副局长、纪委书记	胡永华	一级警督	2014年3月任副局长、纪委书记，此前为政治处主任
	党委委员、副局长	匙秋棠	一级警督	
	党委委员、政治处主任	凌小牛	一级警督	2014年3月任职，此前为纪委书记
	党委委员、副局长	林宏御	一级警督	
	党委委员、航站楼派出所所长	张红阳	一级警督	
省公安警务航空队（省应急救援航空队）	队　长	傅国森	三级警监	
	政　委	周源祥	三级警监	
	副队长	徐荣焕	一级警督	
新闻传媒中心	主　任	陆子宝	三级警监	2015年9月免职
	副主任	沈建军	三级警监	2014年9月免职
		陈新禄		2014年12月任职
		陈近楠		2014年12月任职
浙江警察学院	党委书记	王　和	一级警监	2014年1月免职
	党委书记、院长	傅国良	一级警监	2014年1月任党委书记，此前为副书记
	党委副书记	张福成	二级警监	
	党委委员、副院长	寿远景	二级警监	
		翁　文（女）	二级警监	
	党委委员、政治部主任	何建军	二级警监	2015年7月免去政治部主任，9月免去党委委员职务
	党委委员、纪委书记	沈慧敏	二级警监	
	党委委员、副院长	宫　毅（女）	二级警监	
	党委委员、院长助理	章金根	三级警监	
	党委委员、办公室主任	周　钦	三级警监	
	党委委员、教务处处长	丁建荣	三级警监	2014年10月任党委委员

注：省公安厅副处职以上干部（部门班子成员）任职情况截止时间为2015年9月底。

各市公安局党委成员及县(市、区)公安局局长、政委名录

机构	职务	姓名	警衔	附注
杭州市公安局	省公安厅党委副书记、副厅长，市委常委、局党委书记、局长	柯良栋	一级警监	2014年6月免职
	省公安厅党委委员、副厅长，市委常委、局党委书记、局长、督察长	叶寒冰	一级警监	2014年6月任市委常委、局党委书记、局长、督察长
	党委副书记、常务副局长	郭建伟	二级警监	2014年7月免职
		边卫跃	二级警监	2014年8月任职
	党委副书记	童继伟	二级警监	
	党委副书记、副局长	金　捷	三级警监	2014年8月任党委副书记
	党委委员、副局长	汪劲浩	三级警监	2014年5月任副局长，此前为纪委书记、督察长
		徐柏林	二级警监	
	党委委员、副局长、警卫处处长	喻福明	武警大校	
	党委委员、副局长	乐　华	二级警监	2014年11月免交警支队支队长
		刘一敏	二级警监	2014年6月免党委委员，7月免副局长
		翁金儿	三级警监	2014年5月任副局长，此前为政治部主任、机关党委书记
	党委委员、政治部主任	朱伟静	三级警监	2014年4月任政治部主任，5月免特警支队支队长
	党委委员、纪委书记	刘一明	三级警监	2014年4月任职
	党委委员	杨　军	三级警监	
	党委委员、副局长	谭功荣	二级警督	2014年10月任党委委员，11月任副局长
	党委委员、交警支队支队长	金洪亮	三级警监	2014年11月任职
	党委委员、治安支队支队长	姚利民	三级警监	2014年11月任职
	党委委员、特警支队支队长	周　郑	三级警监	2014年4月任党委委员，5月任特警支队支队长
	党委委员、刑侦支队支队长	贾勤敏	三级警监	
	党委委员、办公室主任	李雄飞	三级警监	2014年11月任党委委员

续表

机　构	职　　务	姓　名	警　衔	附　注
杭州市公安局上城区分局	区委常委、局长	刘一明	三级警监	2014 年 5 月免职
		秦　文(女)	三级警监	2014 年 5 月任职
	政　委	丁坚华	三级警监	
杭州市公安局下城区分局	区委常委、局长	郑洪彪	三级警监	
	政　委	凌　军	三级警监	2014 年 12 月免职
杭州市公安局西湖区分局	区委常委、局长	费敏儿	三级警监	2014 年 5 月免职
		赵　骏	三级警监	2014 年 5 月任职
	政　委	秦　文(女)	三级警监	2014 年 5 月免职
杭州市公安局江干区分局	区委常委、局长	王木刚	三级警监	
	政　委	郑小华	三级警监	2014 年 5 月免职
		曾伟成	三级警监	2014 年 5 月任职
杭州市公安局拱墅区分局	区委常委、局长	金洪亮	三级警监	2014 年 11 月免区委常委，12 月免局长
		刘建军	三级警监	2014 年 11 月任区委常委，12 月任局长
	政　委	曾伟成	三级警监	2014 年 5 月免职
		郑小华	三级警监	2014 年 5 月任职
杭州市公安局高新技术产业开发区(滨江)分局	区党工委委员、区委常委、局长	周建杭	三级警监	
	政　委	吴士毅	三级警监	
杭州市公安局经济技术开发区分局	区管委会副主任、局长	姚利民	三级警监	2014 年 12 月免职
	区党工委委员、局长	储志林	一级警督	2014 年 12 月任职
	政　委	冯惠民	三级警监	
杭州市公安局西湖风景名胜区分局	区党委委员、局长	刘建军	三级警监	2014 年 11 月免区党委委员，12 月免局长
		郑学龙	一级警督	2014 年 12 月任职
	政　委	金　明	三级警监	
杭州市公安局大江东产业集聚区分局(杭州市机构编委于 2014 年 9 月 30 日批复设立)	区党工委委员、局长	章　强	三级警监	2014 年 12 月任职
杭州市公安局萧山区分局	区委常委、局长	李　磊	三级警监	
	政　委	俞成良	三级警监	

续表

机构	职务	姓名	警衔	附注
杭州市公安局余杭区分局	区委常委、局长	方国伟	三级警监	
	政委	胡先龙	三级警监	
桐庐县公安局	县委常委、局长	周郑	一级警督	2014年5月免职
		王建平	三级警监	2014年5月任职
	政委	朱华能	一级警督	
淳安县公安局	县委常委、局长	储志林	一级警督	2014年12月免去县委常委职务
	县委常委	凌军	三级警监	2014年12月任职
	政委	何慧	一级警督	
建德市公安局	市委常委、局长	郑学龙	一级警督	2014年12月免去市委常委职务
	市委常委	汤文全	三级警监	2014年12月任职
	政委	翁磊松	三级警监	
富阳市公安局	市委常委、局长	楼正权	三级警监	
	政委	柳士明	一级警督	
临安市公安局	市委常委、局长	李建明	三级警监	
	政委	吴勤校	一级警督	
宁波市公安局	市委常委、局党委书记、局长、督察长	刘凯	二级警监	
	党委副书记、副局长、正局长级	王伟标	二级警监	
	党委副书记、副局长、巡视员	罗利达	二级警监	
	党委委员、副局长、警卫处处长	邵国平	武警大校	2014年4月免职
	党委委员、副局长、巡视员	过露华	二级警监	2014年9月免职
	党委委员、副局长	张希平	三级警监	
	党委委员、副局长	励健	三级警监	
	党委委员、政治部主任、巡视员	汤长源	二级警监	2014年8月免职
	党委委员、纪委书记	刘学武	一级警督	
	党委委员、经侦支队支队长、巡视员	冯林	二级警监	2014年4月免职
	党委委员、副局长、警卫处处长	李荣坚	武警大校	2014年4月任职
	党委委员、副局长	柴大科	三级警监	2014年9月任副局长，此前为交通警察局局长
	党委委员、巡(特)警支队支队长	王雅宁	三级警监	2014年9月免职
	党委委员、政治部主任	赵永山	三级警监	2014年8月任职

续表

机　构	职　　务	姓　名	警　衔	附　注
宁波市公安局	党委委员、海曙分局局长	朱振甫	三级警监	
	党委委员、刑侦支队支队长	叶元杰	三级警监	2014 年 9 月任职
	党委委员、巡(特)警支队支队长	田　宾	三级警监	2014 年 9 月任职
	党委委员、交通警察局局长	施大年	三级警监	2014 年 9 月任职
宁波市公安局海曙分局	市局党委委员、区委常委、局长	朱振甫	三级警监	
	政　委	卢士平	三级警监	
宁波市公安局江东分局	区委常委、局长	田　宾	三级警监	2014 年 9 月免职
		叶警青	三级警监	2014 年 9 月任职
	政　委	陈　冈	三级警监	2014 年 4 月免职
		朱乐定	三级警监	2014 年 4 月任职
宁波市公安局江北分局	区委常委、局长	陶　诚	三级警监	
	政　委	欧建勇	三级警监	
宁波市公安局镇海分局	区委常委、局长	褚瑞根	三级警监	
	政　委	柴泽跃	三级警监	2014 年 12 月免职
宁波市公安局北仑分局	区委常委、局长	叶元杰	三级警监	2014 年 9 月免职
		郭　敏	三级警监	2014 年 9 月任职
	政　委	郭　敏	三级警监	2014 年 9 月免职
宁波市公安局鄞州分局	区委常委、局长	林　东	三级警监	
	政　委	朱乐定	三级警监	2014 年 4 月免职
		陈　冈	三级警监	2014 年 4 月任职
余姚市公安局	市委常委、局长	赖根法	三级警监	
	政　委	黄伟国	一级警督	2014 年 4 月免职
		余爱忠	一级警督	2014 年 4 月任职
慈溪市公安局	市委常委、局长	施大年	三级警监	2014 年 9 月免职
		应春华	三级警监	2014 年 9 月任职
	政　委	余爱忠	一级警督	2014 年 4 月免职
		黄伟国	一级警督	2014 年 4 月任职
奉化市公安局	市委常委、局长	赵永山	三级警监	2014 年 9 月免职
		叶忠华	三级警监	2014 年 9 月任职
	政　委	毛鹏飞	一级警督	

续表

机构	职务	姓名	警衔	附注
宁海县公安局	县委常委、局长	叶警青	三级警监	2014 年 9 月免职
		蔡利丰	三级警监	2014 年 9 月任职
	政委	胡华新	一级警督	
象山县公安局	县委常委、局长	应春华	三级警监	2014 年 9 月免职
		余承嗣	三级警监	2014 年 9 月任职
	政委	许平平	一级警督	
宁波港公安局	局长	王辉	三级警监	
	政委	滕文懿	三级警监	2014 年 11 月免职
		吴良勇	一级警督	2014 年 11 月任职
宁波市公安局机场分局	机场与物流园区党工委委员、局长	苏剑雄	三级警监	
	政委	崔忠芳	三级警监	2014 年 5 月免职
宁波市公安局东钱湖旅游度假区分局	区党委委员、局长	胡建华	三级警监	
	政委	张建国	三级警监	
宁波市公安局高新技术开发区分局	区党工委委员、局长	张朝宁	三级警监	
	政委	裘敏华	一级警督	
宁波市公安局大榭开发区分局	区党工委委员、局长	蒋如军	三级警监	2014 年 8 月免职
		王雅宁	三级警监	2014 年 9 月任职
	政委	李杰军	三级警监	
宁波市公安局杭州湾新区分局	区党工委委员、局长	张继杰	三级警监	
	政委	金志华	三级警监	
温州市公安局	市委常委、局党委书记、局长、督察长	黄宝坤	二级警监	
	党委副书记、常务副局长	沈强	三级警监	
	党委委员、副局长	陈锋进	三级警监	
		李江晖	三级警监	
		郑建国	三级警监	
		吴国钱	三级警监	
		叶望庆	三级警监	
		张文伟	三级警监	
	党委委员、副局长、纪委书记	胡松权	三级警监	
	党委委员、副局长	王造	三级警监	
	党委委员、交警支队支队长	曾绪贤	一级警督	
	党委委员、政治部主任	冯蒋龙	一级警督	

续表

机　构	职　　务	姓　名	警　衔	附　注
温州市公安局	党委委员、鹿城分局局长	金国平	一级警督	
	党委委员、副局长、浙江安防职业技术学院(筹)院长	金凌森	三级警监	
	党委委员、浙江安防职业技术学院(筹)副院长	杨枝立	一级警督	
	党委委员、副局长兼警卫处处长	陈伟忠	武警上校	
温州市公安局鹿城区分局	区委常委、局长	金国平	一级警督	
	政　委	刘国珍	一级警督	
温州市公安局龙湾区分局	区委常委、局长	李　伟	一级警督	
	政　委	陈国利	一级警督	
温州市公安局瓯海区分局	区委常委、局长	陈先微	一级警督	
	政　委	周剑波	一级警督	
温州市公安局经济技术开发区分局	区党委委员、局长	林志佩	一级警督	
	政　委	娄剑辉	二级警督	
乐清市公安局	市委常委、局长	伍建利	一级警督	2014 年 2 月免职
		蒋荣国	一级警督	2014 年 2 月任职
	政　委	周　辉	一级警督	
永嘉县公安局	县委常委、局长	徐志宏	一级警督	
	政　委	吴肖峰	一级警督	2014 年 10 月免职
		谢黎明	一级警督	2014 年 10 月任职
瑞安市公安局	市委常委、局长	林振江	一级警督	
	政　委	周立鹏	一级警督	
平阳县公安局	县委常委、局长	黄伟军	一级警督	
	政　委	罗纯长	一级警督	
苍南县公安局	县委常委、局长	蒋荣国	一级警督	2014 年 2 月免职
		汪泽斌	一级警督	2014 年 2 月任职
	政　委	曾雪峻	一级警督	
洞头县公安局	县委常委、局长	王小甫	一级警督	
	政　委	毛坚钢	一级警督	
文成县公安局	县委常委、局长	黄小中	一级警督	2014 年 2 月免职
		徐良悟	二级警督	2014 年 2 月任职
	政　委	褚长龙	一级警督	

续表

机　构	职　　务	姓　名	警　衔	附　注
泰顺县公安局	县委常委、局长	潘国杰	一级警督	
	政　委	黄　伟	二级警督	
湖州市公安局	市委常委、局党委书记、局长、督察长	金伯中	二级警监	2015 年 7 月免市去委常委、局党委书记、局长,8 月免督察长
		夏文星	三级警监	2015 年 7 月任市委常委、局党委书记、局长,8 月任督察长
	党委副书记、常务副局长	杨军慧	三级警监	
	党委副书记、副局长	沈利剑	三级警监	
	党委委员、副局长	李泽福	三级警监	
		张甲宏	三级警监	2014 年 9 月免职
		孟正良	三级警监	
	党委委员、政治部主任	马德才	三级警监	2014 年 12 月免职
	党委委员、副局长	徐志宏	一级警督	
		徐伟明	三级警监	
	党委委员、副局长、纪委书记	沈连江	一级警督	2014 年 9 月任副局长
	党委委员、政治部主任	凌　冬	二级警督	2014 年 12 月任政治部主任,此前为办公室主任
	党委委员、交警支队支队长	姚金泉	一级警督	2014 年 12 月任职
湖州市公安局吴兴区分局	区委常委、局长	梅旗华	一级警督	
	政　委	杨建新	一级警督	
湖州市公安局南浔区分局	区委常委、局长	曹伟龙	一级警督	
	政　委	王晓明	一级警督	
湖州市公安局经济开发区分局	区管委会副主任、局长	朱建祥	一级警督	
	政　委	马　骁	二级警督	
湖州市公安局太湖旅游度假区分局	区管委会副主任、局长	梅根华	一级警督	
	政　委	吴永星	一级警督	
湖州市公安局织里分局	局　长	蔡惠江	一级警督	
	政　委	陈双林	一级警督	
德清县公安局	县委常委、局长	陈雄伟	一级警督	
	政　委	高奇凡	待授衔	

续表

机　构	职　　务	姓　名	警　衔	附　注
长兴县公安局	县委常委、局长	沈秋伟	一级警督	
	政　委	孙甫成	二级警督	
安吉县公安局	县委常委、局长	吴佩勋	一级警督	
	政　委	董秀华	一级警督	
嘉兴市公安局	市委常委、局党委书记、局长、督察长	李　浩	二级警监	2014年7月任督察长，12月涉嫌严重违纪接受组织调查
		金　志	三级警监	2015年4月任职
	党委副书记、常务副局长	沈楚赓	三级警监	
	党委副书记、副局长	姚钰明	三级警监	
	党委委员、副局长	冷江浩	三级警监	
		吕桂华(女)	三级警监	
		李新宝	一级警督	
	党委委员、纪委书记	刘保民	一级警督	2014年7月免去督察长，任副督察长
	党委委员、政治部主任、机关党委书记	高海金	一级警督	
	党委委员、副局长、交警支队支队长	杨永健	一级警督	
	党委委员、南湖区分局局长	张顺荣	三级警监	
	党委委员、警卫处处长	刘国强	一级警督	2014年6月免去党委委员，7月免去警卫处处长
	党委委员、办公室主任	谢立中	一级警督	2014年7月任职
	党委委员、警卫处处长	单志荣	一级警督	
嘉兴市公安局南湖区分局	区委常委、局长	张顺荣	三级警监	
	政　委	于智勇	一级警督	
嘉兴市公安局秀洲区分局	区委常委、局长	高海忠	一级警督	
	政　委	王秋生	一级警督	2014年8月免职
		周正明	一级警督	2014年8月任职
嘉善县公安局	县委常委、局长	曹雪龙	一级警督	
	政　委	孙荣汉	一级警督	
平湖市公安局	市委常委、局长	傅金明	一级警督	
	政　委	夏中良	一级警督	

续表

机构	职务	姓名	警衔	附注
海盐县公安局	县委常委、局长	钱炳华	一级警督	
	政委	吴忠耿	一级警督	
海宁市公安局	市委常委、局长	顾照荣	一级警督	
	政委	朱忠华	一级警督	
桐乡市公安局	市委常委、局长	单志荣	一级警督	2014年9月28日免职
		戴金明	一级警督	2014年7月任市委常委，9月任局长
	政委	金培荣	一级警督	
嘉兴市公安局经济技术开发区（国际商务区）分局	区管委会副主任、分局局长	金龙飞	一级警督	
	政委	莫新荣	一级警督	
嘉兴市公安局港区分局	区管委会副主任、分局局长	连永刚	一级警督	
	政委	潘祖宏	一级警督	
绍兴市公安局	市委常委、局党委书记、局长、督察长	刘国富	二级警监	2014年8月免职
		凌志峰	三级警监	2014年8月任职
	党委副书记、副局长	沈雄标	三级警监	2014年1月免职
		潘和忠	三级警监	2014年3月任党委副书记
	党委委员、副局长	徐明法	三级警监	
		王争	一级警督	
	党委委员、纪委书记	郑中庆	未授衔	
	党委副书记、政治部主任	施昌新	一级警督	
	党委委员、副局长	丁松勇	一级警督	
	党委委员	谢新波	一级警督	
		朱永潮	一级警督	
		谢建平	一级警督	2014年12月任职
	党委委员、警卫处处长	戴正大	一级警督	2014年1月任职
	党委委员、交通警察支队支队长	祝信杰	一级警督	2014年1月任职
	党委委员、办公室主任	沈平江	一级警督	2014年1月任职
绍兴市公安局越城区分局	区委常委、局长	章松青	一级警督	
	政委	陈天恩	一级警督	
绍兴市公安局柯桥区分局	区委常委、局长	宋国新	一级警督	
	政委	傅超	一级警督	

续表

机　构	职　　务	姓　名	警　衔	附　注
绍兴市公安局上虞区分局	区委常委、局长	王富灿	一级警督	
	政　委	王皆兵	未授衔	2014 年 9 月免职
诸暨市公安局	市委常委、局长	谢建平	一级警督	2014 年 12 月免职
		张永明	一级警督	2014 年 12 月任职
	政　委	徐文华	一级警督	
嵊州市公安局	市委常委、局长	张永明	一级警督	2014 年 12 月免职
		项万林	一级警督	2014 年 12 月任职
	政　委	沈元忠	一级警督	
新昌县公安局	县委常委、局长	潘益民	一级警督	
	政　委	裘国挺	一级警督	
绍兴市公安局高新分局	开发区管委会副主任、局长	陆伟香(女)	一级警督	
	政　委	王岳伦	一级警督	
绍兴市公安局袍江分局	开发区管委会副主任、局长	陶百坤	一级警督	
	政　委	吴志均	一级警督	
绍兴市公安局滨海分局	新城管委会副主任、局长	胡大江	一级警督	
	政　委	徐　军	二级警督	
金华市公安局	市委常委、局党委书记、局长、督察长	毛善恩	二级警监	2014 年 10 月任督察长，2015 年 7 月免职
		聂展云	三级警监	2015 年 7 月任职
	党委副书记、副局长	施欣辉	三级警监	2014 年 4 月免职
		金　盛	三级警监	2014 年 4 月任党委副书记
	党委委员、副局长	刘胜和	三级警监	2014 年 8 月免职
	党委副书记、副局长	俞流江	一级警督	2014 年 4 月任党委副书记
	党委委员、市纪委驻市局纪检组组长	汤向明		2014 年 8 月任职
	党委委员、副局长	项　平	一级警督	
		马尚伟	一级警督	
	党委委员、纪委书记、督察长	孙　安	一级警督	2014 年 8 月免职
	党委委员、副局长、义乌市公安局局长	吴益中	一级警督	
	党委委员、副局长	叶旭池	一级警督	2014 年 11 月任副局长，此前为交警支队支队长

续表

机构	职务	姓名	警衔	附注
金华市公安局	党委委员、政治部主任	宋寅寨	二级警督	
	党委委员、副局长	江　栋	一级警督	
	党委委员、纪委书记、刑侦支队支队长	潘之江	一级警督	2014 年 8 月任纪委书记
	党委委员、副局长	吕会民	一级警督	2014 年 11 月任职
	党委委员、治安支队支队长	傅建军	一级警督	2014 年 11 月任职
	党委委员、交警支队支队长	陈　锋	一级警督	2014 年 11 月任职
	党委委员,婺城分局局长	丰炳春	一级警督	2014 年 11 月任职
	党委委员、办公室主任	刘梦寒	一级警督	
金华市公安局婺城分局	区委常委、局长	吕会民	一级警督	2014 年 11 月免职
		丰炳春	一级警督	2014 年 11 月任职
	政　委	毛秋洌	一级警督	
金华市公安局江南分局	市经济技术开发区党工委委员,局长	王浦虹	一级警督	
	政　委	童三才	一级警督	
金华市公安局金东分局	区委常委、局长	黄　斌	一级警督	
	政　委	叶根祥	一级警督	
兰溪市公安局	市委常委、局长	金承飞	一级警督	
	政　委	陈伟通	一级警督	2014 年 12 月免职
义乌市公安局	市委常委、局长	吴益中	一级警督	
	政　委	鲍建平	一级警督	
东阳市公安局	市委常委、局长	陈　锋	一级警督	2014 年 11 月免职
		李　强	二级警督	2014 年 11 月任职
	政　委	王立平	一级警督	
永康市公安局	市委常委、局长	傅建军	一级警督	2014 年 11 月免职
		陈曙初	一级警督	2014 年 11 月任职
	政　委	钱子健	一级警督	
武义县公安局	县委常委、局长	胡海峰	一级警督	
	政　委	杨　松	二级警督	
浦江县公安局	县委常委、局长	丰炳春	一级警督	2014 年 11 月免职
		陈伟通	一级警督	2014 年 12 月任职
	政　委	徐红伟	一级警督	

续表

机构	职务	姓名	警衔	附注
磐安县公安局	县委常委、局长	李　强	二级警督	2014 年 11 月免职
		傅怀英	一级警督	2014 年 11 月任职
	政　委	陈海标	一级警督	
衢州市公安局	市委常委、局党委书记、局长	王　建	三级警监	
	党委副书记、副局长	郑增林	三级警监	2014 年 5 月免职
		张炳福	三级警监	2014 年 9 月任职
	党委委员、副局长	陈惠平	三级警监	
		胡建明	三级警监	
		毛　勇	三级警监	
	党委委员、副局长兼刑侦支队支队长	江　海	一级警督	
	党委委员、纪委书记	毛江泓	一级警督	
	党委委员、交警支队支队长	潘银亮	一级警督	
衢州市公安局柯城分局	区委常委、局长	彭海生	一级警督	
	政　委	郑东清	一级警督	
衢州市公安局衢江分局	区委常委、局长	黄忠京	一级警督	
	政　委	陈森建	一级警督	
衢州市公安局柯山分局	市绿色产业集聚区党工委委员、局长	姜文龙	一级警督	
	政　委	唐石依	一级警督	
衢州市公安局经济开发区分局	市绿色产业集聚区党工委委员、局长	舒　声	一级警督	
	政　委	吴小新	一级警督	
龙游县公安局	县委常委、局长	汪史唯	一级警督	
	政　委	金元玫	一级警督	2014 年 7 月免职
江山市公安局	市委常委、局长	汪名六	一级警督	
	政　委	王振德	一级警督	
常山县公安局	县委常委、局长	张少华	一级警督	2014 年 11 月免职
		毛献明	一级警督	2014 年 11 月任职
	政　委	钱青平	一级警督	
开化县公安局	县委常委、政法委副书记、局长	陈　玮	一级警督	
	政　委	童春华	一级警督	

续表

机构	职务	姓名	警衔	附注
舟山市公安局	市委常委、局党委书记、局长、督察长	蔡步雄	二级警监	
	党委副书记、常务副局长	姚国平	三级警监	
	党委委员、副局长	陈优凤(女)	三级警监	
		刘岳康	三级警监	
		王国定	一级警督	
	党委委员、政治部主任	周雷波	一级警督	
	党委委员、交警支队支队长	张哲均	一级警督	
	党委委员、副局长	邬振刚	一级警督	
	党委委员、纪委书记	於石头	一级警督	
	党委委员、市应急联动中心主任	杨　健	一级警督	
	党委委员、边防支队支队长	余鹏标	武警上校	2014 年 10 月调任
	党委委员、机关党委书记	钟伯钧	一级警督	2014 年 3 月任职
舟山市公安局定海区分局	区委常委、局长	刘　涛	一级警督	
	政　委	罗彬涛	一级警督	
舟山市公安局普陀区分局	区委常委、局长	周四海	一级警督	
	政　委	夏高峰	一级警督	
岱山县公安局	县委常委、局长	包于宏	一级警督	
	政　委	顾海华	一级警督	
嵊泗县公安局	县委常委、局长	王引权	二级警督	
	政　委	虞桂宏	一级警督	
舟山市公安局普陀山分局	普陀山管委会副主任、局长	应朝阳	一级警督	
	政　委	许文峰	一级警督	2014 年 5 月免职
		王海峰	二级警督	2014 年 5 月任职
舟山市公安局洋山分局	局　长(兼)	王引权	二级警督	
	政　委(兼)	虞桂宏	一级警督	2014 年 8 月免职
	政　委	林国平	一级警督	2014 年 10 月任职
舟山市公安局新城分局	新城管委会副主任、局长	马远辉	一级警督	
	政　委	钟曙明	一级警督	

续表

机　构	职　　务	姓　名	警　衔	附　注
台州市公安局	市委常委、局党委书记、局长、督察长	蒋珍明	二级警监	
	党委副书记、常务副局长	许德佳	三级警监	2014年2月免职
		周星耀	三级警监	2014年2月任常务副局长
	党委委员、副局长	林广勇	三级警监	2014年2月免职
	党委副书记、副局长	赵　明	三级警监	2014年2月任党委副书记
	党委委员、副局长	翁于挺	三级警监	
		连吉兴	三级警监	2014年2月免职
		陈伯恩	三级警监	2014年3月任副局长，此前为纪委书记
		王从志	一级警督	2014年3月任副局长，此前为政治部主任
		黄文清	一级警督	2014年3月任副局长
	党委委员、纪委书记	应中华	一级警督	2014年2月任职
	党委委员、政治部主任	林向前	一级警督	2014年2月任职
	党委委员、办公室主任	梅东晓	一级警督	
	党委委员、交通警察局局长	王伫球	一级警督	2014年12月任交通警察局局长，此前为交警支队支队长
	党委委员、椒江分局局长	朱怀宏	一级警督	2014年2月任党委委员
	党委委员、温岭市局局长	沈云才	一级警督	2014年2月任党委委员
台州市公安局椒江分局	区委常委、局长	黄文清	一级警督	2014年2月免区委常委，3月免局长
		朱怀宏	一级警督	2014年2月任区委常委，3月任局长
	政　委	潘尧敏	一级警督	
台州市公安局黄岩分局	区委常委、局长	王方林	一级警督	
	政　委	叶锡勇	一级警督	
台州市公安局路桥分局	区委常委、局长	郑灵江	一级警督	
	政　委	徐正才	一级警督	
临海市公安局	市委常委、局长	王小平	一级警督	
	政　委	蒋正林	一级警督	

续表

机构	职务	姓名	警衔	附注
温岭市公安局	市委常委、局长	应中华	一级警督	2014年2月免市委常委，3月免局长
		沈云才	一级警督	2014年2月任市委常委，3月任局长
	政委	杨德明	一级警督	
玉环县公安局	县委常委、局长	沈云才	一级警督	2014年2月免县委常委，3月免局长
		陈正方	一级警督	2014年2月任县委常委，3月任局长
	政委	翁振贵	一级警督	2014年4月免职
		王胜	二级警督	2014年4月任职
天台县公安局	县委常委、局长	朱怀宏	一级警督	2014年2月免县委常委，3月免局长
		吴凌	一级警督	2014年2月任县委常委，3月任局长
	政委	王夔蛟	一级警督	
仙居县公安局	县委常委、局长	林向前	一级警督	2014年2月免县委常委，3月免局长
		施伟军	一级警督	2014年2月任县委常委，3月任局长
	政委	陈军	一级警督	
三门县公安局	县委常委、局长	王建勇	二级警督	
	政委	王阅乾	一级警督	
台州市公安局开发区分局	区管委会党工委委员、局长	陈正方	一级警督	2014年2月免区管委会党工委委员，3月免局长
		程凌杰	一级警督	2014年2月任区管委会党工委委员，3月任局长
	政委	余秀清	一级警督	2014年4月免职
		叶嵊波	二级警督	2014年4月任职
丽水市公安局	市委常委、局党委书记、局长、督察长	卫中强	二级警监	
	党委副书记	马平	三级警监	2014年2月免职
	党委副书记、常务副局长	封宗祥	三级警监	
	党委委员、副局长	金珍(女)	三级警监	
		诸葛俭	三级警监	
	党委委员、政治部主任、机关党委书记	马正德	三级警监	

续表

机构	职务	姓名	警衔	附注
丽水市公安局	党委委员、副局长	梅中仁	三级警监	
		陈志斌	三级警监	
	党委委员、副局长(兼)	陈正巧	三级警监	市委610办公室主任
	党委委员、副局长	陈洪敏	一级警督	
	党委委员、纪委书记	叶伟华	一级警督	
	党委委员	金燕兰	一级警督	
	党委委员、办公室主任、指挥中心主任	叶建利	一级警督	
	党委委员	丁文伟	一级警督	2014年11月任职
丽水市公安局莲都区分局	区委常委、局长	陈洪敏	一级警督	2014年11月免职
		叶建利	一级警督	2014年12月任职
	政委	尤晓剑	二级警督	
青田县公安局	县委常委、局长	丁文伟	一级警督	2014年11月免职
	县委常委	颜华荣	二级警督	2014年12月任职
	政委	刘光献	一级警督	
缙云县公安局	县委常委、局长	朱荣华	一级警督	
	政委	钭泽泉	一级警督	
龙泉市公安局	市委常委、局长	周光洪	一级警督	
	政委	季春宝	一级警督	
遂昌县公安局	县委常委、局长	杜云峰	一级警督	
	政委	谢炳洪	一级警督	
松阳县公安局	县委常委、局长	罗孝林	二级警督	2014年7月免职
		饶庆勤	二级警督	2014年10月任职
	政委	叶祖伟	一级警督	
云和县公安局	县委常委、局长	李继仁	一级警督	
	政委	沙建民	一级警督	
景宁畲族自治县公安局	县委常委、局长	叶利东	一级警督	
	政委	季建伟	一级警督	
庆元县公安局	县委常委、局长	魏丽伟	一级警督	
	政委	吴新美	一级警督	
丽水市公安局经济开发区分局	区党工委委员、局长	钭启奎	一级警督	
	政委	池文彬	一级警督	

注:各市公安局局长任职截止时间为2015年9月,其余人员截止时间为2014年12月。

防范打击犯罪

国内安全保卫

【概述】 2014年，全省公安国内安全保卫部门积极开展情报信息、侦察调查、防范保卫等各项工作，深化基层基础和队伍建设，圆满完成各项重大安保任务，有效维护国家安全和全省社会政治稳定。年内，省公安厅国保总队被评为厅直机关2014年度目标考核先进单位，总队和七支队分别立集体三等功。

【防范打击邪教组织非法活动】 2014年，全省公安国保部门开展与"法轮功"、"全能神"等邪教组织的专项斗争，加强各项防控工作。年内，共立"法轮功"宣传煽动性案件若干起，破案率96.2%，继续实现"法轮功"分子"零进京、零滋事、零插播"的目标。

【加强国保基层基础建设】 2014年，全省公安机关进一步推进国保基层基础规范化、信息化、专业化建设。年内，省公安厅国保总队推动落实全省公安装备"十二五"规划重点项目建设，加强全省国保业务装备保障，推进国保侦察取证设备建设；全省93.94%的国保大队完成规范化建设目标任务。

【加强国保队伍建设】 2014年，全省公安机关落实国保队伍建设举措，加强市、县级公安机关国保部门班子建设，加大国保青年人才、业务骨干培养力度。5月，省公安厅国保总队组织全省国保系统开展"忠诚教育"主题活动。6月，举办全省公安国保业务专题培训班。8月，举办全省公安国保岗位业务能力比武竞赛。10月，组织金华市公安局婺城区分局国保大队代表浙江参加全国县级国保大队技能比武竞赛，分别获二等奖和组织贡献奖。

经济犯罪侦查

【概述】 2014年，全省公安经侦部门实施经济犯罪灵巧侦防策略，创新侦查模式和侦查机制，强化打击维稳和参谋预警，为全省经济安全和社会稳定保驾护航。是年，共受理经济犯罪案件7381起，立案6362起，涉案价值331.49亿元；破案4848起，其中侦破部督、厅督案件127起，抓获犯罪嫌疑人6056人，挽回经济损失52.94亿元。年内，有2个集体、2人立一等功，19个集体、11人立二等功，16个集体、79人立三等功，36个集体、192人受到嘉奖，167个集体和个人获得各类荣誉称号。

【推进实施灵巧侦防策略"十大项目"】 4月9日，省公安厅经侦总队印发《2014年全省经济犯罪灵巧侦防策略"十大项目"实施方案》，按照"目标任务化、任务项目化、项目责任化"的要求，将派出所受理经济犯罪案件工作规范、公安银行间破案追赃协查系统、影子银行排查及涉案预警机制、涉众型经济犯罪案件查处维稳机制、经济犯罪嫌疑人出境防控及境外缉捕机制、互联网侵犯知识产权犯罪查处机制、浙江籍涉税犯罪人员预警协查机制及重点地区整治、经济违法犯罪嫌疑人员动态管控、工作软件应用工作机制、侦防协会功能社会化等作为"十大项目"。至12月，该"十大项目"工

图为省公安厅召开全省公安国保工作会议（2月28日）

作目标全部完成。

【开展“猎狐2014”专项行动】 7～12月，全省公安机关开展缉捕在逃境外经济犯罪嫌疑人专项行动。其间，先后从35个国家和地区抓获在逃境外经济犯罪嫌疑人85人，缉捕率达43.8%；协助外省抓获在逃境外经济犯罪嫌疑人4人。全省抓获境外逃犯总数、综合绩效均居全国第二位。

【开展打击整治传销集中行动】 2～7月，全省公安机关开展该行动。其间，共立组织领导传销犯罪案件56起，发起集群战役3起，侦破案件38起，清查、捣毁传销窝点927个，采取强制措施189人，教育遣散传销人员7292人。综合绩效居全国二类地区第一位。

图为省公安厅经侦总队负责人在杭州萧山国际机场发布赴菲律宾缉捕在逃经济犯罪嫌疑人工作成效（11月7日）

【开展“网上打假”专项行动】 6～12月，全省公安机关开展该行动。其间，共立假冒伪劣和侵犯知识产权犯罪案件1050起，发起集群战役45起，侦破案件926起，抓获犯罪嫌疑人1025人。网上打假工作经验被公安部经侦局向全国推广，综合绩效居全国第二位。其中，网上制售假冒“小米”手机案、“9·3”非法拼装倒卖烟机案、“8·25”特大制售假冒“NBA”品牌运动服案、余某某等人涉嫌假冒注册商标案、姜某某等人制售假冒伪劣灭火器案、林某某等人假冒电器开关案6起集群战役被评为全国经典战役。

【开展打击保险诈骗“安宁行动”】 7～10月，全省公安机关开展该行动。其间，共侦破保险诈骗案件88起，其中涉案金额50万元以上案件11起、100万元以上案件2起，打掉保险诈骗犯罪团伙28个。

【开展打击整治假币违法犯罪集中行动】 8～12月，全省公安机关开展该行动。其间，共立假币犯罪案件30起，发起集群战役2起，侦破案件24起，缴获各种假币面值9500余万元，全省警银收缴比（公安机关收缴假币金额与银行临柜收缴假币金额的比率）达200%以上，综合绩效居全国第三位。

【开展打击骗取出口退税犯罪专项行动】 3～12月，全省公安机关开展该行动。其间，省公安厅经侦总队联合省国税稽查局、杭州走私犯罪侦查局下发骗税线索20条；全省公安机关共立案11起，破案8起，涉案金额4.5亿元。

【开展打击恶意逃废债专项整治行动】 7～12月，温州、湖州、金华市公安机关开展区域性集中打击恶意逃废债专项整治行动，重点打击非法金融活动和拒不履行司法机关判决造成金融单位重大损失的恶意逃废债犯罪行为。其间，共立案侦办恶意逃废债案件近600起，侦破案件440余起，涉案金额70余亿元，抓获犯罪嫌疑人560余人，挽回经济损失36亿余元。

【打击整治非法集资活动】 5月7日，省公安厅经侦总队印发《全省公安经侦部门影子银行排查及涉案预警机制建设方案》，部署5月至2015年1月开展影子银行和P2P平台排查。是月9日，针对金融领域面临的突出问题，省公安厅向省委、省政府上报《关于我省利用P2P网贷平台开展非法集资活动调研情况的报告》，对P2P网贷平台整治等工作提出意见建议，省长李强、副省长朱从玖等领导先后作出重要批示。年内，全省公安机关共立案侦办非法集资案件351起，涉案金额174.75亿元，挽回经济损失31.41亿元，未发生因公安机关处置不当引起的群体性事件。

【开展打击侵犯“浙商”品牌知识产权犯罪专项工作】 2014年，全省公安经侦部门开展该专项工作。年内，共立侵犯“浙商”品牌知识产权犯罪案件245起，提请发起集群战役18次，侦破案件193起，打击犯罪团伙60余个，缴获的假冒商品按正品计价金额逾10亿元。

【创新优化打击工作机制】 2014年，省公安厅经侦总队在总结历年专项行动及相关犯罪规律基础上，构建“1040”传销犯罪、网络涉假犯罪等类案打击模型，强化省级经侦部门对重大案件的主导打击，提升打击效能。11月，省厅经侦总队与阿里巴巴集团制定《涉假线索传递工作规定》，从阿里巴巴集团获取470余条各类网络涉假线索并下发各市公安经侦部门。

【开展信息化实战应用系统建设】 2014年，省公安厅开展破案追赃协查系统建设，与省银监局、省人民银行杭州中心支行、省金融办等金融主管部门签订会议纪要，与工商银行、农业银行、中国银行、建设银行、交通银行、浙商银行、北京银行、广东发展银行、中信银行、招商银行、农村信用联社、杭州银行、华夏银行省级分行就具体事宜达成一致意见。年内，全省公安机关开展违法犯罪资金查控平台建设，完成省级平台立项审批，全省共落实平台建设专项经费2500余万元。省厅经侦总队协调阿里巴巴集团，提请公安部经侦局开发阿里巴巴电商数据查询模块，实现公安网“一站式”查询；协助查询阿里巴巴电商数据446批次，涉及线索6683条，同比分别增长11%和8%。

【开展经侦执法检查“回头看”活动】 4～7月，全省公安经侦部门开展该活动。其间，发现执法问题1501个，整改1408个，整改率93.8%。整改后，依法受立案40起，撤案65起，解除强制措施18人，返还涉案财物28万余元。

【推进警务公开】 4月28日，省公安厅经侦总队印发《浙江省公安机关经侦部门受案与立案警务公开制度》，进一步明确、细化经济犯罪案件受理、立案程序，加强经侦执法公开，保障当事人知情权、参与权和监督权等合法权益。

【优化执法质量考核】 2014年，省公安厅将经侦部门执法质量考核单列。11月18日，厅经侦总队印发《全省经侦部门2014年度执法质量考评方案》，针对立案难、受理难、信访高发等执法突出问题，开展重点检查，推进重点执法问题的解决。通过考评，共发现未进行有效核查的线索22条，占全部抽查线索的20%；发现问题信访件8起，占抽查信访件的18%；检察机关通知立案6人；发现绝对不捕不诉人员中3人次错案。

【推进派出所经侦工作】 5月13日，省公安厅印发《全省公安派出所办理经侦部门管辖经济犯罪案件暂行规定》，推行派出所受理经济犯罪案件和办理部分经济犯罪案件工作。5～12月，省、市、县三级公安经侦部门分别对派出所民警开展了经侦业务分级轮训。截至12月，全省派出所共办理经济犯罪案件1803起。

【召开2014年度互联网金融安全论坛暨互联网金融风险透视和犯罪防控高峰会议】 10月27～28日，省公安厅、浙江警察学院会同蚂蚁金融服务集团在杭州市召开该会议。围绕国内外互联网金融安全现状、发展趋势，互联网金融犯罪防控机制，互联网金融安全防控技术，互联网金融的法律边界及执法规范，不同类型互联网金融犯罪作案手段及侦防对策，灰黑产业链对互联网金融安全的影响等议题开展研讨。全国各地公、检、法系统和高等院校、金融从业人员等150余人参加会议。

图为2014年度互联网金融安全论坛在杭州市举办(10月27～28日)

【举办打击和防范经济犯罪宣传日活动】 5月15日，省公安厅、杭州市公安局会同省检察院、省商务厅、省审计厅、省地税局、省工商局、省质量技监局、省国税局、人民银行杭州中心支行、浙江银监局、浙江证监局、浙江保监局、省烟草专卖局、省知识产权局在杭州联合举办浙江省暨杭州市“5·15”打击和防范经济犯罪宣传日活动。省公安厅副厅长叶寒冰出席启动仪式，并宣布浙江省经济犯罪侦防网(http://www.eipa.com.cn)正式上线运行。

刑 事 侦 查

【概述】 2014年，全省公安刑侦部门创新侦查方法，健全完善工作机制，依法严厉打击各类刑事犯罪活动。是年，共立刑事案件42.97万起，侦破刑事案件22.09万起。其中破命案(故意杀人、故意伤害致死)533起，破案率99.1%；破放火、爆炸、强奸、绑架、劫持五类恶性案件831起，破案率99.6%。全省有89个县(市、区)命案全破，15个县(市、区)未发命案，有重大社会影响的严重刑事案件全破。年内，全省刑侦系统有1个集体立一等功、20个集体立二等功、90个集体立三等功，102个集体受到嘉奖；刑侦民警有2人次立一等功、31人次立二等功、303人次立三等功，1137人次受到嘉奖。金华市公安局刑侦支队民警陈素青获第五届全国"我最喜爱的人民警察"特别奖并被授予"全国公安系统二级英模"称号。

【部署打防侵财犯罪等专项工作】 2月24～25日，省公安厅在慈溪市召开全省公安机关打防侵财犯罪等专项工作部署会议，部署打防侵财犯罪专项工作、现场统勘、打防黑恶犯罪以及打击"伪基站"专项行动等重点工作。宁波、金华、舟山市公安局及慈溪市公安局、台州市公安局黄岩区分局分别作典型经验交流。3月20日，厅党委副书记、常务副厅长洪巨平主持召开全省公安机关打防侵财犯罪专项工作领导小组成员单位第一次会议，通报情况，研究讨论各警种职责分工、专项工作评估办法及信息共享、病犯关押等问题。5月12日，省厅召开打防侵财犯罪专项工作暨第一次集中打击行动新闻发布会，通报全省侵财犯罪形势、公安机关打防侵财犯罪专项工作开展情况，提出宣传防范建议。新华社、《浙江日报》、《钱江晚报》、浙江卫视、新蓝网、"浙江在线"等23家中央、省级媒体参加发布会。8月7日，省厅召开全省公安机关打防侵财犯罪专项工作电视电话推进会，部署阶段工作。厅督察总队通报该专项工作督察情况。温州、金华、台州市公安局及海宁市、龙游县公安局作经验交流。年内，全省公安刑侦部门综合运用合成作战、立线侦查、人力情报攻坚等方法，推进常态化打防侵财犯罪。共侦破侵财案件17.6万起，打掉5人以上且涉案10起以上的犯罪团伙511个(其中涉案20起以上的175个)、通讯(网络)诈骗团伙217个。其中侦破"1·20"、"3·20"网络投资诈骗案，"3·4"系列租车诈骗案，"5·29"手机木马扣费案，"5·30"高速公路逃费案，"7·10"跨境通讯(网络)诈骗系列案，"11·10"手机木马盗窃案等一批重大系列性侵财案件。10～12月，全省公安机关开展侵财逃犯集中缉捕行动，共抓获侵财逃犯1219人。

图为省公安厅召开全省公安机关打防侵财犯罪专项工作暨第一次集中打击行动新闻发布会(5月12日)

【省政府召开全省打防电信(网络)诈骗犯罪专题协调会】 4月29日，省政府副秘书长夏海伟主持召开该会议。省公安厅党委副书记、常务副厅长洪巨平参加会议，介绍全省电信(网络)诈骗犯罪基本情况、打防电信(网络)诈骗犯罪存在的问题和困难以及公安机关的做法，并提出工作建议。

【完善打防通讯(网络)诈骗犯罪联动机制】 6月，根据全省打防电信(网络)诈骗犯罪专题协调会明确的"打防并举，以防为主"工作思路，省公安厅联合人民银行杭州中心支行、省银监局印发《关于进一步加强通讯(网络)诈骗犯罪打防工作的通知》，强化公安机关联手社会相关部门打防通讯(网络)诈骗犯罪联动机制。年内，加大与通信企业、软件开发企业合作力度，推进全省通讯(网络)诈骗防范及反制系统建设，探索赃款智能联网封堵，提升打防控通讯(网络)诈骗智能化水平。

【深化打黑除恶专项工作】 2014年，全省公安机关围绕党委政府工作重点，按照"打霸拔钉，护航发展"工作要求，推进打黑除恶专项工作。年内，共打掉涉黑组织10个、恶势力团伙639个，抓获涉黑涉恶犯罪嫌疑人4659人，侦破案件4293起，缴获枪支27支，扣押非法资产1430余万元。

【推进“灭枪”专项工作】 2014年，全省公安刑侦部门共侦破涉枪案件165起，缴获枪支513支，协助外省（市）公安机关核查涉枪案件线索2000余条。其中，侦破部督杭州“3·22”特大非法制造、买卖枪支弹药案，温州市龙湾区郑某某特大非法买卖枪支案，桐乡市杨某某系列特大持枪抢劫金店案，嘉善县王某等人网络贩卖枪支案等一批重大案件。

【深化打拐工作】 2014年，全省公安机关加大打击拐卖妇女儿童犯罪力度，先后开展打击拐骗操纵聋哑人犯罪专项集中行动、打击拐卖外籍妇女儿童犯罪专项行动、“2014·7·3”特大网络贩婴专案行动等。年内，共侦破拐卖案件3020起，抓获犯罪嫌疑人1929人，解救儿童、妇女1680人；采集DNA血样3465件，比中89例。

【推进指掌纹自动识别系统建设】 4月，省公安厅启动掌纹自动识别系统建设，统一将全指纹系统及远程端升级为指掌纹系统。5月6～7日，公安部指纹自动识别系统现场评测组对省厅指纹自动识别系统进行现场评测，认为符合公安部各项标准及要求。9月始，全省公安刑侦部门开展为期3个月的掌纹暨重特大案件指纹集中比对专项行动。其间，共采集、录入、捺印掌纹337.32万余份及现场掌纹3.77万余份，利用指掌纹自动识别系统比中各类案件9499起、涉案人员7895人。

【建立立线侦查工作机制】 2月20日，省公安厅发文对严重刑事犯罪线索开展立线侦查工作提出意见，要求由刑侦部门发挥主侦作用，技侦、网警等部门配合，对严重暴力犯罪、涉黑涉恶及团伙、系列、职业性侵财犯罪等严重刑事犯罪线索开展立线侦查和案件经营。年内，共立线侦查线索216条，侦破案件1760余起。

【推行现场统勘】 2014年，省公安厅要求全省公安刑侦部门以十类（杀人、爆炸、放火、强奸、绑架、投放危险物质、破坏、伤害致死、入室抢劫、入室盗窃）案件和有明确犯罪场所、有可能提取到痕迹物证的现场、未知名尸体现场及非正常死亡现场的案件作为推行现场统勘机制的重点案件，扩大现场勘查、痕迹物证提取范围，提高现场勘查质量。年内，全省公安刑侦部门共勘查现场23.99万个，新增现场勘查人员146人。

【完善挂牌督办制度】 2014年，省公安厅改变由下级公安机关上报、上级公安机关审核挂牌督办的做法，实行上级公安机关刑侦部门根据未破案件大小、案情复杂程度及侦破难易程度进行挂牌督办为主的督办制度。年内，省厅挂牌督办、指定案件63起。

【省公安物证鉴定中心通过实验室国家认可现场评审】 9月20～21日，中国合格评定国家认可委员会评审组对省公安物证鉴定中心进行实验室认可现场评审。12月25日，省公安物证鉴定中心通过评审，获得“中国合格评定国家认可委员会实验室认可证书”。截至12月，全省公安机关有物证鉴定机构110家，其中2家通过实验室国家认可，17家通过计量认证；有1839人取得《鉴定人资格证书》。

【全国刑标委照相分委会、语音工作组工作会议暨标准审查会在杭州市召开】 12月16～18日，由公安部物证鉴定中心主办、省公安厅刑侦总队承办的全国刑事技术标准化技术委员会照相检验分技术委员会、智能语音技术标准化工作组工作会议暨技术标准专家审查会在杭州市召开。会议对2014年新制定的照相及语音标准进行审查。公安部物证鉴定中心副主任葛百川出席会议并讲话，省厅党委专职副书记华乃强出席会议并致辞。来自全国公安、检察、司法、安全部门及院校、研究所等单位的51名专家委员参加会议。

图为全国刑标委照相分委会、语音工作组2014年专家审查会在杭州市召开（12月16日）

【通过公安部重点司法鉴定专业实验室考核】 12月3日，公安部五局组织公安机关重点司法鉴定专业实验室考核组对省公安厅物证鉴定中心申报的DNA检验、声像资料检验、痕迹检验3个重点司法鉴定专业实验室进行现场考核，认定符合标准。2015年1月，正式授牌。

【召开全省命案侦办质量剖析会】 4月22～23日，省公安厅在杭州市召开该会议。通报2013年度全省八类案件办案质量和省高院在死刑案件审理过程中发现的问题，交流讨论新《刑事诉讼法》实施以来全省命案侦办面临形势、存在问题及应对措施，部署命案侦办、刑侦部门执法检查"回头看"和贯彻落实防止冤假错案33项制度等工作。

【扩大视频破案应用领域】 2014年，全省公安刑侦部门转变应用理念，扩大视频侦查在打击破案中的应用领域。年内，共利用视频技术侦破刑事案件3.3万起，占全部破案数的30.1%，同比上升11.1%；打击处理3.2万人(其中现行抓获5013人)，占全部刑事打击处理数的28.3%，同比上升7.9%。

【加强警犬技术应用】 2014年，全省公安刑侦部门落实命案现场必出、同步上案制度，提高血迹搜索犬和硬地追踪犬新技术应用能力。3月11日，公安部在杭州市召开南京片区2014年警犬技术工作会议，总结2013年片区警犬工作，表彰先进集体和个人，部署2014年工作。6月12日，省公安厅印发《关于进一步加强治安巡逻犬建设应用的意见》。年内，全省公安机关的警犬共出勤使用1.5万余次，发挥作用850余次，警犬技术在20起刑事案件侦破中起到重要作用；协助侦破毒品犯罪案件6起，查获毒品3500余克；协助抓获违法犯罪人员225人，缴获管制物品386件，参与大型会议安检保卫250次。

【与台湾刑事警察局代表团座谈交流】 11月25日，台湾刑事警察局代表团一行6人到省公安厅刑侦总队，就两岸共同打击犯罪、开展联合执法及相关案件侦办等内容进行座谈交流。

【建成足迹识别应用系统】 3月，省公安厅建成并运行浙江省足迹自动识别及应用系统。截至12月，全省共录入现场足迹53万枚、人员足迹55万枚、样本足迹3.3万枚，串并案件1.14万串3.88万起，足迹库存总量和应用效益居全国前列。

【规范伤害案件取证鉴定工作】 3月，省公安厅印发《浙江省公安机关办理伤害案件的前期取证与法医学鉴定的规范》。该做法被公安部五局向全国推广。年内，全省法医尸体检验鉴定2.16万起，损伤检验鉴定3.4万例。

【深化DNA数据库建设】 2014年，全省公安机关共完成49.9万人份违法犯罪人员的DNA数据建库任务。截至12月，该数据库内基因信息达276.1万条，库容量居全国第三。

【创新发展电子物证技术】 2014年，省公安厅刑侦总队针对打击"伪基站"犯罪专项行动中取证难问题，形成一套取证软件，对"伪基站"设备进行合法证据固定，为打击"伪基站"犯罪提供技术支撑。年内，全省公安机关利用电子物证共检验案件830余起，同比增长260%，在证据固定、线索提供、身份认证等方面发挥重要作用。

【加强刑侦专业技术培训】 2014年，省公安厅刑侦总队先后单独或联合省刑事科学技术应用研究重点实验室，举办法医业务、电子物证检验技术、通讯(网络)诈骗犯罪侦查指挥员、痕迹业务、DNA技术、指掌纹系统、文件检验专业技术、刑事科学技术管理应用平台暨浙江省足迹自动识别系统应用等9期业务培训班，共培训900余人。

图为省公安厅刑侦总队与台湾刑事警察局代表团座谈交流(11月25日)

【编辑出版刑事专业书籍】 1月，由省公安厅文件检验人员主编的第一本文检专业书籍《文件检验实务教程》正式出版。12月，省厅召开全省刑事科学技术学术交流会，共征集论文250篇，录用137篇，汇编成《2014年浙江省刑事科学技术交流会论文集》。内容包括现场勘查、痕迹检验、法医检验、DNA检验、理化检验、影像检验等领域的理论研究、技术创新、办案经验等。

监所管理

【概述】 2014年，全省公安监管部门认真贯彻落实公安部和省公安厅党委关于加强公安监管工作的决策部署，坚持问题引领，紧盯顽症难题，狠抓整改落实，监所羁押量列全国第二，首次实现全年安全零事故，其中省看守所实现"20年安全无事故"。年内，省看守所、宁波市镇海区看守所被评为2013～2014年度全省政法系统先进集体，遂昌县看守所被评为爱民模范集体，宁波市看守所毛卓云被评为爱民模范，杭州市看守所杨旭东、温州市瓯海区看守所侯伟宇、台州市看守所徐光龙、嵊州市看守所周道被评为"最美警察"。

【开展看守所"五化建设"工作】 2月26日，省公安厅根据公安部部署，印发《看守所"五化建设"工作实施方案》，组织全省公安机关开展看守所勤务模式科学化、执法行为规范化、管理方式精细化、监管手段信息化、设施保障标准化建设工作，推荐和确定15个看守所为全国、全省示范单位。8月，公安部在上海召开的全国看守所"五化建设"现场会上推广浙江工作经验。截至12月，全省84个看守所中有48个在"五化建设"验收中达标，达标率57.14%，其中湖州、嘉兴市公安局所辖看守所全部达标并通过验收；70项建设任务完成36项，完成率51.43%。

【开展拘留所"三项重点工作"】 3月17日，省公安厅根据公安部要求，部署全省拘留所开展为期两年的"三项重点工作"（规范执法、创新管理、化解矛盾工作）部署，制定贯彻实施方案，提出3个方面18条41项具体工作内容，细化验收标准，先后就拘留所办理收拘、解除拘留工作规程、被拘留人行为规范和被拘留人一日生活制度等作出规定。年内，杭州市、宁波市、海宁市拘留所被公安部确定为全国示范单位，杭州市余杭区、临安市、温州市、嘉善县、湖州市、衢州市、台州市椒江区、丽水市拘留所被省厅确定为省级示范单位。截至12月，全省拘留所共化解社会矛盾纠纷860起，79个拘留所中有74个通过"三项重点工作"验收和等级评定。

【开展"三除一创"百日活动】 6～9月，省公安厅在全省公安监管场所组织开展"三除一创"（消除麻痹懈怠思想、排除安全隐患、清除内务脏乱现象，创建平安整洁监所）百日活动。其间，全省各级公安监管部门共开展自查390次、督导检查483次，投入整改经费4113.2万元。经考核验收，全省有153个监所达标，其中嘉兴、舟山市公安局所辖监所全部达标。

【开展后进监所集中治理活动】 6～12月，全省公安机关开展该活动。其间，省公安厅将25个监所分列为全国、省级、市级三类后进所集中挂牌整治，副厅长华远平对后进所所属公安局负责人进行约谈，省厅监管总队派出业务骨干蹲点开展"一所一策一帮扶"，要求制定整改方案并通过集中治理达到三级以上监所标准。截至12月，有24个监所完成整改。

【召开全省公安监管安全工作视频会议】 10月15日，省公安厅召开该会议，传达学习厅党委专题研究监管工作会议纪要精神，通报全省后进监所集中治理专项督察情况，就吸取黑龙江延寿县看守所事故教训及做好监管安全工作进行部署。副厅长华远平出席会议，并就全省公安机关做好监管安全工作提出要求。

图为省公安厅召开全省公安监管安全工作视频会议（10月15日）

【加强和改进监管工作十条措施】 9月19日，省公安厅召开党委会议，专题研究公安监管工作，提出进一步加强和改进公安监管工作的十条措施。主要内容为：召开一次全省电视电话会议，加强监管安全工作；明确公安机关主要领导是监所安全管理第一责任人；保持市、县两级公安机关分管监管工作局领导的相对稳定，市级公安机关分管监管工作局领导分管未满两年要调整的需报省厅同意；厅领导到基层当普通民警时安排半天时间到监所检查工作，并形成长效机制；落实看守所等级未达标的、拘留所连续两年等级未达标的取消其所属公安机关及主要、主管领导评先受奖资格规定，并纳入省厅评先考核，实行一票否决；加快全省看守所监门哨建设改造和武警上哨工作；加强市本级监管部门建设；加强拘留所女性在押人员集中羁押、监所医疗专业化建设；落实厅党委确定的监管警力配比标准，研究并规划监管场所的合理设置；落实公安部有关监管民警岗位轮换政策，改善监管队伍结构；省、市两级公安机关制定实施监管新警业务集训计划，在浙江警察学院增设监管专业，开展学历教育。

【开展看守所思想纪律作风专项整顿活动】 10月至2015年1月，公安部部署开展看守所思想纪律作风专项整顿活动，重点整顿看守所领导和民警有法不依、有章不循、有令不行、有禁不止，收受贿赂为在押人员通风报信，以及非法谋利，侵犯在押人员合法权益等突出违法违纪问题。11月10日，省公安厅印发《全省公安机关开展看守所思想纪律作风专项整顿活动实施方案》。是月13日，省委常委、公安厅厅长刘力伟在出席全国看守所思想纪律作风专项整顿活动视频会议后的续会上强调，要切实解决对监管工作不重视、监管队伍薄弱和监管场所基础工作不扎实等问题。

【制定监管执法六条纪律】 10月14日，省公安厅监管总队印发《公安监管执法六条纪律》。主要内容为：为犯罪嫌疑人或被告人通风报信、私自传递物品、私自安排会见的，予以辞退，造成严重后果的，予以开除；因管理松懈，严重不负责任，发生“牢头狱霸”重伤、打死被监管人员的，予以辞退或开除；体罚、虐待被监管人员的，予以纪律处分，情节严重的开除；指派在押人员管理在押人员的，予以纪律处分，造成严重后果的，予以开除；私带被监管人员离开羁押场所的，予以纪律处分，情节严重的开除；索要、接受被监管人员及其亲友、代理人等特殊关系人贿赂或者请客送礼的，予以纪律处分，情节严重的开除。

【公安部、武警总部联合调研组调研指导浙江看守所安全工作】 12月2～3日，武警总部副司令员戴肃军、公安部监所管理局局长赵春光率联合调研组听取省公安厅、省武警总队有关看守所安全工作的情况汇报并座谈征求意见，实地检查杭州市江干区、德清县、嘉兴市看守所武警中队作战勤务值班室和看守所岗楼、监墙、监门哨、收押室、监区，了解看守所“四防一体化”及AB门、监门哨建设情况。联合调研组要求公安机关和武警部队加强联勤联动机制建设，并就有关设施建设原则、建立完善各项安保措施等提出具体指导意见。省委常委、公安厅厅长刘力伟出席汇报会并陪同调研，省武警总队司令员白海滨，副厅长华远平全程参加调研活动。

【全国公安监管部门艾滋病防治工作培训班暨医疗卫生专业化建设现场会在长兴县召开】 11月26～27日，国务院防治艾滋病工作委员会办公室、公安部监所管理局在长兴县召开该会议。中国疾控中心专家为与会代表授课。公安部监所管理局副局长张向宁出席会议并讲话，省公安厅副厅长华远平出席会议并致辞。省厅监管总队、长兴县公安局等单位分别介绍了公安监所在预防艾滋病、推进监管医疗卫

图为全国公安监管部门艾滋病防治工作培训班暨医疗卫生专业化建设现场会在长兴县召开（11月26～27日）

生专业化建设等方面的工作经验。与会代表实地观摩了湖州市、长兴县看守所艾滋病防治暨医疗卫生专业化建设成果。

【开展集中对社会开放日活动】 12月8～11日，全省公安监管场所开展以“人权司法保障看监所”为主题的集中对社会开放日活动。全省86个综治联席单位，各级公安特邀监督员、人大代表、政协委员、党政干部和社区群众代表、网民代表、学校师生代表、媒体记者以及被监管人员亲属等4051人走进监所，对监管工作进行评议。其间，各地共举办亲情帮教活动56个、社会帮教活动48个，召开座谈会98个，接受2252人评议，收集各类意见建议614条。

【举办全省县级公安机关分管监管工作局领导培训班】 3月31日～4月4日，该培训班在浙江警察学院举办，以浙江公安论坛的形式，邀请中国人民大学教授讲解公安机关在执行《刑事诉讼法》中的若干问题。省公安厅副厅长华远平出席开班仪式并为学员上课。87名县级公安机关分管领导和各市公安局监管支队长参加培训。

技术侦察

【概述】 2014年，全省公安技侦部门贯彻落实第七次全国公安技术侦察工作会议和全省公安技侦工作会议精神，以履行职能、维护社会大局稳定为目标，着力打造“忠诚技侦、主动技侦、信息技侦、法治技侦”。年内，有13个集体、29名民警被授予荣誉称号，5个集体、67人立功。其中温州市公安局技侦支队民警陈旭被追授“全国公安二级英模”称号并获省公安厅“最美警察”特别致敬奖，嘉兴市公安局技侦支队余存钦获“浙江省劳动模范”称号并被评为“最美警察”，厅技侦总队郭建强获“省直机关道德模范”称号，绍兴市公安局技侦支队被省厅评为“温暖警营”。

【加强技侦反恐工作】 2014年，省公安厅技侦总队先后召开5次全省技侦反恐工作会议。年内，全省公安技侦部门侦办涉恐类案件39起，协助侦破“304”涉恐专案、“403”极端宗教暴恐案和“603”、“6·24”涉恐案等，配合抓获涉恐犯罪嫌疑人29人。12月2日，华东地区公安技侦反恐协商会暨第二十六次华东地区公安技侦协作会议在嘉兴市召开，就推动区域资源共享、强化反恐协作进行探讨交流。

【协助打击严重刑事犯罪】 2014年，全省公安技侦部门共接办各类重大刑事案件7084起(串)，协助开展打防侵财专项行动、打击整治非法生产销售和使用“伪基站”违法犯罪活动、百城禁毒会战、打假专项行动、“缉枪治爆”专项行动、“猎狐2014”专项行动、打击整治传销集中行动等专项行动。其中在“猎狐2014”专项行动中，共受理案件16起，协助抓获公安部在册境外逃犯9名，占全省抓获逃犯总数的20%。12月，在全国公安技侦侦查办案成效考评中浙江名列第三。

【技侦情报信息工作获全国先进】 12月，在全国技侦系统情报信息综合考评中，省公安厅技侦总队列省级单位第七名，杭州市公安局技侦支队列直报城市第六名，分别被评为全国公安技侦情报信息工作综合考评先进单位。

图为省公安厅在金华市召开全省技侦队伍建设工作会议暨“信息技侦”推进会(3月18～19日)

【开展工作站规范化建设】 2014年，省公安厅技侦总队落实公安部有关技术侦查派出机构管理办法，与厅政治部联合发文规范工作站民警管理，以功能区建设为抓手开展部分技侦工作站的整改及重新报核验收工作。年内，完成新批建的5个技侦工作站建设。

【推进“信息技侦”建设】 2014年，省公安厅探索与国家级科研机构合作，推进“信息技侦”建设。3月18～19日，省厅技侦总队在金华市召开全省公安技侦“信息技侦”推进会，部署加快推进全省“信息技侦”建设。年内，在第五届全国技侦技术革新成果奖评选活动中，选送的1个项目获一等奖、5个项目获二等奖、3个项目获三等奖。

【加强技侦法制和执法监督工作】 2014年，省公安厅技侦总队推动《浙江省公安厅关于刑事案件办理程序若干问题的规定(试行)》技侦条款出台，明确刑事案卷材料或者有关宣传报道中使用“侦查技术”的表述。制定技侦刑事案件执法手册，先后组织两次全省执法检查，研究执法监督平台建设等。

【加强技侦队伍建设】 2014年，省公安厅技侦总队落实全国公安技侦队伍建设工作会议要求，召开全省技侦队伍分析暨警营文化建设现场会，开展浙蒙鄂黔三省一区素质强警交流合作活动和“优作风、强服务、促规范”主题建设活动。8月25～29日，在浙江警察学院承办全国公安技侦手段技能比武大赛并组队参加，获得团体第二名，3人获个人比武一等奖，1人获特殊贡献奖。

网络安全保卫

【概述】 2014年，全省公安网警部门改革创新网上警务运行机制和工作模式，妥善处置各类网上危机事件，严厉打击网络违法犯罪，推进网络阵地管控，加强网警专业化建设，有效维护网络社会的和谐稳定。年内，省委书记、省人大常委会主任夏宝龙等省领导作出20余条批示肯定网警工作。打击整治“伪基站”专项行动成效列全国第一，打击整治“东伊运”专项行动受到公安部表彰，信息安全等级保护工作在第四届全国信息安全等级保护测评体系建设会议上作经验介绍，网警综合业务考核成绩继续居全国前列。省公安厅网警总队获厅机关年度创新争优奖，1个集体立一等功，1个集体、2人立二等功，2个集体、5人立三等功，17人受到嘉奖或被评为先进个人。

【召开全省公安机关深化网络社会管控工作会议】 11月6～7日，省公安厅在杭州市召开该会议。总结网络社会治安管控工作取得的成绩，分析形势和问题，就深化网络社会管控工作作出动员部署，提出以信息化增强优势、以社会化扩大防线、以专业化增强能力等工作措施。省委常委、公安厅厅长刘力伟出席会议并作重要讲话，副厅长华乃强作主题报告。12月5日，省厅发文要求加强网警专业化建设。

【开展世界互联网大会网上安保工作】 11月19～21日，省公安厅网警总队建立世界互联网大会网上安保工作专班，启动网上应急处突全省联动工作机制和网上安保工作“环浙护城河”工作机制，协调北京、广东、海南等地网警力量派驻支援，组织多方力量开展安保工作。其间，共发现处置网上不安定因素620余起，落地调查27人；监测保护重要政府网站570余家，清除安全隐患76处；对乌镇景区内80余个信息服务部位落实安保措施，209家上网场所落实上网审计措施。

【加强信息网络安全保护】 2014年，全省公安网警部门开展政府网站和重要系统安全检测，全省受检单位2421家，其中清除安全隐患606家。4月10日，省公安厅网警总队联合省网络与信息安全信息通报中心召开全省重要信息系统和政府网站安全专项检查工作总结暨省网络与信息安全信息通报中心2014年第一次会议，对44家存在网站安全隐患的省级单位发放网站安全风险告知书，逐一督促落实整改。年内，编报《网络与信息安全情况通报》18期，发布预警动态、安全公告120余条；推动浙江新闻出版广电局、浙江省卫生和计划生育委员会、浙江省人民政府国有资产监督管理委员会等3个单位开展信息安全等级保护工作；完成全省2399家单位的4863个信息系统的定级备案工作，其中三级系统818个、二级系统4045个；完成1636家单位的3418个信息系统等级测评和安全建设整改，其中三级系统562个、二级系统2856个。

图为全省公安机关深化网络社会管控工作会议在杭州市召开(11月6～7日)

【深化军地协作机制建设】 2014 年，省公安厅网警总队拓宽军地协作机制建设。年内，共联合召开军地协作会议 3 次；与省公安边防总队签署协议书，进一步深化警务协作机制；依法快速处置网上涉军有害信息 125 条，协查信息 20 条，协办涉军涉网案件两起。被南京军区评为军地协作先进单位。

【开展打击整治“伪基站”专项行动】 2～7 月，全省公安机关开展该专项行动。其间，省公安厅网警总队加强与省级相关部门协作并联合开展督导，多渠道开展宣传防范，强化线索挖掘和专案侦查。全省公安机关共侦破“伪基站”刑事案件 110 起，刑事打击 122 人，打掉团伙 43 个，捣毁“伪基站”生产窝点 4 个，收缴“伪基站”设备 210 台。浙江打击整治工作成效列全国第一，被中宣部指定在全国 300 余家媒体作先进典型宣传报道。

【开展打击黑客攻击破坏违法犯罪行动】 10～12 月，全省公安机关开展该行动。其间，共侦破获取数据信息、侵财型黑客犯罪案件 41 起，其中侦破公安部专项督办案件 1 起，抓获犯罪嫌疑人 137 人，收集情报线索 7 个。工作成效列全国第一。

【深化网警队伍建设】 4～7 月，省公安厅网警总队开展执法检查“回头看”活动。8 月 13～14 日，在嘉善县召开全省公安网警队伍建设会议，部署开展为期 5 个月的以“忠诚、廉洁、保密”为重点的专题教育活动。

禁 毒 工 作

【概述】 2014 年，全省公安禁毒部门加大打击毒品犯罪和吸毒人员管控力度，开展毒品和易制毒化学品整治，组织禁毒宣传教育，开展戒毒康复和就业安置，推进禁毒机构和队伍建设，深化禁毒人民战争，工作成效得到省委、省政府和公安部领导的充分肯定。是年，共侦破毒品犯罪案件 5150 起，其中侦破公安部毒品目标案件 42 起、省公安厅毒品目标案件 114 起，抓获毒品犯罪嫌疑人 7711 人，缴获各类毒品 835 千克；查获吸毒人员 4.38 万人次，其中强制隔离戒毒 1.05 万人次，同比上升 27.6%，社区戒毒 1.1 万人次，同比上升 11.6%，社区康复 3605 人，同比上升 0.3%。

【省委、省政府专题听取禁毒工作汇报】 10 月 17 日，省政府召开第 34 次常务会议，听取禁毒工作汇报，研究解决加强禁毒工作组织领导、工作考核和责任追究、力量建设、经费投入、宣传、收治场所建设及表彰奖励等事项。省委副书记、省长李强主持会议并作重要讲话。省委常委、公安厅厅长刘力伟代表省禁毒委就中央有关加强禁毒工作的重要精神、全省毒情现状与发展趋势、全省禁毒工作思路和举措、工作建议及需要解决的问题等作了汇报。省委常委、常务副省长、省禁毒委主任袁家军出席会议。副厅长华远平列席会议。11 月 3 日，省委召开常委会，听取禁毒工作汇报，研究部署加强全省禁毒工作力量、加大打击力度、加强禁毒宣传、加强组织领导等。省委书记、省人大常委会主任夏宝龙，省长李强出席会议并讲话。刘力伟代表省禁毒委作工作汇报。

【省禁毒委召开中央领导重要指示批示精神专题传达学习会】 7 月 8 日，省禁毒委在杭州市召开该会议，传达学习中共中央总书记、国家主席习近平，国务院总理李克强对禁毒工作的重要指示、批示精神，中央政治局常委会议、国务院常务会议听取全国禁毒工作汇报情况和《中共中央国务院关于加强禁毒工作的意见》的主要内容，以及国家禁毒委关于贯彻落实中央精神的工作部署等，对全省贯彻落实中央精神提出下一步工作要求。省委常委、公安厅厅长刘力伟出席会议，副厅长华远平作工作部署。

图为省政府召开全省禁毒工作电视电话会议（4 月 18 日）

【省政府召开全省禁毒工作电视电话会议】 4 月 18 日，省政府召开该会议，回顾总结 2013 年全省禁毒工作，分析禁毒形势，部署进一步健全禁毒工作体制、机制，夯实禁毒基层基础工作，提升毒品问题综合治理能力，遏制毒情蔓延，减少毒品危害等。省委常委、公安厅厅长、省禁毒委常务副主任刘力伟出席会议并作重要讲话。副厅长华远平参加会议。

【开展百城禁毒会战专项行动】 10月至2015年3月，全省公安机关开展该专项行动。省公安厅于10月10日召开全省公安机关百城禁毒会战部署视频会议，确定杭州、宁波、温州、台州市作为参战城市参加会战，全省其余各市同时严厉打击毒品违法犯罪活动。省委常委、公安厅厅长刘力伟出席会议并作重要讲话。其间，全省公安机关共侦破毒品犯罪案件6253起，抓获犯罪嫌疑人9430人，查获吸毒人员近3.86万人次，缴获鸦片、海洛因、冰毒晶体、冰毒片剂、氯胺酮等毒品935.03千克，强制隔离戒毒吸毒人员8657人，同比分别上升163.4%、167.67%、98.49%、689.6%、153.72%。该专项行动绩效评估综合得分列全国第五位，受到国家禁毒办、公安部的通报表彰和省委、省政府的高度肯定。

【开展吸毒人员分级分类管控工作】 9月10日，省禁毒委员会办公室、省公安厅印发《吸毒人员分级分类管控工作规定(试行)》，全省公安机关根据吸毒人员对社会的危害性程度，通过风险评估，划分管控类别，采取相应管控措施。截至12月，5.8万名吸毒人员列入分类管控，其中有明显潜在隐患的一级管控人员397名。

【开展吸毒人员"大排查、大管控"工作】 3～6月，省禁毒委组织开展为期百天的吸毒人员"大排查、大管控"工作，重点排查"毒驾、贩毒前科、吸毒引发精神病、病残吸贩毒、戒断满三年"五类涉毒人员，进一步摸清吸毒人员驾驶证信息、吸毒人员现状、吸毒人员人口和脱失人员信息等基础情况。其间，全省公安机关共排查出病残吸毒成瘾人员1772人、病残涉毒犯罪嫌疑人员272人。

【举办国际禁毒日主题宣传活动】 6月26日，浙江省、杭州市及上城区禁毒委在杭州市吴山广场联合举办主题为"阻击合成毒品全民总动员"的国际禁毒日宣传活动，举行了禁毒形象大使增聘、禁毒社工代表发言、禁毒公益捐赠、禁毒集体宣言、禁毒装备展示、现场咨询、缉毒犬表演等活动。省委常委、公安厅厅长刘力伟出席活动并作重要讲话。副厅长华远平主持活动仪式，副厅长、杭州市委常委、市公安局局长叶寒冰出席活动。

【举办全省中小学校禁毒教育基地群建设现场观摩活动】 9月25日，省禁毒办、省教育厅在温州市联合举办该活动。全省11个市禁毒办、教育局有关负责人现场观摩学习温州市依托学校社会实践教育基地开展禁毒教育基地建设的经验做法。省公安厅副厅长华远平出席活动并讲话。观摩活动后，省禁毒办、省教育厅联合就开展全省中小学校禁毒教育基地建设等工作作出部署。

【开展禁种铲毒专项行动】 1月，省林业厅、省农业厅、省公安厅联合印发《关于进一步做好2014年禁种铲毒工作的通知》，要求按照"县不漏乡、乡不漏村、村不漏户"的原则，采取领导包干负责，全面开展排查摸底，严格落实"种子不落地、落地不开花、开花不结果"总体要求，严厉打击非法种植毒品原植物违法犯罪活动。至9月，全省共出动乡镇干部、公安民警1.28万余人次，查处毒品原植物种植点166处，铲除罂粟等毒品原植物4.53万余株；查处案件166起(其中刑事案件23起、治安案件143起)，处理违法犯罪人员148人。

【全国易制毒化学品管制经验交流与工作推进会在浙江召开】 12月3～4日，公安部禁毒局在温州市召开该会议。浙江、内蒙古、江苏、福建、江西、山东、广东、云南省(区)公安厅介绍了在易制毒化学品管制工作和发现、打击制毒物品犯罪方面的经验做法。各地围绕易制毒化学品管理信息系统实战化应用、打击网络涉毒违法犯罪等工作进行了座谈，并就《易制毒化学品管理条例》的修订进行了讨论。

【开展县级禁毒办等级评定工作】 2014年，省平安办、省综治办、省禁毒办联合组织开展县级禁毒办等

图为浙江省、杭州市及上城区禁毒委在杭州市吴山广场联合举办国际禁毒日主题宣传活动(6月26日)

级评定工作，以申报达标的方式，对全省县级禁毒办分等级考核验收，并将该项工作纳入年度平安考核与社会管理综合治理考核。年内，全省有60个县（市、区）禁毒办达到二级禁毒办标准，26个县（市、区）禁毒办达到三级禁毒办标准。

【举行浙江省学生禁毒教育读本赠书仪式】 9月17日，省禁毒办、省教育厅、杭州市禁毒办、杭州市教育局、浙江教育出版社联合在杭州师范大学附属小学举行浙江省学生禁毒教育读本赠书仪式。年内，向全省55万名小学四年级学生发放《浙江省学生禁毒教育读本》。

反恐怖工作

【概述】 2014年，全省公安反恐怖部门以“平安浙江”考核为抓手，开展反恐怖系列专项行动，实现全省反恐领域“不出事、不惹事”的目标。年内，全省共有2个集体立二等功、1个集体立三等功，2人立二等功、9人立三等功，1个集体被评为2013～2014年度全省政法系统先进集体。

【省委常委会议专题研究反恐怖工作】 5月22日，省委召开常委（扩大）会议，专题研究反恐怖工作，要求各级党委、政府把反恐怖工作作为一项十分重要的工作进行部署并落实，确保浙江“不出事、不惹事”。

【杨焕宁到浙江调研反恐维稳工作】 6月26～29日，中央维稳办主任、公安部常务副部长杨焕宁到浙江调研反恐维稳工作。省委常委、公安厅厅长刘力伟，省委政法委副书记、省维稳办主任刘树枝以及省公安厅领导洪巨平、华乃强、叶寒冰、黎伟挺等陪同调研。杨焕宁听取了省厅和杭州、金华、绍兴市公安局以及杭州市江干区、绍兴市柯桥区、义乌市公安局的反恐怖工作情况汇报，实地检查了杭州火车东站、地铁和义乌小商品市场、柯桥轻纺城等地的反恐维稳措施落实情况，并在杭州市主持召开工作座谈会。

【王辉忠调研检查反恐怖基层基础工作】 3月，省委副书记、政法委书记王辉忠带队到全国反恐怖斗争重点地区义乌市、绍兴市柯桥区调研反恐怖基层基础工作，帮助解决基层遇到的问题和困难。7月22～23日，王辉忠带队对全省反恐怖工作开展“四访四查”突击检查行动，并在省行政中心组织召开情况通报会，剖析存在问题并部署下一步工作。

【开展反恐系列专项行动】 2014年，全省公安机关先后开展依法打击宗教极端违法犯罪、严厉打击暴力恐怖活动以及打击组织新疆籍人员非法出境活动3个专项行动，消除反恐维稳安全隐患。

【召开公安特警与武警反恐力量“联训、联勤、联战”工作现场会】 8月22日，全省公安特警、武警反恐力量“联训、联勤、联战”现场会在义乌市召开。与会人员观摩了义乌市公安巡特警、武警特勤排“三联”成果演示。公安特警和武警官兵演练了战术基础动作、应用射击、巡逻方式与编成、巡逻中的情况处置等项目。省委常委、公安厅厅长刘力伟出席会议并讲话。省武警总队司令员白海滨、政委戴建国，副厅长陈石春等出席会议。

图为全省公安反恐怖基层基础业务专题培训班在浙江警察学院举办（3月24日）

【举办反恐怖业务培训班】 3月24～27日，省公安厅反恐怖总队在浙江警察学院举办全省公安反恐怖基层基础业务专题培训班，全省公安反恐怖部门及涉恐敏感人员较多的县（市、区）公安局所辖派出所的70余名业务骨干参加培训。9月14～26日，举办赴新疆业务培训班，组织全省公安反恐怖部门41名业务骨干开展业务培训和现地跟班。

【举办全省公安首届反恐怖岗位业务能力竞赛】 11月20日，省公安厅反恐怖总队在浙江警察学院举办该竞赛活动。全省11个市公安局反恐怖部门共44人参加竞赛，金华、杭州、嘉兴市公安局获得团体总分前三名。

公安行政管理

治安管理

【概述】 2014年，全省公安治安部门目标化、项目化、阶段化推进治安打击、防控、服务、管理等各项工作，做好省公安厅“1号文件”宣传贯彻、重大活动安保、护航“五水共治”、“特警3号”演练、社会面防恐防控等重点工作，维护全省社会治安环境安全稳定。年内，省厅治安总队被省委、省政府评为2004～2013年度平安创建工作先进单位、浙江省社区矫正工作先进集体，有2个集体立二等功，1个集体立三等功，1个集体受到嘉奖。

【落实省厅“1号文件”】 1月19日，省公安厅印发《关于进一步改进和加强新形势下派出所工作指导意见的通知》，对派出所工作的指导思想、基本内涵、职能定位和主要工作内容、勤务机制、方式方法以及在加强派出所工作组织保障、警务保障、政策导向等方面提出20条指导意见。5月4～6日，省厅组织4个由厅级领导带队的巡视督导组，对全省11个市公安局及22个县(市、区)公安局贯彻落实“1号文件”情况进行巡视督导，共梳理出基层反映的10个方面问题和相关工作建议，报厅党委会研究后，由厅属相关部门落实。10月16日，召开全省公安机关贯彻落实省厅“1号文件”经验交流电视电话会议，省委常委、公安厅厅长刘力伟，厅党委副书记、常务副厅长洪巨平出席会议并作工作部署，会议推出一批典型经验。年内，在全省11个市各确定两个派出所作为省厅试验田派出所，不下达工作指标、不参与考核排名。

【护航“五水共治”】 3～12月，省公安厅围绕省委、省政府“五水共治”工作部署，联合省环保厅在全省组织开展“打污染清江河”专项行动。3月26日，召开推进“五水共治”新闻发布会，向20余家媒体通报全省公安机关严打环保犯罪、服务保障“五水共治”工作情况。4月23日，印发《浙江省公安厅关于全省公安机关护航“五水共治”工作的实施意见》。是月25日，在金华市召开全省公安机关配置“河道警长”护航“五水共治”工作现场会。省委常委、公安厅厅长刘力伟出席会议并讲话。5月20日，印发《浙江省公安厅关于对应“河长”配套设置“河道警长”的通知》。年内，全省公安机关共配置“河道警长”5600余人，其中6名厅领导分别担任钱塘江等6大江河的“河道警长”。截至12月，全省公安机关共侦破污染环境犯罪案件950起，同比上升512.9%，其中侦破公安部挂牌督办案件13起、省厅挂牌督办案件63起，刑事打击1805人，同比上升458.8%。

【组织开展“特警3号”汇报演练】 5月27日，省公安厅在省公安消防总队绍兴袍江训练基地组织开展“特警3号”反恐维稳汇报演练。全省公安机关特警、消防、警卫、警航等17个部门1500余名民警和驻浙武警部队部分官兵进行了9个课目的实战演练。省委书记、省人大常委会主任夏宝龙等省领导出席观摩。省委常委、公安厅厅长刘力伟主持演练，厅党委副书记、常务副厅长洪巨平和副厅长陈石春指挥演练。

图为省公安厅召开推进“五水共治”新闻发布会(3月26日)

图为省公安厅、省教育厅联合召开全省中小学幼儿园安全防范工作视频会议（5月29日）

【大型活动安全保卫】 2014年，省公安厅组织、协调、部署首届世界互联网大会、上海亚信峰会、南京青奥会、全军政治工作会议、APEC（宁波）高官会、宁波“两会两展”、第十五届省运会等省内及周边省份的各类重大活动安保工作。截至12月，全省共举办各类大型群众性活动2374场，参与群众1407万余人次，全省公安机关累计投入安保力量33万余人次。

【侦办管辖刑事案件】 2014年，全省公安机关治安部门着力侦办涉赌、涉黄、涉非、涉假、涉爆、涉环境等各类管辖刑事案件。年内，共逮捕犯罪嫌疑人9063人，移送起诉1.68万人（含上年数据）；侦破公安部挂牌督办案件47起、省厅挂牌督办案件215起。

【开展“缉枪治爆”专项行动】 2～11月，全省公安机关按照“不打响、不炸响、不流失”目标，先后开展爆破作业管理秩序和执法突出问题专项治理、硝酸铵专项治理、矿区爆炸物品专项治理、集中治理民用爆炸物品储存库“库中库”问题、放射源安全大检查等专项检查整治行动。其间，共检查整治各类危险物品单位2700余家，消除较大安全隐患1100余处（起），收缴各类枪支2800余支、子弹（含铅弹）82万余发、炸药123.8吨、管制刀具44.6万余把。

【开展“打四黑除四害”专项行动】 2014年，全省公安机关继续深入开展该专项行动。年内，共立案侦办假冒伪劣食品、药品、农资、建材、商品以及环境污染刑事案件1800余起，抓获犯罪嫌疑人近4000人；提请公安部发起全国集群战8起，参与集群战36起。

【开展打击涉黄涉赌违法犯罪活动】 2月10～28日，全省公安机关根据公安部部署，集中开展打击涉黄涉赌违法犯罪活动。其间，共出动警力3.25万余人次，检查各类公共复杂场所2.94万余家次，抓获各类涉黄涉赌违法犯罪人员4158人，采取刑事强制措施561人，责令涉黄涉赌场所停业849家。

【开展“护校安园”行动】 4月1日，省公安厅会同省综治办、省教育厅联合部署开展为期10个月的全省中小学、幼儿园“护校安园”行动，落实隐患排查整改、周边巡逻防控、涉校高危人员排查管控及督导检查等工作措施，确保校园安全稳定。截至12月，全省公安机关共排查整改隐患2868处，整治乱点1120处，稳控高危人员2666人，化解涉校纠纷730起，查处违法犯罪案件186起；设立治安岗亭或护校岗亭6425个，设立警务室912个，1.02万个校园的技防设施实现与属地公安机关联网，全省校园“三防”（人防、物防、技防）建设的国家标准达标率达97%。

【推进“警调衔接”机制建设】 8月，省公安厅会同省司法厅组成3个联合督导组，对全省“警调衔接”机制建设工作进行督导。11月26日，联合省司法厅召开全省“警调衔接”机制建设推进会，交流学习温州市、桐乡市、临海市、杭州市江干区九堡派出所、宁波市鄞州区中河派出所等地做法。年内，会同省司法厅起草《“警调衔接”机制建设操作规程》，汇编典型经验和案例；全省731个派出所建立驻所工作室，占派出所总数的67%；全省公安派出所通过“警调衔接”机制共调处纠纷14.56万起，调处成功13.8万起，调处成功率95%。

【推动公安武警、火车站公安联勤工作】 7月10日，省公安厅制定关于建立全省火车站联勤联动机制的指导意见，从指导思想、联勤模式、工作职责、工作要求等方面提出具体要求。9月，与省武警总队联合发文要求贯彻落实公安武警联勤武装巡逻工作，按照“全面覆盖、突出重点、以快制动、有效控制”原则，开展特警、武警混编联勤。年内，抓获各类犯罪嫌疑人1700余人。

【加强旅馆业治安管理】 2014年，全省公安机关加强旅馆业治安管理，落实旅馆住宿安全管理制度，旅馆业信息管理系统覆盖率达100%。年内，全省公安机关通过该系统上传旅客信息1.8亿条，侦破刑事案件3444起，查处治安案件1.24万起，协助侦破案件4677起，抓获违法犯罪嫌疑人1.83万人，其中逃犯2901人。抓获逃犯数、信息上传数分别列全国第二、第四位。截至12月，全省共有旅馆2.8万家。

【强化旧货流通市场治安管理工作】 6月始，全省公安机关针对存有爆恐隐患的旧煤气钢瓶、灭火器等的旧货交易市场开展重点调查摸排，强化日常监管，加强情报信息工作。年内，共摸排1.5万余家次，办理治安案件43起、刑事案件74起，抓获违法犯罪嫌疑人107人。截至12月，全省共有旧货流通市场3004家。

【开展公务用枪数字化改造试点工作】 2014年，省公安厅根据公安部部署，将衢州市公安局经济开发区分局和温州市公安局龙湾区分局列为全省公务用枪数字化改造试点单位。年内，衢州市公安机关共投入使用智能枪弹柜70只，其中派出所35只、巡特警大队9只、机关部门26只；龙湾区公安分局共投入使用智能枪弹柜26只，其中派出所5只、巡特警大队9只、后勤部门12只。

【开展爆破作业管理秩序和执法突出问题专项治理】 2014年，全省公安机关抓好爆破作业管理秩序和执法突出问题专项治理工作。年内，省公安厅治安总队组织4个工作组先后赴四川、山西、海南、云南等地，对全省涉及业绩造假的4家一级营业性爆破作业单位开展实地核查，对查明存在伪造业绩事实的核工业井巷公司依法吊销一级爆破作业单位资质。

【参加华东合作区特警队拉动演练】 7月15～18日，省公安厅指挥全省拉练特警队赴安徽省淮南市，参加华东合作区特警队拉动演练。其间，特警队实施编队摩托化开进、野外营区搭建、餐饮自我保障、装备检查、维稳处置技战术、远距无线图传等科目演练，共拉动特警战斗员70人、保障人员24人、车辆16辆，拉动距离1400余千米。

【开展金融安全“心防工程”建设】 3月12日，省公安厅会同浙江银监局印发《全省深入推进金融安全“心防工程”建设工作方案》，在全省范围部署开展金融安全防范宣传活动。全省公安机关进一步创新警银联动、通讯诈骗堵截、案件倒查、常态巡控、应急演练等20余项防范管理长效机制。截至10月，柜面转账类通讯诈骗案件数、盗抢储户案件数均大幅下降，全省公安机关成功堵截通讯诈骗案件2638起，防范盗抢银行案件12起，挽回经济损失7806.2万元。

【特警参与处置群体性事件】 4月27～29日，省公安厅调集杭州、宁波、金华、台州市公安局特警支队500名特警赶赴温州，参与永嘉县三江街道违章教堂拆违维稳安保工作。5月10～12日，杭州市余杭区中泰街道辖区发生因抵制建造垃圾焚烧厂而引发的大规模聚集、堵路和打砸事件，省厅紧急调集宁波、湖州、绍兴市公安局500名特警参与维稳处置。

【推进保安服务职业化建设】 3月17日，省公安厅、省人力资源和社会保障厅、省教育厅联合印发《关于加强保安队伍职业化建设的通知》，对加强保安队伍教育培训、提升保安员技能水平和服务质量、推进保安队伍职业化建设提出具体要求。年内，省厅组织人员依据《保安员国家职业技能标准》编写保安员职业资格培训教材；联合省职业技能鉴定中心，选拔、培训保安员职业技能鉴定考评员，全省有293人获得考评员资格。

【改革保安服务行政审批制度】 2014年，省公安厅在将保安服务公司、保安培训单位的审批条件、程序在政府门户网站公开的基础上，在网上办事大厅直接受理设立申请，调整保安服务公司任职人员资格

图为全省拉练特警队参加华东合作区拉动演练（7月15～18日）

要求，将保安服务公司审批由集中审批改为日常审批，委托各设区市公安局审批保安培训单位。截至12月，全省共新审批保安服务公司28家，脱钩改制重新核发保安服务许可证2家，变更保安服务许可证事项并换发许可证46家，审批保安培训单位8家。

人口服务管理

【概述】 2014年，全省公安人口服务管理部门深化改革、精准管理、优化服务、提升能力，扎实推进户籍制度改革、流动人口管理服务、户口登记管理专项清理整顿、人口信息实战应用、便民利民服务等工作。年内，省公安厅人口服务管理总队被评为2014年全国清理整顿人力资源市场秩序专项行动突出成绩单位、2014年度空军招收飞行学员政治考核工作先进单位、2013年全省公安机关史志（年鉴）工作成绩突出集体，作为主要承办单位提出的省十二届人大二次会议代表建议被评为2013年度省人大代表建议优秀承办件。

【省领导对人口服务管理工作作出批示】 11月10日，省委书记、省人大常委会主任夏宝龙在省公安厅人口服务管理总队工作报告上批示：加强对流动人口的监测，为省决策提供依据。12月23日，省委常委、公安厅厅长刘力伟在厅人口服务管理总队年度工作总结上批示："2014年的工作做得很好，厅党委满意，省委省政府满意。希望再接再厉，在2015年更上一层楼，按照'服务到家，管理到位'的高标准，把每一项工作做好。"

图为刘力伟在全省公安机关户籍制度改革现场推进会期间，听取厅人口服务管理总队负责人汇报（11月25日）

【省政府专题研究人口服务管理工作】 1月26日，省委常委、常务副省长蔡奇专题听取全省流动人口管理服务工作情况汇报。11月12日，省委常委、常务副省长袁家军专题听取省公安厅有关户籍制度改革和流动人口管理服务工作情况汇报。12月26日，省委副书记、省长李强主持召开省政府第39次常务会议，专题研究部署全省进一步推进户籍制度改革工作。

【省流动人口服务管理工作领导小组更名】 5月23日，省委、省政府办公厅印发《关于调整省政务公开领导小组等机构领导职务和撤销更名部分省委议事协调机构的通知》，省流动人口服务管理工作领导小组更名为省流动人口管理服务工作领导小组。

【省委、省政府召开全省流动人口管理服务工作会议】 3月27日，该会议在杭州市召开，总结全省流动人口管理服务工作情况，分析形势，研究部署完善和创新流动人口管理服务相关工作。省委副书记、政法委书记王辉忠出席会议并作重要讲话，省委常委、公安厅厅长刘力伟出席会议，副省长熊建平主持会议。副厅长陈石春参加会议。嘉兴市和永嘉、浦江县作典型发言。

【召开全省公安机关户籍制度改革现场推进暨人口服务管理工作会议】 11月24～25日，省公安厅在德清县召开该会议，回顾工作情况，总结推广德清县户籍制度改革经验，研究部署推进户籍制度改革和人口服务管理重点工作，通报表扬全省公安机关人口服务管理工作成绩突出集体和个人。省委常委、公安厅厅长刘力伟出席会议并讲话，公安部户政管理研究中心副主任甄志刚到会指导，副厅长陈石春作工作部署。德清县委、县政府、县公安局介绍了户籍制度改革经验，杭州、嘉兴市公安局和慈溪市公安局、金华市公安局婺城分局、衢州市公安局衢江分局作交流发言。

【推进户籍制度改革试点】 2014年，全省坚持"填谷不削峰，以利安民、稳中求进"的原则，按照"先确权、再户改"的实施步骤，推进户籍制度改革试点工作。9月25～26日，省公安厅在省委、省政府召开的全省全面深化农村改革推进会上作户籍制度改革经验交流。年内，在嘉兴市秀洲区和德清县已完成改革试点的基础上，平阳、龙游、玉环、云和县先后实施改革试点工作。

【实施居住证制度改革试点】 5月28日，省人大常委会通过《关于授权省人民政府在部分市县暂时停止施行〈浙江省流动人口居住登记条例〉有关规定的决定》。9月9日，省政府办公厅印发《关于在嘉兴等地开展居住证制度改革试点工作的通知》。10月31日始，嘉兴市、杭州市滨江区、宁波市北仑区、永康市、温岭市、舟山市普陀区等地开始实施以全员登记、依规领证、凭证服务、积分量化为主要内容的居住证制度改革试点工作。

【开展户口登记管理专项清理整顿工作】 3月21日，省公安厅传发《全省深入推进户口登记管理专项清理整顿工作实施方案》，决定3月至2016年底开展该项工作。截至12月，全省累计清理纠正重复户口1.5万余个、应销未销户口2.5万余个、户口登记项目差错1.4万余项。共有8.71万余名公安民警、现役部队人员、户口协勤人员和信息技术人员签订“两个决不”（自己和家人决不持有多个户口、身份证，决不为任何人办假户口、假身份证）承诺书。

【推出便民利民措施】 1月24日，省公安厅人口服务管理总队发文部署全省公安机关开展上门为孤寡老人、残疾人和长期卧床病人采集居民身份证指纹信息服务工作，全年共有4100余名特殊困难群众受益。7月28日，在全省77个派出所部署开展居民身份证邮政快递便民服务试点。11月13日，省厅印发《关于印发〈户籍管理十二项便民服务措施〉的通知》，决定自2015年2月1日起全面实行户口申报事项一地办理、户口迁移网上办理、临时居民身份证审签与发放分离、居民身份证补领便利及户籍窗口预约、错时服务等十二项便民服务措施。

【组织户口管理岗位技能等级认证】 4月26～27日，省公安厅人口服务管理总队首次组织开展全省公安机关户口管理岗位技能等级认证考试，实行考核发证、持证上岗、按人赋权、凭权操作、依权追责。市、县两级公安机关负责户口登记和居民身份证管理的业务部门、派出所分管领导和户籍民警等共2600余人在各市考点参加考试。截至12月，全省共有1532人取得户口管理岗位技能等级二级资格，952人取得三级资格。

【制发居民身份证等证件】 2014年，省公安厅居民身份证制作中心共制作居民身份证249.87万张，其中指纹证248.84万张、军人证4270张；制发邮政快递居民身份证6024张；制作持枪证、枪证1.86万张，警察证8668张。

【全省户籍人口数据】 截至2014年12月31日24时统计，全省总户数为16304936户，总人口48591771人，年增长0.67%，其中男性24586866人、女性24004905人，分别占总人口的50.6%和49.4%。全省总人口按年龄段分布构成为：18岁以下8062318人，18岁～35岁（含18岁不含35岁）10959374人，35岁～60岁20076916人，60岁以上9493163人，分别占总人口的16.59%、22.55%、41.32%和19.54%。全省共办理出生登记558520人，出生率为11.53‰，其中男性出生登记292342人，女性出生登记266178人，出生人口性别比（女＝100）为109.83。办理死亡注销户口310561人，死亡率为6.41‰，其中男性死亡176290人，女性死亡134271人。人口自然增长247959人，自然增长率为5.12‰。全省省外迁入185314人，迁往省外89597人；省内迁入238810人，迁往省内237522人；机械增长95717人。

【全省登记在册流动人口数据】 据2014年6月30日零点统计，全省登记在册流动人口2260万人，比上年同期减少102.5万人，同比下降4.3%。其中男性1285.6万人，占总数的56.9%；女性974.4万人，占总数的43.1%。居住时间6个月以下的793.4万人，占总数的35.1%；居住时间6个月至5年的1384.2万人，占总数的61.3%；居住5年以上的82.4万人，占总数的3.6%。来自省外的流动人口1959.6万人，占总数的86.7%；来自省内的流动人口295万人，占总数的13.1%。居住在租赁房屋的1546.2万人，占总数的68.4%；居住在单位内部的509.8万人，占总数的22.6%；居住在居民家中的83.6万人，占总数的3.7%。杭州市425.8万人，占总数的18.8%；宁波市423.5万人，占总数的18.7%；温州市329.3万人，占总数的14.6%；金华市295万人，占总数的13%；嘉兴市224.9万人，占总数的10%；台州市199万人，占总数的8.8%；绍兴市168.9万人，占总数的7.5%；湖州市87.1万人，占总数的3.9%；丽水市54万人，占总数的2.4%；舟山市34.4万人，占总数的1.5%；衢州市18.1万人，占总数的0.8%。

【推进流动人口综合信息平台（二期）建设】 5月，省公安厅人口服务管理总队通过共享交换平台，实现省级流动人口综合信息平台与省实有人口基础信息资源库数据同步，并将相关部门流动人口个性信息与公安部门流动人口基本信息进行整合。截至12月，全省2200余万条在册数据、近2亿条注销数据以及近1.5亿条外部门共享导入的社保、计生、婚姻、教

图为省公安厅人口服务管理总队在浙江警察学院举办全省公安人口服务管理系统岗位业务能力竞赛(11月15日)

育、市民卡、个人加油信息，实现跨地区、跨部门实时查询、统计、分析，全省累计有16万人次登陆该平台，应用操作180万次。

【建成省级人口信息人像比对系统】 7月，省公安厅人口服务管理总队建成户籍人口、流动人口、在逃人员等人像建模7000余万个，实现人像比对技术在户籍窗口的"嵌入"式应用。年内，通过不同数据库间人像比对，比中疑似重复登记户口人员信息20余万对、疑似"漂白身份"本省籍逃犯信息28条，向基层公安机关提供人像比对服务并发现重复登记户口5人。

【研发并推广流动人口居住信息移动采集系统】 7月，省公安厅人口服务管理总队依托浙江公共安全技术院研发完成流动人口信息移动采集系统APP软件，并陆续在杭州、宁波、湖州、台州等地开展流动人口信息移动采集试点工作。基层工作人员可通过移动终端对流动人口居住登记信息进行现场采集、变更、注销、核查。11月2日，省流动人口管理服务工作领导小组办公室印发通知，推广使用流动人口居住登记信息移动采集系统。截至12月，全省共计发放移动终端1024台。

【人口信息服务社会应用】 2014年，省公安厅人口服务管理总队借助政府间信息共享平台，实时向省实有人口基础信息资源库提供人口基本数据，先后为省人力社保厅、省直单位住房公积金管理中心、国家审计署派驻浙江国土审计组、彩票资金使用审计组提供人口信息核查比对服务3500余万次。

【完成公安部人口信息管理系统相关试点工作】 2013年12月始，省公安厅人口服务管理总队对人口基本信息数据维护机制进行升级，全省11个市全部实现视图自动抓取的维护机制，完成与部级人口信息管理系统(二期)户籍业务信息备案接口和跨地域户口迁移信息网上核验接口的对接。2014年4月，该项工作通过公安部验收。12月，在舟山市启动国家人口基础信息库项目人口信息镜像维护试点工作。

【组织全省岗位业务能力竞赛】 11月25日，省公安厅人口服务管理总队在浙江警察学院组织开展全省公安人口服务管理系统岗位业务能力竞赛活动，各市公安局66名民警参加业务知识笔试和上机实务操作两项考核。嘉兴、金华、温州市公安局分获团体总分前三名。

【宣传先进典型】 11～12月，省流动人口管理服务工作领导小组办公室、省公安厅联合平安时报社开展全省人口服务管理工作系列宣传报道活动，集中报道40个先进单位、33个先进工作人员和51个先进协管员的典型事迹，从中评选出20个群众满意单位、22个群众满意工作人员和28个群众满意协管员。

出入境管理

【概述】 2014年，全省公安机关共批准公民因私出国135.16万人次、内地居民赴港澳台346.74万人次，同比分别增长21.79%、24.51%；办理外国人签证证件7.4万人次，同比减少4.6%；办理台湾居民签注(含口岸)3.67万人次，同比减少2.89%；为29.68万人申请签发电子港澳证件。省公安厅制证中心共制作护照、通行证287.13万本，同比增长29.92%。全省全年共处理涉外案(事)件2959起，同比增长11.83%；侦破妨害国(边)境犯罪案件14起，抓获犯罪嫌疑人34人。年内，金华市公安局出入境管理局获评公安部"爱民模范集体"，省公安厅机场签证办事处、温州市公安局出入境管理局受理中心被授予“省级青年文明号”称号，省厅出入境证照制作中心被授予2014年省“工人先锋号”称号，宁波市鄞州区、奉化市、苍南县公安局出入境管理部门获“浙江省巾帼文明岗”称号；1个集体立三等功，1人获2014年度“浙江省劳动模范”称号。

【开展“亮窗工程”建设】 3月19日，省公安厅出入境管理局印发《开展“亮窗工程”建设提升暖实力实施办法》，要求全省公安机关出入境窗口实行“四统一”(统一形象标识、统一建设标准、统一服务规范、统一服务口号)，明确全省公安出入境形象标识的内容、制作标准及使用场合，确定“人本、专业、安全、便捷”为对外宣传口号。年内，通过在厅出入境管理局主页开辟专栏、建立督促机制、开展年度出入境窗口及民警等级评估等，推动“亮窗工程”建设。

【开展执法检查】 4月始，省公安厅出入境管理局结合公安部“执法检查回头看”活动，将全省各级出入境窗口全部列为查摆对象，以明察暗访的形式逐一督导检查。截至7月，全省公安出入境管理部门共查摆问题240个，落实整改192个，其中窗口收费整改率达100%。

【试点“三表合一”工作】 2014年初，公安部委托浙江试点“三表合一”工作，即将普通护照、往来港澳通行证和签注、往来台湾通行证和签注申请表整合为一张新的申请表。省公安厅出入境管理局确定嘉兴市先行试点。2月中旬，完成系统改造和流程再造，并根据受理量大小总结出3种窗口服务模式，为全国公安机关开展“三表合一”工作提供借鉴。同时，组织研发自助填表设备，实现数据预采集、信息预核查，减少出入境窗口工作压力。3月24日，在嘉兴市召开“三表合一”工作现场推进会。是月31日，在全省全面推开“三表合一”工作。截至12月，全省公安机关共配备自助填表机309台，通过“三表合一”受理243.75万笔业务，其中通过自助填表机填表的有145.47万笔，占总业务量59.68%。

【启用电子往来港澳通行证】 2013年7月15日始，省公安厅根据公安部部署，开展电子往来港澳通行证各项筹备工作。2014年，完成项目立项、经费预算、政府采购、场地改造、设备安装、软件开发、系统联调等工作。同时开展业务办理流程优化，组织全省出入境管理部门受理、制证和技术人员进行培训，开展受理、审批、制证实战演练和压力测试。9月15日，根据公安部出入境管理局《关于统一启动2014版往来港澳通行证受理签发工作的通知》，省厅召开浙江省启用电子往来港澳通行证首发仪式暨媒体通气会，为申请人代表颁发首批电子往来港澳通行证，全省公安机关统一启用电子往来港澳通行证。

【抓好外国人管理服务工作】 5～6月，省公安厅出入境管理局围绕省委书记夏宝龙关于抓好外国人管理服务工作的重要指示精神，分别牵头召开厅际协调小组和厅内领导小组会议，研讨外管工作。7月，协助省委、省政府在杭州市召开全省外国人管理服务工作会议，构建“大外管”格局。年内，代省委、省政府办公厅起草有关加强和改进在浙外国人管理服务工作的意见，明确全省外国人管理服务工作的指导思想和工作原则；配合省人大开展出入境管理法执法检查，进一步推进执法规范化；对中东、阿拉伯国家人员在浙情况进行分析研判，对常住和临时来浙外国人等数据进行统计分析。

【开展“签证回访”活动】 4月1日～5月31日，全省公安出入境管理部门开展“签证回访”活动，共走访外国人8781人，发现317人住址信息不一致、92家单位地址信息不一致、涉嫌提供虚假证明4起，宣布作废签证证件30本。

【做好涉外安保工作】 2月、11月，省公安厅出入境管理局先后派员驻点宁波APEC高官会议和世界互

图为省公安厅出入境管理局负责人在嘉兴市公安局出入境窗口听取“三表合一”试点工作汇报(3月24日)

联网大会，协助开展相关工作。5月，在上海亚信峰会“环沪护城河”安保工作中，及时收集、编报情报信息，严格各类入境证件签发、严密签证跟踪调查机制，圆满完成工作任务。

【打击出入境违法犯罪】 1～6月，全省公安出入境管理部门侦办了一批组织毗邻国家人员偷越国（边）境犯罪案件，共抓获犯罪嫌疑人20余人。其中侦破的宁波市鄞州区“4·4”专案系新中国成立以来浙江省最大的一起组织外国人偷越国（边）境案件，该案获公安部出入境管理局通报表扬。年内，共查处涉外案（事）件2959起，查处“三非”外国人1731人次，遣送外国人352名，侦破妨害国（边）境犯罪案件17起，抓获犯罪嫌疑人54人。

边防管理

【概述】 2014年，全省公安边防部队根据公安部部署，组织开展严打暴恐活动专项行动、百城禁毒会战、蓝盾系列行动“321”大会战；落实省委、省政府关于“三改一拆”、“五水共治”、“一打三整治”（依法打击无船名船号、无船籍港、无船舶证书涉渔“三无”船舶和违反伏季休渔规定等违法生产经营行为，开展船舶实际主尺度、主机功率等与相应证书记载内容不一致的渔船“船证不符”整治、禁用渔具整治和污染海洋环境行为整治）、打击非法捕捞红珊瑚等工作部署，强化社会面维稳管控和口岸查控。是年，侦破公安部毒品目标案件4起、省公安厅目标贩毒案9起，缴获冰毒、海洛因等毒品共30余千克；侦破偷渡案件30起，查获偷渡人员51人；查处1起特大玉石走私案，缴获走私玉石原料5.5吨；查处非法买卖成品油案件50起，缴获成品油3500吨。全省海警部队、修船厂脱离边防序列，由省公安厅海警筹备组管辖。年内，省公安边防总队被评为全国公安边防部队执法规范化建设优秀单位，温州市公安边防支队场桥边防派出所被评为全国公安机关执法示范单位；罗家岙边防派出所被省委、省政府表彰为全省2004～2013年度“平安创建工作先进单位”，舟山边检站被省政府授予“守卫群岛边关服务海洋经济模范边检站”称号；杭州边检站被杭州市人民政府授予“忠诚为民模范边防检查站”称号，温州机场边检站被温州市委授予“服务先锋边检站”称号。

【领导对公安边防工作作出重要批示】 5月29日，省委常委、公安厅厅长刘力伟在《浙江边防总队关于开展上海亚信峰会安保工作的情况报告》上批示：“功不可没，届时一并表彰。”是月30日，省委副书记、政法委书记王辉忠在该报告上批示：“‘亚信峰会’，边防辖区、口岸安全防护屏障扎得实，任务完成得好，感谢所有参战官兵。当前，伏季休渔、东海渔场修复振兴计划已正式实施，希望边防部队在‘一打三整治’专项行动中发挥独特作用。”7月31日，公安部副部长孟宏伟在公安边防部队《爱民固边战略简报》2014年第54期《浙江边防总队创新五大载体推动爱民固边工作实现新发展》上批示：“浙江总队创新载体，深化爱民固边战略的经验很好。各地都要想办法，促进战略的深入开展。”8月1日，公安部边防管理局（以下简称“部局”）政委李乐民批示：“爱民固边已纳入中央和国家战略，我们要按部领导的指示继续深化爱民固边战略，打造好这一边防战略品牌。”

图为台州公安边防支队开展“一打三整治”海上联合执法系列行动（8月27日）

【完善边防治安防控体系】 12月24日，长三角区域大通关建设协作第七次联席会议在杭州市召开，省公安边防总队与安徽、江苏省公安边防总队和上海边检总站签订《长三角区域边检机关港口管理共享合作备忘录》。年内，全省公安边防部队建立完善群防群治组织600余个；共查破刑事、治安案件6500余起，打击处理违法犯罪人员1万余人，抓获逃犯160余人。

【开展“一打三整治”专项执法行动】 2014年，省公安边防总队贯彻省委、省政府关于开展浙江渔场修复振兴暨

"一打三整治"专项执法行动部署，按照《关于严厉打击扰乱渔场秩序破坏海洋环境相关违法违规行为的通告》和相关法律法规要求，指导各公安边防支队加强与当地公检法司等部门的协作，研究取缔"三无"渔船和利用"三无"船舶从事违法犯罪活动的法律适用问题，进一步完善执法依据。年内，全省公安边防部队共排摸出海船舶3.9万艘次、船员22万余人次，依法查办涉及"三无"渔船案件14起，协助取缔、拆解"三无"船舶6100余艘。

【开展打击非法捕捞红珊瑚专项行动】 2014年，全省公安边防部队按照省委、省政府和部局工作部署，联合渔业主管部门开展该行动。年内，侦破非法捕捞红珊瑚案件6起，打击处理26人，收缴红珊瑚37.75千克，移交海洋与渔业部门拆解安装有偷捕红珊瑚设备的"三无"船舶3艘。

【做好重大活动安全保卫工作】 2014年，全省公安边防部队健全重大安保全程风险评估机制和总队、支队、大队、派出所、民警五级防控责任机制以及矛盾隐患滚动排查机制，完成上海亚信峰会、南京青奥会、北京APCE会议和首届世界互联网大会等重大边防安保任务。年内，化解社会矛盾纠纷4153起，处置百人以上群体性事件3起。

【推进三级主官进地方班子工作】 2014年，省公安边防总队推进三级主官进地方班子工作，有4个边防支队、19个边防大队主官进入同级公安局、综治委班子，32个边防派出所主官进入乡镇党委班子。

【深化爱民固边战略】 2014年，省公安边防总队部署开展"今冬明春大走访"、"百警走访强基础"、每月一主题的"三访四见"等活动，组织民警走访边防辖区群众32.5万户、73万人次，其中走访贫困户、孤寡老人等弱势群体1.8万人次，帮助群众做好事、办实事、解难事2.05万件，警民双向熟悉率达91%，群众满意率达95%。开展机关干部下基层走访活动，组织229名总队、支队机关干部分批次下基层走访，重点走访治安复杂、矛盾多发地区120余处，开展现场评警、接访纳谏等活动220余次，帮助、指导基层解决问题53件。推动在建的354个模范村全部纳入地方党委政府新农村建设规划，实现131个模范村刑事案件零发案、103个模范村治安零发案、319个模范村零上访，有283个模范村获得文明村、民主法治村、新农村建设示范村等荣誉，53个省公安边防总队命名的模范村被地市级党委政府命名表彰。推动128名困难儿童纳入社会救助体系，发放助学金8.5万元，与绍兴西藏民族中学开展警校共建，帮助解决19个实际困难问题。

【抗击台风"凤凰"】 9月，全省公安边防部队在抗击台风"凤凰"期间，共出动警力3500余人次、车辆753台次，疏散转移危险地带群众9000余人次，救助遇险群众20人，规劝引导船舶进港避风7200余艘，排除险情65处，转移物资价值500余万元。

【提高边检服务水平】 2014年，全省公安边防部队围绕勤务模式创新、长效机制建设、服务品牌推介、平安口岸建设等工作，稳步提升边检服务水平。是年，共检查出入境人员498万人次，同比增长13.92%；检查出入境飞机3.11万架次，同比增长10.86%；检查出入境船舶2.12万艘次，同比减少1.89%；查获偷渡人员30人次、在逃人员39人次；查获违法违规人员1260人次。年内，宁波机场边检站研发的"出境旅客智能验放管理系统"共为出境旅游团节约候检时间5000余小时，被公安部评为2014年度全国公安基层技术革新一等奖。

【加强边防派出所建设】 2014年，省公安厅恢复宁波慈东、温州宁田边防派出所编制，确立32个重点整治对象、8个帮扶边防派出所，调整、新建22个警务室（执勤点），规范67个边防派出所外观标识、功能室设置。12月5日，印发《浙江省公安厅关于进一步加强全省边防派出所建设的决定》。是月9日，在杭

图为全省边防治安防控体系暨边防派出所建设会议在杭州市召开（12月9日）

州市召开全省边防治安防控体系暨边防派出所建设会议，表彰6个"罗家岙式"先进所队和10名"罗家岙式"先进个人。

【推进执法规范化建设】 2014年，省公安边防总队先后印发《2014年全省边防执法规范化建设实施意见》、《关于进一步深化执法规范化建设工作的通知》，规定10个强制达标项目，细化20项具体措施，推进执法规范化建设。年内，在台州边检站试点推行"三区二队一中心"（边检查验区、口岸限定区、执法办案区，情报办案队、法制证研队，实战型指挥中心）建设，在台州市公安边防支队前所边防派出所试点"四室合一"（情报信息研判室、勤务指挥室、视频巡查室、法制室）建设；探索士官参与执法工作，209名士官取得基本级岗位执法资格；组织开展执法突出问题排查整改活动，整改执法问题176个；清理各类执法规范性文件31个，其中保留10个、调整6个、废止15个。

【加强部队正规化建设】 2014年，全省公安边防部队加强正规化管理，规范部队"四个秩序"（执勤、训练、工作、生活秩序）。年内，省公安边防总队举办师团职领导干部理论读书班和条令集训班，组织开展"学精神、转作风、促落实"教育整顿活动和"强素质、提绩效、练精兵"岗位技能大练兵活动；组织培训400批次1.1万余人次，组织预案演练612批次1.3万余人次，组织实弹射击300批次9000余人次；组织选拔官兵参加全国边防部队情报侦察、特战技能、应急通信比武竞赛，分获团体第二、第三、第四名。

【开展创建模范党组织生活活动】 2014年，省公安边防总队推进创建模范党组织生活活动（以下简称"创建活动"），开展党内生活状况调查，研究制定《关于进一步加强总队党委自身建设的若干规定》、《关于加强大队级党委建设的指导意见》、《关于加强大队级党委建设的决定》和《大队级党委工作规范》等一批规范性文件，考核评定不同等级星级党支部155个。年内，深化"基层组织建设年"活动经验在部局创建活动推进会上介绍交流，深化"阳光党务"做法在全省公安现役部队党建工作会议上得到推广，省公安边防总队党委"三服务"（党委服务官兵、机关服务基层、民警服务群众）典型案例被部局推荐参加国家机关工委服务型党组织评选。

【加强干部队伍管理】 2014年，省公安边防总队贯彻落实部局海南干部工作座谈会精神，研发现代档案管理系统，建成集智能操控、网络互联、数据整合、精准定位等功能于一体的干部档案室，做好海警部队干部档案移交工作。年内，严格执行选拔领导干部票决制、团职领导干部"双考"制、机关干部公选制、检查员等级评定制、专业技术干部评审制等干部人事政策，落实干部任职资格制度，对16个支队级单位领导班子充实调整，提任或交流43名团职领导干部；组织532人次战士考生参加部队院校招生预考、军事技能考核和统考，组织231名地方院校毕业生参加入警考试。

【培树宣传典型】 2014年，全省公安边防部队相继组织开展"精彩浙江·创新边防"、"幸福浙江·服务边防"、"魅力浙江·最美边防"、"和谐浙江·平安边防"主题新闻宣传活动，对迎接建党93周年、蓝盾"321"大会战、后勤应急演练、抗击台风等重大事件和打击走私、贩毒等重大案件进行集中策划报道。年内，省公安边防总队组织开展"寻找2014年最美浙江边防人"评比活动；在《浙江法制报》、"浙江在线"开设宣传专栏，先后对40名先进典型的事迹进行报道；部署开展为期三年的"深化典型培树，争创罗家岙式先进所队活动"。石浦边防派出所被评为全国边海防工作先进单位，宁波边检站1人获评全国公安边防部队第二届"带兵模范"，台州边检站1人获浙江青年五四奖章，两个基层单位获评省级"示范青年文明号"集体。

消防管理

【概述】 2014年，全省公安消防部队提升队伍建设水平、创新消防安全管理、强化实战打赢能力、完善综合保障体系，开创消防工作和部队建设的新局面。是年，全省共发生火灾3.98万起（含放火），其中重大火灾1起、较大火灾5起，死亡141人，受伤129人，直接财产损失5.2亿元。全省公安消防部队共接处警8.9万起，出动警力90.6万人次、车辆14.9万辆次，抢救被困人员1.14万人，疏散1.73万人，保护财产价值26.5亿元，有效处置杭州可靠护理品有限公司、温州化工市场等火灾和奉化市民房倒塌、丽水市洪灾等灾害事故。年内，有10名官兵被评为全省第五届"消防卫士"，8个单位、36名官兵受到公安部和省公安厅通报表彰；宁波公安消防支队宁海大队政治教导员薛军毅被评为全国公安机关爱民模范，并被授予"公安系统二级英模"称号。

【领导重视关心消防工作】 2014年，国务委员、公安部部长郭声琨，公安部副部长刘金国多次对浙江消防工作和部队建设作出批示、指示，给予肯定和表扬。省领导夏宝龙、李强、王辉忠、任泽民、葛慧君、刘力伟、刘奇、毛光烈等多次听取消防工作汇报、带队检查消防安全，并多次就消防工作和消防部队建设作出批示、指示。年内，公安部消防局两任局长陈伟明、于建华和政委杨建民等先后到浙江调研指导工作，看望慰问官兵。

图为省公安消防总队第二届委员会第二次全体(扩大)会议在杭州市召开(2月27～28日)

【召开总队党委二届二次全体(扩大)会议】 2月27～28日，2014年度省公安消防总队党的第二届委员会第二次全体(扩大)会议在杭州市召开。会议总结2013年消防工作成绩，分析面临形势，表彰2013年度先进集体、先进个人以及参加上合组织联合救灾演练和台风“菲特”抗洪抢险被记功的官兵，部署2014年度消防工作和部队建设任务。省委副书记、政法委书记王辉忠，省委常委、公安厅厅长刘力伟，厅党委副书记、常务副厅长洪巨平出席会议并讲话。

【开展“创人民满意消防队伍”活动】 6月3日，省公安消防总队党委印发《关于全省公安消防部队开展“创人民满意消防队伍”活动的决定》和《全省公安消防部队“创人民满意消防队伍”专项教育整顿实施方案》，决定于6～7月在全省公安消防队伍开展该项活动。次日，省公安消防总队召开动员部署大会。省公安厅党委副书记、常务副厅长洪巨平出席会议并作重要讲话。活动期间，全省公安消防部队推出722项服务整改措施，统一规范消防窗口设置标准、人员配备、工作职责、公开事项、办事流程以及建设工程消防设计、验收审批权限等，取消4项审批前置，办理时限在法定基础上缩短30%。10月，省公安消防总队印发《浙江省公安消防部队“创人民满意消防队伍”民意评警实施办法(试行)》，采取委托第三方测评、窗口评议、监督执法“每案一评”和执法人员公述民评等方式，共发送调查短信、问卷7万余份，采集有效样本4.85万份，其中第三方测评、“每案一评”、公述民评满意率分别达85.2%、98.12%、98.19%。

【加强消防安全责任体系建设】 4月18～21日，文化部党组副书记、副部长杨志今带领国务院第四考核组，对浙江省2013年度消防工作进行检查考核。副省长毛光烈参加汇报反馈会。省公安厅副厅长华远平陪同检查。5月，省政府与各市政府签订2014年度消防安全目标管理责任书，作为各市政府主要领导和领导班子综合考核评价的重要依据。年内，省消防安全委员会每季度召开成员单位、联络员会议；部署建设、工商、教育、卫生计生、民政、文化、旅游等部门开展本行业、本系统火灾隐患排查整治，宣传、经信、公安、安监、电力等16个省级部门联合对重点隐患区域开展4轮次火灾防控体系建设督导检查；各级公安机关消防机构每半年分析评估消防安全形势，研究针对性措施；乡镇(街道)、村(居)与辖区内各类“个、微、小”主体，部门、行业、系统与所属企业，房屋出租人与承租人逐一签订消防安全责任书，对经营主体和权属主体实行双责任制，强化单位消防安全主体责任意识；全省2.13万家重点单位纳入户籍化管理，定期开展消防安全自我评估和申报备案。

【消防社会管理创新】 1月22日，省公安消防总队印发《浙江省火灾高危单位消防安全评估办法(试行)》。2～3月，省公安厅、省住房和城乡建设厅先后就改革建设工程消防行政审批制度、全省消防技术规范难点问题操作技术等提出指导意见，统一全省建筑工程消防设计和审查标准，并部署在杭州市、宁波市、平阳县和衢州市柯城区开展消防行政审批制度改革试点工作。3月，省消防安全委员会从省国土资源厅等9个省级部门抽调人员成立隐患综合整治指导组，实地指导温岭市火灾隐患综合整治试点工作，制定12个行业(领域)专项整治标准，完成42个整改示范点建设。是月1日，省政府发布的《浙江省火灾高危单位消防安全管理暂行规定》(2013年12月31日发布)施行，规定火灾高危单位界定标准，明确政府主导、部门监管、单位职责、安全评估、信用评价及实施更加严格的人防、技防措施等火灾防控要求。4～12月，省公安消防总队在宁波市开展火灾高危单位消防安全管理创新试点，编制印发有关地方标准。9月17日，省政府在温岭市召开全省火灾等安全事故防控综合治理体系建设现场会，总结推广温岭“大教育、大整治、大落实、大监管、大防控”经验做法，部署加强社会火灾防控、推动综合治理体系建设等工作。此后，副省长毛光烈先后4次主持召开会议，研究推进36个重点县(市、区)火灾防控治理体系建设。同月，省安全生产委员会印发《全省重点区域火灾等安全事故防控综合治理体系建设的意见》和督导工作方案。年内，省公安厅建立建设工程消防质量终身负责制度；省公安消防总队建立社会单位消防安全不良行为公布制度，建立与项目核准、用地审批、证券融资、银行贷款等相挂钩的约束和激励机制；省信用中心将消防安全纳入“信用浙江”体系建设，并在杭州市开展试点；消防安全许可、重大火灾隐患、行政处罚、行政强制、火灾事故、消防安全评估、消防技术服务机构7大类39项消防安全信息纳入《公共信用信息归集目录》。

【排查整治火灾隐患】 2013年12月19日至2014年全国“两会”结束，省公安厅组织开展全省今冬明春第二次“清剿火患”战役，重点整治非法违法建筑、企业厂房仓库、居住出租房、物流仓储、商贸市场、“三合一”场所等火灾隐患突出的区域，并组织在圣诞节、元旦、春节(除夕)、元宵节和全国“两会”等特殊时段开展“零点”夜查集中行动。2月，省公安消防总队部署开展区域性火灾隐患专项排查工作，共排查出272处火灾隐患集中重点区域，提请政府牵头制定整治规划和分类整治标准，实施综合整治。5月27日，省厅组织开展重大火灾隐患集中整治专项行动，重点排查整治商场、市场、工厂存在的乱搭建、乱堆放、乱改用和建筑超长、超宽、超面积等重大火灾隐患。6月26日，省消防安全委员会组织16家省级重大火灾隐患单位负责人和39处重点区域的乡镇(街道)领导召开重大火灾隐患集中整治推进会，进一步明确有关工作要求，落实整治工作任务。11月，省公安消防总队召开全省视频调度会进行动员部署，开展火灾隐患排查整治，确保首届世界互联网大会期间嘉兴市火灾零伤亡、所有涉会场所和重点保卫单位零火警。12月5日，省安委办部署在全省开展为期一年的劳动密集型企业消防安全专项治理，重点整治建筑材料防火性能、制冷设备和管道、建筑防火、消防设施、电器及燃气用具、用火用电、“三合一”场所、单位消防安全管理、专职消防队建设等9类问题。年内，省、市、县三级政府挂牌督办重大火灾隐患1001家，完成整改955家；全省公安消防部门共检查社会单位16.8万家，罚款9579万元，临时查封1289处，责令“三停”2222家，拘留421人；圆满完成春节、国庆以及上海亚信峰会、南京青奥会、世界互联网大会期间的消防安保工作。

【做好灭火和应急救援基础工作】 2月25日，省公安消防总队在义乌市举行大型商、市场(人密场所)跨区域实战演练，共调集金华、衢州、绍兴、丽水、杭州、宁波、温州公安消防支队42辆消防车、240余名官兵。3月，印发《关于进一步加强全省公安消防部队灭火救援能力建设的指导意见》，明确提出转变战斗力生成模式，推动战训改革。是月5日，在舟山跨海大桥中段的册子岛油库举行全省跨区域灭火救援随机拉动演练，共调集舟山、宁波、绍兴、嘉兴、台州公安消防支队和总队维修中心51辆消防车、190余名官兵。7月，印发《浙江省公安消防部队灭火救援管理工作规定》，进一步明确灭火救援准备、组织指挥、作战行动、安全防护、战勤保障和信息管理等灭火救援具体环节。9月27～29日，在总队培训基地举行2014年全省消防部队支队级全勤指挥部实战化训练比武竞赛活动。11月11日，在临海市举行浙南战区医药化工火灾跨区域实战拉动演练，共调集台州、宁波、温州公安消防支队的33辆消防车、138名消防官兵。是月26～27日，在培训基地分别举办典型灾害事

图为省公安消防总队在临海市举行浙南战区医药化工火灾跨区域实战拉动演练(11月11日)

故战例研讨会、典型灾害事故教案课件评比和通信操法评比活动。年内，省公安消防总队共在国家（浙江）陆地搜寻与救护基地和总队培训基地举办4期轮执轮训，培训基层指挥员305名。

【推进队伍正规化建设】 1月，省公安消防总队开展“密切官兵关系，建设和谐警营”专项教育整顿和机关直属单位管理教育专项整顿，排查各类问题452个、人员63名，及时采取措施整改。6月，部署开展以“四严防四整治”（严防车辆交通事故，重点整治违规用车、违法行车问题；严防违禁违纪案件，重点整治有令不行、有禁不止问题；严防作战训练事故，重点整治违规操作、盲目施训问题；严防其他安全事故，重点整治措施不力、防范不严问题）为主要内容的保安全防事故工作。8月29日，召开全省公安消防部队政治工作会议暨党建工作推进会，贯彻落实全国、全省公安现役部队党建工作会议和全国公安消防部队政治工作会议精神，部署工作任务。9月，部署开展示范基层党组织创建活动。年内，开展兵员清理工作，清退外借兵员和机关超编人员93人。

【推进多种形式消防队伍建设】 4月，省公安消防总队在全省部署开展政府专职消防队单独编队执勤工作。7月，印发《关于进一步推进全省政府专职消防队伍建设的指导意见》，从政府专职消防队职能作用、机构属性和人员身份、工资待遇、达标建设、招聘和培训机制、执勤模式和日常管理、单编执勤试点工作等方面明确政府专职消防队建设的具体工作措施和发展方向。9月4～5日，在湖州市举行全省第二届专职消防队业务技能竞赛，桐乡市洲泉镇、德清县雷甸镇、景宁县沙湾镇政府专职消防队分获政府组团体总分前三名，平湖市白沙湾油库、宁波台塑关系、湖州华东天荒坪抽水蓄能有限责任公司企业专职消防队分获企业组团体总分前三名。

【投入丽水市抗洪救灾】 8月19～20日，丽水市普降暴雨到大暴雨，造成莲都区城区10余平方千米区域被淹，部分低洼处积水深达2米，大片房屋被淹，大量人员被困，电力、交通、通信中断，人民群众生命财产安全受到严重威胁。灾害发生后，丽水市公安消防支队即展开抢险救援行动，省公安消防总队先后调集温州、衢州公安消防支队救援力量前往增援。其间，公安消防部队共接警处置险情198起，出动车辆466辆次、警力1858人次，营救遇险群众615人，转移疏散被困群众2357人，完成丽水市区28个受灾区域的道路清理、排涝、送水等社会救助任务，保护财产价值约1.2亿元。

【加强消防基层基础建设】 2014年，全省公安消防部队共争取地方消防业务经费21.65亿元；建成支队级培训基地5个、消防站21个、公寓房200套，改造完成多功能综合训练塔87个、接待用房255套；新购消防车154辆，更新器材装备10.2万件（套），购置远程供水系统7套，除普陀山外所有大队均配备举高车。10月，省公安消防总队党委印发《关于进一步加强全省消防部队基层干部队伍建设的八项规定》，两级机关117名干部下沉基层，106个消防大队全部配齐6名以上执法干部，达到条件的66个大队配备专职后勤助理员，基层干部队伍结构进一步优化。

【消防宣传教育培训】 1月，省委宣传部印发《关于加强消防安全宣传工作的通知》，明确各级党委宣传部、各新闻单位的消防宣传工作目标及消防宣传工作的重点和任务。同月，省公安厅联合省教育厅部署以“上好一堂消防课、布置一份假期消防作业、开展一次灭火逃生疏散演练”为内容的校园消防安全“三个一”活动；联合省民政厅、省卫生和计划生育委员会传发通知，部署进一步加强养老服务、儿童福利、医疗卫生等机构消防宣传教育培训工作。3月，省公安厅、省委党校、浙江行政学院联合部署在全省各级党校、行政学院组织实施“全省党校消防安全教育培训工程”。6月9日～9月30日，省教育厅和省

图为全省“119”消防宣传月活动启动仪式在杭州市上城区吴山广场举行（11月7日）

公安消防总队联合开展暑期消防安全宣传教育行动。11月7日，省公安厅在杭州市上城区吴山广场举行以“找火灾隐患，保家庭平安”为主题的2014年浙江省暨杭州市“119”消防宣传月活动启动仪式。是月14日，联合省教育厅在慈溪市第三实验小学召开全省消防安全教育示范课展示活动现场会。年内，全省公安消防部门共在省级媒体开设消防宣传专栏16个，依托媒体播报消防安全提示339万条次，发送提示短信1660万条，举办广场宣传3216场，发放宣传资料980万份，受教育群众1200万人次；培训乡(镇)长、村“两委”负责人5.1万人次，学生143.6万人次，社会单位负责人、消防安全管理员及员工56.8万人次，全省有2.6万人通过建(构)筑物消防员培训和消防行业特有工种职业技能鉴定。

警卫工作

【概述】 2014年，全省公安警卫部门以深化落实“八项规定”和警卫工作发展“十二五”规划为主线，以确保警卫安全为核心，以推进警卫基层基础建设为重点，构建现代勤务运行机制，加强和改进警卫工作，推进警卫队伍专业化建设。是年，共完成警卫任务229批。其中，中宾警卫任务124批，外宾警卫任务17批，重要会议、重大活动警卫安保任务88批，实现“大事不出，小事也不出”的警卫工作目标。年内，省公安厅警卫局有1个集体立二等功、4个集体立三等功，厅警卫局警卫队获“公安现役部队先进基层党组织”称号。

【领导重视支持警卫工作】 2014年，省领导夏宝龙、乔传秀、王辉忠、刘力伟、茅临生等多次就警卫工作作出批示、指示。8月14日，省委常委、公安厅厅长刘力伟在厅警卫局“四个必须”总要求宣贯部署会材料上作出批示，要求切实用“四个必须”统领思想、指导实践、推动工作。9月22日，公安部警卫局局长张智文到厅警卫局调研指导，对厅警卫局班子建设、业务建设、队伍建设、装备建设、后勤保障建设等工作给予肯定。

【完成李克强、张德江、张高丽在浙期间警卫任务】 5月8～11日，中共中央政治局常委、全国人大常委会委员长张德江先后到嘉兴、湖州、杭州市考察、调研人大工作。11月19～21日，中共中央政治局常委、国务院总理李克强先后到金华、杭州等地考察调研，并会见出席首届世界互联网大会的代表。12月15～16日，中共中央政治局常委、国务院副总理张高丽在杭州市出席全国城市规划建设工作座谈会并进行考察。警卫工作在省委、省政府的统一领导下，由省委常委、公安厅厅长刘力伟指挥，副厅长、警卫局局长王冰具体负责，省、市两级公安警卫部门顺利完成警卫任务。

【完成外国政要访浙警卫任务】 2014年，丹麦王国女王玛格丽特二世、土库曼斯坦总统库尔班古力·别尔德穆哈梅多夫、蒙古国总统查黑亚·额勒贝格道尔吉、柬埔寨王国首相洪森、斐济共和国总统埃佩利·奈拉蒂考、马达加斯加共和国总理罗歇·库卢、马来西亚最高元首阿卜杜勒·哈利姆·穆阿扎姆·沙阿、加拿大总理斯蒂芬·哈珀、爱尔兰共和国总统迈克尔·希金斯等外国国家元首和政府首脑先后到浙江考察访问。在省公安厅统一领导下，厅警卫局具体组织，省、市两级公安警卫部门完成安保任务。

【完成中央第五巡视组来浙警卫安保任务】 7月28日～9月28日，中央第五巡视组到浙江开展巡视工作，涉及全省11个市共11个住地、30余个现场，总行程3500余千米。警卫安保工作在省委、省政府的领导下，省公安厅统一指挥，厅警卫局和杭州市公安局为主体，省武警总队和各市公安局共同参与，顺利完成警卫任务。

【完成全国公安厅局长座谈会警卫安保任务】 9月22～23日，全国公安厅局长座谈会在杭州市召开。国务委员、公安部部长郭声琨，公安部及直属部门负责人，各省、自治区、直辖市公安厅(局)长及副省级城市公安局长共200余人参加会议。警卫安保工作由省委、省政府统一领导，省公安厅统一指挥，厅警卫局牵头组织实施，圆满完成警卫安保任务。

【牵头完成全军政治工作会议环闽“安保圈”任务】 10月31日～11月2日，全军政治工作会议在福建省召开。在省公安厅的统一领导下，厅警卫局牵头部署环闽“安保圈”各项工作。其间，参勤部门认真贯彻落实公安部领导指示，共出动执勤警力1.35万余人次，检查过站车辆2.5万余辆、人员5.6万余人，抓获犯罪嫌疑人85人。

【完成首届世界互联网大会警卫安保任务】 11月19～21日，首届世界互联网大会在桐乡市乌镇召开。中央政治局委员、国务院副总理马凯，省委书记夏宝龙，省委副书记、省长李强出席会议。国家有关部委和省领导、外国政要、国际组织、国内外知名企业和专家学者代表共1000余人应邀参加大会。各参勤警种、各部门在省公安厅的统一领导和具体指导下，圆满完成警卫任务。

【召开全省公安警卫业务工作会议】1月27日，省公安厅警卫局在杭州市召开该会议，总结回顾2013年工作，分析形势，部署2014年警卫工作任务，表彰全省公安警卫部门“优秀忠诚卫士”和2013年度工作优胜单位。副厅长、警卫局局长王冰出席会议并作工作报告。

图为全省公安警卫业务工作会议在杭州市召开(1月27日)

【加强警卫防恐工作】2014年，昆明火车站“3・1”暴恐袭击案发生后，省公安厅警卫局抓好防范措施，加强警卫防恐工作。3月5日，副厅长、警卫局局长王冰召集杭州、宁波、嘉兴、绍兴市公安局分管副局长、警卫处处长，义乌市公安局分管副局长、警卫科科长及局本级现役各处室负责人，召开警卫工作防恐专题座谈会，就警卫工作如何防范暴恐威胁、提升应急处置能力、确保勤务绝对安全展开讨论。4月3日，厅警卫局发文要求加强警卫防恐工作，在树立临战意识、情报搜集研判、落实防范措施、防恐训练演练等方面提出12条具体意见，推动提升全省公安警卫部门防范暴恐袭击的系统作战能力。

【推进“党建工作年”活动】4月14日，省公安厅警卫局召开全省公安警卫接待部门党的建设工作会议，就进一步加强和改进党建工作作出部署。年内，制定党委成员联系点制度，强化党委成员对基层党委、支部的帮建指导职责；举办学习实践“四个必须”总要求暨党建工作培训班和警卫业务“微讲堂”，开展民主评议党员活动；举行纪念建党93周年暨“七一”表彰大会，8个先进基层党组织、21名优秀共产党员、6名优秀党务工作者受到省部级、省公安厅以及厅警卫局的表彰。

【贯彻落实“四个必须”总要求】7月18日，省公安厅警卫局召开动员部署会，对贯彻中共中央总书记、国家主席习近平“四个必须”(必须做到绝对忠诚，必须做到万无一失，必须做到业务过硬，必须做到严格自律)总要求，开展“五项活动”作具体部署，并印发主题教育活动实施方案。是月28日，省委常委、公安厅厅长刘力伟主持召开厅党委会，听取厅警卫局关于成都会议精神的汇报，研究进一步加强全省公安警卫工作和警卫队伍建设的意见。8月1日，省厅发文对进一步加强警卫工作和警卫队伍建设提出意见，要求各级公安机关加大警卫工作保障力度，推动警卫工作科学发展。

【开展全警“大练兵大比武”活动】2014年，省公安厅警卫局举办全省警卫特勤员、全省警卫专干和警卫预备队轮训班，以及警卫战术、勤务车辆基础驾驶、实战射击等各类培训班19期，培训人员563人次。聘请以色列、公安部及解放军特种部队等国内外训练专家开展现场教学，增强官兵实战意识和技能。年内，选派人员参加全国警卫部队应急防护分队骨干集训，在比赛中取得团体总分第一及个人综合第一、第二的好成绩；推动各市公安局举行多警种合成实战演练20余次，组织精干力量参加全省公安机关“特警3号”反恐维稳汇报演练要人警卫课目。

【组织开展“基层基础工作月”活动】6月16日，省公安厅警卫局传发《关于开展“基层基础工作月”活动的通知》。年内，对工作机制建设、警卫机构力量建设、警卫基础调查、警卫阵地建设等9个方面进行逐项梳理检查；制定“基层基础工作清单”，对公安部警卫局明确的警卫基层基础建设6个方面14项内容逐一分解，以清单形式量化推进；对11个市公安局警卫处专业力量建设情况进行督导检查，抽查指导1个县级公安机关警卫工作基层基础建设。杭州、宁波、温州、绍兴、嘉兴、丽水、台州市公安局被公安部评为警卫基层基础建设成绩突出单位，36个公安机关被省公安厅评为全省公安警卫专业力量及县级公安机关警卫工作规范化建设成绩突出单位。

2014 年来浙内宾警卫任务(部分)一览

姓　名	职　　务	抵离时间
李克强	中共中央政治局常委、国务院总理	11 月 19～21 日
张德江	中共中央政治局常委、全国人大常委会委员长	5 月 8～11 日
张高丽	中共中央政治局常委、国务院副总理	12 月 15～16 日
李源潮	中共中央政治局委员、国家副主席	10 月 25～27 日
马　凯	中共中央政治局委员、国务院副总理	11 月 18～19 日
汪　洋	中共中央政治局委员、国务院副总理	1 月 2～3 日
郭声琨	国务委员、公安部部长	1 月 15～17 日 5 月 18 日 9 月 21～23 日
刘奇葆	中共中央政治局委员、书记处书记、中共中央宣传部部长	5 月 16～18 日
许其亮	中共中央政治局委员、中共中央军事委员会副主席、中华人民共和国军事委员会副主席	2 月 21～22 日
范长龙	中共中央政治局委员、中共中央军事委员会副主席、中华人民共和国军事委员会副主席	6 月 10～13 日
常万全	国务委员、国防部长	2 月 12～14 日 6 月 24 日
杨洁篪	国务委员	6 月 7～8 日
万鄂湘	全国人大常委会副委员长	5 月 1～5 日
吉炳轩	全国人大常委会副委员长	9 月 17～22 日
沈跃跃	全国人大常委会副委员长	1 月 30 日～2 月 6 日 8 月 23～24 日 9 月 23～26 日
陈昌智	全国人大常委会副委员长	4 月 14～18 日 5 月 28～29 日
陈　竺	全国人大常委会副委员长	2 月 4～6 日 5 月 5～9 日 7 月 13～15 日
王胜俊	全国人大常委会副委员长	5 月 8～13 日
张　平	全国人大常委会副委员长	7 月 1～4 日
马培华	全国政协副主席	10 月 14～17 日
韩启德	全国政协副主席	4 月 12～15 日 6 月 15～19 日
刘晓峰	全国政协副主席	5 月 15～16 日 9 月 3～5 日
王正伟	全国政协副主席	6 月 12～14 日
马培华	全国政协副主席	10 月 21～24 日

续表

姓　名	职　　务	抵离时间
崔世安	澳门特别行政区行政长官	12 月 22～24 日
齐续春	全国政协副主席	3 月 24～26 日
陈晓光	全国政协副主席	6 月 18～20 日
卢展工	全国政协副主席	1 月 26 日～2 月 7 日 4 月 29 日～5 月 5 日 8 月 1～14 日 9 月 30 日～10 月 5 日
罗富和	全国政协副主席	4 月 19～22 日 7 月 10～12 日
万　钢	全国政协副主席	12 月 18～20 日
马　飚	全国政协副主席	5 月 26～28 日 10 月 12～15 日
周小川	全国政协副主席	4 月 8 日 5 月 25～26 日
王钦敏	全国政协副主席	4 月 8～12 日
何厚铧	全国政协副主席	11 月 26～30 日
星云大师	台湾佛光山开山宗长、国际佛光会世界总会会长、禅宗临济宗第 48 代传人	9 月 17～19 日

2014 年来浙外宾警卫任务一览

姓　名	职　　务	访浙时间
玛格丽特二世	丹麦王国女王	4 月 27 日
库尔班古力・别尔德穆哈梅多夫	土库曼斯坦总统	5 月 13 日
查黑亚・额勒贝格道尔吉	蒙古国总统	5 月 19 日
洪　森	柬埔寨王国首相	5 月 22 日
埃佩利・奈拉蒂考	斐济共和国总统	8 月 14 日
阿卜杜勒・哈利姆・穆阿扎姆・沙阿	马来西亚最高元首	9 月 6～8 日
斯蒂芬・哈珀	加拿大总理	11 月 6～7 日
迈克尔・希金斯	爱尔兰共和国总统	12 月 12～14 日
哈赛卜・默罕默德・阿卜杜拉赫曼	苏丹共和国副总统	5 月 25～29 日
洛朗・法比尤斯	法兰西共和国外交部长	5 月 16 日
萨德克・雅库特	土耳其共和国副议长	5 月 26～29 日
布鲁斯・比尔森	澳大利亚联邦小企业部部长	9 月 4 日
伊万・布隆丁	加拿大空军司令	11 月 25 日
马克西玛	荷兰王国王后	11 月 27 日

2014年重要会议和重大活动警卫任务(部分)一览

会议和活动名称	举办时间
全省政法工作会议	1月20～21日
省第十三届纪律检查委员会第三次全体会议	1月22～23日
全省党的群众路线教育实践活动第一阶段总结暨第二阶段部署工作会议	1月26日
省委、省政府2014年新年团拜会	1月28日
全省扩大有效投资暨重点项目推进大会	2月11日
全省农村工作会议	2月13日
全国人大代表会前集中视察活动	2月18日
驻浙全国人大代表、政协委员集中赴京安全保卫工作	3月1日/3月2日
省领导植树活动	3月10日
全国人大浙江代表团返浙安全保卫工作	3月13日
全省领导干部会议	3月14日/10月12日
《干部任用条例》宣讲报告会	3月28日
全省建设平安浙江电视电话会议	3月31日
省委学习贯彻习近平总书记系列重要讲话报告会	4月1日
市委书记座谈会	4月11日
全省新型城市化工作会议	4月17日
全省县(市、区)委书记工作交流会	4月21日/7月21日/10月16日
省委组织观看纪实影片活动	4月28日
省领导接见全省劳动模范代表	4月29日
江西省党政代表团来浙访问活动	5月5～7日
驻华使节“走进金华”活动	5月7～9日
“浙江论坛”报告会	5月19日/7月17日/8月13日/10月14日/11月11日
省委专题读书会	5月23日
省委十三届五次全体(扩大)会议	5月22～23日
预防职务犯罪宣讲会	5月30日
省委常委扩大会议	6月3日/10月24日/12月12日
中国—中东欧经济贸易促进部长级会议	6月7～9日
外交部大使参赞学习班来浙访问活动	6月15～20日
江苏省党政代表团来浙访问活动	7月3～4日

续表

会议和活动名称	举办时间
作风建设和党风廉政建设工作情况通报会	7月11日
中央第五巡视组巡视浙江省工作动员会	7月29日
纪念建军87周年暨双拥模范城命名表彰大会	7月13日
省委赴市县督导组组长会议	8月5日
省委征求意见会	8月11日
全省“三改一拆”工作推进会	8月18日
浙江省党政代表团赴青海、新疆考察活动	8月21～27日
省委理论学习中心组专题学习会	8月28～30日
省领导参观浙江抗战烈士事迹展览活动	9月3日
省国家安全领导小组第四次全体(扩大)会议	9月5日
全省宗教界人士中秋座谈会	9月5日
浙江省暨杭州市纪念人民代表大会成立60周年大会	9月11日
浙江省暨杭州市庆祝人民政治协商会议成立65周年大会	9月23日
全省创新引领转型促进经济发展会议	9月24日
全国公安厅局长座谈会	9月22～23日
中央第五巡视组来浙巡视/反馈安全保卫工作	7月28日～9月28日/11月3～4日
省领导集体观看《美丽浙江·水之韵》国庆文艺晚会	9月29日
浙江省暨杭州市向浙江革命烈士纪念碑敬献花篮活动	9月30日
中央群众路线教育第七巡回督导组在浙安全保卫工作	9月30日
党的群众路线教育实践活动总结大会	10月8日
副厅以上老同志十八届四中全会精神传达会	10月25日
十八届浙江旅外乡贤聚会	10月28日
中央第五巡视组巡视浙江省情况反馈会	11月4日
全省地市委书记述职会	11月16日
省委落实中央巡视组反馈意见整改工作动员会	11月18日
首届世界互联网大会	11月19～21日
省委十三届六次全体(扩大)会议	12月3～4日
省委人大工作会议	12月4～5日

续表

会议和活动名称	举办时间
省委中央重要文件传达会	12月5日
副厅以上老同志会议	12月13日
中央第五督导组来浙督导安全保卫工作	12月15～17日
省委文艺工作座谈会	12月19日
省委经济工作会议	12月25日
全省第九次党史工作会议	12月26日
省领导观看省直机关文化成果展	12月26日
省领导观看新年音乐会	12月29日
浙江省各界人士新年茶话会	12月31日

交通管理

【概述】 2014年，全省公安交通管理部门以打造道路交通管理"治理创新年"为载体，围绕重特大道路交通事故预防和城市交通秩序管理等重点工作，坚持路面常态严管，坚持安全治理创新，狠抓"重、准、实"的事故预防措施的落实，全力保障全省道路交通有序、安全、畅通。是年，全省共发生上报道路交通事故1.72万起，死亡4415人，受伤1.73万人，直接经济损失6695.3万元，同比分别下降6.24%、9.25%、7.15%和10.93%；发生一次死亡3人以上的事故21起，同比减少4起，未发生一次死亡10人以上事故。年内，涌现出"全国公安爱民模范集体"杭州市公安局交警支队西湖大队北山中队、"中国好交警"张维文等一批先进集体和个人。

【春运交通安全管理】 1月16日～2月24日春运期间，全省公路客流总量达2.29亿人，同比增长1.3%。全省公安交通管理部门强化安全监管，严整交通秩序，排查治理隐患，广泛开展宣传，确保全省道路交通平稳有序。其间，全省共上报道路交通事故1215起，死亡300人，受伤1214人，直接经济损失490.8万元，同比分别下降17%、16.9%、18.4%和30.7%，死亡人数同比减少61人，未发生一次死亡3人以上事故。

图为省公安厅召开全省道路交通"纠违治危"专项整治工作点评会（7月3日）

【查处严重交通违法行为】 2014年，全省公安交通管理部门以高速公路、重点国省道以及事故多发点段为重点，开展道路交通"纠违治危"专项整治行动，集中查处酒后驾驶、超员、超速、违法占道行驶、违法停车、车辆闯红灯、货运机动车违法载人、涉牌涉证、驾驶机动车不按规定系安全带和骑乘摩托车不按规定戴头盔10类严重交通违法行为。年内，依托省政府、公安部部署的"打非治违"、"打四非、查四违"、高速公路交通秩序集中整治等专项整治行动，强化对营运客车、危化品运输车辆违规运输等严重违法行为的查处；会同交通运输部门实行全省公路凌晨2:00～5:00禁止长途客车运营措施。截至12月，全省共查处各类交通违法行为3271万余起，违法行为查处数同比增加17.1%。

【加强农村道路交通安全管理】 2014年，省公安厅交管局组织全省公安交通管理部门开展农村道路交通安全“大排查、大服务、大教育、大整治”工作。截至12月，全省75.4%的乡镇设立交通安全工作站，47.7%的行政村聘用交通安全协管员或信息员；农村面包车核载提示牌喷涂（粘贴）率达83.5%，农村地区摩托车驾驶人安全头盔佩戴率达83.9%；全省87%以上的县乡道与国省道交叉口以及与国省道交叉的出村路口设立警示提示标牌，安装减速带；行政村有线广播交通安全宣传普及率达69.3%，85.9%的县（市）在电视台、广播站每月播出农村交通安全宣传节目。

【加强危险化学品道路运输安全管理】 2014年，全省公安交通管理部门配合交通运输、安监等部门，对危化品运输车驾驶人、押运人进行安全教育，提高驾驶人、押运人的安全防范意识和避险应急能力，对危化品运输车进行安全检验，严防不安全车辆上路行驶。年内，省公安厅组织全省公安交通管理部门对危险化学品运输通行线路进行全面排查，重新公布全省国、省道公路危险化学品运输车辆禁行线路，并对禁止通行标志和指路标志进行进一步清理和完善。截至12月，全省共发放剧毒化学品公路运输通行证5.9万张。

【加强城市交通管理工作】 2014年，根据治理城市交通拥堵工作的总体部署，全省治堵重点道路由68条增加到108条，11个市28个区块55条路段启动实施循环交通组织措施。全省公安交通管理部门继续开展城市道路严重交通违法行为整治工作，积极推动规划、建设、管理三位一体的治堵长效机制建设。年内，共查处城市八类严重交通违法行为450余万起，同比上升21.4%；全省治堵重点道路的机动车、非机动车和行人守法率均达到预定要求；新增公交专用道188.8千米，减少影响交通功能的路面停车位1.6万个。杭州、宁波、舟山和台州市在省政府2014年度治理城市交通拥堵工作考核中被评为优秀。

图为兰溪市公安局交警大队游埠中队在新330国道设卡检查危险化学品运输车辆（5月21日）

【开展全省主干公路交通安全防控体系建设】 6月，省公安厅交管局印发《全省主干公路交通安全防控体系建设实施方案（2014～2016）》，在全省部署开展交通安全防控体系建设。截至12月，完成对现有公路监控设备的调查摸底工作和省内高速公路固定测速点的建设，基本完成高速公路重点危险路段固定式交通信息显示设备建设，完成省内高速公路和国省干线公路已建省际卡口设备的改造和接入工作及所有高速公路、国省道省际交通安全执法服务站的建设。

【治理事故多发点段和临水临崖高落差危险路段】 2014年，省公安厅督促各地成立市、县二级道路交通安全隐患治理工作领导小组，并会同交通运输、安监等部门公布省级挂牌治理的事故多发点段和临水临崖高落差危险路段200处。6月，会同省交通厅启动为期一年的公路隧道安全隐患排查治理专项行动。截至12月，全省共排查公路隧道土建结构、机电设施、交通秩序、应急处置等隐患566处，完成整治289处；全省92处事故多发点段和100处临水临崖高落差危险路段的治理均按期完成，整治率达99.5%，完成率达96%，通过治理同比减少事故死亡人员178人。

【做好交通安全保卫工作】 2014年，全省公安交通管理部门按照“万无一失”总目标，先后顺利完成党的十八届四中全会、北京APEC会议、南京青奥会、上海亚信峰会、海宁观潮节、国家机关公务员考试、高等院校招生考试、世界互联网大会等多项活动和会议的交通安全保卫工作。

【加强公安交管信息安全工作】 1月，省公安厅交管局传发《关于加强公安交管信息安全工作的通知》，在全省组织开展公安交管信息安全自查工作。5月，全省公安交通管理部门对省内1120个前端道路智能监控卡口及全国机动车缉查布控系统的运行安全进行检查。5～7月，采取自查和抽查相结合的方式，对公安交管信息系统进行安全检查。10月，省厅交管局要求各地进一步加强公安交管信息系统安全管理，限制对公安交管综合应用平台的数据库访问，加强数据库操作审计，并停止使用代理服务方式对外网提供服务。

【公安交管信息系统建设和应用】 4月，省公安厅交管局启动浙江省公安交管互联网交通安全综合服务平台一期(全国统一版本)的推广工作。8月始，组织开展全省机动车驾驶人考试视频监控系统建设，将全省科目一、科目二考试场地视频监控信号和科目二、科目三考试车辆驾驶室视频监控信号统一接入该系统中，并通过该系统实现对全省机动车驾驶人考试过程的实时动态监管。同月，组织开展机动车检验监管系统建设。截至12月，杭州、宁波、嘉兴市车管所完成检验监管系统建设与应用，其他市车管所完成检验监管系统部署并实现半数以上安检机构系统的改造接入工作。

【开展车管所等级评定工作】 1～3月，省公安厅交管局组织对全省11个市、67个县的车管所开展2012～2013年度车辆管理所等级评定工作。6月，杭州、宁波、嘉兴市车管所继续被公安部评定为一等车辆管理所，其中杭州排名全国第一；湖州、舟山、绍兴、衢州、金华、台州、温州市车管所被评定为二等车辆管理所，丽水市车管所被评定为三等车辆管理所；余杭、北仑、富阳、宁海、奉化、临安、温岭、桐乡等8个大队车管所被评为全国优秀县级车辆管理所。

【规范机动车驾驶人管理】 6月，省公安厅交管局要求全省公安交通管理部门从增加执法服务短信告知项目、规范考试场地管理、规范外省机动车驾驶证转入管理、加强体检工作监管和实施考试、发证情况责任倒查5个方面进一步规范驾驶人管理工作，并增加驾驶证注销、驾驶证降级注销、驾驶证审验、驾驶证实习期管理提醒4类13项告知项目。11月，厅交管局会同公安部交通管理科学研究所专家组对全省17个汽车驾驶人科目二考场的考试项目、考试系统等进行检查。截至12月，全省31个小型汽车类科目二考场全部应用监管系统进行考试。

【开展淘汰黄标车及老旧车工作】 2014年，根据大气污染防治工作总体部署，全省公安交通管理部门协同环保等部门推进淘汰黄标车及老旧车工作。通过登记注册源头把关、实施区域限行管理、加大车辆注销力度、强化政策宣传引导等方式，全省全年共淘汰黄标车及老旧车38.15万辆，其中黄标车27.44万辆、老旧车10.71万辆，完成率为127.2%，提前并超额完成省政府30万辆的淘汰任务。

【推进机动车检验改革】 4月始，全省公安交通管理部门加强和改进机动车安全技术检验工作。9月1日，全省开始实施6年内小型汽车免检核发检验合格标志政策。至是月30日，全省117家安检机构完成脱钩改制工作，基本建成机动车安全技术检验监管系统。

图为“改变——浙江省2013年度文明出行现状发布会”在杭州市举办(1月10日)

【举办2013年度文明出行现状发布会】 1月10日，省公安厅交管局、省文明办、省广电集团在杭州市联合举办“改变——浙江省2013年度文明出行现状”发布会，公布2013年全省交通出行现状、全省道路交通安全形势和交通事件的红黑榜，提出“改变陋习、文明交通”的倡议。浙江电视台影视频道、浙江电台交通之声、新蓝网等多家媒体对发布会现场直播。

【开展“2014 文明出行全省巡回宣传月”公益活动】 6 月 17 日，省公安厅、省委宣传部、省文明办和浙江广电集团联合在杭州市启动该活动。截至 8 月 8 日，先后在全省 22 个县、市和 15 个高速公路服务区巡演，历时 50 天，行程达 8000 余千米。全省交通电台滚动播出文明出行宣传带 3000 余次，活动团队沿途发放各类宣传品 4 万余份。

图为“2014 文明出行全省巡回宣传月”公益活动启动仪式(6 月 17 日)

【开展《道路交通安全法》实施十周年宣传活动】 5 月，全省公安交通管理部门以《中华人民共和国道路交通安全法》实施十周年为契机，开展道路交通安全宣传教育工作。省公安厅交管局联合《平安时报》，开辟《安全法十周年》专栏，宣传道路交通安全法律法规，曝光典型事故案例；联合交通之声电台，开辟《阿巍说交法》栏目，推出《道路交通安全法》有奖竞答；依托全省高速公路 3000 余块电子情报板、平安信息视频联播网 3200 个终端机和户外 LED 广告屏、路面诱导屏等载体，以及 4 家省级合作电视频道开展各种形式的交通安全宣传；省厅官方微信“民生 66”以“微驾校”形式开展 15 项系列宣传活动。

【开展中小学生交通安全教育宣传活动】 6 月 1 日，全省公安交通管理部门联合教育部门，开展以“车时代的安全童年”为主题的宣传活动，通过体验式教育、“交通飞行棋”比赛、“护卫天使”行动等活动形式，引导学生摒弃交通陋习，确保出行安全。是日，全省开设儿童交通安全专题讲座 280 次，发布安全提示语 1350 条，推送微信 30 条，媒体报道 185 篇次，赠送各类宣传品 25 万余件。

【开展“浙江好交警”评选活动】 10 月 11 日，省公安厅交管局联合《钱江晚报》和“交通之声”电台，在全省公安交警系统开展该活动。年内，《钱江晚报》推出 7 期“浙江好交警”系列专版，报道 36 名候选人事迹。经《钱江晚报》微信平台和新蓝网投票，10 名基层民警入围“浙江好交警”。温州交警张维文被公安部评为“中国好交警”。

【推广使用执法记录仪】 3 月，省公安厅交管局印发《关于加强交警系统执法记录仪使用管理工作的通知》，督促做好推广、使用、管理工作，并组织专项督导检查，推动工作落实。年内，全省道路执勤、事故处理以及驾驶人考试和机动车查验岗位的民警在执勤执法工作中统一使用执法记录仪。

高速公路交通管理

【概述】 2014 年，省公安厅高速公路交警总队立足“保安全、保畅通、保稳定”职能定位，坚持以问题为导向，依托“治理创新年”、“队伍建设年”两个活动载体，推进道路交通安全防控体系建设，构建队伍常态严管机制，提升执法能力和水平。是年，全省高速公路交通事故死亡 327 人，同比减少 34 人，发生一次死亡 3 人以上较大事故 7 起，连续第 6 年未发生一次死亡 10 人以上交通事故。年内，高速公路交警总队金华支队和台州支队被评为“浙江省文明单位”，宁波支队 1 名民警被评为全国模范军队转业干部，金华支队 1 名民警被评为全国吴一心式交警大队长。

【严管客运客车和危化品运输车辆】 2014 年，省公安厅高速公路交警总队督促运输企业落实安全主体责任，强化营运客车、危化品运输车辆管理。年内，实施营运客车凌晨 2:00～5:00 高速公路禁行，制作营运客车安全带专题警示教育片，狠抓安全带系佩管理工作；共查处涉及危险化学品运输车辆道路交通违法行为 6586 起。

【构建高速公路安全防控体系】 2014 年，省公安厅高速公路交警总队结合辖区道路实际制定《浙江省高速公路交通安全防控体系建设方案》，坚持人防、物防、技防相结合，推进指挥调度、道路监控、违法抓

图为厅党委副书记、常务副厅长洪巨平在沪杭高速公路彭埠收费站执勤点检查国庆交通安保工作(9月29日)

拍、拦截处理、交通诱导、通行服务、勤务管防、社会群防群治八大体系建设,并依托各检查站点,开展“六打六治”、“打四非、查四违”、“纠违治危”、“三盯三纠”等专项行动,推动民警上路管事,严查道路交通违法行为。年内,共查处交通违法行为266.89万起,同比增加71%。

【强化安全隐患排查治理】 2014年,省公安厅高速公路交警总队会同安监、交通部门和业主公司等,强化高速公路交通安全隐患排查治理工作,推进生命防护工程建设。截至12月,累计完成高速公路边护栏、中央活动护栏改造1349处,排查、治理重点隧道隐患路段90处、互通枢纽出口及匝道交通安全隐患点段142处,17处重点挂牌督办路段(含4处省级事故多发点段)全部按期完成治理任务。

【深化“智慧高速”建设】 2014年,省公安厅高速公路交警总队完成与省交通运输厅信息中心、省交通集团间内外网数据与视频交互平台建设,初步实现“一路三方”数据资源互联互通和共建共享。年内,完成部分高速公路交警支队指挥中心升级建设,探索指挥中心与路面勤务“一体化”运作;完成嘉兴大云、姚庄和湖州父子岭卡口拦截系统升级及丽水新窑卡口拦截系统建设;全年利用该系统查破或协助查破各类案件280起,抓获违法犯罪嫌疑人431人,查获毒品20.9千克;完成“网上违法处理缴纳罚款”项目建设,开放支付宝、银联等网上自助支付渠道,为群众提供便利。

【确保节假日安全畅通】 2014年,省公安厅高速公路交警总队联合省公路局、省交通集团等单位,推行事故快速处理,加强交通信息诱导,健全重大节假日安全保畅工作机制。年内,在4次节假日免费通行期间,高速公路流量创新高,单日峰值突破220万辆次,交通事故死亡13人,同比下降60.6%,省内高速主干道和主要拥堵节点保持有序通行。

【构建精细化执法管理体系】 2014年,省公安厅高速公路交警总队推进“又好又多”执法办案工作,实施“阳光执法”。年内,完成总队行政权力清单编制工作,梳理汇总7方面共128项权力,规范权力运行;强化执法主体建设,1360名民警取得中、高级执法资格,占民警总数的84.1%;完成总队涉案财物管理系统建设,为路面民警配发1000台移动警务终端,工作全程佩戴使用执法记录仪。截至12月,办结的行政案件未发生行政诉讼败诉或复议变更的情况,办理交通事故刑事案件的批捕率、移送起诉率和准确率均达100%。

【做好高速公路交通安保和警卫工作】 2014年,省公安厅高速公路交警总队完成上海亚信峰会、南京青奥会、南京国家公祭日、福建古田全军政治工作会议和桐乡乌镇首届世界互联网大会等重大会议、活动交通安保工作。年内,共完成251批707次高速公路交通警卫任务,其中一级警卫任务13批37次、二级警卫任务48批145次、三级警卫任务48批146次、指令性警卫任务142批379次,警卫里程达5.2万千米。7月31日、10月10日,省委办公厅、中央督导组先后发感谢信给予肯定。

行业公安

铁路公安

【概述】 2014年，杭州铁路公安处加强杭长高铁物防设施建设，推进站车治安防控体系建设，构建反恐防暴安防体系，完成亚信峰会、青奥会、APEC会议等重大活动安保和589趟专特运警卫任务。是年，共侦破刑事案件2119起，其中指纹破案804起，实有发案、旅客财产盗窃案件和重大案件同比分别下降26.56%、6.08%和22.22%；查获网上逃犯1707人，列全铁路公安系统第三位；查处治安案件690起、违法人员1056人；查获“三品”(易燃品、易爆品、危险品)11.3万批14.52万件。年内，有37个集体、433人立功嘉奖，新闻媒体刊播铁路公安的稿件共计1528篇，“平安铁路”微博经综合评定列新浪微博浙江省政务微博前十名。

【增设机构】 7月4日，杭州铁路公安处组建反恐怖支队筹备组。11月28日，设立反恐怖支队，为杭州铁路公安处内设执法勤务机构，下设情报、防范、处置3个大队。同日，设立杭州铁路公安处龙游站派出所，为公安处派出机构。

【完成春运安保工作】 1月16日～2月24日，杭州铁路公安处开展春运安保工作。其间，为重点车站增配安检仪4台、安全门4扇；落实安检志愿者188名、辅警104名，抽调96名警力增援乘警支队和重点派出所；在上海铁路公安局调配47名学警的基础上，协调增配80名学警、346名武警。共查获“三品”1.35万批，其中烟花爆竹5850响、化工品2412千克、汽油2升、仿真枪155支、子弹152发、管制刀具1914把、打火机1.92万只；侦破倒票案件237起，抓获票贩533人，缴获车票3128张；清理、查处各类扰乱公共秩序人员120人，其中行政拘留37人；侦破流窜盗窃旅客财产案件7起，协助外单位破案171起，共抓获犯罪嫌疑人188人(其中网上逃犯167人)；消防检查车站56个次、旅客列车38趟次、重点部位331处，填发《责令改正通知书》24份，督促整改各类消防安全隐患286处；加强春运新闻宣传，共在全国各级新闻媒体刊发稿件493篇，其中国家级42篇、省部级87篇；加强与网民互动，正确引导网络舆情，共发博文5.7万余条、微信40条。

【建成反恐防暴安防体系】 2014年，杭州铁路公安处主动协调地方公安机关和铁路部门，在全省50个火车站设立地区安全防范联勤办公室，建立与地方应急处突相关联的联勤联动机制、大客站铁路特警和地方PTU交叉巡逻机制。年内，14个运输站、段全部建立保卫武装科，相关站段共配备81名列车安全员、232名特保队员，提升站车反恐防暴应急处突能力。

【开展党的群众路线教育实践活动】 4～10月，杭州铁路公安处开展党的群众路线教育实践活动。其间，公安处班子成员检查指导基层所队124个次；公安处党的群众路线教育实践活动领导小组办公室共检查各部门台账305本次、材料261份次，审核党支

图为杭州铁路公安处开展春运安全宣传(1月16日)

部和班子成员对照检查材料 173 份，上报心得体会 180 余篇，排查梳理问题 1128 个，落实整改 1065 个；公安处领导班子梳理出“四风”问题 84 条；基层党支部共撰写对照检查材料 147 份。截至 10 月，各类会议同比减少 17 次，文件减少 48 个，同比下降 15%；会议经费支出 8 万元，同比下降 66%；“三公”经费支出 177 万元，同比下降 5%，其中公务接待费用支出同比下降 69%。

【开展打击倒票“猎鹰——2014”战役】 2013 年 12 月 10 日至 2014 年 2 月 28 日，杭州铁路公安处开展该战役。其间，以“三杜绝、两遏制、一满意”（杜绝铁路辖区倒票、杜绝内部人员倒票、杜绝媒体负面炒作，遏制站周倒票、遏制网络倒票，旅客群众满意）为目标，共侦破倒票案件 316 起，抓获票贩 669 人，摧毁倒票团伙 123 个，捣毁窝点 130 个，缴获车票 3862 张，折款 37.8 万元；查处黄牛背包、接拉客等违法人员 48 人，行政拘留 45 人。

【开展打击倒票“秋风——2014”战役】 9 月 5 日～10 月 9 日，杭州铁路公安处开展该战役。其间，侦破倒票案件 13 起，抓获票贩 27 人，拘留 1 人，缴获车票 50 张，折款 1634 元；查处黄牛、接拉客等违法人员 41 人，拘留 21 人。

【开展杭长高铁联调联试安保工作】 7 月 20 日～10 月 27 日，杭州铁路公安处受沪昆铁路客运专线浙江有限责任公司的委托，负责杭长高铁联调联试安保工作。其间，共设置 185 个安保工作岗位，落实 95 名安保民警，招聘 600 名临时保安；共上报 124 处隐患问题，发现施工单位违规上道施工 12 起、56 人，罚款 2 人、行政拘留 3 人、警告 51 人，对施工单位罚款 3 起计 9000 元；先后出动警力 896 人次，确保 1432 趟试验列车 20.9 万余千米的行车安全。10 月 28 日，在杭长高铁上海局管段联调联试总结表彰大会上，被评为杭长高铁上海局管段联调联试先进单位。

图为杭州铁路公安处负责人检查杭长高铁物防设施（7 月 3 日）

【完成上海亚洲相互协作与信任措施会议第四次峰会安保工作】 4 月 20 日～5 月 22 日，杭州铁路公安处开展亚信峰会安保工作。其间，共投入警力 1.87 万人次，清查列车 305 趟；抽调 71 名警力增援重点车站和进沪列车，进沪、经沪列车全部实行固定值乘；查获“三品”1.16 万件，其中管制刀具 932 把、煤油化工类危险品 79.6 千克；加强站车查缉，抓获犯罪嫌疑人 248 人，其中网上逃犯 205 人，缴获毒品 125 克；完成杭州、杭州东、嘉兴等 8 个反恐重点车站的防冲撞设施建设，以及杭州、杭州东、金华西、温州南站进站信号机以内站区封闭设施高度加固补强和刺丝滚网加装工作。

【开展北京 APEC 会议安保工作】 10 月 10 日～11 月 15 日，杭州铁路公安处开展北京 APEC 会议安保工作。11 月 1～15 日，在 APEC 安保工作实战阶段，加强 5 趟进京列车的警力并进行全程往返值乘，落实治安防控措施，在列车停靠的 20 个车站开展该车次旅客独立候车、二次安检等工作。其间，共投入警力 1.32 万人次，检查列车 278 趟，侦破刑事案件 91 起，抓获犯罪嫌疑人 92 人，其中网上逃犯 72 人，查获“三品”8792 件。

【开展第二届夏季青年奥林匹克运动会安保工作】 8 月 10～30 日，杭州铁路公安处开展青奥会安保工作。其间，设立杭州、杭州东、金华西、温州南、湖州、德清、长兴客运治安检查站和乔司站货运治安检查站，在 7 个客运治安检查站增加安检区域警力配置；抽调 33 名警力增援南京铁路公安处，从机关抽调 31 名警力增援重点所队，抽调机关 11 名警力增援乘警支队并对进宁、经宁列车实行固定值乘，完成 256 名特保队员的招录、培训、上岗工作；为杭州、杭州东、金华西、温州南站增配 92 名安检志愿者，组织特警、特保队员开展武装巡逻；对 35 个高铁车站和地级市所在地车站的进站上车旅客实行实名验证；共检查 47 个车站、40 趟旅客列车、153 处重点要害部位，下发《责令改正通知书》22 份，发现、整改消防安全隐患234处；检查内部单位重点部位617处，发现并督促整改隐患133处，发放《隐患整改通知书》18份；严格警卫措施，确保59趟专运、特运警卫任务的绝对安全，其中一级警卫任务6次；侦破各类案件57起，其中旅客财产盗窃案件19起；查获犯罪嫌疑人278人，其中网上逃犯211人；查处行政案件45起，处理违法人员45人；查控“三非”（非法就业、非法入境和非法居留）外国人4人，收缴“法轮功”等非法宣传品46批1133件；查获“三品”1.53万批，其中仿真枪103支、管制刀具1888把、煤油78.5升、其他利器钝器5943把、打火机1.51万只、烟花爆竹2500响。

【开展线路治安“百日安全”竞赛活动】 2月8日～5月18日，杭州铁路公安处开展以“抓巡防、查隐患、压路伤、强基础”为主题的线路治安“百日安全”竞赛活动。其间，杜绝线路五类案件（关闭列车折角塞门、提拉车钩、拔闸瓦钎、置放障碍、拆盗铁路器材）、车辆肇事和涉动（高铁、动车）路外伤亡事故；发生路外伤亡事故3起，同比减少8起，下降72.7%。

【开展线路治安年度目标百日冲刺竞赛活动】 9月17日～12月25日，杭州铁路公安处开展以“抓勤务、严巡防、查隐患、强基础”为主题的竞赛活动。活动以实现“四杜绝、四压降”（杜绝涉高涉动路伤、杜绝置障割盗案件、杜绝车辆肇事事故、杜绝大牲畜挡道；压降既有线路路伤事故、力争全年控制在26起内，压降闲杂人员进网情况、力争全年同比降幅30%以上，压降行人挡道情况、力争全年同比降幅50%以上，压降击打列车情况、力争全年同比降幅50%以上）为目标。其间，共出动警力378人次，开展安全宣传127场次，添乘机车219趟次，填发隐患整改通知书46份，督改线路治安隐患39处。

【提升杭长高铁安防设施标准】 12月10日，杭长高铁（浙江杭州至湖南长沙）正式开通运营。杭长高铁是继沪杭、宁杭、杭甬、沿海高铁后，浙江省内的第5条高铁，管内共计270千米。杭州铁路公安处采取源头介入、过程监管、事后补强等方式，从防护栅栏、“四电”围墙、疏散通道、电缆防割、重点部位5方面18个项目上提升物防建设标准，实现“率先建成一流高铁防控体系”的目标，得到铁路公安局、上海铁路局和建设施工单位的好评。

【开展路外安全宣传月活动】 4月、9月，杭州铁路公安处先后开展以“安全记心间·幸福常相伴”、“你我同行·共创平安铁路”为主题的大型路外安全宣传活动。其间，开展大型宣传活动144场次，张贴标语、横幅1344条，上宣传课331场次，发放宣传资料16万余份，通过电视、广播、报刊等媒体开展宣传331次，排摸废旧金属收购站点192个，签订安全协议766份，受教育群众154万余人次。

森林公安

【概述】 2014年，全省森林公安机关查处各类森林和野生动植物案件2490起，打击和处理各类违法犯罪人员4520人次。全省共发生森林火灾155起，发生率2.57次/10万公顷，受害森林面积785.53公顷，受害率0.13‰，未发生重特大森林火灾事故、群死群伤事故和火烧连林事故。年内，建德市、安吉县公安局森林警察大队被国家林业局森林公安局命名为全国森林公安机关执法示范单位。全省有7个集体立三等功，1人立一等功，5人立二等功，19人立三等功。

【调整机构设置】 8月14日，省机构编制委员会办公室印发《关于省林业厅森林公安局更名等事宜的函》，同意将省林业厅森林公安局更名为省森林公安局，并由省林业厅内设机构调整为直属行政机构，仍挂省公安厅森林警察总队牌子。调整后，省森林公安的管理体制、机构规格、人员编制均保持不变。同日，省机构编制委员会办公室印发《关于市县森林公安机构设置有关事宜的通知》，市、县（市、区）森林公安机构可由同级政府林业行政主管部门的内设机构调整为直属行政机构，名称统一为“××市、××县（市、区）森林公安局”，仍挂“公安（分）局森林警察支队、大队”牌子。调整后，市县森林公安的管理体制、机构规格、人员编制均保持不变。是月25日，省林业厅印发《关于抓紧落实森林公安机构设置调整工作的通知》，推进各市、县（市、区）森林公安机构设置调整。截至12月，全省共有7个市级、34个县级森林公安机构完成调整。

【推进班子建设】 2014年，全省森林公安机关加大干部协管力度，推进主要领导“进班子或高配”工作。截至12月，5个市级和31个县级森林公安局的主要领导实现高配或进入林业、公安部门党组。

【开展专项督察】 8月，省公安厅森林警察总队首次组织开展全省综合性专项督察。其间，派出4个组，由总队领导带队赴21个市、县，对警纪警风、车辆

图为省公安厅森林警察总队在杭州市举办全省森林公安信息化建设与应用培训班（11 月 12 日）

管理、执法办案等情况进行现场督察。有关情况在全省森林公安、森林消防工作会议上作了通报。

【开展“雷霆”系列专项行动】 3 月 4 日～4 月 30 日，全省森林公安机关开展“雷霆一号”暨平安清明森林火患火案清剿专项行动。其间，共出动警力 9240 余人次，制止违章野外用火行为 4700 余次，侦破和查处案件 154 起，打击和处理各类违法犯罪人员 149 人。4 月 20 日～6 月 30 日，开展“雷霆二号”林区禁种铲毒专项行动。其间，共出动警力 2830 人次，查处毒品原植物种植点 175 处，铲除罂粟等毒品原植物 3.87 万株，协助地方公安机关查处涉毒案件 67 起，打击和处理各类违法犯罪人员 67 人。7 月 1 日～12 月 31 日，开展“雷霆三号”专项行动，严厉打击各类破坏森林资源违法犯罪行为。其间，共出动警力 8230 人次，侦破刑事案件 116 起，查处行政案件 683 起，其中侦破大要案件 5 起，打击和处理违法犯罪人员 721 人。

【开展“2014 天网行动”】 4 月 1 日～6 月 30 日，全省森林公安机关开展“2014 天网行动”暨集中打击破坏野生动物资源违法犯罪专项行动。其间，共出动警力 1260 余人次，侦破和查处案件 256 起，打击和处理违法犯罪人员 320 人。

【推进跨区域林区警务合作机制建设】 2014 年，省公安厅森林警察总队先后与南方 7 省（市）及中东部地区 13 省（市）森林公安机关签订警务合作机制，共协同侦破涉林案件 20 余起，其中大要案件 5 起，协助调查取证 80 余次，配合抓获犯罪嫌疑人 15 人（其中网上逃犯 4 人）。

【开展森林派出所等级评定工作】 2014 年，全省森林公安机关开展派出所等级评定工作。年内，淳安县、临安市森林公安局（森林派出所）及安吉县孝丰森林派出所被推荐申报公安部一级派出所，8 个派出所被国家林业局森林公安局评定为二级派出所，11 个派出所被省公安厅森林警察总队评定为三级派出所，26 个派出所被各市公安局森林警察支队认定为四级派出所。

【推进森林公安基础信息化建设】 12 月至 2015 年 4 月，省公安厅森林警察总队在全省开展森林公安基层基础信息采集和录入工作。内容包括辖区、山场信息，涉林企业、案件、人员及森林资源等。年内，共收录涉林信息 6.4 万余条，运用信息化手段侦破案件 30 余起。

【推进“平安林区”创建工作】 2014 年，全省森林公安机关以“平安林区”创建活动为载体，坚持依法治林，有效维护林区稳定和生态安全。12 月，省林业厅授予桐庐县、建德市、淳安县、瑞安县、德清县、安吉县、长兴县、义乌市、永康市、磐安县、江山市、台州市黄岩区、龙泉市、青田县、云和县、遂昌县、松阳县“平安林区”称号。

【组织开展向方鹏跃学习活动】 9 月 20 日，淳安县森林警察大队副大队长方鹏跃因公牺牲。省委书记夏宝龙、省委组织部部长胡和平相继作出批示。省公安厅森林警察总队组织全省森林公安机关开展向方鹏跃学习活动。

【举办全省县级森林公安局长业务培训班】 9 月9～12 日，省公安厅森林警察总队在浙江警察学院举办全省县级森林公安局长业务培训班，提升基层森林公安主要负责人综合素质和业务能力。共 70 名县级森林公安局长参训。

【组织参加执法资格等级考试】 5 月 11 日，省公安厅森林警察总队在省公安消防总队培训基地举行 2014 年度第一批森林公安民警执法资格等级考试，共有 61 名民警参加基本级和中级考试。11 月 16 日，全省森林公安机关 32 名民警在温州大学参加全国公安高级执法资格等级考试。截至12月，分别有802人、384人、14人通过基本级、中级、高级执法资格考试。

走私侦查(杭州)

【概述】 2014年，省公安厅杭州走私犯罪侦查局(杭州海关缉私局)共立各类走私违法案件7826起，案值44.19亿元，涉税2.75亿元，罚没入库1.16亿元。其中，立案侦办走私犯罪案件76起，案值13.99亿元，涉税2.08亿元，刑事案件数列全国海关第12位；立行政违法案件7750起，案值30.2亿元，涉税6650万元，行政案件数列全国海关第3位。年内，有2个集体、6人立二等功，8个集体、19人立三等功，1个集体、78人受到嘉奖。

【开展“绿风”专项行动】 1～12月，杭州走私犯罪侦查局根据海关总署部署，开展打击农产品走私“绿风”专项行动。其间，共立案侦办农产品走私犯罪案件35起，案值13.29亿元，涉税1.86亿元，涉及走私冻带鱼839吨、花生700吨、棉花3.11万吨、甲壳素25.57吨、虾壳90吨、碧根果100.77吨、板材5060立方米、皮革数十吨；查处行政违法案件76起，案值2096万元，涉及农产品80余吨。

【打击毒品、武器弹药等非涉税走私】 2014年，杭州走私犯罪侦查局加大对毒品、武器弹药等严重危害国家和社会安全的非涉税走私的查缉力度。年内，共立案走私毒品案件5起，缴获各类毒品50.9千克；立案侦办走私枪支弹药案件8起，查获整枪38支、枪支配件一批、铅弹8308发。

【打击重点涉税商品走私】 2014年，杭州走私犯罪侦查局加强对重点涉税商品的分析监控，集中力量打击行业性、区域性、团伙性涉税走私，共侦办涉税走私犯罪案件49起，案值13.53亿元，涉税2.04亿元，案件数、案值同比分别增长58%、42%。

【侦办大要案】 2014年，杭州走私犯罪侦查局完善大要案件统一行动、关警协同作战机制，加大重大走私案件的侦办力度，共侦办案值千万元以上的重大走私犯罪案件16起，其中海关总署一级挂牌督办案件3起、二级督办案件1起。年内，先后侦破“4·29”海上成品油走私案、“5·21”走私毛皮系列案、“11·21”走私普通货物案等案值超亿元的重大涉税走私案件。其中，于1月24日成功侦破“1·24”走私武器弹药案，经公安部刑侦局和海关总署缉私局协调，向全国25个省、市的公安部门移交涉枪线索119条，藉此查获违法枪支112支，受到公安部副部长李伟的批示肯定，该案被海关总署评为2014年全国海关缉私十大典型案例。

【保持海上打私高压态势】 2014年，杭州走私犯罪侦查局全力做好海上执法力量整合过渡期各项工作，确保海缉队伍不乱、海上打击走私不松懈。年内，共查获海上成品油走私违法案件9起，案值1.54亿元，涉税3918.87万元，涉案成品油1.6万余吨。

【提升专业执法能力和规范化水平】 2014年，杭州走私犯罪侦查局推进“网上缉私”，提升情报主导打私的能力，不断增强走私违法预警查发能力，全年刑事案件自侦率达70%。初步完成物证室、二级电子取证实验室建设。年内，关区刑事、行政执法考评成绩均为优秀并居全国海关前列；缉私执法办案平台试点应用成绩突出，被海关总署缉私局在全国海关范围推广；该局侦查处连续第三次被评为全国缉私部门执法示范单位。

【加强廉政教育】 2014年，杭州走私犯罪侦查局狠抓廉政教育，加强对执法关键环节的监督，强化非执法领域风险防控。年内，开展落实中央“八项规定”、涉案财物自查整治、办案场所、取保候审等专项督察

图为杭州走私犯罪侦查局在侦破“5·21”走私毛皮系列案中查获的皮革(5月21日)

活动，开展执法检查“回头看”，整改各类问题24个；对106起案件开展随案督察和案件回访，提出督察建议50条，发送督察建议书2份；对10起刑事案件开展“一案双查”（缉私警察在办理走私违法案件的同时，对海关工作人员违纪违法线索进行核查），发现并移交线索2起，对1起海关总署缉私局一级挂牌督办的案件开展渎职侵权风险研判，有效防控执法风险；依法依纪调查处置信访举报，收到信访举报10起，办结8起。

走私侦查（宁波）

【概述】 2014年，省公安厅宁波走私犯罪侦查局（宁波海关缉私局）先后开展一系列专项打击行动。是年，共立刑事案件42起，案值6.27亿元，涉税1.44亿元，抓获犯罪嫌疑人98人，采取强制措施158人次，移送检察院审查起诉26起77人22个单位；立行政案件1400起，案值6.44亿元，其中走私行为案件64起，案值6048万元，涉税919万元，罚没入库4112万元；侦办海关总署一、二级挂牌督办案件各1起。年内，有2个集体立一等功，3个集体、1人立二等功，3个集体、3人立三等功，1人被评为全省劳动模范。

【持续开展专项行动】 1～12月，宁波走私犯罪侦查局开展打击农产品走私“绿风”专项行动。7～12月，开展打击大米走私专项行动。12月至2015年3月，开展打击疫区牛肉走私专项行动。12月至2015年6月，开展打击毒品走私“紫光”专项行动。年内，共侦破26起农产品走私违法案件，查获大批冻鱿鱼、牛奶、大米等走私货物。其中侦破的福州某公司走私进口冻鱿鱼案，案值1000余万元，涉案冻鱿鱼等水产品1600余吨。

【打击涉毒涉枪走私】 9月，宁波走私犯罪侦查局与宁波市公安局机场分局签订缉毒工作协作协议。10月始，将缉毒犬调整至机场海关缉私分局办案一线。11月，侦破旅检出境渠道“11·6”毒品走私案，共查获走私冰毒5千克。该案为海关总署二级挂牌督办案件，受到公安部部长助理、禁毒局局长刘跃进，省委常委、公安厅厅长刘力伟，副省长梁黎明的批示肯定。年内，侦破1起伪报品名走私进口枪支配件案，查获走私枪管70余支，累计销毁查获的仿真枪近25万支。

【打击出口环节走私】 2014年，宁波走私犯罪侦查局与宁波市公安局、国税局联合部署打击出口骗退税工作，组成案件联合查办小组，对重点企业开展分析和核查。7月，联合侦破货值8.5亿元的出口骗退税大案，得到海关总署署长于广洲批示肯定。8月，宁波市中级人民法院依法对三单位联合查办的宁波某公司出口密封圈骗取退税案件作出一审判决，主犯胡某被判处有期徒刑15年，并处罚金1500万元。该案系国家税务总局、公安部、海关总署三部委开展联合打击骗退税专项行动后，省内由海关移送的首起判决案件。

图为宁波走私犯罪侦查局在侦办“2·28”特大成品油走私专案中查扣正在卸油的走私船（4月29日）

【打击重点涉税商品走私】 2014年，宁波走私犯罪侦查局发挥“以打促税”作用，立足于“破大案、打团伙、摧网络”，对恶性走私案件实施重点打击，维护口岸正常进出口秩序。年内，侦破海关总署一级挂牌督办的“2·28”特大成品油走私专案，该案涉嫌走私成品油6.77万余吨，案值4.36亿元，涉税1.48亿元，采取强制措施43人，起诉29人；侦破“6·12”走私进口化妆品案，案值1500万元，涉税500万元；侦破“11·10”低报价格走私进口奢侈品案，案值452万元，涉税134万元。

【打击消耗臭氧层物质非法贸易】 2014年，宁波走私犯罪侦查局作为首批加入中国海关打击消耗臭氧层物质非法贸易能力加强项目的4家单位之一，履行环境保护等非传统职能，先后组织开展世界地球日、世界环境日和世界臭氧保护日等专题打击ODS（消耗臭氧层物质）非法贸易普法宣传活动，组织开展ODS生产及非法贸易调研。年内，完成对9个地区18家企业的检查、调研工作，共办理ODS走私案件3起。

【提升情报发现能力】 2014年，宁波走私犯罪侦查局立足情报综合分析工作，对重大、行业性走私线索加强分析。年内，获取情报线索242条，撰写情报综合分析报告79篇，自侦刑事案件28起，编撰发布11期《情报动态》。

【提升科技强警水平】 2014年，宁波走私犯罪侦查局完成指挥中心建设，初步建成集动态监控、分析研判、信息支持、指挥协调四大功能于一体的缉私监控指挥中心。年内，作为全国首批一级电子数据检验鉴定实验室部署单位，按期完成项目建设工作；开发完成案件视频采集库、电子笔录系统以及案件系统数据源接口模块，完成对已采集数据的二次整合分析；推广应用海关总署缉私局“海关缉私执法办案工作平台”。

【推进反走私综合治理】 4月，宁波走私犯罪侦查局根据海关总署缉私局部署，协调地方公安机关、海警、解放军某部，侦破“2·28”特大成品油走私专案。10～12月，选派20名精干警力组成宁波海关北仑河缉私轮战队，完成为期3个月的轮战任务。年内，与国税、地方公安部门开展专案办理合作，联合建立专案核查小组开展重大线索分析调查，开展联合办案、联合培训两次；接收宁波边防检查站移交的线索，侦破走私玉石大案，案值561.1万元，偷逃税款101.29万元；首次向宁波市林业局移交1261件罚没走私珍贵动物制品。

机场公安

【概述】 2014年，杭州、宁波、温州、台州、义乌、衢州、舟山7个民航机场完成旅客吞吐量4131.6万人次、货邮吞吐量55.9万吨、航班起降34.8万架次。其中，杭州机场完成旅客吞吐量2552.6万人次、货邮吞吐量39.86万吨、航班起降21.33万架次，出入境客流突破308.63万人次，旅客、货邮及出入境客流量分别位列全国第十、第七和第四位。全省机场未发生劫、炸机事件和造成重大影响的群体性事件、重大恶性案件、公共安全事故，实现空防安全零事故、警卫任务零差错、队伍管理零违纪。是年，全省机场公安机关共查处刑事、治安案件2187起，抓获网上逃犯121人，查处交通违法行为4.36万起，处理交通事故1218起，完成警卫任务173批次。年内，1个集体立二等功，2个集体、4人立三等功，13个集体、57人次获上级表彰奖励。

【推进反恐防暴工作】 2014年，全省机场公安机关按照“发现得早、控制得住、处置得好”的要求，认真落实各项反恐防暴工作措施。省公安厅机场公安局在萧山机场实行“三区六点一卡口”的巡逻防控模式，把航站楼划分为国内航站楼出发、国内航站楼到达和国际航站楼3个防控单元区，在航站楼出入口、值机安检区、大巴公交集散区等重要位置设6个巡逻点，在进出机场主要出入口设置武装盘查卡点；建立巡特警、派出所、交警等多警种和协勤力量参与的常态化武装巡逻制度，与驻场武警建立“联勤、联训、联战”三联工作机制；8月20日、12月15日，先后制定机场公安局和杭州萧山国际机场打击预防暴力恐怖活动工作方案。宁波机场公安分局争取武警力量在候机楼巡逻，组建一支24人全天候备勤的反恐应急常备力量，落实武装巡逻、网格化巡逻、视频巡逻、防爆安检等各项防控措施和公安民警、武警、协辅警、安检员工“四位一体”工作机制，3个治安卡点定期开展夜间集中设卡整治行动。温州机场公安分局抽调6名精干警力组成反恐处置小分队，抽调15名民警、27名协警成立首批特警预备队，每天开展常态化候机楼武装巡逻；与温州市公安局特警、刑侦支队建立勤务联勤，在重要敏感时段与特警开展联勤巡逻。

【加强空防安全管理】 2014年，全省机场公安机关加强控制区通行证管理，严格审查可疑人员物品，严打非法干扰行为，动态审查内部人员背景。年内，杭州萧山国际机场、宁波栎社国际机场以高分通过中国民用航空局组织的“平安机场建设”考评验收。6月，省公安厅机场公安局修订《杭州萧山国际机场背景调查规定》，全年共办理人员长期证3664张、车辆长期证194张，通过调查发现有前科劣迹31人，查获使用伪造的公安机关证明文件案（事）件5起。宁波机场公安分局共开展空防安全监督检查131次，发现安全隐患37处，开展保安测试8次，发现问题5处。温州机场公安分局落实“红黄绿”三色预警风险管控机制，开展机场从业人员背景调查3629人次，办理控制区通行证3021张。

【做好机场警卫安保工作】 2014年，全省机场公安机关共完成一级警卫任务18批次、二级警卫任务56批次，圆满完成APEC峰会、南京青奥会、首届世界互联网大会等重大安保任务，保障重要旅客抵离机场151批次695人次。

【加强机场道路交通安全管理】 2014年，全省机场公安机关落实交通严管措施，全力维护辖区内交通顺畅，共查处各类交通违法行政案件4.36万起，处理交通事故1218起。4月15日，省公安厅机场公安局为确保因机场公路改扩建工程封闭施工而受影响的旅客群众及时进出机场，建立与高速、杭州等属地交警部门的联动协作机制，制定《机场公路封闭改建期间机场交通拥堵应急处置预案》，通过网络、短信、微信平台等渠道及时发布进出机场交通信息。年内，协调高速交警开辟杭甬高速机场绿色通道，启用机场交通违法处理中心。温州机场公安分局以出租车候车秩序和候机楼前道路畅通为重点，解决候机楼、行政楼、停车场等辖区事故隐患3处、管理难点2处。

【推进应急处突工作】 2014年，全省机场公安机关加强安全风险评估和情报研判，做好应急处突准备工作。6月11日、11月6日，省公安厅机场公安局会同驻场武警部队联合举行模拟航站楼内歹徒刀斧砍杀案件的实战处置演练和突发暴恐案事件的紧急集合演练。12月9日，厅机场公安局会同机场公司、国航浙江公司、民航浙江空管分局等单位共同开展杭州萧山国际机场2014年航空器应急救援实战演练。宁波机场公安分局共组织或参加应急处置演练9次，其中实战演练7次、桌面推演2次，并于9月19日联合机场集团公司组织开展“平安空港2014”反恐应急演练。温州机场公安分局与温州市公安局特警支队开展5次全员反恐联训，与龙湾区、开发区公安分局建立指挥协作机制和应急处突联防协作机制，并于8月7日上午在机场国际厅开展反爆炸演练。

【推进信息化建设】 2014年，省公安厅机场公安局完成治安监控九期和监控系统维保两个专项，从大量增加监控点位向建设视频专用网络和开发后台应用方向发展；完成新公安大楼机房IT项目建设；建设候机楼高架桥上口和下口两套视频卡口系统及上高架的分道抓拍系统。宁波机场公安分局先后投入260余万元用于空防平台系统研发、视频监控专网改造、指挥中心数字化建设和设备机房升级、电视电话会议系统、电教室建设。温州机场公安分局整合常规的公安接口数据、民航特有数据，以及自主采集的安检通道数据，实现从身份证单一信息比对升级为身份证和其他证件号码的多码比对，并运用该项功能，抓获多次乘机的外籍逃犯张某；全年采集旅客信息230万余条，采集比对率达到93%；预警在逃人员信息642条、机盗预警信息1689人次，对机盗嫌疑人落地谈话警戒6人次。12月12日，该分局被中国民用航空局公安局确立为民航公安情报信息工作联系点。

【加强队伍正规化建设】 2014年，省公安厅机场公安局认真抓好党的群众路线教育实践活动整改落实工作，完成48项整改任务中的45项，整改率为94%；处理各类信访投诉18起，办结率100%；组织公开选调民警工作，在基层执法部门新设15个警务队，选聘25名警队长；组织145名民警分3批参加以枪支使用和应对刀斧砍杀为重点的封闭式轮训。宁波机场公安分局开展“为何从警、如何做警、为谁用警”大讨论活动和“岗位认知、职业认同、技能认可”学习实践活动；修订完善《请销假制度》、《装备管理使用保养规定》、《财务管理规定》等9项制度。温州机场公安分局在“执法执纪保安全”活动中，共整理单位和部门存在的问题14项，确定1名重点关注对象；制定8项管理队伍措施，开展8次集中督察检查、50余次日常秩序规范检查。

图为副厅长黎伟挺在观摩杭州萧山国际机场2014年航空器应急救援实战演练时慰问工作人员（12月9日）

【温州机场公安分局业务技术用房基建项目开工】 12月29日，该项目开工，建设用地面积7585.7平方米，总建筑面积6000平方米，总投资3000万元人民币。

警务综合保障

警务督察与民警维权

【概述】 2014年,全省公安警务督察部门共执行督察任务1.6万余次,出动督察警力4.2万余人次,发现和查纠各类问题4.8万余个,提出督察建议4600余条,签发督察法律文书911份,对52名民警采取停止执行职务措施,对35名民警采取禁闭措施。年内,有4个集体、6人被公安部通报表扬,2个集体、6人立二等功,2个集体、19人立三等功,23个集体、93人受到嘉奖。

【全国"两会"安保现场督察】 3月1～14日,全省公安警务督察部门根据公安部部署开展现场督察。其间,围绕社会面防控、公共安全管理、应急处突等,共组织督察行动835次,出动督察警力3082人次,检查人员2757人次、车辆4566辆次,对内部管理开展网上督察1706次,发现并查纠各类问题1098个,提出督察建议898条。

【上海亚信峰会安保现场督察】 4～5月,全省公安警务督察部门开展现场督察。5月9日,省公安厅警务督察总队派员赴上海签订《沪苏浙皖四地公安机关警务督察部门关于亚信峰会安保现场督察工作联勤联动协议书》。是月19～21日,省公安厅警务督察总队领导带队赴嘉兴、舟山蹲点督导。至5月底,全省各级督察部门共组织督察行动758次,出动督察警力2399人次,检查卡点岗哨3197个(次)、执勤民警和协辅警1.06万人次,检查重点社会单位、场所2147个(次),提出督察建议646条。

【南京青奥会环苏安保专项督察】 8月1～28日,全省公安警务督察部门开展该专项督察。省公安厅警务督察总队负责人于是月5日赴南京签订《苏沪浙皖鲁五地公安机关警务督察部门关于青奥会安保现场督察工作联勤联动协议书》。其间,各级公安督察部门在对入苏进宁通道安检查控工作督导检查的同时,将安保专项督察与严厉打击暴力恐怖活动专项行动督察相结合,加强人员管控,共组织督察活动540次,出动督察警力1594人次,暗访卡点岗哨2336个(次),抽查相关台账1522本,检查场所1565个(次),发现并查纠各类问题651处,处理相关责任人员14人。

【党的十八届四中全会安保专项督察】 10月,全省公安警务督察部门开展该专项督察,加强对遵纪守法、内部安全、值班备勤等问题的查纠。其间,共组织督察行动550余次,出动督察警力2400余人次,检查基层科所队3300余个(次),抽查案卷1800余本,检查社会单位、场所2200余个(次),发现并查纠各类问题880余个,提出督察建议670余条。

【北京APEC会议安全保卫督察】 10月27日～11月12日,全省公安警务督察部门根据公安部部署

图为省公安厅警务督察总队负责人在南京签订《苏沪浙皖鲁五地公安机关警务督察部门关于青奥会安保现场督察工作联勤联动协议书》(8月5日)

开展该项督察。其间，采取突击检查、随警督察、明察暗访等方式，强化社会治安秩序和公共安全管理方面的督察力度，共组织督察行动471次，出动督察警力1559人次，检查卡点岗哨1182个，查纠各类问题527个。

【世界互联网大会安保专项督察】 11月19～21日，全省公安警务督察部门在世界互联网大会期间，重点加强内保单位及重要设施的督察，强化重点部位安全防控和武装巡逻措施明察暗访力度。其间，省公安厅督察总队、嘉兴市公安局督察支队以及桐乡市公安局督察大队抽调人员分组开展全天候驻点督导。全省公安督察部门共组织督察行动760余次，网上督察9000余次，出动警力951人次，检查社会单位、场所1826个(次)，对重点部位开展网上督察1200余次，发现并查纠各类问题586个，提出督察建议284条，下发督察法律文书5份，处理相关责任人员3人。

【"猎狐2014"行动专项督察】 7～12月，全省公安警务督察部门根据公安部部署开展现场督察。其间，共组织开展专项督察154次，出动警力449人次，检查基层警种、部门256个(次)，检查逃犯案卷档案285个(次)，对191人次境外逃犯的追逃措施落实情况进行跟踪督察，查纠各类问题103个，提出督察建议74条。

【看守所思想纪律作风专项整顿现场督察】 11～12月，全省公安警务督察部门根据公安部要求开展现场督察。其间，围绕风险管控、纪律整顿、监管改革等内容，深入监管场所，共组织督察行动330次，出动督察人员1335人次，检查监管场所473个(次)，检查民警2657人次，查阅各类台账(卷宗)1950份，查纠各类问题955个。

【开展"正风肃纪"现场督察】 3～12月，在全省公安机关开展第二批党的群众路线教育实践活动暨"为何从警、如何做警、为谁用警"大讨论活动期间，全省公安警务督察部门继续组织开展"正风肃纪"现场督察。其间，针对工作纪律、内务秩序、执法执勤、窗口服务中存在的突出问题，共开展内部管理督察620余次，出动督察警力1400余人次，检查基层单位3100余个，查纠各类问题390余个，提出督察建议280余条。

【开展执法督察调研】 1～2月，省公安厅警务督察总队组织全省公安督察部门围绕公安机关侦查办案、行政管理中的重点岗位和关键环节开展专题调研。4月，对各地调研成果进行评定，建立全省执法督察项目化管理机制，梳理出伤害类案件、办案区管理、涉案财物管理、执法安全、案件结案环节、如实立案、案件审讯、交警现场查处、禁毒执法9个具有倾向性和普遍性的执法问题作为执法督察的工作重点，提高针对性和实效性。

【开展执法检查"回头看"活动】 4～7月，全省公安警务督察部门根据公安部工作部署，牵头各警种、部门对执法执勤、队伍管理中存在的问题进行专项督察。其间，共组织集中督察活动4400余次，出动督察警力1.2万人(次)，检查基层所队3820个(次)、执法场所2562个(次)、窗口单位2932个(次)，抽查案件9.4万余起，查纠各类问题2.6万余个。截至7月，共发现各类问题30.8万个，督促整改28.9万个，整改完成率93.8%。

图为省公安厅召开第一次执法检查"回头看"活动领导小组会议(4月8日)

【制发执法安全规定】 9月，省公安厅针对刑讯逼供、涉案人员非正常死亡案(事)件多发的情况，印发《浙江省公安机关严禁刑讯逼供五项规定》、《浙江省公安厅关于进一步加强执法安全防止涉案人员非正常死亡的工作意见》，明确刑讯逼供行为的责任人以及领导责任追究方式，明确非正常死亡案(事)件的预防措施落实、上报范围和时限、有责非正常死亡认定、处置和追责方式，要求全省公安机关进一步转变执法理念，改进执法方式，强化执法安全，推进执法规范化建设。

【核查投诉件】 2014年，全省公安警务督察部门共受理核查投诉件5493件，对反映的执法执勤突出问题、涉警负面舆情及时核查处置，对438件查实的投诉件严肃督促落实责任追究。省公安厅警务督察总队共受理投诉件97件，其中直接派员办理公安部督察局、省委政法委以及省委领导、厅领导批办、交办的核查、复核案件36件，发现并纠正各类问题100余个，提出督察建议150余条。

【维护民警执法权益】 2014年，全省公安警务督察部门会同有关警种处置诬告、暴力袭警等侵害民警执法权益的案件1361件，有1817名民警在执勤执法过程中遭受侵害。年内，各级公安机关对1919名侵权人员作出处理，其中追究刑事责任453人、行政处罚1401人；各单位向遭受侵害的民警发放维权慰问金257万元，发出《督察正名通知书》33份。

【网上督察系统建设】 3～5月，省公安厅警务督察总队根据公安部装备建设“十二五”规划和《全国公安网上督察系统建设任务书》要求，形成浙江公安执纪执法监督系统项目建设工作方案。6月6日，厅党委会专题研究工作方案，把该系统作为监督系统信息化重点建设项目。11月，完成立项。12月25～26日，省厅督察总队在宁波市鄞州区召开全省公安机关督察信息化建设现场推进会，部署执纪执法监督系统建设工作。同时，省厅建立33人的网上督察人才库，开展网上交叉检查、突击检查。年内，全省公安警务督察部门共巡查网上视频探头170万余个（次），查听录音信息1200万余条，督察、提醒重点执法环节报备信息4.9万余条，发现并及时纠正各类问题2300余个，发出督察法律文书18份。

办公室工作

【概述】 2014年，省公安厅办公室发扬“五前”精神，围绕中心，服务大局，勇于担当，忠诚履职，圆满完成各项工作任务。年内，省公安厅获得2013年度省级部门平安创建先进单位、2014年度省政府直属单位目标责任制考核优秀单位、2014年度安全生产目标管理责任制考核优秀单位、2014年度支持浙商创业创新促进浙江发展目标责任制考核优秀单位（三等奖）、2013年度生态市建设工作考核优秀单位、2013年度信访考核优秀单位等荣誉，承办的《建设高效智能可持续的打击防范电信网络诈骗系统》重点提案被评为2014年度省政协提案优秀承办件。厅办公室被省委、省政府评为2012～2013年度全省社会管理综合治理先进集体，获评公安部办公厅2013年社会治安形势分析工作优秀组织奖，被评为厅机关目标考核先进单位；厅办公室党支部被评为厅直机关先进基层党组织；来访接待科被评为全省执法检查“回头看”活动成绩突出集体；通信机要科获全国省级公安密码工作考核三等奖，被评为2014年度全省党政系统密码工作先进单位、全省党政系统密码保密先进单位、全省公安机关打假行动“成绩突出集体”；外事科被评为全省公安机关“猎狐2014”专项行动成绩突出集体；《浙江通志·公安卷》编辑部被省地方志编纂委员会评为《浙江通志》创优工程2013年度编纂工作先进单位。厅办公室立二等功，全国公安厅局长座谈会会务组、督办室分别立三等功，有7人立三等功，1人获“最美警察”荣誉称号。

【起草重要会议及综合性材料】 2014年，省公安厅办公室共参与起草厅领导讲话稿、署名文章、综合性汇报材料以及重要文件200余件。其中包括进一步改进和加强新形势下派出所工作指导意见等重要文件，习近平同志在浙江工作期间有关公安工作的重要讲话批示摘编、全国公安厅局长座谈会全省公安工作交流发言材料，全省公安工作会议、全省公安法治建设工作会议、全省公安机关配置“河道警长”护航“五水共治”现场会以及全省公安机关贯彻“1号文件”经验交流电视电话会议等重要会议材料。协助厅党委起草向郭声琨、夏宝龙、王辉忠等领导同志以及省委常委会、省人大汇报材料。年内，办理省委、省政府、公安部及省级相关部门征求意见函40余件。

【协助厅领导开展调研】 2014年，省公安厅办公室派员随同厅领导走访11个市公安局、30余个县级公安机关，调研、总结基层亮点特色工作和存在的问题。年内，协助完成2014年省领导重点调研课题《坚持党管网络、依法管网，以管理促发展，把浙江建设成为网络强省》，组织调研的课题《推进公安机关社会治理体系和治理能力现代化建设 提升维护国家安全和社会稳定的能力和水平》被省委办公厅编录入书；协助厅党委成员开展联系指导点工作和“当一周普通民警”活动；做好省厅不下达工作指标、不参与考核排名的22个“试验田”派出所评估工作；先后起草印发《浙江省公安厅关于印发2014年全省公安机关重点调研课题的通知》、《浙江省公安厅办公室关于印发2014年省公安厅机关各部门重点调研课题的通知》、《浙江省公安厅办公室关于印发省厅办公室特约研究员2014年重点调研课题的通知》。

【综合信息掌握与报送】 2014年，省公安厅办公室运用公安简报、决策参阅、动态信息等载体，及时反映全省公安工作点上经验和面上情况，总结、推广全省公安机关先进典型和特色工作。年内，共编发《浙江省公安厅简报》52期(其中增刊14期)、《全面深化改革暨“四项建设”工作简报》14期、《决策参阅》34期，更新公安网厅主页动态信息1138条；上报并在公安部简报、主页动态刊发文章11篇、信息47条，录用量居全国第二。

【公文处理】 2014年，省公安厅办公室建立健全公文审核及各项办文办事AB岗制度，共审核公文1698件。

【会议管理与服务】 2014年，省公安厅办公室共审批召开各类会议69个，其中电视电话会议32个。9月22～23日，全国公安厅局长座谈会在杭州召开，厅办公室全力做好会议服务保障工作。

【确保重要敏感时期信访秩序平稳】 2014年，全省各级公安信访部门深入开展矛盾纠纷排查化解工作，推动各级公安机关领导接访下访，化解疑难信访案件，加强与信访群众的联系沟通，努力把信访群众吸附在本地，实现全国、全省“两会”、亚信峰会、南京青奥会、十八届四中全会、北京APEC会议、世界互联网大会等重要敏感时期全省公安信访秩序平稳。

【组织开展省市县三级公安机关领导集中下访和包案活动】 5～9月，省公安厅组织全省公安机关开展领导干部集中下访活动，省、市、县三级公安机关领导分别到下一级公安机关开展坐堂接访、下访约访、调研督导、带案督办工作，着力化解信访矛盾，督促落实各项信访工作措施。其间，全省公安机关领导共接待信访群众1624批2638人次。

图为厅党委副书记、常务副厅长洪巨平在温州市开展下访活动(8月25日)

【推进涉法涉诉信访改革】 2014年，省公安厅先后印发《关于依法处理涉法涉诉信访问题的实施办法》、《浙江省公安机关信访事项受理办理程序规定(试行)》、《全省公安机关涉法涉诉信访事项内导办理衔接机制》等一系列改革配套工作制度，强化顶层设计，从规范信访入口、压实部门警种责任、规范终结退出、维护信访秩序等方面推进涉法涉诉信访改革，明确改革路径和具体操作办法。坚持按照改革精神和制度规定处理信访事项，开展审查甄别，依法做好内导、外转及信访受理工作，确保群众反映的问题得到规范处理。年内，全省公安机关共处理涉法涉诉信访事项1.87万件，其中信访受理1270件、内导1.45万件、外导488件、解释劝返2453件。

【厅本级信访办理】 2014年，省公安厅共接待信访群众2807批，其中厅领导接待93件批。年内，共接收群众来信3089件，受理互联网“省长信箱”、“厅长信箱”信访件4102件；督办上级机关和领导及本级领导批示的重要信访件205件，全部按时报结；办理并按期答复复查、复核信访事项34件。

【组织开展一把手包案化解“钉子案”、“骨头案”活动】 2014年，省公安厅组织省、市、县公安机关一把手每人牵头化解一起“钉子案”、“骨头案”专项活动。省委常委、公安厅厅长刘力伟带头包案化解，带动市、县两级公安机关一把手攻坚疑难信访案件，削减信访存量。截至12月，全省公安机关一把手共包案117件，成功化解115件，化解率达98.3%。

【组织开展信访执法检查“回头看”活动】 4～7月，省公安厅组织全省公安信访部门开展执法检查“回头看”活动，围绕对进入信访程序未结案件、省厅交办重要信访件、初信初访未结信访件，开展自查、倒查，及时发现、整改执法执勤和信访办理工作中存在的问题，着力整改解决。其间，全省公安信访部门共组织上门走访信访人1483户，召开座谈会196场，发放调查问卷7469份，收到来信来访1237件次批，接到举报电话168个，检查案件934件，整改问题226个，建立规章制度40项。

【探索推行巡视督导制度】 4月3日，省公安厅办公室协助厅党委印发《关于加强巡视督导工作的实施意见》，建立巡视督导任务立项、行前告知、督导落实、情况汇报和成果运用等工作机制，确保厅党委重要决策部署得到落实。5月，省厅组织工作组对进一步改进和加强新形势下派出所工作的指导意见的贯彻落实情况开展巡视督导，重点对各地落实规范基层考核、建立“警调衔接”机制、完善110社会应急联动机制、推进现场统勘和改革警务运行模式等工作措施进行督导。

【强化领导批示件办理】 10月20日，省公安厅办公室协助厅党委制定并印发《关于办理领导同志批示件的规定(试行)》，对中央、公安部、省委、省政府、公安厅领导批示件的交办、承办、反馈、时限、督办等事项作出规定。同月，启用浙江省公安厅办公室督办专用章。年内，共移送厅机关各部门办理各级各类领导批示件2100余件，其中省领导批示的“河道警长”制度、打击侵犯奥普浴霸知识产权犯罪、丽水泰隆银行异常取款事件调查情况等办理工作，得到省领导夏宝龙、李强、王辉忠等的肯定。

【牵头做好省委省政府相关考核工作】 2014年，省公安厅办公室牵头做好省政府目标责任制、安全生产目标责任制、支持浙商创业创新促进浙江发展目标责任制和平安综治等考核的目标拟定、任务分解、数据核实、材料报送、监督指导和迎查迎考工作。年内，省厅印发《浙江省公安厅关于进一步加强安全生产管理工作的意见》，制定“六打六治”打非治违专项行动、安全生产月、安全生产万里行、安全生产较大事故防控专项行动、事故防范创新体系建设试点工作等实施方案；召开平安建设考核评审工作会议，制定省厅平安建设月报制度，组织开展每季度暗访工作。

【办理建议提案】 2014年，省公安厅共承办省十二届人大二次会议代表建议、省政协十一届二次会议委员提案149件(含休会期间2件)，同比增长26%，其中人大建议86件、政协提案63件，主办44件、会办105件。截至7月，办结全部建议提案，代表、委员对主办件的满意率达100%。其中，由省委常委、公安厅厅长刘力伟领办，省政协副主席陈艳华督办，省厅刑侦总队承办的省政协重点提案——政协503号提案《建设高效智能可持续的打击防范电信网络诈骗系统》被评为提案优秀承办件，办理结果以网络直播形式向社会公开，实时参与互动的网民达11万人次；省厅经侦总队承办的绍15号建议——《关于涉众型经济犯罪侦查体系建设的建议》被省人大常委会评为优秀建议。年内，做好2013年建议提案“回头看”工作，落实答复承诺事项35件；两次在省政府办公厅会议上介绍办理工作经验，“开门办理”、“规范答复文号”等工作得到省政府督查室及省人大常委会代工委、省政协提案委的肯定。

【违法犯罪情况统计】 2014年，全省公安机关共立刑事案件42.97万起，同比下降2%。放火、爆炸、劫持、杀人、伤害、强奸、绑架和抢劫8类严重犯罪案件同比下降14.08%，其中放火案件下降32%，杀人案件下降12.1%，绑架案件下降42.86%，强奸案件下降13.11%。共侦破刑事案件22.09万起，同比下降4.1%；查处治安案件61.59万起，同比下降7.38%。

【完成数据处理、资料积累工作】 2014年，省公安厅办公室完成每月公安业务综合类统计表的检测、汇总和上报任务，在公安部办公厅全年数据质量通报中通过率为100%。年内，完成2013年全省综合统计数据、2013年浙江公安统计年鉴汇编工作。全省综合统计数据共收集经济与社会发展、人口信息、主要公安业务指标、交通火灾、出入境、民警实力、后勤

图为省委常委、公安厅厅长刘力伟出席省政协503号重点提案网络直播办理工作座谈会(10月20日)

保障、各市指标等15个方面的内容;2013年浙江公安统计年鉴收集了人口、公安综合报表、公安行政复议和诉讼、边防管理、出入境管理、公安民警立功受奖、公安督察和公安民警违法违纪、公安装备和经费、通信设备和计算机设备、治安联防组织、来信来访、档案管理以及机动车驾驶人员等17个方面的情况。

【开展统计报表自查清理工作】 8月,省公安厅开展自制统计报表自查清理工作。年内,厅机关共废止47张统计报表,保留12张自制手工统计报表。12月至2015年3月,根据公安部统一部署,省公安厅组织全省公安机关开展统计报表集中清理整治工作。

【开展群众安全感和对公安队伍满意度调查】 2014年底,省公安厅继续委托省统计局调查与公安工作相关的群众安全感和公安队伍状况等内容。从全省11个设区市的90个县(市、区)中抽取1177个调查小区,覆盖全省709个乡(镇、街道),共计对2.93万名16岁及以上的人口进行入户调查,并对1.67万人进行有效电话调查。根据综合调查情况,受访群众认为有安全感的占96.2%,同比上升0.11%;在知情的受访者中,对公安队伍"满意"和"基本满意"的占96.13%,同比提高0.34%。

【启动全省公安档案数据异地备份工作】 7月,省公安厅启动档案数据异地异质互备工作,向内蒙古自治区公安厅移送备份4280GB全省公安档案数据(档案系统和数据库、434万件重要文件数字化成果),并签订《公安档案电子数据异地备份协议》。

【做好公安档案归档报备工作】 2014年,全省公安机关档案部门共接收各类公安档案61.53万卷(件),其中省公安厅档案馆接收各类公安档案1.88万卷(件)。6～12月,厅档案馆对各市公安局报备的134GB重大活动声像档案(光盘147盒,其中照片606组4638张、音视频660个)进行梳理并编目上架。截至12月,厅档案馆馆藏总量达60.56万卷(件、册)、资料1.44万册。

【公安档案查询利用】 2014年,全省公安机关档案部门共接待查档利用4.63万人次,借调阅档案14.2万卷(件)。其中,省公安厅档案馆接待查档利用733人次,调阅档案2.35万卷(件)、借阅4824卷(件),复印档案资料1.97万页。1.39万人次通过"浙江公安档案信息查询系统"查询利用档案数字化成果2.01万卷(件)。

【加强档案信息化建设】 10月,省公安厅档案馆与厅人口服务管理总队就"浙江公安档案信息管理系统"与"浙江省常住人口信息系统"对接进行可行性研究,确定系统数据对接方式并开发接口,解决两个系统的数据重复录入问题。12月,对接后的软件先后在义乌市、龙游县公安局办证中心试运行。

【机要工作】 2014年,省公安厅办公室组织全省公安机关开展通信主渠道基础设施专项检查、加密网安全保密专项检查、市级公安机关机要工作评估、岗位练兵、忠诚教育、干部培训等工作,推进金盾工程二期相关项目建设。年内,厅办公室机要科通过公安部"一级机要室"认定,完成全国公安厅局长座谈会随行服务。

【涉外工作概况】 2014年,省公安厅接待国外来访团组21批400人次,先后派遣47批85人次出国(境)访问、考察、培训。年内,与土耳其布尔萨省警察局、越南庆和省公安厅建立友好关系。

【对外援助培训项目】 2014年,省公安厅共举办援外(外警)培训项目13批、227人次,中联办培训项目3批、81人次,中欧警务培训项目3批、75人次。

【省公安厅代表团访问俄罗斯和土耳其】 7月9～16日,省委常委、公安厅厅长刘力伟率代表团访问俄罗斯、土耳其。代表团拜会中国驻俄罗斯大使馆、驻圣彼得堡总领事馆、驻伊斯坦布尔总领事馆的主要领导,与俄罗斯圣彼得堡及列宁格勒州内务总局、土耳其布尔萨省警察局和伊斯坦布尔市警察局开展警务交流,并与浙江省在俄、土侨团代表就中国公民海外保护工作进行座谈。其间,刘力伟与布尔萨省警察局局长萨布里签订《浙江省公安厅和布尔萨省警察局关于开展警务交流与合作的会谈纪要》,双方将定期开展互访和执法合作会晤。

【省公安厅代表团访问澳大利亚和越南】 11月16～23日,厅党委副书记、常务副厅长洪巨平率代表团赴澳大利亚西澳州、越南庆和省进行交流访问。其间,走访了澳大利亚西澳州警察学院、珀斯市公安局乔旦路普派出所、西澳州警察乐队以及越南庆和省公安厅,并与越南庆和省公安厅签署《关于开展警务交流与合作的会谈纪要》。

【韩国全南地方警察厅代表团访问浙江】 11月17～21日,以厅长白升昊为团长的韩国全南地方警察厅代表团访问浙江。省委常委、公安厅厅长刘力伟在杭州会见代表团一行。其间，代表团先后到杭州、宁波、温州市参观考察。

【澳大利亚联邦警察驻华联络官代表团访问浙江】 3月19日，副厅长华远平在杭州市会见来访的澳大利亚联邦警察驻华联络官何力鹏一行，介绍浙江省公安机关与澳方在毒品稽查和跨境追逃方面的合作情况。

【承办中欧执法合作及警务培训研讨会】 9月17～18日，由公安部和欧盟主办、浙江省公安厅和浙江警察学院承办的中欧执法合作及警务培训研讨会在杭州市举行。研讨会对中欧警务培训项目进行阶段性总结，并就中欧共同关注的执法领域进行经验交流和学术研讨。

【2014警察与科学国际讲坛暨首届“安全促发展”国际论坛在杭州举办】 6月26～27日，该论坛由公安部国际合作局和省公安厅共同主办，浙江警察学院承办。厅党委委员、政治部主任石小忠出席开幕式并致欢迎词。来自东盟国家执法部门和国际刑警组织的官员，外交部、公安部和相关科研院校的专家共60余人出席国际讲坛。

【组织开展公安志编纂工作】 5～7月，省公安厅“两志”编辑部对各编纂责任单位的《浙江省公安志(1995～2014)》稿件进行初审，提出修改意见。7～9月，对各编纂责任单位修改后的志稿进行复审，并逐篇统稿审定。9～12月，编印《浙江省公安志资料》，分送厅领导、厅属各部门、各市公安局和厅老领导征求意见。12月17日，省地方志办公室在省公安厅召开《浙江通志》政治部类保密工作座谈会，厅“两志”编辑部作经验介绍。年内，厅“两志”编辑部办公室先后赴省委党史研究室、省档案馆、省图书馆、公安部档案馆、人民公安报社、中国近代史研究所图书馆、国家图书馆等单位，收集、补充清末民国警政资料共计30余万字、图片100余张。

【《2014浙江公安年鉴》出版】 2014年，省公安厅史志办公室认真组织并做好《2014浙江公安年鉴》的编纂工作。该书采用分类编目法编辑，由卷首、百科、卷尾3个基本单元和类目、分目、条目3个层次构成。2015年1月，该书由浙江古籍出版社出版，在全国公安机关内部发行，印数1200册。整书采用全彩印刷，总字数56.8万，前插彩页48页，内文插图170余张。该书网络版上载于浙江公安史志网。

【召开“两志”编委会议暨编纂工作推进会】 6月26日，省公安厅召开该会议，传达省政府2014年《浙江通志》编纂工作会议精神，总结《浙江省公安志(1995～2014)》编纂工作情况，明确工作任务。厅党委副书记、常务副厅长洪巨平主持会议并对进一步做好“两志”编纂工作提出要求。厅“两志”编辑部通报了各编纂责任单位的工作进度和质量情况，并提出下一步工作意见。

【加强史志业务培训指导】 3月26～27日，省公安厅办公室在绍兴市人民警察学校举办培训班，邀请省地方志办公室专家讲解公安史志资料征集、志稿编写和年鉴编纂业务知识，并对《2014浙江公安年鉴》初稿进行点评。其间，召开全省公安史志(年鉴)工作座谈会，通报2013年全省公安史志(年鉴)工作成绩突出集体和个人，部署年鉴资料征集工作，并就进一步推进二轮修志提出要求。10月13～17日，温州市公安志编辑部派员到省厅跟班学习。11月23～24日，厅史志办先后到泰顺县公安局、温州市公安局调研指导公安志编纂工作。年内，完成对义乌市、东阳市、松阳县公安局共计100余万字公安志的审稿工作并提出修改意见，指导衢州市公安局、安吉县公安局对公安志篇目修改审定。

【开展警营文化和党团共建活动】 4月2～3日，

图为省公安厅办公室举办全省公安办公室系统“为何从警、如何做警、为谁用警”暨“五前”精神主题演讲比赛(5月29日)

省公安厅办公室在杭州举办全省公安办公室系统乒乓球比赛，绍兴、嘉兴、衢州市公安局和省厅代表队分别获团体前四名。5月29日，在杭州举办全省公安办公室系统“为何从警、如何做警、为谁用警”暨“五前”精神主题演讲比赛，6名选手获奖。是月，组织开展全省办公室系统书画摄影作品征集活动，共征集书画摄影作品141件、书法篆刻作品39件、绘画作品18件，优秀作品在厅办公室文化走廊展出。6月18日，省公安厅办公室、杭州市第一人民医院在省公安边防总队训练基地举行党团共建签约仪式。

【文印服务】 2014年，省公安厅文印中心共承印各类文件4909件、《平安时报》3345万份、《人民公安报》1603万份、各类业务资料13万册，印刷厅机关各类会议材料104次。11月，通过政府采购引进顶佳数码2250P黑白印刷机两套。12月，制定文印中心《财务管理办法》。

后勤保障

【概述】 2014年，全省公安警务保障部门以推进公安部“210工程”和全省公安“138工程”建设为抓手，坚持重保障、优服务、促规范、强队伍，为公安机关“四项建设”和全省公安工作改革发展提供坚实保障。年内，省公安厅被公安部确定为“五十百千”示范工程4个省级示范单位之一，被省机关事务管理局评为节约型公共机构示范单位；厅警务保障部党总支被评为厅直机关先进基层党组织。

【获评公安部“五十百千”示范单位】 4月，省公安厅和衢州市公安局、宁波市公安局鄞州分局、海宁市公安局、永嘉县公安局、临安市公安局，以及杭州市余杭区拘留所等35个基层所队被公安部确定为“五十百千”示范单位。7月，公安部在常山县、宁波市鄞州区分别召开“五十百千”示范工程片区座谈会，省厅警务保障部在会上作经验介绍。

【推进全省公安警务保障“113”示范工程建设】 7月，省公安厅印发《关于全省公安警务保障“113”示范单位评选情况的通报》，评定杭州市公安局为“全省公安‘138工程’推进成绩突出单位”，温州市公安局和义乌市公安局等10个县级公安机关以及杭州市公安局下城区分局巡特警大队等30个基层所队为“全省公安警务保障‘113’示范单位”。9月，省厅警务保障部在温州召开“五十百千”和“113”示范单位授牌暨经验交流推广工作会，交流示范单位经验。

【启动“十三五”规划编制】 2014年，全省公安机关加快推进公安装备建设“十二五”规划的实施，完成70个重点建设项目中的45个。7月，省公安厅根据公安部部署，启动“十三五”规划编制，形成浙江省公安发展“十三五”规划基本思路。10月，完成浙江省公安发展“十三五”规划（初稿）和全省公安装备建设、基础设施建设“十三五”规划及警察教育训练（公安队伍正规化建设）、公安信息化建设、法治公安建设、现代化治安防控体系建设等专项规划并上报公安部。

【提升经费保障水平】 2014年，全省公安机关经费总收入272亿元，同比增长6.7%。年内，省公安厅共争取中央和省级补助资金7.55亿元（不含宁波），其中公安奖励性补助4.8亿元，优先安排全省重点装备项目建设经费（其中厅机关科技装备项目18个）；专项补助1.48亿元，重点安排全省公安民警服装经费、培训经费和国保、经侦、网侦、禁毒等警种办案经费；基础设施建设投资1.27亿元，安排中央预算内投资的公安业务技术用房和监管场所建设项目10个，省公共建设投资的公安业务技术用房、派出所和监管场所建设项目16个。

图为公安部“五十百千”示范工程片区座谈会在常山县召开（7月30～31日）

【加强财务基础工作】 2014年，省公安厅警务保障部做好厅机关和纳入集中核算单位的预算编制，做好预决算信息公开，对预算执行情况定期通报，开展项目绩效评价，提高预算执行率。年内，清理历年结余资金1669万元；共填制会计凭证1.36万笔，资金收支29.46亿元；审核省级政府采购预算执行确认书1293条、合同305份；领用票据1268本，核销票据1072本。

【加强“三公”经费使用管理】 2014年，省公安厅加强“三公”经费管理，厅机关“三公”经费支出同比下降33.1%，其中因公出国(境)费、公务用车购置及运行费、公务接待费支出同比分别下降17.5%、20.9%和55.1%。

【规范账户管理】 10月，省公安厅落实巡视意见整改，全面清理厅机关及4家直属单位、11家下属事业单位的123个银行账户，撤销不符合规范要求的银行账户30个，保留93个。12月17日，印发《厅机关定期存款存放管理办法》，进一步规范定期存款管理，提高资金使用效益。

【加强应急保障】 2014年，全省公安机关建立健全应急保障指挥体系和常态化应急保障演练工作机制，全力保障实战需求。3月、9月，省公安厅警务保障部先后组织对全省应急物资专管员开展应急保障管理基础理论及应急物资性能、使用、保管等培训。5月，承办全省公安机关“特警3号”反恐维稳汇报演练装备科目展演，共展出包括武器、防护、反恐、防暴等10大类88项装备。同月，为援疆指挥部配发防暴盾牌、防弹防刺服等防护装备。7月，全程参与华东合作区公安特警和全省公安特警两次跨区域拉动演练，全面检验和提升应急保障能力。截至12月，全省公安机关共建应急物资仓库116个，储备应急物资总价值1.65亿元。

【研发试用警用装备】 2月，省公安厅与电子科技大学签署警用装备研究联合实验室共建协议，开展警用装备领域相关研究和产品研发。年内，自主研发的警用一体化采集应用分析仪获公安部科学技术成果登记证书，并在全省公安机关巡特警、派出所等警种进行试用；投入自主研发的新装备——谱智系统(PUZ—001)1064台，开展基层试用工作，组织培训82场，完成采集手机1737台，采集各类信息687.87万条。

【开展警用品报废处置工作】 2～6月，省公安厅警务保障部协调联系警用装备生产企业，分两批先后在湖州、嘉兴、杭州、绍兴等地开展防弹衣、防刺背心等警用品报废处置试点。年内，全省公安机关共报废防弹衣3000件、防刺背心2978件、防弹头盔468顶、防暴盾牌192块、防暴服137套、防化服4套。

【开展公车改革调研摸底】 2014年，省公安厅警务保障部积极顺应公务用车制度改革，组织开展全省公安机关执法执勤用车配备使用管理调研和调查摸底工作，对公安机关执法执勤用车编制标准、更新年限以及警车专业化、标准化、信息化建设等方面进行定量、定性分析研究，形成初步研究成果，提出公安机关执法执勤用车、特种专业技术用车配备原则和标准。年内，根据省公车改革办公室要求，开展厅机关及直属单位现有车辆基本信息、司勤人员基本情况及费用、车辆运行费等调查摸底，并上报统计结果。

【强化被装管理】 2014年，省公安厅警务保障部深化被装“按需申领”管理模式，组织研发并推出警用毛毯、警务工作包、立领羊绒开衫背心、V领羊绒开衫背心、省标棉皮鞋、警用针线盒等6个选配品种，改进省标2013款内腰带和作训内腰带；放开临近退休民警被装申领应选额度限制，即增加自选额度；升级被装管理软件，调整版面；修订制式服装及其标志质量管理办法和生产企业考核办法，采用网上测评等方式对警服生产企业进行综合评价，加大产品质量统检、抽检和交收检验力度。

【加强基建项目管理】 2014年，省公安厅警务保障部加强全国公安基本建设管理信息系统数据巡查，实行定期通报。年内，全省2010～2014年中央预算内投资的73个建设项目开工率达98.63%、竣工率达65.75%，其中2014年新开工项目7个、建筑规模达7.42万平方米。

【开展土地房屋专项治理】 9月，省公安厅根据公安部要求，在全省公安机关部署集中开展土地房屋专项治理，要求各级公安机关详查所有土地房屋，确定专人登记造册，对已确权但未办理土地证和房产证的土地房屋进行梳理，制定推进计划和完成时限。

【推进厅机关基础设施建设】 2014年，省公安厅警务保障部负责的省公安英烈墙和英烈事迹陈列馆、厅出入境证照制作中心生产场所改造、省看守所高围墙修复和监区对角岗楼改造、监管总队食堂改造等工程完工；完成省警务航空队基地建设项目竣工验收，并做好基地移交工作；开展省公安特警训练基地建设工程项目规划方案设计和厅车辆牌证制作中心迁建前期工作；完成解放路163号房产购置及房屋所有权证和土地使用权证登记工作。

【提高政府采购效率】 2014年，省公安厅协调省财政厅、省政府采购中心等单位，结合厅属各部门工作任务与时点要求，合理安排采购计划，通过办理临时省级政府采购预算执行确认书等方式，在项目预算下达前启动采购程序，加快采购进程；通过建立采购项目接收立即回复、期限完成承诺、专人负责、进度登记、定期报表等制度，提高采购效率。年内，共完成采购项目165个，采购预算2.2亿元，节约资金1506.26万元。

【加强固定资产管理】 3～6月，省公安厅警务保障部组织开展厅机关固定资产清查。年内，省厅新增固定资产1857个，增加金额5597.04万余元，报废资产715.9万余元。固定资产总价值约8.05亿元。

【加强机动车辆和驾驶人管理】 2014年，省公安厅警务保障部严格车辆和驾驶人管理，强化日常行车安全教育，保障各项重大警务活动的用车。年内，厅机关车辆安全行驶里程共320万千米，平均单车燃修费1.66万元，未发生重特大交通事故。

【做好机关服务保障】 2014年，省公安厅警务保障部完成机关食堂改造，改善就餐环境，有效缓解就餐拥挤问题。关爱民警职工生活，发放夏季防暑降温药品，配发液晶电脑显示器万向支架，组织银行上门开展金融服务和ETC业务等增值服务；积极协调相关部门增设两条班车线路，机关大院周边新增两个公共自行车租赁点。举办中医养生和职业病防治讲座，邀请专家上门坐诊咨询；扩大医务室诊疗范围，增设中医诊疗服务。推行厅机关值班室统一保洁，统一提供值班用品和洗涤服务。开展节约型公共机构示范单位创建活动，完成1号楼、5号楼卫生间和茶水间以及5号楼地下车库LED节能灯更换。年内，根据省委、省政府相关要求，制定《浙江省公安厅机关办公用房清理整改实施方案》，厅机关统一开展办公用房清理、腾退与调整工作。

公安审计

【概述】 2014年，全省公安审计部门认真履行审计监督职责，发挥审计“免疫系统”功能，积极推进各项工作。是年，共审计相关单位975个，审计金额197.25亿元，促进增收节支2186.83万元。省公安厅审计处直接立项并组织承担审计项目59个，审计金额62.83亿元，提出审计意见建议665条，形成3份专题报告报公安部审计局。年内，全省公安审计部门有12个集体、15人受到各类表彰奖励。

【开展公务支出公款消费专项审计】 3～8月，全省公安审计部门根据省政府统一部署，开展2013年度全省公安机关公务支出公款消费专项审计。同时，按照公安部审计局厉行节约反对浪费专项审计工作方案的要求，完成2014年度全省公安机关公务支出公款消费审计。年内，省公安厅审计处结合年度审计巡查工作对厅属各部门及下属各单位进行公务支出公款消费专项审计，共审计财务独立核算单位46家、账套93个，覆盖面达100%，审计总金额15.55亿元。

图为厅党委副书记、常务副厅长洪巨平实地察看厅机关警体训练馆和食堂改建工程(9月5日.)

【深化领导干部经济责任审计】 2014年，全省公安审计部门以贯彻落实《浙江省公安机关领导干部经济责任审计实施办法》为抓手，进一步深化领导干部经济责任审计，完成227名领导干部经济责任审计，其中离任经济责任审计42名、任中经济责任审计128名、离任交接简易程序57名，审计总金额14.67亿元。9月，省公安厅审计处参与、配合省审计厅完成金华市公安局局长经济责任审计工作。

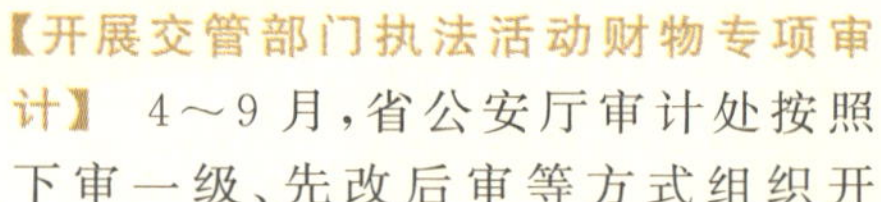

【开展交管部门执法活动财物专项审计】 4～9月，省公安厅审计处按照下审一级、先改后审等方式组织开

展全省公安交管部门 2013 年度执法活动财物专项审计。其间,全省共审计交警大队 121 个、车管所 81 个,抽查案卷 568 个,指出问题 337 个,提出审计意见、建议 402 条,推动建立健全内控制度 22 个。

【组织开展岗位业务能力竞赛】 11～12 月,省公安厅审计处组织全省公安审计部门开展岗位业务能力竞赛。竞赛内容为公安审计项目实务评比和审计业务知识竞赛。审计项目实务评比由各市公安局提交领导干部经济责任审计和交警部门执法活动财物专项审计综合报告及项目案卷各 1 份。全省公安审计部门 33 名民警参加审计业务知识竞赛。金华、温州、杭州市公安局分获团体前三名。

图为省公安厅举办全省公安审计部门岗位业务能力竞赛(12 月 1 日)

【开展刑侦部门执法活动财物后续审计】 5 月,省公安厅审计处结合全省公安机关执法检查“回头看”活动,开展刑侦部门执法活动财物后续审计,对 2013 年专项审计发现的问题进行专项督导整改,听取有关执法活动财物管理情况汇报,查看涉案财物台账和实物。被检单位对审计提出的意见、建议均落实整改。

【加强信息化建设项目审计】 2014 年,全省公安审计部门共开展信息化项目专项审计(跟踪审计)393 个,涉及资金 7.86 亿元。年内,省公安厅审计处对厅机关部分符合条件的信息化项目实行委托审计,对项目立项申请、专家论证、经费核拨、采购招标、合同签订、鉴定验收等各个环节进行审计,共开展信息化项目验收前经费审计 21 个。

【开展政府采购审计监督】 2014 年,全省公安审计部门共开展政府采购审计监督 484 项。其中,省公安厅审计处完成审计监督 57 项,参加厅机关及下属单位采购和协调会议 70 余次,促进节约资金 500 余万元,并在采购方式、评标细则等方面提出审计意见和建议。

【结合“四项建设”开展主题思考调研活动】 10 月 17 日～11 月 16 日,省公安厅审计处结合公安机关“四项建设”,开展主题思考调研活动。其间,对 11 个市公安局、3 个县级公安机关的审计部门进行实地调研座谈,发放公安审计工作调查问卷;赴公安部审计局、省审计厅等单位走访交流,并专题提交厅务会议进行研究,明确公安审计工作职能定位、运行机制等,强化审计部门独立行使审计监督作用。

科技信息化

【概述】 2014 年,全省公安科技信息化部门围绕公安中心工作,以加快信息系统和数据资源整合共享为重点,以基础信息化建设为抓手,深化科技信息化改革创新,推进信息化应用整合,提高公安应急通信保障能力和信息服务支撑水平,完善科技管理,强化安防技术在治安防控体系中的作用。年内,杭州、宁波、温州市公安局信息中心分别立集体二等功。

【规划科技信息化工作】 10 月,省公安厅科技信息化局印发《浙江公安科技信息化“十三五”规划》,明确公安信息化在大数据、云计算、信息安全等领域的基本思路。11 月,印发《浙江公安云数据中心建设规划方案》,指导建设浙江公安云数据中心。

【推进警务工作平台建设】 1 月,省公安厅成立以副厅长黎伟挺为组长的全省派出所信息化建设工作领导小组。同月,印发《省厅版警务工作平台技术方案》,启动该平台的开发工作。6 月,初步完成省厅版警务工作平台框架开发。同月,在金华市公安局开展全省警务工作平台派出所模块的开发应用试点工作。12 月,完成省厅新版执法办案系统、情报信息平台、打防控补录模块平台封装及对接。

【整合信息资源服务体系】 3 月,省公安厅科技信

图为“基于大数据架构的公安信息化应用”公安部重点实验室揭（授）牌仪式在浙江警察学院举行（1月16日）

息化局完成省级信息资源梳理整合，建立信息资源目录体系，构建包含95类公安信息资源、101类社会信息资源，约200亿条记录的数据集市。9月，省厅科技信息化局推出浙江公安信息资源服务平台，完成人、案、物专题库建设，开发云搜索、关系人分析、自主碰撞等应用模块，挂接200多个数据服务接口。

【开展PDT警用数字集群建设】 1月，省公安厅科技信息化局会同厅交管局在嘉兴开展PDT警用数字集群试点建设。5月，省厅印发《关于进一步加强全省公安PDT警用数字集群项目统筹建设的通知》。9月，印发《关于全面推进全省公安350兆（PDT）无线数字集群系统建设工作的实施意见》。年内，厅科技信息化局指导台州、丽水等6个市公安局开展PDT数字集群规划与试点建设工作。

【视频监控系统建设与应用】 6月，省公安厅科技信息化局完成大屏镜像传输系统研发，实现实时浏览杭州铁路公安处指挥中心大屏显示图像。7月，省厅印发《公安视频建设与应用三年规划》，指导全省开展视频监控建设。同月，传发《浙江省公安厅关于规范社会视频资源整合工作的意见》。8月，厅科技信息化局完成公安部《视频图像信息数据库关键研究》课题的项目验收。12月，完成浙江省公安图像传输调度系统项目验收。截至12月，全省有近20.79万个视频监控摄像机通过视频信息共享平台联网；11个市公安局完成卡口系统整合，上线卡口累计2.31万余处，月抓拍车辆数据总量达263.14亿条。

【建设政法网一期工程】 2月，省公安厅政法网工作小组随同省政法委赴广州、深圳、台州等地实地调研政法网建设和“政法信息共享平台”建设。同月，传发《浙江省政法机关信息资源首批共享目录》。4月，完成《浙江省政法二、三级网络方案建议书》、《浙江省政法二级网安全设计方案建议书》、《浙江省政法机关信息资源共享省级数据交换与服务平台建议方案》、《浙江省公安厅政法网机房电气空调等系统建设》、《浙江省政法委数据中心基础软件建设》5个技术方案的起草和概算编制工作，并于7月在省政法委组织的技术方案专家评审会上获得通过。8月，协助做好省政法网启动一期项目工程的实施工作，按照时间表推进落实。

【加强公共安全技术研究】 1月，浙江公共安全技术研究院与浙江警察学院共建基于大数据架构的公安信息化应用公安部重点实验室。年内，浙江公共安全技术研究院按照企业管理模式设定15个内设机构，引进人才120余人；制定20项企业暂行管理制度；承接全省110接处警系统升级改造、新一代全省智能警务终端、全省350兆数字集群系统实施等20项重点警务信息化项目。

【推进安全技术防范体系建设】 3月，省公安厅科技信息化局深入台州市椒江区、海宁市等县（市、区）检查指导安全技术防范体系试点工作，与相关警种民警座谈，实地考察城乡一体化防控体系建设。12月，为配合年度“平安考核”工作，派员深入全省11个市和试点区、县开展社会治安动态视频监控系统建设专项督察工作。截至12月，完成“平安考核”年度视频监控9万只摄像头的建设目标；管理指导各市“安全技术防范产品生产登记批准书”审批发放工作，完成省内62家生产企业1183个技防产品的年检、年审工作。

【公安科技项目管理】 2014年，全省公安机关有5项技术研究、4项公安理论及软科学研究、2项应用创新计划项目列入公安部科技计划项目；1个项目获得2014年度公安部科学技术三等奖，10个项目获得第四届全国公安基层技术革新奖；36个项目列入2015年度厅级科技建设（装备）类项目，44个项目列入2015年度厅级科技维保类项目。（附表）

2014年列入公安部科技计划项目一览

序号	项目名称	类别	完成单位	项目负责人
1	面向视频数据处理的大规模计算系统关键技术研究	重点技术研究	浙江省公安科技研究所	蒋乐中
2	对基于终端用户行为数据分析的综合审计系统的研究	面上技术研究	杭州市公安局科技通信管理局	严幼平
3	基于大数据的人员实时监测与预警	面上技术研究	浙江警察学院	蒋文荣
4	地级市公安局实战应用平台	面上技术研究	绍兴市公安局	张幼良
5	基于多源数据融合分析的实时交通智能诱导系统	面上技术研究	浙江警察学院	周国民
6	公安文化建设研究——以人民至上的湖州公安文化建设为样本	公安理论及软科学	湖州市公安局	金伯中、宫毅
7	新生代流动人口犯罪问题实证研究	公安理论及软科学	温州市公安局	林君、刘婷
8	公安政治工作理论与实践	公安理论及软科学	省公安厅政治部	吴高峻、龚正荣
9	现代警察近距离临战防控规范化研究	公安理论及软科学	浙江警察学院	翁文、郦树龙
10	分层次网格化社会治安视频防控系统	应用创新	台州市公安局	周星耀
11	无眩光道路监控特种补光灯	应用创新	绍兴市公安局	马良海

2014年获省部级科学技术奖项目一览

序号	项目名称	获奖单位	获奖人员	颁奖单位	奖励等级
1	数模双输出高清红外球机快速控制关键技术研究	杭州市公安局上城区分局	唐恬、虞晓琪、徐志永、李剑平、张建龙	公安部	科学技术三等奖
2	高速公路互通路口违法事件预警取证系统	省公安厅高速公路交通警察总队宁波支队直属大队	俞欢求、浦岷、张正炎、何明	公安部	公安基层技术革新奖一等奖
3	出境旅客智能验放管理系统	浙江公安边防总队宁波机场边防检查站执勤业务二科	王敏辉、刘栋栋	公安部	公安基层技术革新奖一等奖
4	可视化联动指挥辅助系统	杭州市公安局余杭区分局科技科	王秋、蒋校华、沈洪、许佳立	公安部	公安基层技术革新奖一等奖
5	视频信息淘宝库	嘉兴市公安局秀洲区分局	郑剑、王昕葳、夏斌	公安部	公安基层技术革新奖二等奖

续表

序号	项目名称	获奖单位	获奖人员	颁奖单位	奖励等级
6	基层公安队伍风险预警管控机制	温州市公安局龙湾分局纪委监察室	俞亮、金国平、孔庆飞、王献雷	公安部	公安基层技术革新奖二等奖
7	基层公安“短、平、快”DNA检验法	海宁市公安局刑事科学DNA实验室	叶志鹏、陆建峰、高董华、徐海军、徐姚力	公安部	公安基层技术革新奖三等奖
8	“四位一体”的违法青少年帮教机制	桐乡市公安局治安管理大队	王英、沈国华、柏秋霞	公安部	公安基层技术革新奖三等奖
9	模拟办案实训工具箱	温州市人民警察学校	伊建仁、胡益逊、吴坚、彭聪	公安部	公安基层技术革新奖优秀奖
10	经侦缉捕案犯六法	杭州经济技术开发区公安分局经侦大队	曹秋奇、徐程	公安部	公安基层技术革新奖优秀奖
11	可疑电动车查缉法	宁波市公安局海曙分局巡特警大队	丁勇、赵思敏	公安部	公安基层技术革新奖优秀奖

【加强科技信息化保障】 2014年，省公安厅科技信息化局圆满完成首长警卫专列、外国元首到访、全国公安厅局长座谈会、亚信峰会等20余场次各级安保指挥体系的应急通信保障任务。年内，保障260场电视电话会议和视频指挥调度会议；处理公安内网邮件约932.42万封，邮件流量约1324.85G；排除计算机故障5576起、打印机等外设故障2432起，根除病毒206次；受理固定电话业务185人次、移动虚拟网业务申请2483个、移动套餐业务申请3453个；继续协调移动公司为全省3.71万名“全球通”用户免费办理民警人身意外保险，共办理民警意外伤亡险2人次，理赔保险金28万元。

【统一机构名称】 2014年，省公安厅科技信息化局根据公安部科技信息化局要求，部署各地落实机构名称改革工作。截至12月，省厅和杭州、温州、湖州、丽水市公安局科技信息化部门更名为科技信息化局(处)。

指挥中心工作

【概述】 2014年，全省公安指挥中心以提高快速反应能力为核心，深化110接处警勤务机制改革，开展反暴恐应急指挥处置能力建设，推进全省公安110接处警系统升级改造，完成重大活动安保、重大突发事件指挥处置、紧急案事件设卡协查、重大情况信息处理、社会应急联动、区域警务合作、打防控系统信息应用管理和队伍建设等工作。年内，省公安厅指挥中心有3人立三等功，5人受到嘉奖，1人被评为厅机关优秀共产党员。

【参与重大活动安保工作】 2014年，省公安厅指挥中心先后参与宁波APEC高官会、全国“两会”、亚信峰会、南京青奥会、中央巡视组在浙巡视、十八届四中全会、“9·26”安保、APEC北京会议、首届世界互联网大会等重大活动安保以及“7·5”、“六四”等敏感期维稳工作，及时启动社会面治安防控等级响应，加强值班备勤，下达各类稳控、查控指令。年内，共指令、协调、核查串联上访闹事、扬言个人极端行为等不稳定苗头信息180条次。

【协调处置重大突发事件】 2014年，省公安厅指挥中心积极履行应急指挥处置职能，协助厅领导处置苍南“4·19”群体性事件、永嘉三江教堂拆违工作、杭州余杭中泰抵制垃圾焚烧厂群体性事件等多起重大突发案(事)件。其中在永嘉三江教堂拆违工作中，提前部署，跟踪掌握三江教堂拆违信息，先后编报4期维稳工作情况专报和工作预案，并根据厅领导指示调集杭州、宁波、金华、台州市警力增援温州市。

【全省公安指挥中心接处警情况】 2014年，全省公安机关110报警服务台共接各类报警2963.6万起，同比上升2.7%，其中有效接警1400.7万起，同比上升8.8%，指令出警数1229.6万起，同比上升14%。12月，省公安厅启动全省新版110接处警系统建设。

【做好重大紧急信息报送工作】 2014年，省公安厅指挥中心共编发《重大情况专报》1377期、《每日治

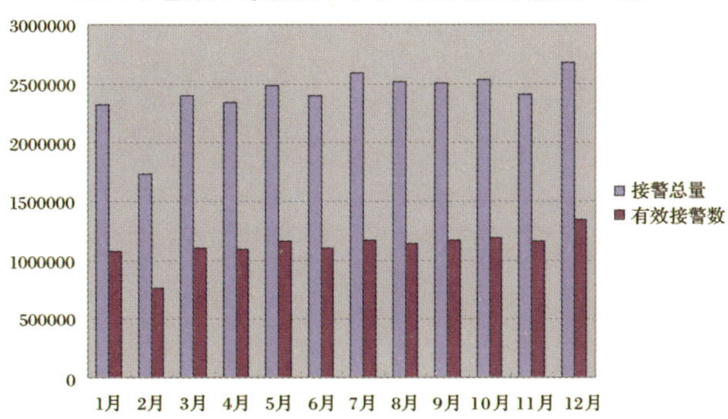

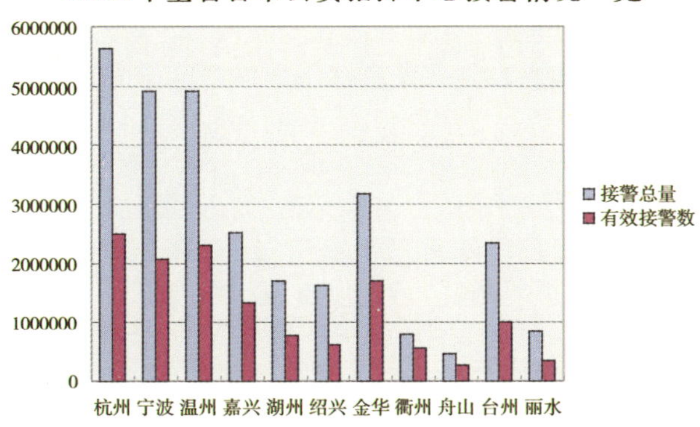

安要情》317 期、《每周全国治安要情》50 期，收办公安部、省委、省政府和厅领导批示 280 件次。

【协调重大案(事)件设卡堵截】 2014 年，省公安厅指挥中心共指挥全省各级公安机关、协调外省(市)公安机关开展设卡堵截 42 次，抓获各类重大犯罪嫌疑人 70 人，同比分别上升 44.8%和 118.8%。

【深化 110 接处警勤务机制改革】 2014 年，全省公安指挥中心继续推进以巡处一体化、布警动态化、指挥可视化、调度扁平化、流程规范化、工作制度化、作战合成化、支撑信息化、队伍正规化为主要内容的接处警勤务机制改革。年内，全省 11 个设区市主城区、104 个县(市、区)主要城镇所在地公安机关均部署开展 110 接处警勤务机制改革，共投入巡逻处警警力 2.8 万人(民警 9500 人、协辅警 1.85 万人)，其中专业巡逻处警警力 8680 人(民警 2284 人、协辅警 6396 人)；各市主城区、县(市、区)主要城镇公安机关实现 90%以上警情首批警力在接警后 8 分钟内到达现场，部分地区达到 5 分钟以内。截至 12 月，全省公安机关通过接处警指令，现场抓获违法犯罪嫌疑人近 1.1 万人，同比上升 1.1%；“两抢”案件同比下降 41.6%。

【推进反暴恐应急处置能力建设】 3 月，省公安厅发文要求进一步加强涉恐涉暴警情处置工作。厅指挥中心多次调研督导，要求加强与铁路、民航公安的联勤工作机制。5 月、7 月，参与对高铁绍兴北站和湖州、嘉兴、金华、衢州、丽水等地反恐怖应急处突工作暗访检查，并对检查中发现的问题进行通报，督促整改。

【推进社会应急联动工作】 2014 年，省公安厅指挥中心 5 次到省应急办专题汇报全省社会应急联动工作情况。7 月，省公安厅代省政府办公厅起草《浙江省人民政府办公厅关于进一步加强社会应急联动工作的意见》。8 月，厅指挥中心与省应急办、省平安办协商加强社会应急联动考核力度，为省平安办代拟《〈2014 年度浙江省平安市、县(市、区)考核评审条件若干问题的解释〉第三十五条第一款补充说明》，会同省应急办赴各地明察暗访。9 月、12 月，省公安厅与省应急办两次联合对全省社会应急联动工作情况进行实地抽查。年内，全省公安机关依托社会应急联动平台，完善与非应急联动报警平台的协作机制，非警务警情分流达 15.5%。

【牵头调研警务实战化建设】 11 月，省公安厅指挥中心先后派出两个调研组赴 6 个市的基层一线实战单位调研警务实战化建设情况；召开全省各市公安局指挥中心主任会议，就公安机关警务实战化建设

图为省公安厅指挥中心负责人在海盐县公安局调研指导 110 接处警勤务机制改革(7 月 30～31 日)

及指挥中心“四项建设”进行座谈交流；到厅机关有关警种（部门）征求警务实战化建设意见建议，牵头起草《浙江省公安机关警务实战化建设调研报告》和《全省公安机关警务实战化建设实施方案》。

【推进区域警务合作】 2014年，省公安厅指挥中心做好区域警务合作各项工作。年内，省公安厅先后与新疆自治区公安厅、新疆生产建设兵团、云南省公安厅建立并开展区域警务合作，同时继续加强与周边省市的区域警务合作。截至12月，共启动苏浙皖闽赣沪省际协查布控12次，查获重大犯罪嫌疑人19人；在“华东地区信息共享平台”开通111个用户，累计开放17个数据接口，提供2400余万次查询；通过跨区域协作平台协助苏皖沪公安机关核查案件9363起，接待协作区单位侦查办案、缉捕逃犯1万余人次，协破案件并抓获网上逃犯1231人。

【强化打防控系统信息实战应用】 1月，省公安厅指挥中心修订《打防控信息主干应用系统信息采集录入规范》。7月，组织全省公安机关开展打防控系统信息应用技战法评选活动，形成汇编材料。年内，全省公安机关共采集录入打防控系统案件信息110.32万条、人员信息51.1万条、物品信息153.91万条。

【加强指挥中心队伍建设】 3月，省公安厅指挥中心建立全省公安指挥中心每月视频点评会制度，并于是月6日召开第一次点评会。4月，以厅名义传发《关于加快推进公安机关110指挥中心指挥长岗位任职制度落实的通知》。5月，建立厅指挥中心每周大交班制度。6月，在浙江警察学院举办首期全省公安110报警服务台接警员骨干培训班，100余名接警员参加培训。7月，在浙江警察学院举办全省公安指挥中心指挥长培训班，96名指挥长参加培训。8月，在全省公安指挥中心组织开展“为何从警、如何做警、为谁用警”大讨论主题征文活动。截至12月，全省公安指挥中心按照同级公安机关中层副职配备指挥长167人，配备率35.4%，同比提高21.5%。

图为省公安厅在绍兴市上虞区召开全省公安“情报”工作推进会（7月17日）

情报中心工作

【概述】 2014年，全省公安综合情报部门按照公安部和省公安厅党委的决策部署，全面深化公安情报体系建设与应用工作。年内，省厅情报中心获厅机关年终考评先进，被团省委评为“省级青年文明号”，队伍建设成果被公安部政治部评为思想政治教育类优秀案例。

【推进派出所“三室合一”建设】 2014年，全省公安综合情报部门组织开展派出所“三室合一”建设，融合派出所“指挥调度、情报信息、视频监控”等功能并规范运行。截至12月，全省各县（市、区）公安机关的城区派出所、农村中心所基本完成情报信息室与“三室合一”建设任务。

【评选全省公安情报工作示范点】 11月27日，省公安厅确定宁波、温州、嘉兴市公安局等29个单位为全省公安情报工作示范点。

【开展创新实践活动】 2014年，省公安厅情报中心组织全省公安综合情报部门开展“12671”创新实践活动，对25个项目进行攻坚，解决制约公安情报工作发展的重点难点问题。年内，在全国公安情报系统建设应用突出成果评选中，浙江成为7个“十佳”奖项中唯一获得“大满贯”的省份。

【召开全省公安情报工作推进会】 7月17日、12月1日，省公安厅先后在绍兴市上虞区、台州市路桥区两次召开全省公安情报工作推进会，总结推广情报工作试点经验。

【开展情报专业人员岗位资格认证和等级评定工作】 10月，省公安厅情报中心在全省公安综合情报部门组织开展情报专业队伍岗位资格认证与等级评定工作。全省645名情报民警参加评定，共评出10名高级情报员、53名中级情报员。年内，全省公安综合情报部门有 12 人入选全国综合情报专业人才库，1 人被评为全国综合情报十大专家。

【服务重大活动安保和专项行动】 2014 年，全省公安综合情报部门通过开展跨部门情报研判与会商等工作，协助完成省“两会”、APEC 宁波高官会、世界互联网大会等 16 次重大活动安保情报工作。年内，依托情报平台开展综合研判，协助业务警种开展打防侵财犯罪、打击整治传销、百城禁毒会战等 7 次专项行动。

【服务法院协控被执行人和查找失踪人员】 2014 年，省公安厅情报中心根据省公安厅、省高级人民法院相关文件规定，在全省组织开展抗拒法院执行人员协控、查找失踪人员和实时信息查询服务等工作。截至 12 月，共协助各级法院查获协控对象 1369 人；利用情报平台，协助全省基层派出所找回失踪人员 972 人。

公 安 法 制

【概述】 2014 年，全省公安法制部门围绕建设法治公安的目标，以严格、规范、公正、文明执法为总要求，以“又好又多”执法办案体系建设为抓手，全面推进，重点突破，持续深化执法规范化建设，公安法治建设取得阶段性成效。年内，省公安厅被省委评为建设“法治浙江”优秀成员单位，厅法制总队获评 2014 年度厅机关考核先进单位。

【调整省公安厅法治建设领导小组】 1 月 13 日，省公安厅将执法规范化建设领导小组、执法质量考评领导小组、执法资格等级考试领导小组、普法依法治理工作领导小组整合为厅法治建设领导小组，由省委常委、公安厅厅长刘力伟任组长，厅党委副书记、常务副厅长洪巨平任常务副组长，负责组织、规划、协调、推动全省公安机关执法规范化建设。领导小组下设办公室（设在厅法制总队），负责牵头厅纪检监察、督察、信访和主要执法办案部门。建立厅执法管理联席会议制度，协调沟通法院、检察院等相关单位。

【召开全省公安法治建设工作电视电话会议】 3 月 12 日，省公安厅召开该会议。总结全省公安机关执法规范化建设取得的成效，分析形势，提出以法治公安为目标，以“又好又多”执法办案体系为抓手，进一步推进全省公安法治建设。省委常委、公安厅厅长刘力伟出席会议并讲话。厅党委副书记、常务副厅长洪巨平主持会议，并代表省厅与各市公安局、厅机关相关执法部门签订 2014 年度执法责任书和省厅下放许可事项委托书。副厅长、纪委书记王海仁作工作报告。

【召开全省公安机关深化执法规范化建设现场推进会】 8 月 15 日，省公安厅在海宁市召开该会议。推广嘉兴、杭州等地在执法规范化建设中开展的执法办案积分制、执法管理室、物证中心、办案区升级改造、统一刑事案件法律审核等工作做法和经验，部署全省执法规范化建设工作。省委常委、公安厅厅长刘力伟出席会议并讲话，厅党委副书记、常务副厅长洪巨平主持会议，副厅长、纪委书记王海仁就进一步深化执法规范化建设作具体部署。杭州、嘉兴、台州市公安局和义乌市公安局作典型发言。与会代表实地参观了海宁市公安局“又好又多”执法办案合成作战平台和物证管理中心。

【开展执法办案区“四个一律”专项检查】 4 月 4 日，省公安厅根据公安部部署传发《浙江省公安厅关于组织开展规范使用执法办案区“四个一律”专项检查活动的通知》（四个一律，即违法犯罪嫌疑人被带至公安机关后，一律直接带入办案区，严禁违反规定带出办案区讯问询问；进入办案区后，一律先进行人身检查和信息采集；违法犯罪嫌疑人在办案区内，一律要有人负责看管；在办案区内开展执法活动，一律要有视频监控并记录）。6 月 30 日～7 月 7 日，省厅

图为省公安厅召开全省公安法治建设工作电视电话会议（3 月 12 日）

抽调人员，分4组对全省公安机关进行实地抽查。9月1～7日，公安部组织对浙江进行抽检，认为浙江办案区设置规范、管理到位。年内，全省公安机关共投入1.76亿元用于执法办案场所的升级改造。

【组织评析2013年度不捕不诉案件】 9月1日，公安部决定对浙江等8个省的公安机关开展不捕不诉案件执法巡查工作。是月，全省公安机关对2013年度不捕不诉案件进行系统性梳理，省公安厅从中抽取65件，邀请省厅法律专家咨询委委员、省检察院有关人员进行逐案评析。10月8～15日，公安部巡查组到浙江巡查，肯定全省公安机关刑事执法办案质量，指出存在的问题并提出相应的工作建议。11月24日，省厅印发《全省公安机关不捕不诉案件执法巡查工作情况的通报》，总结问题并提出整改措施和要求。

【组织开展执法质量考评活动】 5月8日，省公安厅印发《浙江省公安机关执法质量考核评议实施办法》，调整24个项目，涉及考评内容、标准和方式。7月，组织人员对13个县级公安机关176个办案区开展网上视频巡查，并结合全国执法示范单位评选活动，开展年中执法质量考评活动。12月，组织2个考评组，实地考评各市公安局、11个县级公安机关在接处警、涉案财物管理、办案区建设与管理、案件办理等方面内容，核查司法监督、复议诉讼赔偿、日常个案监督、民警违法违纪等情况。2015年2月10日，印发《浙江省公安厅关于2014年度全省公安机关执法质量考核评议结果的通报》，确定建德市公安局等71个单位为2014年度全省公安机关执法质量优秀单位，杭州市公安局江干区分局等45个单位为执法质量达标单位，诸暨、东阳市公安局为执法质量不达标单位。

图为省十二届人大常委会第十三次会议举行规范执法公正司法专题询问会（9月24日）

【落实责任追究和整改】 3月5日，省公安厅印发《2013年全省执法质量考评情况的通报》，要求有关责任单位剖析原因，落实责任追究和整改措施。截至5月，全省共追究责任144人次。6月30日，省厅将2013年度执法质量考评问题整改及个案责任追究情况通报全省。年内，全省公安机关共追究执法责任3199人次，其中辞退1人，限期调离公安机关1人，免职9人，行政降级4人次，记过、记大过31人次，行政警告24人次，停止执行职务3人。

【获评全国公安机关执法示范单位】 10月30日，公安部印发《关于命名"全国公安机关执法示范单位"的决定》，嘉兴市公安局、宁海县公安局（连续4次）、苍南县公安局、三门县公安局（连续3次）、建德市公安局、金华市公安局婺城分局、杭州市公安局下城区分局东新派出所（连续3次）、平湖市公安局当湖派出所（连续3次）、衢州市公安局柯城分局府山派出所、湖州市公安局吴兴区分局八里店派出所、岱山县公安局高亭派出所（连续3次）、绍兴市公安局上虞区分局百官派出所、松阳县公安局西屏派出所、温州市边防支队场桥边防派出所被评为全国公安机关执法示范单位。

【省人大常委会对公安厅规范执法公正司法开展专题审议和询问活动】 5月至2015年3月，全省公安机关开展接受省人大常委会规范执法公正司法情况专题审议和询问工作。该项工作分准备、调研、审议、整改4个阶段。6月16日，省厅印发《浙江省公安厅接受省人大常务委员会规范执法公正司法情况专题审议和询问工作方案》。至7月，全省公安机关采取走访、召开座谈会以及发送征求意见函等形式，广泛征求同级党委政法委、检察、法院、司法行政部门、律师协会以及人大代表、政协委员、律师、政风行风监督员等社会各界对公安机关规范执法、公正司法的意见建议。结合执法检查"回头看"活动，查摆在接处警、立案、侦查办案、涉案财物、执法办案场所管理使用、窗口服务、社会治安突出问题整治7个方面存在的突出问题，提出改进措施。9月24日，省十二届人大常委会第十三次会议举行规范执法公正司法专题询问会，省委常委、公安厅厅长刘力伟介绍了全省公安机关规范执法公正司法工作情况，就执法规范化、制度建设、队伍建设、司法公开、信息化建设等问题回答有关代表询问。厅党委副书记、常务副厅长洪巨平就贯彻实施修订后的《刑事诉讼法》、刑事案件办审分离机制以及成立重大疑难案件侦查办案指导委员会等作了说明。

【推行执法办案积分制】 1月14日，省公安厅印发《全省县级公安机关执法办案积分制》，要求县级公安机关2014年底前实施执法办案积分制，以执法办案、执法管理、执法效率、执法效果和执法能力为考评内容，对执法部门和民警量化计分、排名，结果与评优评先、晋级晋职挂钩。9月5日，省厅印发《浙江省公安厅关于进一步推行县级公安机关执法办案积分制的指导意见》。截至12月，全省10个市公安局、106个县（市、区）公安局实施执法办案积分制。

【开展执法资格等级考试】 5月11日，全省公安机关开展2014年度执法资格基本级及中级考试。共有3085人参加基本级考试、8723人参加中级考试，其中2525人通过基本级、5995人通过中级考试。11月16日，全省公安机关第二次人民警察高级执法资格等级考试在嘉兴、宁波、温州市举行，共6639人参加考试，其中692人通过。

【配合做好地方公安立法工作】 4～5月，省公安厅配合省政府法制办公室对《浙江省大型群众性活动安全管理办法》开展立法论证。6月，根据省人大常委会要求，对国家、省制定的与公安执法工作相关的法律法规进行梳理，并提出立法修改建议。8月，向省人大常委会报送公安法规建议项目《浙江省居住证管理条例（草案建议稿）》、《浙江省消防条例（修订）（草案建议稿）》，并向省政府报送公安规章建议项目《浙江省旅馆业治安管理办法实施细则》。

【审核规范性文件及备案】 2014年，省公安厅法制总队共审核外单位征求意见的规范性文件64件，审核厅发规范性文件30件，其中涉及公民、法人或者其他组织权益的6件规范性文件报送省政府备案。

【开展规范性文件清理工作】 9～12月，省公安厅法制总队牵头厅业务部门，组织对省厅于1990年至2013年印发的刑事、行政规范性文件开展全面清理，共清理各类规范性文件1072件，其中行政规范性文件903件、刑事规范性文件169件。决定保留行政规范性文件393件、修改32件、废止478件；以省厅名义单独印发的73件刑事规范性文件决定保留49件、修改4件、废止20件，对与其他主办、会办单位联合发文的96件提出书面清理意见送相关单位。

【制定执法指导性文件】 1月13日，省公安厅印发《浙江省公安机关重大疑难刑事案件集体议案制度》，明确集体议案机构的设置、集体议案的范围和流程等。同日，印发《浙江省公安厅关于加强和改进刑事案件法律审核工作的意见》，明确刑事案件统一由法制部门或其他单设的案审部门进行法律审核。7月18日，印发《浙江省公安厅关于解决消防监督执法工作若干问题的批复》，明确出租房等消防监督管理有关法律适用问题。11月24日，印发《浙江省公安厅关于刑事案件办理程序若干问题的规定》，规范新《刑事诉讼法》实施后公安机关在管辖、立案、侦查、强制措施等方面的具体操作。

【做好厅第四届法律专家咨询委员会换届续聘工作】 6月，省公安厅第四届法律专家咨询委员会进行换届续聘，新增选4名法律专家，续聘6名委员。是月30日，省厅召开换届续聘会议，省委常委、公安厅厅长刘力伟出席会议并向咨询委委员颁发聘书，副厅长、纪委书记王海仁主持会议。

图为省公安厅举行第四届法律专家咨询委员会委员聘任仪式（6月30日）

【牵头行政权力事项清理工作】 6月，按照省编办要求，省公安厅法制总队牵头厅机关及厅高速交警总队、机场公安局、边防局、消防局4个厅直属机构开展行政权力事项清理以及权力清单、履职流程图、权力事项梳理信息表编制等工作。经清理，省厅共保留行政权力事项762件，其中厅机关42项、高速交警总队125项、机场公安局435项、边防局157项、消防局3项。8～9月，配合省编办指导市、县公安机关开展行政权力事项清理工作，会同嘉兴市公安局、嘉善县公安局编制市、县两级公安机关行政权力清单样本并下发作参照。

【服务公安执法】 2014年，省公安厅法制总队负责刑事案件审核把关工作，共复核刑事不予立案案件3件，审核刑事案件指定管辖、采取强制措施23件，参与各类疑难案件讨论40余次。年内，在公安法制信息网“法制在线”栏目为基层执法提供实时指导，共回复咨询1500余件。

【行政复议案件办理情况】 2014年，全省公安机关新收到行政复议申请1115件，其中受理1076件，同比上升9.24%，不予受理33件，告知向其他机关申请1件，作其他处理5件。年内，办结1063件(含上年度未结案件122件)，占办理案件总数的87.85%；未办结147件，占办理案件总数的12.15%。办结案件中，复议维持原裁决755件，占已办结案件总数的71.03 %；撤销10件，其中事实不清、证据不足3件、适用法律依据错误4件、违反法定程序2件、超越或滥用职权1件，占0.94%；驳回申请43件，占4.05%；申请人撤回复议申请244件，占22.95%；调解2件，占0.19%；限期履行3件，占0.28%；其他处理6件，占0.56%。复议案件维持率同比上升7.31%，申请人自撤率同比下降7.41%，撤变率同比略有下降。

【行政诉讼案件办理情况】 2014年，全省公安机关新发生一审行政诉讼案件445件，同比增加136件，增幅44.01%，其中直接起诉的202件，占45.08%，经复议后起诉的246件，占54.91%。年内，审结448件(含上年度未结案件27件)，其中维持347件，占77.46%；确认合法4件，占0.89%；撤销8件，占1.79%；确认违法、判决履行各2件，均占0.45%；原告主动撤诉87件，占19.42%。维持率同比上升9.79%，原告自撤率下降8%，撤变率同比上升0.45%。新发生二审公安行政诉讼案件225件，同比增加54件，增幅31.58%。年内，审结221件(含上年度未结案件9件)，其中公安机关胜诉197件，占89.14%；败诉8件，占3.62%；上诉人撤诉13件，占5.88%；其他判决或裁定3件，占1.36%。胜诉率同比上升10.83%，败诉率上升0.01%，原告自撤率下降11.59%。

【公安机关负责人出庭应诉情况】 2014年，全省一审行政诉讼案件中，县级公安机关法定代表人出庭应诉59人次(同比增加12人次)，政委出庭应诉7人次(同比增加3人次)，行政副职出庭应诉46人次(同比增加20人次)；二审诉讼案件中，县级公安机关法定代表人出庭应诉5人次(同比减少10人次)，政委出庭应诉1人次(同比减少4人次)，行政副职出庭应诉15人次(同比增加4人次)。10月21日，杭州市上城区人民法院公开开庭审理姚某某诉省公安厅驳回其申请的“绍兴市公安局未履行法定职责”行政复议一案，副厅长、纪委书记王海仁出庭应诉，法院经审理后，宣判维持省厅的行政复议决定。此系浙江省首起省级政府部门负责人出庭应诉案件。

【推进执法信息化建设及应用】 7月31日，省公安厅法制总队在海宁市公安局试点运行全省公安机关执法办案综合应用系统。10月8日、13日和11月25日，3次组织对执法平台系统管理员进行培训。12月始，该系统在杭州市公安局江干区分局试运行。

【举办全省公安法制业务培训班】 6月17～19日，省公安厅在浙江警察学院举办该培训班。其间，培训班邀请法律专家学者及公安法制业务骨干就建立侦查员的辩护思维刑事执法制度有关问题理解和“零口供”案件的证据适用等方面进行探讨，解读《公安机关办理国家赔偿案件程序规定》、《死刑案件证据收集审查等问题的若干规定》等规范性文件。

警务航空

【概述】 2014年，省公安警务航空队围绕提升能力素质、强化基础保障、狠抓飞行安全的工作目标，抓好飞行训练、飞行保障、基础建设、队伍建设等工作，圆满完成“特警3号”反恐维稳汇报演练、第21届中国国际钱江(海宁)观潮节安保工作等一系列实战活动。

【完成年度飞行训练任务】 2014年，省公安警务航空队飞行训练总时间为373小时27分，完成年度飞行计划时间(330小时)的113.11%。共组织飞行92个场次、1218架次计343小时25分，其中AW119型直升机飞行1162架次计329小时42分，AW139型直升机飞行56架次计13小时43分。两名AW139型直升机飞行员于9月赴南宁分别进行恢复训练及改机型训练，飞行30小时零2分；AW119型直升机机组飞行员参训5人，人均飞行时间65小时56分，人均训练飞行时间59小时38分；AW139型直升机机组飞行员参训3人，人均飞行时间14小时58分；空中任务员参训4人，人均空中训练时间152小时30分。

【完成国际钱江(海宁)观潮节空中安保任务】 8月，省公安警务航空队多次就国际钱江(海宁)观潮节空中安保工作进行专题研究部署，制定《浙江省公安警务航空队警用直升机执行2014年钱江观潮节安全保卫任务方案》。9月9～12日，省公安警务航空队配合杭州、嘉兴市公安局对钱塘江两岸的重点区域、人员密集地进行空中实时监控，与地面警力联动。其间，警用直升机共实施安保巡逻飞行14架次计13小时52分，安排7个批次警力上机进行空中观察。

【公安部检查组开展飞行安全检查】 5月12～16日，公安部警航办警务飞行处一行4人到省公安警务航空队进行飞行安全检查。充分肯定省公安警务航空队在现有条件下所完成的飞行训练工作，要求继续精练飞行技术，扎实做好飞行安全工作，确保飞行训练工作的安全、有序开展。

【参加"特警3号"演练】 5月27日，省公安警务航空队参加省公安厅组织的"特警3号"反恐维稳汇报演练。出动AW119直升机1架，飞行2架次计1小时44分，完成直升机动态展示并配合其他警种进行暴力恐怖事件实战处置，实施空中侦察，确定嫌疑车辆具体位置，并对嫌疑车辆展开立体围追堵截。

【参加浙江警察学院开学典礼】 10月12日，省公安警务航空队参加浙江警察学院开学典礼暨警营开放日活动，并联合警院实施反恐突击战术演练，共飞行4架次计1小时零1分。

【参加全省公安系统首届警察体育大会开幕式汇报表演】 10月25日，省公安警务航空队参加全省公安系统首届警察体育大会开幕式汇报表演，出动AW119直升机1架，飞行员3名，共飞行4架次计2小时。

【加强机务维护】 2014年，省公安警务航空队共组织AW119型直升机大小定检33次，完成AW119直升机200、400、600小时等大项定检，累计排除故障8次。年内，累计双机飞行安全质量控制1070.38小时；接收、处理AW119、AW139直升机服务通报280封、信函82封、纸质文件及服务通告168封，完善通报接收和纸质文件登记制度。

【加强航空后勤保障】 3月17日，省公安厅召开2014年度省公安警用直升机航空管制保障工作协调会，明确全年航空管制保障要求，确立航油多点保障方案。会后，先后与中航油浙江分公司、萧山机场、衢州机场等单位签订航油保障协议，满足任务飞行时的航油伴随保障；选择千岛湖通用机场和空军嘉兴机场作为训练基地，并签订飞行保障协议。

【加强警航队伍建设】 1月23日，省公安警务航空队1名女飞行员被评为"美丽警察"。4月10日，邀请公安部警航办教授来杭讲授飞行原理及飞行实际操作。5月12日～7月10日，5名飞行员和4名任务员赴交通运输部北海第一救助飞行队进行救生员、绞车手培训，理论学习80课时，飞行员空中观摩22小时55分，任务员绞车救援实际操作培训67小时零5分。6月，5名AW119型直升机飞行员赴美国进行模拟特情训练，人均3小时。同月，2名飞行员赴上海参加公安部组织的警航预选飞行指挥员培训班。9月，两名AW139型直升机飞行员在广西分别进行本机型恢复飞行训练13小时和改机型训练18小时。10月，飞行人员及机务保障人员共20人参加法国透博梅卡发动机公司组织的直升机研讨会。

图为省公安警务航空队参加"特警3号"反恐维稳汇报演练(5月27日)

年内，省公安警务航空队共组织航空理论授课16次，人均学习48小时，测试考试13次，平均成绩87分；直升机座舱实习32次，人均座舱实习16小时。

【加强基地基础设施建设】 1月14日，省公安厅党委副书记、常务副厅长洪巨平参加省政府召开的专题研究协调警务航空队基地配套设施建设会议。4月3日，副厅长华远平到杭州萧山国际机场有限公司就基地建设事宜走访座谈。9月18日，厅警务保障部与南京空军勘察设计院、二次深化设计单位、监理单位、施工单位等项目建设成员单位召开警务航空基地项目竣工验收评审会，同意评定该项目为合格工程。

公安新闻传媒

【概述】 2014年，省公安厅新闻传媒中心围绕公安中心工作，在新闻宣传工作、媒体融合探索、理顺报社体制等方面取得新成绩。全年编辑出版《平安时报》(含《交通周刊》)196期，《平安时报》发行量12万余份，《交通周刊》发行量26万余份，继续保持历史高位。

【开展党的群众路线教育实践活动专题报道】 1～9月，《平安时报》头版开设专栏，报道全省公安机关开展群众路线教育实践活动成果，共刊发稿件25篇。4～9月，结合教育实践和“三警”大讨论活动，开设《公安一把手谈“为何从警、如何做警、为谁用警”》专栏，刊发文章34篇。

【《平安时报》变更主管主办单位】 7月4日，根据国家新闻出版广电总局《关于同意〈平安时报〉变更主管主办和出版单位的批复》，《平安时报》的主管主办单位由浙江省新闻出版发展中心变更为浙江省公安厅新闻传媒中心。

【内参《“解放”派出所》引起重视】 2013年12月，省公安厅新闻传媒中心组织平安时报社7名记者分赴6个市公安局、9个县(市、区)公安局、16个公安派出所调查采访，形成反映公安基层工作真实情况的内参《“解放”派出所》。2014年1月，国务委员、公安部长郭声琨，常务副部长杨焕宁、副部长刘金国、政治部主任夏崇源均作出重要批示，认为浙江的经验值得学习借鉴，要求推广这类好做法。公安部办公厅将该文编成简报印发全国公安机关。

【进行“平安浙江·公安行动——纪念建设‘平安浙江’十周年”特别报道】 3～4月，《平安时报》以7个专版、点面结合的形式，系统回顾全省公安机关开展“平安浙江”建设10年的生动实践，介绍“平安浙江”建设的重大举措、成功经验和先进典型。

【开展“感受温暖警营　寻访最美警察”(第2季)主题宣传活动】 1月，省公安厅新闻传媒中心与浙江公安网联合组织开展该活动。《平安时报》开设“感受温暖警营　寻访最美警察”专栏，先后报道146个“温暖警营”候选单位、328名“最美警察”候选人的先进事迹。12月，经读者、网友投票推选和评审委员会评审，评选出“最美警察特别致敬奖”7人、“温暖警营”30个、“最美警察”50人。

图为省公安厅在三门县召开2014年度《平安时报》宣传工作会议(9月2日)

【深度报道公安机关创新实践】 2014年，《平安时报》先后刊发温州治安防控体系、新昌“项目警官制”、宁波“交通安全信用评价体系”、嘉兴“一体化警务”建设等深度报道，并配发评论员文章，反映全省公安机关在社会治理创新、警务机制改革等方面的探索实践。省委常委、公安厅厅长刘力伟等领导3次对有关报道作出批示，要求全省公安机关学习借鉴。

【重点报道专项工作】 2月始，《平安时报》设《公安护航“五水共治”专题报道》专栏，刊发省委常委、公安厅厅长刘力伟的署名文章和调研报告，以及各地公安机关建立“河道警长”制、侦破重点环境污染犯罪案件的报道，共刊发20余篇。9～12月，开设“猎狐2014”专栏，报道全省公安机关追缉在逃境外经济犯罪嫌疑人的成果，共刊发10余篇。

【关注民生服务群众】 2014年，《平安时报》及时发布相关治安舆情动态，剖析典型案例，共刊发治安预警信息和安全防范类稿件400余篇。杭州“7·5”公交车放火案发生后，在及时编发反映杭州公安机关开展救援、快速侦破稿件的同时，开设《关注呼唤几扇安全的窗户》栏目，围绕公交车窗户的安全问题，连续7期刊发深度调查报道。年内，共编发《安全防范攻略特刊》40余期；《平安直通车》栏目组共接听、接待来电来访读者群众290余人次，帮助群众139人次，为读者群众讨回欠薪、挽回经济损失72万余元。

【探索运用新媒体】 4月30日，《平安时报》官方微信正式开通。7～11月，《平安时报》、官方微博和微信开展“最美警察大家晒”读者、网友互动活动，微博、微信的阅读量累计达1100万人次，有效扩大公安新闻宣传效应，实现新媒体与传统媒体的融合。截至12月，微信群发消息105组420条，订阅人数达2870人。

浙江省警察协会

【开展“树立法治思维 建设法治公安”征文活动】 4月，省警察协会会同省公安厅办公室组织全省公安机关开展该活动。共收到论文218篇，选出入围文章59篇，评出特等奖1篇、一等奖5篇、二等奖10篇、三等奖15篇、优秀论文奖28篇。

【召开坚持和发展新形势下“枫桥经验”座谈会】 10月15日，省警察协会在杭州市召开该会议。省内知名专家学者、离退休干部及“枫桥经验”亲历者，从不同角度诠释“枫桥经验”精髓，探讨新形势下如何坚持和发展“枫桥经验”。副厅长陈石春出席会议。

【参加首届中国—东盟警学论坛】 9月12～13日，由中国警察协会主办，广西壮族自治区公安厅、警察协会承办的第一届中国—东盟警学论坛在南宁市举行。论坛围绕中国—东盟区域警务合作、打击跨国犯罪和警务信息交流等主题进行交流探讨。浙江省5位代表出席该论坛，浙江警察学院和省公安厅禁毒总队作交流发言。

【参加2014海峡两岸暨香港、澳门警学研讨会】 10月22～23日，由中国警察协会主办，云南省公安厅、警察协会承办的第九届海峡两岸暨香港、澳门警学研讨会在云南省昆明市召开。研讨会的主题是跨境毒品犯罪治理与警务合作。浙江省公安厅副厅长、杭州市委常委、公安局局长叶寒冰撰写的《跨境毒品犯罪防范打击对策研究》一文被中国警察协会录用并在大会上作为交流发言材料。杭州市局1名副局长参加会议。

【协助完成公安部咨询委《人民警察职业保障建设》课题】 4～5月，在公安部咨询委员斯大孝率领下，省警察协会配合省公安厅政治部干部处先后赴宁波、舟山、绍兴、义乌等地调研走访，并召开各类调研座谈会10余次，听取人民警察职业保障制度建设的做法和经验，了解存在的困难和问题。年内，会同厅干部处起草《关于浙江人民警察职业保障制度建设的调查与思考》调研报告，并在公安部咨询委会议上进行交流。

【总结余姚市公安局相对集中办案模式】 4月，省警察协会、省公安厅办公室派员赴余姚市公安局实地调研“相对集中办理刑事案件”模式（又称业务大队负责预审办案模式），并撰写题为“业务大队负责预审办案是解放派出所的一条途径”的调研报告。7月2日，厅党委副书记、常务副厅长洪巨平在余姚市主持召开预审办案专题座谈会。10月，在全省公安机关贯彻省厅“1号文件”经验交流电视电话会议上，余姚市局被作为解放派出所的3个典型之一并介绍经验。

【编辑出版《浙江警学》】 2014年，省警察协会共编辑出版《浙江警学》6期，免费发放至全省各级公安机关，并增发至科所队。

浙江省刑事犯罪学学会
浙江省青少年犯罪研究会

【举办第三届校局合作单位刑侦警务实战与理论研讨会】 7月24～25日，由浙江省刑事犯罪学学会和浙江警察学院侦查系、刑事科学技术系在宁波市公安局江东分局联合举办该研讨会。与会代表围绕“打击系列侵财案件和刑事技术案件串并”主题展开研讨交流，听取台州市公安局刑侦支队预审专家的专题报告以及痕迹物证发现新技术介绍，参观考察江东公安分局勤务指挥中心。研讨会共收到论文和侦破报告24篇，评审产生9篇优秀论文和1个组织奖。

【举办移民犯罪与中国新生代农民工犯罪问题国际研讨会】 10月25日～11月2日，由浙江省青少年犯罪研究会主办的公安部2014年引进国外人才项目“移民犯罪与中国新生代农民工犯罪问题国际研讨会”在浙江警察学院举行。美国、德国、加拿大的5位专家学者受邀到会并进行一系列的学术讲座与座谈交流活动。该学术活动系浙江省社科学术月系列活动之一。

【学会科研工作】 10月23日，浙江省青少年犯罪研究会与浙江省监狱工作协会乔司分会共同举办“罪犯危机衍化教育”学术交流会，并就新生代农民工罪犯相关问题进行交流与研讨。11月3～10日，浙江省青少年犯罪研究会依托国家社会基金课题成立项目组，就青少年犯罪问题赴乔司监狱、南湖监狱、浙江省女子监狱、杭州市看守所等多个司法单位进行调研。年内，浙江省刑事犯罪学学会完成公安部课题《县(市)级公安机关一把手核心能力结构模型研究》、厅级课题《特殊人群安全防范与侦查对策研究》，出版学术专著《当代侦查与鉴定问题研究》。

浙江省见义勇为基金会

【省领导对见义勇为工作作出批示】 1月26日，省委常委、公安厅厅长刘力伟在《2013年度全省见义勇为工作总结》上批示：“工作主动、出色。”是月28日，省委副书记、政法委书记王辉忠批示：“见义勇为工作是传承中华民族传统美德、弘扬社会正义、传播正能量、具有深远意义的工作。希望你们继续争取各级政府的支持，最大限度地发动、凝聚社会的力量，把这件非常有意义的事情做得更广泛、更深入、更扎实，成为社会风尚。”

【省政府保留省见义勇为工作领导小组】 2014年，省政府贯彻落实中央“八项规定”和浙江省“28条办法”，对省级议事协调机构进行清理和调整。2月7日，省公安厅向省政府办公厅提出《关于要求保留并进一步加强省见义勇为工作领导小组及其办公室建设的报告》。3月7日，省政府办公厅印发《浙江省人民政府办公厅关于调整省级议事协调机构及其主要负责人的通知》，省见义勇为工作领导小组及其办公室得到保留并继续开展工作。

【提请省政府表彰见义勇为先进人物】 11月4日，省公安厅与省人力资源和社会保障厅联合印发《浙江省公安厅浙江省人力资源和社会保障厅关于提请给予麻顺祥等19位见义勇为先进人物记功表彰的请示》，提请省政府给予5位同志记一等功并授予“浙江省见义勇为勇士”荣誉称号、给予14位同志记一等功并授予“浙江省见义勇为先进分子”荣誉称号。12月19日，省政府第38次常务会议审议通过省公安厅、省人力资源和社会保障厅《关于推荐申报省政府记功表彰见义勇为先进人物有关情况的汇报》。是月30日，省政府印发《浙江省人民政府关于表彰麻顺祥等19位见义勇为先进人物的决定》，表彰见义勇为先进人物。

【厅领导对省级见义勇为人员开展春节慰问】 1～2月，受省政府委托，省公安厅领导刘力伟、柯良栋、洪巨平、华乃强、华远平、王冰、王海仁、叶寒冰、黎伟挺、石小忠、陈石春等带队分赴11个市，对历届省级见义勇为先进人物和受省政府记功表彰的见义勇为人员进行春节慰问，省财政安排慰问资金102.6万元。其间，省见义勇为基金会开展“春天的问候”春节慰问活动，为93个相对困难的省级见义勇为人员家庭送上27.9万元慰问金；各市公安局按照省厅要求，筹措慰问资金153万元，对本地见义勇为人员开展慰问，全省累计慰问走访全国、省级、市级见义勇为困难人员、先进人物1329人次。年内，省见义勇为基金会开展对见义勇为人员的即时慰问和补助等工作，共发放慰问补助金82.43万余元。

【阮炳炎被评为“全国见义勇为英雄”】 7月25日，第十二届全国见义勇为英雄模范表彰大会在北京人民大会堂召开，绍兴市上虞区道墟镇肖金村农民阮炳炎被评为“全国见义勇为英雄”。是月27日，省公安厅举行欢迎仪式，省委常委、公安厅厅长刘力伟接见阮炳炎，并主持召开座谈会。厅党委委员、政治部主任石小忠参加表彰大会。

【开展“纪念浙江省见义勇为基金会成立20周年”特别慰问活动】 12月19日，省公安厅、省见义勇为基金会印发《关于开展“纪念浙江省见义勇为基金会成立20周年”特别慰问活动的通知》。年内，共慰问见义勇为人员527名，每人发特别慰问金1000元。

【在第十一届“昆仑奖全国见义勇为英雄司机”表彰大会上获奖】 12月25日，第十一届“昆仑奖全国见义勇为英雄司机”表彰大会在北京人民大会堂举行。温州市王青意、台州市裘鑫欣被授予“全国见义勇为英雄司机”荣誉称号，金华市获“全国十大见义勇为英雄司机评选活动”城市奖，金华市公安局获“全国十大见义勇为英雄司机评选活动”组织奖。

队伍建设

纪检监察

【概述】 2014年，全省公安纪检监察部门严格落实党风廉政建设监督责任，严明政治纪律和组织纪律，严查违纪违法案件，强化纪律作风建设，深化反腐倡廉教育，加强权力运行监督，扎实推进具有浙江公安特色的惩治和预防腐败体系建设，公安队伍总体保持平稳，没有发生影响恶劣的民警违法违纪案（事）件。年内，省公安厅在2014年省级公安机关落实党风廉政建设党委主体责任和纪委监督责任检查考核中被评为优秀，厅纪委、监察室被省直机关工委评为先进纪检监察组织。

【落实党风廉政建设党委主体责任和纪委监督责任】 4月，省公安厅党委印发《浙江省公安机关建立健全惩治和预防腐败体系2013～2017年工作细则》，进一步健全不敢腐的惩戒机制、不能腐的防范机制、不易腐的保障机制。9月，印发《关于落实党风廉政建设党委主体责任和纪委监督责任的意见》，并就各市公安局落实主体责任和监督责任制定检查考核办法，建立知责、明责、尽责、问责机制。10月29日，省厅成立党委书记任组长、党委班子成员任副组长、各部门主要负责人为成员的党风廉政建设领导小组，加强对全省公安机关党风廉政建设和反腐败工作的组织领导。年内，厅纪委组织各市公安局对落实主体责任和监督责任情况开展自查；抓好公安现役部队党风廉政建设责任制考核工作，强化考核结果运用，1个总队级领导班子、4个支队级领导班子、18名领导干部因责任制履行不到位受到追责。

【推进纪律作风建设】 2014年，省公安厅在全省公安机关组织开展“纪律作风建设年”活动，厅机关处级以上干部全部签订不出入私人会所、不接受和持有私人会所会员卡承诺书，重新核定厅机关发放住宅电话补助费的特殊岗位，公安消防、警卫部队开展领导干部工作生活待遇问题专项清理整治。10月，省厅传发《关于进一步加强预防和惩治公安民警及辅警泄露公民个人信息问题的通知》。12月，组织全省公安机关开展为期3个月的纪律作风专项教育整改行动。

【查处违法违纪案件】 2014年，全省公安机关立案查处民警违法违纪案件196起250人，结案处理201人，其中35人被刑事立案，10人被追究刑事责任，免予刑事处罚4人；党纪处分50人，其中开除党籍9人，留党察看5人，撤销党内职务1人，党内严重警告20人，党内警告15人；政纪处分172人，其中行政开除13人，撤销行政职务7人，行政降级5人，行政记大过18人，行政记过61人，行政警告65人，辞退3人。

【加强监督检查】 4月8日，省公安厅党委印发《浙江省公安现役部队巡察工作规定（试行）》。6～8月，省厅先后组织对温州、宁波、杭州公安消防支队开展实地巡察，对发现的线索按照干部管理权限组织核

图为副厅长、纪委书记王海仁主持召开厅机关监督工作联席会议（12月12日）

查。7月7日，成立由厅党委副书记、常务副厅长洪巨平担任组长的公安执纪执法监督系统项目建设领导小组，并于年内完成公安监督管理信息平台的立项工作。10月，对高速公路交警总队进行巡视督察。年内，组织省厅特邀监督员开展“公安监督员看行风”活动，分3个组深入11个市公安局、65个基层单位进行明察暗访、调查研究，提出查访建议78条；建立厅机关监督工作联席会议制度，并于12月12日召开第一次会议。

【核查涉警信访】 2014年，全省公安纪检监察部门共受理信访举报投诉3683件，其中直接调查处理1740件，办结1699件。全省公安机关12389举报平台共接听举报电话4616次（其中省公安厅接听851次），有效受理投诉举报1289件，接受咨询并答复627件。

【行政审批制度改革和阳光警务建设】 2014年，省公安厅组织省、市、县三级公安机关再次对公安行政许可项目、名称及审批流程进行梳理和调整，向社会公告；制定下发委托下放行政审批事项实施方案，明确下放的12项行政审批事项、审批层级和方式；组织、指导厅机关业务部门及各市、县公安机关对本部门、本单位行使的行政职权进行全面梳理；完成对厅机关及高速公路交警总队等4个厅直属单位行政权力事项的清理，编制权力清单、履职流程图、事权梳理信息表等。6月，完成省政府“阳光工程”专题网站与省厅门户网接口对接改造，在网上办事大厅公开厅级行政审批事项12项，其中7项行政审批事项重新调整纳入省政府电子监察系统。9月，印发《浙江省公安机关下放行政审批项目事中事后监管工作暂行办法》，加强对下放行政审批项目的事中事后监管。

【组织开展警示教育】 8月，省公安厅组织全省公安机关开展“增强党性、严守纪律、廉洁从政”专题教育活动。11～12月，组织全省公安机关播放由省厅纪委・监察室摄制的警示教育片《逾越底线的代价》，共播放1380余场，10.06万名民警、协警观看，召开座谈讨论会2100余场，撰写心得体会4360余篇。年内，省公安厅对全省公安机关通报典型违法违纪案件10起。

【培育公安廉政文化】 5月，省公安厅召开全省公安现役部队廉政文化建设经验交流会，总结推广省公安边防总队廉政教育基地廉政文化建设成果，8个廉政文化示范单位交流现役部队党风廉政建设和廉政文化建设经验。8月，省厅纪委・监察室作为全国公安系统5个典型之一，在第五期全国公安纪检监察宣教调研干部培训班上就浙江公安廉政文化建设作专题发言。年内，“浙江公安廉政文化教育课堂”完成第二个年度教学任务，访问总量达1279万次，民警参学率、达标率均达100%；全省公安机关96个教育基地成为开展廉政教育的主阵地，累计4.02万人次接受教育，其中省厅警示教育基地开展专题教育48场、1870人次受教育。

【推进纪检监察部门自身建设】 2014年，全省公安纪检监察部门用50%以上的执纪监督力量来查办案件，全体纪检监察干部均签订不出入私人会所、不接受和持有私人会所会员卡承诺书。年内，省公安厅建立下级纪委向上级纪委定期述职、报告工作制度和廉政约谈制度，调整和充实纪检执纪办案人才库；公安消防部队探索建立支队级单位纪委书记派驻制。5月，省厅组织部分纪检监察干部分别参加中纪委业务培训班和全国公安机关新任纪委书记培训班。9月，举办全省公安现役部队纪检干部综合业务培训班，提高履职能力和执纪水平。

机关党建与工青妇工作

【概述】 2014年，省公安厅直属机关党委组织开展第二批党的群众路线教育实践、“为何从警、如何做警、为谁用警”大讨论、“优作风、强服务、促规范”主题建设、“一先两优”表彰、厅机关年度目标考核等活动，完成厅机关安保和综治管理工作。年内，省公安厅通过省级精神文明单位复评，并申报创建全国精神文明单位；厅直属机关党委、技侦总队党支部、省公安消防总队嘉兴支队南湖大队党委被省直机关工委授予“先进基层党组织”称号；厅纪委监察室、省公安消防总队湖州支队纪委被省直机关工委评为先进纪检监察组织，厅出入境证照中心被授予“省级工人先锋号”称号；全省有5人被评为省直机关优秀共产党员，省厅有2人被评为省直机关优秀党务工作者、2人被省直机关工委评为优秀纪检监察工作者、1人被评为省直机关第三届道德模范。

【组织开展政治理论学习】 1月27日，省公安厅机关党委协助厅党委制定《2014年省公安厅党委理论学习中心组学习计划》。年内，协助厅党委理论学习中心组集中组织学习党的十八届三中、四中全会和省委十三届四次全会精神，以及中共中央总书记习近平系列重要讲话精神等；推动厅直机关基层党支部(党委)落实理论学习制度;组织厅直机关党员民警集中观看教育片11场次。

图为省公安厅在浙江警察学院举办厅直机关处以上领导干部集中轮训班(2月25日)

【举办厅直机关处以上领导干部集中轮训班】 2月25日～3月6日,省公安厅分两批在浙江警察学院举办厅直机关处以上领导干部学习贯彻习近平总书记系列讲话精神集中轮训班,厅机关副处职以上领导干部共266人参加培训。

【部署开展"优作风、强服务、促规范"主题建设活动】 3月28日,省公安厅召开动员部署会,厅党委委员、政治部主任石小忠主持会议,就开展主题建设活动进行动员部署。6月,省厅在省直机关窗口规范化建设推进会上作交流发言。截至12月,厅属各部门党组织结合"为何从警、如何做警、为谁用警"大讨论活动,以让群众"少跑腿、少排队、少等待"为目标,优化工作作风,规范公务行为。其间,厅正风肃纪工作小组共开展7次明察暗访,对18名违纪违规人员进行通报。

【加强党建工作】 3月,省公安厅党委委员、政治部主任、直属机关党委书记石小忠与厅属各总支(支部)书记签订《浙江省公安厅机关党建工作责任书》。是月24日,厅机关党委制定《2014年厅直机关党建工作要点》。10月,厅机关党委印发《厅机关党组织设置调整意见》,规定厅机关党支部(总支)从侧重于党务工作调整为具有核心领导作用,凡涉及部门干部人事、经费开支、重要工作部署等重大事项,需经党支部(总支)集体研究决定;厅机关党总支由6个调整为12个,分别为政治部、警务保障部、治安总队、出入境管理局、交管局、办公室、科技信息化局、国保总队、经侦总队、人口总队、刑侦总队、监管总队党总支(后6个为新增党总支),落实支部书记"一岗双责"。年内,厅机关党委指导部分基层党组织做好改选或委员增补等工作,组织新任职的党支部书记参加年度省直机关党支部书记岗位培训班;指导各级基层党组织落实民主集中制、"三会一课"、党内监督和党员民警思想状况分析,督促领导班子按期召开民主生活会,抓好党支部组织生活会,定期开展党建工作自查和考核;选送96名党支部书记和党务干部参加省直机关党校组织的学习培训,选送5名入党积极分子参加省直业余党校举办的入党积极分子培训班。

2014年度省公安厅及直属机关党组织和党员情况一览

单　位	党委数(个)	总支数(个)	支部数(个)	党员数(人)
厅机关	1	5	44	1298
厅高速公路交警总队	1	11	75	1332
厅消防局	139	5	381	3696
厅警卫局	8	0	18	496
浙江警察学院	1	2	41	798
机场公安局	1	0	6	129
总　计	151	23	565	7749

【开展正风肃纪】 2014 年，省公安厅机关党委联合厅纪委、督察、保密等部门开展安全保卫、内务卫生检查，加强厅机关环境、会风和纪律整治。截至 12 月，共组织 7 次明察暗访，对 28 人进行通报。

【组织开展目标考核】 2014 年，省公安厅机关党委根据《浙江省公安厅机关 2014 年度目标考核办法》，继续组织对厅属各部门和厅直属单位、事业单位开展年度目标考核，从中评选出 13 个年终考核先进单位、3 个创新争优奖单位和 7 名优秀部门正职、17 名优秀部门副职、414 名优秀公务员、150 名优秀职工。

2014 年度省公安厅直属机关立功集体一览

单位名称	立功等级	批准时间	批准机关
禁毒总队戒毒康复支队	二等功	2015 年 2 月	省公安厅
高速公路总队警卫支队	二等功		
厅办公室(专项)	二等功		
办公室督办室	三等功		
警务保障部国资科	三等功		
国保总队七支队	三等功		
治安总队治安行动支队	三等功		
监管总队刑事羁押管理支队	三等功		
技侦总队三支队	三等功		
交管局事故对策支队	三等功		
网警总队技术保障支队	三等功		
机场公安局场区派出所	三等功		
高速总队杭州支队三大队	三等功		
高速总队嘉兴支队一大队	三等功		
高速总队台州支队四大队	三等功		
高速总队湖州支队四大队	三等功		
高速总队舟山支队一大队	三等功		
警务处(专项)	三等功		
纪委·监察室(专项)	三等功		
警务保障部(专项)	三等功		
国保总队(专项)	三等功		
治安总队(专项)	三等功		
网警总队(专项)	三等功		
禁毒总队(专项)	三等功		

2014年度省公安厅直属机关个人立功名单一览

姓　名	职　　务	立功等级
傅勇慧	法制总队副总队长	二等功
吕巧俊	干部处队伍管理科副科长	三等功
苗欣阳	纪委现役纪检监察室正营职干事	三等功
胡全永	警务督察总队督察一支队政委	三等功
赛慧婷	机关党委办公室副主任	三等功
倪海华	办公室政工室主任	三等功
邵芳建	办公室史志科科长	三等功
许志贤	警务保障部房产科科长	三等功
张　影	科技信息化局政工室主任	三等功
华中笑	指挥中心政工综合室副主任	三等功
陈晓燕	情报中心综合室主任	三等功
宋　骥	国保总队一支队政委	三等功
徐疆一	国保总队五支队副支队长	三等功
施亚军	经侦总队四支队政委	三等功
王　宁	治安总队政工综合室副主任	三等功
沈爱启	人口总队主任科员	三等功
齐育新	刑侦总队理化文检支队政委	三等功
姜炜艳	刑侦总队政工室主任	三等功
杨群英	监管总队行政执押管理支队支队长	三等功
董　正	技侦总队政工综合室副主任	三等功
孙永刚	禁毒总队政工综合室主任	三等功
洪　炯	交管局综合室主任	三等功
胡伟建	警务航空队机务大队副大队长	三等功
陈　罡	机场公安局航站楼派出所副所长	三等功
朱学斌	机场公安局指挥中心主任科员	三等功
单　剑	机场公安局刑侦支队主任科员	三等功
汤　贝	机场公安局主任科员	三等功
蒋玲燕	高速总队杭州支队直属大队副大队长	三等功
宁少坚	高速总队杭州支队三大队主任科员	三等功
王嵊奥	高速总队杭州支队四大队副主任科员	三等功

续表

姓　名	职　　务	立功等级
许方济	高速总队杭州支队五大队主任科员	三等功
陈少剑	高速总队杭州支队政工纪检室主任科员	三等功
张容容	高速总队宁波支队办公室主任科员	三等功
陆钱非	高速总队宁波支队五大队副教导员	三等功
张海文	高速总队宁波支队六大队主任科员	三等功
赵建强	高速总队宁波支队二大队大队长	三等功
章宁银	高速总队宁波支队三大队副主任科员	三等功
陆双飞	高速总队温州支队二大队主任科员	三等功
朱国斌	高速总队温州支队三大队主任科员	三等功
沈　毅	高速总队温州支队分水关卡点大队副大队长	三等功
张　羿	高速总队温州支队办公室主任科员	三等功
张　越	高速总队绍兴支队政工纪检室副主任	三等功
裘张炳	高速总队绍兴支队直属大队副大队长	三等功
陈　麒	高速总队绍兴支队一大队副大队长	三等功
朱晓波	高速总队绍兴支队二大队主任科员	三等功
郑晓敏	高速总队绍兴支队三大队主任科员	三等功
李　强	高速总队嘉兴支队二大队副教导员	三等功
王　锋	高速总队嘉兴支队大云卡点大队副大队长	三等功
姚春辉	高速总队嘉兴支队五大队主任科员	三等功
颜剑飞	高速总队嘉兴支队直属大队主任科员	三等功
范悦春	高速总队嘉兴支队四大队主任科员	三等功
赖富军	高速总队湖州支队政工纪检室主任	三等功
汤　敏	高速总队湖州支队办公室主任科员	三等功
赵敏森	高速总队湖州支队二大队主任科员	三等功
费颖杰	高速总队湖州支队二界岭卡点大队主任科员	三等功
姚铁鹰	高速总队湖州支队父子岭卡点大队教导员	三等功
吴海关	高速总队金华支队政工纪检室主任	三等功
姜　豪	高速总队金华支队一大队副主任科员	三等功
王建章	高速总队金华支队二大队主任科员	三等功
季兵兵	高速总队金华支队四大队主任科员	三等功
郑艳华	高速总队衢州支队窑上卡点大队主任科员	三等功

续表

姓　名	职　　务	立功等级
郑　奇	高速总队衢州支队四大队副教导员	三等功
徐　磊	高速总队衢州支队三大队大队长	三等功
刘庆科	高速总队衢州支队二大队大队长	三等功
楼海峰	高速总队台州支队三大队教导员	三等功
吕　挺	高速总队台州支队直属大队副大队长	三等功
李　巍	高速总队台州支队四大队副主任科员	三等功
王　信	高速总队台州支队三大队副主任科员	三等功
孙　豪	高速总队丽水支队三大队副大队长	三等功
项　信	高速总队丽水支队三大队教导员	三等功
汤林龙	高速总队丽水支队五大队主任科员	三等功
廖勇军	高速总队丽水支队四大队主任科员	三等功
蔡忠宝	高速总队舟山支队直属大队副大队长	三等功
张　华	高速总队机动支队副支队长	三等功
黄岳湘	高速总队警卫支队二大队大队长	三等功
韩旦丽	高速总队保障科科长	三等功
周　媛	高速总队纪委·监察室主任科员	三等功
褚真波	警务保障部行政科科长(专项)	三等功
刘　依	办公室研究室副主任科员(专项)	三等功

【发展新党员】 2014年,省公安厅机关党委依据《中国共产党发展党员工作细则》及省直机关工委的部署要求,加强总量控制,严格按照党员发展的比例,落实发展党员公示制度和“双培养”制度。年内,共发展预备党员528名,预备党员转正275名。(附表)

2014年度省公安厅直属机关新党员发展情况一览

单　位	发展预备党员数(人)	预备党员转正数(人)
厅机关	5	2
厅高速公路交警总队	34	22
厅消防局	300	134
厅警卫局	15	14
浙江警察学院	172	101
机场公安局	2	2
总　计	528	275

【开展“一先两优”表彰活动】 5月8日，省公安厅机关党委印发《关于评选表彰厅直机关先进基层党组织先进纪检监察组织优秀共产党员优秀党务工作者和优秀纪检监察工作者的通知》，对17个厅直机关先进基层党组织、1个先进纪检监察组织、85名优秀共产党员、22名优秀党务工作者和4名优秀纪检工作者进行表彰。

【开展工会活动】 2014年，省公安厅机关党委组织发动14家厅属基层工会的3973名会员申请参保省直机关工会职工医疗互助保障工作，组织开展“职工之家”、“工人先锋号”、“安康杯”等评选创建活动，组队参加省直机关“福彩杯”游泳比赛和省直机关食堂企事业单位员工餐厅烹饪职业技能竞赛，组织参加省直机关第四届文化艺术节和省直机关“我和我的祖国”合唱大赛，组队参加全省公安系统首届警察体育大会各项赛事，组织厅机关93名同志参加省直机关文体协会活动。年内，厅机关足球队获得第四届浙江省直属机关足球乙级队联赛冠军，厅警务航空队等7家基层工会组织获得“先进职工之家”或“合格职工之家”（小家）称号，厅机场公安局被评为“安康杯”竞赛优胜单位。

【开展共青团工作】 2014年，省公安厅团委组织厅属各部门团组织和全体团员青年开展纪念“五四”运动95周年系列活动，组织青年民警、职工开展户外郊游联谊活动，组织参观革命历史纪念馆、历史博物馆、雷锋纪念馆和其他文博藏馆。组织厅机关单身青年参加省直机关“书海情缘·情定清水湾”联谊活动、“书海情缘”单身青年钢琴艺术训练营、“光明吾心”单身青年茶道花艺国学训练营、“光明吾心”单身青年心灵训练营等系列联谊活动。年内，厅团委组织青年民警开展学雷锋志愿者服务活动，健全厅机关青年志愿服务组织，推进“青年文明号”、“青年岗位能手”等规范化创建活动和动态管理工作。

2014年度省公安厅直属机关团组织和团员情况一览

单　位	团委数(个)	总支数(个)	支部数(个)	团员数(人)	28岁以下青年数(人)
厅机关	1	—	14	36	52
厅高速公路交警总队	1	10	58	148	110
厅消防局	11	17	202	2366	3210
厅警卫局	1	2	3	340	560
浙江警察学院	1	6	82	3022	3022
机场公安局	1	—	6	65	65
总　计	16	35	365	5977	7019

【组织开展妇委会活动】 2014年，省公安厅妇委会组织女民警、女职工开展各项活动。年内，组织开展家庭美德和文化建设活动，以及以“文化引领·提升素质”为主题的系列读书活动；组织参加省直机关妇委会承办的“正能量·读好书”讲书大赛并获得银奖，组队参加省直机关工委举办的“共饮一江水”微型党课比赛并获二等奖，组织参加省直机关工会女职委“工会好情缘”活动，组队参加省直机关第九届大众广播体操对抗比赛并获一等奖，组织参加省妇联举办的申报“巾帼文明岗”培训等。

【开展扶贫送服务活动】 2014年，省公安厅继续履行省扶贫办对口扶贫工作任务。年内，厅机关党委组织人员3次到原扶贫点永嘉县岩坦镇溪下办事处和新增扶贫单位苍南县凤阳畲族乡走访，各落实50万元扶贫款。

警 务 管 理

【概述】 2014年，全省公安机关认真贯彻《公安机关人民警察奖励条令》，发挥先进典型的激励、示范和引导作用，围绕中心，倾斜基层，有效开展立功创模、表彰奖励和先进典型联系等工作。年内，全省公安机关有1名民警被授予“全国公安系统一级英雄模范”荣誉称号，7名民警被授予（追授）“全国公安系统二级英雄模范”荣誉称号，1名民警被授予“全国特级优秀人民警察”荣誉称号，3个集体和3名民警分别被评为全国公安机关爱民模范集体和爱民模范，23名民警和2个集体分别被授予“浙江省劳动模范和模范集体”荣誉称号，5个集体被评为2011～2013年度全省优秀公安局，50个集体和100名民警被评为2012～2013年度全省优秀公安基层单位和优秀人民警察。

【推进公安队伍正规化建设】 4月3日，省公安厅印发《2014年全省公安队伍正规化建设评估要点》，要求全省公安机关强化队伍日常管理和监督，加强纪律作风建设，抓好各项禁令条令、警纪警规的贯彻执行，消除队伍中存在的“四风”问题。6月，省厅政治部会同相关部门组成4个督察组，以明察暗访的形式，对全省公安机关队伍正规化建设情况现场督察，督察结果通报全省并限期整改。12月，部署开展年度全省公安队伍正规化建设优秀单位核评工作。年内，按照厅党委精简考评的要求，取消对市级公安机关的评估，保留对县（市、区）公安局申报正规化建设优秀候选单位的审核评定。

【印发《全省优秀公安局优秀公安基层单位和优秀人民警察评选办法》】 9月25日，省公安厅印发该文件，对评选活动的项目、范围、条件及评选表彰的时间、数量、程序，评选结果的运用、奖励的撤销等作出规定。评选活动每两年一次，每次评选全省优秀公安局5～8个、全省优秀公安基层单位100个以内、全省优秀人民警察200名以内。

【先进代表在全国公安机关爱民模范先进事迹报告会上受表彰】 10月28日，全国公安机关爱民模范先进事迹报告会在北京举行。国务委员、公安部部长郭声琨出席报告会并讲话。杭州市公安局交警支队西湖大队北山中队、温州市公安局瓯海区分局娄桥派出所、金华市公安局出入境管理局3个全国公安机关爱民模范集体，宁波市公安局鄞州分局钟公庙派出所民警陈怡、绍兴市公安局上虞区分局百官派出所巡逻处警中队民警姚阳潮、省公安消防总队宁波市支队宁海县大队政治教导员薛军毅3名全国公安机关爱民模范受到表彰。会前，习近平、李克强、刘云山、孟建柱等党和国家领导人会见了爱民模范集体代表和爱民模范。

【陈怡被授予“一级英模”称号】 11月1日，宁波市公安局鄞州分局钟公庙派出所民警陈怡被人力资源社会保障部、公安部授予“全国公安系统一级英雄模范”荣誉称号。

【7人被授予（追授）“二级英模”称号】 1月20日，缙云县公安局东渡中心派出所副所长田伟甫、宁波市公安局交警支队海曙大队事故中队中队长吴革新分别被公安部追授“全国公安系统二级英雄模范”荣誉称号。4月15日，湖州市公安局湖州经济技术开发区分局杨家埠派出所民警马长林被公安部授予“全国公安系统二级英雄模范”荣誉称号。5月13日，温州市公安局技术侦察支队综合大队大队长陈旭、衢州市公安局交警支队集聚区大队花园中队民警张进、象山县公安局后勤科民警徐祥青分别被公安部追授“全国公安系统二级英雄模范”荣誉称号。11月1日，金华市公安局刑事侦查支队民警陈素青被人力资源社会保障部、公安部授予“全国公安系统二级英雄模范”荣誉称号。

【阮林根获评全国特级优秀人民警察】 11月1日，台州市公安局椒江分局海门派出所副所长阮林根被人力资源社会保障部、公安部授予“全国特级优秀人民警察”荣誉称号。

【获评全省劳动模范和模范集体】 4月25日，省政府印发《关于表彰2014年浙江省劳动模范和模范集体的决定》，全省公安系统有2个集体和23名个人分别被评为全省模范集体和劳动模范。（附表）

图为全国公安机关爱民模范先进事迹报告团在省人民大会堂作巡回报告（11月5日）

浙江省模范集体一览

单　位	龙游县公安局
	舟山市公安局普陀山分局

浙江省劳动模范一览

姓　名	工作单位及职务
杨旭东	杭州市看守所副大队长
徐宝庆	杭州市公安局下城区分局武林派出所社区民警
王若天	杭州市公安局余杭区分局刑侦大队信息中队政治指导员
雷振平	建德市公安局刑事侦查大队法医
胡朝霞(女)	宁波市公安局北仑分局出入境管理科科长
潘卧虎	温州市公安局鹿城区分局南郊派出所中队长
吴庆海	温州市公安局瓯海区分局娄桥派出所副所长
吴月民	瑞安市公安局玉海派出所副所长
李　兵	平阳县公安局交通警察大队副大队长
李晓生	安吉县公安局巡特警大队大队长
李伟民	湖州市公安局吴兴区分局朝阳派出所民警
吴雪军	嘉善县公安局姚庄派出所所长
汪东晓	平湖市公安局独山港派出所民警
余存钦	嘉兴市公安局主任科员
陈　超	诸暨市公安局枫桥派出所民警
陈国强	绍兴市公安局交通警察支队城区交警大队大队长
蒋国敏	金华市公安局交通警察支队政委
陈丹红(女)	台州市公安局交警支队路桥大队城区中队副中队长
金　吉(女)	温岭市公安局刑事侦查大队法医
叶林军	青田县公安局高湖派出所副所长
王国华	缙云县公安局刑事科学技术室主任
吴微微(女)	省公安厅刑侦总队法医支队政委
段晓鹏	宁波市公安局海曙分局巡特警大队科员(被授予全国“五一”劳动奖章)

【表彰全省优秀公安局、基层单位和人民警察】 1月20日,省委常委、公安厅厅长刘力伟签署命令,表彰5个集体为2011～2013年度全省优秀公安局、50个集体为2012～2013年度全省优秀公安基层单位、100名个人为2012～2013年度全省优秀人民警察。(附表)

2011～2013 年度全省优秀公安局一览

单　位	杭州市公安局西湖风景名胜区分局
	温州市公安局瓯海区分局
	安吉县公安局
	绍兴市公安局上虞区分局
	兰溪市公安局

2012～2013 年度全省优秀公安基层单位和优秀人民警察一览

地区和部门	优秀基层单位	优秀人民警察	
杭　州	市公安局交警支队景区大队 市公安局直属治安防控机动队二中队 市公安局上城区分局清波派出所 市公安局下城区分局朝晖路派出所 市公安局拱墅区分局上塘派出所 建德市公安局刑侦大队 淳安县公安局城区派出所	黄海鹰	市公安局科通局系统运行服务科科长
		程杭王子	市公安局交警支队下城大队三中队副中队长
		汪旭晨	市看守所管理一大队大队长
		徐朝辉	市公安局下城区分局长庆派出所民警
		荀　磊	市公安局江干区分局刑侦大队信息中队指导员
		屠彦峰	市公安局西湖区分局翠苑派出所民警
		倪涤明	市公安局滨江区分局刑侦大队东片中队中队长
		郑广明	市公安局开发区分局下沙派出所民警
		吴声雷	市公安局萧山区分局城厢派出所民警
		华　俊	市公安局余杭区分局刑侦大队信息中队民警
		钱雪军	桐庐县公安局治安大队副大队长
		包钱法	临安市公安局刑侦大队大队长
		方伟良	建德市公安局新安江派出所民警
		夏　靖	淳安县公安局姜家派出所民警
宁　波	市公安局海曙分局禁毒大队 市公安局镇海分局骆驼派出所 余姚市公安局马渚派出所 奉化市公安局江口派出所 象山县公安局鹤浦派出所 市公安局交警局海曙大队	段晓鹏	市公安局海曙分局巡特警大队民警
		徐明岳	市公安局江东分局经侦大队副大队长
		周　挺	市公安局江北分局刑侦大队视频信息中队中队长
		吴克亮	市公安局镇海分局刑侦大队有组织犯罪侦查中队中队长
		沈阳林	市公安局北仑分局大碶派出所民警
		陈　斌	市公安局鄞州分局首南派出所民警
		周高粱	余姚市公安局刑侦大队信息中队副中队长
		马旭东	慈溪市公安局情报中心教导员
		黄汉汉	奉化市公安局巡特警大队三中队中队长
		应国辉	宁海县公安局交警大队大队长
		徐祥青	象山县公安局后勤科民警
		元业云	市公安局网警支队六大队副大队长

续表

地区和部门	优秀基层单位	优秀人民警察	
温州	市公安局交警支队四大队 市公安局鹿城区分局刑侦大队 市公安局龙湾区分局蒲州派出所 乐清市公安局大荆派出所 瑞安市公安局交警大队 永嘉县公安局控告申诉科	汪海峰	市公安局特警支队一大队二中队副中队长
		包长昕	市公安局鹿城区分局中山派出所民警
		林秀东	市公安局瓯海区分局潘桥派出所所长
		谢建林	市公安局经济技术开发区分局刑侦大队副大队长
		王东兴	乐清市公安局乐成派出所民警
		余成华	瑞安市公安局刑侦大队重案中队民警
		陈　策	永嘉县公安局刑侦大队瓯北中队民警
		曾文艺	平阳县公安局禁毒大队民警
		陈进伟	苍南县公安局金乡派出所所长
		高泉标	文成县公安局刑侦大队副大队长
		郑明清	泰顺县公安局交警大队事故处理中队中队长
		张孚东	洞头县公安局北岙派出所副所长
湖州	德清县公安局新区派出所 长兴县公安局虹星桥派出所 市公安局开发区分局康山派出所	王天辰	德清县公安局筏头派出所民警
		余德东	市公安局吴兴区分局飞英派出所副所长
		罗　杰	市公安局南浔区分局南浔派出所民警
		赵　骏	市公安局度假区分局刑侦大队大队长
		陈建如	市公安局织里分局织南派出所民警
嘉兴	市公安局南湖区分局巡特警大队 市公安局秀洲区分局情报信息大队 平湖市公安局新埭派出所	钱宇勤（女）	嘉兴市公安局秀洲区分局新城派出所副教导员
		钱海良	嘉善县公安局西塘派出所民警
		庄仿林	海盐县公安局刑侦大队教导员
		柏世明	桐乡市公安局梧桐派出所所长
		邬建林	市公安局经济技术开发区（国际商务区）分局刑侦（禁毒、经侦）大队大队长
		陈　龙	市公安局港区分局乍浦派出所民警
		唐国良	市公安局技侦支队五大队大队长
		吴松明	市公安局交警支队一大队副大队长
绍兴	市公安局越城区分局刑侦大队 柯桥区看守所 诸暨市公安局巡逻（特）警察大队	史立中	市公安局越城区分局治安大队民警
		陈　云	市公安局柯桥区分局柯桥派出所民警
		厉　斌	市公安局上虞区分局百官派出所民警
		吴嘉军	诸暨市公安局枫桥派出所副所长
		李建祥	新昌县公安局交警大队城区中队副中队长
		车如土	市公安局高新分局稽山派出所民警
		杨苗江	市公安局滨海分局沥海派出所民警
		刘季铭	市公安局刑侦支队（刑事科学技术研究所）理化室主任

续表

地区和部门	优秀基层单位	优秀人民警察	
金　华	市公安局婺城分局城中派出所 义乌市公安局义亭派出所 东阳市公安局巡特警大队 浦江县公安局浦南派出所	朱勇勋	市公安局技侦支队三大队大队长
		童　备	市公安局婺城分局城西派出所副所长
		曹美萍(女)	市公安局江南分局督察大队副大队长
		程可越	市公安局金东分局赤松派出所所长
		姜晓明	兰溪市公安局云山派出所副所长
		宋建刚	义乌市公安局国保(反恐怖)大队民警
		黄文龙	东阳市公安局刑侦大队民警
		胡孟祥	永康市公安局交警大队事故中队中队长
		李坚毅	浦江县公安局石马派出所副所长
		张丰强	磐安县公安局新渥仁川派出所所长
衢　州	市公安局柯城分局府山派出所 市公安局衢江分局巡特警大队 开化县公安局马金派出所	冯　伟	市公安局柯山分局城南派出所民警
		黄　平	市公安局衢州经济开发区分局经侦大队大队长
		江　平	龙游县公安局法制大队大队长
		周性胜	江山市公安局特(巡)警大队教导员
		曾智盛	常山县公安局城关派出所所长
舟　山	市公安局定海区分局解放路派出所 市公安局普陀区分局六横分局	於国波	岱山县公安局刑侦大队副大队长
		王胜杰	嵊泗县公安局网警大队副教导员
		周峥军	市公安局交警支队定海大队副大队长
台　州	市公安局路桥分局金清派出所 临海市公安局交警大队古城中队 天台县公安局城东派出所 三门县公安局海游派出所	杨　渊	市公安局椒江分局刑侦大队城区中队民警
		夏将勇	市公安局黄岩分局网警大队副大队长、刑侦大队视频信息侦查中队中队长
		董文彬	市公安局路桥分局刑事科学技术室副主任
		尤学军	临海市公安局大洋派出所民警
		仇晓军	温岭市公安局机动车辆检测站站长
		丁国盛	玉环县公安局情报中心主任
		陈　俊	天台县公安局法制大队民警
		高　峰	仙居县公安局横溪派出所副所长
		郭卫平	三门县公安局刑侦大队民警
		刘小平	市公安局开发区分局区西派出所民警
丽　水	松阳县公安局大东坝派出所 遂昌县看守所 市公安局交警支队莲都大队城区中队	李　彪	市公安局莲都区分局紫金派出所副所长
		章晓龙	青田县公安局党委委员、鹤城派出所所长
		章　程	云和县公安局行政许可科(办证中心)科长
		柳恒荣	庆元县公安局荷地派出所所长
		唐　俊	市公安局开发区分局刑侦大队大队长

续表

地区和部门	优秀基层单位	优秀人民警察	
边　防	舟山市公安边防支队西码头边防派出所	林　烨	台州市公安边防支队大麦屿边防派出所所长
		钟文力	温州市公安边防支队黄华边防派出所干事
消　防	杭州市公安消防支队桐庐县大队 温州市公安消防支队鹿城区大队下吕浦中队	薛军毅	宁波市公安消防支队特勤二中队政治指导员
		叶凯靖	台州市公安消防支队特勤中队下士
警　卫		郑　敏	省公安厅警卫局警卫队政委(正团)
厅机关	省公安厅高速公路交警总队绍兴支队四大队 省公安厅高速公路交警总队宁波支队三大队 省公安厅机场公安局航站楼派出所	朱　丹	省公安厅高速公路交警总队杭州支队副支队长
		叶远鹏	省公安厅高速公路交警总队金华支队一大队民警
		徐　骏	浙江警察学院办公室副主任

【2014 年度立功受奖情况】 2014 年,全省公安系统共立集体一等功 6 个、二等功 152 个、三等功 549 个,集体嘉奖 1079 个;个人一等功 6 个、二等功 165 个、三等功 2104 个,个人嘉奖 1.13 万个。(附表)

2014 年度浙江省公安机关立集体一等功单位一览

单　位　名　称	批准时间	批准机关
省公安厅禁毒总队“扫毒害保平安”严打整治行动办公室	3 月 26 日	公安部
杭州市公安局“426”专案组	4 月 15 日	公安部
温州市公安局经侦支队“9・30”制售假药案集群战役专案组	8 月 26 日	公安部
海盐县公安局“3・14”兽药非法添加瘦肉精案专案组	8 月 26 日	公安部
金华市公安局“5・18”专案组	11 月 29 日	公安部
金华市公安机关侦破“12・31”特大电信诈骗案件专案组	11 月 29 日	公安部

2014 年度浙江省公安机关立集体二等功单位一览

单　位　名　称	批准时间	批准机关
省公安厅“枫桥经验”、“美丽乡村”警卫安保工作领导小组办公室	1 月 20 日	省公安厅
杭州市公安局西湖区分局出入境办证中心	1 月 20 日	省公安厅
奉化市公安局	1 月 20 日	省公安厅
嘉善县公安局	1 月 20 日	省公安厅
平湖市公安局	1 月 20 日	省公安厅
云和县公安局	1 月 20 日	省公安厅
宁波市公安局江东分局侦破“2012・6・19”网上非法制贩枪支案专案组	1 月 20 日	省公安厅

续表

单 位 名 称	批准时间	批准机关
温州市公安局信息中心	1月20日	省公安厅
温州市公安局鹿城区分局南浦派出所	1月20日	省公安厅
温州市公安局龙湾区分局蒲州派出所	1月20日	省公安厅
平阳县公安局萧江镇派出所	1月20日	省公安厅
衢州市公安局衢江分局樟潭派出所	1月20日	省公安厅
松阳县公安局古市派出所	1月20日	省公安厅
瑞安市公安局侦破“2012·12·12”绑架案专案组	1月20日	省公安厅
温州市公安局打击侵财犯罪专项行动领导小组办公室	1月20日	省公安厅
绍兴市公安局打击侵财犯罪专项行动领导小组办公室	1月20日	省公安厅
金华市公安局打击侵财犯罪专项行动领导小组办公室	1月20日	省公安厅
衢州市公安局打击侵财犯罪专项行动领导小组办公室	1月20日	省公安厅
桐乡市公安局“7·5”敏感期反恐维稳工作专班	1月20日	省公安厅
绍兴县公安局“7·5”敏感期反恐维稳工作专班	1月20日	省公安厅
义乌市公安局“7·5”敏感期反恐维稳工作专班	1月20日	省公安厅
省公安厅新闻传媒中心(平安时报社)	1月20日	省公安厅
省公安厅国保总队一科	1月20日	省公安厅
省看守所重点监管人员管教组	1月20日	省公安厅
慈溪市公安局巡特警大队	1月20日	省公安厅
余姚市公安局指挥中心	1月20日	省公安厅
宁波市公安局江东分局纪念毛泽东同志批示“枫桥经验”50周年大会警卫安保工作领导小组办公室	1月20日	省公安厅
宁波市公安局海曙分局白云派出所	1月20日	省公安厅
杭州市公安局西湖风景名胜区分局	1月20日	省公安厅
温州市公安局瓯海区分局	1月20日	省公安厅
安吉县公安局	1月20日	省公安厅
绍兴市公安局上虞区分局	1月20日	省公安厅
兰溪市公安局	1月20日	省公安厅
绍兴市公安局镜湖分局侦破“2011·11·28”生产销售伪劣产品案专案组	1月20日	省公安厅
绍兴县公安局经侦大队	1月20日	省公安厅
嘉兴市公安局“808”专案组	1月20日	省公安厅
丽水市公安局莲都区分局“2012·10·23”专案组	1月20日	省公安厅

续表

单　位　名　称	批准时间	批准机关
台州市公安局椒江分局侦破“2012·4·6”特大酒托诈骗案专案组	1月20日	省公安厅
温岭市公安局侦破“部目标2012－360”特大贩毒案专案组	1月20日	省公安厅
玉环县公安局侦破“4·27”黑社会性质组织案专案组	1月20日	省公安厅
温岭市公安局侦破“2013·2·23”特大放火案专案组	1月20日	省公安厅
常山县公安局侦破特大网络开设赌场案专案组	1月20日	省公安厅
衢州市公安局柯城分局侦破“4·17”绑架案专案组	1月20日	省公安厅
开化县公安局侦破“10·15”组织卖淫案专案组	1月20日	省公安厅
兰溪市公安局“224”专案组	1月20日	省公安厅
温州市公安局承办省二体会乒乓球比赛项目工作集体	2月11日	省公安厅
金华市公安局承办省二体会象棋比赛项目工作集体	2月11日	省公安厅
衢州市公安局承办省二体会登山比赛项目工作集体	2月11日	省公安厅
舟山市公安局承办省二体会飞镖比赛项目工作集体	2月11日	省公安厅
丽水市公安局承办省二体会网球比赛项目工作集体	2月11日	省公安厅
省公安厅消防局承办省二体会篮球比赛项目工作集体	2月11日	省公安厅
浙江警察学院承办省二体会拔河、田径比赛项目工作集体	2月11日	省公安厅
省前卫体协办公室承办省二体会太极拳比赛项目工作集体	2月11日	省公安厅
省公安厅“426”专案组	2月26日	省公安厅
宁波市公安局“426”专案组	2月26日	省公安厅
湖州市公安局“426”专案组	2月26日	省公安厅
嘉兴市公安局“426”专案组	2月26日	省公安厅
金华市公安局“426”专案组	2月26日	省公安厅
台州市公安局“426”专案组	2月26日	省公安厅
杭州市公安局监管支队	2月26日	省公安厅
武义县公安局侦破系列性“盗掘墓葬案”专案组	2月26日	省公安厅
杭州市公安局信息中心	6月23日	省公安厅
杭州市公安局萧山区分局侦破“3·13”非法经营药品案专案组	6月23日	省公安厅
临安市公安局侦破“5·28”涉毒涉枪案专案组	6月23日	省公安厅
杭州市机动车驾驶员考试服务中心	6月23日	省公安厅
杭州市公安局禁毒支队侦破“2013－105”特大贩毒团伙案专案组	6月23日	省公安厅
建德市看守所	6月23日	省公安厅
宁波市公安局镇海分局庄市派出所	6月23日	省公安厅

续表

单 位 名 称	批准时间	批准机关
余姚市公安局临山派出所	6月23日	省公安厅
宁海县公安局梅林派出所	6月23日	省公安厅
宁波市公安局江北分局孔浦派出所	6月23日	省公安厅
长兴县公安局李家巷派出所	6月23日	省公安厅
安吉县公安局天荒坪派出所	6月23日	省公安厅
宁波市公安局鄞州分局侦破“2013·1·9”系列性入室盗窃案专案组	6月23日	省公安厅
宁波市公安局信息中心	6月23日	省公安厅
宁波市公安局“2013·11·20”专案组	6月23日	省公安厅
宁波市公安局镇海分局处置“2013·11·7”严重暴力犯罪指挥组	6月23日	省公安厅
慈溪市公安局侦破“2013·5·11”特大网络赌博案专案组	6月23日	省公安厅
温州市公安局鹿城区分局侦破“2013·11·2”藤桥杀人焚尸案专案组	6月23日	省公安厅
湖州市公安局吴兴区分局侦破“2014·1·30”涉枪盗窃、预谋绑架案专案组	6月23日	省公安厅
嘉兴市公安局经济技术开发区（国际商务区）分局侦破“2012·12·28”组织卖淫案专案组	6月23日	省公安厅
嘉善县公安局“5·11”专案组	6月23日	省公安厅
嘉善县公安局侦破“2013·3·19”特大生产销售假兽药案专案组	6月23日	省公安厅
桐乡市公安局侦破“5·12”跨省生产、销售有毒有害食品案专案组	6月23日	省公安厅
桐乡市公安局侦破“9·13”特大生产、销售伪劣“金龙鱼”食用油案专案组	6月23日	省公安厅
宁波市公安机关抗击“菲特”台风救灾维稳指挥部	6月23日	省公安厅
义乌市公安局侦破“7·19”非法行医案专案组	6月23日	省公安厅
金华市拘留所	6月23日	省公安厅
衢州市公安局衢江分局侦破“1·25”生产销售不符合安全标准食品案专案组	6月23日	省公安厅
衢州市公安局衢州经济开发区分局侦破“5·20”毒豆芽案件专案组	6月23日	省公安厅
衢州市公安局柯城分局侦破“6·6”生产销售不符合安全标准食品案专案组	6月23日	省公安厅
江山市公安局侦破“12·14”假冒红双喜品牌体育用品案专案组	6月23日	省公安厅
衢州市公安局柯城分局侦破“1·3”、“1·25”系列抢劫杀人案专案组	6月23日	省公安厅
台州市公安局侦破“2002·7·3”虚开增值税发票案专案组	6月23日	省公安厅
台州市强制隔离戒毒所	6月23日	省公安厅
丽水市公安局侦破“3·26”特大网上开设赌场案专案组	6月23日	省公安厅
省公安厅经侦总队直属侦查队	6月23日	省公安厅
省公安厅机场公安局驻杭州萧山国际机场有限公司二期指挥部安全保卫小组	6月23日	省公安厅

续表

单位名称	批准时间	批准机关
省公安厅情报中心“打击电信诈骗”研判小组	6月23日	省公安厅
宁波市公安局2014年亚太经合组织第一次高官会和相关会议警卫安保工作领导小组	9月20日	省公安厅
宁波市公安局江东分局2014年亚太经合组织第一次高官会和相关会议警卫安保工作领导小组	9月20日	省公安厅
省公安厅治安总队巡逻防暴工作指导支队	9月20日	省公安厅
绍兴市公安局“特警3号”演练组	9月20日	省公安厅
丽水市公安局特警支队	9月20日	省公安厅
省公安厅治安总队公共秩序管理支队	9月20日	省公安厅
省公安厅高速总队嘉兴支队大云卡点大队	9月20日	省公安厅
温州市公安局禁毒支队	9月20日	省公安厅
余姚市公安局侦破“2011－147”部督毒品目标案件专案组	9月20日	省公安厅
嘉兴市公安局侦破“2011·3·23”特大网络传播淫秽物品案专案组	9月20日	省公安厅
绍兴市公安局侦破诸暨“8·23”、“8·29”系列持枪抢劫杀人案专案组	9月20日	省公安厅
宁波市公安局侦破“8·1”特大组织领导传销活动案专案组	12月5日	省公安厅
宁波市公安局侦破部督“3·6”虚开增值税专用发票案专案组	12月5日	省公安厅
宁波市鄞州区看守所	12月5日	省公安厅
余姚市公安局侦破“2012·7·27”集资诈骗案件专案组	12月5日	省公安厅
洞头县公安局	12月5日	省公安厅
桐乡市公安局	12月5日	省公安厅
义乌市公安局	12月5日	省公安厅
舟山市公安局普陀区分局	12月5日	省公安厅
温州市公安机关侦破“4·12”破坏计算机信息系统案专案组	12月5日	省公安厅
乐清市公安局处置龙岗山维稳事件工作集体	12月5日	省公安厅
乐清市公安局侦破“2014·3·28”绑架案专案组	12月5日	省公安厅
温州市公安局侦破“6·26”特大跨境通讯（网络）诈骗集团案专案组	12月5日	省公安厅
杭州市公安局2013年城市道路严重交通违法行为集中整治行动领导小组办公室	12月5日	省公安厅
宁波市公安局2013年城市道路严重交通违法行为集中整治行动领导小组办公室	12月5日	省公安厅
温州市公安局2013年城市道路严重交通违法行为集中整治行动领导小组办公室	12月5日	省公安厅
绍兴市公安局2013年城市道路严重交通违法行为集中整治行动领导小组办公室	12月5日	省公安厅
金华市公安局2013年城市道路严重交通违法行为集中整治行动领导小组办公室	12月5日	省公安厅
台州市公安局2013年城市道路严重交通违法行为集中整治行动领导小组办公室	12月5日	省公安厅

续表

单 位 名 称	批准时间	批准机关
省公安厅打假行动领导小组办公室	12月5日	省公安厅
嘉兴市公安局南湖区分局建设派出所	12月5日	省公安厅
嘉兴市公安局秀洲区分局王江泾派出所	12月5日	省公安厅
兰溪市公安局灵洞派出所	12月5日	省公安厅
东阳市公安局吴宁派出所	12月5日	省公安厅
龙泉市公安局剑池派出所	12月5日	省公安厅
海宁市拘留所	12月5日	省公安厅
海宁市公安局侦破“2012·10·15”网络赌博案专案组	12月5日	省公安厅
嘉兴市公安局经济技术开发区(国际商务区)分局“4·16”专案工作组	12月5日	省公安厅
绍兴市公安局越城区分局侦办“2013－48”部督毒品目标案件专案组	12月5日	省公安厅
金华市公安局婺城分局侦破系列网络制售假药案专案组	12月5日	省公安厅
永康市公安局侦破“9·29”制售假烟标案专案组	12月5日	省公安厅
浦江县公安局护航“浦阳江水环境综合治理”工作组	12月5日	省公安厅
金华市公安机关打假行动工作集体	12月5日	省公安厅
衢州市公安局侦破天子公司被侵犯商业秘密案专案组	12月5日	省公安厅
常山县公安局G60省级窑上联合执勤点	12月5日	省公安厅
龙游县公安局侦破“5·10”污染环境案专案组	12月5日	省公安厅
台州市公安局路桥分局侦破“2013·6·22”通讯(网络)诈骗案件专案组	12月5日	省公安厅
温岭市公安局处置“10·25”持刀伤医事件专案组	12月5日	省公安厅
临海市公安局侦破李熙佑等人组织、强迫妇女卖淫案专案组	12月5日	省公安厅
玉环县公安局玉环盐场废转集中处置工作组	12月5日	省公安厅
龙泉市公安局侦破“2013·1·16”特大贩毒案专案组	12月5日	省公安厅
云和县看守所	12月5日	省公安厅
常山县公安局“1·15”打假专案组	12月5日	省公安厅

2014年度浙江省公安机关立个人一等功民警一览

姓 名	工作单位及职务	批准时间	批准机关
陈学岐	生前系慈溪市公安局坎墩派出所民警	6月23日	省公安厅
蔡丰光	生前系庆元县公安局警务保障室副主任	9月20日	省公安厅
徐明法	绍兴市公安局党委委员、副局长	12月5日	省公安厅
钱立锋	绍兴市公安局越城区分局网警大队大队长	12月5日	省公安厅

续表

姓　名	工作单位及职务	批准时间	批准机关
江　海	衢州市公安局副局长兼刑侦支队支队长	12月5日	省公安厅
俞　洋	生前系衢州市公安局柯城分局府山派出所副所长	12月5日	省公安厅

2014年度浙江省公安机关立个人二等功民警一览

姓　名	工作单位及职务	批准时间	批准机关
许　寅	杭州市公安局治安支队一大队大队长	1月20日	省公安厅
许国宏	桐庐县公安局副局长	1月20日	省公安厅
戴宏林	杭州市公安局萧山区分局治安大队大队长	1月20日	省公安厅
王利军	杭州市公安局交警支队机动大队直属中队中队长	1月20日	省公安厅
邵国平	宁波市公安局副局长	1月20日	省公安厅
许　明	杭州市公安局拱墅区分局巡特警大队二中队民警	1月20日	省公安厅
毛鹏飞	奉化市公安局政委	1月20日	省公安厅
张建华	奉化市公安局法制大队大队长	1月20日	省公安厅
顾跃良	平湖市公安局法制大队大队长	1月20日	省公安厅
秤卫东	象山县公安局交警大队石浦中队民警	1月20日	省公安厅
景　昊	宁波市公安局技侦支队五大队民警	1月20日	省公安厅
张光聪	苍南县公安局金乡派出所民警	1月20日	省公安厅
杨国强	温州市公安局鹿城区分局执法监督大队二中队中队长	1月20日	省公安厅
林　聪	平阳县公安局法制大队副大队长(时任有组织犯罪侦查大队副大队长)	1月20日	省公安厅
毛建武	温州市公安局瓯海区分局刑侦大队副大队长兼二中队中队长	1月20日	省公安厅
戴乐豪	温州市公安局龙湾区分局网警大队副大队长	1月20日	省公安厅
竺成肖	时任瑞安市公安局网警大队民警(现为省公安厅网警总队民警)	1月20日	省公安厅
杨　钧	省公安厅国保总队机动侦察队副队长	1月20日	省公安厅
符　建	省公安厅高速总队台州支队二大队副大队长	1月20日	省公安厅
季建敏	省公安厅高速总队嘉兴支队大云卡点大队副大队长	1月20日	省公安厅
谢　晖	慈溪市公安局副局长	1月20日	省公安厅
鲍云峰	余姚市公安局巡特警大队三中队民警	1月20日	省公安厅
毛伟峰	宁波市公安局交通警察局江东大队事故中队指导员	1月20日	省公安厅
吴孟山	宁波市公安局江北分局慈城派出所副所长	1月20日	省公安厅
舒　毅	温岭市公安局合成侦查大队有组织犯罪侦查中队中队长	1月20日	省公安厅
陈臻宇	三门县公安局治安大队副大队长	1月20日	省公安厅

续表

姓　名	工作单位及职务	批准时间	批准机关
陈军辉	温岭市公安局刑侦大队视频中队中队长	1月20日	省公安厅
陈波杰	舟山市公安局刑侦支队信息大队大队长	1月20日	省公安厅
王　飞	东阳市公安局经侦大队建筑业犯罪侦查中队中队长	1月20日	省公安厅
黄文龙	东阳市公安局刑侦大队民警	1月20日	省公安厅
吴曙雯	省公安厅技侦总队指挥监督中心副主任	2月8日	省公安厅
孙　斌	省公安厅网警总队情报特侦支队支队长	2月8日	省公安厅
冯　雷	杭州市公安局机关党委组织科科长	2月11日	省公安厅
王嘉麟	杭州市公安局西湖区分局巡特警大队民警	2月11日	省公安厅
朱琼华	杭州市公安局下城区分局石桥派出所民警	2月11日	省公安厅
陈士荣	杭州市公安局下城区分局潮鸣派出所民警	2月11日	省公安厅
吴　昊	宁波市公安局教育训练处民警	2月11日	省公安厅
黄迎春	温州市公安局鹿城区分局科技管理大队民警	2月11日	省公安厅
金永乐	乐清市公安局柳市分局民警	2月11日	省公安厅
濮俊翔	湖州市公安局特警支队民警	2月11日	省公安厅
韩　涛	嘉兴市公安局南湖区分局巡特警大队民警	2月11日	省公安厅
刘　顺	金华市公安局特警支队二大队民警	2月11日	省公安厅
李丹丹	舟山市公安局特警支队民警	2月11日	省公安厅
吴娟珠	景宁畲族自治县看守所副所长	2月11日	省公安厅
朱景华	省公安厅教育训练处副调研员	2月11日	省公安厅
应剑峰	省公安厅刑侦总队政委	2月11日	省公安厅
李　晟	省公安厅高速公路交警总队警卫支队二大队民警	2月11日	省公安厅
张潇琪	浙江警察学院学生	2月11日	省公安厅
张留声	省公安厅国保总队副总队长兼反邪教处处长	2月26日	省公安厅
朱晓瑜	省公安厅技侦总队二支队支队长	2月26日	省公安厅
黄校华	杭州市公安局国保支队六大队副调研员	2月26日	省公安厅
陈　波	杭州市公安局国保支队七大队大队长	2月26日	省公安厅
朱　江	杭州市公安局技侦支队六大队教导员	2月26日	省公安厅
蒋　勇	宁波市公安局海曙分局国保大队大队长	2月26日	省公安厅
张众力	宁波市公安局鄞州分局国保大队民警	2月26日	省公安厅
陈　隽	温州市公安局国保支队民警	2月26日	省公安厅
沈海伟	湖州市公安局反邪教处处长	2月26日	省公安厅

续表

姓　名	工作单位及职务	批准时间	批准机关
吴　琦	湖州市公安局技侦支队三大队副大队长	2月26日	省公安厅
沈金国	海盐县公安局国保大队民警	2月26日	省公安厅
王爱军	嘉兴市公安局技侦支队民警	2月26日	省公安厅
陶　艇	绍兴市公安局国保支队民警	2月26日	省公安厅
俞建德	绍兴市公安局技侦支队一大队大队长	2月26日	省公安厅
杜时兵	东阳市公安局党委委员、副局长	2月26日	省公安厅
胡锦鹏	金华市公安局技侦支队民警	2月26日	省公安厅
傅一兵	衢州市公安局国保支队一大队大队长	2月26日	省公安厅
王富增	舟山市公安局国保支队支队长	2月26日	省公安厅
李冬方	温岭市公安局国保大队民警	2月26日	省公安厅
李美娴	台州市公安局技侦支队民警	2月26日	省公安厅
余晓明	丽水市公安局国保支队支队长	2月26日	省公安厅
徐　昊	金华市公安局江南分局西关派出所民警	3月13日	省公安厅
袁宝泉	生前系杭州市下城区看守所民警	6月23日	省公安厅
倪伟建	杭州市公安局萧山区分局靖江派出所民警	6月23日	省公安厅
潘轶辉	宁波市公安局网络警察支队四大队副大队长	6月23日	省公安厅
张振东	慈溪市公安局刑侦大队信息中队民警	6月23日	省公安厅
刘　江	宁波市公安局技术侦察支队三大队大队长	6月23日	省公安厅
黄尚锋	宁波市公安局镇海分局招宝山派出所民警	6月23日	省公安厅
孙国栋	宁波市公安局江北分局网警大队副大队长	6月23日	省公安厅
孙利峰	慈溪市公安局刑侦大队重案一中队中队长	6月23日	省公安厅
邬静波	奉化市公安局治安大队二中队民警	6月23日	省公安厅
鲁　婧	宁波市公安局国保支队民警	6月23日	省公安厅
王沈立	宁波市公安局技侦支队民警	6月23日	省公安厅
周吴彬	嘉兴市公安局技侦支队民警	6月23日	省公安厅
钱卫东	瑞安市公安局党委委员、刑侦大队大队长	6月23日	省公安厅
吴晓敏	瑞安市公安局刑侦大队重案中队民警	6月23日	省公安厅
叶清扬	乐清市公安局刑侦大队一中队中队长	6月23日	省公安厅
黄大鹏	温州市公安局网警支队一大队大队长	6月23日	省公安厅
杨成革	苍南县公安局龙港分局局长	6月23日	省公安厅
王天辰	德清县公安局筏头派出所民警	6月23日	省公安厅

续表

姓　名	工作单位及职务	批准时间	批准机关
钱建峰	湖州市公安局吴兴区分局刑侦大队民警	6月23日	省公安厅
凌春园	湖州市公安局指挥中心情报信息科副科长	6月23日	省公安厅
李文斌	永康市公安局行动侦查大队民警	6月23日	省公安厅
王于京	武义县公安局政治处民警	6月23日	省公安厅
张　良	金华市公安局网警支队情报信息大队副大队长	6月23日	省公安厅
吴夏平	金华市公安局江南分局副局长	6月23日	省公安厅
余　华	金华市公安局江南分局刑侦大队教导员	6月23日	省公安厅
庄展鹏	金华市公安局网警支队民警	6月23日	省公安厅
郑志祥	常山县公安局副局长	6月23日	省公安厅
傅建平	衢州市公安局柯城分局副局长	6月23日	省公安厅
金先顺	台州市公安局刑侦支队副支队长、刑科所所长（时任刑侦支队技术大队大队长）	6月23日	省公安厅
陈　希	台州市公安局经侦支队副支队长	6月23日	省公安厅
陈　豪	临海市公安局白水洋派出所副所长	6月23日	省公安厅
钟旻栋	丽水市公安局莲都区分局白云派出所副所长	6月23日	省公安厅
徐鸿富	省公安厅出入境管理局出入境办案指导支队支队长	6月23日	省公安厅
郭建伟	杭州市公安局巡视员	9月20日	省公安厅
贾勤敏	杭州市公安局党委委员、刑侦支队支队长	9月20日	省公安厅
徐　斌	杭州市公安局刑侦支队九大队一中队中队长	9月20日	省公安厅
赵　俊	杭州市公安局上城区分局刑侦大队副大队长	9月20日	省公安厅
施吉杭	杭州市公安局拱墅区分局刑侦大队副大队长	9月20日	省公安厅
董　礼	杭州市公安局西湖风景名胜区分局刑侦大队技术中队中队长	9月20日	省公安厅
闵光荣	杭州市公安局西湖区分局治安管理大队民警	9月20日	省公安厅
吕建平	省公安厅刑侦总队副总队长	9月20日	省公安厅
陈　凯	省公安厅刑侦总队大要案侦查支队支队长	9月20日	省公安厅
罗利达	宁波市公安局党委副书记、副局长	9月20日	省公安厅
朱建波	宁波市公安局海曙分局治安大队副大队长	9月20日	省公安厅
管　静	省公安厅警务保障部副主任	9月20日	省公安厅
金林枫	杭州市公安局特警支队机动一大队综合室副主任	9月20日	省公安厅
韩　琦	嘉兴市公安局特警支队副支队长	9月20日	省公安厅
丁　挺	金华市公安局特警支队作训科科长	9月20日	省公安厅

续表

姓　名	工作单位及职务	批准时间	批准机关
沈　源	省公安厅高速总队嘉兴支队四大队副大队长	9月20日	省公安厅
夏文祥	杭州市公安局拱墅区分局拱宸桥派出所民警	12月5日	省公安厅
黄刚强	杭州市公安局警务督察支队(审计处)督察队民警	12月5日	省公安厅
徐和平	淳安县公安局法制大队民警	12月5日	省公安厅
史　强	宁波市公安局海曙分局刑侦大队大队长	12月5日	省公安厅
俞　俊	宁波市公安局刑侦支队六大队民警	12月5日	省公安厅
杨雄星	宁波市公安局江东分局刑侦大队民警	12月5日	省公安厅
黄峰达	宁波市公安局杭州湾分局侦查大队民警	12月5日	省公安厅
陈　炜	宁波市公安局经侦支队三大队民警	12月5日	省公安厅
郭呈辉	洞头县公安局法制预审大队大队长	12月5日	省公安厅
单志荣	时任桐乡市委常委、公安局局长(现任嘉兴市公安局党委委员、警卫处处长)	12月5日	省公安厅
费海其	嘉善县公安局法制大队大队长	12月5日	省公安厅
吴益中	义乌市委常委、公安局局长	12月5日	省公安厅
张　华	温州市公安局龙湾区分局治安大队二中队中队长	12月5日	省公安厅
滕　波	乐清市公安局刑侦大队重案一中队民警	12月5日	省公安厅
叶　葱	永嘉县公安局治安大队大队长	12月5日	省公安厅
陈晋霞	永嘉县公安局国保大队民警	12月5日	省公安厅
杨晓峰	永嘉县公安局特巡警大队民警	12月5日	省公安厅
蔡晓鹏	温州市公安局国保支队二大队大队长	12月5日	省公安厅
金　丹	温州市公安局网警支队一大队副大队长	12月5日	省公安厅
范　芳	温州市公安局技侦支队副支队长	12月5日	省公安厅
楼　超	温州市公安局国保支队五大队大队长	12月5日	省公安厅
章　武	温州市公安局刑侦支队一大队民警	12月5日	省公安厅
郑昌辉	苍南县公安局刑侦大队打击有组织犯罪中队中队长	12月5日	省公安厅
金国瑜	永嘉县公安局有组织犯罪侦查大队民警	12月5日	省公安厅
董礼锋	瑞安市公安局有组织犯罪侦查大队民警	12月5日	省公安厅
吴振宇	温州市公安局鹿城区分局中山派出所民警	12月5日	省公安厅
陈朝晖	温州市公安局鹿城区分局禁毒大队二中队中队长	12月5日	省公安厅
金胜义	温州市公安局瓯海区分局禁毒大队副大队长	12月5日	省公安厅
计超豪	温州市公安局刑事科学技术研究所电子物证室民警	12月5日	省公安厅

续表

姓　名	工作单位及职务	批准时间	批准机关
丁平练	省公安厅经侦总队副总队长	12月5日	省公安厅
吴颂华	桐乡市公安局刑侦大队大队长	12月5日	省公安厅
陶炳祥	绍兴市公安局越城区分局经侦大队副大队长	12月5日	省公安厅
钱成根	绍兴市公安局越城区分局党委委员、副局长	12月5日	省公安厅
李小安	东阳市公安局巡特警大队副大队长	12月5日	省公安厅
夏　震	金华市公安局江南分局网警大队大队长	12月5日	省公安厅
黄晓君	永康市公安局石柱派出所民警	12月5日	省公安厅
徐水芳	衢州市公安局刑侦支队侦查大队大队长	12月5日	省公安厅
姜作水	常山县公安局经侦大队大队长	12月5日	省公安厅
程　科	龙游县公安局副局长	12月5日	省公安厅
余红宙	龙游县公安局治安大队大队长	12月5日	省公安厅
王　曦	台州市公安局国保支队三大队大队长	12月5日	省公安厅
郑　敏	台州市公安局网警支队监控大队大队长	12月5日	省公安厅
叶展源	台州市公安局椒江分局办公室副主任兼网上公安局网站运行维护办公室主任	12月5日	省公安厅
陈　寅	三门县公安局治安大队民警	12月5日	省公安厅
应　俊	台州市公安局技侦支队四大队副大队长	12月5日	省公安厅
林峰冰	丽水市公安局出入境管理局办案大队大队长	12月5日	省公安厅

干部人事

【概述】 2014年,省公安厅贯彻《党政领导干部选拔任用条例》,修订完善厅机关各项干部人事管理制度。厅政治部干部处围绕公安中心工作和实战需要,全力做好干部选任、民警遴选、人员招录、职业保障等各项干部人事工作。

【组织开展干部选任工作】 1～2月,省公安厅组织开展浙江警察学院部分领导职位选拔任用工作,推荐产生党委委员人选1名,提任正处职干部9名。4月,厅党委研究通过《浙江省公安厅机关处级后备干部培养管理办法》。6～7月,省厅组织实施2014年度处级后备干部集中推荐工作。11～12月,组织开展干部选任工作,新提任正处职干部9名、副处职干部18名,交流调整正处职干部9名。12月,组织开展厅机关和直属单位团职军转干部处级非领导职务选任工作,选任调研员2名、副调研员17名。

【加强干部协管工作】 2014年,省公安厅协助地方党委调整市级公安机关领导干部94人次,审批同意市公安局内设机构领导干部17人次。年内,协助各地党委组织部门落实县级公安机关"政委高配"工作,全省45名县(市、区)公安机关政委实现高配;指导市、县公安机关领导"进班子"工作常态化,推进公安派出所所长进乡镇(街道)领导班子工作,全省派出所所长进乡镇(街道)领导班子的人数保持在总数的95%以上。

【调整厅本级机构和编制】 1月,省编委批复同意省公安厅增设巡特警管理处。3月,厅科技通信管理局更名为科技信息化局。4月,厅治安总队侦查办案支队更名为治安行动支队(增挂"食品药品犯罪侦查

图为2014年度浙江省公安机关专业技术资格评审委员会评审会议在杭州市举行(10月29日)

支队"牌子)，增设环境犯罪侦查支队。7月，省编委办从省预留公安专项编制中调剂12个名额到厅机关，用于加强反恐情报侦察力量。年内，根据省政府统一部署，省厅政治部牵头完成厅机关行政权力清单、责任清单，并确定嘉兴市公安局、嘉善县公安局作为市、县级公安机关权力清单样本单位，推动全省公安机关开展权力清单梳理工作。

【面向基层公开选调优秀民警】 4月、10月，省公安厅先后两次组织开展面向全省基层公安机关选调科级干部及优秀民警工作，共为厅机关、省看守所、机场公安局选调民警54人。

【考试录用民警和招录试点班学员】 2014年，省公安厅组织全省公安机关实施统一考录人民警察工作，全省共招录民警1756名。年内，开展面向公安院校毕业生招录人民警察工作，通过设置特殊职位等方式，确保公安院校生入警率保持在较高水平；组织实施浙江警察学院人民警察招录工作，录用39人，其中博士10人；继续开展政法干警招录培养体制改革，计划招录200名，实际招录179名；浙江警察学院2012级试点班194名毕业学员全部入警；组织义乌、柯桥、桐乡等地通过特殊招录方式招录特警35名，全部充实到反恐一线实战单位；首次组织开展面向武警浙江省总队拟退役反恐士兵招录特警工作，共录用6人；根据公安部部署从武警部队拟退役反恐士兵中录用特警5人，从汉族高中毕业生中确定定向招录反恐维吾尔语人才4名。

【完善警衔管理工作】 2014年，省公安厅共办理警衔审核审批1.39万人，其中首次授予警衔2602人，晋升1.13万人，微调晋升1179人。

【开展专业技术资格评审和职位考试】 4月，省公安厅组织开展全省刑事技术、技术侦察专业技术职位考试，470人参加考试，224人合格。10月，组织开展公安机关专业技术资格评审工作，评审通过高级专业技术资格7人、中级专业技术资格87人、初级专业技术资格10人，推荐51人参加公安部刑事科学技术、技术侦察高级专业技术资格评审。年内，做好2014年度全省公安机关鉴定机构、鉴定人登记管理工作，共审批鉴定机构32家。

【规范厅属事业单位人事和厅机关编外用工管理】 10月，省公安厅组织实施2014年度厅属事业单位公开招聘人员工作，共录用事业编制人员25人。12月30日，印发《浙江省公安厅编外用工管理规定》，规范厅机关编外人员管理。年内，做好厅属事业单位管理五、六级职员等级晋升工作，晋升管理五级职员5人、六级职员10人；将厅属事业单位绩效考核工作纳入厅机关年度目标考核，省厅对事业单位考核，各事业单位对所在单位人员考核。

【落实加班补贴】 2014年，省公安厅积极争取省人力资源和社会保障厅、省财政厅的支持，给厅警务航空队民警法定工作日之外的加班发放补贴，推动落实全省一线交警法定工作日之外加班加发补贴工作。年内，做好厅属事业单位绩效工资管理工作，基本纳入省统发工资系统。

【加强民警因私出国(境)管理】 5月19日，省公安厅印发《关于进一步加强公安民警因私出国(境)管理的通知》，规范因私出国境的事前审批和证件管理等相关工作。年内，对厅机关民警的因私出国境证件进行检查整理，共政审因公出国(境)55人次，审批因私出国(境)286人次。

【规范民警在企业兼职问题】 2014年，省公安厅根据中央、省委组织部有关要求，规范公安民警在安邦护卫公司的兼职问题。截至12月，厅机关两人辞去公务员职务到公司任职，其余兼职的9人在公司移交后不再兼职。

公安宣传

【概述】 2014年,全省公安宣传部门围绕公安中心工作,发挥社会新闻媒体和公安自有媒体的宣传作用,先后完成第二批党的群众路线教育实践暨“大讨论”活动、“感受温暖警营·寻访最美警察”主题宣传、浙江公安英烈纪念墙及英烈事迹陈列馆建设、“青年文明号”创建等重点工作。

【推进第二批党的群众路线教育实践活动】 2014年,省公安厅宣传处承担全省公安机关第二批党的群众路线教育实践暨“大讨论”活动领导小组及办公室日常事务。3月19日,省厅印发《关于全省公安机关开展第二批党的群众路线教育实践暨“大讨论”活动的指导意见》,先后研究制定16项具体活动。4～8月,组织开展“三思三观”(认真思考与百姓的感情深不深,与百姓的距离远不远,百姓在心中的分量重不重;人民创造的历史唯物史观,以人为本、人民至上的价值观,立党为公、执政为民的执政观)和“为何从警、如何做警、为谁用警”大讨论活动,组织厅机关各部门及市、县两级公安机关一把手带头撰写心得体会和署名文章。年内,先后组织开展“大讨论”主题演讲比赛、主题征文比赛、“我的平安梦”读者(网友)征文等系列活动。

【策划开展主题宣传】 2014年,省公安厅宣传处先后策划开展“五水共治”、打防侵财犯罪、打防电信(网络)诈骗、“猎狐2014”专项行动、“特警3号”反恐维稳演练等主题宣传,以及110主题宣传日、经侦宣传日、“6·26”国际禁毒日等专项宣传,展示公安机关服务大局、打击犯罪的决心及取得的成果。

【开展“感受温暖警营·寻访最美警察”主题宣传活动】 1月21日,省公安厅举行全省公安系统优秀单位、优秀民警暨第一季“温暖警营·美丽警察”颁奖典礼,有30个集体、51名个人获奖。3月,省厅政治部联合厅新闻传媒中心开展第二季“感受温暖警营·寻访最美警察”主题宣传活动,在《警方时空》电视专栏中进行“最美警察”电视展播活动。共评出“温暖警营”集体30个、“最美警察”50人,以及“最佳好记者”和“最佳报道奖”若干。

【做好公安典型选树和宣传报道】 2014年,省公安厅宣传处大力加强先进典型事迹宣传报道,推选优秀民警代表参评第五届全国“我最喜爱的人民警察”评选,宁波市公安局鄞州分局钟公庙派出所民警陈怡、金华市公安局刑事侦查支队民警陈素青、台州市公安局椒江分局海门派出所副所长阮林根等3人获奖,浙江是全国获奖人数最多的省份之一。年内,做好“浙江好人榜”公安系统先进人物的选推工作,共有20人榜上有名;阮林根、陈怡入围2014年度“最美浙江人之浙江骄傲”评选20强。

【举行浙江公安英烈纪念墙和英烈事迹陈列馆奠基及落成仪式】 4月3日,省公安厅在杭州云居山革命烈士纪念馆碑林区举行浙江公安英烈纪念墙奠基仪式。9月28日,举行浙江公安英烈纪念墙及事迹陈列馆落成仪式。省委副书记、政法委书记王辉忠,省委常委、公安厅厅长刘力伟为纪念墙揭幕。省委政法委、省委宣传部、省民政厅、省财政厅等相关单位负责人,省公安厅机关和边防、消防、海警、警卫及高速公路交警总队、浙江警察学院代表以及英烈子女代表共200余人参加落成仪式。是月30日系全国首个烈士纪念日,省委书记、省人大常委会主任夏宝龙带领省委、省政府、省人大、省政协、省军区五套班子领导瞻仰了浙江公安英烈纪念墙。

图为省领导王辉忠、刘力伟等参观浙江公安英烈事迹陈列馆(9月28日)

【组织全省公安机关爱民模范先进事迹巡回报告活动】 2014年,省公安厅宣传处结合全国公安机关爱民模范先进事迹报告团来浙江巡回报告及第五届“我最喜爱的人民警察”评选活动，对获奖民警陈怡、陈素青、阮林根、姚阳潮的先进事迹进行集中报道，并组织全省公安机关爱民英模先进事迹报告团先后赴台州、宁波、绍兴、杭州等地作巡回报告。

【参与重大突发(敏感)案(事)件舆情处置】 2014年，省公安厅宣传处会同各地公安机关积极参与处置杭州中泰垃圾焚烧厂项目、温州三江教堂聚众事件、杭州公交车放火案等重大突发(敏感)案(事)舆情，共撰写舆情专报17期，获厅领导批示31次。

【加强公安影视宣传】 2014年，省公安厅宣传处会同“浙江在线”网站推出《阿SIR传奇》大型纪录片摄制和展播活动，积极参与公安部10集数字电影《警察故事》的选材工作，并获得一集经侦题材数字电影的落地拍摄权。12月，省厅在杭州市余杭区组织开展全省公安宣传创新执法(监控)视频应用工作现场交流推广活动，规范视频资料的宣传应用。年内，据不完全统计，中央电视台共播发浙江省公安新闻150余条，其中《新闻联播》播发4条；浙江卫视各新闻栏目的播发量保持在每月10条以上；省厅在公安内网影视专栏播出公安动态新闻266条。

【策划组织公安微剧本、微电影主题大赛及微电影下乡活动】 5月，省公安厅宣传处会同《浙江法制报》、“浙江平安网”开展全省首届公安微剧本、微电影创作大赛，共收到微剧本、微电影作品124件，评选出获奖剧本(作品)54件。9月，省公安厅联合省农行、浙江法制报社举办“民警说防范、农行伴你行——百场公安微电影下基层”活动，在全省开展各类广场咨询、互动、展播活动近100场，参与群众3万余人。

【组织开展“青年文明号”创建系列活动】 2014年，省公安厅宣传处积极组织开展系列活动，并向公安部和省“青年文明号、青年岗位能手”活动组委会推荐“示范青年文明号”集体。年内，奉化市公安局溪口分局、温州市公安局收容教育所、海盐县公安局百步派出所等3个单位先后被评为“全国示范青年文明号”集体，省厅宣传处被评为全省突出贡献青年文明号活动组织单位；厅宣传处组织参与“我的中国梦”青年文明号微电影大赛，推荐的参赛作品分获金、银、铜奖各1部，另有6人分获最佳个人奖项，厅宣传处获评优秀组织奖。

【做好舆情分析研判和新闻发布工作】 2014年，省公安厅宣传处继续落实日常涉警舆情收集分析和会商研判制度。年内，编报《每日涉警舆情》193期、《每周舆情会商》45期、《涉警舆情综述》12期；协调各警种以多种形式召开新闻发布会33次，发布新闻通稿40余篇。

【做好官方微博运维管理工作】 2014年，省公安厅官方微博“@浙江公安”共发布各类信息1.2万余条，先后策划推出“致敬2013”、三八节“女警故事系列”等近40个微话题，并进行“经侦宣传日”、“特警3号”演练等11次微直播活动。截至12月，省厅在新浪、腾讯、人民、新华四大微博平台注册的官方微博共拥有粉丝近190万人。年内，省厅官方微博获2014华东地区政务微博影响力奖。

图为省公安厅在绍兴市柯桥区举行全省首届公安微剧本、微电影创作大赛颁奖仪式(5月16日)

【做好“民生66”微信运维管理工作】 2014年，省公安厅先后在官方微信“民生66”开通出入境办证查询和路况查询等功能，并优化微信平台界面，推出《安全控》、《乐活周末》、《冷知识大轰趴》等一批新栏目，先后策划推出“感受温暖警营·寻访最美警察”、“军转民警风采系列”、“浙江公安英烈纪念墙落成仪式”、“我最喜爱的人民警察”等10个专题。年内，“民生66”微信共发布各类信息510余篇，处理微友咨询1.59万余条，原文阅读59.8万余次，转发近2.4万次；先后获评2013年度全国公安政务微信协作联盟“十佳会员单位”、2014年全国双微警务“亲民服务奖”、2014年浙江政务微信活力奖等。

【做好"网上办事大厅"运维工作】 2014年,"网上办事大厅"平台共办结行政审批事项4.4万余件,提供便民服务700余万次,接听网民咨询电话并解决问题4000余次。年内,省公安厅宣传处完成出入境"三表合一"与在线填报表格及刑侦遗失物品系统的开发,配合完成治安校园安全登记系统接入工作;修改部分网站安全漏洞,优化升级网站在线咨询后台、搜索引擎等功能;定期通报各市公安局门户网站运维情况,共处理各地提交问题55件;基本完成功能拓展项目16个子项目的开发工作,制作完成第四版网站首页效果图,完成移动APP与微信平台功能架构设计等工作。

【落实厅本级政府信息公开工作】 2014年,省公安厅通过厅门户网站主动公开政府信息7.8万余条,在公安内网政府信息公开专栏发布信息143条。年内,重新修订厅本级《政府信息公开实施办法》,做好厅本级依申请公开工作,受理依申请公开事项23件,其中全部公开答复8件、部分公开答复1件、不属于本机关答复的6件、不公开的8件,全部及时答复申请人。

【做好门户网站日常运维工作】 2014年,省公安厅宣传处继续做好公安门户网站的运行维护工作。截至12月,省厅门户网站总访问量达2.41亿人次,网站注册人数94.1万人,实名认证用户36.1万人,日均访问量达21万余人次;警民互动平台共处理、发布互动信息近7000条,发布各类警务信息3536篇;警务资讯平台共发布文字、图片、视频等各类信息近10.2万篇。年内,在省政府网站运维监测考评中,每月均排名第一。

【推动公安文化多向交流】 8月,省公安厅在杭州西湖博物馆举办"中国梦·警察梦"——全省公安系统第六届"东海卫士"书法美术摄影作品展,展出全省公安民警和武警官兵创作的110余幅作品。年内,厅宣传处共组织18件作品参加公安部第十二届"金盾文化工程"优秀作品评选活动,获得一等奖1名、二等奖1名和三等奖2名;组织4部优秀作品参加全国公安系统文艺创作汇演,其中台州市公安局选送的小品《老尤凤凰路》获最佳创作奖和表演银奖。

【组织开展公安文联活动】 2014年,省公安文联先后组织所属摄影、书法、美术专业委员会召开年会,开展创作交流和集中艺术创作活动。7月,会同浙江电视台公共频道《流动大舞台》栏目组,组织省公安文艺小分队深入基层慰问演出。年内,省公安文联摄影专业委员会推荐的作品在全国公安摄影家协会第二届理事会暨第二届全国公安摄影艺术展上获金奖3个、银奖5个、铜奖7个,获奖数居全国第一位,两人获"全国公安系统优秀摄影家"称号。

【举办"浙江公安文化大讲堂"和推进文化走廊建设】 2014年,省公安厅共举办3期"浙江公安文化大讲堂",分别邀请原公安部新闻发言人武和平、作家王旭烽和摄影家钱明作专题讲座。年内,推进厅机关文化走廊建设,厅办公室、出入境管理局等部门完成该项工作。

教育训练

【概述】 2014年,全省公安教育训练部门主动服从、服务于公安工作大局,科学谋划,突出重点,统筹安排,强化保障,完成年初确定的各项工作任务。

【举办"增强执法自信和执法公信"专题轮训】 3月10日~7月4日,省公安厅在浙江警察学院举办14期专题轮训班,每期5天,重点学习培训中共中央总书记习近平重要讲话和刑事案件审查、典型案例评

图为省公安厅召开全省公安机关"增强执法自信和执法公信"专题轮训动员电视电话会议(3月10日)

析指导、公安民警执法权益保障、信访工作、改进和加强派出所工作、反暴恐专项训练、群众工作等内容。省、市、县三级公安机关共1448人参加轮训。

【组织专业训练】 2014年，省公安厅教育训练处协调厅属各部门，统筹安排专业训练。年内，省厅共组织警衔晋升培训、军转干初任训练、专业训练班等26期，培训学员3205人次；选派128人次参加公安部组织的晋升警监和首任县、市公安局局长、警种部门领导干部培训等。11月9～29日，组织执法办案与绩效评估业务培训团一行18人赴美国乔治梅森大学培训。

【开展优秀课程评选活动】 8月19～22日，省公安厅教育训练处会同浙江警察学院在舟山市人民警察学校组织开展全省公安机关刑事侦查与刑事司法类优秀课程评审活动，共评出14门优秀课程。10月，组织开展全省公安机关“微课程”征集评选活动，评出100门优秀课程和46门精品课程。

【组织开展岗位业务能力竞赛】 11月17日～12月5日，省公安厅教育训练处协调警保、审计、国保、治安、人口、监管、交管、反恐、高速交警等部门，组织开展岗位业务能力竞赛。全省共638名民警参加竞赛，评出51个优秀集体、116名优胜个人。

【开展素质强警交流合作】 2014年，省公安厅教育训练处根据《浙江内蒙古湖北贵州三省一区公安机关素质强警交流合作协议（2013—2015）》，协调做好相关工作。6月，5名贵州省县级公安局长到浙江5个县局跟班学习。8月，省厅组织部分公安机关实战教官、舆情引导等20余人次师资赴湖北省、内蒙古自治区公安机关上门送教。9～10月，内蒙古自治区和湖北、贵州省公安机关先后有90人到浙江跟班学习，450人先后参加10期培训班，9批100人到浙江交流考察。

【公安院校招生】 7～8月，全国公安院校在浙江共招录新生1325名，其中浙江警察学院1000名、中国人民公安大学74名、中国刑事警察学院24名、铁道警察学院77名、南京森林警察学院150名。

【举办浙江省公安系统首届警察体育大会】 6～10月，省公安厅举办首届警察体育大会，分别在杭州、宁波、温州、湖州、厅高速公路交警总队、浙江警察学院等6个赛区举办乒乓球、棋类、篮球、射击、游泳（救生）、田径、趣味运动等10大项41个小项的比赛。全省11个市公安局和厅直属机关、边防局、消防局、高速公路交警总队、杭州铁路公安处、浙江警察学院等17支代表队的1600余名公安民警和现役官兵参加比赛。温州、宁波、杭州市公安局代表队分别夺得团体总分前三名。

【加强公安民警心理健康服务队伍建设】 5月5～9日和9月22～26日，省公安厅政治部先后在浙江警察学院举办两期全省心理健康训练服务专业培训班，共有116名民警参加培训。6月4～8日，组织7名民警在中国人民解放军工程兵学院参加公安部举办的重大突发事件公安民警心理危机干预技能骨干培训班，形成省、市两级危机干预团队后备力量。是月23～28日，根据公安部《关于开展心理健康服务人才培训合作的通知》要求，在杭州为来自四川的67名民警组织举办了为期6天的心理健康专项培训班。8月30日，省厅聘任16位心理专家，组成全省公安民警心理健康服务专家团队。10月22日，印发《浙江省公安民警心理危机干预处置预案（试行）》。

【组织开展群体活动】 3月25～27日，省公安厅组织34名民警参加游泳（救生）专业技能教练员培训班。4月7～9日，组织30余名民警参加中国功夫扇教练员培训班。5月27～30日，组队参加全国公安系统登山比赛，获女子团体第六名、团体总分第七名。6月6～11日，组织参加全国公安系统乒乓球比赛，获高级警官组个人第9名（并列）。截至12月，省前卫体协共有乒乓球、围棋、网球、太极等专业委员会和运动分会302个，会员达1.76万人。

现役部队管理

【概述】 2014年，省公安厅政治部现役工作办公室（以下简称“现役办”）贯彻全省公安现役部队党的建设工作会议要求，以推进部队党的建设为主线，开展思想政治建设，加强领导班子建设，深化干部制度改革，狠抓纪律作风整顿，全省公安现役部队管理水平进一步提升。年内，宁波公安边防支队石浦边防派出所被授予“全国边海防工作先进单位”荣誉称号，舟山边防检查站被省政府授予“守卫群岛边关服务海洋经济模范边防检查站”荣誉称号，宁波市公安消防支队宁海大队政治教导员薛军毅被表彰为全国公安机关爱民模范。有1个集体、2人被公安部记二等功，1个集体被公安部记三等功，8个集体和59人被省公安厅记功嘉奖。

【召开全省公安现役部队党的建设工作会议】 3月18日，省公安厅召开该会议，学习贯彻公安现役部队党的建设工作会议精神，部署全省公安现役部队党的建设工作。省委常委、公安厅厅长刘力伟出席会议并作重要讲话，副厅长、纪委书记王海仁就加强全省公安现役部队党风廉政建设提出要求，厅党委委员、政治部主任石小忠对全省公安现役部队党的建设工作作出部署。

图为省公安厅召开全省公安现役部队党的建设工作会议(3月18日)

【深入开展思想政治建设】 2014年，省公安厅在全省公安现役部队部署开展“牢记强军目标、献身强军实践”、学习党的十八届四中全会精神和中共中央总书记习近平系列重要讲话精神等主题教育活动。4～5月，组织省公安消防总队、厅警卫局班子成员和厅现役机构师以上领导干部在武警学院参加公安现役部队领导干部学习贯彻习近平系列讲话精神专题轮训班。

【加强领导班子建设】 4月，省公安厅结合团职干部“双考”(考核、考试)工作，对全省公安消防、警卫部队13个支队级党委班子进行充实调整。12月，省厅派出联合考核组，对全省公安消防、警卫部队共17个支队级领导班子及133名班子成员进行年度考核。

【推进干部选任制度改革】 2014年，省公安厅重点改革完善消防部队团职干部“双考”工作，明确支队级单位干部由支队级党委提出意见，总队机关干部由所在部门党委提出推荐意见。5月，省厅政治部印发《关于加强全省公安消防警卫部队师团职后备干部选拔管理暂行规定(试行)》，建立健全后备干部选拔管理机制。年内，通过“双考”方式，全省公安消防、警卫部队共任免、调配38名正团职干部和122名副团职干部。

【做好警官警衔管理工作】 2014年，省公安厅对全省公安消防、警卫部队3名新任职警官授予武警上尉警衔，为132名警官办理警衔晋升手续，其中大校6名、上校29名、中校97名。

【加强专业技术干部管理】 4月，省公安厅组织开展2013年度全省公安消防、警卫部队中、初级专业技术资格评审工作。共254人参评，其中中级专业技术资格49人、初级专业技术资格205人；评审通过183人，其中中级专业技术资格42人、初级专业技术资格141人。12月，省厅党委印发《关于进一步加强和改进全省公安消防警卫部队专业技术干部队伍建设的意见》及5个配套规定。

【大学生入警和公安现役院校招生】 2014年，全省共有50名公安消防、警卫部队士兵和56名应届高中生被公安现役院校录取。全省公安消防警卫部队共接收58名地方大学生入警，有7名大学生士兵被提干。

【做好转业复员和离退休移交安置工作】 2014年，省公安厅政治部加强与有关部门沟通协调，213名转业复员干部和132名转业士官全部在省内落实安置单位并到地方报到。年内，省厅政治部现役办和省公安消防总队被公安部政治部评为干部转业工作先进单位，3人被评为全国公安现役部队干部转业工作先进工作者。

离退休干部管理

【概述】 2014年，省公安厅离退休干部处转变作风，规范服务，加强队伍建设，圆满完成各项工作任务。年内，离休干部党支部被评为全省离退休干部先进集体，退休第三、第四党支部被评为厅机关先进基层党组织，5人被评为优秀共产党员，2人被评为优秀党务工作者。

【服务管理对象】 2014年，省公安厅机关新增退休干部20人，离退休干部逝世14人。截至12月，厅机关共有离退休干部311人，其中离休38人（含原浙江消防器材厂离休人员10人）、退休273人，男245人、女66人，党员291人、非党员20人；易地安置2人，代管人员2人，公安部咨询委员1人、公安厅咨询委员2人，列管率100%。

【召开离退休干部工作领导小组会议】 5月16日，省公安厅召开离退休干部工作领导小组第二次会议，通报厅机关2013年离退休干部工作和2014年工作安排。厅党委副书记、常务副厅长、厅机关离退休干部工作领导小组副组长洪巨平主持会议并讲话。

【加强离退休党支部建设】 2014年，省公安厅离退休干部处加强对离退休党支部工作的服务指导。5月12日，选送新任党支部书记到省老干部党校参加党支部书记理论学习班。是月23日、11月6日，分别召开厅机关厅局级老领导和离退休党支部委员专题学习会。年内，厅离退休干部处领导分别负责联系3至4个离退休党支部（共7个支部），每个民警在1至2个党支部担任联络员，并制定《联络员工作制度》；建立离退休党支部“三会一课”（支部大会、支委会、党小组会、党课）和支委联系党员制度，做到每年组织两次党课，每季度召开1次支委会，每月举办1次党支部活动，适时组织党小组活动；离退休党支部全年共组织各种活动、会议80余次。

【召开离退休干部情况通报会】 1月23日，省公安厅召开离退休干部情况通报会。省委常委、公安厅厅长刘力伟出席会议并作重要讲话，厅党委委员、政治部主任石小忠通报2013年度全省公安工作情况及2014年主要工作安排。8月5日，石小忠代表厅党委向老干部通报上半年全省公安工作情况。年内，厅离退休干部处3次组织厅局级离退休干部和离退休党支部书记参加省委召开的情况通报会，两次邀请浙江警察学院教授作党的十八届三中全会、中央政法工作会议精神及《中共中央关于全面推进依法治国若干重大问题的决定》专题辅导报告。

【落实老干部政治和生活待遇】 2014年，省公安厅离退休干部处共组织离退休干部参加厅机关党的群众路线教育实践活动总结表彰大会、省委巡视组巡视谈话和领导干部推荐、评议、考察谈话等10余次，提高离退休干部的知情面和参与度。1月25日，组织40名离退休干部参加在浙江警察学院举行的浙江省公安系统首届警察体育大会开幕式。11月5日，组织20名离退休干部参加全国公安机关爱民模范先进事迹报告会和焦裕禄事迹报告会（视频会议）。年内，开展与离退休干部“结对子”帮扶活动；为老干部活动中心及离退休干部征订、增订报纸和杂志；及时提醒退休同志办理手续、落实组织办理手续；组织看望、慰问住院和行动不便的离退休干部200余人次；为老干部解决问题、化解矛盾10余起。

【开展春节和重阳节慰问活动】 1月23日至春节前，省委常委、公安厅厅长刘力伟，厅党委副书记、常务副厅长洪巨平，厅党委委员、政治部主任石小忠分别看望、慰问老领导及部分退休同志。厅机关各部门和离退休干部处分别对300余名离退休干部和70余名老同志遗属进行慰问，发放慰问金40余万元，同时对20余名生活困难的离退休干部及遗属发放困难补助金。10～11月，厅离退休干部处组织人员走访慰问在新中国成立前参加革命工作的40名厅机关老干部、老党员并发放慰问金。11月1日，刘力伟、石小忠和厅机关各部门负责人与离退休干部一起欢度重阳节，厅离退休干部处组织对生病住院和行动不便的离退休干部进行慰问。

【开展“走基层、看变化、促发展”主题实践活动】 2014年，根据省委老干部局的要求，省公安厅离退休干部处组织开展该活动。年内，组织离退休干部赴湖州、舟山、浦江、丽水、海盐、桐庐、仙居、诸暨等地参观考察，组织

图为省公安厅召开老干部情况通报会（8月5日）

老同志到省委老干部局农事基地、老干部活动室开展活动20余次。

【开展老年文体活动】 2014年，省公安厅离退休干部处组织老干部开展经常性的文体活动，厅机关活动中心共接待老同志8000余人次。3～11月，省公安厅老干部乒乓球队、台球队、桥牌队、地掷球队、门球队、钓鱼队、太极拳(剑)队在庆祝新中国成立65周年全省、省直机关和厅机关老年体育系列比赛中取得好成绩，获得浙江省第二届体育节老年人太极拳(剑)比赛男子42式太极拳(剑)第二名和两个第三名、男子其他传统太极拳第三名，门球队获杭州九源基因门球邀请赛第一名。9月1日，省厅举行厅机关离退休干部庆祝新中国成立65周年书画摄影展。是月30日，组织老干部合唱团参加在省人民大会堂举行的“同心共筑中国梦”浙江省老干部庆祝新中国成立65周年合唱音乐会。年内，两次组织钓鱼兴趣小组活动，地掷球队、桥牌队、门球队每周二、周四训练，太极拳(剑)队每天晨练，老干部合唱团每周五练唱，日常开展乒乓球、台球、扑克等活动。

【召开厅老干部体育协会工作会议】 3月31日，省公安厅离退休干部处召开2014年度老干部体育协会工作会议，传达省老体协秘书长会议精神，总结2013年厅老体协工作，通过厅机关老年体协增选和调整委员人选名单，调整副主席、副秘书长人选，并研究部署2014年培训、竞赛、活动计划。

【开展“敬老文明号”创建活动】 10月23日，省公安厅会同省老龄办、省文化厅、省卫生和计划生育委员会联合印发《关于在全省公安文化卫生计生系统开展“敬老文明号”创建活动的通知》。12月5日，联合召开浙江省第二届“敬老文明号”创建活动推进会，发出《关于积极开展“敬老文明号”创建活动的倡议书》。

浙江警察学院

【概述】 2014年，浙江警察学院开展党的群众路线教育实践活动和“合格评估”活动，推进人才培养、科技创新、师资队伍建设、规范化管理、学生管理、民警培训、国内外交流合作、办学条件改善等工作。是年，学校新增网络安全与执法专业，本科专业增加至10个，其中7个专业获批“十二五”省级普通本科高校新兴特色专业建设项目；与省公安厅联合申报的“刑事科学技术应用实验室”被批准为省级重点实验室，新建5个校局合作单位和1个实践教学基地，与杭州安恒信息技术有限公司建立首个校企合作学生实习点，8个教学系部与省厅22个业务部门签订第二轮教学与实战共同体建设协议；在教育厅组织的2014年大学生体质健康状况抽测工作中，学校的合格率为100%，排名全省高校第一；省教育厅发布《浙江省高等教育国际化发展年度报告》，该校国际化水平再次列全省非硕博授权本科院校第三名；学校先后组织1842名学生完成2014年亚太经合组织(APEC)宁波高官会、亚信第四次峰会“环沪护城河”、首届世界互联网大会和第十五届省运会开幕式等大型活动安保任务。截至12月，学校有教职员工463人，其中正高级职称34人、副高级职称74人；有在校生3915人，其中招录培养体制改革试点班学生491人。年内，有1名教师被评为全国公安系统优秀教师，1名教师被评为全省高校优秀教师，2名教师被评为全省高校优秀辅导员，1名教师在全国第十四届高校多媒体课件比赛中获微课组一等奖，1名教师在省级青年教师教学技能竞赛中获一等奖。有1个集体、1人立二等功，2个集体、26人立三等功，11个集体、67人受到嘉奖。

【学校主要领导职务调整】 2月17日，浙江警察学院召开干部会议，宣布省委关于学校主要领导职务调整的决定。根据中共浙江省委1月24日《关于傅国良等同志职务任免的通知》，傅国良任学校党委书记，王和不再担任学校党委书记、委员。

【学校人才培养质量得到肯定】 11月，省教育厅发布其委托第三方浙江省教育评估院调查形成的《2013届浙江省高校毕业生职业发展状况及人才培养质量报告》。65家用人单位对浙江警察学院毕业生的综合素质满意度达92.62分，居全省接受调查的55所本科院校第一位；毕业生就业率居全省接受调查的55所本科院校第二位，就业满意度居第一位；毕业生对专业课程课堂教学、实践教学效果、教学水平、师德师风、发展机会和锻炼平台、母校提供的就业求职服务的满意度均排名第一。

【校学术委员会换届】 5月21日，浙江警察学院召开校学术委员会换届会议，修订学术委员会章程，组成新一届校学术委员会。11月25日，制定《浙江警察学院学术委员会议事规则》，按照学科归类设置相关的学部和专门委员会。

【召开第四届教学工作会议】 11月21日、28日，浙江警察学院分两个阶段召开会议，决定启动本科教学工作审核评估工作，表彰首届杰出教学贡献奖和提名奖各1人、优秀教研室2个及优秀教研室主任2名、优秀导师5名。

【承办中欧执法合作及警务培训研讨会】 9月17～18日，该研讨会在浙江警察学院举行，是公安部与欧盟在国内开展中欧警务培训项目的首次研讨会，阶段性总结项目运行情况，并就中欧执法合作共同关注领域的工作情况和执法经验进行交流。其间，中欧双方专家分别围绕知识产权保护、社会治安管理、打击有组织犯罪、禁毒、反恐、警务管理、法医鉴定、社区管理等多个议题进行研讨。波兰、德国、法国、荷兰、芬兰、捷克、马耳他、西班牙、英国、意大利等欧盟成员国，欧盟驻华使团，欧洲警察组织，中国公安部、商务部、有关省（市）公安厅（局）和有关院校的代表共70余人参加会议。

【举办"2014大数据和云时代的变革与安全"国际研讨会】 11月11～12日，该研讨会在浙江警察学院举行。公安部科技信息化局党委书记谭晓准，省公安厅副厅长黎伟挺出席开幕式并致辞。澳大利亚、比利时、伊朗、美国的专家到会讲学交流。公安部相关业务局、重点实验室，各省、自治区、直辖市公安厅（局）科技信息化部门，基于大数据架构的公安信息化应用公安部重点实验室相关共建、联建单位的领导及代表约200人参加会议。

【承办首届"安全促发展"国际论坛】 6月26～27日，2014警察与科学国际讲坛暨首届"安全促发展"国际论坛在浙江警察学院举行。来自东盟国家执法部门和国际刑警组织的官员，外交部、公安部和相关科研院校的专家共59人参会，围绕"更好的湄公河流域执法安全合作"主题，就湄公河流域非传统安全威胁、区域执法安全合作机制、区域经济发展与社会治安的关系和各国国际执法合作实践等专题展开研讨。

【承办浙江省公安系统首届警察体育大会开幕式和田径、趣味项目比赛】 10月25日，浙江省公安系统首届警察体育大会开幕式在浙江警察学院举行。省委常委、公安厅厅长刘力伟，厅党委副书记、常务副厅长洪巨平，厅党委委员、政治部主任石小忠，中国前卫体协副主席兼秘书长孙杭南出席开幕式。至26日，全省公安机关204名运动员参加田径、趣味项目比赛。宁波、台州、丽水市公安局代表队分获田径比赛团体前三名。

【开展"基于大数据架构的公安信息化应用公安部重点实验室"工作】 3月25日，浙江警察学院举行该实验室学术委员聘任仪式暨第一次学术委员全体会议。6月16日，部级重点实验室首次公开发布开放课题申报通知，经申报和专家评审，确立5个课题。

【加强基础设施建设】 2014年，浙江警察学院完成滨江校区警务技能战术训练楼和礼堂改造等工程，完成省级实验教学示范中心、警务战术实弹射击演练综合训练基地、经济犯罪侦查多功能实验室等13个实验、实训场所建设；完成浙江公安文献中心一期项目建设，包括数字资源平台和门户网站建设、公安教育训练网络学院、服务器和存储设备以及各类图书资源建设。5月21日，省委、省政府办公厅组织召开专题协调会，明确省公安特警训练基地建设项目作为浙江警察学院临安校区一期扩建项目，由浙江警察学院作为项目业主，建成后增挂"浙江公安特警训练基地"牌子，与浙江警察学院实行一体化管理。学校用地总面积扩大至626.12亩。截至12月，临安校区一期工程拟建单体校内工程基本完工，开办资金到位，着手设备招标。

图为2014警察与科学国际讲坛暨首届"安全促发展"国际论坛在浙江警察学院举行（6月26～27日）

【实现科研服务能力新提升】 2014年，浙江警察学院首次承担公安部指令性科研项目两个（其中1个为重点项目），起草公安部交办的《公安智库建设研究报告》，与义乌市公安局合作完成国家公共安全行业标准《基层公安机关社会治安视频监控中心(室)工作规范》。年内，学校教职工共发表论文 181 篇，其中特级期刊 SCI 和 A&HCI 各 1 篇、一级期刊 7 篇、核心 A 期刊 25 篇；获国家专利 17 项、软件著作权 4 项，出版专著 6 部，编译著 1 部；获市厅级科研成果二等奖 3 项、三等奖 1 项；获各类科研立项 23 项(不包括校级项目)，其中省部级以上 10 项。(附表)

2014 年浙江警察学院获省部级科研立项一览

序号	级别	项 目 名 称	负责人
1	部级	大数据时代的警务变革与安全学术交流	傅国良、周钦
2		建立有别于普通公务员的公安民警分类管理制度	张福成
3		公安教育培训能力建设研究	翁文
4		现代警察近距离临战防控规范化研究	翁文、郦树龙
5		基于异常行为模式识别的公安信息泄露防范技术研究	周国民、范渊
6		基于增量采集的实时监测与智能分析技术	范渊、周国民
7		基于多源数据融合分析的实时交通智能诱导系统	周国民
8		基于大数据的人员实时监测与预警技术研究	蒋文荣
9	省级	中韩青少年团伙犯罪现状及其矫治制度比较研究——以浙江省为例	丁建荣
10		“教育中的灌输”：新时期高校思政教育的根本原则	陈卓

【学生科技创新成果】 2014 年，浙江警察学院学生获第九届全国公安院校大学生科技创新应用成果一等奖 3 个、二等奖 3 个、三等奖 7 个，获省大学生科技创新活动计划暨新苗人才计划立项 17 项。年内，学校组织开展 2014 年校级大学生创新创业项目立项评审工作，有 188 项获得校级立项，其中 10 项获 2014 年国家级大学生创新创业训练项目立项，实现零的突破。(附表)

2014 年浙江警察学院获第九届全国公安院校大学生科技创新应用成果奖一览

序号	成果名称	完成人	指导老师	成果类别	成果形式	获奖等级
1	浙江省龙游县人民路交叉口交通组织设计方案	漏栋梁、史丁宁、朱文锋、朱小康	杜心全	理论与软科学类	调研报告	一等奖
2	便携式超声波雾化指纹显现仪	岑晓东、朱良、张霓风	孙戎、朱斌	科技制作与技术应用类	产品设备	一等奖
3	警务声纹识别系统	胡上杰、田家、黄晟	傅为民、刘和碧	科技制作与技术应用类	软件系统	一等奖
4	一种基于警务绩效分析的警力优化配置方法	缪天鸿、王鑫恺、张孟松	周志涛	理论与软科学类	研究报告	二等奖
5	基于动态分配的公交专用道剩余通行能力利用策略	王肖雅、李强伟	李强伟	理论与软科学类	学术论文	二等奖
6	基于多算法融合的碎纸片拼接复原方法研究	汤金波、应承辉、张强	丁伟杰	科技制作与技术应用类	技术方法	二等奖

续表

序号	成果名称	完成人	指导老师	成果类别	成果形式	获奖等级
7	PGIS犯罪制图技术与侦查应用	郭洪刚、刘开吉、房于盛	徐永胜	理论与软科学类	研究报告	三等奖
8	P2P网贷经济犯罪模式及侦查技战法研究	潘杰鑫	袁小萍	理论与软科学类	学术论文	三等奖
9	微博的情报价值研究	胡冰倩	梦　非	理论与软科学类	学术论文	三等奖
10	基于火车实名制(流动人口)的人口查控系统	郭庭瑞	陶永红	科技制作与技术应用类	软件系统	三等奖
11	斗型纹类指印手别判断新方法的可行性研究	柴菲菲	郑筱春	科技制作与技术应用类	技术方法	三等奖
12	视频侦查目标颜色信息的分析与还原研究	陈子豪、徐瑞宏、罗颖、孔翔誉	程　勇	科技制作与技术应用类	研究报告	三等奖
13	半导体纳米晶在指纹显现上的应用	岑晓东、蔡世浩、蔡雨生、罗嘉晖	周　婧	科技制作与技术应用类	学术论文	三等奖

【招收普通学历教育本科专业新生】 2014年，浙江警察学院招收普通学历教育本科专业新生1021名，其中第一批321名、第二批679名、西藏班学生19名、公安英烈子女保送生2名。(附表)

2014年浙江警察学院第一批新生统计情况一览

项　　目			人数(人)	比例(%)
性　别	男		222	69.2
	女		99	30.8
科　类	男	文	15	4.7
		理	207	64.5
	女	文	32	10.0
		理	67	20.8
党团员	党　员(含预备党员)		0	0
	团　员		319	99.4
	群　众		2	0.6
考生类别	城镇应届		129	40.2
	农村应届		152	47.3
	城镇往届		14	4.4
	农村往届		26	8.1
考生特征	国家二级运动员(含)以上		3	0.9
民　族	汉　族		321	100.0

2014 年浙江警察学院第一批新生录取分数一览

项目			分数(分)
文化分	最高分	文　科	673
		理　科	697
	最低分	文　科	621
		理　科	597
综合分	最高分	文　科	666.70
		理　科	694.03
	最低分	文　科	613.39
		理　科	586.47

2014 年浙江警察学院第二批新生统计情况一览

项目			总人数(人)	比例(%)
性　别	男		606	89.2
	女		73	10.8
科　类	男	文　科	159	23.4
		理　科	447	65.8
	女	文　科	23	3.4
		理　科	50	7.4
党团员	党　员(含预备党员)		1	0.1
	团　员		669	98.5
	群　众		9	1.4
考生类别	城镇应届		262	38.6
	农村应届		347	51.1
	城镇往届		34	5.0
	农村往届		36	5.3
考生特征	国家二级运动员(含)以上		1	0.1
	聚居少数民族		7	1.0
	归侨、华侨子女、归侨子女		3	0.4
	户籍景宁且当地完整高中阶段教育		4	0.6
民　族	汉　族		671	98.8
	回　族		1	0.1
	瑶　族		1	0.1

续表

项目			总人数(人)	比例(%)
民族	黎族		1	0.1
	畲族		5	0.7
重点线人数	男	文科	1	0.1
		理科	15	2.2
	女	文科	8	1.2
		理科	26	3.8

2014 年浙江警察学院第二批新生录取分数一览

项目			分数(分)
文化分	最高分	文科	591
		理科	598
	最低分	文科	488
		理科	424
综合分	最高分	文科	591.55
		理科	590.43
	最低分	文科	497.38
		理科	459.40

【开展公安民警招录培养体制改革试点培养工作】1月17日，浙江警察学院举行2014届招录培养体制改革试点班毕业典礼，有489名学员毕业，其中439人获得学士学位。3月，浙江警察学院2013级296名学员赴温州教学点学习。

【举办在职民警培训】 2014年，浙江警察学院共举办各类培训班108期，培训学员7863人次。(附表)

2014 年浙江警察学院举办各类在职民警培训班一览

序号	培训班名称	培训时间	人数(人)
1	2013年全省公安机关军转干部初任警察训练班(治安)	2013年12月23日至2014年4月11日	130
2	2013年全省公安机关军转干部初任警察训练班(交警)	2013年12月23日至2014年4月11日	37
3	全省公安业务技侦培训班	1月8～9日	44
4	第一期厅直机关处以上领导干部集中轮训班	2月25～28日	130
5	省警卫局警卫战术专项培训班	3月3～7日	25
6	高速交警总队2014年第一期“战训合一、轮值轮训”班	3月3～14日	47
7	第二期厅直机关处以上领导干部集中轮训班	3月4～5日	124

续表

序号	培训班名称	培训时间	人数(人)
8	第一期全省公安机关“增强执法自信和执法公信”专题轮训班	3月10～14日	121
9	景宁畲族自治县公安局刑事侦查业务培训班	3月10～20日	30
10	第二期全省公安机关“增强执法自信和执法公信”专题轮训班	3月17～21日	121
11	高速交警总队2014年第二期“战训合一、轮值轮训”班	3月17～27日	54
12	第三期全省公安机关“增强执法自信和执法公信”专题轮训班	3月24～28日	120
13	全省公安反恐怖基层基础业务专题培训班	3月24～28日	75
14	第四期全省公安机关“增强执法自信和执法公信”专题轮训班	3月31日～4月4日	121
15	全省县级公安机关分管监管工作局领导培训班	3月31日～4月4日	85
16	校局合作公安局“暴恐”嫌疑人现场处置培训班	4月8～11日	28
17	全省公安机关治安系统提高派出所工作指导能力培训班	4月8～10日	55
18	全省公安系统中国功夫扇教练员培训班	4月8～11日	29
19	第五期全省公安机关“增强执法自信和执法公信”专题轮训班	4月8～18日	109
20	高速交警总队2014年第三期“战训合一、轮值轮训”班	4月14～24日	56
21	景宁畲族自治县公安局政工干部培训班	4月14～24日	23
22	全省公安机关武器警械使用骨干教官培训班	4月13～18日	57
23	省厅科通局运行维护业务培训班	4月14～15日	22
24	省厅科通局网络技术业务培训班	4月14～16日	23
25	省厅科通局计算机与大数据业务培训班	4月15～18日	17
26	2014年“信息与网络安全管理”培训班	4月17～18日	53
27	第六期全省公安机关“增强执法自信和执法公信”专题轮训班	4月21～25日	101
28	全国警用地理信息平台培训班	4月21～25日	217
29	全省经侦业务培训班	4月25～27日	304
30	第一期全国公安机关枪械使用培训班	5月4～9日	89
31	全省心理健康训练服务专业培训班	5月5～9日	46
32	第七期全省公安机关“增强执法自信和执法公信”专题轮训班	5月5～9日	114
33	高速交警总队2014年第四期“战训合一、轮值轮训”班	5月5～16日	51
34	杭州市公安局下沙分局新任科级干部培训班	5月7～8日	23
35	第二期全国公安机关枪械使用培训班	5月12～17日	99
36	第八期全省公安机关“增强执法自信和执法公信”专题轮训班	5月12～16日	105
37	2014年全省第一期缉毒侦查业务培训班	5月12～15日	60
38	第九期全省公安机关“增强执法自信和执法公信”专题轮训班	5月19～23日	88

续表

序号	培训班名称	培训时间	人数(人)
39	高速交警总队2014年第五期“战训合一、轮值轮训”班	5月19～30日	53
40	机场公安局第一期武器警械使用培训班	5月19～23日	57
41	衢江公安分局业务骨干培训班	5月19～23日	35
42	全省公安综合情报部门专业人员培训班	5月26～30日	60
43	第十期全省公安机关“增强执法自信和执法公信”专题轮训班	5月26～30日	88
44	机场公安局第二期武器警械使用培训班	5月26～30日	55
45	全省公安英模培训班	5月26～30日	40
46	第十一期全省公安机关“增强执法自信和执法公信”专题轮训班	6月3～6日	100
47	全省公安110报警服务台接警员骨干培训班	6月3～6日	99
48	2014年全省法医培训班	6月3～6日	98
49	高速交警总队武器警械使用教官培训班	6月3～6日	65
50	第十二期全省公安机关“增强执法自信和执法公信”专题轮训班	6月9～13日	72
51	贵州省公安机关警务实战教官培训班第一期	6月9～18日	40
52	2014年第一期省厅警衔晋升培训班(领导干部)	6月9～20日	44
53	2014年第二期省厅警衔晋升培训班(综合)	6月9～20日	51
54	高速交警总队2014年第六期“战训合一、轮值轮训”班	6月9～20日	52
55	全省公安法制业务培训班	6月16～19日	122
56	全省国保业务骨干培训班	6月16～20日	59
57	第十三期全省公安机关“增强执法自信和执法公信”专题轮训班	6月16～20日	83
58	贵州省公安机关警务实战教官培训班第二期	6月19～28日	40
59	第十五期全省公安机关督察队长培训班	6月23～27日	60
60	高速交警总队2014年第七期“战训合一、轮值轮训”班	6月23日～7月4日	52
61	第十四期全省公安机关“增强执法自信和执法公信”专题轮训班	6月23日～7月4日	102
62	全省海警现役部队执法业务培训班	6月23～27日	27
63	全省公安指挥中心指挥长培训班	6月30日～7月4日	98
64	全省公安文学及影视创作培训班	6月30日～7月3日	43
65	第一期东阳市公安局“增强执法自信和执法公信”专题轮训班	6月30日～7月4日	34
66	诸暨市公安局教官培训班	7月2～4日	35
67	第二期东阳市公安局“增强执法自信和执法公信”专题轮训班	7月7～11日	29
68	杭州市车管所驾考民警培训班	7月7～9日	41
69	全省刑事技术现场勘查与信息应用培训班	7月7～10日	128

续表

序号	培训班名称	培训时间	人数(人)
70	高速交警总队2014年第八期“战训合一、轮值轮训”班	7月7～17日	49
71	全国技侦技能比武	8月23～30日	166
72	2014年学校新任教师培训班	8月25日～10月14日	44
73	警卫专干和预备队员培训班	8月24～26日	59
74	宁夏公安监管场所信息化应用培训班	9月1～4日	40
75	2014年第二期省厅警衔晋升培训班(领导干部)	9月9～19日	69
76	2014年第三期省厅警衔晋升培训班(综合)	9月9～19日	55
77	全省经侦部门市场秩序知识产权犯罪侦查业务培训班	9月9～12日	47
78	2014年第一期宁海县公安局中层干部暨巡控民警培训班	9月9～12日	49
79	2014年浙江省县级森林公安局长业务培训班	9月9～12日	70
80	2014年第二期宁海县公安局中层干部暨巡控民警培训班	9月15～19日	53
81	全省技侦数据分析专业培训班	9月16～19日	71
82	安徽省淮北市公安局功模培训班	9月21～29日	30
83	第一期杭州市交通民警事故处理资格等级培训班	9月22～25日	56
84	全省公安特警武力使用培训班	9月22～28日	36
85	全省公安心理辅导员培训班	9月22～26日	116
86	全省公安交警系统提升交通安全宣传实战技能培训班	9月24～27日	194
87	第一期执法办案系统管理员培训班	10月8～10日	68
88	第一期宁夏自治区公安厅道路交通事故处理及安全防护培训班	10月9～16日	60
89	第二期执法办案系统管理员培训班	10月13～15日	67
90	第二期杭州市交通民警事故处理资格等级培训班	10月13～17日	52
91	新机要员培训班	10月15～17日	130
92	第二期宁夏自治区公安厅道路交通事故处理及安全防护培训班	10月29日～11月6日	59
93	全省公安机关信访培训班	10月29～31日	125
94	全省公安交警系统执勤执法安全防护培训班	10月29～31日	83
95	公安科技管理和成果推广应用培训班	10月29日～11月1日	102
96	安徽省界首市公安局素质能力提升培训班	11月2～9日	48
97	全省户政业务培训班	11月3～7日	60
98	第六期全国公安国保教育培训管理干部培训班	11月3～8日	98

续表

序号	培训班名称	培训时间	人数(人)
99	2014年杭州市公安局特警支队宣传员培训班	11月4～6日	30
100	温岭市公安局培训班	11月10～13日	18
101	2014年全国首任县市公安局长培训班	11月12日～12月12日	98
102	全省公安审计业务培训班	12月1～5日	75
103	全省禁毒宣传业务培训班	12月3～5日	109
104	警务保障业务培训班	12月8～12日	80
105	省厅情报中心业务培训班	12月9～11日	60
106	2014年军转干部初任警察训练班(治安)	2014年12月15日至2015年4月30日	176
107	2014年军转干部初任警察训练班(交警)	2014年12月15日至2015年4月30日	30
108	枣庄市公安局2014年度功模民警培训班	12月22～28日	36

【举办"浙江公安论坛"讲座】 2014年,浙江警察学院共举办6期"浙江公安论坛"。10月30日,学校与教育部司法文明协同创新中心签订培训合作协议,联合培训国家司法文明建设中急需的中高级警官人才。年内,该中心选派3名专家在"浙江公安论坛"担任主讲。(附表)

2014年浙江警察学院举办的"浙江公安论坛"情况一览

序号	日期	主讲人	讲学主题
1	4月3日	陈卫东(中国人民大学法学院诉讼制度及司法改革研究中心主任、博士生导师,2012年度法治人物)	公安机关在执行刑事诉讼法中的若干问题
2	9月25日	厉敏(浙江省经济和信息化委员会党组成员、总工程师)	新科技革命和产业变革带来的挑战
3	10月14日	李平凡(公安部交通管理科学研究所副研究员)	重特大道路交通事故深度调查
4	10月30日	张保生(中国政法大学副校长、证据科学教育部重点实验室主任、证据科学研究院院长)	新《刑事诉讼法》中证据规则适用问题
5	11月18日	江国华(武汉大学法学院教授、博士生导师)	中国司法制度改革
6	12月1日	闵春雷(吉林大学法学院教授、博士生导师)	审判中心主义与侦查证据观的转变

【与加拿大蒙特利尔大学签订合作交流协议】 5月12日,浙江警察学院与加拿大蒙特利尔大学签订合作交流协议,在学术科研、教师互派、学生交流和联合培养人才等方面开展交流合作。

【承办涉外培训工作】 2014年,浙江警察学院共承办公安部、商务部、中联办、欧盟警察组织等各类涉外培训项目 19 期，共培训 20 个国家(地区)的 383 名官员。浙江警察学院培训规模居全国公安院校第一。(附表)

2014 年浙江警察学院承办涉外培训项目一览

序号	培训班名称	培训时间	人数(人)
1	中欧警务培训项目——反偷渡分析研判培训班	3 月 3～7 日	25
2	国家援外培训项目——2014 年缅甸大型活动安保研修班	3 月 14 日～4 月 3 日	12
3	国家援外培训项目——2014 年老缅泰执法部门汉语研修班	3 月 20 日～4 月 9 日	16
4	第七期香港纪律部队国情研修班	4 月 8～18 日	30
5	国家援外培训项目——2014 年尼日利亚犯罪防控研修班	4 月 11～25 日	26
6	国家援外培训项目——斐济执法部门指挥与领导决策管理培训班	4 月 13～27 日	15
7	中欧警务培训项目——打击洗钱犯罪培训班	4 月 14～18 日	25
8	国家援外培训项目——2014 年安哥拉机场管理研修班	5 月 9～29 日	18
9	外警培训项目——亚非发展中国家高级移民(边检)官员研修班	5 月 12～23 日	18
10	国家援外培训项目——2014 年坦桑尼亚内政部官员研修班	5 月 13 日～6 月 11 日	20
11	2014 年香港海关与内地公安机关执法协作培训班	5 月 14～22 日	25
12	外警培训项目——老挝高级执法官员研修班	6 月 6～20 日	10
13	国家援外培训项目——2014 年亚洲国家出入境管理研修班	7 月 11～31 日	16
14	国家援外培训项目——2014 年赤道几内亚中高级警官研修班	7 月 11～31 日	20
15	外警培训项目——土耳其伪假护照证件鉴别研修班	9 月 1～21 日	14
16	国家援外培训项目——2014 年坦桑尼亚内政部官员研修班(第二期)	9 月 3 日～10 月 2 日	20
17	第八期香港纪律部队国情研修班	10 月 21～31 日	26
18	公安部外警培训项目——上海合作组织禁毒培训班	11 月 3～17 日	22
19	中欧警务培训项目——警务督察培训班	11 月 17～21 日	25

【留学生教育】 2014 年，浙江警察学院共招收留学生 18 人，其中汉语言进修生 14 人次、本科学历留学生 2 人、短期交流生 2 人，分别来自美国、意大利、韩国、老挝、土耳其、刚果(金)和科摩罗等国家。

【引智工作】 2014 年，经国家外国专家局审核，浙江警察学院共有 8 个项目获批公安部引进国外人才项目，共引进国外专家到校讲学、交流 30 批次 104 人次，主题涉及刑事司法、法医学、交通管理、犯罪学、循证警务、大数据和云计算、警察执法武力使用、警务执法合作等领域，是历年来获批项目最多的一年。

市、县(市、区)公安

杭州公安

【市况简介】 2014 年，杭州市辖上城、下城、江干、拱墅、西湖、高新(滨江)、萧山、余杭 8 区，桐庐、淳安 2 县，建德、富阳、临安 3 县级市。全市土地面积 1.66 万平方千米，其中市区 4876 平方千米。全市户籍常住人口 715.76 万人，比上年增加 9.15 万人。其中，杭州市区总人口 458.47 万人，比上年增加 7.65 万人，登记流动人口 425.76 万人。全市实现地区生产总值 9201.16 亿元，比上年增长 8.2%；财政总收入 1920.11 亿元，比上年增长 10.7%，其中地方一般公共预算收入 1027.32 亿元，比上年增长 8.7%；市区城镇居民人均可支配收入和农村居民人均可支配收入分别为 4.46 万元和 2.36 万元，分别比上年增长 9.1%和 11.1%。

【概述】 2014 年，杭州市公安机关以打造信息化条件下的警务实战体系为主线，全面推动基础信息化、警务实战化、执法规范化、队伍正规化"四项建设"，化解矛盾纠纷和突发事件，加强反恐防暴工作，组织开展系列打击专项行动，护航"五水共治"、"三改一拆"等。是年，全市社会治安连续第 10 年保持"发案下降、打处有力"态势，命案、五类案件破案率达 100%；群众安全感和满意度分别达 97.17% 和 94.51%。年内，建德市公安局和杭州市公安局下城区分局东新派出所被公安部评为全国公安机关执法示范单位，全市有 1 个集体被评为全国公安机关爱民模范集体，4 人被评为省劳动模范，1 人被评为杭州市市直单位"十佳公务员"。有 10 个集体、21 人受到上级记功表彰。

图为副厅长、杭州市委常委、公安局局长叶寒冰在全国公安厅局长座谈会期间汇报杭州市局"四项建设"工作情况(9 月 22 日)

【机构人员】 2014 年，杭州市公安局共有内设机构 8 个、直属单位 27 个，辖 16 个县(市、区)公安局。实有派出所 221 个，实有民警 1.24 万人、协辅警 1.18 万人，其中派出所警力 4707 人，占总警力的 38%。民警数占全市实有人口的 1.73‰。

【维护国家安全和社会稳定】 2014 年，杭州市公安机关完成北京 APEC 峰会，十八届四中全会，全国、省市"两会"以及中央巡视组来浙巡视期间的安保维稳任务。年内，严打邪教组织非法活动，稳妥化解、处置涉稳案(事)件，确保全市社会大局持续稳定。

【护航党委政府中心工作】 2014 年，杭州市公安机关围绕"一号工程"、"五水共治"、"三改一拆"、"杭改十条"、"治堵治气"等中心工作，认真履职、主动作为，推行"河道警长制"，推进"打四黑除四害"深化年活动，开展食品安全"百日严打"等专项整治行动，做好重大民生工程维稳工作，推出城区治堵排畅新举措。年内，快速平息余杭中泰"5·10"事件，顺利开展九峰能源项目"两公示一检测"工作，污染环境案件侦破数量大幅增加，"限牌限购"、"错峰限行"升级调整等群众高度关注的交通严管措施平稳落地。

【开展"挺进"专项行动】 9 月 30 日～12 月 20 日，杭州市公安机关开展该专项行动。其间，共侦破现行命案

17起，破案率100%；移诉侵财犯罪嫌疑人1841人，移诉5人以上且作案10起以上侵财犯罪团伙23个，打掉通讯(网络)诈骗团伙9个，抓获侵财犯罪逃犯174人；侦破涉黄、涉赌刑事案件92起，刑事拘留涉黄、涉赌犯罪嫌疑人374人；侦破环境和食品药品犯罪等民生案件52起，刑事打处犯罪嫌疑人83人；检查各类公共复杂场所1220家次，处罚各类场所43家次，取缔黄赌场所58家次；查处各类交通违法行为104.7万起，其中酒后驾驶5401起(含醉酒驾驶1508起)、违法停车40.1万起、电动自行车无牌无证4865起；消防检查4.56万家单位，督促整改隐患7345处。

【开展“猎狐2014”境外缉逃专项行动】 7月20日～12月底，杭州市公安机关开展该专项行动。其间，对全市20名境外逃犯逐一开展基础排摸，对7名有条件缉捕或劝返的对象开展滚动排查和研判，对5名已批准逮捕的境外在逃人员申报红色通缉令，宣布作废12名境外逃犯的护照及通行证。截至12月，成功劝返、抓获境外逃犯8名，专项缉捕率42.1%。

【打击假冒伪劣犯罪】 2～12月，杭州市公安机关推进以侵犯知识产权为主的打击假冒伪劣犯罪工作，重点依托与阿里巴巴的协作，加强检索淘宝网上涉假线索。其间，共发起7个网上打假的集群战役，立案侦查假冒伪劣犯罪案件161起，破案118起，捣毁制假窝点71个，缴获假冒伪劣商品20余万件，抓获犯罪嫌疑人近200人；核查外地打假集群52个，综合绩效排名全省第三位。

【打击整治传销集中行动】 2月28日～7月31日，杭州市公安机关针对部分郊县外来人员“拉人头”式非法传销较为突出的情况，会同工商部门开展该行动。其间，共捣毁传销窝点498个，清查遣散涉传人员3447人；立案侦查组织、领导传销案件72起，侦破72起，采取强制措施168人；立案侦查传销引发的非法拘禁案28起，侦破28起，采取强制措施169人。

【实现命案全破】 2014年，杭州市公安机关现行命案发76起，同比减少13起，下降14.6%，侦破76起，同比上升5.62%。自1984年以来首次实现命案破案率100%。

【打防侵财犯罪】 2014年，杭州市公安机关采取合成作战、立线侦查、专案经营、主题打击等举措，加强研判串并，主动挖掘线索，先后牵头主侦上城区“3·14”江新苑系列入室盗窃案、桐庐县“4·16”特大入室盗窃案、安徽六安籍入室盗窃团伙案、贵州施秉籍入室盗窃团伙案等一批重特大侵财犯罪个案和团伙系列案件。年内，共侦破侵财案件2.73万起，移诉侵财类犯罪嫌疑人7068人，侦破案损30万元以上的侵财案件88起，打掉并移诉5人以上且作案10起以上的重大侵财犯罪团伙45个。

【打防通讯(网络)诈骗犯罪】 2014年，杭州市公安机关加强案件受理初查，依托自行研制的通讯(网络)诈骗案件管理平台，及时分析研判和通报预警，抓好社会面、银行环节的防范宣传和源头技术防控，组建打击通讯诈骗犯罪专业队。年内，共受理通讯(网络)诈骗案件4534起，摧毁通讯(网络)诈骗团伙25个，侦破通讯(网络)诈骗案件317起，追赃1317.6万元；成功防范通讯(网络)诈骗案件1027起，止损3631.6万元。

【实现监所连续第8年安全无事故】 2014年，杭州市公安机关推出矛盾纠纷处置前置和过程管控举措。严格落实在押人员就近报警、包夹控制、回避等待等要求，迅速有效处置纠纷；落实在押人员生活制度要求，规范在押人员行为养成，强化在押人员24小时双人轮值、放风管理、群进群出、包夹管控等内部管控机制建设。年内，杭州市公安局的工作方法得到公安部肯定并在全省监所推广。杭州市监管场所实现连续第8年安全无事故。

图为杭州市公安机关侦破“1040”特大组织、领导传销案(10月23日)

【开展百城禁毒会战专项行动】 9月29日始，杭州市公安机关开展为期半年的百城禁毒会战专项行动。10～12月，在会战第一阶段，共侦破部级毒品目标案件7起、省级毒品目标案件11起；抓获犯罪嫌疑人593人，查处吸毒人员2201人次，强制隔离戒毒264人次，缴获毒品26.35千克。

【创新吸毒人员分类管控工作】 3月6日，杭州市禁毒办、市公安局联合印发《杭州市社会面吸毒人员排查和分类管控工作规定(试行)》，明确排查范围、重点对象、重点区域，将社会面吸毒人员管控等级分为三级，要求针对不同的管控等级、时间段，采取相应干预措施。年内，全市未出现管控人员重大肇事肇祸事件，社区戒毒有效执行率达92.2%，社区康复有效执行率达92.1%。

【形成具有杭州特色的城市反恐防暴体系】 2014年，杭州市公安机关在全省率先尝试与新疆公安机关联合办案，采取“本地取证、异地使用”模式，首创内地公安机关与新疆公安机关联合办案新举措，自主侦办杭州市第一起涉恐案件，得到夏宝龙、王辉忠等省领导的批示肯定，相关经验做法被省公安厅向全省推广。年内，公安部党委副书记、常务副部长杨焕宁在杭州调研指导时，对该市反恐怖工作予以肯定；《公安内参》、《新华社浙江领导参考》等专门进行了报道。

【开展“夏安”系列专项行动】 7月28日～9月底，杭州市公安机关开展该专项行动。其间，共出动警力20.1万人次，清查各类场所13.7万处，检查13.4万人次，现行抓获犯罪嫌疑人3391人；查破侵财、黄赌毒等刑事案件4200余起、治安案件4800余起，刑事拘留3060人、治安拘留4507人。

【打击食品药品环境违法犯罪】 2014年，杭州市公安机关开展“打四黑除四害”、食品安全“百日严打”、以打击钱塘江流域污染环境犯罪为重点的专项行动和“打污染清江河”专项行动，着力加强食品药品、环境等民生领域管理。6月，建立“河道警长制”。9月，杭州市公安局组建环境和食品药品犯罪侦查支队，下城区公安分局、富阳市公安局、桐庐县公安局、淳安县公安局、经济技术开发区(下沙)公安分局也陆续成立环境和食品药品犯罪侦查大队。年内，杭州市公安机关共侦破食品药品、环保等民生类刑事案件102起，移诉犯罪嫌疑人222人；打处涉食品药品案件人员126人、涉环保案件人员96人。

【推进“缉枪治爆”专项行动】 2014年，杭州市公安机关推行“深查收缴枪爆物品、深化排查枪爆隐患、深入管控军械枪迷、深度治理枪爆网站、深挖打击制贩源头”5项工作举措，推进“缉枪治爆”专项行动。年内，共查处涉危案件13起，收缴枪支2572支、子弹69.5万发、雷管4万余枚、管制刀具4850把、剧毒化学品3704.3千克；深入开展公务用枪安全大检查，累计检查配枪部门19个、枪(弹)库室22个，核查3651名民警配枪情况，枪支弹痕建档140支，收缴淘汰、报废公务用枪245支、子弹1027发，组织用枪人员训练考核3000余人次；做好烟花爆竹安全管理工作，强化对烟花爆竹从业单位的安全监管，依法处置违规燃放行为；严密危险物品的安全管理，建立、完善散装汽油安全管理制度，登记购买散装汽油人员信息51万余条，通过散装汽油安全管理系统预警抓获上网逃犯2人；会同安监、贸易部门取缔证照不全加油站(点)13家。

图为杭州市公安局在治安重点整治区域组织开展夜间巡逻(8月26日)

【开展“打黄赌·铲源头”百日行动】 10月28日～12月31日，杭州市公安机关开展该行动。其间，共侦破黄赌刑事案件62起，刑事打处涉黄犯罪嫌疑人57人、涉赌犯罪嫌疑人185人。

【挂牌整治治安重点地区】 2014年，杭州市公安局结合日常掌握情况，对部分重点社区(村)的实有人口数、刑事和治安案件受理数等进行综合评估,梳理确定14个治安重点地区,实行市级挂牌整治。6月,会同市综治委制定《2014年度市级社会治安重点地区整治验收摘牌标准》。年内,新增专职群防人员472名、各类技防和物防设施8000余件(套);110报警数、刑事案件受理数同比分别下降10.2%、25.9%;14个治安重点地区经市综治委考核验收全部摘牌,其中被列为省级挂牌的萧山区育才东苑社区"10分钟巡控圈"经验做法被省政法委推广介绍。

【开展"两小区"创建活动】 2014年,杭州市公安机关结合平安网格创建,开展"零发案小区"和"控案先进小区"创建活动。年内,该市共创建"两小区"1080个,占封闭小区总数60%,入室盗窃、盗窃电动自行车等五类案件同比下降14.7%。

【开展强盘查抓现行工作】 2014年,杭州市公安机关通过开展"强盘查抓现行能手竞赛活动"、落实抓现行奖励、评选"十佳巡警之星"和"百名强盘查抓现行群防能手"及"巡逻盘查十大典型案例"等措施,强化巡逻盘查抓现行工作。年内,全市共抓获现行违法犯罪嫌疑人4660人,其中刑事拘留3015人;有1537人次获得抓现行见义勇为奖励,同比上升11%。杭州市公安局获得全省巡逻盘查千案竞赛优胜奖,4起案例、4名民警和3名群防队员入选全省"千案竞赛典型案例"、"千案竞赛巡逻之星"和"千案竞赛协警之星"。

【完善"复合型"巡逻警务模式】 2014年,杭州市公安局构建以景安巡逻队和小PTU为支撑,以监控、便衣队、群防群治等力量为辅助的全方位、立体化巡逻防控网络,"复合型"巡逻警务模式进一步完善。9月29日,杭州市局西湖风景名胜区分局成立一支由50名队员组成,以自行车、电动自行车为主要交通工具的特色巡逻队——景安巡逻队,在西湖景点巡逻防控、防范宣传、服务游客。年内,西湖风景名胜区街面案件和街面侵财案件同比分别下降18%和14%。

【完成重大活动安保警卫任务】 2014年,杭州市公安机关完成第十六届西湖博览会、第十届中国国际动漫节、杭州国际马拉松赛、国际电商博览会、世界杭商大会、首届世界互联网大会等重大活动安保任务。其中"7·28"专项安保和国际马拉松赛安保工作得到省委书记夏宝龙的肯定。

【加强人口、房屋关联管理】 2014年,杭州市公安局在PGIS警用地理信息平台基础上,研发"实有人口、实有房屋管理模块"和出租房屋二维码,结合移动警务通进行应用。年内,杭州市公安机关共采集标准地址113.4万个,在地图上定位地址数99.4万个,定位率87.65%;建成电子结构图房屋95.1万幢、电子房间384.6万间,增加楼幢照片47.9万张,标准地址电子建房(楼幢)率83.84%;关联实有人口536.4万人,采集人口相片468.7万张,人房关联率81.29%;采集单位信息1.81万条;3万户出租房安装"出租房屋智能电子门禁"系统。

【推出居民身份证便民服务】 5月始,杭州市公安机关推出离线采集居民身份证指纹服务,为特殊困难群众解决申领居民身份证困难的问题。截至12月,共上门采集67次。年内,杭州市公安局拱墅区分局、淳安县公安局作为首批试点单位开展二代居民身份证快递业务,共受理制证789张;富阳市公安局推出送证上门服务,累计为群众送身份证2619次8100张,通过上门送证发现并注销死亡户口129个、重复户口47个,督促申报口袋户口3个,变更、更正户口主项登记70项次。

【推出出入境窗口新举措】 3月31日,杭州市公安局在全市公安出入境窗口启动"三表合一"工作。9月15日,启动签发电子港澳通行证。截至12月,杭州市公安机关通过"三表合一"受理出入境证件申请

图为副厅长、杭州市委常委、公安局局长叶寒冰检查景安巡逻队国庆安保工作(10月1日)

近87万人次，签发电子港澳通行证及签注18万余件。年内，全市公安机关推进"亮窗工程"建设，在中国公民接待大厅开通绿色通道，推出再次赴港澳台签注自助受理机、自动填表机、指纹采集仪、网上受理EMS双向速递和境外人员个人自主申报等举措。

【推进消防行政审批制度改革等工作】 2014年，杭州市公安消防部门推进消防技术审查与行政审批分离制度，做好"小微项目"服务工作。将除由省公安消防总队专家评审、建筑高度超过100米外的项目下放各县(市、区)公安消防大队进行审批；取消8项消防行政审批前置条件，实行次要材料可后续补齐的"容缺受理"机制；提前介入指导消防设计审核、消防竣工验收项目，加快图纸审查、现场验收环节；开展"代办"专项整治活动，建立不良行为记录和黑名单制度，从源头上挤压"黄牛"、"掮客"的生存空间；清理各项收费，取消消防报刊征订，禁止接受任何名义的赞助费、慰问费；明确6种轻微消防违法行为适用条件，实行轻微违法不予处理制度。年内，全市消防行政审批时限平均缩短30%，行政审批项目、备案项目、消防安全检查项目分别缩短至14、21、7个工作日。

【创新交通治理机制】 2014年，杭州市公安机关交通管理以治理为重点，推行交警担任"路长、岗长、片长"，实行交通"专治、共治、自治"。26条治堵重点道路由市交警支队长、交警大队长任"路长"，在市区85个主要路口设立"岗长"，由市交警中队干部担任，并在62个责任区聘任警长，在全市54个社区设立"片长"。年内，组建共治队伍498人，22个社区实施"大封闭"管理。

图为杭州市关爱警察基金会召开成立大会(12月31日)

【保障机动车"限牌限购"】 3月26日始，杭州市行政区域内小客车实行增量配额指标管理，增量指标通过摇号或竞价方式取得。杭州市公安局积极配合市政府对小客车进行总量调控，全程参与政策准备、宣布冻结、公开筹备、调控实施阶段工作，保障"限牌限购"工作平稳落实。同时，推出外地机动车高峰限行、延长高峰限行时间等"错峰限行"措施。年内，杭州市新增智能卡口系统96套，公安机关查处车辆违反"错峰限行"规定27.34万起，其中非现场抓拍17.11万起。

【深化错案预防机制建设】 3月24日，杭州市公安局成立执法管理委员会，加强长远性、全局性、基础性重大法治建设的顶层设计，实现对公安法治建设和执法管理的统一领导。年内，稳步推进预审机制改革，按照"三统一"和侦审分离的要求，改革刑事案件法律审核工作；市公安局成立命案侦查监督指导委员会，各县(市、区)公安局成立重大疑难案件侦查办案指导委员会或建立相应工作机制，确保案件办理质量；制定命案办理规定并抓好落实，确保重大案件侦办工作不出差错；严格执行执法过错终身问责制，确保每一起案件、每一个执法行为都经得起法律和历史的检验。

【推进党的群众路线教育实践活动】 2014年，杭州市公安局抓好全市公安机关党的群众路线教育实践活动暨"为何从警、如何做警、为谁用警"大讨论活动，有效推进16项重点工作。年内，抓好文风会风、正风肃纪、信访积案、行政审批、"三公"经费等重点项目的整改落实工作；推进行政审批改革，权力事项从1086项缩减到86项，下放权力事项1项，保留部门共性权力事项7项，承接省级下放权力事项10项。严格执行中央"八项规定"，全年"三公"经费支出2967.74万元，比上年下降11.53%。

【推出严管厚爱系列措施】 9月22日，杭州市关爱警察基金会经市民政局批准成立，年内该基金会共筹措关爱基金1300万元。12月24日，杭州市公安局正式实施《杭州市公安机关民警日常违规行为记分办法》，全年计分与年度考核挂钩，基本称职、不称职民警参加离岗培训。年内，共查处民警酒后、醉酒驾车，赌博以及违反"三项纪律"等违法违纪案件26起33人。同时，不断健全和完善民警正当执法权益保护工作机制、干部选拔任用激励机制、职业健康保障机制,加强基层警营文化建设,开展经常性谈心谈话,组织工会疗休养,开通就医“绿色通道”等一系列从优待警措施。

【调整城区公安分局领导班子管理体制】 12月,杭州市公安机关落实城市公安分局、派出所由上级公安机关直接管理的规定,理顺城区公安分局领导班子管理体制,增强警令政令畅通的执行力、快速有效处置突发性事件的合成力、对城区社会治安的掌控力,加强公安机关队伍正规化建设。

【设立民警枪械训练中心】 4月22日,杭州市公安局设立枪械训练中心,建立系统、专业、严格、经常的民警枪械训练制度。年内,设计制作《民警武器使用训练档案》,汇编由教官拍摄制作示范动作图片的《杭州警察枪械教学训练手册(讨论稿)》,选送培训枪械训练教官,认定高级教官5人、中级教官8人、初级教官75人。截至12月,该训练中心共为杭州市局27个部门及所辖县(市、区)公安局的3000余人次提供实弹射击训练。

【上城区公安分局】 2014年,上城区面积18.3平方千米,常住人口32.97万人,登记流动人口10.72万人。全年实现地区生产总值807.62亿元,比上年增长8.1%;财政总收入93.57亿元,地方财政收入58.03亿元,比上年分别增长3.3%和1%。该分局设内设机构25个,下辖派出所7个,实有民警602人、协辅警424人。是年,该分局110有效警情比上年下降18.6%,刑事警情比上年下降14.2%,治安警情比上年下降20%,五类案件比上年下降60%;命案发2起、破2起;全年立刑事案件3819起,比上年下降2.43%,破刑事案件1588起,破案率41.58%,比上年上升0.88%。在城站火车站率先建立联勤联动中心,形成“七位一体”的反恐防范1分钟处置模式,全年联动中心派单办理5365起案(事)件,办结率99.56%,群众满意率95.98%;成功处置“7·5”公交车放火案,及时开展舆情应对;创新创优“平安365”平台的日常管理工作,被国家行政学院、人民网评为全国“创新社会治理十佳案例”;在32个中小学、幼儿园建立统一标识的校园警务室。年内,该分局先后获得“全省社会管理综合治理先进集体”、“浙江省依法行政示范单位”、“全省执法质量优秀单位”等称号,经侦大队被公安部授予“全国打击非法买卖外汇违法犯罪先进集体”称号,清波派出所被评为全省优秀公安基层单位,有3个集体、106人立功受奖。

【下城区公安分局】 2014年,下城区面积31.46平方千米,常住人口40.58万人,登记流动人口21.45万人。全年实现地区生产总值690.76亿元,比上年增长6.6%;实现财政总收入130.04亿元,比上年增长4.21%,地方财政收入80.17亿元,比上年增长3.45%。该分局设有14个机关科室、职能大队,下辖8个派出所和1个看守所,实有民警615人、协辅警688人。是年,该分局七类案件破案率100%,“两抢”案件破案率79.2%,移诉侵财犯罪嫌疑人383人,比上年上升17.85%;开展执法检查“回头看”、执法办案区“四个一律”专项检查等两项执法专项活动,检查行政案件1.03万件、刑事案件8658件,梳理发现并落实整改问题1952个。年内,该分局获评2014年度全省公安信访考核县级优秀单位,东新派出所连续第三次被评为全国公安机关执法示范单位,长庆派出所被作为全国公安厅局长座谈会参观点并得到公安部领导和与会代表的肯定,涌现出省劳动模范徐宝庆、全省公安机关爱民模范吕红华等一批先进个人。

【西湖区公安分局】 2014年,西湖区面积269平方千米,常住人口63.3万人,登记流动人口38.3万人。全年实现地区生产总值799.53亿元,比上年增长8.3%;实现财政总收入154.36亿元、地方财政收入90.55亿元,同比分别增长16.17%和13.03%;城镇居民人均可支配收入和农民人均纯收入分别为4.99万元、2.94万元,同比分别增长10%和11%。该分局设有机构31个,其中机关科室8个、大队8个,下辖14个派出所和1个看守所,实有民警745人、文职人员88人。是年,该分局保持报警下降、发案下降、打处有力的良好态势,命案及五类恶性案件破案率继续保持100%,实现报警量、发案量下降,破案率、打处数上升,群众安全感、满意度提升的目标。全年接报110警情近14.35万起,比上年下降5.9%,其中有效报警8.71万余起,比上年上升2.07%。年内,该分局被评为全省信访工作考评优秀单位、全省县级公安机关警卫工作规范化建设成绩突出单位,出入境办证中心被评为“全省温暖警营”并立集体二等功,转塘派出所被评为“省级青年文明号”;治安大队闵光荣先后被评为CCTV2014年度法治人物、全省爱民模范,并立个人二等功;有81个集体和369人次立功受奖。

【江干区公安分局】 2014年,江干区面积210平方千米,其中委托杭州市经济技术开发区管理的下沙区块约104.7平方千米,直接管理区域约为105.3平方千米,常住人口38.8万人,登记流动人口48.1万人。全年实现生产总值453亿元，同比增长6.5%；财政总收入103.9亿元，同比增长7.8%，其中地方财政收入62.7亿元，同比增长8.1%。该分局设4个内设科室和13个直属大队，下辖9个派出所，实有民警677人、协辅警662人。是年，该分局加强情报信息搜集研判，协助相关部门妥善处置化解各类不稳定因素，保障全区“五水共治”、“三改一拆”、征迁“扫尾攻坚年”、回迁安置和重点工程建设等中心工作的顺利推进。全年刑事案件总量稳中有降，其中命案、“两抢”、入室盗窃案件比上年分别下降33.3%、10.7%、1.8%；立刑事案件6367起，比上年下降0.22%，侦破刑事案件3176起，查处治安案件9389起；刑拘1195人，移诉1029人。年内，校园警务室建设经验被在全市现场会上推广，有66个集体和172人受到上级表彰奖励。

【拱墅区公安分局】 2014年，拱墅区面积87平方千米，常住人口32.7万人，登记流动人口34.97万人。全年实现地区生产总值391.4亿元，比上年增长7.6%；地方财政收入60.4亿元，比上年增长8.8%。该分局设有15个机关科室和职能大队，下辖11个派出所和1个看守所，实有民警613人、协辅警595人。是年，该分局推进社会治安防控体系建设，保持全区发案下降、警情下降的良好态势，黄赌警情比上年下降25.87%；强化技防、物防建设，全区零发案和实现降案的小区达109个，超过预期创建目标28.2%；有效刑事治安总警情比上年下降15.1%，侵财性案件比上年下降3.28%。实现执法全流程精细化管控，全年涉法信访、行政诉讼和行政复议案件比上年分别下降18.5%、66.6%和48.2%，执法管理中心建设经验在全省推广。年内，该分局被省公安厅评为2014年度全省公安队伍正规化建设优秀单位和执法质量优秀单位，亮点特色工作和民警典型事迹被各类媒体宣传报道378次，上塘派出所被评为全省优秀公安基层单位，有97个集体、544人次获得各级表彰奖励。

【高新技术产业开发区(滨江)公安分局】 2014年，高新技术产业开发区(滨江)面积73平方千米，常住人口19.14万人，登记流动人口19.9万人。全年实现地区生产总值700亿元，同比增长11%；实现财政总收入169.21亿元，同比增长20.4%。该分局设有13个机关科室和职能大队，下辖6个派出所，有民警263人、协辅警441人。是年，该分局命案、五类案件破案率保持100%；侦破侵财案件774起，移诉210人，打处侵财犯罪团伙14个；查处治安案件2291起，查处涉黄涉赌案件244起，摧毁涉黄赌团伙4个；有效刑事治安总警情、刑事发案、群众投诉数比上年分别下降15.6%、2.7%、25.5%。年内，该分局被评为2014年度全省公安队伍正规化建设优秀单位、全省公安机关执法质量考评优秀单位，长河派出所被评为全省公安机关“温暖警营”，有16个集体、34人获市级以上荣誉。

【经济技术开发区公安分局】 2014年，杭州经济技术开发区面积104.7平方千米，常住人口9.51万人，登记流动人口33.06万人。全年实现地区生产总值524.9亿元，比上年增长8%。该分局设11个机关科室和直属大队，下辖3个派出所，实有民警221人、协辅警502人。是年，该分局组织开展“夏安”、“挺进”、百城禁毒会战、食品安全“百日严打”、“打四黑除四害”、“扫黄赌铲源头”等专项打击整治行动，打掉3个盘踞在下沙等地利用网络聊天工具实施组织、介绍卖淫的犯罪团伙；七类严重刑事案件全破，视频侦查、阵地控制、现场勘查的合成作战力明显提高。健全疑难案件三级议案制度，建立分局执法管理委员会、派出所执法管理中心两级执法管理体系，建成并实体运作3个派出所执法管理中心；规范执法硬件保障，增配单警执法记录仪150台，加装警车行车记录仪30台。年内，白杨派出所被评为全省公安机关爱民模范集体，有2个集体、8人立三等功。

【西湖风景名胜区公安分局】 2014年，西湖风景名胜区面积59.04平方千米，实有人口4.1万人(包括常住人口和暂住人口)，景区全年客流量2910.17万人次。全年财政总收入6.72亿元，地方财政收入4.68亿元，农民人均纯收入2.5万元。该分局设内设机构4个、直属机构10个(包括景区消防大队)，下辖6个派出所，实有民警263人、协辅警184人。是年，该分局接报刑事类警情228起、治安类警情1542起，比上年分别下降19.43%、18.93%；侦破刑事案件66起，破案率为45.89%，比上年上升7.8%，命案侦破率保持100%；查处各类治安行政案件180起、201人。年内，该分局连续第8年被评为全省公安机关执法质量优秀单位，队伍连续第8年零违纪，连续第4年被评为全省公安队伍正规化建设优秀单位，被评为2011～2013年度全省优秀公安局。

【大江东产业集聚区公安分局】 2014年，大江东产业集聚区面积427平方千米，常住人口14.85万人，登记流动人口10.82万人。全年实现地区生产总值210.8亿元，比上年增长14.8%；地方财政收入35.5亿元，比上年增长34.5%。9月30日，杭州市机构编制委员会批复同意设立杭州市公安局大江东产业集聚区分局。12月29日，该分局举行成立揭牌仪式。该分局为杭州市局的派出机构，设2个内设机构、4个直属大队，辖3个派出所(机构编制数5个，其中2个筹建中)，实有民警120人。

图为杭州市公安局大江东产业集聚区分局举行成立揭牌仪式(12月29日)

【萧山区公安分局】 2014年，萧山区面积1420平方千米，户籍人口125.54万人、登记流动人口98.1万人。全年实现生产总值1728.32亿元，地方财政收入133.85亿元，城镇居民人均可支配收入和农民人均纯收入分别为4.72万元和2.68万元。该分局设内设机构7个、直属单位16个，下辖派出所23个，实有民警1144名、辅警1561人。是年，该分局侦破各类刑事案件6689起，比上年上升4.95%，其中命案和五类案件全破，侦破2008年命案积案1起；移送起诉犯罪嫌疑人3820人，治安处罚6934人，抓获逃犯531人；摧毁各类犯罪团伙198个。年内，该分局警务督察大队被公安部通报表扬，1个集体被评为全省公安机关人口服务管理工作成绩突出集体，1个集体立二等功，1个集体立三等功；1人被评为2013～2014年度全省政法系统先进个人、浙江省"最美警察"、浙江省社区矫正工作先进个人，2人立二等功。

【余杭区公安分局】 2014年，余杭区面积约1220平方千米，常住人口92.5万人，登记流动人口112.3万人。全年实现生产总值1101.04亿元，财政总收入240.78亿元，其中地方财政收入148.8亿元。该分局设5个内设机构、17个直属行政机构及4个事业单位，下辖19个派出所，实有民警831人、协辅警191人。是年，该分局刑事、治安警情比上年下降20.29%，其中侵财案件受理数比上年下降4.8%；侦破各类刑事案件4318起，查处治安案件近1.96万起，刑拘犯罪嫌疑人2900人，治安处罚8668人；侦破命案19起、五类严重刑事犯罪案件19起，七类案件破案率达100%。该分局坚持"以打促防"工作导向，形成以"COC"为龙头、责任区刑侦中队、派出所综合勤务指挥室为依托的三级视频体系，全年利用视频作战破案828起，抓获违法犯罪人员946名，"COC"被列为全国公安厅局长座谈会参观考察点，受到国务委员、公安部部长郭声琨及全国公安系统领导的肯定。年内，有121个集体、425人次受到表彰奖励。

【桐庐县公安局】 2014年，桐庐县面积1825平方千米，户籍人口40.83万人，登记流动人口7.03万人。全年全县实现地区生产总值300.28亿元，比上年增长8%；地方财政收入23.91亿元，比上年增长8%；城镇居民人均可支配收入和农村居民人均纯收入分别为3.7万元、1.89万元。该局设有5个机关职能科室和8个直属单位，下辖10个派出所和1个看守所，实有民警408人、协辅警329人。是年，该局110有效总警情40.86万余起，比上年下降1.35%；刑事立案2712起，比上年下降6.74%，侦破1300起；刑事拘留717人，比上年上升20.5%，移送起诉806人，比上年上升1%；查处治安案件5703起；发生交通事故157起，死亡46人；发生火灾事故314起，死亡2人。年内，该局有1人立二等功，6个集体、12人立三等功，27人受到上级表彰奖励。

【淳安县公安局】 2014年，淳安县面积4427平方千米，户籍人口45.9万人，登记流动人口3.54万人。全年全县实现生产总值189亿元，财政总收入21.14亿元，其中地方财政收入13.86亿元，城镇居民人均可支配收入和农民人均纯收入分别为3.05万元和1.17万元。该局内设综合管理机构1个、执法勤务机构15个，辖8个派出所和2个监管场所，实有民警392人、公务员1人、职工23人、协辅警407人。是年，该局共受理报警1.43万起，比上年下降5.9%。立刑事案件1391起，比上年下降6.96%，其中立盗抢骗刑事侵财案件912起；侦破刑事案件988起，比上年下降7.06%；命案立2起，五类案件立2起，"两抢"案件立2起，均实现发一破一；移诉各类犯罪嫌疑人858人，比上年下降2.5%。年内，该局获评全省公安队伍正规化建设优秀单位、县级公安机关警卫工作规范化建设成绩突出单位，执法质量连续第12年获评全省优胜单位，县看守所实现25年安全无事故，城郊派出所获评全省公安机关爱民模范集体，经济犯罪侦查大队获评全省公安机关打击整治传销集中行动成绩突出单位；有8个集体立三等功，1人立二等功，15人立三等功，6人获得市级以上荣誉。

【建德市公安局】 2014年，建德市面积2321平方千米，户籍人口51万人，登记流动人口4.7万人。全年全市实现生产总值299亿元，财政总收入33.3亿元，其中地方财政收入18.7亿元，城镇居民人均可支配收入和农民人均纯收入分别为3.51万元和1.83万元。该局设有2个综合管理机构、14个执法勤务机构，下辖10个派出所和1个监管场所，实有民警454人、协警410人。是年，该局共立刑事案件2113起，比上年下降5.8%，破刑事案件1170起，比上年下降4.72%，刑事拘留959人、移送起诉947人，比上年分别上升14.44%、3.38%；有效治安刑事总警情连续17个月下降，侵财案件连续9个月下降，黄赌毒警情连续24个月下降，社会治安状况评估工作列杭州市第一位。年内，该局被评为全国公安机关执法规范化建设示范单位。

【富阳市公安局】 2014年，富阳市面积1831.21平方千米，境内富春江全长52千米，常住人口66.61万人，总户数21.48万户，登记流动人口15.61万人。全年全市实现生产总值601.5亿元，比上年增长8.3%，财政总收入88.42亿元，比上年增长6.3%，城镇居民人均可支配收入和农村居民人均可支配收入分别为3.99万元和2.28万元。是年12月，富阳市撤销，设杭州市富阳区。该局设综合管理机构5个、执法勤务机构12个、直属单位3个，下辖14个派出所，实有民警672人、协警980人。是年，该局有效刑事治安警情、侵财报警、黄赌毒警情分别比上年下降20.37%、10.32%、14.63%；刑事立案4408起，比上年下降9.51%，侦破刑事案件1626起，命案全破，移送起诉1408人，查处治安案件8655起；查处各类交通违法行为29万余起，交通事故、死亡人数分别比上年下降4%、10.98%，没有发生3人以上死亡交通事故和亡人火灾事故，火灾事故和直接经济损失分别比上年下降16.63%、78.09%；群众安全感、满意度分别达98.92%、87.94%。年内，该局连续第5年获评全省执法质量优秀单位，看守所、交警大队车辆管理所分别被公安部评为全国一级看守所、全国优秀县级车辆管理所，有1个集体立二等功，2个集体立三等功，1人被评为全省公安机关爱民模范，6人获得市级表彰奖励。

【临安市公安局】 2014年，临安市面积3126.8平方千米，常住人口52.97万余人，登记流动人口8.96万余人。全年全市实现生产总值432.33亿元，财政总收入52.6亿元，其中地方财政收入28.19亿元；城镇居民人均可支配收入和农民人均纯收入分别为3.79万元和2.16万元。该局设有3个综合管理机构、11个直属执法勤务机构，下辖10个派出所，实有民警516人、协辅警553人。是年，该局共接警3.63万起，比上年下降5.02%；立刑事案件3677起，比上年下降0.59%，侦破2065起，比上年上升5.52%；移送起诉1438人，比上年上升5.58%；群众安全感和满意度列杭州市第五位。年内，该局连续第4年被评为全省公安机关执法质量优秀单位，有1个集体立二等功、6个集体立三等功，17人立三等功，16个集体、26人受到上级表彰。

宁波公安

【市况简介】 2014年，宁波市辖海曙、江东、江北、镇海、北仑、鄞州6区，余姚、慈溪、奉化3市，宁海、象山2县，总面积9365平方千米，其中市区面积2560平方千米。户籍人口583.8万人，登记流动人口423.5万人。是年，该市实现地区生产总值7602.5亿元，按可比价格计算，比上年增长7.6%；实现财政一般预算收入1790.9亿元，同比增长8.5%。

【概述】 2014年，宁波市公安机关推进平安宁波、法治宁波和过硬队伍建设，深化“警调衔接”机制建设，健全重大群体性事件隐患专案经营机制，深化立体化社会治安防控体系建设，试点流动人口数据智能化管理创新和居住证制度改革，探索派出所综合指挥室建设，完成APEC宁波高官会、“两会两展”等重大安保任务。是年，宁波市公安机关受理刑事案件同比下降1.2%，其中命案、五类案件、盗窃案件分别下降29.9%、7.2%、1.6%，命案、五类案件破案率分别为97.1%、100%；开展打防侵财犯罪、百城禁毒会战、“打黄赌·铲源头”、“猎狐2014”和“净网2014”等专项行动，侦破刑事案件3.17万余起，抓获犯罪嫌疑人1.64万余人，其中侦破中心城区“1·17”爆炸案等一批大要案件；打掉涉黑涉恶犯罪团伙91个，打处团伙成员644人；缉捕和劝返经济犯罪境外逃犯成功率为50%，居全省第一位。查处各类交通违法

530.8万起,实现交通事故四项指数连续第10年下降,死亡人数和直接财产损失同比分别下降22.7%和18.6%。开展第二批党的群众路线教育实践暨“三警”大讨论活动,培育选树陈怡、薛军毅等一批先进典型;完成科级领导干部选拔任用和岗位交流工作。年内,全市公安机关共有1人立一等功,25个集体、28人立二等功,76个集体、231人立三等功,181个集体、1508人受到嘉奖;4个集体、8人受到国家级表彰,66个集体、52人受到省级表彰。

【机构人员】 2014年,宁波市公安局有40个内设机构和直属单位,下辖县(市)公安局5个、行政区划公安分局6个,设派出所168个,全市(不含宁波港)共有民警9870人、协辅警1.91万人。民警大专以上文化程度占98.3%,40岁以下占54.8%,民警人数占全市户籍人口总数的1.69‰。

【完成“两会两展”安保工作】 6月7～11日,第十六届中国浙江投资贸易洽谈会、第三届中国海洋经济投资洽谈会、2014中东欧国家特色产品展、第十三届中国国际日用消费品博览会和中东欧16国经贸促进部长级会议在宁波市举办。“两会两展”共安排45项活动,逾4.5万名境内外嘉宾、客商和128家境内外新闻媒体记者参加会议。其间,宁波市公安局共投入警力350人次、保安500人次,圆满完成该项安保工作。

【完成APEC第一次高官会和相关会议安保工作】 2月15～28日,2014年亚太经合组织第一次高官会和相关会议在宁波市召开,来自APEC各经济体(包括中国台湾、香港)的3400余名代表及媒体记者参加,共举行129场次会议和3次参观考察活动。其间,宁波市公安机关围绕“点、线、面、网”等安全及应急处置关键环节,制定13个会议警卫安保工作总体方案和配套实施分方案,设立25个工作组,每晚部署警力巡查、值守中心城区的11个重点片区,共对31.7万人次和19.5万个箱包实施安检,圆满完成会议安保工作。

【抗击台风“凤凰”】 9月22日,第16号台风“凤凰”在象山县鹤浦镇登陆,宁波市公安局启动应急预案,全市公安机关共出动民警、协辅警1万余名、车辆900余辆、船艇30余艘,协助转移2.8万余人,劝导、引导回港避风船舶2800余艘。

【做好奉化“4·4”塌楼事件抢险救援】 4月4日,奉化市锦屏街道居敬小区29幢居民住宅楼西侧房屋发生坍塌,造成部分群众被埋压。国务委员、公安部部长郭声琨,省委书记夏宝龙,省长李强,省委副书记王辉忠等领导就抢险救援工作作出批示。宁波市公安局指派市局消防、特警及鄞州区、宁海县警力1325名、消防车23辆赴现场救援,救出7名被埋群众,并疏散未倒塌部分的25户居民及周边5幢居民楼的100余人。

【健全重大群体性事件隐患专案经营机制】 2014年,宁波市公安机关围绕涉及劳资纠纷、征地拆迁、环境污染、“三改一拆”、重点工程建设等可能影响社会稳定的重点问题、重点领域、重点群体,开展不安定因素排查化解,全面落实人员分类分级评估、动态排查管控等措施,健全重大群体性事件隐患专案经营机制。年内,全市共排查出各类不安定因素346条,化解各类不安定因素201条,调处成功率58.1%。

【护航“五水共治”】 2014年,宁波市公安局落实局领导、正处职领导干部32名担任“河道警长”。全市建立12个公安环保联络室,联合环保部门开展联动执法320余次,召开案情通报会46次,排查化解矛盾纠纷269起,协助查处超限超载船舶5艘,规范中心城区渣土、泥浆中转码头5家,保障“五水共治”工作的顺利开展。4月7日,《宁波日报》头版刊登题为“公安机关全力保障‘五水共治’”的文章,宣传公

图为省委常委、公安厅厅长刘力伟在宁波市委常委、公安局局长刘凯陪同下,检查指导APEC宁波高官会警卫安保工作(2月17日)

安机关护航“五水共治”。

【打击突出经济犯罪】 2014年，宁波市公安机关以侦办大要案件为重点，严厉打击突出经济犯罪。年内，全市共受理经济犯罪案件1246起，立案993起、破788起，其中侦破部督案件4起、省督案件12起，督办案件破案率93.75%；查处经济犯罪嫌疑人994人，抓获网上逃犯142人，移诉541起713人，挽回经济损失4.71亿元。

【开展打击整治传销集中行动】 3～8月，宁波市公安机关开展打击整治传销集中行动。其间，共立案侦查组织、领导传销案件13起，侦破12起，其中公安部督办案件3起；抓获犯罪嫌疑人58人，清查捣毁传销窝点183个，教育遣散传销人员1500余名。

【开展“网上打假”专项行动】 6～12月，宁波市公安机关开展该专项行动，共立案侦查侵权涉假类案件133起，侦破113起，抓获犯罪嫌疑人156人，涉案金额7200余万元。其间，提请发起公安部督办的北仑陈某某等人贩卖假烟和走私烟集群战役，涉案金额5000余万元；提请发起杭州湾余某某等人假冒“方太”等知名品牌厨具集群战役，抓获犯罪嫌疑人20余名，涉案金额1000余万元。

【开展“猎狐2014”专项行动】 7～12月，宁波市公安机关开展缉捕在逃境外经济犯罪嫌疑人专项行动。其间，共从越南、缅甸、菲律宾、阿根廷、澳大利亚、日本等国家及香港、澳门地区缉捕和劝返经济犯罪境外逃犯15名，缉捕率50%。专项行动战果被中央电视台等媒体报道。

图为宁波市公安局将潜逃至越南的诈骗犯罪嫌疑人陈某押解回国（12月18日）

【快侦快破恶性案件】 2014年，宁波市公安机关以命案侦破为龙头，健全完善多长到案、多警种同步上案的快侦快破工作机制。是年，共发命案68起，同比下降29.9%，破案66起，破案率97.1%，侦破命案积案5起。其中，侦破奉化“1·7”抢劫杀人抛尸案、慈溪“2·20”劫财杀人藏尸案、余姚“6·7”箱装人骨杀人案等重大案件，攻克海曙“2008·1·31”杀人分尸案、慈溪“2002·4·11”伤害致死案等命案积案。年内，严厉打击强奸、绑架、劫持、放火、爆炸五类刑事案件，快速侦破“1·17”爆炸案、鄞州“1·16”绑架案等严重暴力案件；组织开展公安部“7·3”特大网络贩婴专案宁波地区集中收网行动，抓获涉案人员29人，采取刑事强制措施5人，解救被拐婴儿9名。

【打击多发性侵财犯罪】 2014年，宁波市公安机关严厉打击盗窃电动车、扒窃、入室盗窃等常发性侵财犯罪，先后侦破余姚“2·18”系列性扒窃手机犯罪、“2·20”城区特大系列性扒窃和盗窃车内物品犯罪、“2·25”系列性入户盗窃犯罪、“3·12”盗销电动车犯罪等重大侵财团伙犯罪案件，侦破江北“5·22”抢劫珠宝店案等重大侵财案件。年内，共侦破刑事侵财案件1.39万起，移送起诉犯罪嫌疑人7435人，同比上升3.02%；侦破案值30万元以上侵财案件80起，破案率59.7%；打掉5人作案10起以上重大侵财犯罪团伙103个、电信（网络）诈骗犯罪团伙28个。

【推进打黑除恶专项工作】 2014年，宁波市公安机关坚持打早打小、露头就打、除恶务尽的方针，重点打击开设地下赌场、暴力护赌及放高利贷、干扰破坏工程建设秩序、插手娱乐场所等黑恶势力。年内，打击涉黑涉恶犯罪团伙91个，侦破各类刑事案件445起，抓获团伙成员644人，全市涉黑涉恶八类案件（寻衅滋事、敲诈勒索、非法拘禁、赌博、强迫交易、强迫卖淫、聚众斗殴和涉枪案件）发案数同比下降24.8%。

【打击非法生产、销售和使用“伪基站”违法犯罪活动专项行动】 4～6月，宁波市公安机关与市无线电管理委员会及中国联通、中国电信、中国移动三大运行商建立联络员制度，开展打击“伪基站”（使用高科技仪器伪装成运营商的假基站，冒用他人手机号码强行向用户手机发送诈骗、广告推销等短信)违法犯罪活动专项行动。其间,共侦破"伪基站"案件12起,抓获违法犯罪嫌疑人20人,缴获"伪基站"设备14套。

【开展"扫黄打非·净网2014"专项行动】 6～11月,宁波市公安机关开展该专项行动。其间,共清理网络淫秽色情信息3500条,关闭涉黄违法网站栏目3个,侦破网络淫秽色情刑事案件8起,打掉犯罪团伙3个,抓获犯罪嫌疑人64人。

【开展集中打击黑客攻击破坏违法犯罪活动专项行动】 10月至2015年1月,宁波市公安机关开展该专项行动。其间,共侦破黑客刑事案件12起,刑事处罚犯罪嫌疑人26人,其中侦破省公安厅挂牌督办严重黑客案件1起。

【开展百城禁毒会战】 10月,宁波市公安局成立由市委常委、公安局局长刘凯任组长的会战工作领导小组,将查处收戒集群战、零包案件围剿战、大要案件攻坚战三大基础战役作为主攻方向,组织开展百城禁毒会战。截至2015年1月30日,全市公安机关共侦破各类毒品案件547起,其中侦破公安部毒品目标案件10起、省公安厅目标案件13起,刑事拘留涉毒犯罪嫌疑人1080人,查处吸毒人员5995人次,强制隔离戒毒1198人,缴获各类毒品110千克。

【完善禁毒专职社工工作机制】 2014年,宁波市禁毒办完善禁毒专职社工的职业准入、教育培训、管理考核、保障激励等工作机制,统一制订《禁毒社工劳动合同》,明确待遇不低于4万元/年。5月13日,印发《宁波市禁毒委员会办公室关于做好专职禁毒社会工作者考核奖惩工作指导意见》。6月、10月,先后招录并举办两期全市禁毒专职社工培训班,培训禁毒专职社工400余人。

【深化"警调衔接"机制建设】 2014年,宁波市公安局推进派出所与乡镇(街道)人民调解委员会衔接,警务站(室)与村居(社区)人民调解委员会衔接工作。年内,全市派出所共设立调解工作室150个,派驻人民调解员723名;33个警务站均设立调解工作室;436个警务室完成专门调解场地设置,占全市警务室总数的66%;调处矛盾纠纷2.75万起,成功率97.2%。

【惩治环境污染犯罪】 2014年,宁波市公安机关共查处污染环境犯罪案件140起,其中侦破省督案件4起、市督案件18起,逮捕122人,移送起诉228人。3～12月,宁波市公安局与市环保局联合开展"打污染清江河"专项行动,共查处各类案件82起,其中侦破省督案件3起、市督案件8起,逮捕90人,移送起诉151人。

【开展"打四黑除四害"专项工作】 2014年,宁波市公安机关树立掌握主动、抓住重点、专案经营、常态打击的工作理念,多警种、多部门协作,严厉打击"四黑四害"(黑作坊、黑工厂、黑市场、黑窝点,害百姓、害家庭、害社会、害国家)违法犯罪活动。年内,共移送起诉犯罪嫌疑人2211人,逮捕1101人。

【开展打击整治黄赌违法犯罪专项行动】 7月23日～9月30日,宁波市公安机关开展该专项行动。其间,共侦破案件596起,抓获违法犯罪嫌疑人1845人,捣毁窝点173处;检查各类场所3100余家次,其中取缔84家,责令整改152家,抄告有关部门60家。

【开展治安乱点整治】 4月,宁波市公安局通过对群众反映强烈、治安问题突出的区域进行排摸,筛选出11个地区作为市级社会治安乱点,组织开展为期3个月的挂牌整治。行动期间,全市公安机关共侦破刑事案件138起,查处治安案件112起,刑事拘留犯罪嫌疑人37人,行政拘留违法嫌疑人111人,关停涉黄场所157家。

【完成第四届中国(宁波)智慧城市技术与应用产品博览会安保工作】 9月11～14日,该博览会在宁波

图为宁波市公安局举办首期禁毒专职社工培训班(6月10日)

市举办。智博会以“荟萃智慧应用，建设智慧城市”为主题，包括展览展示、招待酒会、开幕式、高峰论坛、高层论坛、市长论坛启动仪式和项目合作签约等10余项活动，3万余人参加博览会。其间，宁波市公安机关共投入警力250人次、保安450人次，圆满完成此项活动安全保卫工作。

【开展维护医疗秩序打击涉医违法犯罪专项行动】2014年，宁波市公安局联合市卫生局开展为期一年的专项行动。4月，市卫生局、公安局联合印发《宁波市医疗机构治安保卫工作规范》、《宁波市重大医疗纠纷警医联动处置办法》。年内，全市医疗机构建立以人防为主体、物防为基础、技防为支撑的综合安防体系，三级、二级、二级以下医疗机构专设保卫部门，专职保卫人员配备率分别为85%、60%、94.6%；全市安装视频监控1.35万个，安装入侵报警装置824个，设置警务室(执勤点)19个，二级以上医疗机构出入口、主要通道和部分医护人员办公室等重点区域实现视频监控全覆盖。截至12月，全市各级医疗机构共发生纠纷571起，其中纠纷引起的重大闹事事件25起，公安机关出警83起，行政(刑事)拘留29人。

【组建武装机动巡逻队】 6月，宁波市公安局印发《武装机动巡逻队建设方案》和《武装机动巡逻队勤务运作规范》，全市设38个街面常态化武装重点巡防区域和14个等级化巡区。是月4日，宁波市局以巡特警为骨干，组建武装机动巡逻队。7月，武装机动巡逻队快速处置“7·4”海曙天一广场肇事精神病人持刀伤人事件。截至12月，宁波市公安机关落实常态武装执勤力量1100余名，累计出动警力7.3万人次，受理指令出警1502起，抓获、移送各类违法犯罪嫌疑人307人；武装机动巡逻区域内刑事、治安类警情，街路面侵财类警情和“两抢”类警情同比分别下降9.8%、8.3%、21.3%和21.2%。

【推动社区民警进村(居)班子】 2014年，宁波市公安局推进社区民警兼任“村官”工作。截至12月，全市有166个派出所的708名城乡社区民警进村(居)领导班子，进班子比例占73.9%，其中兼任社区(村)副书记225名、社区(村)副主任74名、社区(村)委员401名、村主任助理8名。

【推进户籍制度改革】 2014年，宁波市公安局以放宽引进人才及随迁家属的落户政策、调整具体登记办法作为全市户籍登记制度改革的创新突破重点，推进户籍制度改革。明确人才标准的划分及层次界定，实行梯级配套政策管理，对引进的不同层次的人才及随迁家属，分别给予相应配套的优惠政策。6月，宁波市政府印发《引进人才及家属落户实施意见》。10月17日，宁波市公安局与市委组织部、市人力资源与社会保障局联合印发《宁波市关于引进人才及家属落户实施细则》，对引进人才及家属落户办理程序、所需材料等事项进行规范。12月，宁波市江东、镇海、鄞州、高新区正式开展引进人才及家属落户工作。

【登记流动人口总量从高位下降】 截至6月30日，宁波市登记在册流动人口4235384人，实发居住证3637982人。流动人口登记总量与上年相比减少85545人，下降1.98%，其中男性2358325人，女性1877059人，分别占总登记人口的55.68%和44.32%，同比分别下降1.69%和2.34%。

图为宁波市公安局武装机动巡逻队在天一广场巡逻(6月4日)

【试点出租房智能化管理】 8月，宁波市公安局以流动人口居住地管理为突破口，开展出租房屋智能化管理创新试点，按照突出重点、先易后难、分步实施原则，在江东区余隘公寓和城市映象小区通过升级“安居e卡”智能门禁系统、安装射频感应基站、配发移动采集核查仪等措施开展工作。截至12月，两个试点小区警情量同比均下降18.9%，立案数同比分别下降57%和39%；公安机关共发放流动人口“安居e卡”417张，借助平台预警发现未登记流动人口100余名。

【人口基础数据库建设及应用】 2013

年2月，宁波市人口基础数据库完成系统集成及软硬件安装调试，并于4月在宁波市政府外网运行上线，实现户籍人口数据并网，与计生、人社部门流动人口信息实时交换、共享和应用。宁波市人口数据管理中心向共建共享部门及全市各乡镇(街道)发放数字证书274个，7个共建共享部门及148个乡镇(街道)实现数据联网应用。截至2014年12月，数据库导入实有人口信息1004.3万条(流动人口信息421.3万条、户籍人口信息583万条)，实现7项户籍人口数据共享，提供信息核查、比对服务。

【启用《中国公民出入境证件申请表》】 3月31日，宁波市公安局启用《中国公民出入境证件申请表》(申请护照、港澳通行证、大陆居民赴台通行证"三表合一")，申请人在自助填表设备上刷二代证或输入身份证号及姓名，自行完成出国境证件申请表的填写和打印(含人口相片)。截至12月，共批准公民因私出国(境)81.36万人次，办理各类签证(注)、证件1.05万余人次。

【开展"亮窗工程"建设】 4月21日始，宁波市公安机关启用大陆居民赴台湾个人旅游再次签注自助受理服务。7月10日始，取消办理赴台团队旅游出入境证件查验组团社发票工作。8月，推出网上预约办证、设立"绿色通道"、缩短办证时限、简化申请表格、一年内重复使用照片等5项便民利民措施。截至12月，累计投入500余万元用于出入境接待大厅场地改造和自助服务设备购买，一线服务岗位增加警力(包括协辅警)18人，实现统一形象标识、统一建设标准、统一服务规范，同时建立出入境窗口和民警评估机制。

【开展"一打三整治"专项执法行动】 6月始，宁波市公安机关开展为期三年的浙江渔场"一打三整治"(打击涉渔无船名号、无渔业船舶证书、无船籍港和违反伏休规定等违法生产经营行为，开展"证不符"捕捞渔船和渔运船舶、禁用渔具、海洋环境污染整治)专项执法行动。截至12月，累计出动警力3477人次、船艇89艘次，航程2759.3海里，参与海上协同执法52次；侦破海上刑事案件15起，其中侦破首起偷盗濒危野生动物红珊瑚案件，查处船舶违规案件1022起；配合完成全市3271艘涉渔"三无"船舶排查登记工作，协同渔政部门取缔涉渔"三无"船舶2115艘。

图为宁波市公安边防支队开展"一打三整治"专项行动(9月8日)

【开展重大火灾隐患集中整治专项行动】 5月28日～10月10日，宁波市公安机关开展该专项行动，共排查出违章建筑534处、违章面积44.3万平方米，拆除违章建筑29.9万平方米，对129家重大火灾隐患单位和35处区域性火灾隐患逐一编制灭火预案并开展实地演练。其间，全市共发生火灾2003起，死亡1人，受伤4人，直接财产损失1381.25余万元，同比分别下降26%、87.5%、82.6%和54.1%。

【治理城市交通秩序】 3月26日，宁波市公安局印发《2014年全市公安机关治理城市交通秩序工作方案》。年内，以2013年首批24条和2014年第二批15条省、市两级重点治堵路为重点，推进路面勤务机制改革，开展"畅甬2014"系列交通秩序整治，共查处车辆和行人闯红灯等城市交通9类重点违法行为374.67万起，查处率与上年相比提高43.8%。截至12月，经第三方测评，中心城区省定重点治堵道路12个主要灯控路口的机动车、非机动车、行人交通守法率平均值分别为99.5%、83.8%、84%。

【整治严重交通违法】 2014年，宁波市公安机关抓好"禁酒驾"、"三项违法处罚率"(机动车5条、10条以上及客运车辆交通违法未处理记录的处罚到位率)等工作，开展工程车、危化品运输车、营运客车、电动自行车等交通违法专项治理行动。5月21日～12月31日，开展道路交通"纠违治危"专项整治行动，现场查处超员、超速、酒驾等10类重点交通违法行为24.86万起，占现场查处总量的62.25%。年内，共查处机动车酒后驾驶1.41万起，其中醉酒驾驶

图为宁波市公安局举行轨道交通治安分局成立授牌仪式(5月19日)

3477起;查处工程车交通违法39.8万起、营运客车交通违法3226起、电动自行车交通违法28.9万起,查扣无牌无证、超标电动车1.22万辆。

【推进黄标车淘汰和限行工作】 6月1日始,宁波市在市区实施黄标车及无标车第二阶段限行方案,限行面积扩大至115平方千米,覆盖鄞州区部分区域。8月25日,宁波市公安局印发《关于加快推进全市黄标车淘汰和限行工作的通知》,对达不到“国四”排放标准、连续3个检验周期未检验、符合强制报废标准的机动车,分党政机关、企事业单位、个人3个层次实施梯级式淘汰。10月1日始,各县(市、区)城市建成区范围和所有县级以上道路实施7:00～21:00黄标车(除国Ⅱ柴油车外)及无标车限行,中心镇、建制镇城区同步划定限行区域。截至12月,共注销黄标车6.03万辆,完成数量达到年度任务的105.1%。

【推进智能交通建设】 3月26日,宁波市公安局印发《加快推进智能高清视频综合信息采集系统建设实施方案》。年内,建成南北高架352套和市区其他道路375套智能高清视频综合信息采集系统;在南北外环及江北洪塘、慈城等区域完成112套监控设备建设,升级22套道路卡口设备和监控中心设备;在市区新增机场路、沧海路等8条“双向绿波带”(道路实行统一的信号灯控制,使车流连续得到绿灯信号)道路。

【设立轨道交通治安分局】 2012年5月,宁波市公安局筹建该分局,明确负责全市轨道交通范围内的治安管理、警卫、反恐、突发事件处置、安全保卫、刑事案件查处、消防指导等工作。2014年5月19日,该分局召开誓师大会并举行授牌仪式,正式开始实战运作。该分局内设政工监督室、办公室、指挥室、警务保障室、治安大队、侦查大队、技术保障大队7个内设机构,下辖望春桥站、鼓楼站两个派出所,共有民警125人、协辅警212人。截至12月,该分局共接处警210起。

【完善交警便民服务举措】 2014年,宁波市公安局创新推出行政调解、人民调解、司法调解、法律援助工作站、保险公司理赔服务工作室“五位一体”的新型交通事故纠纷综合调处服务机制,在全市11个基层交警大队建成综合调处中心。全市涉及交通事故处理的信访投诉比例从70%降为30%,当事人随机回访满意率达99%。年内,开展“一警一社区(村、单位、企业)”联系服务,共组织开展警民恳谈宣传活动105场,收集意见建议900余条,解决群众集中反映的热点难点问题120余个;整合公安交管业务互联网综合服务平台、交警微信公众服务平台、“掌上车管所”3个系统,全年通过交通违法“e办理”自助服务平台处理交通违法14.3万起,“网上、掌上车管所”办理各类业务3646起,11辆“流动车管所”实施上门服务520批次,办理各类业务1.1万起。9月1日始,试行6年以内非营运轿车(含大型轿车)和其他小型、微型载客汽车(面包车、7座及以上车辆除外)免检政策。12月30日,启用机动车安全技术检验监管系统,实现远程视频监督检验、远程核发检验标志。

【警务督察工作获公安部表彰】 2014年,宁波市公安局共执行督察任务1300余次,发现查纠各类问题2200余个。市局督察支队的“三级随警督察捆绑作战法”受到公安部副部长刘金国等领导的批示肯定,并在全国推广。年内,市局督察支队被公安部授予“全国公安机关警务督察工作成绩突出集体”称号。

【推进信息中心建设】 2014年,宁波市公安局信息中心物理整合公安内外部信息数据100类50亿条,逻辑整合可用数据300亿条以上;建成5个专题数据库和8大类实战应用工具;建成初具规模的大数据计算中心,实现不同节点的分布式计算,提高面向海量数据的任务执行效率。

【推进社会治安动态视频监控系统建设】 2014年，宁波市公安局按照实战、实用、实效的原则，推进社会治安动态视频监控系统建设。年内，全市共建成监控点2.32万个并联网至公安机关，其中新建公安视频监控点2085个；建成全市统一的视频共享、侦查实战、道路卡口等应用系统以及价值视频数据库；形成以市县两级指挥中心为龙头、派出所监控分中心为基点、视频信息研判室为抓手、监控网络和应用平台为载体的视频监控应用体系。

【深化“阳光执法”】 1月，宁波市公安局向社会公开执法依据、执法办案、行政管理、行政许可(审批)等四大领域16个项目和娱乐场所管理、消防管理、易制毒化学品管理等内容。依托公安网上办事大厅开设“阳光执法”专栏，累计有82个大项161个小项办事服务事项统一对外公开，实现公安行政许可事项、非行政许可事项、办事服务项目以及特色性项目的“一站式、互动式、在线式”办理。年内，宁波市公安机关共办理公开处理行政案件1240起。

【推行执法办案积分制】 1月，宁波市公安局成立法治建设领导小组，负责执法办案积分制组织实施等7项职责。7月，印发《关于做好县级公安机关执法办案积分制的通知》，对积分制适用范围、积分方法、日常管理、结果运用等作出明确规定。8月，宁波市局在余姚市召开执法办案积分制工作现场会，动员部署该项工作。全市统一开发具有案件录入、案件评析、结算分值、分析问题、实时排名等功能的积分系统，各县级公安机关实施以案件办理为主要内容的综合性积分体系。截至12月，录入积分系统的案件共1.41万起，其中行政案件7877起、刑事案件6200起。

【推进网上办事服务】 2014年，宁波市公安局按照“应进尽进”的原则，完成从信息上网到网上服务的转变，共纳入行政许可事项申报、各类业务在线查询、被监管人员远程视频会见、捡拾(丢失)物品招领、行政复议申请等办事服务事项。是年，共办理各类事项17.29万件，发布警民互动信息1.18万条，收到群众对公安机关及民警执法工作的意见建议18条，24.8万余人次在线查询，7800余人次在线咨询。年内，以“宁波社区警务”综合论坛、民生e点通、网络“阳光热线”为主体的宁波网络民意警务平台成为展示公安工作成效、发布便民服务信息、接受群众意见建议、解答群众问题咨询、加强群众监督投诉的网上办事服务重要渠道，共发布并处置各类信息7284条，其中热点帖2151条，平台回复量1.6万条，点击量突破1529万人次。

【组织开展向陈怡、薛军毅学习活动】 11月27日，宁波市公安局党委决定，在全市公安机关和广大公安民警中开展向陈怡、薛军毅学习的活动。通过在公安网开设学习专栏等形式，在广大民警、协辅警中掀起学习热潮；向宁波市党委政府报送相关材料，将先进事迹列为市委重大宣传典型。12月9日，宁波市委作出决定，在全市各级党委、政府和广大党员群众中开展向陈怡、薛军毅学习活动。

【宣传宁波公安形象】 12月8日，宁波市公安局举办长篇报告文学《平安梦》首发式暨研讨会。是月31日，宁波公安形象宣传片《平安就在你身边》通过网络、电视、户外屏媒等渠道正式对外播出。

【获评宁波市十佳政务微博】 2014年，宁波市公安局政务微博“宁波公安”共发布微博8200余条，被市互联网信息办公室评为2014年度宁波市十佳政务微博。年内，推出《警察故事》、《警营24小时》、《民警的时间去哪儿了》、《甬城名探说奇案》等系列栏目，开设“警营里的那些花儿”微话题，制作提醒警示长微博；开展专题主题系列活动，依托“微访谈”、“微直播”等形式，与网民互动，并对重大敏感案(事)件进行权威发布，有效引导舆论。截至12月，该微博有粉丝18万人。

【海曙公安分局】 2014年，海曙区行政区域土地面积29.4平方千米，户籍人口29.84万人，登记流动人口10.46万人。全区实现地方生产总值541.07亿元，比上年增长6%。该分局共有22个内设机构(大队)，下辖9个派出所，实有民警629人、协辅警872人，民警数占全区户籍人口总数的2.1‰。是年，该分局共立刑事案件4504起，侦破各类刑事案件2213起，其中命案发2起、破2起，爆炸、投毒、放火、绑架、强奸等五类案件发11起、破11起，破案率100%；起诉犯罪嫌疑人768人；刑事案件批捕率91.9%，移送起诉率100%，退查率2.6%。年内，该分局有28个集体、58人获得国家、省、市及区级荣誉，11个集体、117人立功受奖。

【江东公安分局】 2014年，江东区行政区域土地面积37.66平方千米，户籍人口26.49万人，登记流动人口12.79万人。全区实现生产总值470.6亿元，比上年增长17.1%。该分局共有19个内设机构(大队),下辖9个派出所,实有民警550人、协辅警844人,民警数占全区户籍人口总数的2.08‰。是年,该分局共立刑事案件6146起,侦破3850起;七类严重暴力案件破案率100%,命案连续第6年保持全破;抓获犯罪嫌疑人2661人,刑事拘留876人,行政拘留1392人,逮捕392人,移送起诉783人。年内,该分局被评为2014年度全市优秀公安局,经侦大队被评定为全国县级公安机关一级经侦大队,网警大队被评为全国公安机关集中打击整治网络违法犯罪专项行动成绩突出集体;有77个集体、216人受各级表彰奖励,其中3个集体、1人立二等功,7个集体、13人立三等功。

【江北公安分局】 2014年,江北区土地面积208.73平方千米,户籍人口24.37万人,登记流动人口23.71万人。全区实现生产总值303.4亿元,比上年增长8%。该分局设有18个内设机构(大队),下辖8个派出所,实有民警508人、协辅警827人,民警数占全区户籍人口总数的2.08‰。是年,该分局立刑事案件4931起,侦破刑事案件2166起,其中命案及五类案件破案率100%;刑事拘留702人,逮捕533人,移送起诉772人;查处治安行政案件1478起,处理违法嫌疑人2135人。年内,该分局获评全省公安队伍正规化建设优秀单位、全市优秀公安局;有1个集体、2人立二等功,3个集体、8人立三等功,6个集体、4人获省级荣誉。

【镇海公安分局】 2014年,镇海区行政区域面积246平方千米,户籍人口23.17万人,登记流动人口27.12万人。全年实现生产总值354.03亿元,比上年增长8.1%。该分局设有18个内设机构(大队),下辖7个派出所,实有民警499人、协警1621人,民警数占全区户籍人口的2.15‰。是年,该分局共立刑事案件2956起,同比下降0.44%,侦破刑事案件1758起,同比下降7.5%;命案发2起、破2起;查处治安案件5297起,同比下降8.05%;抓获各类违法犯罪嫌疑人2394人。年内,该分局被评为宁波市综合治理先进集体、全市公安机关“扫黄赌打团伙”专项工作先进单位、打击整治黄赌违法犯罪先进单位、全市巡特警工作优胜单位;镇海区看守所被评为2012～2013年度全国标兵看守所、2013年度一级看守所、全国看守所“五化建设”示范单位,2013～2014年度全省政法系统先进集体、2014年度全省公安监管部门法治文明窗口建设年活动成绩突出集体、2014年度宁波市基层科普示范单位;交警大队车管所被评为2014年度全省一等县级车辆管理所;有2个集体、1人立二等功,4个集体、25人立三等功,35个集体、177人次受到各级表彰、嘉奖。

【北仑公安分局】 2014年,北仑区行政区域面积593平方千米,户籍人口36.26万人,登记流动人口52.98万人。全区实现国内生产总值975亿元,财政收入347.6亿元。该分局有内设机构18个,下辖11个派出所,实有民警581名、协警1809名,民警数占全区户籍人口数的1.6‰。是年,该分局立刑事案件4388起,同比下降1.4%,侦破各类刑事案件2852起;移送起诉各类犯罪嫌疑人1690人;查处治安行政案件1.22万起,处罚4855人。年内,该分局获得30余项集体荣誉,6个集体、6人立三等功,93人受到嘉奖;1人被评为省劳动模范,1人被评为全省政法系统先进个人。

【鄞州公安分局】 2014年,鄞州区行政区域面积1346平方千米,户籍人口78.34万人,其中非农业人口28.56万人,登记流动人口83.9万人。全区实现生产总值1297.8亿元,比上年增长8.5%,财政收入279.5亿元,同比增长8.1%,财政收入总量连续第7年保持全省县(市、区)第一。城镇常住居民人均可支配收入和农村常住居民人均纯收入分别为4.63万元和2.67万元。该分局设18个内设机构(大队)和区看守所、拘留所,下辖26个派出所,实有民警891人、行政职工12人、协辅警4232人(其中文职人员143人),民警数占全区户籍人口数的1.14‰。是年,该分局立刑事案件7320起,比上年下降5.27%,侦破刑事案件5769起(其中年前案件1819起),同比下降18.48%;刑事拘留犯罪嫌疑人2395人,逮捕1485人,移送起诉2376人,抓获逃犯191名。道路交通上报事故447起,死亡87人,受伤465人,直接经济损失82万元,同比分别上升0.5%、下降7.4%、下降1.7%、下降1.8%。发生火灾1268起,受伤4人,直接财产损失1451.47万元。年内,高桥派出所被共青团中央评为全国示范青年文明号集体,钟公庙派出所女民警陈怡被公安部授予“全国公安系统一级英雄模范”、“全国公安机关爱民模范”称号,并当选全国第五届“我最喜爱的人民警察”。有1个集体、1人立二等功,6个集体、15人立三等功,31个集体、275人受到嘉奖。

【警务保障工作获公安部肯定】 2014年,鄞州公安分局警用装备中心运用装备自动化管理系统,提高装备发放工作效率;投资1.47亿元,建成覆盖全区、全高清、网络化的社会治安动态监控系统,并为一线执法单位配发3G无线音视频传输警车36辆、音视频执法记录仪200台、现场笔录采集箱30个,案件办理的电子化率达95%。7月29日，该分局被公安部评为全国公安机关警务保障“五十百千”建设示范单位，经验做法被公安部在“五十百千”示范工程片区座谈会上推广。

【高桥派出所获“全国示范青年文明号集体”称号】 2014年，鄞州公安分局高桥派出所积极创新工作方法，提出“一二三”工作法(即群众来所找人不过一，要求办事不让跑两趟，解决问题三天内必须有回音)等便民利民举措；协调组织部门建立流动人口临时党支部，调动流动人口党员维护治安和调处矛盾的积极性，该做法被中央组织部在全国推广。6月，该所被共青团中央授予“全国示范青年文明号集体”称号。

【余姚市公安局】 2014年，余姚市行政区域面积1527平方千米，户籍人口83.67万人，登记流动人口53.33万人。全市实现地区生产总值807.7亿元，同比增长8.5%；财政收入119.4亿元，同比增长12.3%；完成固定资产投资515.6亿元，同比增长17.2%；城镇居民人均可支配收入和农村居民人均可支配收入分别为4.19万元和2.43万元，同比分别增长9.2%和10.5%。该局设有24个内设机构(大队)，下辖22个派出所，实有民警861人、协辅警1125人、行政职工15人，民警数占全市户籍人口1.03‰。是年，该市发案总量、刑事发案、行政案件同比分别下降12.8%、15.6%、8.6%，破案率上升10.3%；命案发6起，同比下降57.1%，为近20年最低，破案率100%；刑拘犯罪嫌疑人2610人，逮捕1485人，移送起诉2679人；盗窃、抢夺、抢劫侵财案件分别同比下降19.15%、32.24%、10.28%；群众对公安工作的满意度为95%。年内，该局获浙江省依法行政示范单位、浙江省社会管理综合治理先进单位、全省信访工作先进集体等14项荣誉，相对集中办案模式被公安部法制局评定为全国优秀执法制度。有1人立二等功、17人立三等功，53个集体和207人获各类表彰。

【慈溪市公安局】 2014年，慈溪市(包括杭州湾新区)陆地面积1361平方千米，户籍人口104.52万人，登记流动人口95.35万人。全市实现地区生产总值1111.56亿元，财政总收入和公共财政预算收入分别为196.92亿元和100.02亿元，城镇居民人均可支配收入和农村居民人均纯收入分别为4.35万元和2.5万元。该局共有20个内设机构(大队)，下辖20个派出所，实有民警1049人，民警数占户籍人口总数的1‰。是年，该局刑事立案同比下降0.63%，侦破各类刑事案件4237起，移送起诉2998人；查结治安(行政)案件3823起，查处违法人员4637人。年内，该局连续第4年被省公安厅评为执法质量优秀单位，1人被评为全省公安机关爱民模范。有1人立一等功，2个集体、3人立二等功，8个集体、19人立三等功，103个集体、248人次受到各级表彰奖励。

【奉化市公安局】 2014年，奉化市行政区域土地面积1249平方千米，户籍人口48.37万人，登记流动人口16.05万人。全市实现生产总值308亿元，财政一般预算收入55.28亿元，其中公共财政预算收入28.56亿元，固定资产投资182亿元，城镇居民人均可支配收入和农民人均纯收入分别增长10.5%和11%。该局共有22个内设机构(大队)，下辖12个派出所。实有民警536人，民警数占户籍人口总数的1.1‰。是年，刑事发案同比下降1.3%，该局侦破各类刑事案件4326起(现案3041起、积案1285起)，移送起诉犯罪嫌疑人1639人；查处治安案件6935起，治安处罚3131人，其中治安拘留1087人。年内，该局连续第3年被评为全省公安机关执法质量优秀单位，被省公安厅记集体二等功，获评全省、全市公安信访工作考评优秀单位和宁波市社会管理综合治理先进集体，服务重点实事工程建设、生态环境竞赛活动、房屋征收拆迁等工作分别受到奉化市委、市政府表彰。有1个集体、3人立二等功，5个集体、31人立三等功，96个集体、385人次受到各级表彰奖励。

【宁海县公安局】 2014年，宁海县行政区域面积1843.26平方千米，海域面积275平方千米，户籍人口62.6万人，登记流动人口17.3万人。全县实现地区生产总值406亿元，同比增长6%；财政一般预算收入65.6亿元，同比增长8.5%，其中地方财政收入36.1亿元，同比增长8.8%；城镇居民人均可支配收入和农村居民人均纯收入分别为4.09万元和2.24万元。该局设有19个内设机构(大队)，下辖19个派出所。实有民警576人(包括5名职工)、协辅警1299人，民警数占户籍人口的0.92‰。是年，该局共立刑事案件4473起，侦破2879起，其中破命案6起，命案破案率100%；受理治安案件5396起，查结3116起。上报交通事故105起，死亡50人，受伤94人，直接经济损失61.9万元；共发生火灾435起，死亡1人，受伤6人，直接财产损失689.65万元。群众总体安全感为95.5%，满意度为94.4%。年内，该局连续第4次被公安部命名为全国公安机关执法示范单位，连续第12年被评为全省执法质量优秀单位，综合考评获全市第二名，被评为全市公安机关公安业务考评优胜单位、宁波市优秀公安局。有1个集体立二等功，4 个集体立三等功，7 人获得市级以上荣誉称号。

【象山县公安局】 2014 年，象山县行政区域面积 6510 平方千米，其中陆地面积 1175 平方千米。全县户籍人口 54.85 万人，登记流动人口 13.5 万人。全县实现地区生产总值 388.7 亿元，比上年增长 7%；完成财政一般预算收入 54.8 亿元，同比增长 8.2%。该局共有 17 个内设机构（大队），下辖 15 个派出所（包括 4 个边防派出所），实有民警 534 人、职工 30 人、协警 1320 人，民警数占全县户籍人口数的 0.97‰。是年，共立刑事案件 3730 起，同比下降 1%，侦破各类刑事案件 2510 起；命案发 5 起、破 5 起；刑事拘留 1326 人，移送起诉 1442 人；查处各类治安案件 3156 起，治安处罚 2657 人；交通上报事故四项指数同比全面下降。年内，该局被评为全省执法质量优秀单位、全市“扫黄赌打团伙”专项工作先进单位，徐祥青被追授“全国公安系统二级英模”称号。有 1 人立二等功，并被授予全省“最美交警”称号，28 个集体、42 人获得市级以上荣誉。

【宁波港公安局】 2014 年，该局设有 13 个内设机构（大队），下辖 5 个派出所，有民警 180 人、协警 40 人，负责宁波港域的北仑港区、镇海港区、宁波港区、穿山港区、大榭港区和梅山港区的治安保卫工作，代管宁波港集团有限公司治安综合治理办公室和人武战备办公室。是年，该局刑事案件批捕准确率为 91%，移诉准确率 100%。年内，该局被交通运输部公安局记集体二等功。

【机场公安分局】 2014 年，宁波栎社国际机场共保障起降航班 5.39 万架次，旅客吞吐量 635.9 万人次，货邮航吞吐量 8.16 万吨，同比分别增长 15.97%、16.48%和 23.39%，增幅居省内机场第一位。该分局共有办公室、空防警保大队、侦察大队、治安大队（栎社机场派出所、消防大队）、交巡警大队 5 个内设机构，有民警 41 人、协辅警 75 人，负责机场辖区 12 平方千米的治安保卫和民航空防安全工作。是年，该分局立刑事案件 16 起、破 5 起，抓获犯罪嫌疑人 6 人，抓获各类逃犯 19 人；受理治安行政案件 267 起，治安（行政）拘留 15 人；处理交通事故 251 起，未发生亡人事故；处理航班延误纠纷闹事事件 28 起，完成警卫保障任务 12 批次，完成上级交办的保卫任务 10 批次。年内，该分局 3 个集体、21 人次获得上级通报表扬和嘉奖。

【东钱湖公安分局】 2014 年，宁波东钱湖旅游度假区行政区域面积 130 平方千米，其中湖区面积 19.89 平方千米。户籍人口 4.71 万人，登记流动人口 2.25 万人。全年接待游客 384 万人次，旅游总收入 28 亿元。该分局设有办公室、治安大队、侦查大队、交（巡）警大队 4 个内设机构，共有民警 45 人、协辅警 164 人，民警数占辖区户籍人口总数的 0.96‰。是年，该分局立刑事案件 382 起，同比下降 20.1%；受理治安行政案件 931 起，同比上升 52.4%；受理道路交通事故 5852 起，交通管理执法 3.27 万人次，交通死亡 6 人；火灾事故 29 起，同比上升 26.1%；查获行政拘留以上各类违法犯罪嫌疑人 282 人，移送起诉 77 人。年内，该分局被市委、市政府评为全市社会治安综合治理工作先进单位、社会安全生产先进单位，连续第 3 年被宁波市公安局评定为机关绩效考评一等单位，被记集体三等功。有 6 个集体、14 人获得区级以上各类荣誉称号。

【高新技术开发区公安分局】 2014 年，宁波国家高新技术开发区规划面积 18.9 平方千米，户籍人口 3.56 万人，登记流动人口 3.15 万人。全区实现财政收入 48.86 亿元，同比增长 17.4%，公共财政预算收入 27.87 亿元，同比增长 11.6%。该分局设办公室、侦查大队、治安大队和交（巡）警大队 4 个内设机构，下辖梅墟、新明 2 个派出所，共有民警 57 人、协辅警和文职人员 347 人。是年，该分局侦破刑事案件 72 起，刑事拘留 61 人，逮捕 34 人，移诉 69 人。年内，有 1 个集体、6 人立三等功，5 个集体、31 人获得市、区级荣誉。

【大榭公安分局】 2014 年，大榭岛行政区域面积 30.84 平方千米，周围 7 个小岛总面积 4.35 平方千米，户籍人口 2.76 万人，登记流动人口 2.23 万人。实现工业总产值 541.5 亿元，港口货物吞吐量 8052.4 万吨，同比增长 6.9%，财政总收入 111.5 亿元，同比增长 9.2%。该分局设有办公室（指挥中心）和治安大队、侦察大队、交巡警大队，共有民警 36 人、协辅警 142 人，民警数占辖区户籍人口总数的 1.3‰。是年，该分局侦破刑事案件 107 起，其中五类案件和“两抢”案件破案率 100%；抓获犯罪嫌疑人 54 人，移送起诉 63 人。年内，该分局被评为全省公安机关执法质量优秀单位、市级文明单位、全市社会治安综合治理先进单位、安全生产工作先进单位、区宣传报道先进单位、区信息工作先进单位、区政府信息公开先进单位。有 1 个集体、3 人立三等功，9 人受到宁波市公安局嘉奖，9 人获区级以上荣誉称号。

【杭州湾新区公安分局】 2014 年，宁波杭州湾新区陆域面积353平方千米，海域面积350平方千米，户籍人口7.17万人，登记流动人口10.39万人。实现工业总产值1058亿元，比上年增长31.8%，实现财政预算总收入65.3亿元，比上年增长58.1%。该分局设有办公室和治安巡控大队、侦查大队、交警大队4个内设机构，下辖2个派出所，有民警55人、协辅警283人，民警数占全区户籍人口总数的0.77‰。是年，该分局共立刑事案件1038起，受理治安行政案件1748起；刑事拘留151人，批准逮捕80人，移送起诉135人，行政拘留235人；受理道路交通事故3725起，交通事故死亡11人。年内，该分局被宁波市政府评为2013年全市禁毒工作先进集体，被宁波市委、市政府评为2013年全市社会管理综合治理工作先进单位。有1个集体、1人立二等功，1个集体、5人立三等功。

温州公安

【市况简介】 2014年，温州市辖鹿城、瓯海、龙湾3区及经济技术开发区，瑞安、乐清2市，苍南、平阳、文成、泰顺、永嘉、洞头6县。全市陆地面积1.23万平方千米，户籍人口813.69万人，登记流动人口329.3万人。全市实现生产总值4302.81亿元，同比增长7.2%，按户籍人口计算，人均地区生产总值5.31万元，同比增长6.3%。

【概述】 2014年，温州市公安机关夯实基层基础，加强队伍建设，实现“平安温州·清静治安”目标，逐步形成社会治安防控“温州模式”。是年，总结推广群体性事件处置“521”工作法，成功处置瑞安仙降等群体性事件隐患和苗头748起；完善涉法涉诉信访网上受理，制定信访三级评定管理制度，全年公安信访总量、初信初访数量、越级上访量同比分别下降12.3%、8.2%、10.4%；创新破案打击机制，做到命案必破、重案快破、财案多破、黑恶必打，全年共侦破刑事案件1.9万余起，刑拘2.21万余人(打防控数据)，查处行政案件237.08万起；打侵财、打防“两抢”、打黑除恶、“缉枪治爆”、“打假”、打击食药环犯罪、打击黄赌、缉毒、追逃9个专项行动工作绩效列全省第一；创新立线牵引、主题研判、集群打击工作模式，侦破“5·16”盗销手机团伙案、“5·30”偷逃高速公路通行费团伙案、部督“3·25”、“伪基站”团伙案等一批团伙性、系列性案件。年内，温州市公安局打击整治非法生产销售和使用“伪基站”违法犯罪活动专项行动工作小组办公室被评为全国打击整治伪基站违法犯罪活动专项行动先进集体，瓯海公安分局娄桥派出所被评为全国公安系统爱民模范集体，陈旭被授予“全国公安系统二级英模”称号。全市公安机关有214个集体和1907人立功嘉奖。

图为温州市委常委、公安局局长黄宝坤检查指导“警灯工程”建设(5月27日)

【机构人员】 2014年，温州市公安局有32个内设机构和6个直属单位，下辖鹿城、龙湾、瓯海、开发区4个公安分局和瑞安、乐清2个县级市公安局及洞头、永嘉、平阳、苍南、文成、泰顺6个县公安局，共有165个公安派出所，总警力近1.02万人，警力数占全市常住人口的1.12‰。

【深化“警灯工程”】 2014年，温州市公安机关构建岗亭警力常态值守、专业接处警队伍巡处结合、特警等机动力量“点穴”防控、群防群治队伍星状布点守望的动态防控模式。年内，核录人员、车辆信息112.4万条，同比增加5.9%；抓获犯罪嫌疑人391人，缴获管制刀具138把，查获赃物汽车3辆、摩托车27辆、电动车395辆；现场帮助和解决群众求助2万余次，调解矛盾纠纷近1.18万起；完成全市271个卡点调整，处置各类社会应急警情22.8万起；交警实现“一警多能”，全年抓获各类网上逃犯和现行犯388人，同比增加112%；新建治安联防岗亭407个，组建群防群治队伍1645支，配备人员1.75万人。“警灯工程”值守时段警情明显下降，工作经验被公安部和省公安厅推广。

图为温州市公安局领导慰问"猎狐2014"境外追逃缉捕组(12月30日)

【完成重大活动和重要会议警卫安保工作】 2014年,温州市公安机关做好重大事件、敏感节点安保工作,完成党的十八届四中全会、全国"两会"、上海亚信峰会、南京青奥会、世界互联网大会等重大安保任务。年内,投入安保力量3万余人次,完成中华龙舟大赛、文成安福寺落成大典等213场次大型群众性活动安保工作;进一步改进警卫勤务模式,完成重大警(保)卫任务30余批次。

【打击邪教组织非法活动】 2014年,温州市公安机关侦破"法轮功"、"全能神"邪教案件若干起。年内,抓获各类邪教违法犯罪人员若干人,取缔"全能神"邪教活动聚会点若干处,依法处置"呼喊派"非法活动若干起,侦破"8·1"国内首例黑客破坏有线电视网络案,顺利完成三江、龙岗山宗教场所拆违任务,保障拆除宗教违建点若干处。

【打击经济犯罪】 2014年,温州市公安机关开展"打假"专项行动,重点打击跨区域、利用互联网平台、威胁地方支柱行业和影响群众生产生活的制假售假犯罪。年内,共立案侦查侵权伪劣案件262起,侦破198起,刑拘145人,捣毁制假窝点54个,缴获假冒伪劣商品案值6783.19万元;提请发起网上打假集群战役10起,打假成效居全省第一位。开展打击骗取出口退税违法犯罪行动,侦破各类发票违法犯罪案件80起,刑拘犯罪嫌疑人37名,其中侦破"5·13"特大骗取出口退税案,涉案金额7000余万元。4月1日~7月31日,开展打击整治传销集中行动。其间,立传销案件10起,侦破6起,捣毁窝点6处,涉案金额2000余万元。8~12月,开展打击整治假币专项行动。其间,共立假币刑事案件7起,侦破5起,缴获假币面值4000余万元,案值8000余万元,占银行临柜收缴量的73%,其中"3·26"假纪念币专案侦办经验被公安部经侦局在全国推广。

【开展"猎狐2014"专项行动】 2014年,温州市公安机关开展"猎狐2014"专项行动,先后从法国、西班牙等10个国家抓获或劝返出逃境外的经济犯罪嫌疑人22名,抓获数同比上升450%,累计涉案金额达5亿元。

【打击恶意逃废债专项行动】 2014年,温州市公安机关根据《温州市民间融资管理条例》实施,调整执法标准和要求,处理好依法打击和有效保护的关系,严厉打击恶意逃废债。年内,查处非法吸收公众存款、集资诈骗等违法犯罪案件81起,抓获犯罪嫌疑人120余名,涉案金额约30亿元;立案查处涉及金融逃废债的骗取贷款、贷款诈骗等165起,涉案金额约4.27亿元;抓获逃废债"治赖"逃犯239名,同比上升50.2%。

【打击网络新兴金融犯罪】 2014年,温州市公安机关严厉打击网络新兴金融犯罪,查处P2P网贷、电子商务等案件10起,涉案总金额近10亿元,抓获犯罪嫌疑人60余人。年内,温州市公安局制定《温州市公安局关于服务保障〈温州市民间融资管理条例〉实施的工作意见》,规范涉及民间融资的各类经侦案件的办理。

【打击严重暴力犯罪】 2014年,温州市公安机关坚持命案必破的理念,进一步规范命案初期处置工作,落实工作机制,加大命案侦防力度。年内,侦破命案现案88起,破案率97.78%,侦破年前命案积案7起;坚持重案快破,严厉打击爆炸、绑架、劫持、强奸、放火、"枪响"等严重暴力犯罪,全年发259起、破259起。其中成功侦破乐清"3·28"特大绑架案、苍南"4·7"圆通快递爆炸案、鹿城"11·20"冒充警察绑架未遂案等社会影响广泛的大要案件。

【打击侵财犯罪】 2014年,温州市公安机关始终将多发性侵财案件作为破案打击的重点,建立打防侵财"四色预警"工作规范,抓好打防侵财"双十条"举措,提升发现预警、分析研判、破案打击能力。年内,共刑拘侵财犯罪嫌疑人7758人,移诉7467人,其中784人被判处三年以上刑期,打防侵财专项行动综合成效列全省第一位。刑拘"两抢"对象 908 人,抓现行对象 189 人,打发人案比(刑拘数除以发案数)达 70.66%,同比上升 9.34%;刑拘入户盗窃犯罪嫌疑人 2325 人,同比上升 17.96%;侦破诈骗案件 796 起,刑拘 883 人,同比分别上升 8.59%和 23.84%;摧毁通讯(网络)诈骗犯罪团伙 11 个;摧毁"伪基站"犯罪团伙 52 个,其中 3 人以上团伙 20 个;打掉"高财"(高指数侵财对象)犯罪嫌疑人 114 人,同比上升 62.8%。

【开展打黑除恶专项行动】 2014 年,温州市公安机关坚持黑恶必打、除恶务尽,保持对外来黑恶势力、阻碍工程项目建设黑恶势力、黄赌毒相交织黑恶势力、农村恶势力等突出黑恶犯罪的严打力度。年内,打掉黑社会性质犯罪组织 6 个,其中判决 3 个;摧毁恶势力犯罪团伙 362 个,其中认定恶势力团伙 158 个,同比上升 128%,抓获团伙成员 1225 人,侦破案件 804 起;成功摧毁平阳陶某、永嘉周某等一批长期作恶的涉黑涉恶犯罪组织。打黑除恶综合绩效连续第 3 年保持全省第一。

【开展追逃行动】 9 月 30 日,温州市公安局印发《温州市公安局追逃工作暂行规定》。年内,温州市公安机关抓获逃犯 4258 人,全市年前逃犯归案数 1553 人,抓获外省逃犯 1062 人;集中开展侵财逃犯技术比中对象缉捕竞赛活动,侵财逃犯归案 1292 人,同比上升 24.6%;加强命案逃犯缉捕工作,共抓获 70 人,其中挂牌命案逃犯 31 人、故意杀人逃犯 10 人、故意伤害致死逃犯 29 人,实现命案逃犯基数下降。截至 12 月,全市逃犯基数从年初的 3398 人下降至 3314 人,下降率 2.5%。追逃综合成效列全省第一位。

【推进刑事技术信息化建设和应用】 2014 年,温州市公安机关推进刑事技术信息化进程,建成 DNA、指纹、足迹和现场勘查数据库的"四库联通"系统并投入使用。年内,专业技术力量现场勘查占比达 76.2%,比中各类刑事案件 4181 起,指纹现案比中率达 4.67%,DNA 现案比中率达 1.49%,串并案件 121 串 958 起,同比分别上升 15%和 16%;新安装监控探头 4341 个,视频技术协助侦破刑事案件 4704 起、命案 69 起、"两抢"案件 457 起,破案占比分别达 35%、88%和 61%;温州市公安局成立王即墨电子物证工作室。

【加强监所安全管理】 2014 年,温州市公安机关推进监管在押人员医疗卫生社会化改革,开通在押人员就医"绿色通道"和监管专用病房,完善看守所多岗联动、隐患常态查改、应急处置等机制。年内,发现、处置各类重大事故苗头 11 起,实现安全零事故;设立拘留所矛盾化解工作室,化解各类社会矛盾 256 起;规范强制隔离戒毒工作,联合温州市心理服务志愿者协会成立全省首个监所心理服务站,全年共收治戒毒人员 2373 人;开展法纪廉政警示教育基地建设,1.31 万余名社会人士接受监所警示教育;通过教育感化争取坦白、检举 1370 人次,获取犯罪线索 1761 条,协助侦破刑事案件 1946 起,抓获犯罪嫌疑人、逃犯 246 人。

【加强网上维稳工作】 2014 年,温州市公安机关强化网上巡控力度,发现有害信息 1.4 万条,同比上升 26.5%;采集入库互联网基础数据 350 万余条,同比上升 8.4%;设立网络报警岗亭 1012 个、网上警务室 748 个,总量同比上升 10.2%,1365 家非经营性上网场所安装管控系统,同比上升 10%;侦破网络诈骗案件 1526 起,组织打击"伪基站"专项行动,查办案件 60 起;组织两次集中打击网络赌博专项行动,侦破案件 61 起,涉案金额 10 亿余元。年内,网侦手段服务实战能力进一步提升,涉网案件上案平台联通 20 个警种、318 个基础所队,直接为基层实战单位协查 2000 余次,利用网侦手段抓获全国逃犯 1495 人,同比上升 67.3%。

【打击毒品犯罪】 2014 年,温州市公安机关侦破毒品刑事案件 1417 起,抓获犯罪嫌疑人 1934 人,缴获

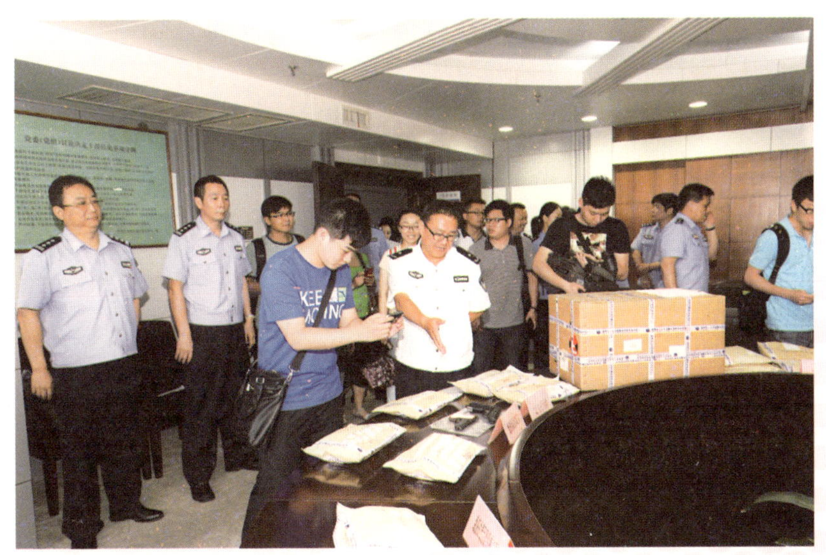

图为温州市公安局在全市打击毒品犯罪情况新闻通报会上展示缴获的毒品和枪支(6 月 11 日)

各类毒品116.2千克；摧毁3人以上涉毒团伙127个，6人以上涉毒团伙42个；侦破公安部毒品目标案件6起、省公安厅毒品目标案件33起、跨区域特大贩毒案件45起；部署开展"大排查、大收戒、大管控"行动，查处吸毒人员9044人次，强制隔离戒毒3006人，同比分别上升12.3%、21%；注销3108名吸毒人员驾驶证，本地申领驾驶证注销率达100%。年内，建立温州禁毒教育基地群，在全省开创学校毒品预防教育新模式，被省厅在全省推广。

【加强反恐应急处置工作】 2014年，温州市公安局以25个特警"紧急反应组"为依托建立应急处置机制，确保温州反恐领域不出事、不惹事。温州市公安机关抓获某涉恐团伙头目1名，落实散装汽油定点销售、实名登记、监控联网及敏感物品备案登记制度，开展"红星引领、平安空港"等行动，强化人员密集场所、国计民生基础设施等重要目标联防联控力度。3月14日，温州市组织开展处置暴力恐怖突发案(事)件力量集结实战演练，12个县(市、区)同步开展演练。集结演练由温州市公安局牵头组织，特警、刑侦、治安、交警、消防等警种和派出所共1329名警力及市卫生局、气象局、电力局、通信、检验检疫局、武警等市本级反恐怖工作协调小组成员单位最小作战单元参加演练。

【打击食药环犯罪】 2014年，温州市公安机关组建打击食品药品与环境犯罪侦查支队，建立健全要案主侦、挂牌督办、责任倒逼、联合打击等机制，落实行政部门移交案件查处反馈制度，推进打击食药环犯罪。年内，全市共侦破食药环犯罪案件659起，同比上升92.13%；逮捕647人，移诉702人，判决323人；成功侦破公安部督办案件7起、省公安厅督办案件20起；侦破水环境污染犯罪301起，刑拘495人，逮捕373人，刑拘数、逮捕数同比分别上升460%、520%。

图为温州市公安局举行物联网治安管控工作运管中心揭牌仪式(12月30日)

【打击黄赌犯罪】 2014年，温州市公安机关构建交叉打击、联合攻坚、合成作战、集中整治等常态机制，打击群众反映强烈的黄赌问题。年内，刑拘3043人，逮捕1776人。

【加强重点物品管理】 2014年，温州市公安机关建立民爆物品、枪支弹药信息化管理平台，构建市局抓指导、县局抓检查、派出所抓落实工作格局，规范民爆、枪支、危化物品管理。年内，共侦破涉枪刑事案件103起，同比上升30.8%，侦破涉爆刑事案件33起；收缴枪支526支、仿真枪11支、炸药3016.25千克、黑火药394.68千克、雷管1362枚、剧毒化学物品2192.059千克、管制刀具1253把；排查涉危从业单位342家，排查率100%，发现涉危隐患28起，整改28起；侦破涉易制毒化学品刑事案件105起，缴获易制毒化学品20吨。

【加强行业场所管控】 2014年，温州市公安机关完善旅馆、娱乐场所133动态管控机制，实现行业"三级三类"动态管控。全市旅馆场所信息登记率月均90%，停业整顿场所数同比上升110%，旅馆场所发案数同比下降11.5%。年内，公安机关侦破涉黄赌毒案件35起，刑拘16人，行政拘留71人；取缔无证旅馆51家，拘留29人，停业整顿69家，行政处罚1471家，抓获逃犯155人；对329家KTV、演艺场、夜总会、迪吧等易涉毒娱乐场所实行禁毒"星级化"管理，共查处各类易涉毒场所群体性吸毒案件12起，查处场所内吸毒人员96人；组织检查网吧2045家次，行政处罚170起，全市网吧实名登记率达90%。

【实施物联网治安管控】 2014年，温州市公安机关率先实施"以卡管人、以卡管房、以卡管车"为主要内容的物联网治安管控工作。年内，全市安装桌面发卡器768台、"e居站"887台，配置流管通3486只；制发"e居卡"366万余张，制卡后注销数73万余人次，在册流动人口制发卡300余万人，制发卡率为99.35%。通过"e居卡"应用，抓获违法犯罪嫌疑人655人，其中逃犯98人，在册流动人口前科劣迹对象同比减少21.48%。全市建门禁系统近2.25万套，其中出租房门禁7801套、住宅小区门禁30套、企业门禁系统1786套、考勤系统2168套、考勤数据整合1.05万套，在线率为96%，使用率为90.4%，覆盖流动人口193.3万人。通过"以卡管房"工作，入户盗窃同比下降6.1%，已装门禁系统的出租房入户盗窃案件仅发1起，黄赌警情同比下降5.15%，未发生致人死亡的消防安全事故。10月9日始，全市推开电动车集中登记备案工作。12月30日，温州市公安局建成物联网运管中心并实体化运作。截至12月，全市建成固定侦测基站3144台、车载(手持)基站347台，共登记备案电动车116万余辆，侦破盗销电动车案件573起，盗窃电动车案件同比下降48%，打击违法犯罪嫌疑人372人，缴获被盗电动车516辆。

【推出违法犯罪线索有奖举报】 2014年，温州市公安机关推出有奖举报"微平台"，使群众可以通过手机微信客户端及网络报警页面(手机版)直接向公安机关举报违法犯罪，方便群众举报线索。全年微平台共受理各类微信举报296条，侦破聚众赌博案3起，刑拘4人，治安拘留80人。年内，全市共受理各类举报1.68万余条，侦破刑事案件1618起，查处行政案件1875起，破案率20.79%；抓获逃犯466人，刑事拘留1630人，行政拘留3794人；收缴赌博机295台，收缴枪支6支(仿制式枪支2支、气枪3支、火药枪1支)；查获冰毒4779.53克、海洛因522.4克、摇头丸20克、其他毒品6462.85克。全市共申请发放奖金225万元。

【推进社区警务规范化建设】 2014年，温州市公安机关推进社区警务规范化建设，全市已建社区警务室670个、警务站18个。年内，推进社区警务专业化，全市有社区民警1016人，其中专职社区民警838人，社区民警占派出所总警力的30%以上；社区民警负责社区治安管理和相关行政案件办理，与完成指标、查处案件等任务分离；推进社区警务信息化建设，完善实有房屋、实有单位、实有人口"三实有"管理系统，全市已录入房屋信息288.46万间、单位信息2.88万家、人口信息1069.64万人。

【加强水上治安管理】 2014年，温州市公安机关以创建"平安水域"和打造"生命至上，水警有为"品牌为目标，出动公安艇执行接处警任务，开展水上治安巡逻533航次，受理群众求助183次，救起落水遇险群众33人，成功劝阻跳江(河)自杀7人，调解矛盾纠纷11起。9月1日，省委常委、公安厅厅长刘力伟在水上分局调研指导时，充分肯定该分局在水上救助、管理、安全防范等方面取得的成效。

【保障重点工程建设】 2014年，温州市公安机关开展警务进项目、警务进工地、警务进企业工作。年内，落实重大项目风险评估机制，为33个受阻工程拔钉清障，确保全市312个重点工程项目建设和55个温商回归创业。

【落实"警调衔接"工作】 2014年，温州市建有驻公安派出所人民调解组织81个，建立移送制人民调解组织75个，落实驻所制人民调解组织办公用房4000余平方米，"警调衔接"财政拨付各项经费达900余万元，配备专职调解员194名、兼职调解员97名。年内，人民调解组织受理矛盾纠纷1.85万件，调解成功1.83万件，先后有两名"警调衔接"人民调解员被评为温州市"十佳"助警市民，17个集体和41人受到省、市以上党委、政府和政法部门表彰。

【保障"三改一拆"】 2014年，温州市公安机关做好"三改一拆"执法保障工作，为全市完成拆违1341万平方米、"三改"5956万平方米、拆除宗教违建点1387处提供强有力保障。

【护航"五水共治"】 2014年，温州市公安机关实施三级"河道警长制"，分别配备市、县、派出所三级"河

图为温州市公安局参加"警务面对面"第三站"聚焦警长治水 走近城市河道"活动(3月14日)

道警长”22名、257名、700名，建立健全联席协作、联动排查、联手打击、联训强质、联考奖惩五项工作机制，助推“五水共治”，推进创建全国水生态文明建设试点城市工作。

【加强流动人口管理】 2014年，温州市公安机关加强流动人口基础管理和高危管控，研发应用流动人口信息移动采集系统（流管通）并被省公安厅推广应用；推行分级管控，强化管控质量排名通报和案件回访责任倒查，落实社区民警管控职责。年内，拓展“外商协管外口”、“外警协管外口”、“新居民居委会”等“以外管外”合作渠道和模式，协助处置非正常死亡引起的涉稳事件15起，参与调解矛盾纠纷287起，协助侦破、查处各类刑事、治安案件275起，抓获逃犯16人。

【加强出入境管理服务】 2014年，“台湾个人游”项目开通，鹿城、瓯海、瑞安、乐清市（区）公安机关获得公安部授权开办外国人签证业务。温州市公安局在全省率先试点派出所受理出入境证件申请，实施周六无休日办证制度和出入境证件“三表合一”、电子港澳通行证等项目，推广基层出入境服务站和自助受理模式等便民服务举措。年内，温州市局出入境受理中心连续第4次获省“群众满意基层站所”单位、省级“青年文明号”等称号。

【强化消防整治和抢险救灾】 2014年，温州市公安消防部队出动近1.23万次、1.95万车次、12.4万人次，疏散、抢救被困人员3579人，抢救和保护财产价值6.18亿元，成功处置温州化工市场爆燃、瑞安市仙降环球鞋业有限公司厂房火灾等重大灾害事故，圆满完成赴丽水跨区域抗洪抢险任务，全年火灾死亡21人（不含放火），同比下降35%。年内，基层消防网格组织共检查单位29万余家，发现隐患28.3万处，督促整改隐患18.9万处；建立安全互查、隐患自除、信息共享机制，开展联勤联防3120余次，检查单位5000余家，督改隐患5000余条；实行“四级政府挂牌”重大火灾隐患单位655家，完成整改646家；组织开展十大重点领域安全生产专项整治行动、第二次“清剿火患”战役、8次“蛟龙”系列消防安全集中行动、消防安全百日攻坚整治和劳动密集型企业和家庭作坊消防安全专项治理等专项行动，共检查单位15.36万家，发现隐患18.15万处，整改隐患16.15万处，责令“三停”521起，临时查封95处，拘留114人。

【加强道路交通安全管理】 2014年，温州市公安机关完成包括13条省级严管示范路和6个微循环小区创建在内的各项省定治堵任务，其中微循环小区创建工作得到市领导肯定，市政府召开现场会推广经验。温州市公安局在4条主干道试行“绿波带”同行，在5个大流量主干道路口建成可变车道；实施交警支队领导带头站高峰、全警上路执勤、集中式视频查控等管理措施。全年查处各类交通违法407.6万起，其中八类重点交通违法188.6万起，查扣非法“四小车”4.01万余辆，在市区机动车保有量同比增长9%、每百户汽车保有量全省第一的情况下，取得市区交通拥堵警情数同比下降15.21%的成效；创新重点车辆动态监管平台应用；抓好黄标车淘汰工作，全省第一个完成全年任务目标，共淘汰黄标车及老旧车4.83万余辆，完成率达134.2%，工作经验在全省“黄标车”淘汰推进会上作介绍。年内，全市发生上报道路交通事故2103起，死亡482人、受伤2081人、直接财产损失350万元，四项指数全面下降，其中死亡人数减少28人、同比下降5.49%，未发生一次死亡10人以上的恶性交通事故。交通管理“三微行动”多次获市领导批示肯定，《人民日报》头版报道“温州公安交警创新管理方式，用微信快速处理轻微交通事故”做法，“温州交警”微信获评全市群众路线教育实践活动十大“群众满意整改项目”。

图为温州市公安局交警支队三大队民警在夜间设卡开展禁酒驾整治行动（6月13日）

【加强机场治安管理】 2014年，温州市公安机关保障温州机场有序运转治安环境,解决各类矛盾纠纷 80 余起,其中妥善处置航班延误引发的群体纠纷 12 起,同比下降 63%。年内,审查机场安检等部门移交的违法嫌疑人员 1312 人次,没收、收缴各类违禁物品 1225 件,打击“黄牛”1930 人次,查获黑车 44 辆,抓捕逃犯 36 人,治安拘留 9 人,拦截法院司法拘留对象 25 人;免费办理临时乘机身份证明服务 1.48 万余人次,开通微信平台预约办理临时乘机证明;处理群众报警求助 264 起,为旅客找回遗失物品 164 件,价值人民币 180 万元。候机楼派出所获全省“温暖警营”和全市公安机关“群众满意基层所队”、“爱民模范集体”等称号。

【加强基础设施建设】 2014 年,温州市公安机关推进“138 工程”建设,年度行政经费预算 3.2 亿元,同比增幅达 6.31%;落实“民安工程”、物联网治安管控、科技大楼开办、反恐装备等经费 1.21 亿元;市公安科技大楼成功结顶,市监管中心顺利启动前期准备工作,全市年度基建投资达 3.03 亿元。年内,温州市公安局获评全省公安“138 工程”示范单位。

【推进视频监控建设】 2014 年,温州市公安机关构建集建、管、用、研、战于一体的视频监控体系,新增点位 4341 个,改建 2493 个,已建接入全省公安视频监控共享平台点位 4.02 万余个、卡口抓拍监控 3000 余个。年内,建设高空瞭望视频监控、无人机平台,推动形成立体视频监控体系;首创市、县两级公安视频监控运维监管中心模式,提出点位户籍化管理理念,与各级运维中心、派出所“三室合一”形成分层、分级的立体管理体系,开发完成派出所视频管理应用软件。

【深化“六防工程”建设】 2014 年,温州市公安机关深化以情报导防、综合人防、监控技防、管理强防、打击促防、全民心防为核心的“六防工程”建设,社会治安立体防控体系更加完善。年内,接刑事警情 13.5 万余起、治安警情 20.93 万起,立刑事案件 10.29 万余起、治安案件 7.97 万起,同比分别下降 12.6%、8.4%、0.1%、10.3%;“两抢”发案 1284 起、盗窃发案 10.51 万余起,同比分别下降 48.4%、7.6%;刑事和治安警情总量连续第 5 年下降 10%以上,“两抢”发案数连续第 3 年下降 40%以上,日均发案数下降到 3.25 起;市区公共交通领域扒窃零接警 66 天,同比增加 44 天。

【推进情报体系建设】 2014 年,温州市公安机关通过推进信息有用采集、有序整合、实时整合、虚拟建库,初步形成人力情报信息搜集体系。年内,温州市公安局推进“温州公安情报平台”建设,该系统被公安部评为全国十大优秀情报平台;开展社会治安状况“二级四色”预警评估工作,提高打防管控精确度,全年对各地共发布周预警“黄色、红色”52 次、月评估“黄色”5 次;通过推动派出所“三室合一”工作,共抓获逃犯 1657 人,打处 8838 人;建成温州市局合成作战平台。

【推进法制建设】 2014 年,温州市公安局完善执法标准体系,先后制定《关于办理“伪基站”刑事案件具体应用法律问题的通知》、《关于办理水污染违法犯罪案件指导意见》等一批工作规范。年内,温州市公安机关认真执行《公安机关执法公开规定》,持续推进“阳光执法”,全市 143 个派出所共完成公开查处、调解 1078 件。温州市公安局建立执法管理联席会议制度,统筹运用网上巡查、飞行检查、视频抽检等手段,抽查 96 个基层科所队、480 起刑事行政案件,通报纠正各类执法问题 200 余个,追责 100 余人;组织开展执法检查“回头看”专项活动,开展执法办案区“四个一律”检查,全市 214 个执法办案区硬件改造、装备配置基本到位;抓好新版执法办案系统运行前期准备工作,推进执法信息化应用;优化执法办案积分制,将积分与评优评先、立功授奖、提拔任用等荣誉、待遇挂钩;优化“双评双促”工作,评出 12 个执法规范化建设优秀基层所队、20 名年度执法办案能手、13 名年度优秀法制员,予以表彰奖励;评选出 10 个优质案件,对 10 个劣质案件予以通报批评。

【推进执法能力建设】 2014 年,温州市公安局依托轮训、比武、警营讲堂等平台,通过专题培训等方式,以“一法两规”等法律法规为内容,以基层一线执法办案民警为重点,开展执法业务培训。年内,完成高级执法资格考试温州考点考务工作,全市已有 1.11 万人通过基本级执法资格考试,通过率超过 99%,5276 人通过中级执法资格考试,通过率超过 50%,118 人通过高级执法资格考试。

【行政审批改革和网上办事大厅建设】 2014 年,温州市公安机关推进行政审批制度改革和网上办事大厅建设,实现 72 项上网事项在线申请,网上可办事项为 70.58%,全年网上办事数量达 5.5 万件。年内,启动平阳县户籍制度改革试点工作,户口性质清理率达 100%,实现户口二元化管理到一元化管理;“市长专线”按时反馈率、办结率、满意率均为 100%。

【开展党的群众路线教育实践活动】 2～10 月,温州市公安机关开展党的群众路线教育实践活动暨“为何从警、如何做警、为谁用警”大讨论活动，183 个党支部、2213 名党员全体参加教育实践活动。其间，温州市公安局党委理论中心组开展集中学习活动 11 次、集中学习 5 天，向 1200 余人次征集意见建议 900 余条，开展谈心谈话活动 50 余场次；温州市局机关 50 余名副县级以上领导干部到基层所队当普通民警。年内，温州市局下发文件数同比减少 17.83%，全局性会议、活动数量同比减少 37.8%，会议、活动开支同比减少 45.06%，“三公”经费同比减少 22.43%。8 月 21 日，温州市直机关党的群众路线教育实践活动暨“红色细胞工程”建设现场推进会在温州市公安局召开。

【落实从严治警】 2014 年，温州市公安机关严格落实党风廉政建设党委主体责任和纪委监督责任。年内，受理核查涉警投诉举报 250 起，同比下降 4.2%；开展各类督察行动 2699 次，对 6874 人次进行局规处理；严格执行《领导干部刚性问责六项规定》，先后对 99 名责任人员进行问责，同比上升 39.4%；处理诬告、暴力袭警等民警维权案件 283 件，追究侵害人刑事责任 44 人、行政处罚 328 人；开展“执法执纪保安全”专题教育活动，全市共排出重点问题 484 个、重点人员 294 人，逐一落实帮扶整改措施。

【落实从优待警】 2014 年，温州市公安局坚持竞争式选人用人制度，完善“多元遴选”干部选任体系，先后组织开展“署名举荐”、“择优遴选”和“火线选拔”工作，共提任处科级干部 202 名、轮岗交流干部 166 名。是年，首次颁发“温州公安民警荣誉奖章荣誉证书”，全市申报浙江公安民警荣誉奖章 694 人(30 周年)，申报温州公安民警银质奖章 1249 人(25 周年)、铜质奖章 1162 人(20 周年)；累计发放慰问金近 100 万元，实施英模子女择校政策，协调开办暑期民警子女托管班，与上海瑞金医院、上海东方医院正式建立惠警医疗协作关系；组织开展“巾帼建功”表彰会、读书会等活动。年内，全市公安机关共 214 个集体、1907 人立功嘉奖，其中县级公安机关占 90%以上，派出所民警记功嘉奖数超过三分之一。

【加强民警教育训练】 2014 年，温州市公安局完成 10 期 914 人增强执法自信执法公信专题轮训，14 期 1100 余人次警衔晋升培训任务，1 期为期半年的 185 名新警初任培训任务。年内，温州市局组织 1566 名民警开展手枪实弹考核，各公安分局组织 2500 余人次开展射击训练、体能训练及其他警务技能训练；监管、国保、审计、治安、警务保障 5 个警种的代表队在全省岗位业务能力竞赛比武活动中获团体第二名。

【鹿城区公安分局】 2014 年，鹿城区总面积 294.38 平方千米，下辖 7 个街道和 1 个镇，常住人口 74 万人，登记流动人口 60 万人。全区实现地区生产总值 762 亿元，同比增长 4.5%；城镇常住居民人均可支配收入和农村常住居民人均可支配收入分别为 4.63 万元和 2.14 万元，同比分别增长 8.8%和 10.6%。该分局设 33 个机关科室和职能大队，下辖 22 个派出所，实有民警 1200 名(不包括交警)，总警力占全区常住人口比例的 1.6‰。是年，该分局侦破刑事案件 102 起，摧毁团伙 31 个，打处对象 281 人，同比上升 38%；命案发 14 起、破 14 起；查处卖淫嫖娼案件 216 起 539 人，查处赌博案件 529 起 3146 人，摧毁赌博团伙 26 个，移诉涉黄、涉赌犯罪嫌疑人同比分别上升 12%、21%；查破部督毒品目标案 2 起、省公安厅督办目标案件 5 起，移诉涉毒犯罪嫌疑人 392 人，摧毁 3 人团伙 21 个、6 人网络 4 个，查处吸毒人员 2219 人，强制隔离戒毒 724 人；移诉侵财犯罪嫌疑人 1159 人；全区未发生影响重大的恶性案(事)件、安全生产事故。年内，该分局被公安部指定为全国公安情报技战法培训基地、软件开发研究示范点，获评全国打击外汇违法犯罪先进集体，执法工作获评全省优秀；业务综合考评总成绩排名全市首位，公安业务专项工作获得 10 项第一(含并列)，被评为年度县级公安机关优秀公安局，被区政府授予集体三等功，获评全市卷烟打假打私工作先进集体、全市“警灯工程”建设先进集体、全市物联网治安管控先进集体，各有 2 个集体分别立二等功和三等功，142 个集体获先进称号，1 人被评为省劳模，2 人立二等功，23 人立三等功，759 人获得荣誉称号。

【龙湾区公安分局】 2014 年，龙湾区陆地总面积 279 平方千米，常住人口 25.13 万余人，登记流动人口 25.49 万余人，登记在册出租房 3.29 万余家。全区实现生产总值 519.66 亿元，同比增长 7.9%；财政总收入 59.03 亿元，同比增长 5.8%，其中公共财政预算收入 30.13 亿元，同比增长 8.6%；城镇常住居民人均可支配收入、农村常住居民人均可支配收入分别为 4.09 万元、2.45 万元，同比分别增长 9%、10.3%。该分局内设 20 个职能机构，下辖 7 个派出所，实有民警 393 人、机关工人 7 人、事业编制人员 23 人、协警 528 人(包括文职 22 人)。是年，全区共发各类刑事案件 5962 起，命案发 4 起、破 4 起，发案同比下降 33%；破案 3339 起，移送起诉 1480 人；打掉黑恶团伙 26 个 115 人，收缴枪支 53 支；移诉侵财犯罪嫌疑人 507 人，抓捕逃犯 385 名，侦破涉毒案件 499 起。年内，该分局被省公安厅评为 2014 年度全省公安队伍正规化建设优胜单位，年度综合考评居全市同类地区第一位，打防控工作、执法质量、队伍正规化建设、平安创建公安口考核、互学互比“三确保、三创优、三创特”工作、物联网治安管控工作成效均列全市第一；获2014年度全市县级公安机关考评优胜单位，连续第4年被区委、区政府评为考绩优秀单位。共有82个集体和351人被省、市、区以及分局表彰，其中1个集体和2人立二等功，2个集体和20人立三等功。

【瓯海区公安分局】 2014年，瓯海区面积467平方千米，辖1个镇、12个街道、1个省级经济开发区，251个行政村、86个社区，常住人口42.95万人，登记流动人口53.26万人。全区实现生产总值416亿元，同比增长8.5%；公共财政预算收入25.24亿元，同比增长15.4%；城镇居民人均可支配收入、农村居民人均纯收入分别为4.28万元、2.21万元，同比分别增长9.5%、10.5%。该分局内设32个机构以及看守所、拘留所2个直属单位，下辖14个派出所，总警力715名(包括职工37名)。是年，该分局共接有效警情6.87万余起，同比下降7.01%，其中“两抢”类警情同比下降41.51%；受理案件近2.4万起，同比下降8.1%，其中刑事案件1.44万起，同比下降13.85%；“两抢”(含治安)案件发161起，同比下降50.61%；盗窃(含治安)案件发1.52万起，同比下降10.19%；入室盗窃(含治安)案件发2030起，同比下降16.29%；受理“三车”盗窃案件4336起，同比下降12.16%；受理通讯诈骗案件665起，同比下降26.36%。年内，该分局被省公安厅评为全省公安机关执法质量优秀单位、公安新闻宣传工作先进单位、县级公安机关“情报”示范点，娄桥派出所被授予“全国公安系统爱民模范集体”称号。

【经济技术开发区公安分局】 2014年，温州经济技术开发区面积133.66平方千米，辖国家级蒲园区(委托高新产业开发区管理)、滨海园区、金海园区，受托管理星海、沙城、天河和海城4个街道，户籍人口10万人，登记流动人口13.82万人。全区实现生产总值351.2亿元，财政总收入60.18亿元。该分局内设7个职能科室，下辖4个派出所，共有警力189名(含温州市公安局下派民警)。是年，该区有效警情同比下降1.2%，刑事类警情同比下降10.2%，刑事发案同比下降6%，其中入室盗窃案件同比下降28.5%，“两抢”案件同比下降21.4%，刑拘数同比上升0.2%；全年命案发4起、破4起，强奸、爆炸、放火、绑架、劫持五类案件发4起、破3起。年内，该分局在温州市公安局综合考评中，取得“三确保、三创优、三创特”、打防控工作、物联网、“警灯工程”、情报体系建设、群众满意度等多项工作同类地区第一，平安建设实现扣分零增长，被评为县级公安机关综合考评优胜单位。1个单位被评为全市优秀基层单位，1人获评全省优秀人民警察，1人获评全市优秀人民警察，5人立三等功，8个集体和31人受到嘉奖。

【瑞安市公安局】 2014年，瑞安市陆域面积1271平方千米，海域面积3037平方千米。辖安阳、塘下、滨海、江南4大功能区，塘下(区镇合一)、陶山、马屿、湖岭、高楼5大中心镇，10个街道办事处。全市户籍人口123.11万人，登记流动人口62.25万人。全年实现生产总值678.79亿元，居全国百强县市第23位，城镇居民可支配收入为4.32万元。该局设内设机构和直属机构31个，辖公安派出所15个、边防派出所3个和看守所、强制隔离戒毒所、拘留所各1个，实有民警1157人、职工164人。是年，该市刑事、治安案件同比分别下降10.1%、16.9%，其中“两抢”、入室盗窃案件同比分别下降40.4%、20.4%，刑拘4074人，移诉4184人；五类恶性案件发21起、破21起，破案率100%；命案发18起、破17起，侦破命案积案4起。群众安全感、满意度分别为97.36%、94.57%。年内，该局被评为全省公安机关执法质量优秀单位和公安队伍正规化建设优秀单位，陶山派出所、刑侦大队分别被评为全省政法系统先进集体、全省公安机关爱民模范集体，共有104个集体和468人受到表彰。

【乐清市公安局】 2014年，乐清市陆地面积1174平方千米，海域面积270平方千米，辖9个镇8个街道，户籍人口128.7万人，登记流动人口57.86万人。全年实现生产总值704.8亿元，财政总收入111.22亿元，其中公共财政预算收入55.65亿元；城镇居民人均可支配收入、农村居民人均纯收入分别为4.26万元、2.27万元。该局内设政治处和26个职能科室(大队)，下设3个监管场所、2个公安分局和17个公安派出所，有民警1118人、协辅警1450人、文职83人，警力数占全市常住总人口的0.8‰。是年，该市刑事发案9851起，其中侵财类刑事发案8727起；公安机关摧毁刑拘以上恶势力团伙31个，抓获涉黑恶犯罪嫌疑人78人，侦破涉黑恶刑事案件224起；“两抢”案件发142起、破121起；抓获网上逃犯623名，其中抓获年前逃犯142名、外省上网逃犯106名、命案逃犯6名；侦破涉毒刑事案件360起；道路交通事故死亡80人。年内，该局被乐清市政府记集体三等功，共有5个集体和23人被上级公安机关记功。

【洞头县公安局】 2014年，洞头县总面积892平方千米，其中陆地面积100.3平方千米，设4个街道1乡1镇18个社区，辖93个村居，户籍人口13.2万人，登记流动人口1.48万余人。全年实现地区生产总值54.6亿元，同比增长8.8%；公共财政预算收入4.5亿元，同比增长17.4%。该局内设16个科室，下辖6个公安派出所、4个边防派出所，实有民警203名、职工12名、协辅警220名。是年，该县未发生命案和“两抢”等恶性案件，刑事案件同比下降10.23%，盗窃、诈骗等侵财案件同比下降10.62%，共侦破刑事案件182起，刑拘159人；全年没有发生一次死亡3人以上交通事故；排查和整改火灾隐患908处，连续第14年未发生亡人火灾事故。年内，该局6个集体和5人立三等功，41名民警受到嘉奖，刑侦大队方君珊被评为“全省最美人民警察”，北岙派出所民警曹荣超被授予温州市第三届“十佳爱民警察”称号。

【永嘉县公安局】 2014年，永嘉县地域面积2674.3平方千米，下辖3个功能区管委会10个镇8个街道，常住人口97.67万人，登记流动人口22.75万人。实现地区生产总值313.76亿元，同比增长7%，一般公共预算收入22.31亿元，同比增长7%；城镇居民人均可支配收入、农村居民人均可支配收入分别为3.23万元、1.54万元，同比分别增长8.6%、10.6%。该局内设7个综合部门、17个实战部门，下设16个派出所及看守所、拘留所、戒毒所和森林警察大队。共有民警757人、职工58人。是年，该局共接警34.92万起，同比上升13.3%，有效接警9.37万起，同比下降2.1%；其中刑事警情近1.01万起，同比下降16.7%，治安警情2.05万余起，同比下降11.9%；“两抢”警情106起，同比下降46.5%，盗窃警情9508起，同比下降13.3%；交通警情近3.54万起，同比上升8.9%；火警警情969起，同比下降35.7%。年内，该局共有276人受到省、市、县级表彰，其中4人立二等功，26人立三等功，113人受到嘉奖。

【平阳县公安局】 2014年，平阳县陆地面积1051.17平方千米，海域面积1300平方千米，下辖9个建制镇和1个民族乡，常住人口88.4万人，登记流动人口11.58万人。全县实现生产总值322.2亿元，同比增长7.3%；财政总收入36.1亿元；城镇居民人均可支配收入、农村居民人均纯收入分别为3.34万元、1.58万元，同比分别增长8.5%、10.3%。该局设内设科室26个，下辖公安派出所12个、边防派出所3个，有民警725人、公务员3人。是年，该局刑事治安警情、“两抢”警情、盗窃警情同比分别下降8.31%、40.43%、6.29%；全年命案发8起、破8起；采取刑事强制措施2082人，移诉1979人，移送起诉准确率达100%；对侵财犯罪嫌疑人采取强制措施558人，移诉519人；打掉涉黑团伙1个、涉恶团伙18个，侦破涉黑恶案件142起；成功收网“10·31”假纪念币专案；没有发生重大火灾事故、群体性事件和重特大刑事案件；群众安全感、满意度分别为97.97%、95.91%，居全市前三位。年内，该局被评为全省执法示范单位、公安队伍正规化建设优秀单位，党风廉政建设和队伍正规化建设均获全市第一名，获全市警种“大练兵”活动集体第一名。

【苍南县公安局】 2014年，苍南县陆地总面积1291平方千米，海域面积3753平方千米，海岸线长252千米，下辖10个镇和2个畲族乡，总人口133.18万人，登记流动人口12.23万人。全县实现生产总值393.6亿元，财政收入41.1亿元。该局设内设机构26个，辖派出所13个，有民警973人、协辅警534人。是年，该局共接黄赌警情1.3万余起，同比下降30.75%；命案发6起、破6起；侦破涉众型经济案件36起；查处各类交通违法行为32万余起；督促整改火灾隐患2562处。年内，该局被评为全国县级公安机关执法示范单位，涉毒打击等多项专项行动绩效位居全市同类地区第一，被县政府记集体三等功；1个集体和3人立二等功，5个集体和27人立三等功，189名民警受到嘉奖，6名民警获“全市优秀人民警察”称号；灵溪中心所民警赵崇格入选“浙江好人榜”，龙港分局副局长胡哲伟被评为全省政法工作先进个人，灵溪中心所警长陈玲琴被评为全省“三八”红旗手。

【文成县公安局】 2014年，文成县总面积1292平方千米，下辖10个乡镇，户籍人口42.38万人，登记流动人口1.41万人。全县实现生产总值64.5亿元，财政总收入8.3亿元，城镇居民人均可支配收入、农村居民人均纯收入分别为2.74万元、1.19万元。该局设内设机构19个，下辖9个派出所，总警力331人。是年，该局共接刑事、治安类警情3383起，其中盗窃类接警890起，黄赌接警567起，同比分别下降12.82%、14.75%和11.27%；刑事立案801起，同比下降6.1%；命案发2起、破2起；“两抢”案件零接警，系全市仅有的两个零接警地区之一；刑拘犯罪嫌疑人328名，逮捕194名，移诉352名，分别同比上升39%、51.56%、6.34%；查处治安案件1017起，行政拘留428人。年内，该局有67个集体和205人获得各种奖励，其中立集体二等功和三等功各两次，11人次立三等功。

【泰顺县公安局】 2014年，泰顺县总面积1761.5平方千米，辖9镇1乡，户籍人口36.6万人，登记流动人口6573人。实现生产总值64.31亿元，同比增长7.7%，财政总收入8.22亿元，同比增长16.4%；城镇居民人均可支配收入、农村居民人均纯收入分别为2.62万元、1.17万元，同比分别增长9.4%、11.5%。该局设综合部门5个、执法执勤部门17个，下辖公安派出所11个，实有民警297人。是年，该局共接报警5.75万起，其中刑事案件891起，未发生命案，侦破20年前命案积案1起；侦破经济案件16起(含涉众型经济案件9起)，破案率达88.9%。全年未发生影响重大的网络热点、焦点负面问题，全县群众满意度、安全感分别居全市第一、第二位。年内，该局被评为全省公安队伍正规化建设优秀单位、全省公安机关执法质量优秀单位和全市“打侵财”工作优胜公安局，年度综合成绩列全市第五、同类地区第二位，获县机关综合考评A类单位第二名，连续第2年被县委、县政府记集体三等功。

湖州公安

【市况简介】 2014年，湖州市辖吴兴、南浔2区及经济技术开发区和太湖旅游度假区，德清、长兴、安吉3县，总面积5820平方千米，常住人口263万人，登记流动人口87.13万人。全市实现地区生产总值1956亿元，同比增长8.4%；财政总收入295.7亿元，其中地方财政收入167.8亿元，同比分别增长8.9%和8.5%；城镇居民人均可支配收入和农村居民人均纯收入分别为3.9万元、2.24万元，同比分别增长9%、10.6%。

【概述】 2014年，湖州市公安机关实施“警务广场”战略，完善民意导向型警务新模式，深化警务改革，建设服务型公安和法治公安。是年，全市群众安全感和满意度分别达98.01%和97.99%，同比分别上升6.4%和5.19%。在全市万名群众评议机关活动中排名第六，连续两年获“群众满意单位”称号。年内，湖州市公安局被中宣部列为全国第二批党的群众路线教育实践活动典型，被省委、省政府评为平安创建工作先进单位；“警务广场”战略入围第三届浙江省公共管理创新案例。全市有5个集体立二等功，33个集体立三等功；2人立二等功，130人立三等功。马长林被授予“全国公安系统二级英雄模范”称号，李伟民、李晓生获评省级劳模。涌现出“甩手哥”交警徐卫强、好巡警黄杰、飞身救人消防战士楼国彪等新典型。

【机构人员】 2014年，湖州市公安局设27个职能处室(支队)、政治部及4个直属机构，下辖德清、长兴、安吉3个县公安局和吴兴区、南浔区、经济技术开发区、太湖旅游度假区、织里5个公安分局，有派出所72个。全市实有民警3375人，其中大专以上文化程度占97.3%，民警数占全市常住人口的1.28‰。

【中央媒体采访报道湖州公安工作】 4月8～10日，中宣部组织新华社、《人民日报》、中央电视台、中央人民广播电台、《光明日报》、《经济日报》、《法制日报》、《中国青年报》、《新京报》、《人民公安报》10家中央媒体组成新闻采访团，到湖州市公安局采访“警务广场”和党的群众路线教育实践活动经验做法。湖州市委常委、公安局局长金伯中作情况介绍，并接受中央电视台、《新京报》等媒体专访。其间，采访团与王法金、马长林等优秀民警代表座谈，并先后到长兴县公安局“警务广场”实体平台及公安文化长廊、安吉县公安局递铺派出所、吴兴区公安分局“警务广场”实体平台、妙西派出所和龙泉派出所白鱼潭警务站、南浔区公安分局景区派出所百间楼警务站、开发区公安分局龙溪派出所罗师庄警务站、度假区公安分局“警民夜茶馆”等地采访。是月14日始，新华社、《人民日报》、中央电视台、中央人民广播电台等媒体陆续对湖州公安工作进行报道。

图为湖州市委常委、公安局局长金伯中接受中央电视台采访(4月8日)

【实施"惠民十大行动"】 2月8日，湖州市公安局向全市公开2014年度公安机关"惠民十大行动"：城乡小区村居安全防范行动，"放心餐桌"护卫行动，道路交通保畅通压事故行动，治安监控全覆盖行动，电信网络诈骗防范堵截行动，人员密集场所消防安全提升行动，青少年安全技能培训行动，窗口办证优服务行动，新居民维权行动，防范打击金融、涉税犯罪专项行动。年内，"惠民十大行动"保障了百姓居家安全和生命健康，实现交通事故大幅下降，震慑了现场违法犯罪，挽回了群众经济损失，消除一批火灾隐患，提升青少年遇险自救能力，方便百姓办证办事，保障了新居民正常务工生活，维护了市场经济秩序。2015年1月28日，省委常委、公安厅厅长刘力伟批示：湖州的经验好，各地可以学习借鉴。

【开展邪教组织专项整治"百日会战"行动】 6～9月，湖州市公安机关开展该行动，共登记"法轮功"宣传煽动案(事)件若干起，抓获"全能神"邪教人员若干人。

【打击建设工程领域违法犯罪】 2014年，湖州市公安机关为264个重点项目配备项目警官314名，建成重大建设工程临时警务站59个。年内，湖州市公安局与市法院、检察院联合印发《依法打击建设工程领域违法犯罪行为的指导意见》；全市公安机关侦破强迫交易、强揽工程、串通投标等建设工程领域内的刑事案件56起，打掉犯罪团伙36个，采取刑事强制措施192人，协调处置突发性事件11起。

【排查"影子银行"】 5～6月，湖州市公安机关集中排查融资性担保公司、小额贷款公司、典当公司、投资咨询公司等"影子银行"70家，查处利用P2P网贷平台实施非法吸收公众存款犯罪的"影子银行"4家。

【开展打击恶意逃废债行动】 6月15日始，湖州市公安机关开展该行动。截至12月，共立案侦查恶意逃废债案件162起，涉案总金额25.91亿元；侦破119起，其中湖州市公安局督办的两批共29起案件全部被侦破或办结；抓获犯罪嫌疑人144人，挽回经济损失8.25亿元，移送起诉30起38人，案值13.87亿元。

【开展"2014猎狐"行动】 7～12月，湖州市公安机关开展缉捕境外经济犯罪嫌疑人"2014猎狐"行动。其间，抓获逃往吉尔吉斯共和国、美国、菲律宾的3名经济犯罪逃犯。

【开展打击传销专项行动】 3～8月，湖州市公安机关开展该专项行动。其间，接到涉及传销报警217起，立刑事案件7起，侦破7起，捣毁传销窝点107个，采取刑事强制措施31人，治安处罚3人，教育遣返686人，涉案金额1000余万元。

【防范打击金融、涉税犯罪】 2014年，湖州市公安机关立非法集资(非法吸收公众存款)案件29起，同比上升31.18%，破案25起，涉案金额32.72亿元，参与人数3924人；立涉税案件39起，同比上升5.76%，破案34起，涉案金额5701万元。年内，侦破吴兴区蔡某和吴某非法吸收公众存款案、长兴昂达物资贸易公司虚开增值税发票案等一批大要案件。

【打击通讯(网络)诈骗犯罪】 2014年，湖州市公安机关办理临柜堵截案件721起，为群众挽回经济损失1206万余元；侦破通讯(网络)诈骗案件432起，破案率同比上升3.7%；抓获犯罪嫌疑人145人，追赃395万余元，同比分别上升22.9%和136%。年内，先后侦破德清县虚假购票信息通讯诈骗案和冒充民警通讯诈骗案、长兴县系列虚假贷款通讯诈骗案、吴兴区系列"邮包涉毒"通讯诈骗案、南浔区群发短信通讯诈骗案，以及涉案价值1000余万元的冒充中行金银管理局兜售金条的通讯诈骗案和涉案价值110余万元的李某假办高额透支信用卡通讯诈骗案等一批有影响的重大案件。

【组建合成作战部门】 7月，湖州市公安局成立豪杰工作室，与合成作战中心、情报研判中心、信息化培训基地合署办公。年内，该工作室接受市局业务支队、县区所队提交的案件线索研判需求364条，反馈有价值线索241条，帮助外地公安机关协查39次，核查可疑车辆489辆，协助或直接抓获逃犯137人、犯罪嫌疑人266人，侦破案件419起。湖州市公安机关组建312人的视频侦查队伍，形成以情报信息为主导，视频、网侦、技侦等多种技术相融合，全警运用的新格局。

【强化网络安全管理】 2014年，湖州市公安机关深化"四位一体"互联网维稳模式，巡查处置互联网有害信息1960条，打击利用"伪基站"、木马病毒、黑客网络攻击等手段实施的新型高技术网络犯罪。10月，在省公安厅和省内其他市公安局支持下，湖州市公安局与长兴县公安局联合侦破长兴政务网被攻击等网络黑客类案件6起、"伪基站"案件4起。年内，全市公安机关利用网警综合作战平台上报协查线索1400余条，协破案件145起，涉网案件破案数同比上升42.1%,抓获犯罪嫌疑人353人。

【打击毒品犯罪】 6月,湖州市公安局南浔区分局侦破该市首起制贩毒案件。10月至2015年3月,湖州市公安机关开展百城禁毒会战,侦破毒品犯罪案件231起,抓获犯罪嫌疑人317人,缴获毒品8950.37克。其中侦破何某某等特大贩毒案件,缴获冰毒3500克、麻古350克、钢珠手枪3把。12月,湖州市局首次侦破公安部"2014—854"毒品目标案件,摧毁以吴某等5人为主的跨省贩毒网络,抓获涉案人员45人,缴获冰毒近1000克、毒资54万余元。

【开展打击黄赌专项整治】 2014年,湖州市公安机关开展扫黄禁赌、公共娱乐场所扫黄赌打黑恶等专项整治。是年,共检查场所2900余家次,侦破涉黄涉赌刑事案件132起,收缴赌博机563台,黄赌案件线索查证率达100%,举报数同比下降35.3%。年内,对全市269家公共娱乐场所实行保安派驻管理,派驻保安410人,派驻率达100%。

【开展"缉枪治爆"专项行动】 2014年,湖州市公安机关共侦破涉枪案件22起、涉爆案件48起,查缴黑火药172千克、烟花爆竹4797箱,收缴枪支60支(其中仿真枪16支)、子弹730发、管制刀具1649把,采取刑事强制措施18人,治安处罚60人。

【预防处置暴恐事件】 2014年,湖州市公安机关组建3支50人的中心城区动态应急战斗小组,在人员密集场所布建19个警力驻守点,派驻警力250余人。年内,侦破该市首起煽动分裂国家案,抓获涉恐犯罪嫌疑人2人;与铁路公安建立联勤联动、信息共享等突发事件处置机制,制定恐怖袭击事件应急处置预案,先后两次组织有25个市级作战单元和社会应急联动单位参加的反恐怖集结演练;落实反恐怖经费2300余万元,增加协警100余名,增配反恐突击车、排爆车等一批专业装备器材。

【打击食药环犯罪】 3月12日,湖州市公安局印发《"放心餐桌护卫行动"实施方案》,部署开展食品安全百日严打行动,打击制假售假有害食品药品、污染环境等违法犯罪行为,打击食品领域"黑作坊"、"黑工厂"、"黑市场"、"黑窝点"等违法犯罪活动。4月10日,湖州市局设立食品药品环境犯罪侦查支队,各县、区公安局成立食品药品环境犯罪侦查大(中)队,配置警力29名。年内,全市共侦破食药环案件104起,包括工业盐、毒鸭血、毒牛蛙、毒海蜇、假药品、偷排重金属污染废水等一大批大要案件,其中侦破公安部督办案件3起、省公安厅督办案件7起,抓获犯罪嫌疑人232人,同比分别上升316%和373.5%。

【打击制贩假证】 2014年,湖州市公安机关巡查掌控市区街面出现的涉嫌制贩假证线索,收集固定证据资料,进行专案经营。年内,共捣毁制假窝点5处,抓获制贩假证犯罪嫌疑人15人,缴获身份证、户口簿、机动车驾驶证、行驶证等各类假证3万余份,各类伪造印章500余枚以及电脑、打印机、打码机等一批制作假证工具。

【服务"五水共治"】 2014年,湖州市公安局建立"河道警长制",9名市局领导分别担任市级"河道警长",全市公安机关共配备"河道警长"390名,重点打击污染饮用水水源、偷盗治水设备、破坏河道设施等违法犯罪行为,化解不稳定因素,保护水源地安全。

【完成重大活动安保工作】 5月,湖州市公安机关在上海亚信峰会期间,收缴仿军用枪、猎枪、气枪9支和各类子弹600发、管制刀具365把、易燃易爆物品78件;办理涉枪刑事案件2起、涉爆行政案件24起,采取刑事强制措施3人,治安处罚26人,调查28人。8月,在南京青奥会举办期间,查缴仿真枪3支、子弹17发、管制刀具36把、易燃易爆物品18件,查获涉嫌吸毒人员8人,抓获网上逃犯4人。

图为湖州市公安局在高铁湖州站公交停车场举行反恐怖暨社会应急联动集结演练(8月8日)

【做好社区村居安全防范】 2014年，湖州市公安机关侦破盗窃、诈骗等各类侵财刑事案件4076起，追回赃款2200万余元，破案率同比增长1.55%，打处数同比增长28.9%，追赃数同比增长56.5%，其中盗窃电动自行车发案率同比下降37.1%。年内，建成并启用街面警务站43处，其中年内新建8处；多种形式推进社区村居安全防范，落实全市20个老旧小区、10个新农村安防改造，组建3人以上巡逻队32支，新装治安视频监控475个；对全市251个社区开展消防设施排查，消防设施完好率、通道畅通率同比分别上升10%、60%。

【推进人口服务管理工作】 2014年，湖州市公安机关解决户籍问题1.4万个，其中解决土地征用历史遗留问题3863个、注销重复户口661个、未落常住户口补登1042个、大中专毕业生回原籍663个、集体户清理1309个。11月24～25日，全省公安机关户籍制度改革现场推进暨人口服务管理工作会议在德清县召开，省委常委、公安厅厅长刘力伟在会上肯定德清县户籍管理制度改革取得的成效。

【推进城乡新居民管理工作】 2014年，湖州市公安机关发起在全市80个新居民社区(农村)建立新居民维权小组，组织公安、司法、村(居)委会、治安积极分子等维权工作人员339人，其中公安公职律师队伍54人，开展维权小组活动490余场次，提供法律援助5000余人次。年内，严厉打击恶意拖欠新居民薪水的违法行为，全年立恶意欠薪刑事案件16起，抓获犯罪嫌疑人11人，追回欠薪204.8万元，同比增长23.4%，协助政府部门发放欠薪1800余万元；推进新居民集中生活就业区消防隐患整治，共排查居住出租房2万余户及"三合一"、"多合一"场所2615处，全年新居民集中区未发生较大以上火灾事故，

【完成警卫工作】 2014年，湖州市公安局完成警卫保卫任务45批，其中一级警卫任务1批、二级警卫任务7批，警卫勤务全部被省警卫局评定为A等。年内，购置1辆警卫前导车、5辆警卫摩托车，组建10人交警警卫专业队伍，在主城区实施中宾路线警卫勤务新模式。6月25日，举行中宾路线警卫勤务新模式演练并通过省公安厅考核验收。

【加强消防安全管理】 2014年，湖州市公安机关加强人员密集场所消防安全管理，推进行业性、区域性消防安全排查整治。是年，对南浔区练市镇花林村皮鞋业等3处省级、吴兴区环渚街道后庄村出租房等7处市级区域性火灾隐患整治点，落实安全事故防控综合治理；推进消防安全重点单位分级管理，在全市1037家人员密集场所开展"四个能力"(检查消除火灾隐患能力、组织扑救初起火灾能力、组织人员疏散逃生能力、消防宣传教育培训能力)建设，达到"三会"(会报火警、会使用消防器材扑救初起火灾、会组织疏散逃生)要求，大型商(市)场、公共娱乐场所从业人员培训率达到100%。年内，全市发生火灾2177起，受伤2人，直接财产损失4414万元，过火面积7.95万平方米，受灾户数569户，受灾人数623人；保持连续第4年未发生火灾亡人事故；社会救援4772起，抢救被困人员616人，疏散被困人员1055人，抢救财产价值近1.47亿元。成功处置南浔"1·6"佳佳乐地板厂火灾、南浔"5·20"中石化原油管道富强村段原油泄漏、"10·6"德清县雷甸大型冷库火灾，成功营救"6·18"日月城小区跳楼女子、"7·27"安吉井空里景区被困群众等。

图为湖州市公安消防支队组织学生进警营开展疏散逃生体验活动(1月10日)

【治堵保畅通】 2014年，湖州市公安局推进城市智能交通建设，全市道路交通事故下降8.11%，实际死亡人数同比减少67人。年内，在市中心城区建成10个高清监控、20个高清电子警察、6处违法停车智能抓拍系统，完成77个路口交通信号机改造；新增市中心停车位1084个，总数达1424个，清理取消312个影响交通的停车位；对2.5万辆9座以下农村面包车喷涂警示标识，免费为13341辆农村三轮车粘贴车尾反光膜，实现农村面包车

和三轮车较大事故零发生;在全市102个国省道与农村公路交叉路口实行“坡改平”改造,改造后的上报道路交通事故死亡8人,同比减少死亡15人,下降65.22%。

【淘汰黄标车和实行区域限行】 10月始,湖州市公安局牵头做好黄标车淘汰及区域限行,禁止燃油助力车、无牌无证摩托车上道路行驶等工作,中心城区限行范围扩大到19.2平方千米。12月2日,副省长熊建平在《浙江政务信息专报》第1855期《湖州市通过“四联工作法”整治黄标车,提前40天完成年度1.2万辆淘汰任务》上批示:“湖州市通过‘四联工作法’,强化工作领导,全力攻坚克难,扎实推进黄标车淘汰工作,取得了明显成效。请环保厅、公安交管部门认真总结湖州经验。”截至12月,全市淘汰黄标车1.8万辆,提前40天完成省政府下达淘汰1.2万辆的任务,完成率达150.4%,列全省首位;查处黄标车违法行为3474起。

【实施车管便民服务】 6月始,湖州市公安机关实施6项车管便民服务举措。年内,在6家汽车4S店建立新车登记服务站,为群众办理新车购买、查验、选号、上牌等手续,全年共为4700辆新车办理登记上牌业务;实行小型客车号牌号码预约竞拍服务,全年有468名车主获取号码;在工商银行、建设银行、中国银行湖州市分行建立银行抵押登记服务站,实现机动车抵押贷款合同签订、机动车抵押登记信息录入车管系统等“一站式”服务,全年共办理机动车抵押业务1.09万余笔;实行机动车年检全市通检服务,全年检验机动车2200余辆;建立机动车注销登记服务站,全年共办理注销登记业务3500余笔;实行驾驶人报名预登记服务,全年受理业务6.06万余笔。

【加强警务督察】 2～3月,湖州市公安机关以社会面治安稳定、内部安全管理为重点内容,开展“两会”安保专项督察55次,检查单位170余个、场所80余个,发现和纠正各类问题24个。4～7月,湖州市公安局组织开展执法检查“回头看”活动专项督察,抽查办案单位(场所)285个次、监控探头5032个次,发现各类问题463个。8月25日,印发《全市公安机关警务督察信息平台网上交叉巡查实施方案》。9月始,组织开展跨区域执法工作网上督察活动,重点对基层公安机关执法办案、行政服务、警风警纪等进行检查,检查及整改情况每季度通报一次,在市局主页“曝光台”对典型的执法突出问题予以曝光。截至12月,抽查办案单位(场所)531个次、监控探头1.05万余个次,发现问题204个。年内,全市共开展现场督察1557次,出动督察警力2759人次,检查基层所4137个次,走访相关部门场所564个次,发现并纠正各类问题1715个,发出督察法律文书26份。

【维护民警执法权益】 2014年,湖州市公安机关各级维权办公室通过紧急查处联动机制、协同配合办案机制、案件跟踪督办制度等,依法查处和打击侵害民警执法权益的违法犯罪行为。截至12月,全市办理民警维权案件96起,同比增加18起;处理侵犯民警正当执法权益人员138人,其中追究刑事责任16人,行政处罚110人,其他处理12人。

【排查化解矛盾纠纷】 2014年,湖州市公安机关滚动式排查不稳定因素,化解各类不安定因素424件。年内,处置赴市行政中心违法上访事件133起5500余人次,做好省委督导组、省委巡视组、国家土地审计组等驻地保卫工作,处置群体访159起230余人次。

【加强治安视频监控建设】 2014年,湖州市公安局把治安视频监控建设作为维护治安、打击破案的重要手段。年内,公安视频信息共享平台新接入视频监控9244路,全市共建成并接入近2.13万路,完成三年规划任务数的90.49%;通过开设视频监控专栏通报、QQ维护群,保持监控平均完好率在95%以上。截至12月,视频应用打处犯罪嫌疑人1782人,占比41.8%;直接运用视频破案2303起,占比45%;刑事案件同比下降14.57%,其中盗窃案件同比下降19.18%、“两抢”案件同比下降49.33%。

【加强基层基础建设】 2014年,湖州市公安机关试点“三室合一”工作模式,推进“警调衔接”工作机制建设。截至12月,全市有28个派出所试点运作情报信息室、视频监控室、指挥调度室“三室合一”模式;全市66个派出所(5个水上派出所和长兴县公安局长广分局除外)中64个建“驻所调解室”。年内,调解案(事)件6227起,其中调解成功4285起。

【开展党的群众路线教育实践活动】 2月,湖州市公安局成立党的群众路线教育实践活动领导小组。年内,组织全市公安机关开展“三思三观”和“为何从警、如何做警、为谁用警”学习讨论,召开专题民主生活会,组织民警观看教育片,参观反腐倡廉警示教育基地;通过12种途径和方式听取意见、查找问题,征得意见258条、建议542条次;公开市局党委班子领衔18项整改措施和市局各级党组织领办60项整改措施，限时整改。3～7月，市局党委班子成员和市局机关民警下基层开展服务实践活动；市、县两级公安机关负责人开门接访群众358件（批、次）525人次；梳理汇总“12345”政府阳光热线、“96110”警务民生热线等意见建议，群众满意度分别达86.8％和99.8％。马长林成为全国公安机关群众工作宣讲团成员，受到国务委员、公安部部长郭声琨接见；裘力彬被确定为公安部常务副部长杨焕宁在教育实践活动期间的基层联系民警；1个集体和2名个人的经验做法被公安部编入《公安机关践行党的群众路线经验做法选编》。

【深化“阳光执法”】 2014年，湖州市公安机关公开处理行政案件622起，交通事故责任公开认定152起，火灾事故责任公开认定122起，公开回复娱乐场所处罚案件1000余起。年内，湖州市公安局升级执法办案信息网上查询平台，累计录入查询平台案件信息17.6万起，接受群众查询3万余人次。

【公安部特邀监督员到湖州调研】 11月25～26日，全国政协委员李世杰、徐国权、王书平，全国人大代表李大进、王辉和全国妇联蒋月娥等公安部特邀监督员，到湖州市公安局调研坚持民意导向密切警民关系的经验做法。其间，考察开发区公安分局马长林警务站，吴兴区公安分局“警务广场”实体平台、八里店派出所，南浔区公安分局百间楼警务室、马长林学雷锋志愿服务基地、阳光假日小屋等，调研为群众提供办事办证、咨询投诉、信访接待等服务的实体化平台运作情况以及派出所警营文化建设情况。

图为公安部特邀监督员在湖州市马长林警务室调研（11月25～26日）

【加强青少年安全教育】 5月29～30日，中国下一代教育基金会副秘书长一行考察湖州市公安局、特警支队、消防支队、马长林警务室等，调研“警务广场”战略，商谈加强青少年安全教育领域合作。10月29日，湖州市拘留所与吴兴区教育局联合成立“青少年安全防范基地（拘留所）”暨“吴兴区中小学生德育实践基地”。年内，湖州市公安机关培训850名教师，投入警力150人，在全市270所中小学开展治安、消防、交通应急逃生等技能演练；制作并发放《安全成长漫画》、《预防溺水安全知识》手册、《青少年安全成长》电视宣传片等安全防范资料共13.5万余件。全市溺水死亡事件和人数同比分别下降64.3％、68.8％。

【开展窗口便民利民服务】 2014年，湖州市公安机关开展窗口办证优服务行动，扩大“网上办事大厅”服务范围，启用“湖州公安”微信、“掌上车管所”、机动车年检通检、汽车4S店新车登记、电子港澳通行证、居民身份证到证提醒、送证上门等便民措施。全市公安窗口群众满意度达95％以上。

【推进警民合作】 2014年，湖州市公安机关推进“平安信使”合作项目，新增联通、电信“平安信使”队伍2万余人；在互联网上建立破案线索社会征询平台，全年群众通过平台提供线索破案65起。3月，组建“武·安湖州”志愿者服务队，200名志愿者组成13个志愿者分队，全年开展义务巡逻32次。12月，成立湖州市禁毒协会，发展禁毒志愿者2600余人、服务团队72个。

【强化正风肃纪】 2014年，湖州市公安局先后印发《湖州市公安机关警风警纪四个不准》、《领导干部责任追究暂行规定》，对漠视民意、伤害群众感情、侵犯群众利益的追究领导责任，对连续两年民意测评排名末位的基层所队长予以免职。健全风险防控机制，确定交通违法处理“阳光”工作机制、招投标岗位违法违纪预防工作机制、食药环案件受案警务公开机制，相关3个岗位为湖州市局岗位风险项目化管理对象；在市局主页设立曝光台，实情实名曝光违反警风警纪规定行为。5月5日，召开正风肃纪工作会议。年内，湖州市局公务接待经费下降41.84％，完成领导办公室、公务用车清理整改；完成对市局机关及所属20个单位的审计巡访，开展公务支出公款消费专项审计和领导干部履行经济责任审计;组成8个督察组,在市、县两级公安机关开展"正风肃纪"专项督察。截至12月,全市公安机关共查处民警违法违纪案件17起21人,追究领导责任28人,曝光民警、协辅警违法违纪、违反作风效能案件16起。

【做好安防宣传工作】 2014年,湖州市公安局利用《警情连连看》、电视飞字新闻、"小张交通热线"、"警务e广场"门户网站、《警务广场周刊》、《安全防范365专栏》以及短信、微信、微博、LED电子屏等对外宣传渠道,开展通讯(网络)诈骗防范宣传。年内,联合华数、电信等单位开发建设"警务信息户户通"工程,向全市30余万互动机用户投送安防信息;在联合移动公司建立"平安信使"短信群发平台的基础上,与联通、电信等运营商确立公益短信群发机制,向特定用户发送预警防范短信;在6个主题广场警务活动日中,将电信诈骗防范宣传作为重要内容予以落实,开展反通讯(网络)诈骗宣传月活动;编发各类预警防范短信480余万条、报纸专栏信息400余条、广播专题35期、微信信息1229条、微博3700余条;完成《警情连连看》38期、《社会能见度》108期、《飞字快讯》160条次;联合邮政局、社保局设计制作发布《湖州市民手册》、防范电信诈骗宣传单、公安窗口单位海报、《转账汇款安全须知》等宣传资料3大类28万份;组织策划"小张公益放映"、"社区邻里节"等公益活动,组织公益放映共计36场,向观影群众分发宣传资料6万余份、小礼品4000份。

【推进公安文化建设】 4月1日,湖州市公安局召开现场会推广安吉"生态警营"建设经验做法。是月28日、6月11日,湖州市局特警女子飞鹰突击队分别参加《中国梦想秀》、《我要上春晚》节目。6月,湖州市局承办全省公安系统首届警察体育大会乒乓球赛。8月2日,举办民意导向警务模式专家征询会。9月26日,会同韩天衡美术馆、湖州市政协书画联谊会,举办以敬畏民意为主题的"警务广场·全国警营内外"书画作品联展,展出全国各地书画家、民警的作品160余幅。同日,举行《警务广场·书画集》和《警务广场·诗歌选》首发式。年内,湖州市局公安文化建设获得全国公安文联颁发的突出贡献奖,警官乐团荣获2014"中华杯"中国第八届非职业优秀(交响)管乐团队展演活动金奖。

【吴兴区公安分局】 2014年,吴兴区行政区域面积871.9平方千米,下辖5镇1乡6个街道及1个高新区。常住人口45.99万人,登记流动人口9.02万人。实现地区生产总值412.7亿元,财政总收入34.6亿元;城镇居民人均可支配收入、农村居民人均纯收入分别为3.94万元、2.41万元。该分局设18个处室、科队,下辖13个派出所。有民警371人、协辅警738人、文职人员144人。是年,该分局侦破各类刑事案件1715起,打击处理624人,刑事发案同比下降27%;查处治安案件4037起;群众安全感和满意度分别为98.78%和99.34%。年内,该分局被评为全省公安机关队伍正规化建设优秀单位,连续第5年被评为全省公安机关执法质量优秀单位,连续第10年被评为全省公安信访工作县级考评优秀单位;获评全市优秀公安局、全市政法系统人民满意政法单位,综合成绩列全市县级公安机关第一位;在全区"千人评议机关"活动中列第一位,被评为全区群众满意单位;八里店派出所第二次被评为全国公安机关执法示范单位,埭溪派出所获"全省政法系统先进集体"、"全省爱民模范先进集体"称号,朝阳派出所民警李伟民获得省级劳模、湖州市首届"最美湖州人"道德模范、2014年感动湖州十大人物等荣誉,并入选浙江好人榜;有1人立二等功,4个集体和19人立三等功。

【南浔区公安分局】 2014年,南浔区行政区域面积702平方千米,辖9个镇和1个省级经济开发区,常住人口49万人,登记流动人口12.03万人。全区生产总值319.28亿元,财政总收入31.31亿元;城镇居民人均可支配收入、农村居民人均纯收入分别为3.77万元、2.24万元。该分局设16个处室、科队,下辖12个派出所,有民警368人、协辅警663人、文职人员116人。是年,刑事案件发案数同比下降22.03%,连续第7年下降,侦破刑事案件820起,七类案件及有影响的系列性案件全部侦破,移送起诉989人;查结治安案件1230起;没有发生重大道路交通、火灾事故。年内,该分局"惠民十大行动"业务考评列全市第一位,获区级单位综合考评市直类单位第一名。有2个集体获省级表彰,3个集体、16人获市级表彰,2个集体立二等功,1个集体、10人立三等功,110人受到嘉奖。

【经济技术开发区公安分局】 2014年,湖州经济技术开发区(国家级经济技术开发区)行政区域面积135.68平方千米,下辖4个街道。常住人口10.6万人,登记流动人口5.35万人。全区实现财政收入20.1亿元、地方财政收入11.9亿元,同比分别增长10.02%、15.1%。该分局内设3个科室和5个直属大队,下辖4个派出所;有民警120人,协辅警、文职人员311人。是年,共侦破各类案件1021起,其中侦破湖州市公安局挂牌督办的严重刑事犯罪案件5

起。年内，该分局连续第3年被评为全省公安机关执法质量优秀单位，康山派出所被评为2014年度浙江省“温暖警营”，马长林被公安部授予“全国公安系统二级英雄模范”称号。

【太湖旅游度假区公安分局】 2014年，湖州太湖旅游度假区行政区域面积55.3平方千米，下辖2个街道。常住人口4.85万人，登记流动人口2.05万人。全区财政收入2.4亿元。该分局内设6个机构，下辖3个派出所，有民警62人、协辅警145人。是年，刑事发案285起，同比下降1.7%，破案201起，破案率70.5%，未发生七类案件；查处治安案件342起，查处率达100%；侦破湖州市公安局挂牌督办的系列“购机票”通讯诈骗案，摧毁全市首例利用“陌陌”等网络社交工具组织介绍卖淫的犯罪团伙。年内，该分局被评为县级公安局警卫工作规范化建设成绩突出单位，仁皇山派出所被评为全市政法系统人民满意优秀政法单位，1人被评为全省“最美警察”，1人被评为全市优秀人民警察，4人立三等功。

【织里公安分局】 2014年，吴兴区织里镇行政区域面积135.8平方千米，辖4个街道、2个办事处。常住人口10.1万人，流动人口18.75万人。实现地区生产总值152.5亿元，同比增长10.5%；财政收入10.56亿元，同比增长5.33%；城镇居民人均可支配收入、农村居民人均纯收入分别为4.29万元、2.78万元。该分局内设综合室、刑侦大队、治安大队、交警大队、巡特警大队、办案大队，下辖织南、织北、织东3个派出所，有民警129人、协警610人。是年，刑事发案2680起，同比下降15.4%，侵财类案件发案3465起，同比下降11.4%；抓获犯罪嫌疑人429人，移诉455人，查获各类违法人员1465人；群众安全感和满意率分别为98.36%、98.48%，同比分别上升9.9%、6.97%。年内，该分局3个集体、5人立三等功，1人获2014年度全省“最美警察”称号。

【开展异地大走访活动】 2014年，湖州市公安局织里分局针对织里镇30万人口中新居民超过20万的情况，把倾听、回应新居民意见作为维护织里稳定的基础性工作，开展“异地大走访”活动。是年，该分局民警赴江西、湖南、湖北及本省27个乡镇、57个行政村，走访群众1000余人，收集意见、建议86条，发展平安志愿者242人，达成合作项目16项，化解矛盾26个。

【德清县公安局】 2014年，德清县行政区域面积936平方千米，辖9镇2乡22个社区，常住人口43.6万人，登记流动人口15.2万人。全县实现生产总值368.1亿元，财政总收入61.3亿元，其中地方财政收入33.7亿元；城镇常住居民人均可支配收入、农村常住居民人均纯收入分别为3.95万元、2.28万元。该局设内设机构17个，下辖派出所14个（包括莫干山分局和水上派出所），有民警501人、协辅警868人。是年，全县刑事发案3715起，同比下降20.2%；该局命案破案率保持100%；侦破何某贩毒案，缴获冰毒近10千克，系湖州市历史上查获的最大贩毒案；道路交通事故四项指数保持零增长；完成视频监控建设三年计划，接入各类监控6500余路，完好率列全市第一位；自主研发“电动车防盗系统”，为2.9万辆电动车免费登记备案。年内，有5个集体立三等功，1人立二等功，12人立三等功。

【长兴县公安局】 2014年，长兴县行政区域面积1431平方千米，辖9镇4乡3个街道，常住人口62.81万人，登记流动人口13.38万人。全县实现地区生产总值438.7亿元，财政总收入70.2亿元，规模以上工业产值1104亿元；城镇居民人均可支配收入、农村居民人均纯收入分别为3.92万元、2.27万元。该局设内设机构17个，下辖派出所13个（含长广分局、水上派出所），有民警608人、辅警1267人。是年，全县刑事发案3764起，同比下降13.4%，刑事破案1460起，其中破现行案件1190起，现行案件破案率31.6%，打击处理766人，破案绝对数、现行破案数、现行案件破案率列全市第一位，命案破案率连续第8年保持100%；城市交通满意度测评获全省第一名。年内，该局被评为全省公安队伍正规化建设优秀单位、全省执法质量优秀单位、全省公安警务保障“113”工程示范单位、全省情报工作示范单位等。

【安吉县公安局】 2014年，安吉县行政区域面积1886平方千米，辖8镇3乡4街道1个省级经济开发区及1个省级旅游度假区，常住人口46.83万人，登记流动人口11.35万人。全县生产总值285亿元，财政总收入50.05亿元；城镇居民人均可支配收入、农民人均纯收入分别为3.8万元、2.16万元。该局内设22个科室、大队，下辖11个派出所，有民警486人、协辅警745人、文职人员108人。是年，该县刑事发案3571起，同比下降4.87%，受理治安案件2065起，同比下降1.48%；侦破刑事案件1158起，同比下降18.32%，抓获违法犯罪嫌疑人1922人，同比下降2.24%；交通、消防四项指数实现零增长；对4个派出所进行辖区调整与更名（递铺派出所更名为昌硕派出所，城北派出所更名为递铺派出所，高禹派出所更名为天子湖派出所，良朋派出所更名为鄣吴派出所）。年内，该局被省公安厅评为全省公安机关执法检查“回头看”活动成绩突出集体，被湖州市委、市政府评为“五水共治”工作先进集体，连续第 6 年获安吉县县级机关争创“效能机关”考核一等奖。有 2 人获省级荣誉称号，6 个集体、17 人立三等功。

嘉兴公安

【市况简介】 2014 年，嘉兴市辖南湖、秀洲 2 区，嘉善、海盐 2 县，平湖、海宁、桐乡 3 市，总面积 3915 平方千米。常住人口 457 万人，登记流动人口 219.75 万人。全市国内生产总值 3352.8 亿元，同比增长 7.5%；财政总收入 568.09 亿元，同比增长 9.8%；城镇居民人均可支配收入和农村居民人均纯收入分别为 4.21 万元、2.47 万元，同比分别增长 9%和 10.2%。

【概述】 2014 年，嘉兴市公安机关深化平安建设、执法规范化建设和过硬公安队伍建设，开展党的群众路线教育实践活动，打击境外敌对势力破坏活动，开展“两打两保”春季行动、打防侵财犯罪、打黑除恶、百城禁毒会战、“两打三防”等专项行动，建设并启用交通指挥控制中心，构建“河道警长”、矛盾排处、专业打击、联合执法、贴身服务五项工作机制，率先在全省成立食品药品环境犯罪侦查支队，推进户口登记管理专项清理整顿工作，扩大行政许可入网办事范围，完成嘉兴市看守所搬迁工作，开展办案中心、物证管理中心、案管中心建设，圆满完成世界互联网大会、亚信峰会等重大活动的安保工作。是年，共接报刑事警情 7.72 万起、刑事立案 3.41 万起，同比分别下降 7.6%、2.1%；侦破刑事案件 1.96 万起，同比上升 3.26%；道路交通、火灾事故形势总体平稳，未发生影响社会稳定的重大案（事）件，队伍整体状况健康平稳。年内，嘉兴市公安局被公安部命名为全国十大市级公安机关执法示范单位，被全国扫黄打非办评为 2014 年全国“扫黄打非”先进集体，市局打击“伪基站”专项行动办公室被省公安厅评为全省打击“伪基站”违法犯罪专项行动成绩突出集体。全市公安机关有 1 个集体立一等功，17 个集体、9 人立二等功，40 个集体、95 人立三等功，123 个集体、818 人受到嘉奖。

图为嘉善县公安局组织民警开展“一体化警务”大轮训活动（4 月 18 日）

【机构人员】 2014 年，嘉兴市公安局设 29 个职能处室（队、所）和政治部，下属事业单位 4 个，下辖南湖区、秀洲区、经济技术开发区（国际商务区）、港区公安分局，嘉善、海盐县公安局及平湖、海宁、桐乡市公安局，全市有派出所 86 个（含水上、边防派出所），实有民警 5052 名，其中大专以上文化程度占 98.3%。

【推进“一体化警务”建设】 2014 年，嘉兴市公安局抓住机制创新、科技应用、基础支撑、能力提升 4 个关键点，以项目化方式推进“一体化警务”。建成并投入运行公安大数据智能分析平台、视频一体化平台、嘉兴智慧警务云等一批情报专业平台、专题数据库；提请市政府、市综治委分别印发《嘉兴市部分单位行业反恐怖安全防范规范》、《全市社会治安防控体系建设标准》，形成党委政府主导下的“七张网”建设格局；在全省首创“统一接警、一级指令、分类指挥”的接警指挥新模式，构建环嘉、环本级封控堵截圈，并落实“巡处合一、全员处警”勤务机制，进一步完善一体化指挥平台。年内，整合数据信息 221 类 19.4 亿条，收集情报线索近 1.22 万条，通过分析研判落实管控措施打处 3295 人次，抓获网上逃犯 536 名；全市新增 1.58 万余个监控点，总数达 3 万余个；完成 142 个环嘉卡点和 113 个环本级卡点建设；组建 16 支常态应急处突武装小分队，全市专职巡逻力量达 7271 人，社区民警、专职社区民警分别占派出所警力和社区民警数的 34.4%、53.5%；全市命案、“两抢”、盗窃案件同比分别下降 6.4%、10.3%、3%，44 起命案全部侦破，实现命案连续第 7 年全破；通过视频协助破案比例达 34%。10 月，省委常委、公安厅厅长刘力伟批示要求全省公安机关学习借鉴嘉兴“一体化警务”建设的经验做法。

【打击重特大经济犯罪】 2014年，嘉兴市公安机关共侦破公安部督办案件7起、省公安厅督办案件3起。年内，嘉兴市、海盐县两级公安机关侦破全市首例伪造货币案，抓获犯罪嫌疑人4人，查获制售设备10余台，缴获假币成品、半成品面值23万余元；平湖市公安局侦破两起伪造货币案，抓获犯罪嫌疑人3人，缴获假人民币面值40万元；经济开发区公安分局侦破公安部督办的嘉兴返现商贸有限公司网络传销案，涉案金额逾3000万元，涉及全国7省(自治区、直辖市)1万余人；南湖区公安分局侦破黄某某等人组织、领导传销活动案，追究刑事责任11人；南湖区公安分局侦破陶某某假冒“欧普”、“飞利浦”等注册商标案，涉案金额293万余元；海宁市公安局侦破海宁某公司虚开抵扣税款发票案，涉案金额1510万余元、税款256万余元。

【打击非法集资等涉众型经济犯罪】 2014年，嘉兴市公安机关立非法集资犯罪案件6起，协办非法集资案件12起60人。其中，嘉善县公安局侦破全市首例利用P2P网络借贷平台的集资诈骗案和妨害信用卡管理案，涉案资金达1亿余元；南湖区公安分局侦破嘉兴某置业有限公司朱某某非法吸收公众存款案，涉案资金达1.4亿元。

【打击传销犯罪】 2014年，嘉兴市公安机关严厉打击传销犯罪活动。年内，侦破组织领导传销活动案8起、因传销引发的非法拘禁案12起，采取强制措施93人，录入传销黑名单库5681人。全市涉传销报警总量同比下降21%。

【开展打防侵财犯罪专项行动】 2014年，嘉兴市公安机关开展该专项行动。年内，共打掉成员5人以上案件10起以上的侵财犯罪团伙62个、通讯(网络)诈骗犯罪团伙19个；指纹、DNA比中认定人员归案率89.7%，核查率99.8%；侦破市局挂牌督办侵财案件39起(串)，破案率75%，侦破“经开特大系列支付宝电信诈骗案件”等一批重大侵财案件。

【开展“两打两保”专项行动】 2月1日～5月31日，嘉兴市公安机关开展以“打盗抢保民生、打黄赌保民安”为主要内容的“两打两保”春季行动。其间，共查处侵财类犯罪嫌疑人1680人，侦破“两抢”案件76起，打掉3人作案10起以上团伙32个、5人作案20起以上团伙14个，追回赃款916万元。

【开展指掌纹集中比对专项行动】 9月1日～12月7日，嘉兴市公安机关开展该专项行动。其间，共入库现场掌纹1225起，捺印掌纹10.03万余人(份)；通过掌纹侦破案件200起，其中命案2起。

【加强监所管理工作】 2月21日，嘉兴市看守所迁建项目正式投入使用。该所位于南湖区大桥镇胥山村，占地面积150亩，总建筑面积4.45万平方米，于2010年12月6日开工建设，2013年12月30日竣工。年内，海宁市、嘉善县看守所分别被公安部、省公安厅确定为全国、全省看守所“五化建设”示范单位，海宁市、嘉善县拘留所被确定为全国、全省拘留所推进落实“三项重点工作”示范单位。

【开展打击整治“伪基站”专项行动】 2月20日～12月20日，嘉兴市公安局会同市委宣传部、市无线电管理局等相关职能部门先后制定《应急响应联动机制》、《线索收集移交反馈机制》等工作规范，开展该专项行动。其间，嘉兴市公安机关共清理网络违法信息1395条，侦破“伪基站”刑事案件6起，采取刑事强制措施30人，收缴“伪基站”设备18台。

【开展“扫黄打非·净网2014”专项行动】 4～11月，嘉兴市公安机关开展该行动。其间，共清理网上违法有害信息2.37万余条，其中淫秽色情信息3500余条、涉代办证件等有害信息5200余条；处置涉黄舆情事件1起，查处60余人；侦破淫秽色情类案件15起，抓获犯罪嫌疑人79人；检查提供交互式服务网站、网上交易类网站28家，处罚、关闭违法的网站、栏目、网店60余家。

【升级市、县两级互联网信息监控中心】 9月，嘉兴市公安局建成二级互联网信息监控中心并通过公安部验收。11月，嘉兴市公安局经济开发区、港区分局建成四级互联网信息监控中心，其他县(市、区)公安局建成三级互联网信息监控中心并通过省公安厅验收。年内，嘉兴市公安机关发现并处置本地网上有害信息5720条，发现并处置涉黄、涉毒、假发票等违法信息5200余条，发现并处置违法网站、栏目600余个，发现并通报异地专项有害信息3300余条，通报异地违法有害信息2600条、其他各类违法有害信息1660条。

【全省禁毒社工队伍建设试点工作现场观摩活动在平湖市举办】 12月11日，省禁毒办在平湖市举办该活动。观摩团先后到独山港镇社区戒毒(康复)工作站和平湖市生命阳光社工服务社总部，考察社区戒毒工作，并就禁毒社工队伍建设进行交流和探讨。平湖市禁毒办作为示范单位作经验介绍。

图为嘉兴市公安局秀洲区分局交警大队、禁毒大队联合开展毒驾、酒驾执法检查(4月28～29日)

【开展"大排查、大管控"专项工作】 3～6月，嘉兴市公安机关开展以"毒驾"、贩毒前科、吸毒引发精神病、病残吸贩毒、戒断满三年等五类人员为重点的排查活动。其间，累计开展路面查控、查处"毒驾"行动14次，查处"毒驾"引发的交通肇事肇祸案件1起；注销吸毒人员驾驶证88本；核实录入病残人员信息4769条，排查涉毒人员78人；查处吸毒人员859人，强制隔离戒毒202人，找回脱失人员33人。专项工作成效居全省第三位。

【强化禁毒宣传教育工作】 2014年，嘉兴市公安机关利用禁毒宣传教育平台、禁毒文艺晚会、禁毒"流动课堂"等多种形式，深化一般人群、易涉毒高危人群和吸毒人群的分级预防、教育工作。全市禁毒部门相继组织开展"6·26"国际禁毒日新闻通报会、纪念"6·26"国际禁毒日暨"创建无毒社区，构建和谐嘉兴"志愿者活动启动仪式、禁毒访谈、禁毒知识进党校等宣传教育活动。年内，共组织禁毒主题宣传活动180余场(次)，放映禁毒电影100余场，利用电影下乡播放禁毒公益广告1万余场次，结合公交媒体在市本级32条公交线路进行车载媒体宣传；投入禁毒宣传教育经费30余万元；被省级以上媒体刊用禁毒类新闻83条(次)。

【严厉打击涉黄涉赌违法犯罪】 2014年，嘉兴市公安机关以"打四黑除四害"活动为抓手，开展"打黄赌保民安"、"打黄赌铲源头"等专项行动。年内，共侦破涉赌刑事案件336起，采取刑事强制措施1345人，查处涉赌治安案件1430起，行政处罚6561人，捣毁黄赌团伙413个、涉赌窝点259个；侦破涉黄刑事案件106起，采取刑事强制措施232人，查处涉黄治安案件632起，行政处罚1577人，整顿取缔涉黄场所114个；侦破公安部督办涉黄涉赌案件2起、省公安厅督办案件8起。

【严打食药环领域犯罪】 3月1日～6月10日，嘉兴市公安机关开展食品安全"百日严打行动"，共侦破食品犯罪案件9起，采取刑事强制措施19人。3月21日，嘉兴市公安局正式成立食品药品环境犯罪侦查支队，主要承担组织、指导、协调全市公安机关打击食品药品环境领域犯罪活动及侦查、办理食品药品环境领域重大刑事案件等。年内，嘉兴市公安机关共侦破食品药品犯罪刑事案件108起，摧毁犯罪团伙32个，采取刑事强制措施284人；侦办污染环境犯罪案件77起，采取刑事强制措施221人，查处涉案企业、黑作坊64家，对85名相关负责人依法采取刑事强制措施。

【开展维护医疗秩序打击涉医违法犯罪专项行动】 2014年，嘉兴市公安机关开展该专项行动。年内，出动警力9700余人次在医疗机构周边巡逻防控，开展安全检查1573次，排查整改各类安全隐患298处，协助排查化解医疗纠纷77起，查处涉医治安案件8起，处罚19人，侦破刑事案件9起，刑事拘留8人。

【开展"缉枪治爆"专项行动】 3～11月，嘉兴市公安机关开展该专项行动。其间，共收缴枪支63支、子弹1.21万发、管制刀具558把、易制爆化学品3822千克；立案查处涉枪案件43起，采取刑事强制措施27人，治安处罚21人。年内，市公安局"缉枪治爆"专项行动领导小组办公室被省公安厅评为成效突出单位。

【加强场所特业治安管理】 2014年，嘉兴市公安机关以"人房一致率"百分之百为目标，提高旅馆登记率、娱乐场所从业人员IC卡刷卡率、流动人口信息采集率和常住人口实际居住地信息采集率标准，每两个月开展一次随机抽查。年内，全市旅馆业登记率为92.7%，娱乐场所从业人员刷卡率为96.6%，新居民登记率为87.8%，常住人口实际居住地信息采集率为85%，共处罚未按规定登记住宿人员信息的旅馆935家(次)。

【开展金融安全“心防工程”建设】 4～10月，嘉兴市公安机关开展以“防诈骗、防盗抢、防火灾”为主要内容的金融安全“心防工程”建设。其间，全市银行共通过电视、广播、报纸、微博、网站、短信平台及营业场所LED显示屏发布宣传信息7.1万余条；全市公安机关组织银行员工开展宣传教育活动265场，向市民发放宣传资料8000余份；开展进社区、乡村、场所、单位活动342次，帮助解答各类求助1528条，发放宣传资料6万余份；成功防堵各类电信诈骗案件209起，挽回经济损失342万余元。

【加强单位内部安全防范】 2014年，嘉兴市公安局提请市政府办公室印发《嘉兴市部分单位行业反恐怖安全防范规范》，强化对党政机关、水电油气、金融、通信、学校、医院、商场等重点行业、单位的人防、物防、技防设施建设等各项安保工作措施的落实。年内，全市公安机关先后开展“护校安园”、“维护医疗秩序打击涉医违法犯罪”、“公交安保”等专项行动，共进行安全检查2257次，发现安全隐患769处，整改751处，排查、化解单位内部矛盾纠纷129起。

【做好大型活动安保工作】 2014年，嘉兴市公安机关共受理、审批各类大型活动安全许可134项，投入安全保卫力量4.07万余人次，完成端午民俗文化节、上海亚信峰会、南京青奥会、世界互联网大会等大型活动安保工作。年内，嘉兴市公安局被省政府和国家互联网信息办公室评为首届互联网大会安保工作先进集体。

【做好“护校安园”工作】 2014年，嘉兴市公安机关开展“护校安园”专项行动。年内，共设立校园警务室26个、治安岗亭15个，出动警力值勤守护1.79万余人次，出动警车在重要时段加强学校及周边巡逻8133台次；配备专职保安人员2150名，配备各类防护装备3166件，安装技防设备1374套，592家学校实现与公安机关联网；排查整改涉校内部安全隐患280余处，整治学校周边治安乱点79处，排查化解涉校纠纷52起，排查稳控人员291人；选派法制辅导员639人，开展法制教育942次，指导开展应急演练795次。

【推进社会治安防控体系建设】 2014年，嘉兴市公安机关共配备专职巡防力量6998人，建成环嘉卡点142个、环本级卡点113个，安装摄录一体机近1.52万台、封闭小区视频104个，全市监控点总数达3.37万个。年内，医院、学校(幼儿园)、客运车站、公交车辆、县级以上治安重点保卫单位的安全防范建设全部达标。

【加强社区警务工作】 2014年，嘉兴市公安机关共配备社区民警664人，占派出所总警力的34.4%；有社区辅警2721人、新居民协管员3985人。年内，嘉兴市公安局汇编了《全市社区警务工作手册》；开发、应用社区警务工作平台(二期)，共采集基础信息103万余条；共配发协警版警务通2513台；在旅馆、娱乐场所、危化单位等公安列管单位及出租房屋贴智能管理二维码近32.36万张。

图为桐乡市公安局举行首届世界互联网大会安保誓师大会(11月4日)

【加强矛盾纠纷排查化解】 2014年，嘉兴市公安机关按照情报先行、预知预防、稳控为主的要求，每月开展不安定因素常态排查、重点排查、部门联排、重大安保期间专项排查；完善“警调对接”机制建设，加强矛盾纠纷联排联调联处。年内，共排查不安定因素287条；全市派出所和重点警务室设立驻所(室)调解室，设驻所专兼职调解人员549名，调解纠纷10961起；未发生影响社会稳定的群体性事件。

【加强巡特警工作】 2014年，嘉兴市公安机关组建18支巡特警应急处突小分队，落实特警常态化屯警街面、动中备勤、武装处突工作，在火车站、汽车站、物流园等反恐重点目标、区域开展常态化特警、武警“动中备勤”联合武装巡逻工作。年内，嘉兴市公安局印发《关于进一步加强公安特警装备配备工作的通知》，投入资金2000余万元，购置一系列高精尖作战武器和装备；以全省“千案竞赛”、全市“百案竞赛”、“三十佳”评选活动、技战法评选、挂牌督巡等为载体，开展治安巡防工作督查指导。圆满完成全省“特警3号”、全市“金盾2号”演练，全市“固边工程”岗卡包围圈建设，世界互联网大会机动应急安保和“动中备勤”等各项工作任务。

海宁市公安局组织开展2014年度国家保安员资格考试(5月31日)

【加强保安服务市场监管】 2014年，嘉兴市公安机关从保安员考试发证、保安从业单位备案及系统推广、新民营保安服务公司审批、保安培训市场调研等方面入手，加强和改进保安服务市场监管，开展保安服务公司常态化监管机制建设。年内，共排摸自行招用保安员单位1253家，其中完成登记备案手续1185家，保安从业单位备案率94.7%；为200家企业安装“保安服务监管信息系统”，开通总数和活跃用户数达127家；建立各级保安员考试考点9个，分期对保安员进行考试。截至12月，全市40家保安(分)公司登记在案的保安员共1.8万余人，通过考试1.66万人，持证率为91.78%；各类自招单位保安员1.26万余人，通过考试数6326人，持证率为50.1%。

【开展户口登记管理专项清理整顿工作】 2014年始，嘉兴市公安机关开展为期三年的户口登记管理专项清理整顿工作。年内，通过人像比对技术发现并清理重复户口15个；清理应销未销户口114个，其中死亡未注销户口107个、服现役未注销户口5个、出国(境)定居或入籍未注销户口2个；清理纠正户口登记项目差错961个，其中姓名107个、公民身份号码25个、出生日期182个、相片6个、其他项目641个。

【开展户口管理岗位技能等级认证】 4月26日，嘉兴市公安局举行全市公安机关户口管理岗位技能等级认证考试，全市204名从事户籍管理工作的民警参加考试，186人通过技能等级认证取得户口管理岗位技能等级资格。11月，在省公安厅举办的全省人口岗位业务技能竞赛活动中，嘉兴市局获人口管理岗位团体总分第一名。

【试点出入境审批权限“一体化”改革】 2月，嘉兴市经公安部批准成为全国首个市、县两级公安出入境审批权限“一体化”改革试点城市。3月10日，嘉兴市公安局出入境管理局试点推行“三表合一”工作。9月15日，嘉兴市出入境管理部门签发启用电子往来港澳通行证。年内，群众申领等候时间缩短50%，受理流转提速30%，嘉兴市局出入境办证时限缩减5个工作日以上，办证效率提升近40%。

【开展“创人民满意消防队伍”活动】 2014年，嘉兴市公安消防支队走访地方党委、政府和人大政协，征求“创满意”活动建议，设立民意“直通车”，向社会单位和群众寄发“创满意”征求意见表，向社会各界公开十项承诺；设立《金点子》专栏，通过邮件、座谈和电话沟通等方式，征求基层官兵意见、建议；开通96119电话热线，在主流网站设立“畅通民意直通车”，及时受理群众意见和诉求；开展“阳光执法”体系建设，规范窗口设置标准；建立“每案一评”机制，开展公述民评和民意调查活动；制定《改进警政警民关系八项措施》，参与社会公益事业。年内，共征求意见建议27条，排查窗口问题20处；嘉兴市公安消防支队被省政府评为拥政爱民模范单位，获得全省政府消防工作考核第一名。

【加强消防基层基础建设】 2014年，嘉兴市公安消防支队搬迁入驻新指挥中心大楼，平湖独山港消防站完成建设并投入使用。年内，共组织增援集结拉练3次、战区级实战拉动演练8次、危化品泄漏事故处置演练1次、浙沪跨区域大型灭火演练2次；在全省率先编制区域性火灾隐患整治规划并在全国做经验交流，在省公安厅组织的重大隐患整治工作第一、第二阶段性考核中均名列第一。9月8日，在全省第二届专职消防队业务技能竞赛中，获政府专职队、企业专职队两项团体总分第一、3个单项第一。

【完成警卫任务】 4月15日，嘉兴市公安局印发《全市警卫勤务指挥保障体系工作方案》和《全市警卫勤务指挥保障体系实施细则(试行)》。是年，完成党和国家领导人、重要外宾视察、参观、途经的警卫任务26批次，首届世界互联网大会乌镇峰会、全国公安现役部队党建工作会议等重要会议的警卫任务2批，以及省、市交办的警卫任务27批。年内，嘉兴市局被评为全国公安警卫基层基础建设成绩突出单位，市局警卫处被省公安厅警卫局评为2014年度教育训练优胜单位、专业力量建设优胜单位。

【开展道路交通"纠违治危"专项整治行动】 5～12月，嘉兴市公安机关围绕"纠违治危"开展该行动。其间，共出动警力2.5万余人次、警车7500余辆次，查处交通违法行为197.22万起，其中酒后驾驶6848起、醉酒驾驶1655起；会同交通、安监等部门落实治理资金3990余万元，联合对6处事故多发点段进行挂牌治理；危化品车、校车、大中型客车、重中型货车、农村面包车检验率分别为99.1%、98.51%、78.7%、86.12%、97.16%。全市公安机关先后组织新闻媒体记者集中采访37次，刊播新闻稿件512篇；设立"交通违法行为曝光台"4个；开展"交通安全宣传电影放映月"活动200场次，发送短信26万余条、微博300余条、宣传资料28.9万余份、面包车核载提示贴8000张，开展专题讲座180余次，受教育群众81万余人次。

【开展"打非治违"专项整治行动】 8～12月，嘉兴市公安机关按照全覆盖、零容忍、严执法、重实效的总体要求开展该专项行动。其间，启动省际执法服务站3个、市级执法服务站2个，设置临时执勤点163个，组织执法小分队84个；检查客运企业48家、客运车辆1177辆次，其中长途客车381辆次、接驳运输客车27辆次；检查危化品企业50家，检查危化品运输车771辆次、危化品驾驶人799人；查处各类违法行为近72.55万余起。

【开展"三小车"退运整治工作】 2013年12月15日至2014年3月31日，嘉兴市公安局根据市政府关于市区"三小车"整治工作部署，开展退运整治工作。其间，共出动联合执法力量1600余人次，查处"三小车"违法行为89起，查扣机动三轮车9辆、电动三(四)轮车31辆、无证无牌人力客运三轮车46辆，行政拘留3人，市区740辆人力客运三轮车全部退运。

【开展道路安全隐患排查整治行动】 2012年1月至2014年12月，嘉兴市公安局根据市政府部署在全市范围内组织开展遏制重特大交通事故道路安全隐患专项整治行动。其间，共投入整治资金3.53亿元，排查治理道路安全隐患8131处。2014年，道路交通事故死亡人数连续第9年零增长，未发生严重交通拥堵和重大恶性事故。

【加强"规范化服务型车管所"建设】 2014年，嘉兴市公安局作出向县级车管所全面放权的部署，将驾驶证信息变更等18项车管业务向全市5个县级车管所放权，把除重点车辆以外的车辆转移登记、变更登记等业务以及机动车档案全部下放到县级车管所。市本级全面实行科目三道路驾驶技能智能化考试，实现驾驶人考试所有科目电子化。年内，嘉兴市局车管所蝉联"全国一等车管所"，5个县级车管所均达到县级二等以上车管所，其中桐乡市公安局车管所被评为全国优秀县级车辆管理所，海宁市公安局车管所被评为一等县级车管所。

【开展执法检查"回头看"活动专项督察】 4～7月，嘉兴市公安机关围绕2013年以来办理的行政、刑事案件和涉法涉诉案件，对群众反映强烈的执法突出问题进行梳理、排查、剖析。其间，共组织两轮全市集中督察，发现执法问题近3.64万个，整改3.36万个；整顿窗口单位1023个，整治治安乱点36个。年内，嘉兴市公安局被省公安厅评为执法检查"回头看"活动成绩突出集体。

【实施接警指挥新模式】 2014年，嘉兴市公安机关实施"统一接警、一级指令、分类指挥"接警指挥新模式，市本级处警单位1分钟响应派单率保持在99%以上、2分钟响应派单率接近100%。

【获评情报工作示范点】 11月27日，嘉兴市公安局秀洲区分局被省公安厅推荐为全国公安机关情报县级示范点。12月1日，嘉兴市局情报中心被省厅确定为3个市级公安情报工作示范点之一。

【下放行政审批权】 6～7月，嘉兴市公安局围绕清权、确权、配权、晒权、制权等步骤完成清权上报工作。8月，嘉兴市局及嘉善县公安局被省公安厅选为全省公安系统权力清单目录"一市一县"样本单位，确定市、县两级公安机关权力849项，编制《嘉兴市公安局权力清单目录》，绘制内外部流程图，全部录入省行政权力事项管理系统。年内，嘉兴市局下放出入境审批权力4项，出入境行政审批市、县同权改革等工作被新华社、中国政府网等报道。

图为民警在嘉兴考点参加全省公安机关第二次人民警察高级执法资格考试(11月16日)

【深化“阳光执法”体系建设】 2014年，嘉兴市公安局制定深化执法规范化建设三年规划，以执法主体能力为核心，以执法标准化、“又好又多”执法办案、执法管理、“阳光执法”和执法质量评估五大体系为支撑，以办案、物证、案管3个中心为基础，进一步加强执法规范化建设。年内，先后印发《办理伤害案件规定(试行)》、《电子物证检验工作规范》、《刑事案件统勘工作机制》、《常见及疑难警情接处警规范》等规范性文件；全市公安机关有1750名民警参加执法资格考试，通过司法考试的民警达59名；发放执法办案奖金156万元，公开处理案件621起；追究执法过错8人次，全年21起行政诉讼案件全部胜诉。

【开展党的群众路线教育实践活动】 2～10月，嘉兴市公安局按照《嘉兴市公安局党的群众路线教育实践活动实施方案》的部署开展该活动。其间，举办培训班3期，组织局机关领导干部集中学习340余次、上党课75场次，各党支部集中学习讨论130余次；编报工作专报23期、工作动态800余条，其中被市委活动办录用84条、省公安厅专栏录用154条、公安部专栏录用9条，在各级媒体上报道198篇(次)。

【开展第三届“我最喜爱的十大人民警察”评选活动】 10～12月，嘉兴市公安局组织开展该评选活动。经网络、报纸公开评选，易琦森等10人被评为嘉兴市第三届“我最喜爱的十大人民警察”，王伟等10人被授予嘉兴市第三届“我最喜爱的十大人民警察”提名奖。

【推进训练实战一体化建设】 4月8日，嘉兴市公安局印发《2014年嘉兴市公安机关训练实战一体化建设推进计划》，开展“一体化警务”暨“增强执法自信和执法公信”大轮训、依法使用武器警械专项训练，举行全市公安机关武器警械抽考活动，制定《兼职教官管理办法》，积极开展各警种练兵比武活动。是年，投入900余万元建成特警战术模拟用馆和培训住宿大楼，投入4748万元用于实战练兵；评定高级教官4名、中级教官20名、初级教官84名；组织研发课件41件，制作“微课程”120余件。年内，依法使用武器警械专项训练得到公安部专项检查组的高度评价；在全省公安机关警种岗位业务能力竞赛中获团体总分第三名；在首届省警察体育大会中获总成绩第五名。

【南湖区公安分局】 2014年，南湖区行政区域总面积426平方千米，下辖5镇6街道，常住人口43.7万人，登记流动人口25.24万人。全区生产总值405亿元，财政总收入50.55亿元，地方财政收入18.23亿元；城镇居民人均可支配收入、农村居民人均纯收入分别为3.77万元、2.37万元。该分局内设职能部门22个，下辖派出所12个，有民警552人、职工13人、协辅警1561人。是年，该分局共接110报警8.8万起，其中刑事警情1.81万起，同比分别下降5.8%和23.4%，共打处1384人，同比上升8.3%；开展打击街面犯罪和农村有组织赌博犯罪两个专项行动，查处侵财犯罪705人，打掉5人作案10起以上团伙10个；查处黄赌犯罪嫌疑人246人，打掉3人以上团伙29个；命案实现连续第14年全破；侦破公安部毒品目标案件3起，累计缴获各类毒品23.8千克；侦破全市首例网络棋牌室赌博案、“2·17”绑架案等一批有影响的案件；建设“一室一品”，鼓励社区民警创新社区警务工作，“五心”工作法和“三想、四到、五一样”工作法被评为全市优秀社区警务工作法；设立分局监控中心和片区视频分中心，在全市率先完成派出所综合指挥室规范化建设，建立巡处合一和人机互动机制。年内，该分局被评为全省公安信访考核县级优秀单位、全市公安机关“打四黑除四害”(黄赌)

专项行动优胜单位、市级社会管理综合治理先进集体。

【秀洲区公安分局】 2014 年，秀洲区行政区域总面积 542 平方千米，下辖 5 镇 2 街道、114 个行政村、28 个居委会，常住人口 33.3 万人，登记流动人口 25.8 万人。全区生产总值 269 亿元，财政一般预算总收入 40.5 亿元；城镇居民人均可支配收入、农村居民人均纯收入分别为 3.75 万元、2.36 万元。该分局内设职能部门 19 个，下辖派出所 6 个，有民警 384 人、职工 10 人、协辅警 770 人。是年，该分局共立刑事案件 6450 起，侦破 1727 起，同比分别下降 0.3%、上升 8.9%；打击处理各类犯罪嫌疑人 1031 人，连续第 16 年命案全破；发生道路交通事故 95 起，死 17 人，伤 100 人，直接经济损失 23.1 万元，同比分别下降 1.5%、持平、下降 1.4%、下降 2.2%；发生火灾事故 241 起，未造成人员伤亡。该分局圆满完成乌镇世界互联网大会等一批维稳任务；加强派出所综合指挥室建设，推进社区警务室人机联动、警民联手“双联”防控工作；开展治安乱点挂牌招标整治、社区民警竞聘上岗活动；利用信息化手段实现执法与管理、执法与监督、执法与考核同步开展、闭环管理。年内，该分局获评全省执法质量省优单位、全省政法系统先进单位、全省集中整治涉案人员非正常死亡问题工作先进集体、全省“清剿火患”先进集体；执法质量考核成绩列全市第二位，视频淘宝库获公安部第四届基层技术革新奖二等奖，“车辆管控一体化平台”获全市优秀研判分析工具第一名，《车控五点技战法》获全市典型技战法一等奖；1 个单位被评为全省优秀公安基层单位，1 个集体立二等功，1 个集体立三等功；1 人被评为全省优秀人民警察，1 人被评为全省“最美警察”，1 人获评嘉兴市第三届“我最喜爱的十大人民警察”。

【嘉善县公安局】 2014 年，嘉善县行政区域面积 506 平方千米，下辖 3 街道 6 镇，常住人口 38.8 万人，登记流动人口 32.7 万人。实现地区生产总值 400 亿元，同比增长 9%；财政总收入 60 亿元，同比增长 9.7%，其中地方财政收入 31.3 亿元，同比增长 8%；城镇居民人均可支配收入、农村居民人均可支配收入分别为 4.31 万元、2.5 万元，同比分别增长 9.2%、10.4%。该局内设职能部门 17 个，下辖派出所 10 个(含水上派出所)，实有民警 630 人、职工 14 人、协辅警 1270 人。是年，该局推进“一体化”现代警务机制建设，打造合成打击犯罪现代警务机制和城乡防控一体化两个科学发展示范点。共接刑事警情 1.08 万余起，立刑事案件 4334 起，同比下降 2.2%，侦破 2362 起，破案绝对数同比上升 1.5%；刑事拘留 959 人，提请逮捕 838 人，移送起诉 1505 人，抓获网上逃犯 124 人。年内，该局获评全省公安机关正规化建设先进单位、全市平安创建工作先进单位、全市社会管理综合治理工作先进集体等，被评为全市优秀公安局，有 3 个集体、1 人立二等功，3 个集体、5 人立三等功，12 个集体、85 人受到嘉奖，1 人被评为省劳动模范，1 人被评为全省优秀人民警察。

【平湖市公安局】 2014 年，平湖市陆地面积 537 平方千米，海域面积 1086 平方千米，海岸线长 27 千米，下辖 3 街道 5 镇，常住人口 43.3 万人，登记流动人口 24.1 万人。实现生产总值 486 亿元，同比增长 6%；公共财政总收入 90.4 亿元，地方公共财政预算收入 45.7 亿元，同比分别增长 6.8%和 8.2%；城镇居民人均可支配收入、农民人均纯收入分别为 4.3 万元、2.45 万元，同比分别增长 8.5%、9%。该局内设职能部门 18 个，下辖派出所 9 个，实有民警 551 人、职工 6 人、协辅警 1293 人。是年，该局接报刑事警情、立刑事案件数同比分别下降 9.1%、2.3%；采取刑事强制措施、移送起诉、行政拘留同比分别上升 7.4%、5%、18.9%；发命案 1 起，同比下降 83.3%，连续第 7 年保持全破；“两抢”发案 18 起，同比下降 41.9%，侦破 17 起；成功处置各类不安定因素 149 起，化解各类矛盾纠纷 1.3 万余起；交通安全、火灾事故、网络舆情持续平稳。年内，该局在全市公安信访工作考核中居第一位，在省公安厅组织的执法质量、队伍正规化、信访考评中获评全省公安机关优秀单位。

【海盐县公安局】 2014 年，海盐县行政区域面积 584.96 平方千米，下辖 4 街道 5 镇，常住人口 37.8 万人，登记流动人口 14.5 万人。全县实现生产总值 343 亿元，财政总收入 51.7 亿元；城镇居民人均可支配收入、农村居民人均纯收入分别为 4.52 万元、2.28 万元。该局内设职能部门 30 个，下辖派出所 9 个，实有民警 488 人、协辅警 784 人。是年，该局推出派出所社区警务、巡防工作、执法办案积分制办法，建成派出所综合指挥室。开展“两打两保”春季行动、打击“放炮子”和赌博违法犯罪整治行动、打防侵财犯罪等专项行动。在全市率先建立物证管理中心，派出所办案中心全面升级，案管中心、物证管理中心全部建成。全年刑事警情同比下降 5.4%，刑事立案数同比下降 1.7%，破案数同比上升 0.5%，移送起诉同比上升 4%；实现连续第 7 年命案全破；道路交通、火灾形势持续平稳。年内，该局连续第 3 年被评为全省公安机关执法质量优秀单位，于城派出所获全省

“温暖警营”称号，有 1 个集体立一等功，4 个集体立三等功，1 人立二等功，4 人立三等功。

【海宁市公安局】 2014 年，海宁市行政区域总面积 700.5 平方千米，下辖 4 街道 8 镇，常住人口 67.38 万人，登记流动人口 31.75 万人。实现地区生产总值 668.48 亿元，同比增长 7.2%；财政总收入 108.49 亿元，其中公共财政预算收入 60.03 亿元，同比分别增长 15.1%和 14.4%；城镇居民人均可支配收入和农村居民人均纯收入分别为 4.49 万元和 2.58 万元，同比分别增长 9.1%和 10.5%。该局内设职能部门 20 个，下辖派出所 23 个，有民警 750 人、协辅警 1374 人。是年，该局打防侵财、护航“五水共治”、禁毒、情报、治安防控体系建设等五项经验做法获全省推广介绍，全省公安机关深化执法规范化建设现场推进会在该市召开；主动融入“五水共治”、“三改一拆”等党政中心工作，在海宁市委市政府目标责任制考核中得分位列同序列第一；在嘉兴市率先成立打击食药环犯罪侦查大队，全年查处食药、环境、土地犯罪案件 57 起 129 人，列嘉兴市第一位；组织开展秋冬会战、“两打三防”等专项行动，定期开展“城乡防控日”活动，全年抓获侵财犯罪嫌疑人 1110 名、“黄赌毒”犯罪嫌疑人 507 名，同比分别上升 12.35%、60.46%；追回赃款赃物 941 万余元，同比上升 60.46%。年内，该局获评全国公安机关 210 示范单位、全国标兵看守所、全国拘留所三项重点工作示范单位；DNA 检验方法获全国公安基层技术革新奖，智能交通项目被列入国家科技部支撑计划；全省执法质量和队伍正规化建设实现五连冠；年度综合考评、打处总量、人均打击数、执法质量、队伍正规化建设均列嘉兴市第一。有 2 个集体立二等功，9 个集体、19 人立三等功。

【桐乡市公安局】 2014 年，桐乡市行政区域总面积 727 平方千米，下辖 12 个镇(街道)、开发区、振东新区。常住人口 68 万人，登记流动人口 40 万人。实现地区生产总值 610.7 亿元，同比增长 8.1%；财政总收入 89.1 亿元，同比增长 9.3%；城镇居民人均可支配收入、农村居民人均纯收入分别为 4.14 万元、2.52 万元，同比分别增长 9%、10.1%。该局内设职能部门 26 个，下辖 14 个派出所，实有民警 780 人、协辅警 2021 人。是年，该局主动参与社会维稳工作，上报不安定因素 1100 余条，妥善处置涉稳涉众群体性事件 20 起，圆满完成首届世界互联网大会安保任务。全年刑事警情同比下降 12.3%，共立刑事案件 6337 起，侦破 4166 起，移送起诉 1933 人；发生交通事故 306 起，死亡 60 人，受伤 292 人，直接经济损失 210.47 万元，交通事故起数、死亡人数、受伤人数和直接经济损失数同比分别下降 10.53%、10.45%、12.05%、10.04%；接报火警 1002 起，死亡 3 人、受伤 2 人，直接经济损失 524.38 万元，未发生较大以上火灾事故。年内，该局被省全面推进依法行政工作领导小组评为全省依法行政示范单位，被省公安厅记集体二等功，获评首届世界互联网大会乌镇峰会安保工作先进集体。有 9 个集体立三等功，2 人立二等功，15 人立三等功。

【经济技术开发区(国际商务区)公安分局】 2014 年，嘉兴经济技术开发区(国际商务区)规划面积 110 平方千米，下辖 4 街道及综合物流园管委会，常住人口 9.39 万人，登记流动人口 21.6 万人。实现地区生产总值 150.01 亿元，完成固定资产投资 180.43 亿元，财政总收入 41.1 亿元；城镇居民人均可支配收入 4.21 万元。该局设职能部门 9 个，下辖派出所 5 个，实有民警 145 人、协辅警 643 人。是年，该局刑事立案 1833 起，同比下降 0.5%，侦破 910 起，同比上升 0.9%；移送起诉 310 人，同比上升 14.9%；命案发 2 起、破 2 起，连续第 10 年全破；队伍保持零违纪，人民群众安全感满意度达 94%。年内，有 2 个集体立二等功，3 个集体立三等功，3 个集体受到嘉奖；5 人立三等功，23 人受到嘉奖。

【港区公安分局】 2014 年，嘉兴港区管理范围为乍浦镇域 54 平方千米和嘉兴市 74.1 千米海岸线，常住人口 5.6 万人，登记流动人口 4.75 万人。全年财政一般预算收入 19.47 亿元，完成固定资产投资 92.85 亿元；城镇居民人均可支配收入、农村居民人均纯收入分别为 4.32 万元、2.48 万元。该局设职能部门 7 个，下辖派出所 2 个，有民警 87 人、协辅警 247 人。是年，协助港区党工委、管委会妥善处置雅山村民集中闹访、中山花苑因安置房交付引发的群体性事件。刑事警情同比下降 6%，侦破刑事案件 327 起，刑事处罚 191 人。年内，该分局有 1 个集体立三等功，1 个集体受到嘉奖，1 人被评为全省优秀人民警察，3 人立三等功。

绍兴公安

【市况简介】 2014 年，绍兴市辖越城、柯桥、上虞 3 区，诸暨、嵊州 2 市及新昌县，面积 8256 平方千米，其中市区面积 2942 平方千米。常住人口 443.04 万人，登记流动人口 168.88 万人。实现国内生产总值 4265.83 亿元，同比增长 7.5%，财政总收入 546.34

亿元，同比增长8.8%；城镇常住居民人均可支配收入和农村常住居民人均纯收入分别为4.32万元、2.35万元。

【概述】 2014年，绍兴市公安机关以“经济发展护航年、‘枫桥经验’深化年、警队作风提升年”建设为抓手，认真履职，主动作为，助推全市经济社会平稳发展。是年，全市共立刑事案件3.86万起，侦破1.98万起。发生交通事故1456起，死亡459人，受伤1378人，经济损失347.47万元，四项指数连续第10年实现零增长；发生火灾事故同比基本持平。全市群众安全感和满意度分别达96.53%和96.15%，同比分别上升1.27%和0.14%，其中安全感位列全省第四。年内，绍兴市公安机关有2人立一等功，9个集体和4人立二等功，43个集体和123人立三等功。

【机构人员】 2014年，绍兴市公安局设28个职能处室和4个直属单位，下辖越城区、柯桥区、上虞区、诸暨市、嵊州市、新昌县、高新区、袍江新区、滨海新城9个公安(分)局，共有92个派出所(含1个边防派出所)。实有民警5105人，其中大专以上学历占98.4%，民警人数占全市常住人口的1.15‰。

【完成浙江省第十五届运动会安保任务】 7月9日～10月28日，浙江省第十五届运动会在绍兴市举行。其间，绍兴市公安机关共出动现场安保警力近2.27万人次、车辆4193台次，检查客运企业15家、货运企业287家、其他单位159家，发现整改隐患625处，盘查可疑人员6785人，检查可疑车辆5185辆。

图为绍兴市委常委、公安局局长凌志峰检查指导浙江省第十五届运动会安保工作(10月18日)

【开展创建全国文明城市活动】 5～12月，绍兴市公安机关坚持保障中心、突出重点、攻克难点、凸现亮点的工作思路开展该活动。其间，通过开展“纠违治危”及“铁军”1、2、3号交通秩序整治活动、治理黄赌“雷霆”系列专项行动、百城禁毒会战、消防安全大检查、整治黑网吧、推进重点窗口建设等一系列行动措施，落实创建责任。根据第三方测评，全市群众对市区交通满意度为85.4%，同比上升18.7%，列全省第二位。2015年2月28日，在全国精神文明建设工作表彰暨学雷锋志愿服务大会上，绍兴市获“全国文明城市”称号。

【开展打击恶意逃废债专项行动】 7～12月，绍兴市公安机关开展该专项行动。其间，全市共立案333起、破269起，移送起诉435人(其中银行工作人员27人)；摸排出企业121家，抓获涉企犯罪嫌疑人112人，上网追逃23人，采取强制措施111人，其中刑拘28人、逮捕11人、取保候审27人、移送起诉45人；挽回经济损失7.36亿元。

【开展“猎狐2014”境外追逃行动】 2014年，绍兴市公安机关坚持以抓为主、以劝为辅、抓劝结合的方针，开展该项行动。年内，共缉捕、劝投境外逃犯9名，缉捕率达64.29%。

【开展打击保险诈骗“安宁行动”暨破案竞赛活动】 7～11月，绍兴市公安机关开展该活动。其间，共立案20起、破18起，摧毁团伙3个，移送起诉22人，挽回损失83.7万元，战果列全省第三位。

【开展“除黑恶、打盗抢、防诈骗”专项行动】 2014年，绍兴市公安机关开展该专项行动。年内，共打掉黑恶团伙74个，打掉通讯(网络)诈骗团伙36个、5人10起以上侵财团伙73个，打击处理各类侵财犯罪嫌疑人5014名。

【加强监管工作】 2014年，绍兴市公安机关建成并启用绍兴市、新昌县看守所和嵊州市拘留所；柯桥区监管中心和诸暨市看守所建设工程量过半，上虞市看守所和强制医疗所(强制隔离戒毒所)迁建工程进入项目论证和报批阶段；完成各监管场所硬件改造工作。年内，全市监管系统增加警力36名，各监管场所全部达到7%的监管警力配备标准，并按照看守所“五化建设”的要求推行勤务制度改革。

【开展政府网站信息安全等级保护工作】 2014年，绍兴市公安机关开展该工作。年内，共有445家政府网站基本信息录入重要信息系统基础数据库管理系统，394家政府单位签订网站安全责任书，178家政府网站完成定级备案工作，80家政府网站开展测评整改工作。

【开展禁毒“大排查、大管控”专项行动】 3～6月，绍兴市公安机关开展该专项行动。其间，共行政拘留570人，社区戒毒149人，强制隔离戒毒115人；查获毒驾嫌疑人1人，核查注销驾驶证116人；排查并突击检测贩毒前科人员334人，查获涉毒人员34人；突击检测戒断满三年人员379人，查获涉毒人员2人，排查出吸毒引发精神病4人，病残吸贩毒人员10人。

【开展“雷霆”系列专项行动】 2014年，绍兴市公安机关开展以治理黄赌为主要内容的专项行动。年内，共检查各类场所近5.93万处，查处2187起，取缔143家，停业整顿12家，处罚业主158人；黄赌接警数同比下降12.81%，摧毁涉黄涉赌团伙400个；侦破刑事案件433起，其中侦破公安部挂牌督办案件1起、省公安厅挂牌督办案件4起，刑拘1385人，逮捕439人，移送起诉1183人；查处行政案件3178起，行政拘留7056人，罚款4667人，收缴赌博机6722台、淫秽物品858件。

【开展打击食品药品环境违法犯罪专项行动】 2014年，绍兴市公安机关开展该项行动。年内，共侦破食品药品类案件49起，同比上升38.1%，抓获犯罪嫌疑人138人，刑拘103人，取保候审35人，逮捕54人，移送起诉131人；侦破环境案件98起，同比上升1300%，抓获犯罪嫌疑人169人，刑拘74人，逮捕48人，取保候审95人，移送起诉149人。

【开展“尖刀”系列集中打击行动】 4～6月，绍兴市公安机关开展以打击盗销电动自行车犯罪为主要内容的“尖刀一号”集中打击行动。其间，共抓获盗销犯罪嫌疑人145人，摧毁盗窃电动车团伙19个；侦破案件232起，涉案价值近70万元；追回电动车88辆，扣押冻结赃款30余万元。7月，开展以打击盗掘古墓葬、倒卖文物犯罪为主要内容的“尖刀二号”集中打击行动，共抓获犯罪嫌疑人106名，查获各类出土文物400余件。

【助推“三改一拆”】 2014年，绍兴市公安机关服务保障“三改一拆”工作的推进。年内，共排查拆违隐患1120起，化解1153起(包括年前数据)，参与现场秩序维护599场次，投入警力2.34万余人次，保障拆违705.31万平方米；处置群体性事件33起，出动警力1780人次，教育劝导群众1393人，治安拘留3人，采取刑事强制措施7人。

【推广“项目警官制”】 3月27日，绍兴市公安局召开全市公安机关“项目警官制”现场会，要求推进“经济发展护航年”建设，推广落实“项目警官制”。年内，绍兴市公安机关共建立警务室39个，设置警务联系牌115个，落实项目警官154个，举行警企恳谈725次，走访群众近1.22万次，排查不稳定因素457起，化解443起；侦破刑事案件9起，抓获犯罪嫌疑人24人，查处治安案件75起，查处违法人员111人；整改隐患1233处，上门办证服务1.14万余人。

【落实“河道警长制”】 6月6日，绍兴市公安局印发《绍兴市“河长制”管理实施方案》，要求设立与“河长”配套的“河道警长”。年内，全市市级35条河道配备一级警长，县级113条河道配备二级警长，乡镇1593条河道配备三级警长。

【组建特战队】 9月29日，绍兴市公安局为快速有效处置暴力恐怖案件和其他突发事件建立该队伍。特战队队员从特警队员中选拔，日常全副武装开展街面机动巡逻，履行打击、防范、管理、控制、建设、服务等职能。重大突发事件发生时，第一时间快速赶赴现场进行先期处置。

【完善保安服务公司管理】 3～12月，绍兴市公安机关开展对物业公司登记备案及对歌舞娱乐场所保安整顿工作。12月，完成对下属7家保安服务公司(控股、参股)脱钩改制工作。截至年底，全市共有保安公司22家(其中武装押运公司1家，国资6家)、保安分公司13家、省外保安公司驻绍办事处1家；有自招保安员单位1811家，备案登记1432家，备案登记率为76.13%；共有保安员2.01万名，持证上岗近1.54万名，持证上岗率达76.53%。

【推出出入境便民服务措施】 2014年，绍兴市公安机关在落实网上预约办证、开通“绿色通道”、缩短办证时限、实行“三表合一”、一年重复使用照片信息等5项措施的基础上，推出“亮窗”工程、非工作时间预约办证服务、窗口周六值班制、外国人管理联络员制度、开通24小时咨询和投诉电话等一系列措施，进一步为中外申请人提供便利。10 月 21 日，绍兴市公安局将外国人签证受理审核权下放到柯桥区公安分局，该分局成为全省第二个获得外国人签证权的县级公安机关。

【开展“创人民满意消防队伍”活动】 2014 年，绍兴市公安机关开展该活动。年内，跟踪服务建设项目达 185 个，上门服务 302 次，开展施工工地检查 245 次，培训分管消防工作乡（镇）长、消防工作站站长、派出所分管所长、专职队队长等 1121 人次，培训村（居）网格员、专职队队员、责任区民警等 1.2 万人次。

【开展“百千万”工程】 2014 年，绍兴市公安机关开展“百千万（百支专职消防队、千支志愿消防队、万名专兼职消防队员）”工程，加强多种形式消防队伍建设。年内，共投入财政资金 3047 万元，落实各类奖励经费 361.4 万元，新增站房近 2 万平方米，新增专职消防队员 209 人，充实志愿消防员 2016 人，新购消防车 26 辆、运输车或摩托车 10 辆、消防泵 304 台。

【创新车驾管工作】 9 月，绍兴市公安局制定《绍兴市公安局创新车驾管的八条措施》，在全省率先推行考试网上报名预约，推动海滨社会化考场及嵊州、新昌考场建设，推出“掌上车管所”、“流动车管所”和 18 项免费代办服务，建立弹性工作制、错时工作制，实行就近服务、广场服务，提供 5 大类 46 小项网上服务，打造“群众家门口的车管所”；建立值日警官“零距离”办事工作制和排队叫号系统。年内，通过网上约考平台预约科目二考试近 3.43 万人次、科目三考试 2.47 万余人次；实施网上约考及“增量惠民”措施，化解科目二积压量 5 万余人，解决科目三 4 万余人的候考问题。绍兴市局车驾管创新工作先后得到公安部交管局、省公安厅和绍兴市委市政府的肯定。

图为绍兴市公安局召开创新车驾管工作八条措施新闻发布会（9 月 28 日）

【强化交通管理】 2014 年，绍兴市公安机关积极开展“纠违治危”专项行动、“铁军”系列集中行动、酒驾零点整治行动、联勤夜查“夜鹰”行动、超限超载车辆集中整治和三轮车整治行动等一系列交通安全管控行动，强化交通秩序管理。年内，全市共发生交通事故 1456 起，死亡 459 人、受伤 1378 人，直接财产损失 347.47 万元，同比分别下降 5.58%、9.47%、8.92% 和 11.21%，交通事故四项指数连续第 10 年实现零增长；在全省 8 类违法 6 项人均指标中，4 项列全省第一；禁酒驾综合成绩列全省第二；市区治堵重点道路机动车、非机动车和行人守法率分别达 98.9%、93% 和 85.9%，群众对交通秩序满意度达 94.1%。

【完成精度射击馆建设】 6 月 17 日，绍兴市公安局精度射击馆正式建成并投入运行。该馆位于绍兴市人民警察培训学校，总占地面积 1026 平方米，总投资 630 余万元，内有 10 条 50 米靶道。

【开展“智慧天网”建设】 2 月始，绍兴市公安机关开展该项建设，对所有政府投资的视频监控进行台账管理，纳入相应的考核。年内，在省公安厅完好率抽查中位居全省第三位。在社会化视频建设方面，共接入 7 个部门 4562 只监控；新增朝向道路的视频监控近 4.24 万只，坐标采集 4.06 万余只。截至 12 月，共享平台接入视频监控点位 2.22 万只、卡口 2563 只，全部点位实现省、市、县三级视频信息联网，可互联互通互控，监控点接入视频信息共享平台达 100%，坐标信息采集达 100%。

【开展第二批党的群众路线教育实践活动】 2～12 月，绍兴市公安机关开展该活动。其间，共查摆梳理意见建议 5 大类 606 条；组织基层党组织召开支委对照检查会和党员专题组织生活会以及开展“党性体检、民主评议”工作；研究制定整改方案和制度建设计划，落实 30 项整改措施和 35 个制度；开展正风肃纪“学查改创”专项活动。教育实践活动整改落实工作得到省委整改落实督查组的肯定。

【深化行政审批改革】 2014 年，绍兴市公安局以行政审批事项"归零清理"工作为抓手,按照"应减必减,能放则放"的清理原则,推进该项改革。年内,共归零行政审批事项36项,缩减率为52.2%;平均承诺时限从2013年的4.95天缩减至4.18天;完成26个行政许可事项、12个非行政许可事项及40多个便民服务项目的信息梳理、上报、公开工作;在非行政许可事项的清理工作方面,按照统一标准、分类处理、分步实施的清理原则,对行政审批事项之外的12个审批事项进行全面梳理和审查;全年共办理1452件,办结率100%,办事群众的满意率达100%。

【开展网上办事服务】 2014年,绍兴市公安机关共办理网上服务事项35.7万件,同比上升44%;提供网上查询服务2274.6万次,同比上升49.2%;网站日均访问量19.3万人次,同比上升8.4%;注册网民共计20.07万人,同比上升107.3%。年内,处理网上群众诉求1.02万余件,处理群众电话咨询近8.72万人次,通过网上线索举报侦破各类案件14起。绍兴市网上服务中心在全省地市公安网站、全市部门政务网站运维监测排名中位列第一。

【开展"群蓝星微动力"大型公益活动】 2014年,绍兴市公安局以"中国梦、平安梦,我为(微)你助力"为主题,开展集培训讲座、文化交流、防范宣传、主题宣讲、互动体验于一体的该项警察公共关系活动。年内,共开展交通文明、禁毒防毒、省运会安保、见义勇为、创意安防课堂、警营开放日、百名少代会代表进警营等多场公共关系活动。3月,在微信上推出绍兴公安政务微信公众平台——"群蓝星微动力"。8月21日,绍兴市局官方微信"群蓝星微动力"获浙江政务微信活力奖。截至12月,粉丝量近3万人。

图为绍兴市公安局举行"群蓝星微动力"大型平安公益活动启动仪式(5月14日)

【越城区公安分局】 2014年,越城区行政区域面积165平方千米,户籍人口40.87万人,登记流动人口17.45万人。全区实现生产总值320亿元,财政总收入24.06亿元;城镇居民人均可支配收入、农民人均纯收入分别为4.26万元、2.38万元。该分局设有综合部门、直属大队19个,下辖派出所10个,实有民警409人、协警749人。是年,该分局110有效接警总量4.73万起,同比下降3.21%;共立刑事案件5743起,同比下降0.1%,侦破刑事案件3818起,同比下降2.85%;起诉犯罪嫌疑人1348人,同比上升2.97%;抓获在逃犯罪嫌疑人147人;查处治安(行政)案件7343件3435人,其中警告943人次、拘留1683人次、罚款809人次。年内,该分局被评为2014年度全省公安队伍正规化建设、执法质量考评、信访考核优秀单位,全市信访工作先进集体。有1人立一等功,1个集体和2人立二等功,6个集体和24人立三等功,16个集体和71人受到嘉奖。蕺山派出所被评为全市公安机关爱民模范集体,塔山派出所被评为全市十佳执法示范单位,1人被评为全省公安机关"最美警察",1人被评为全市公安机关爱民模范,1名协警被评为大浙网"十大年度人物"。

【柯桥区公安分局】 2014年,柯桥区行政区域面积1040平方千米,户籍人口64.97万人,登记流动人口60.84万人。全区实现生产总值1137.6亿元,财政总收入145.1亿元;城镇常住居民人均可支配收入、农村常住居民人均可支配收入分别为4.68万元、2.67万元。该分局设有综合机构、直属机构27个,下辖派出所17个,实有民警850人。是年,该分局有效接警总量为13.93万起;共立刑事案件5547起,侦破刑事案件3897起,命案发9起、破9起,五类案件发10起、破10起,"两抢"案件发122起、破71起;起诉犯罪嫌疑人1985人,摧毁黑恶势力团伙24个;侦破各类经济案件181起,为企事业单位和群众挽回经济损失1.3亿余元;抓获贩毒人员147名,查处吸毒人员434名;裁决行政案件1316件,处罚2366人。年内,有9个集体和28人立功,15个集体和124位民警受到嘉奖。经侦大队被公安部评定为全国县级公安机关一级经侦大队,被省公安厅记集体二等功,维稳工作专班被省厅记集体二等功,禁毒大队被评为省级禁毒系统先进集体，治安大队获评全市公安机关爱民模范集体；1人被评为全省政法系统先进个人，1人被评为全省公安机关“最美警察”，2人被评为全市公安机关爱民模范。

【上虞区公安分局】 2014年，上虞区行政区域面积1406平方千米，户籍人口78万人，登记流动人口18.29万人。全区实现地区生产总值680.85亿元，财政总收入86.7亿元；城镇居民人均可支配收入、农民人均纯收入分别为4.36万元、2.3万元。该分局设有综合部门、直属大队22个，下辖派出所14个，实有民警、职工693人、协警1338人。是年，该分局共移送起诉犯罪嫌疑人1813人，其中移诉侵财犯罪嫌疑人784人、黄赌毒397人、食药环82人；打掉公安部认定的黑恶团伙12个，抓获各类在逃犯罪嫌疑人234名；侦破经济案件79起，移送起诉犯罪嫌疑人99人；交通、消防主要指数继续实现零增长。年内，该分局连续第5年被省公安厅评为全省执法质量、队伍正规化优秀单位，被评为全省执法检查“回头看”活动先进单位、全市信访工作先进集体；百官派出所被评为全国公安机关执法示范单位和全省公安机关爱民模范集体，丰惠派出所被评为全省政法系统先进集体；1人获“全国公安机关爱民模范”称号；有1个集体立二等功，9个集体和22人立三等功，168人受到嘉奖。

【诸暨市公安局】 2014年，诸暨市行政区域面积2311平方千米，户籍人口108.04万人，登记流动人口39.15万人。全市实现生产总值983亿元，全社会固定资产投资569亿元，财政总收入109.5亿元；城镇居民人均可支配收入、农村居民人均可支配收入分别为4.81万元、2.34万元。该局设有综合部门、直属大队21个，下辖派出所17个，实有民警925人、协警2092人。是年，该局110有效接警总量为12.48万起，同比上升9.03%；立刑事案件8948起，侦破4408起；起诉犯罪嫌疑人1980人，同比下降18.1%；抓获在逃犯罪嫌疑人295人，同比下降25.32%；查处治安案件1.15万余起，行政处罚6112人次，同比上升10.11%。年内，该局被评为全省社区矫正工作先进集体，连续第7年蝉联《平安时报》新闻宣传工作一等奖，行风评议获得诸暨市行政执法部门第二名；枫桥派出所老杨调解中心被评为全国离退休干部先进集体，应店街派出所获省级“青年文明号”称号，1人被评为省级劳模；有4个集体和17人立功，20个集体和147人受到嘉奖。

【嵊州市公安局】 2014年，嵊州市行政区域土地面积1784平方千米，户籍人口73.31万人，登记流动人口8.35万人。全市实现生产总值428亿元，同比增长8%；财政总收入41.46亿元，公共财政收入25.1亿元，同比分别增长10.3%和10.2%；城镇居民人均可支配收入、农民人均纯收入分别为4.43万元、1.81万元。该局设政治处、指挥中心等22个内设机构，辖13个派出所，实有民警583人。是年，该局围绕打造平安嵊州、优化发展环境、构建和谐社会的总体目标，认真履职，有力保障全市经济社会健康发展。共立刑事案件5827起，同比下降1.9%；侦破刑事案件4851起，抓获犯罪嫌疑人1055人；查处治安案件4375起，行政处罚6184人次。年内，该局7个集体和13人立三等功，5个集体和50人受到嘉奖。剡湖派出所被评为全市公安机关爱民模范集体，1人获全省“最美警察”称号。

【新昌县公安局】 2014年，新昌县行政区域面积1213平方千米，户籍人口43.9万人，登记流动人口4.14万人。全县实现生产总值333.63亿元，财政总收入46.6亿元；城镇居民人均可支配收入、农民人均纯收入分别为4.06万元、1.98万元。该局设有综合部门、直属大队24个，下辖派出所12个，实有民警490人、协警512人。是年，该局110有效接警总量为3.69万起，同比上升11.66%；共立刑事案件4350起，侦破2659起；起诉犯罪嫌疑人924人，同比上升2.33%，抓获在逃犯罪嫌疑人100人，同比下降18.7%；查处治安案件6113起，查处违法人员1753人，治安处罚1732人，同比上升27.54%。年内，该局被评为全省执法质量优秀单位，澄潭派出所被评为全省公安机关“温暖警营”，交警大队被评为省级“青少年维权岗”，“项目警官制”、交通事故微信快速处理、加强知识产权保护等做法先后得到省领导王辉忠、蔡奇、刘力伟、毛光烈等的批示肯定。中央电视台先后于1月9日、11月8日两次报道新昌公安工作。新昌交警微信应用经验被在全省推广。有2个集体和16人立功，4个集体和88人受到嘉奖。1人被评为2012～2013年度全省社会管理综合治理先进个人，1人被评为省社区矫正工作先进个人。

【高新公安分局】 2014年，绍兴高新技术产业开发区行政区域面积226平方千米，户籍人口25万人，登记流动人口7万人。全区实现技工贸总收入577亿元，财政总收入28.5亿元。该分局设有综合部门、直属大队7个，下辖派出所5个，实有民警147人、协警347人。是年，该分局110有效接警总量为1.87万起，同比下降3.94%；共立刑事案件1036起，侦破刑事案件675起，其中省、市督办案件6起；起诉犯罪嫌疑人418人，抓获外省在逃犯罪嫌疑人和年前在逃犯罪嫌疑人33人；查处治安案件1214起，治安处罚581人，摧毁黄赌毒团伙28个。有1个集体、2人立功，3个集体、30人受到嘉奖。

【袍江公安分局】 2014年，袍江经济技术开发区行政区域面积118.3平方千米，户籍人口14万人，登记流动人口14.3万人。全区实现规模以上工业总产值766亿元，同比增长5.9%。该分局设有综合部门、直属大队8个，下辖派出所3个，实有民警102人、协警264人。是年，该分局共受理110接处警1.45万起，同比上升25%；共立刑事案件747起，侦破419起；起诉犯罪嫌疑人280人，同比上升13.8%；查处治安案件1405起，同比上升22.7%，治安处罚1711人，同比上升2.89%。年内，该分局被评为全省队伍正规化建设、执法质量优秀单位和全区"群众满意基层单位"，被市政府记集体二等功。有2个集体、4人立功，7个集体、23人受到嘉奖。

【滨海公安分局】 2014年，滨海新城行政区域面积142平方千米，户籍人口5.9万人，登记流动人口1.05万人。实现生产总值37.95亿元，财政总收入2.5亿元；城镇居民人均可支配收入、农民人均纯收入分别为4.36万元、2.3万元。该分局设有综合部门、直属大队7个，下辖派出所1个，实有民警51人、协警65人。是年，该分局110有效接警总量为2014起，同比下降6.67%；共立刑事案件296起，侦破163起，起诉犯罪嫌疑人113人；查处治安案件453起、违法人员955人。年内，该分局有1人立二等功，3个集体、3人立三等功，2个集体受到嘉奖；1人获全省公安机关"爱民模范"称号，1人获全市"我身边的爱民模范"称号。

金 华 公 安

【市况简介】 2014年，金华市辖婺城、金东2区及经济技术开发区，兰溪、义乌、东阳、永康4市，武义、浦江、磐安3县。全市行政区域土地面积1.09万平方千米，户籍人口475.07万人，登记流动人口317.15万人。全市实现生产总值3207亿元，比上年增长8.3%；城镇居民人均可支配收入、农村居民人均纯收入分别为3.98万元、1.85万元，分别同比增长9.4%、11.3%。

【概述】 2014年，金华市公安机关践行"主动警务"策略，围绕"三改一拆"、"四破整治"（破僵尸企业、破围墙圈地、破低效用地、破既得利益）、"五水共治"和遏制"三抢"（抢栽、抢种、抢建重点工程施工）等，化解矛盾纠纷，打击违法犯罪，维护社会稳定，为"两美金华"（美丽金华、美好生活）建设创造良好的治安环境。是年，全市立刑事案件5.28万起，侦破2.48万起，破案率46.96%，其中立经济案件536起、破296起，破案率55.22%；受理行政案件195.32万起，查处193.52万起，查处率99.08%；发生交通事故1343起，死亡435人，受伤1242人，直接经济损失394.14万元；发生火灾事故3971起，死亡13人，受伤6人，直接经济损失628.38万元。年内，金华市公安局出入境管理局被公安部评为全国公安机关爱民模范集体，市局宣传处被评为全省突出贡献"青年文明号"活动组织单位，市局获全省公安机关岗位业务竞赛团体第一名，市安康医院被省公安厅授予"温暖警营"称号，市局技侦支队民警获2014年全国公安技侦技能比武个人一等奖。全市公安机关有1人被授予"二级英模"称号，2个集体立一等功，17个集体和17人立二等功，36个集体和183人立三等功。

【机构人员】 2014年，金华市公安局设职能处室34个、直属单位4个，下属事业单位4个，辖婺城、江南、金东3个分局和兰溪、义乌、东阳、永康4个县级市公安局及武义、浦江、磐安3个县公安局，实有派出所110个。全市实有公安民警6062人，占全市总人口的0.79‰；其中派出所警力2614人，占总警力的42.04%。

【全省公安机关配置"河道警长"护航"五水共治"工作现场会在金华市召开】 4月25日，省公安厅在金华市召开该会议，要求全省公安机关配置与四级"河长"相配套的省、市、县、派出所四级"河道警长"。金华、温州市公安局及海宁市、浦江县公安局，兰溪市、安吉县的两位"河道警长"作交流发言。是年，金华市公安局在全省首推"河道警长制"，将全市127个乡镇(街道)共332条河道进行区域划分，在全市公安机关确定527名"河道警长"，协助各级"河长"开展治水工作。年内，全市公安机关侦办涉水刑事案件111起，采取刑事强制措施229人，破案及打处数同比分别上升132.5%和162.6%。打击环境污染犯罪成效得到省委书记、省人大常委会主任夏宝龙，省委常委、公安厅厅长刘力伟的肯定。

【开展利剑专项行动】 3月31日，金华市公安局印发《"打盗抢、扫毒害、控发案、保平安"利剑行动实施方案》，在全市公安机关部署该专项行动，重点打防入户盗窃、电信（网络）诈骗、"两抢"、盗窃两车和车内财物、非法生产销售使用"伪基站"设备、各类涉毒违法犯罪活动等。截至12月，全市主要侵财警情同比下降5.7%，其中盗窃、入户盗窃、"两抢"警情同比分别下降8.6%、13.1%、37%；打处侵财犯罪嫌疑人8141人；侦破5起以上系列性团伙案件1971串，侦破"两抢"案件664起，破案率71%；共摧毁通讯（网络）诈骗团伙28个，抓获犯罪嫌疑人108人，侦破通讯（网络）诈骗案328起；侦破非法生产、销售和使用"伪基站"案40起，共抓获非法生产、销售和使用"伪基站"违法犯罪嫌疑人48人，其中刑拘34人，查扣"伪基站"设备30套。

【开展防范处置金融领域违法犯罪专项行动】 3～12月，金华市公安机关开展该行动。其间，共排查出各类"影子银行"1167家、风险企业305家；立非法集资、骗取贷款等金融领域犯罪及恶意欠薪、暴力讨债等次生违法犯罪案件204起，侦破147起，抓获犯罪嫌疑人300余人，其中刑拘155人，逮捕113人，取保候审76人，移送起诉172人，涉案金额逾72亿元，挽回经济损失23亿余元；共梳理出金融领域违法犯罪逃犯133人，抓获68人，其中境外金融犯罪逃犯18人。先后侦破江南"海纳租车"非法吸收公众存款案、浙江中仑建设有限公司非法吸收公众存款案等一批重特大涉众型经济犯罪案件。

【开展"猎狐2014"专项行动】 7月22日，金华市公安局部署开展该行动。截至12月，全市公安机关抓获俞某某（女、永康市人，涉嫌非法吸收公众存款案）等在逃境外经济案件犯罪嫌疑人28人，协助江苏省公安机关抓获犯罪嫌疑人1人，境外逃犯缉捕数占全省总数1/4，列全省第一位。

【开展打击传销行动】 2014年，金华市公安机关继续开展打击传销行动。9月24日，金华市公安局发起"利剑一号"行动，组织婺城、江南、金东公安分局和东阳市公安局，协同市场监管部门及相关乡镇（街道），对金华市区、东阳等地多个"1040"工程、"天津天狮"等聚集式传销犯罪团伙进行统一收网，抓获传销组织头目骨干48人，捣毁传销窝点218个，清查传销参与人员652人。截至12月，全市公安机关共侦破涉及传销的刑事案件54起，其中组织领导传销活动案件9起，非法拘禁、故意伤害等刑事案件45起；捣毁传销窝点300余个，采取刑事强制措施167人，教育遣返1900余人。

【开展打假行动】 6月20日～12月31日，金华市公安机关开展以网络售假为打击重点、以策动发起集群战役为主攻方向的打假行动。截至12月，共侦破侵犯知识产权和假冒伪劣案件120起，提请发起集群战役8起，收网3起。

【开展保险诈骗破案竞赛活动】 7月1日～10月31日，金华市公安局组织开展该活动。其间，全市公安机关共侦破保险诈骗案件4起，其中100万元以上案件1起；抓获骗保违法犯罪嫌疑人8人，其中刑拘1人、取保候审7人，综合绩效居全省第四位。

图为义乌市公安局在"猎狐2014"专项行动中抓获非法吸收公众存款犯罪嫌疑人（12月11日）

【举办"5·15"打击防范经济犯罪宣传日活动】 5月15日，金华市公安局联合人民银行、国税、地税、市场监管、质监、烟草等部门在人民广场举办以"打击防范经济犯罪　护航改革　保障民生"为主题的"5·15"打击防范经济犯罪宣传日现场活动。其间，设置咨询台18个，放置宣传展板32块，发放宣传资料2000余份，提供服务咨询300余人次，发放公众测评问卷100份，受理举报线索10余条。

【开展命案积案攻坚行动】 3月24日，金华市公安局印发《2014年度市局挂牌重点攻坚命案积案的通知》，组织全市公安刑侦部门开展该行动。年内，全市公安机关共梳理重点攻坚命案积案 18 起,先后侦破义乌“2000·9·10”、江南“2001·11·28”、义乌“2006·1·15”杀人案和义乌“2003·12·19”特大抢劫杀人案 4 起积案。

【开展打黑除恶专项行动】 2014 年,金华市公安机关相继开展打击村干部参与黑恶势力犯罪等专项行动。年内,摧毁涉及村官的恶势力团伙 12 个,侦破寻衅滋事、开设赌场、故意伤害等案件 80 余起,打击处理违法村干部 16 人。摧毁义乌市以毛某为首的涉恶团伙,共采取强制措施 98 人,侦破涉及 350 余名受害人的非法拘禁、抢劫、寻衅滋事等案件近 200 起。截至 12 月,摧毁恶势力团伙 103 个,抓获犯罪嫌疑人 585 人,侦破各类刑事案件 1134 起。

【加强全国在逃人员系统和跨区域协作平台管理】 2014 年,金华市公安局加强逃犯上网、撤销审批、移交密码申领各环节制度规范,强化户籍地签收和跨省非网上在逃人员系统管理,严把上网在逃人员信息质量监控关。截至 12 月,全市登记上网在逃人员 2275 名,同比下降 11.92%;抓获各类逃犯 2059 名,同比下降 5.59%;通过跨区域协作平台侦破外地案件 2820 起,核实案件 2223 起;共采集手机 SIM 卡信息 6.8 万条、通讯录 422 万条,被盗抢计算机采集、录入数 3877 条,采集、录入率 66%。

【升级改造合成作战室】 2014 年,金华市公安机关完成市、县两级合成作战指挥室升级改造工作,实现案、人、物信息的全方位、一体化掌控和一键式查询。截至 12 月,共受理各地上报案件 2251 串(起),同比增长 9.75%;研判后提供线索 1696 串(起),同比增长 7.68%;抓获犯罪嫌疑人 2481 名,同比增长 6.53%;利用合成作战侦破案件 5997 起,同比增长 0.96%。

【加强视频侦查工作】 3 月 7 日,金华市公安局在东阳市召开全市视频工作现场会。年内,先后印发《进一步深化视频监控工作实施方案》、《视频侦查装备建设任务书》、《视频现场勘查工作机制》等文件;完成金华公安视频实战应用平台(二期)升级改造,引入智能化实用功能;在出租车、公交车、客班车上探索搭建车载移动视频监控网;与浙江大华技术有限公司签署战略合作协议,在金华市局设立“视频应用研发实验基地”,开展人脸识别技术等应用软件试用和测试工作;在全市建立一支由 150 人组成的尖子视频研判员队伍,在派出所组建视频工作专班,形成市、县、所三级视频侦查警务实战工作机制及多梯次差异化职能定位专业人才队伍。截至 12 月,金华市公安机关通过视频侦破刑事案件 3836 起,打处 5081 人,分别占刑事案件总数的 30.8%和 30.96%,其中现行抓获 559 人。

【加强刑事技术应用】 2014 年,金华市公安机关共采集、录入指纹样本 5.78 万余份,比中本地案件 2782 起,其中现行案件 2014 起;采集 DNA 样本 5.82 万份并全部检验入库,认定案件 2104 起,通过数据库比中案件 1782 起,串并 393 串 1219 起;足迹串并 166 串 773 起 963 枚;刑事技术突破各类案件 5540 起,突破率达 16.3%,其中利用指纹、DNA 突破命案积案 3 起。年内,在全省指掌纹集中比对专项行动中,共比中案件 2616 起,同比增长 58.2%。

【争创监所等级达标】 11 月,武义县看守所被省公安厅推荐申报全国一级看守所,金华市看守所、义乌市看守所、金华市拘留所、金华市收容教育所被省厅评定为全国二级看守所(拘留所、收容教育所),兰溪市看守所、东阳市看守所、浦江县看守所、兰溪市拘留所、义乌市拘留所、武义县拘留所、浦江县拘留所、磐安县拘留所被省厅评定为全国三级看守所(拘留所)。

【开展百城禁毒会战专项行动】 10 月始,金华市公安局布署开展该专项行动。截至 12 月,全市公安机关共侦破毒品案件 516 起,其中公安部毒品目标案件 3 起、省公安厅毒品目标案件 19 起,抓获毒品犯

图为金华市公安局与浙江大华技术股份有限公司签订战略合作协议,共建“视频应用研发实验基地”(5 月 29 日)

罪嫌疑人 897 人，查处吸毒人员 3263 人，缴获毒品 9.1 千克。

【开展“利剑扫毒”系列行动】 4 月 14 日，金华市公安局在金华市区和兰溪市开展“利剑扫毒一号”统一收网行动，成功侦破“2014－194”、“2014－212”公安部毒品目标案件。截至是月 24 日，共摧毁吸贩毒团伙 5 个，抓获涉毒违法犯罪嫌疑人 190 人，其中刑拘 66 人、行政拘留 99 人，抓获逃犯 2 人；缴获冰毒约 1000 克、麻古 2000 余粒。6 月 18～20 日，金华市局集结警力 200 余人，开展“利剑扫毒二号”统一收网行动，成功侦破“2014－349”公安部毒品目标案件，抓获涉毒犯罪嫌疑人 73 人，刑拘 20 人，行政处罚 52 人，强制隔离戒毒 7 人，缴获冰毒 200 余克。

【开展吸毒人员“大排查、大管控”专项行动】 3～6 月，金华市公安机关开展该行动。其间，共查处吸毒人员 1448 人，其中强制隔离戒毒 307 人；注销吸毒人员机动车驾驶证 97 本，注销率 94.7%；核查、标记吸毒人员数据库中有精神症状及患严重疾病人员的信息 840 条，环比上升 39.5%；上传拒绝接受社区戒毒、社区康复和严重违反社区戒毒、社区康复协议相关证明材料 52 份，上传率超出任务数 18.2%，查处拒绝接受社区戒毒（康复）、严重违反社区戒毒（康复）协议人员 20 人。

【做好大型活动安保工作】 7 月 1 日，“中国梦·金华情”大型演唱会在金华市体育中心举行。金华市公安局投入警力 1000 余人，组成 12 个功能小组，完成演唱会安保任务。是月 25～27 日，金华万达广场举行开业庆典，参加活动人员累计超过 66.5 万人次。金华市局多次召开会商会，共投入警力 900 余人次，加强楼面巡查、外围巡逻及车辆人流疏导，确保活动安全有序进行。

【开展“打四黑除四害”专项行动】 2014 年，金华市公安机关共查处涉黄案件 345 起，采取刑事强制措施 506 人；查处涉赌案件 301 起，采取刑事强制措施 868 人；查处涉食品犯罪案件 56 起，采取刑事强制措施 103 人；查处涉药案件 28 起，采取刑事强制措施 68 人；办理查处环境案件 111 起，采取刑事强制措施 229 人。查处涉黄案件数及刑事打击人数为全省第一，打击黄赌违法犯罪战果位列全省同类地区第一，查处涉环境案件数及打击数均列全省第三位，打击食药环犯罪战果位列全省同类地区第二。

【开展“缉枪治爆”专项行动】 2014 年，金华市公安机关开展该行动。年内，共查破涉爆涉枪案件 115 起，抓获违法犯罪嫌疑人 121 人，其中采取刑事强制措施 64 人，治安处罚 56 人；排查涉枪单位 77 家、涉爆单位 105 家，收缴枪支 171 支、子弹 1.69 万发、炸药 3899.8 千克、管制刀具 41.4 万把、仿真枪 22.6 万支。

【规范社区警务室建设】 2014 年，金华市公安机关进一步加强基层基础工作，规范社区警务室建设。年内，共撤销派出所“虚设”警务室 10 个，保留 279 个；取缔与企事业单位合建警务室 11 个，保留 57 个；撤销企事业单位自建警务室 27 个，保留 87 个。

【开展户口管理清理整治】 2014 年，金华市公安机关共清理、注销重复户口 3161 个，清理应销未销户口 6247 个，纠正人口信息数据差错 2516 条，上门采集居民身份证制证信息 2000 余人次。

【开展火灾隐患排查整治工作】 2014 年，金华市公安消防部门共组织开展“清剿火患”、打非治违、重大火灾隐患集中整治、劳动密集型企业专项排查整治等专项行动 13 次，检查社会单位 12.9 万家，发现并整改火灾隐患 26.9 万处，提请政府挂牌督办重大火灾隐患单位 100 家、区域性火灾隐患 26 处。截至 12 月，86 家重大火灾隐患单位全部完成整改。

图为金华市公安开展“中国梦·金华情”大型演唱会安保工作（7 月 1 日）

图为永康市公安局交警大队民警对客运车辆进行检查(1月16日)

【开展黄标车淘汰和重点车辆检测工作】 2014年,金华市公安机关开展黄标车淘汰和重点车辆检测两项工作。截至12月,全市淘汰黄标车、老旧车6万余辆,完成率139.6%,排名全省第三。年内,全市大中型客车年检率89.71%,重中型货车年检率88.66%,校车检验率100%,危化品运输车检验率95%,农村面包车检验率84.31%。

【整治事故多发点段和临水临崖高落差危险路段】 2014年,金华市公安局会同安监、交通、建设等部门继续开展省、市两级交通事故多发点段、临水临崖高落差危险路段的排查、挂牌、治理工作。截至12月,全市149处省、市级挂牌督办治理隐患点段共投入治理经费5535.81万元,完成治理148处,完成率99.33%;治理路段上报事故起数比上年同期下降21.11%,死亡人数同比下降69.44%。

【加强路面安全管控】 2014年,金华市公安机关先后开展"打四非、查四违"、农村道路交通安全"大排查、大服务、大教育、大整治"等专项行动,以"纠违治违"为主线,加大管控力度,遏制事故多发势头。截至12月,共查纠各类交通违法行为329.5万起,重点查处酒后驾驶7265起,其中醉酒驾驶2035起;客运车辆及违法未处理5次、10次以上车辆的处罚到位率分别达98.7%、84.18%和95.4%;公路违法行为现场查处比例达39.45%,公路现场查处重点违法行为比例达74.19%。

【推出便民利民措施】 2014年,金华市公安局依托"金华公安服务在线",实现41个大项143个小项行政服务项目网上办理;在省内首创车牌号自选、视频会见、手机版服务在线、交通违法网上自助处罚等17项特色服务项目;向县(市)公安局下放行政许可11项,审批项目减少35.5%;下放驾驶员考试理论科目,对义乌、东阳市下放全部科目;兰溪、东阳、义乌、永康、浦江等县、市建成车辆检测线并投入运行,年内移交各级政府国资委管理;在全市公安机关办证中心、派出所、出入境、车管所等窗口推行"一窗式受理、一站式办结、一次性告知、一条龙服务"模式。

【婺城公安分局】 2014年,婺城区行政区域土地面积2692平方千米,下辖8乡6镇5街道及婺城新城区、双龙风景区、仙源湖度假区。常住人口38.1万人,登记流动人口16.16万人。实现地区生产总值232.1亿元,同比增长7%,财政总收入32.6亿元;城镇居民人均可支配收入、农村居民人均纯收入分别为3.83万元、1.64万元,同比分别增长9%、10.8%。该分局设职能机构16个、派出机构13个,实有民警492人、协辅警566人。是年,该分局有效接警3.39万余起,其中侵财警情8161起、"两抢"警情29起,同比分别下降15.92%、29.27%;刑事打击906人、行政处罚2043人,打处数同比上升0.06%;七类恶性案件发16起,同比下降36.21%;打掉恶势力团伙13个。快速侦破"10·8"特大网络诈骗案、"11·17"抢劫杀人案等一批社会影响恶劣、群众关注度高的重大案件。年内,该分局被公安部授予"全国公安机关执法示范单位"称号,获得国保大比武全国二等奖和全省、全市第一名,连续第11年被评为全省公安机关执法质量优秀单位,连续第4年获评区岗位目标责任制考核先进单位。选送的《"警民信连心"工作机制的探索与实践》案例获第三届中国最佳警察公共关系案例大赛银奖。有18个集体、84人受到上级表彰奖励。

【江南公安分局】 2014年,经济技术开发区行政管辖面积253.86平方千米,下辖4街道4乡镇,常住人口24.85万人,登记流动人口22.78万人。全区实现生产总值225亿元,同比增长8%;城镇常住居民人均可支配收入、农村常住居民人均纯收入分别为4.08万元、2.18万元,同比分别增长9.3%、11.3%。该分局设内设机构20个、派出机构7个,实有民警346人、协辅警589人。是年,该分局共立刑事案件4709起,侦破2092起,刑事拘留927人;立经济案件

27起，侦破25起，抓获犯罪嫌疑人66人，挽回经济损失3610余万元；立禁毒案件26起，侦破26起，刑事拘留44人；受理治安案件8898起，查处6938起，治安处罚1515人，调处各类矛盾纠纷1.24万起；妥善处置群众上访1386批次1.04万人次。年内，该分局被公安部记集体一等功，被评为全省公安机关执法质量和队伍正规化建设优秀单位。在金华市公安局考核评估中，综合考评列全市第二，执法质量列全市第三，基层基础列全市第二，“打盗抢、扫毒害、控发案、保平安”利剑行动列全市二类地区第一，队伍正规化评估列全市第二，群众安全感满意度列全市第三。有10个部门、28个集体项目和52人次受到市级以上表彰奖励。

【金东公安分局】 2014年，金东区行政区域土地面积661.8平方千米，下辖9镇1办事处2街道，常住人口31.6万人，登记流动人口17.6万人。全年实现生产总值153.5亿元，同比增长8.5%；财政收入和区级财政收入分别为19.68亿元和7.96亿元，同比分别增长25.5%和28.6%。该分局设政治部等内设机构20个，下辖派出所10个，实有民警、职工318人。是年，该分局共接处警3.98万余起；立刑事案件1904起，同比下降1.8%，侦破1104起，同比下降2.5%，破案率57.98%；采取刑事强制措施732人，同比下降9.18%，移送起诉557人；受理行政(治安)案件4326起，查结990起，行政拘留773人，罚款245人，治安调解458起；没有发生严重影响社会稳定的非正常上访和群体性事件，没有发生重大公共安全事故。年内，该分局获评全省公安信访考核县级优秀单位、全省公安机关命案侦破工作成绩突出单位，全市重大项目克难攻坚抓进度优服务先进单位，获全区党政机关岗位目标责任制综合考核第二名。有14个集体、31人受到上级表彰奖励。

【兰溪市公安局】 2014年，兰溪市行政区域土地面积1313平方千米，辖6街道7镇3乡。户籍人口66.09万人，登记流动人口6.54万人。全年实现生产总值271.2亿元，财政总收入37.6亿元，其中地方财政收入20亿元；城镇常住居民可支配收入、农村常住居民可支配收入分别为2.98万元、1.39万元。该局设26个职能科室(大队)和看守所、拘留所、刑事科学技术室，下辖12个派出所，实有民警492人、职工9人、协辅警567人。是年，该局围绕“五水共治”、“四破攻坚”、“三改一拆”、“十大指挥长”工程等中心工作，为经济社会发展保驾护航。全市28条河(干、支)流落实“河道警长”。全年命案、七类案件破案率均为100%，打掉黑恶势力犯罪团伙6个；侦破系列、团伙性案件79串，抓获盗抢等侵财型犯罪嫌疑人388人；侦破贩毒团伙案件5起，抓获涉毒犯罪嫌疑人61人，查处吸毒人员208人，强制隔离戒毒39人；抓获年前逃犯45人，归案率61%，抓获当年逃犯169人，归案率85%；侦破食药环犯罪案件6起，抓获犯罪嫌疑人14人；立案侦查破坏市场经济秩序案件25起，抓获犯罪嫌疑人31人；“一点通”警务系统信息实现标准地址采集11.54万条、虚拟建房11.54万处，实有人口信息32.99万人，全市落户率达58.68%；全年未发生一次死亡3人以上的重大交通事故，未发生造成人员死亡的火灾事故。年内，该局2个集体立二等功，1个集体、15人立三等功，1人被省公安厅评为2014年度全省“最美警察”。

【义乌市公安局】 2014年，义乌市行政区域土地面积1105平方千米，下辖8街道6镇，户籍人口76.66万人，登记流动人口131.69万人。实现地区生产总值968.6亿元，其中地方财政一般预算内收入69.68亿元，公共财政总收入119.02亿元；城镇居民人均可支配收入、农村常住居民人均纯收入分别为5.19万元、2.6万元。该局设内设机构27个、直属机构3个，下辖派出机构17个，实有民警1138人(其中职工37人)、协辅警3811人。是年，该局抓获涉恐人员39人，查处阻扰“五水共治”等中心工作人员88人；打击处理非法信访人员31人，其中刑事处理4人；处置网上涉警、涉稳事件23起，查处网上造谣人员14人，侦破网络犯罪案件458起；查处非法吸收公众存款类案件14起12人，涉案金额12亿元，查处恶意逃废债案件8起15人；查处侵犯知识产权案件26起45人，其中4次报公安部发起全国集群战役，缴获假冒伪劣商品价值6000余万元，打假战果列全市第一；在“猎狐2014”行动中抓获境外逃犯14人；及时化解“碧剑七号”、出租车罢运、部分旧村改造引发的集体上访等一批群体性事件苗头，调处矛盾纠纷6012起，调处率达98.3%；完成中亚合作论坛、APEC技展会等国际性会议和大型展会安保114场(次)，三级以上警卫任务25次。年内，该局被省公安厅确定为“智慧公安建设”示范局，连续第10年被评为全省公安机关执法质量优秀单位，连续第6年获全市公安综合考评第一，在义乌市委、市政府考核中列政府部门序列第二名。

【招录全省首位公安聘任制公务员】 2013年12月，义乌市公安局推出交通信号灯管理高级主管、智能交通调度高级主管两个职位，面向全国公开招聘聘任制公务员，共有43人报名。2014年6月，招录智能交通调度高级主管1名，系浙江公安系统招录的首位聘任制公务员。

【东阳市公安局】 2014 年,东阳市行政区域土地面积 1739 平方千米,辖 6 街道 11 镇 1 乡,户籍人口 83.42 万人,登记流动人口 47.58 万人。全市生产总值 441.3 亿元,财政总收入 70.01 亿元,其中地方财政收入 41.51 亿元;城镇常住居民人均可支配收入、农村常住居民人均纯收入分别为 3.81 万元、2.05 万元。该局设职能科室(所、中心、大队)27 个、直属机构 2 个,下辖派出所 17 个,实有民警 743 人、职工 19 人、协辅警 1252 人。是年,该局调度出警 10.17 万余起,应急联动 5121 起,救助群众 5164 人;侦破刑事案件 6224 起,其中 10 起命案、20 起五类恶性案件全破,抓获犯罪嫌疑人 2093 人、逃犯 388 人;侦破经济犯罪案件 41 起,移送起诉 66 人,为企业挽回经济损失 1.41 亿元,在"猎狐 2014"行动中通过国际合作抓获逃往境外经济犯罪嫌疑人 2 人;侦破毒品犯罪案件 35 起,缉捕犯罪嫌疑人 42 人,其中侦破省公安厅目标案件 3 起;完成世界工艺文化节等大型安全保卫任务 5 次、警卫任务 12 次;妥善处置"中仑建设"债权人上访闹事等事件 30 余起、非正常死亡事件 215 起,办结信访 202 件,按时办结率达 100%,其中公安部交办信访件 21 件。年内,该局 1 个集体受到公安部表彰,2 人受到省公安厅表彰,16 个集体受到金华市公安局表彰,34 人受到金华市级表彰。

【永康市公安局】 2014 年,永康市行政区域土地面积 1049 平方千米,辖 3 街道 11 镇及经济开发区、现代农业装备高新区(城西新区)。户籍人口 59.01 万人,登记流动人口 54.74 万人。全市生产总值 451 亿元,同比增长 8%;财政总收入 69.2 亿元,同比增长 12.7%,其中地方财政收入 38.9 亿元,同比增长 10.1%;固定资产投资 182.5 亿元,同比增长 9%;城镇居民人均可支配收入、农村居民人均纯收入分别为 3.94 万元、1.98 万元,同比分别增长 9.5%、11.5%。该局设内设机构 20 个、直属单位 2 个,下辖派出所 11 个,实有民警 666 名、职工 37 名、协辅警 1629 名,民警数占全市常住人口的 1.13‰。是年,该局共立刑事案件 8644 起,同比下降 3.58%,破案绝对数 5682 起,命案连续第 10 年保持全破;刑拘 1973 人,取保候审、监视居住 1286 人,批捕 1370 人,起诉 2533 人;受理经济犯罪案件 68 起,立 50 起、破 42 起,移送起诉 59 人,追缴、查封、冻结财产 2.9 亿余元,抓获境外逃犯 4 人;移送起诉毒品犯罪嫌疑人 101 人,查处吸毒人员 408 人次,强制隔离戒毒 60 人次;查处治安案件 1.47 万余起,行政处罚 3556 人,其中行政拘留 2322 人;交通事故发 169 起,死亡 75 人,受伤 123 人,直接经济损失 80.8 万元,同比分别下降 11.52%、9.64%、21.66%、6.26%。年内,该局案件审查攻坚工作获得国务委员、公安部部长郭声琨批示肯定,该局被评为全省公安机关执法质量优秀单位,公安工作综合考评列金华市第三位,连续第 3 年在市政府考核中被评为优秀,有 35 个集体、78 人次受到表彰奖励。

【武义县公安局】 2014 年,武义县行政区域土地面积 1577 平方千米,辖 3 街道 8 镇 7 乡及经济开发区,户籍人口 32.9 万人,登记流动人口 16.4 万人。全县生产总值 192.99 亿元,同比增长 7.9%,财政总收入 29.2 亿元,同比增长 12.3%,地方财政收入 15.8 亿元,同比增长 11%;城镇常住居民人均可支配收入、农村常住居民人均纯收入分别为 2.81 万元、1.24 万元。该局设职能科室(大队)19 个及直属机构 2 个,下辖派出所 9 个,实有民警 338 人、协辅警 650 人。是年,该局共出动安保警力 2800 余人次,完成全国桥牌赛、五金博览会、温泉节、汽车拉力赛等安保工作;全市共发刑事案件 2625 起,同比下降 28.4%;侦破刑事案件 609 起,同比上升 19.9%;刑事拘留 164 人,行政拘留 402 人;安装社会治安视频监控探头 2050 个。年内,武义县看守所被公安部评为全国一级看守所,有 15 个集体、49 人受到表彰。

图为武义县举行县看守所四十周年安全无事故暨全国一级看守所授牌仪式(5 月 29 日)

【浦江县公安局】 2014年,浦江县行政区域土地面积918.15平方千米,辖7镇5乡3街道,户籍人口39.6万人,登记流动人口21.05万人。全县生产总值186.8亿元,同比增长7.9%;财政总收入22.78亿元,同比增长6.1%,其中地方财政收入13.4亿元,同比增长7.5%;城镇居民人均可支配收入、农村居民人均纯收入分别为3.27万元、1.51万元,同比分别增长10.7%、9.3%。该局设33个职能科室(大队)及2个直属单位、2个下属单位,下辖9个派出所,实有民警411人、职工14人、协辅警870人。是年,该局侦破刑事案件2069起,命案破案率100%;抓获犯罪嫌疑人并采取刑事强制措施1265人,移送起诉1163人,行政拘留1287人;主要侵财警情数下降5.1%,其中"两抢"警情数下降44.2%;侦破阻碍、妨害推进全县重点工作实施的违法犯罪案件93起,抓获犯罪嫌疑人135人,采取刑事强制措施37人;查处污染环境案件121起、188人,采取刑事强制措施33人。年内,该局有55个集体、115人受到表彰奖励。

【磐安县公安局】 2014年,磐安县行政区域土地面积1199平方千米,下辖19个乡镇,户籍人口21.19万人,登记流动人口2.45万人。全县财政总收入11.05亿元,其中公共财政预算收入6亿元,同比分别增长16.83%和15.56%;城镇常住居民人均可支配收入和农村常住居民人均纯收入分别为2.76万元和1.21万元,同比分别增长10.1%和12.2%。该局设大队(科室)17个,下辖派出所6个,实有民警247人、职工14人、协辅警223人。是年,该局共立刑事案件1080起,同比下降3.4%,侦破924起,其中命案、五类案件全破;查处治安案件872起;连续第21年实现监所安全无事故,连续第3年未发生街面"两抢"案件和重大群体性事件。先后侦破"3·9"杨某杀人强奸案、"3·19"部督非法买卖枪支弹药案、"7·25"电信诈骗案、"10·14"系列政府机关被盗案以及"12·17"吕某等3人非法拘禁、强奸、杀人预备案等一批影响较大的刑事案件。"利剑"系列行动工作成效获全市同类地区第一名,完成打处数为全年任务数的109.5%,系列性、团伙案件数完成全年任务数的118.8%;侵财警情同比下降9.6%,盗窃警情同比下降16.5%,入户盗窃警情同比下降26.8%;移送起诉食药环犯罪人员15人。年内,该局被省精神文明建设委员会评为省文明单位,连续第9年被省公安厅评为全省公安机关执法质量考核评议优秀单位,群众安全感和满意度测评、队伍正规化考核列全市第一位,执法质量考评获全市第二名。有42个集体、76人受到表彰。

衢州公安

【市况简介】 2014年,衢州市辖柯城、衢江2区,龙游、开化、常山3县和江山市,面积8841平方千米,常住人口255.67万人,登记流动人口17.36万人。全市实现生产总值1121亿元,同比增长7.4%;完成一般公共预算收入80.3亿元,同比增长10.4%;城镇居民人均可支配收入、农村居民人均纯收入分别为3.06万元、1.54万元,同比分别增长9.3%、11.2%。

【概述】 2014年,衢州市公安机关推进情报、基础、法制、队伍四项基本建设,提升战斗力、后发力、公信力、执行力四项核心能力,确保全市社会大局稳定。是年,全市共发刑事案件1.51万起,破7155起,破案率为47.45%,其中命案连续第4年全破;刑事打击4436人,同比上升20.05%;全市交通事故数、死亡人数、受伤人数、经济损失同比分别下降10.45%、10.18%、9.22%、5.66%;未发生亡人火灾事故和影响社会稳定的重大群体性事件。年内,衢州市公安局柯山分局城南派出所被评为全省公安机关爱民模范集体,江山市公安局出入境管理大队、常山县公安局城关派出所被评为全省公安机关"温暖警营",衢州市看守所被评为全省看守所"五化建设"工作示范单位,龙游县公安局被评为浙江模范集体。张进获"全国公安系统二级英模"称号,3人被评为爱民模范,3人被评为"最美警察"。全市公安机关共有2人立一等功(1人追记),15个集体和7人立二等功,37个集体和87人立三等功。

【机构人员】 2014年,衢州市公安局(简称衢州市局)共设31个职能处室队和政治部、纪委、监察、直属机关党委,下辖柯城、衢江、龙游、江山、常山、开化6个行政区划公安(分)局以及柯山、衢州经济开发区2个非行政区划公安分局,实有公安派出所55个、交警中队49个。设衢州市保安服务公司和浙江衢州安邦护卫有限公司。全市实有在编民警2677人,警力占全市实有人口的0.98‰。

【做好重大活动安保工作】 2014年,衢州市公安机关完成全国、省、市三级"两会"和上海亚信峰会、南京青奥会、十八届四中全会、APEC峰会及"六四"敏感时期社会面治安稳控工作。年内,先后完成纪念孔子诞辰2565周年系列活动、天翼飞Young中国好声音百城百场演唱会、CCTV2014寻找中国最美乡村系列活动等32场大型活动的安全保卫任务。

【开展“猎狐2014”专项行动】 6～12月，衢州市公安机关开展该专项行动。其间，先后从希腊和澳门特区抓获在逃境外经济犯罪嫌疑人2人，协助义乌市公安机关劝返潜逃至安哥拉的境外逃犯1人。

【开展打击整治传销专项行动】 9～11月，衢州市公安机关开展该专项行动。其间，全市共受理传销犯罪案件24起，侦破24起；清查出租私房传销行动8次，出动警力1026人，捣毁传销窝点123处，遣送856人，侦破组织领导传销案4起；侦破非法拘禁案20起，刑拘111人。

【打击整治假币违法犯罪专项行动】 9～11月，衢州市公安机关开展该专项行动。其间，银行临柜收缴假币140.4万元，公安机关收缴假币12.98万元，警银收缴比为9.25%，同比上升6%；在全市公安经侦部门及重点派出所设29名反假币联络员。

【开展“网上打假”专项行动】 2014年，衢州市公安机关开展该专项行动，共提请发起打假集群战役8起，立案17起。8月，衢州市公安局和江山县公安局联合侦破公安部督办制售伪劣灭火器案，该案被公安部评定为经典战役。

【实现命案全破】 2014年，衢州市公安机关整合警种力量和资源，创新侦查破案手段和机制。年内，命案发32起、破32起，连续第4年实现命案全破；抓获外省命案逃犯4人，协助侦破外省命案4起。侦破龙游“2013·12·31”、柯山“2006·12·16”两起命案积案。

【开展打防侵财犯罪专项工作】 2014年，衢州市公安机关根据刑事发案中侵财型犯罪占比突出的特点，开展该专项工作。年内，全市共发刑事治安类侵财案件1.78万起，同比下降4.94%；立刑事类侵财案件1.4万起，同比下降10.3%；移送起诉侵财类犯罪嫌疑人1484人，同比上升24.18%，增幅居全省首位；侦破各类侵财案件5002起(含隐积案)，其中侦破省公安厅挂牌督办案件9起，打掉各类通讯(网络)诈骗团伙14个，移诉犯罪嫌疑人68人；打掉5人以上且破案10起以上团伙33个，其中5人20起以上团伙18个，移诉犯罪嫌疑人201人；侦破案值30万元以上侵财案件36起，追缴赃款赃物500余万元，其中通讯(网络)诈骗案件止损360.9万元；在全省缉捕侵财逃犯集中行动中，归案侵财逃犯35人，完成省厅下达的缉捕侵财逃犯任务的112.9%；跨地市以上系列案件向省厅报备29串，立线侦查报备案件16起，办结16起；指纹、DNA比中人员核查率100%，归案率88.96%。

图为衢州市公安局召开全市公安机关打防侵财犯罪专项工作部署会(3月7日)

【开展打黑除恶行动】 2014年，衢州市公安机关共打处黑恶势力团伙24个，其中省公安厅认定数20个，抓获恶势力团伙涉案人员155人，侦破各类案件100余起，缴获管制刀具70余把。

【落实刑事案件现场全面勘查机制】 6月12日，衢州市公安局印发《关于推行专业技术人员统勘刑事案件现场工作机制的实施意见》，明确现场统勘的目标、勘查机制、人员配备、装备配备和工作要求。年内，全市公安机关现场勘查案件5363起，其中十类案件现场勘查3841起，勘查率100%；现场勘查提取痕迹物品的案件3419起，提取率63.75%；提取指纹并入库案件714起，提取指纹2148枚，指纹提取率13.31%；提取DNA并入库案件1045起，DNA提取率为19.48%；提取足迹并入库案件1898起，提取足迹2991枚，足迹提取率35.39%；全市共勘验现场5964起，受理检材8500余份，出具各类检验鉴定意见2803份。

【推进视频侦查应用工作】 7月28日，衢州市公安局成立视频侦查大队，各县(市、区)公安局也先后相应组建视频侦查中队(工作室)。8月20日，衢州市局印发《关于进一步加强视频侦查专业工作的通知》。截至12月，全市共有专业民警20人、协辅警50余人；通过视频查处犯罪嫌疑人639人，破案746起。

【开展打击“伪基站”专项行动】 3～5月，衢州市公安机关开展打击“伪基站”犯罪、打击网络黑客专项行动。其间，市、县两级公安机关共侦破利用“伪基站”实施犯罪案件11起，抓获犯罪嫌疑人19人，缴获“伪基站”设备12套。

【打击网络犯罪】 2014年，衢州市公安机关侦查网络犯罪案件250余起，同比增长60.25%；勘验、检查电脑、手机等电子物证130余台；网警协同刑侦、治安、经侦等警种勘验现场30余次；布控查证、网上追逃共抓获各类犯罪嫌疑人300余人，同比增加36.98%，其中公安部在册逃犯102人；主动参与打击黑客、网络赌博、网络淫秽等案件，共立主侦案件62起，侦破系列性网络赌博、全国性网络诈骗等涉网刑事案件40余起，抓获犯罪嫌疑人并采取刑事强制措施128人，同比上升156%。网络平安考核打击指标位列全省三类地区第一。

【开展吸毒人员“大排查、大管控”工作】 3～6月，衢州市公安机关发动乡镇（街道）、公安派出所、司法、民政、村（居）干部对全市社会面上的吸毒人员进行拉网式摸排，共排查出病残吸毒人员632人、吸毒前科流动人员262人。年内，共查处吸毒人员1443人次，新发现吸毒人员797人，强制隔离戒毒239人，同比分别上升45.5%、33.7%和59.3%，增幅均为全省第一。

图为衢州市委常委、公安局局长王建查看在禁毒专项行动中收缴的毒品和现金（9月28日）

【开展毒驾专项整治工作】 1月，衢州市公安局印发《关于进一步规范吸毒人员处置工作的通知》，规范吸毒人员驾驶证管理。年内，利用吸毒人员数据库和驾驶证数据库信息，梳理出具有机动车驾驶证的吸毒人员1481人、拥有机动车的吸毒人员453人；禁毒部门联合交警、巡特警等警种进行查缉，先后两次组织全市公安机关开展毒驾查缉专项行动，共查处毒驾11起，注销吸毒人员驾驶证127份。

【开展“大排查、大铲毒”行动】 1～6月，衢州市公安局联合市林业局在全市范围内开展“大排查、大铲毒”行动。以“百警驻百村”、“警官任村官”等工作为载体，发动农技员、林管员及狩猎员深入山区、林区、田边地角进行踏勘。其间，全市共查处非法种植毒品原植物案件40起，其中刑事案件2起，铲除罂粟9342株，数量同比上升470%，保持零产量。

【保障“五水共治”】 2014年，衢州市公安机关配备各级“河道警长”358名，查处涉嫌水体污染违法犯罪案件8起，打击犯罪嫌疑人17人，协助政府部门处理涉水纠纷586起，配合消除水污染安全隐患407处。

【推进“缉枪治爆”专项行动】 2014年，衢州市公安机关先后开展集中打击整治非法制贩管制器具和仿真枪、枪支违法犯罪行动（即“扫除行动”），全市公安机关爆破作业管理秩序和执法突出问题专项治理，全市公务用枪、民用猎枪和放射源安全大检查，全市矿山涉爆检查整治，烟花爆竹燃放工作专项整治等。年内，共检查涉枪涉爆单位252家次，发现整改安全隐患49处，收缴子弹4216发、炸药25千克、雷管109枚、索类爆炸物品300米、炮弹5枚、手榴弹7枚、仿军用枪1支、猎枪3支、气枪13支、仿真枪25支、管制刀具1459把、弩21把，集中销毁非法运输烟花爆竹6500余件。智能枪柜建设试点工作经验被省公安厅在全省推广。

【打击食药环犯罪】 3～6月，衢州市公安机关组织开展“百日严打行动”，加大对食品违法犯罪打击力度。其间，共侦破生产、销售有毒、有害食品案件9起，抓获犯罪嫌疑人38人；侦破生产、销售不符合安全标准案件4起，抓获犯罪嫌疑人23人；侦破生产、销售伪劣产品案件2起，抓获犯罪嫌疑人1人；侦破生产、销售假药案件

2起，抓获犯罪嫌疑人1人。年内，与农业、质监、环保、卫生等部门加强对环境污染企事业单位的清查梳理，共侦破环保案件11起，抓获犯罪嫌疑人18人。

【开展"重评估 强内防"专项行动】 5～6月，衢州市公安局先后印发《衢州市治安保卫重点单位安全防范评估办法(试行)》、《全市治安保卫重点单位"重评估 强内防"工作实施方案》、《衢州市治安保卫重点单位重要部位管理规定》，组织治安保卫重点单位开展"重评估 强内防"专项行动。其间，市、县两级公安机关组织专家对全市145家重点单位(其中市本级25家)开展安全评估，共整改重点单位内部安全隐患358处，新增安保力量126人，妥善处置因各类矛盾纠纷引发的不稳定事端6起，查处治安、刑事案件7起。

【开展"纠违治危"整治行动】 2014年，衢州市公安机关联合安监、交通部门动态排查道路交通事故隐患点356处，发出道路交通隐患整改建议通知书273份。年内，省、市挂牌整治的15处交通安全隐患全部完成整改；全市公安机关处理公路交通违法行为18.3万起，其中查处酒后驾驶4287起、醉酒驾驶844起。

【开展城市治堵工作】 2014年，衢州市公安机关组织开展"保畅"系列行动12次、"纠违治危"专项行动31次，现场查处城市八类重点交通违法行为14.61万起，查处非机动车和行人交通违法行为6.2万起，处罚违章停车交通违法行为7.53万起，查处"四小车"229辆，新增单行线10条。年内，衢州市区增设中央隔离护栏7085米、机非隔离护栏7550米、人非隔离护栏2974米，完善各类交通标线3.25万平方米，优化信号灯配时方案70余个，调整交通标志300余块，清除不合理标线500余处，完善市区标志240处，更新标线523处，增设地面文字标识487个，减少路面停车位365个。截至12月，机动车、非机动车及行人重点路口守法率均达省治堵工作目标。

【举行反恐应急处置综合演练】 3月6日，衢州市公安局举行反恐应急处置综合演练，调集特警、武警、电力、供水、燃气等10余个抢险救援最小作战单元，动用200多人，检验各应急处置力量迅速集结和应对、处置暴恐突发性事件的能力。

【开展执法检查"回头看"活动】 2014年，衢州市公安机关共组织督察人员464人次，开展督导检查125次，检查基层所队187个、执法场所126个、窗口单位126个、公共复杂场所293个、案件5776件。年内，柯城公安分局、开化县公安局和3名个人受到省公安厅通报表扬。

【推行社会治安状况评估工作】 2014年，衢州市公安机关以社会治安状况评估工作为切入点，实施情报信息主导警务战略。年内，衢州市公安局情报中心对全市8个县(市、区)公安局55个派出所提供的信息，以及每月的有效刑事治安警情、侵财案件和黄赌毒警情等数据进行分析评估，每个月形成《社会治安状况评估报告》；市公安局印发《30问30答》操作规范并开展交叉检查，规范警情信息录入；在派出所试行建立社会治安直报点。

【构建"警务云"服务平台】 2014年，衢州市公安局利用云计算技术对数据资源进行分布式存储和运算，搭建基于大数据的"警务云"服务平台。截至12月，共整合20余类内部资源，整理数据1.8亿条，按照人员、轨迹、物品等要素构建30个专题数据集；整合社会信息85类，采集数据3000余万条。

【优化行政网上审批模式】 2014年，衢州市公安机关依托网上审批系统，配合市行政服务中心做好"四证一章"(工商营业执照、组织机构代证、国税部门税务证、地税部门税务证和企业公章)联办审批事项试

图为衢州市公安局举行2014"反暴三号"跨区域拉动演练(11月21日)

点工作。年内，共办理网上审批1.31万件，办结率达100%；梳理、规范窗口审批事项，将受理事项从38项缩减至31项，分复杂类事项22件、一般类事项4件、简单类事项5件，其中边境管理通行证、枪支（弹药）携运许可、枪支（弹药）运输许可、刻制公章委托和三超证等业务可直接在窗口办理，其余事项在窗口受理、发证；窗口共受理各类业务3728件，办结率100%。

【开展党的群众路线教育实践活动】 2月始，衢州市公安局组织开展党的群众路线教育实践活动。年内，衢州市局党委中心组集中学习20次，局机关举办专题辅导报告会10场次；市局召开各类征求意见座谈会147场次，参加人员1741人次，走访单位328家，征集意见建议2419条；局党委班子查摆“四风”问题15个方面，班子成员个人共查摆出“四风”问题149个，党委班子列出7个方面整改要求和目标；市局组织对公安业务、队伍制度规范进行梳理，创新服务方式，推出多项便民利民新举措。截至12月，市局会议比上年减少14个，文件比上年减少39个，清理评比表彰项目17个，比上年压缩“三公”经费70余万元。

【加强爱警惠警工作】 2014年，衢州市公安局做好科级非领导职务晋升工作，共批准22人任主任科员、49人任副主任科员，3次批准符合年限要求的10名派出所所长、教导员高配正科级、副科级。年内，与浙江警察学院共建市局民警心理健康中心，加强心理训练、心理咨询和危机干预，做好心理健康常态服务。

【拓展公安宣传新渠道】 2014年，衢州市公安机关加强公安门户网站、“通衢问政”平台、公安官方微博、微信等网络平台建设。3～4月，组织策划以知民情、化民怨、解民忧、助民富、保民安为主题的全市公安局长网络访谈，网友点击量达2.48万次，评论转发4212次，收集到各类意见建议454条，现场回复网民提问327条。9月28日，衢州市公安局在全省率先开通运行“衢州公安掌上警务”APP。年内，全市公安官方微博、微信发布信息12万条，粉丝数突破60万人，处理涉警信息6500余件，“衢州公安掌上警务”APP订阅数突破8000余人。同时，加强警务信息公开工作，配合市政府做好政务大厅建设，参与权力事项清理上报、便民服务事项梳理工作，创建便民服务直通车栏目，对接12345政府服务热线。

【柯城公安分局】 2014年，柯城区行政区域面积609平方千米，下辖2镇7乡8街道，常住人口22.7万人，登记流动人口5.4万人。全区实现生产总值126.2亿元，公共财政预算收入7.4亿元；城镇居民人均可支配收入、农村居民人均纯收入分别为3.2万元、1.49万元。该分局内设7个业务大队和10个职能科室，下辖6个派出所，有民警258人、协辅警270人。是年，该分局以社会治安状况评估和队伍状况评估为载体，狠抓维稳、打击、防控、管理、服务等工作，确保辖区社会、政治稳定和治安局势平稳。辖区共发刑事案件3948起，同比下降13.1%，其中侵财案件3791起，同比下降14.1%；移送起诉1034起，其中侵财案件829起，同比上升27.9%；立经济案件26起、破26起，抓获犯罪嫌疑人30人，挽回经济损失1231万元；查处治安案件2793起；发现并督促整改火灾隐患1123处，发生火灾41起，同比下降72.85%。年内，该分局在衢州市公安局组织开展的半年度安全感、满意度测评中位列全市第一，连续第3年在柯城区最满意单位评选中排名第一。有3个集体立二等功，2个集体立三等功，1人立二等功，27人立三等功，102人受到嘉奖。

【衢江公安分局】 2014年，衢江区总面积1748平方千米，辖10镇8乡2街道1办事处，常住人口40.1万人，登记流动人口0.89万人。全区实现生产总值131.09亿元，城镇居民人均可支配收入、农村居民人均纯收入分别为2.6万元、1.3万元。该分局设15个职能科室，下辖9个派出所，有在编民警222人、行政职工4人。是年，该分局共立刑事案件1133起，同比下降19.6%，其中侵财类案件998起，同比下降20.6%；侦破各类刑事案件748起，移送起诉案件233起，同比上升2.2%；移送起诉396人，同比上升1.3%。年内，该分局连续第9年实现公安队伍零违法，获评全省正规化建设优秀单位，巡特警大队被评为全省优秀公安基层单位，大洲派出所被评为全省“枫桥式”派出所；该分局连续第7年夺得综合绩效考评全市或同类地区第一名，连续第9年被评为全区“最满意单位”，1人被评为全省第二季“最美警察”。

【柯山公安分局】 2014年，柯山区土地面积270平方千米，下辖1镇3乡4街道，常住人口17.87万人，登记流动人口1.62万人。该分局设18个职能科室，下辖4个派出所，有民警159人、协辅警161人。是年，该分局开展“百警驻百村·河道警长制”、打击食药环犯罪、打防侵财犯罪、“百日整治”夏季攻防五大专项整治、治安整治暨打黑除恶专项行动、百城禁毒会战等一系列行动，成功化解巨化集团公司“11·5”苯泄漏、火车站片区城中村搬迁改造、衢州市森林公园建设等多起重大涉稳事件。全年共接警1.59万起，同比上升16.8%；侦破刑事案件641起，七类案件发4起、破3起，其中故意杀人案发2起、破2起，侦破1起命案积案，首次实现命案全破；移送起诉犯罪嫌疑人227人，抓获各类逃犯22人；查处治安案件1097起、违法嫌疑人1024人。年内，该分局5个集体立三等功，有46人次受到省、市、区级表彰。城南派出所被省公安厅授予"温暖警营"称号。

【经济开发区公安分局】 2014年，经济开发区行政区域土地面积54平方千米，辖2街道4社区，户籍人口3万人，登记流动人口5.7万人。全区实现生产总值268.5亿元，城镇居民人均可支配收入、农民人均纯收入分别为3.06万元、1.54万元。该分局内设6个职能科室和9个大队，下辖2个派出所，实有民警86人、协辅警133人。是年，该分局立刑事案件920起，侦破530起；受理行政(治安)案件1394起，查处868起；移送起诉案件112件188人；抓获公安部上网逃犯18人；保持建局后命案和五类恶性案件全破。年内，有12个集体和个人被记功，4个集体和个人获得市级以上荣誉称号。

【龙游县公安局】 2014年，龙游县行政区域土地面积1143.2平方千米，户籍人口40.42万人，登记流动人口2.47万人。全县实现生产总值188.2亿元，财政总收入15.7亿元，城镇居民人均可支配收入、农民人均纯收入分别为3.14万元、1.56万元。该局设政治处等5个综合机构、纪委监察室和警务督察大队等16个执法勤务机构，下辖8个公安派出所和2个监管场所，实有民警(职工)360人、协辅警360人。是年，该局以"平安龙游"建设为引领，以党的群众路线教育实践活动为载体，以社会治安状况、执法状况、队伍三项评估工作为指挥棒，做好反恐维稳、治安防范、打击犯罪等工作。全年共立刑事案件2237起，侦破1122起，移送起诉犯罪嫌疑人703人；命案发7起、破7起，连续第9年命案全破；查处治安案件4628起、违法人员3993人，其中治安拘留460人；发生上报道路交通事故188起，死亡36人，受伤210人，直接经济损失79万元；发生火灾181起，受伤6人，直接财产损失405万余元。年内，该局被省政府授予"浙江省模范集体"称号，连续第5年获评全省公安机关执法质量优秀单位，被评为全省公安机关执法示范单位，连续第3年被县委、县政府授予"全县最满意单位"称号并被记集体三等功。有2个集体立二等功，5个集体立三等功，120余人次受到县级以上表彰奖励。

【江山市公安局】 2014年，江山市行政区域土地面积2019平方千米，下辖12镇5乡2街道、292个行政村13个社区，户籍人口61.19万人，登记流动人口2.3万人。全市实现地区生产总值250.8亿元，同比增长7.6%。该局内设科室22个，下辖派出所9个，共有民警447人，民警数占全市户籍人口的0.73‰。是年，该局以信息化建设年为抓手，以警务转型升级为目标，促进公安工作和队伍建设的新提升。群众安全感和满意度分别达96.2%和81.48%。该局共立刑事案件2858起，同比上升1.8%；侦破刑事案件2235起，同比下降6.2%；共发生七类严重刑事案件10起，同比下降16.7%，其中故意杀人案件3起、故意伤害致死案件2起、强奸案件5起，全部侦破；受理治安案件2982起，同比上升8.6%，查处2361起，同比上升5.5%，查结率79.2%；治安处罚962人，其中治安拘留270人、罚款445人、警告25人，其他处罚224人；移送起诉人员934人，同比上升19.7%；发生交通事故105起，死亡19人，受伤89人，造成直接经济损失81.81万元，同比分别下降9.5%、下降24.0%、下降5.3%、上升34.2%。年内，该局获省部级荣誉14项、衢州市级荣誉53项，有5个集体、16人立三等功。

【常山县公安局】 2014年，常山县行政区域土地面积1099.1平方千米，下辖3街道5乡6镇。户籍人口34.1万人，登记流动人口1.19万人。实现生产总值112.3亿元，公共财政预算收入7.2亿元；城镇居民人均可支配收入、农村人均纯收入分别为2.59万元、1.39万元。该局设内设机构27个，下辖8个派出所，实有民警294人、协辅警220人、文职人员6人。是年，该局深入实施"大维稳"、"大平安"、"大保障"三大体系建设，有效维护全县社会大局稳定和治安平稳。全年共立刑事案件1316起，同比下降0.06%，侦破816起，同比上升1.49%；抓获各类犯罪嫌疑人433人、逃犯96人，其中刑拘231人、逮捕184人、取保候审230人、移送起诉419人。年内，该局被列为全省情报试点单位，被衢州市公安局评为全市社会治安状况评估优秀单位，禁毒大队被国家禁毒办评选为2014年全国禁种铲毒工作优秀组织单位；新都派出所被公安部评为"五十百千"工程示范点，城关派出所被省公安厅评选为全省"温暖警营"。有2个集体、1人立二等功，7个集体、16人立三等功，该局连续第3年被县政府记三等功。

【开化县公安局】 2014年，开化县行政区域土地面积2236.61平方千米，下辖18个乡镇，户籍人口35.82万人，登记流动人口1.06万人。实现生产总值100.11亿元，财政总收入9.79亿元，其中地方财政收入5.77亿元；城镇居民人均可支配收入、农村居民人均纯收入分别为2.45万元、1.18万元。该局设政治处和20个职能科室所(大队、中心)，下辖9个派出所，实有民警294人、协警243人。是年，该局立刑事案件1225起、破546起，同比分别下降12.75%、62.81%；保持连续第16年命案和五类恶性案件全破；打击处理犯罪嫌疑人562人，同比下降6.95%；查处治安案件1037起、违法人员1375人，同比下降20.35%、上升63.5%；县看守所连续第27年实现安全无事故；发生上报交通事故86起，死亡31人，受伤117人，财产损失67.42万元，同比分别下降10.42%、11.43%、10%、1%，交通安全事故三项指数连续第10年实现零增长；发生火灾事故59起，直接经济损失101万元。年内，该局被评为全省公安机关执法质量优秀单位、全省队伍正规化建设优秀单位和全省公安信访县级优秀单位。有49个集体、284人次受到各级表彰。

舟山公安

【市况简介】 2014年，舟山市辖定海、普陀2区，岱山、嵊泗2县。全市总面积2.22万平方千米，其中海域面积2.08万平方千米，岛屿陆地面积1440.2平方千米，岸线总长度2444千米。全市户籍人口97.5万人，登记流动人口34.44万人。实现生产总值1021.66亿元，同比增长10.2%；财政总收入148.9亿元，同比增长8.4%，其中公共财政预算收入101.02亿元，同比增长9.1%；人均生产总值8.93万元，同比增长9.9%；城镇居民人均可支配收入、农村居民人均纯收入分别为4.15万元、2.38万元，同比分别增长9.7%和11.1%。

【概述】 2014年，舟山市公安机关推进护发展、保平安、惠民生、强队伍等重点工作，组织开展"百警进项目"，落实"项目警官制"，护航"五水共治"，强化"三改一拆"等执法保障；开展系列打击行动，刑事发案呈全面下降态势；实现本岛接警一体化。是年，全市立刑事案件8663起，同比下降9.7%，其中命案、五类恶性案件、"两抢"、"两车"和盗窃案件同比分别下降20%、26.3%、30.4%、13.3%和10.3%；侦破案件5295起，破案率达61.1%，其中命案、五类恶性案件全破；受理治安案件1.15万余起，查处1.13万余起，同比分别上升4.5%和4.2%；结案7657起，结案率67.5%，同比分别上升11.7%和4.5%。全市共发生各类道路交通事故330起，死亡45人，受伤364人，直接经济损失111.69万元，事故数、受伤人数同比持平，死亡人数、经济损失同比分别下降10%和0.3%。全市共发生火灾事故44起、损失167.4万元，同比分别持平、上升3.1%。群众安全感达97.28%，居全省第二位。年内，舟山市公安局普陀山分局被省委、省政府授予"浙江省模范集体"称号，定海分局、普陀分局被评为全省公安队伍正规化建设优秀单位，定海分局、普陀分局、岱山县公安局、嵊泗县公安局被评为全省公安机关执法质量优秀单位；全市共有68个集体和394人受到各级公安机关记功嘉奖，其中2个集体、3人被省公安厅记二等功。

【机构人员】 2014年，舟山市公安局(简称"舟山市局")设25个职能处室(支队)和政治部，下辖定海、普陀、普陀山、新城、洋山5个公安分局和岱山、嵊泗2个县公安局。全市实有公安派出所24个、边防派出所22个。截至12月，全市有公安民警1894人，其中大专以上文化程度占95%，总警力占全市实有人口的1.95‰。

【开展"百警进项目"活动】 3～12月，舟山市公安机关按照警力跟着项目走的要求，建立市、县(区)公安(分)局领导跟踪帮扶服务重大项目制度，落实"项目警官制"，开展"警企恳谈"、上门服务、防范指导。年内，全市新增企业(工程)警务室11个，为158个重点建设项目配设项目警官，走访单位1377家(次)，举行警企恳谈193次，帮助解决问题236个；以重大项目征地拆迁、环境污染、劳资纠纷等为重点，排查不稳定因素70起，向各级党委、政府提出稳定风险评估意见130余条，提供维稳预警42次，对其中8起重大群体性事件隐患落实专案经营；加大"除恶清障"力度，打击处理建筑领域涉恶团伙4个、人员28人。

【开展"猎狐2014"专项行动】 7月22日～12月31日，舟山市公安机关对3名在逃境外经济犯罪嫌疑人开展抓捕工作。10月，舟山市公安局经济侦查支队派员赴挪威开展布控、劝返工作。截至12月，抓获逃至日本、澳门的逃犯2人，缉捕率66.7%。年内，舟山市局获省公安厅嘉奖令，普陀区公安分局经侦大队被评为全省公安机关"猎狐2014"专项行动成绩突出集体。

【做好警(保)卫工作】 2014年，舟山市公安机关完成29场次大型活动和重大节假日、香会期等旅游高峰安保工作，确保13批次警务任务零差错。4～5月，打赢上海亚信峰会"环沪护城河"安保攻坚战，共投入警力5179人次，检查车辆1.07万余辆、人员近7.07万名，查缴各类危险违禁物品251件，查获违法犯罪嫌疑人员22人。

【打击侵财犯罪】 2014年，舟山市公安机关开展百日冲刺行动，推进打击盗抢、通讯(网络)诈骗工作，挂牌督办严重刑事案件。年内，全市侵财案件同比下降9.5%，其中入室盗窃、扒窃、“两抢”案件同比分别下降8.7%、17.6%、30.4%；移诉犯罪嫌疑人728人，同比上升11.1%；打掉5人以上作案10起以上团伙3个，侦破省公安厅挂牌的5起(串)案件。

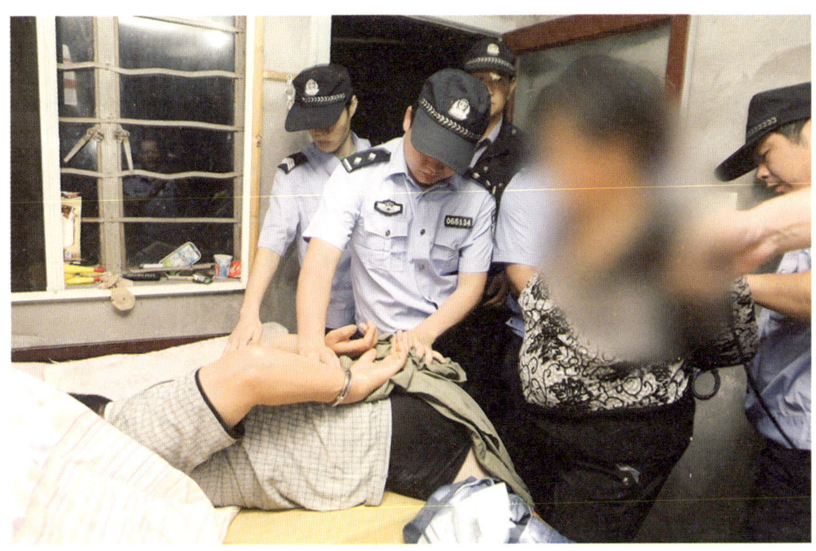

图为舟山市公安机关在打击侵财犯罪专项行动中抓获盗销电动车团伙犯罪嫌疑人(6月15～16日)

【推进视频建设及应用】 2014年，舟山市公安机关完成公安视频专网网络建设，投入2500万元，新建治安监控501个，接入社会面监控616个，安装518只前端设备。在视频专网上建成视频共享平台，先后汇编《视频侦查工作指南》和印发《关于进一步加强刑事案件视频侦查工作的若干意见》，落实视频“逢案必查”，指导基层开展视频侦查并组织培训，总结优秀技战法，定期通报工作成效和问题。年内，利用视频侦查抓获违法犯罪嫌疑人425人，破案746起，占破案总数的34%。

【完善网络安防体系】 6月，舟山市公安机关启用新版互联网情报信息和舆情指挥研判平台。年内，通报异地专项有害信息562条；侦破舟山首起煽动国家分裂案及各类涉网案件24起，抓获犯罪嫌疑人75人；协破非涉网刑事案件140起，抓获犯罪嫌疑人215人；侦破“伪基站”案件3起，扣押“伪基站”设备3套；排查采集无线WiFi公共上网服务场所数据3080条，对全市317家百兆以上专线用户落实安全保护措施；完善上网宾馆酒店长效管理机制，全市安全审计系统落实率达97.3%，安全审计系统全年平均在线率95.1%。

【举行“反恐1号”演练】 9月28日，舟山市公安局在舟山警备区教导队训练场举行该演练。300余名公安特警和武警官兵开展狙击步枪应用射击、长短枪应用射击、暴恐案件综合处置、突发事件处置等11个科目实战演练。副省长、新区党工委书记、市委书记孙景淼出席并讲话。

【深化维稳处突专业队建设】 2014年，舟山市公安机关做强以公安特警为骨干、辅警为主体的维稳处突专业队，实施军事化管理、全天候值班备勤，建立“梯次出动、跨区增援、合成作战”的应急联动机制。年内，投入专项经费270万元，购置高性能反恐用车和一批特殊武器、装备；组织警种部门合成演练、应急拉练、远程集结拉练20余次，举行“反恐1号”实兵演练；出动警力1.78万人次，参与处置群体上访等突发事件241起，抓获违法犯罪嫌疑人188名。截至12月，全市维稳处突专业警力达325名，市、县两级公安机关建成24小时待命突击作战单元，参与联合武装巡逻和“围警街面、动态备勤”工作。

【推进派出所勤务机制改革】 2014年，舟山市公安机关优化派出所警力资源配置。8月，舟山市公安局在定海区召开全市派出所勤务机制改革工作现场推进会，推广解放路派出所做实综合勤务指挥室、做精社区警务中队，探索探长、警长负责制，变“单警作战”为“多警联动”，变“一区一警”为“多警联勤”，探索实施区域包干、联勤搭档、AB岗的经验。年内，开展勤务机制改革的派出所案件受理数同比下降15.4%，其中侵财案件同比下降21.8%。截至12月，定海、普陀、岱山、嵊泗县(区)公安(分)局派出所警力分别占各县(区)局总警力的60.2%、61.1%、45.1%、46.5%，全市社区民警占派出所总警力的30%以上。

【推进户籍制度改革】 2014年，舟山市公安局推进户籍制度改革和新区人才落户政策，牵头起草《关于积极推进户籍管理制度改革试点的实施意见》，形成《实施户籍管理制度改革工作的社会稳定风险评估报告》；建议相关职能部门清理与户口性质相关的公共政策，逐步消除因农业、非农业户口产生的待遇差距，探索建立以合法稳定住所或职业为基本条件、以准入制为基本方式的户口迁移制度。9月29日，舟山市政府第32次常务会议审议通过《关于积极推进户籍管理制度改革试点的实施意见》。12月31日，获省政府批准。

图为省委常委、公安厅厅长刘力伟在舟山市委常委、公安局局长蔡步雄陪同下调研公安机关护航“五水共治”工作（4月9～10日）

【护航“五水共治”】 4月，舟山市公安局印发《关于建立“河道警长制”的工作意见》，按照属地管理、分级管理、逐级负责的原则，对市、县、乡镇的951条河道，确定129名“河道警长”，其中市、县两级公安机关党委班子成员分别担任市、县级“河道警长”。6月，舟山市局印发《全市公安机关护航“五水共治”工作实施意见》，成立由市委常委、公安局局长蔡步雄任组长的护航“五水共治”专项工作领导小组，打击涉水环境污染违法犯罪。10月，舟山市公安局与市检察院、市环保局联合建立打击环境污染违法犯罪联合协作机制，推进联合打击工作常态化。

【推出舟山港综保区出入境服务便利措施】 6月，舟山市公安机关对接舟山港综保区建设、自由贸易港申报和国际邮轮港运营等重点项目，推出服务企业商务人员出入境往来4项便利举措，满足综保区管委会及入驻企业、国际邮轮码头出入境需求。9月，舟山市公安局普陀分局、岱山县公安局开始受理签发外国人签证证件。年内，在国际邮轮码头口岸边检区域设立出入境服务点，提供出入境业务及政策咨询服务；根据舟山（普陀）对台贸易区发展规划，争取台湾居民口岸签注权。

【构建“海陆一体化”治安防控体系】 2014年，舟山市公安边防部门抓好出海船舶、渔船民管理，逐步推进海上案件发案少、海事渔事纠纷少的“海陆一体化”治安防控体系。年内，按照管理船舶300∶1的标准配齐船管民警，强化船管基础信息采集，摸排各类船舶1万余艘、船舶修造企业100家；部署“蓝盾”系列行动“321”大会战，确定3个船管重点单位、4个重点水域和5个重点研究课题，加强对“五类船舶”和重点港岙口、码头的专项治理，清除海陆治安隐患；开展全市“一打三整治”、“水路船舶货运安全专项整治”行动，管控涉渔“三无船舶”1761艘，协助拆解985艘，查处无证驾驶船舶案件167起；查处违规船舶1838艘，办结边防行政案件1964起；侦破公安部督办“2·20”特大组织他人偷越国（边）境案，抓获“蛇头”11名，涉案偷渡人员103名；查处非法买卖成品油案件16起，缴获成品油1720吨，案值520余万元。

【加强消防安全管理】 2月，舟山市公安局提请市政府对1家区域性火灾隐患和3家重大火灾隐患实施挂牌督办，并定期开展检查，提出督办意见。年内，推进第二次“清剿火患”战役，细化消防网格划分，将消防大队监督干部和派出所责任区民警，编入大、中、小三级网格；开展乡镇（街道）和公安派出所消防业务培训；通过主流媒体曝光定海现代家具市场等重大火灾隐患；办理行政处罚案件233起。

【开展城市交通治堵】 3～12月，舟山市公安机关将省级重点整治路段由3条增至6条，投入1000余万元，完成5个堵点、乱点改造。11月始，调整定海城区相关道路“微循环”及6个道路“禁左”等循环交通组织。年内，查处8类严重交通违法行为21.77万起，6条省级重点道路的机动车、非机动车和行人平均守法率分别为90%、80%和80%以上；深化勤务机制改革，建立片长、路长、岗长责任制，对126名民警、250名辅警开展分批培训；全市新建8020米公交专用道路段，查处占用公交专用道行驶的交通违法行为2.28万起。

【本岛接处警一体化】 2014年，舟山市公安局推广勤务指挥管理和车载警情派单系统，落实接处警力量报备制度，实时掌握面上执勤警力分布状态及警情处置动态。6月,制定《本岛110接处警工作一体化运行机制实施方案》。12月28日零时,舟山市公安局普陀分局110接入市局,实现市局指挥中心对本岛警情一级接警和分层分级处警指令。是年,舟山市公安机关加强与联动部门的对接、配合,共应急联动处警1.17万余起。年内,舟山市局建成并启用业务技术大楼新指挥大厅,扩容升级指挥调度高清大屏和接处警管理系统。

【推进情报信息合成作战】 4月4日,舟山市公安局印发《关于进一步加强情报信息合成作战工作意见》,指导定海公安分局开展情报信息合成作战中心试点工作,推进市、县两级情报作战合成化。9月底,在定海区召开现场会,推广定海公安分局常态化情报信息合成作战经验。年内,舟山市局建立合成作战室,整合刑侦、技侦、网侦、视频等技术手段,研发“人、案、警”分析预警模型,实现情报资源和研判成果在平台上发布流转、分析研判、结果反馈,形成“一站式”共享格局。

【构建“又好又多”执法办案体系】 2014年,舟山市公安局先后印发《关于贯彻修订后〈公安机关办理行政案件程序规定〉若干问题的意见》等一批指导性、规范性文件,制定治安、交通、消防管理等处罚裁量标准8个。11月21日,在定海区召开全市公安机关深化执法规范化建设现场推进会。12月,印发《关于构建“又好又多”执法办案体系的指导意见》,并配套制定《全市公安机关执法办案积分管理办法》等规定。年内,全市公安机关推行执法办案积分制等20项措施,定期对办案部门及民警的执法办案、执法效果进行综合评定;落实警种和中层办案责任,全市234名中层干部共办理刑事、行政案件505起,市局主要业务警种办理案件23起;改进刑事案件法律审核工作,落实案件审核把关和错案责任追究等一系列防止冤假错案的制度,定海、普陀、岱山县(区)公安(分)局单设预审大队;投入450余万元,新建和改造执法场所35个;有6名民警通过司法考试、4名民警申报公职律师,对执法办案民警开展34场法律素质集训测试。

【改革行政审批制度】 2014年,舟山市公安局完成市级公安机关行政审批和管理事项清理下放工作,保留59项,减少11项,对县、区公安(分)局下放111项;承接12项省级审批权限,在公安网上办事大厅公开并在办证窗口受理。

【开展党的群众路线教育实践活动】 2014年,舟山市公安机关先后开展“为何从警、如何做警、为谁用警”大讨论等主题学习活动11次,召开不同层面的座谈会48场,向2200余名对象征求意见建议1438条,召开“两个生活会”,组织“党性体检、民主评议”活动,贯彻落实中央“八项规定”、省委“28条办法”和“六个严禁”、市委25条意见,抓好“改革考核评估工作,为基层降压减负”,“简化公务接待,厉行勤俭节约”等11个方面96条整改事项的落实。年内,舟山市公安局会议数和简报数同比分别下降5.9%和53.6%,接待费、会议费、出国经费同比分别下降71%、8%、79%。废止制度14项,修订制度18项;开展督察77次,检查基层所队、窗口单位386家次,发现纠正各类问题33个。

【拍摄首部公安微电影】 11月,舟山市公安局完成首部自编自导自演的公安微电影《那海那岛那警》的拍摄工作。截至12月,该电影在优酷、土豆等全国各大视频网站上点击率超过40万次,微博阅读量达10万次,微信转发量超8万次。

【定海公安分局】 2014年,定海区行政区域土地面积568.8平方千米,辖12个乡镇(街道),比上年新增1个(临城街道)、减少4个(岑港镇和册子乡合并为岑港街道,解放街道并入昌国街道和环南街道,白泉镇和北蝉乡合并为白泉镇,小沙镇和长白乡合并为小沙街道)。户籍人口38.61万人,登记流动人口13.35万人。全区实现生产总值418亿元,财政收入15.5亿元;城镇居民人均可支配收入、渔农村居民人均纯收入分别为4.54万元、2.38万元。该分局设有职能科室(大队)20个,监管场所2个,治安派出所6个、专业派出所1个、边防派出所5个;有公安民警415人、辅警862人。是年,该分局立刑事案件3977起,同比下降10.23%,侦破刑事案件3031起,破案率为52.39%,同比基本持平;抓获犯罪嫌疑人886人,同比下降11.22%;受理治安案件5775起,查处违法人员4047人,其中治安拘留997人;侦破涉毒案件371起,抓获各类毒品违法人员523人次;侦破各类经济案件10起,破案率45.45%,抓获犯罪嫌疑人25人。年内,该分局被评为全省公安队伍正规化建设优秀单位、全省公安机关执法质量优秀单位、全省公安机关执法检查“回头看”活动成绩突出集体,看守所被评为公安部“五十百千”示范单位,解放路派出所被评为全省政法系统先进集体,1人被评为第七批全国公安刑事科学技术青年人才。有50个集体、273人次受到各级表彰。

【普陀公安分局】 2014年,普陀区行政区域土地面积458.6平方千米，户籍人口32.29万人，登记流动人口15.62万人。全区实现生产总值328.5亿元，公共财政收入23.47亿元；城镇常住居民人均可支配收入、渔农村常住居民人均可支配收入分别为4.07万元、2.34万元。该分局内设18个职能科室（大队），下辖11个治安派出所（分局、警察署）、6个边防派出所和看守所、治安拘留所；有民警452人、辅警749人。是年，该分局立刑事案件3228起，同比下降9.7%，侦破刑事案件2290起，破案率同比上升0.5%；打击处理729人，摧毁各类犯罪团伙33个、132人，抓获网上逃犯82人；查处治安案件3880起、5003人次，治安拘留1084人，同比分别下降5.8%、6.6%和上升0.8%。年内，该分局被评为全省公安队伍正规化建设优秀单位、全省公安机关执法质量优秀单位、全省公安机关执法检查"回头看"活动成绩突出集体，六横分局被评为全省优秀公安基层单位。1人获"全省公安机关爱民模范"称号，1人被评为舟山群岛新区首届十大杰出青年。有37个集体、304人次受到各级表彰奖励。

【岱山县公安局】 2014年，岱山县陆域面积326.5平方千米，户籍人口18.8万人，登记流动人口4.2万人。全县实现生产总值194.3亿元，财政收入11.4亿元；城镇居民人均可支配收入、渔农村居民人均纯收入分别为3.69万元、2.39万元。该局内设20个职能科室（大队），下辖5个治安派出所（分局）、5个边防派出所和看守所、治安拘留所；有民警275人、辅警346人。是年，该局立刑事案件817起，同比下降9.92%，侦破494起，破案绝对数和破案率同比分别下降9.89%和12.4%；打击处理271人，同比下降2.17%；摧毁犯罪团伙18个、91人，同比分别下降18.18%、9.9%，抓获网上逃犯42人。年内，该局被评为全省公安机关执法质量考评优秀单位、全省公安信访考核优秀单位和全省公安警务保障"113"示范单位，高亭派出所被评为全国公安机关执法示范单位。有26个集体、50人次受到各级表彰。

【嵊泗县公安局】 2014年，嵊泗县陆域面积86平方千米，户籍人口7.8万人，登记流动人口1.27万人。全县实现生产总值80.14亿元，财政收入7.16亿元；城镇居民人均可支配收入、渔农村居民人均纯收入分别为3.71万元、2.3万元。该局内设15个职能科室（大队），下辖5个治安派出所、6个边防派出所和看守所（治安拘留所）；有民警183人、辅警130人。是年，该局立刑事案件387起，侦破153起，破案绝对数和破案率同比分别下降5%和2.5%；打击处理67人，同比下降32.8%；抓获网上逃犯17人。年内，该局被评为2013年度全省公安机关命案侦破工作成绩突出集体，通信科被评为全省"温暖警营"，枸杞派出所被评为全省公安机关爱民模范集体，嵊泗沈家湾治安检查站被省公安厅通令嘉奖。有23个集体、126人次受到各级表彰。

【普陀山公安分局】 2014年，普陀山面积12.9平方千米，户籍人口4952人、登记流动人口8429人。全年接待中外游客625.56万人次，同比增长5.19%；实现旅游收入44.43亿元，同比增长8.1%，实现财政收入9.29亿元，同比增长9.85%。该分局内设办公室、治安大队、刑侦大队、国保大队、法制大队、蜈蚣峙警务站、巡特警大队7个机构，副科级单位1家（交通派出所），联系指导交警大队、消防大队、边防派出所和森林派出所；有民警33人、辅警76人。是年，该分局立刑事案件21起，同比减少16%，侦破6起；刑事拘留11人，移送起诉13人，抓获网上逃犯和吸毒人员6人；查处治安案件59起，行政拘留58人次。年内，该分局被省委、省政府和省公安厅分别授予"浙江省模范集体"和"温暖警营"称号，有5个集体、46人次受到各级表彰。

【洋山公安分局】 2014年，嵊泗县洋山镇位于长江口和杭州湾的交汇处，由大洋、小洋、滩浒等大小76个岛礁组成，陆域总面积36.36平方千米，下辖城东、

图为嵊泗县公安局在上海亚信峰会期间在菜园镇开展街面武装巡逻（5月20日）

圣港、滨海、雄洋4个社区居委会和滩浒1个行政村，户籍人口1.2万人，登记流动人口0.84万人。该分局内设综合室1个职能科室和刑侦队、治安队、交警队3个业务队，指导洋山边防派出所；有民警10人。是年，该分局立刑事案件12起，同比上升20%，侦破5起，破案率41.7%，同比上升25%，移送起诉5人；交通上报事故四项指数、火灾事故四项指数保持零增长。

【新城公安分局】 2014年，新城行政区域面积88.9平方千米，户籍人口7.32万人，登记流动人口3.15万人。全年完成固定资产投资177.5亿元，同比增长50.4%；实现财政总收入19.5亿元。该分局下设综合保障室、指挥中心、治安大队、侦查大队、国保大队、巡警大队、法制大队7个部门；有民警65人、辅警202人。是年，该分局立刑事案件1208起，侦破689起；移送起诉113人，抓获逃犯18人；查处行政治安案件251件，处罚249人；妥善处置警情1.02万起，完成警保卫任务15批次。年内，有2个集体、3人立三等功，11人次受到嘉奖。

台州公安

【市况简介】 2014年，台州市辖椒江、黄岩、路桥3区及经济开发区，临海、温岭2市，玉环、天台、仙居、三门4县，陆地面积9411平方千米。常住人口597.1万人，登记流动人口198.97万人。全市实现国内生产总值3387.51亿元，财政收入485.29亿元，其中地方财政收入265.21亿元。城镇常住居民人均可支配收入、农村常住居民人均可支配收入分别为3.98万元、1.94万元。

【概述】 2014年，台州市公安机关围绕大局稳定秩序好、打防有力发案少、群众满意形象佳的总目标，牢固树立中心指向警务、民意导向警务理念，深入实施主动警务战略，大力弘扬敢于担当精神，扎实推进"三严三治三强"(严厉打击、严密防控、严格管理，治治安乱点、治安全隐患、治执法不公，强基层基础、强科技支撑、强队伍能力)工作，各项公安工作和队伍建设取得明显成效。是年，全市刑事案件、治安案件、交通事故、火灾事故同比分别下降6.54%、12.57%、5.92%、33.15%，其中命案、侵财案件同比分别下降14.2%、6.88%，未发生影响大局稳定的案(事)件；侦破各类刑事案件2.4万起，抓获犯罪嫌疑人1.3万余名，其中命案、五类案件破案率达100%。全市群众安全感为96.55%，居全省第三位；对公安队伍满意度为95.96%，同比提高0.19%。年内，台州市公安局被市委、市政府评为全市实干论英雄先进集体、市级单位工作目标责任制考核优秀单位。有12个集体和13人立二等功，32个集体和155人立三等功。

【机构人员】 2014年，台州市公安局设31个内设职能处室(支队、局)和纪委、政治部、直属机关党委。下辖椒江、黄岩、路桥、开发区4个公安分局，临海、温岭2个县级市公安局，玉环、天台、仙居、三门4个县公安局，共有99个公安派出所和18个边防派出所，实有民警6345人，民警数占全市常住人口的1.06‰。

【深化立体化社会治安防控体系建设】 2014年，台州市公安机关深入推进"五网五机制"(巡逻防控网、技术防控网、情报信息网、人口管控网、社区村居防控网，矛盾纠纷排查化解机制、应急联动机制、网络管控机制、打击整治机制、安全教育机制)建设，加强治安卡点建设，壮大专职巡防队伍，构建点线面结合、专辅群统筹、人技物配套的立体化治安防控体系。年内，加强视频监控建设，完善"圈块格线点"布局，政府投资新建视频监控8300个，累计总数达到3.03万个；推进"心防"工程建设，推广防范超市、防范宣传车等做法，提高人民群众自防意识。

图为台州市委常委、公安局局长蒋珍明在全市公安工作会议上为先进单位和个人颁奖(2月27日)

【深化网上公安局建设】 2014年，台州市公安机关升级网上公安局系统，优化网上办事大厅和《走进警营》等栏目，开通银联无卡支付功能，开设网上公安局微信服务平台，开展“防电信诈骗 全城总动员”、“平安校园”系列专题宣传活动。其中，椒江公安分局开辟车辆违章证据查询通道，黄岩公安分局建立网上公安服务综合体，温岭市公安局开设网上实时路况图功能，玉环县公安局上线运行微站。年内，台州市网上公安局访问量达268万人次，新增注册会员8.71万人，其中实名认证4.07万人，受理各类办事预约2200余单，网上办理各类咨询、预约、办证、缴款等业务3万余单。

【打击经济犯罪】 2014年，台州市公安机关以“护商兴台”为主线，严厉打击各类经济犯罪，共侦破经济犯罪案件572起，挽回经济损失2.78亿元，其中侦破涉众型经济犯罪案件39起，涉案价值3亿元，抓获犯罪嫌疑人59人。是年，开展打击假冒伪劣犯罪暨“网上打假”专项行动，共侦破制售假冒伪劣案件80起，抓获犯罪嫌疑人105人。其中，侦破的“6·28”特大制贩假币案，共缴获假币824万余元，为近5年来全省最大的贩卖假币团伙案件，受到公安部、省公安厅贺电表彰，央视《焦点访谈》作了专访报道；提请发起的打击非法拼装烟机“903”集群战役，受到公安部通令嘉奖。6～12月，台州市公安局会同市综治办部署开展发票违法犯罪专项整治，共侦破发票犯罪案件41起，抓获犯罪嫌疑人49人，挽回税款损失560万元。7～12月，台州市公安机关开展“猎狐2014”缉捕在逃境外经济犯罪嫌疑人专项行动，共抓获逃往境外的经济犯罪嫌疑人4人，受到省厅通令嘉奖。其中抓获逃往泰国18年、漂白身份又潜回境内的公安部B级逃犯陶某某，从该案中提炼出的追逃技战法被全国公安机关“猎狐2014”行动工作简报刊发。年内，侦破的涉案价值1.4亿元部督宋某某等人组织领导传销案，被公安部经侦局肯定；打击整治传销工作得到台州市主要领导批示肯定。

【加强命案侦破工作】 2014年，台州市共发命案54起，连续第2年实现命案全破。先后成功侦破仙居“1·27”持枪杀人案、黄岩“8·29”故意杀人案等有广泛社会影响的案件；破命案积案4起，位居全省第三。年内，台州市公安局被省公安厅评为侦办命案综合成绩优秀的市级公安机关，10个县(市、区)公安局均被评为命案全破县(市、区)公安局。

【开展打防侵财犯罪专项工作】 2014年，台州市公安机关开展该专项工作。其间，共侦破侵财案件近1.96万起，其中省公安厅督办案件8起、市公安局督办案件63起，移送起诉犯罪嫌疑人5256人，打掉5人10起以上案件的侵财犯罪团伙80个，摧毁盗抢骗销窝点84个，侵财案件数同比下降6.88%。6～9月，开展打防侵财违法犯罪“百日大行动”。其间，共刑拘犯罪嫌疑人1764人，行政拘留639人，同比分别上升15.75%、31.48%，其中刑拘销赃犯罪嫌疑人121人，同比上升303.33%，抓获侵财逃犯166人，打掉5人10起以上案件的侵财犯罪团伙26个，侦破市公安局挂牌督办案件51起，盗抢骗接报警数同比下降21.33%；群众安全感、满意度分别达到96.87%、93.42%。年内，台州市公安局打防侵财犯罪专项办公室被评为2014年全省公安机关打防侵财犯罪专项工作成绩突出集体。

【开展“打霸拔钉清障护航”专项行动】 2014年，台州市公安机关继续开展该专项行动，推进警务进项目、进重企、进市场，严厉打击阻碍项目落地、工程推进以及欺行霸市、劫掠强夺等“市霸”、“行霸”、“村霸”、“地霸”，严惩内外勾结、黑白两道的人员，共侦破涉霸案件457起，移送起诉犯罪嫌疑人485人，行政拘留144人，法院判决恶势力团伙108个690人，为108个重大项目、重点工程进场施工扫除障碍。8～12月，台州市公安机关开展整治村(社区)干部欺行霸市、涉黑涉恶违法犯罪行为专项行动，共侦破村(社区)干部违法犯罪案件65起，采取刑事强制措施117人，行政拘留20人。

【推行现场勘查机制】 2014年，台州市公安机关充实刑事技术力量，推行“技术室+技术分室”的现场勘查机制，共配备专业勘查技术人员169人，勘查各类现场3.61万起，其中专业技术员勘查3.07万起，占总勘查量的85%。

【实行县级预审机构单设】 2014年，台州市8个县(市、区)公安局单设预审大队，承担刑事案件提请逮捕、移送起诉审核职责，逐步承担逮捕后刑事案件办理工作。8月15日，台州市公安局在全省公安机关深化执法规范化建设现场推进会上作经验介绍。11月20日，印发《台州市公安机关加强预审工作指导意见》，明确加强预审工作的原则、机制和要求。是年，台州市公安机关健全刑事案件“统一登记、归口办理、统一审核、统一出口”的执法管理机制，在全省率先推行该项工作。

【加强监管场所管理】 2014年，台州市公安机关围绕保安全、重规范、抓队伍、强管理目标，落实监所安全主体责任，推进看守所“五化建设”、拘留所“三项重点工作”，开展“三除一创”百日活动，投入1200余万元进行监所安全隐患整治和环境美化，开展集中对社会开放活动，组织岗位练兵培训，实现监管和队伍“双安全”。年内，临海市、玉环县拘留所实现单设；黄岩区看守所、椒江区拘留所、路桥区拘留所3个三级监所晋升为二级监所，首次实现全市监管场所全部上等级。

【深化网络安全治理】 2014年，台州市公安机关坚持依法管网、以人管网、技术管网，开展基础网络和重要信息系统安全等级保护等工作，落实网络实名登记措施，开展打击整治非法生产销售和使用“伪基站”违法犯罪活动专项行动、集中打击黑客攻击破坏违法犯罪行动，加强网上常态巡查、情报分析研判、违法信息清理等。年内，共与90家市级政府网站签订安全责任书，督促97家单位落实等级保护测评整改；清理违法信息1.18万条，侦破网络违法犯罪案件129起，其中侦破省督案件5起，占全省20.83%，刑事拘留39人，行政拘留5人。该市的工作经验分别被公安部网安局、省网络和信息安全领导小组办公室编发。

【开展百城禁毒会战】 10月始，台州市公安机关开展该会战。坚持“大案小案一起办、市内市外一起打”，强化情报导侦、合成作战，打团伙、擒毒枭、摧网络、断通道，严厉打击毒品违法犯罪活动。截至12月，全市公安机关共侦破毒品犯罪案件418起，同比上升143.1%，其中侦破公安部毒品目标案件5起；抓获毒品犯罪嫌疑人523人，同比上升131.4%；缴获毒品18.26千克，同比上升663.8%；缴获枪支2支、子弹3发；查获吸毒人员1721人次，其中新发现吸毒人员1039人，强制隔离戒毒369人，同比分别上升63.6%、75.7%、10.6%。

【强化反恐防暴工作】 3月14日，台州市反恐办组织2014台州市反恐集结拉练，集结市级反恐怖应急处置力量最小作战单元。7月2日，台州市公安局举行反恐防暴、处突维稳“警威3号”汇报演练，13支队伍600余人完成14个科目演练。8月10～19日，台州市局分3批对局机关特警预备队员开展集训。年内，台州市公安机关严密重点单位、重点部位安防措施，开展公路客运站反恐怖防范标准建设工作，推动落实公交安保责任，推行散装汽油实名制购销，在各县(市、区)公安局设置专门机构，实行反恐怖工作实体化运作。

【推进派出所建设】 10月14日，台州市公安局印发《关于进一步改进和加强派出所工作的意见》，就进一步明确派出所职能定位和基础工作重点、加强派出所执法工作、激发派出所工作活力、加强派出所警务保障等方面提出意见。是月15日，台州市局召开第四季度全市公安局长会议暨派出所警务机制改革现场会，推广黄岩公安分局派出所勤务机制改革经验。年内，台州市公安机关推动警力下沉，加强派出所警力配备、警务装备建设，深化“3＋N”(1个集指挥调度、情报信息和视频监控于一体的综合指挥中心，1支专业打击查处队，1个办事服务大厅和N个警务区)派出所勤务模式，健全巡处合一、访调一体的勤务机制，抓好网格化巡逻与动态化处警、常态化走访与联动式调解一体化建设，完善警调衔接机制，完成社会应急联动综合平台自主开发，推进以“巡处合一、动态布警”为核心的接处警勤务机制改革，推行分类分层次接处警办法，为基层派出所减负降压。截至12月，共建立驻所调解室89个，配备专职人民调解员168人、兼职人民调解员448人，各调解组织受理公安派出所移交的矛盾纠纷1.57万余件，成功调解率达99.1%；分流公安职责范围以外的社会服务事项警情1.55万余起；为6个无房、危房派出所解决办公用房问题。

【推进重点单位安保工作标准化建设】 2014年，台州市公安机关在完善校园、医院、行政中心等行业的安保标准基础上，大力推进汽车客运站安保工作标

图为台州市公安局召开全市公安机关百城禁毒会战部署会(10月16日)

准化建设。10月29日、11月3日，台州市公安局分别会同市卫生局、市交通运输局召开全市维护医疗秩序打击涉医违法犯罪工作会议、全市汽车客运站安保工作现场会。年内，共有1031所学校、18家医院、12个汽车客运站开展安保工作标准化建设。

【开展“缉枪治爆”缴刀专项行动】 3～11月，台州市公安机关开展该专项行动。其间，共收缴各类枪支76支、弹药2099发、爆炸物品9247.6千克、黑火药152.64千克、雷管10642枚、索类1.68万米、管制刀具1535把、弩19把、剧毒化学品1002.86千克，查处枪爆违法犯罪案件43起，采取刑事强制措施37人，行政拘留非法携带管制刀具违法人员788人。

【开展治安乱点整治】 2014年，台州市公安机关着力整治城郊接合部、城中村、“销赃窝点”等治安乱点，在巩固214个治安乱点整改成果的基础上，再确定56个治安乱点实施攻坚。截至年底，确定的乱点全部按要求完成整治。

【护航“五水共治”】 3月11日，台州市公安局印发《关于全力保障“五水共治”工作的实施意见》。5月7日，在临海市召开第二季度全市公安局长会议暨护航“五水共治”工作现场会，推广临海、路桥等地护航“五水共治”工作经验。年内，台州市公安机关在全市240条县级以上河道配置“河道警长”，履行好巡查员、调解员、侦查员、宣传员职责；设立公安驻环保工作联络室(其中路桥公安分局设环保查处中队)，联合环保部门开展“打污染清江河”专项行动，发起环保案件专项追逃行动，共组织公安环保联动执法558次，查处水环境污染案件341起，采取刑事强制措施355人，行政拘留303人，打击成效居全省第二位。有关工作被《中国环境报》、《浙江日报》、《平安时报》、《台州日报》等主流媒体头版头条报道。

图为台州市公安局召开全市公安局长会议暨护航“五水共治”工作现场会(5月7日)

【处置群体性事件】 5月19日、30日，台州市委、市政府分别召开专题会议，研究群体性、突发性事件应急处置工作，为公安机关新增60名特勤编制并追加250万元特警装备经费。年内，台州市公安机关加大应急处置人员、经费、装备等的投入，健全扁平指挥、快速响应、跨区驰援、部门协同的应急联动机制，实行现场处置、整体防控、调查取证、舆情导控同步部署。先后成功处置温岭“1·14”重大火灾事故、玉环干江盐场废转处置、三门田湾岛“4·20”事件等20余起重大涉稳案(事)件。

【开展户籍制度改革试点】 1月，省政府批准同意玉环实施户籍管理制度改革试点工作，并同时批转相关实施意见。11月，台州市公安局对42.76万名玉环籍居民户籍信息进行数据转换，取消农业、非农业户口性质划分，统一登记为“浙江居民户口”。12月1日，玉环县召开新闻发布会，宣布全面启动全县户籍制度改革工作，成为浙江省第4个实施城乡一体化户籍制度改革的县区。年内，玉环县按照先易后难、量力而行的总体方针，对25项户籍制度改革相关政策进行调整完善。

【推进实有人口管理】 2014年，台州市公安机关部署开展基础信息大排查专项行动，推广使用移动警务终端，共采集房屋信息50.88万余条、实有人口信息62.38万余条。深化户口管理清理整顿工作，清查户口管理中存在的错、假、重问题，共纠正人口信息差错1679条，清理应销未销户口1247人，注销重复户口1731人。完善“以证管人、以房管人、以业管人”流动人口管理模式，推进以全员登记、依规领证、积分量化、凭证服务为主要内容的流动人口居住证制度改革，提高流动人口管控率。年内，全市流动人口登记在册198.97万人。

【加强边防管理】 2014年，台州市公安边防支队加强海上治安管理，探索“五级船舶管理法”，制定《加强沿海船舶边防治安管理工作八项措施》，完善海上治安管理长效机制。年内，开展大排查工作，共排查174个民间船管组织、44家船舶修造企业、3579艘“三无”船舶；相继开展“蓝盾”系列、“一打三整治”、打击非法捕捞红珊瑚等专项行动，全年共查处边防行政案件1673件，查处违规船舶1433艘、1672人次；处理海上事故37起；与涉海部门联合执法137次，协助拆解“三无”船舶1076艘。

【加强消防安全管理】 2014年，台州市委、市政府先后组织召开全市消防工作会议3次，印发消防工作文件8个，开展消防安全专项督查3次，市委、市政府主要领导带队开展消防工作检查15次，市政府与各县(市、区)政府签订《台州市2014年消防安全目标管理责任书》，市消安委组织召开联席会议3次，市、县两级全部建立实体化运行的消安委办公室，10个市级部门开展了行业自上而下的专项整治行动。年内，台州市公安消防部门积极探索建立火灾防控综合治理体系，开展第二次“清剿火患”、区域性行业火灾隐患整治、重大火灾隐患集中整治、消防安全“打非治违”行动、消防安全隐患整治行动、居住出租房消防安全整治、劳动密集型企业消防安全专项治理等专项行动，共督促整改火灾隐患近2.61万处，提请政府挂牌督办重大火灾隐患单位145家、拆除影响消防安全的违法建筑1015万平方米，责令“三停”283家，临时查封141家，行政拘留195人，全市火灾事故起数同比下降33.15%。9月17日，省政府在温岭市召开全省火灾等安全事故防控综合治理体系建设现场会。11月27日，台州市公安局在玉环县召开全市公安机关居住出租房消防安全整治工作现场会。

【启动市区交警一体化改革】 4月10日，台州市委召开市区交警一体化改革工作领导小组会议，决定启动市区交警一体化改革。会后，台州市公安局在充分调查研究基础上，提出将市区交警管理体制由“条块结合、以块为主”调整为“以条为主、条块结合”，开展调查摸底、制定方案、沟通协调、资产清算等基础工作。12月30日，台州四届市委第60次常委会议审议通过《台州市区交警一体化改革方案》，决定设立台州市公安局交通警察局(保留台州市公安局交通警察支队牌子)，组建党委，设立纪委，椒江、黄岩、路桥交通警察大队成建制划归台州市局交通警察局；台州市局交通警察局为市财政一级预算单位，实行独立的会计核算，非税收入上缴市本级财政，经费由市级财政全额保障。是月31日，台州市委、市政府举行市区交警一体化启动仪式，台州市局举行交通警察局各直属大队授牌仪式。

图为台州市委、市政府举行市区交警一体化启动仪式(12月31日)

【深化交通“治堵”工作】 2014年，台州市公安机关围绕“内畅外快”目标，综合治理学校、医院、市场周边等堵点堵段，组织开展“飓风”系列、整治燃油助力车非法上路、“纠违治危”、工程运输车交通违法行为专项整治等行动，推进黄标车禁行、淘汰工作。截至12月，共查处交通违法行为332.12万起，同比上升19.1%，其中现场查处交通违法行为63.91万起，同比上升15.4%。年内，台州市获2014年度全省治理城市交通拥堵工作考核优秀。

【推进车辆检测社会化】 7月23日，台州市公安局印发《加强和改进机动车检验工作实施方案》，部署开展车辆检测社会化改革。9月底，10家原台州市公安机关下属的机动车检验机构全部与公安机关脱钩。10月，台州市共有13家社会化机动车检验机构投入运营。

【开展集中整治信访活动中违法犯罪行为专项行动】 3～11月，台州市公安机关开展该行动，21名犯罪嫌疑人被判处有期徒刑。该项工作得到省委领导的批示肯定，工作经验在公安部《公安工作简报》上刊发。

【推进市区公安指挥一体化工作】 5～12月，台州市公安局围绕扁平指挥、网格布警、动态防控、高效处置目标，制定《市区指挥体系一体化工作实施方案》，开展市局指挥大厅改造、警用数字对讲系统建设、指挥调度岗位民警选调等工作，健全岗位职责、工作流程、队伍管理等制度，探索建立统一接警、同步派单、统分结合、权威有力的市区110指挥体系。12月27日，台州市区公安指挥一体化正式实施。

【深化情报体系建设】 7月30日，台州市公安局在路桥区召开第三季度全市公安局长会议暨情报工作现场会，推广路桥公安分局情报体系建设经验。年内，台州市公安机关加强各类研判评估，形成社会治安形势评估等8类分析研判材料；开展派出所情报信息室建设，在全市52个治安较为复杂、发案量较多的派出所建立情报信息室，全市在逃人员缉捕率59.88%。12月1日，全省公安情报工作推进会在路桥召开。路桥区公安分局推进情报体系建设取得的成绩得到公安部的肯定。

【建立命案上提审核直接起诉机制】 9月29日，台州市公安局与台州市人民检察院联合印发《命案上提审核直接移送起诉工作暂行规定》，开始实行命案上提台州市局审核后直接移送市检察院审查起诉。截至12月，共上提审核命案9起16人，全部直接移送起诉。

【推行执法积分制】 3月25日，台州市公安局印发《台州市公安机关执法办案积分制实施办法》，依托执法办案积分信息应用系统，将积分范围由案件办理拓展到执法管理、执法效率、执法能力和执法效果，将积分结果作为评先评优、干部提拔、奖惩待遇的重要依据。截至12月，全市共发放积分奖励201万元，对积分靠前的159名执法民警予以表彰，提拔任用20人。

【开展党的群众路线教育实践活动】 2月始，台州市公安局结合“为何从警、如何做警、为谁用警”大讨论活动，要求广大民警“三个想一想”（在群众意识上，对群众感情深不深、联系群众紧不紧、服务群众够不够；在问题意识上，破解难题勇气足不足、办法多不多、毅力强不强；在责任意识上，履职是否主动、履职是否依法、履职是否到位），提出并践行领导干部“五带头、五表率”（带头认真学习，做增强政治定力的表率；带头深入群众，做密切联系群众的表率；带头查摆整改，做即知即改的表率；带头依法行政，做公正执法的表率；带头求真务实，做真抓实干的表率），举办“温暖警营·美丽警察”事迹报告会、“坚定理想信念·敢于担当克难”演讲比赛，建立领导干部直接联系群众九项制度（调查研究制度、联系基层制度、挂职锻炼制度、接待群众来访制度、与民警谈心谈话制度、征集群众意见建议制度、问题整改反馈制度、便民服务制度、扶贫帮困制度），制定14个方面50项整改举措，整改42个具体问题。4月14～25日，台州市局组织市局党委班子成员和明确副局长级的部门负责同志到派出所当一周普通民警。7月10日，召开党委班子专题民主生活会，提意见、找原因。年内，台州市公安机关简报被省公安厅教育实践活动专栏录用数居全省第一。

【强化纪律作风建设】 6月23日、11月7日，台州市公安局党委分别印发《县(市、区)公安机关落实党风廉政建设责任制评估办法》、《台州市公安机关关于落实党风廉政建设党委主体责任和纪委监督责任的实施意见》，落实党风廉政建设责任制。是年，台州市公安机关开展“增强党性、严守纪律、廉洁从政”专题教育活动和“端正执法思想、严格执法管理”集中学习教育活动；台州市局编写《反腐倡廉警钟长鸣》违法违纪典型案例警示教材，组织全市公安机关民警、职工、协辅警进行廉洁从政、规范执法主题教育考试，建立进一步加强内部管理“五个严格”（严格执行户口政策、严格控制公务接待、严格规范内务管理、严格遵守不准经商规定、严格遵守效能建设）规定，健全廉政风险防控体系，加大违法违纪案件查处力度，确保队伍健康发展。

图为台州市公安局组织全市公安机关开展廉洁从政、规范执法主题教育考试（11月27日）

【加强公安宣传工作】 2014年，台州

市公安机关共在《浙江日报》、《台州日报》、《平安时报》等主流媒体头版刊登稿件70篇，其中头版头条刊登稿件25篇。策划“温暖警营·美丽警察”主题宣传，挖掘出8个先进集体事迹、46个“最美警察”人物，其中临海交警践行群众路线先进事迹被《人民日报》内参专题报道；椒江公安分局海门派出所副所长阮林根荣获全国第五届“我最喜爱的人民警察”提名奖，被授予“全国特级优秀人民警察”称号，当选为“最美浙江人——2014年度浙江骄傲人物”。策划的“我和国旗合个影”、“我给中国点个赞”、“全城抓贼”、“寻找毒河豚”、玉环“条纹哥”、路桥“跳水哥”等话题，被中央主流媒体跟进报道。年内，台州公安微博作为全省唯一政务微博被新浪微博评为2014年度十大风云政务微博，台州公安微信影响力位居全国公安政务微信前十。

【推进警营文化建设】 8月13日，台州市公安局召开公安文化建设现场推进会，推广玉环县公安局公安文化建设经验，推动基层公安文化发展。是年，台州市公安机关创建第二批19个公安文化示范单位，启动第三批美丽警营建设。

【创新民警教育训练工作】 2014年，台州市公安局推行“体验性浸入式”新警初任教学模式，有效提升新警培训质量，缩短新警适岗时间，工作经验被公安部政治部和省公安厅工作简报刊发；举行优秀课程竞赛和微课程比赛，选送的1门课程被省厅政治部评为全省公安民警训练“刑事侦查与刑事司法”类优秀课程，3门课程被评为全省公安机关精品“微课程”；连续第2年组织“全警技能抽考”活动，对126名民警进行射击、法律法规、信息化应用和体能测试等警务技能抽考；分三批为来自湖北的162名民警开展指挥情报、刑侦、交管等业务培训。9月12日，浙江警察学院与台州市人民警察培训学校签订院校合作协议。年内，共举办21期培训班，培训民警1400余人次。

【椒江公安分局】 2014年，椒江区行政区域陆地面积280.1平方千米，下辖8街道1镇，常住人口52.71万人，登记流动人口18.2万人。全区实现生产总值429.54亿元，财政总收入59.85亿元，地方财政收入34.48亿元；城镇常住居民人均可支配收入、农村常住居民人均可支配收入分别为4.41万元、2.05万元。该分局设11个机关科室和11个大队，下辖9个派出所和4个边防派出所，实有民警509人、职工49人、协辅警723人。是年，该分局立刑事案件4196起，同比下降5.98%，侦破2245起，命案破案率100%，刑拘1120人，移送起诉1427人；查处治安案件9578起、违法人员4036人次。年内，台州市公安局以现场会方式推广该分局拘留所“三项重点工作”经验和做法。该分局被评为全省公安队伍正规化建设优秀单位、全省公安机关执法检查“回头看”成绩突出集体、全省县级公安机关警卫工作规范化建设成绩突出单位、全市综治工作先进集体、区创建“人民满意机关”示范单位。

【黄岩公安分局】 2014年，黄岩区行政区域陆地面积990平方千米，下辖8街道5镇6乡，常住人口60.1万人，登记流动人口23.8万人。全区实现生产总值332亿元，财政总收入52.1亿元，地方财政收入27.4亿元；城镇常住居民人均可支配收入、农村常住居民人均可支配收入分别为3.94万元、1.95万元。该分局设政治处等10个职能科室和刑侦大队等12个直属大队，下辖11个派出所和1个看守所，实有民警636人、协辅警839人。是年，该分局立刑事案件5047起，同比下降5.19%，其中立“两抢”案件175起、盗窃案件4011起，同比分别下降22.91%、3.67%，侦破刑事案件2937起，命案和五类案件破案率100%，共刑拘1316人，移送起诉1447人；查处治安案件8589起、违法人员3877人次。年内，派出所警务机制改革、监管部门“三除一创”百日活动、现场统勘3项工作的经验和做法被台州市公安局以现场会方式推广；群众安全感、对公安工作满意度分别位居台州市第二、第三，增幅均居台州市第一；在全市公安机关“三严三治三强”考核中位列第一；被评为全省公安机关执法质量优秀单位、全省公安信访考核县级优秀单位、全区综合目标考评优秀单位。有6个集体、14人立三等功。

【路桥公安分局】 2014年，路桥区域陆地面积274平方千米，下辖10个镇(街道)，常住人口45.26万人，登记流动人口23.6万人。全区实现生产总值466.5亿元，财政总收入59.47亿元，地方财政收入32.83亿元；城镇常住居民人均可支配收入、农村常住居民人均可支配收入分别为4.84万元、2.18万元。该分局设办公室等13个职能科室和警务督察大队等15个直属大队，下辖10个派出所和2个边防派出所，实有民警635人、协辅警853人。是年，该分局连续第3年实现全区有效接报警数、治安刑事有效接报警数、盗抢有效接报警数下降；共立刑事案件6648起，同比下降5%，侦破3646起，命案发3起、侦破3起，发案同比下降57.14%，连续第7年实现命案全破，共刑拘1474人，移送起诉1693人；查处治安案件1.1万余起、违法人员2215人次；连续第3年实现群众安全感和满意度上升。路桥公安“情报模式”被公安部确定为全国示范点,被省公安厅誉为“打造浙江情报的2.0版本”,被台州市公安局以现场会形式在全市推广;“向人民报告”系列活动被省厅作为两个典型之一推荐上报公安部参评全国“向群众报告工作”先进事迹。年内,该分局连续第10年在全区机关单位综合考评中被评为优秀单位,1人被评为浙江省“最美警察”,1人获评浙江省劳动模范,有36个集体、66人受到上级表彰奖励。

【临海市公安局】 2014年,临海市行政区域陆地面积2203平方千米,下辖5街道14镇,常住人口119万人,登记流动人口22.2万人。全市实现生产总值452亿元,财政总收入63.3亿元,地方财政收入35.3亿元;城镇常住居民人均可支配收入、农村常住居民人均可支配收入分别为3.65万元、1.92万元。该局设9个职能科室和14个直属大队,下辖17个派出所和2个边防派出所,实有民警866人、协辅警1220人。是年,该局立刑事案件5560起,同比下降5.04%,侦破3520起,命案破案率100%,共刑拘1749人,移送起诉1848人;查处治安案件9365起、违法人员7911人次。年内,该局被评为临海市人民满意机关示范单位、临海市“创建国家环保模范城市”工作先进集体、临海市“交通治堵”工作先进集体、临海市“实干论英雄”活动先进集体、市级机关部门分线工作目标责任制考核优秀单位。有56个集体、106人受到上级表彰奖励。

【温岭市公安局】 2014年,温岭市行政区域陆地面积926平方千米,下辖5街道11镇,常住人口121.9万人,登记流动人口60.42万人。全年实现生产总值802.2亿元,同比增长7.6%,财政总收入87.7亿元,同比增长11.6%,地方财政收入47.8亿元,同比增长9.1%;城镇常住居民人均可支配收入、农村常住居民人均可支配收入分别为4.12万元、2.18万元。该局设9个职能科室和17个直属大队,下辖17个派出所、2个警务区和3个边防派出所,实有民警(职工)971人、协警2500余人。是年,该局共立刑事案件近1.04万起,同比下降5.05%,侦破5123起,命案和五类案件破案率为100%,共刑拘3321人,移送起诉3251人,追回各类逃犯928人;查处治安案件2.35万起、违法人员8615人次。年内,该局被评为全省公安信访考核县级优秀单位、台州市“实干论英雄”先进集体,获温岭市直机关目标考核第一名。有50个集体、333人受到上级表彰奖励。

【玉环县公安局】 2014年,玉环县行政区域陆地面积378.5平方千米,下辖3街道6镇2乡,常住人口43.02万人,登记流动人口24.2万人。全县实现生产总值422.9亿元,财政总收入64.5亿元,其中地方财政收入29.8亿元;城镇常住居民人均可支配收入、农村常住居民人均可支配收入分别为4.78万元、2.3万元。该局设政治处、办公室等11个职能科室和治安大队、刑事侦查大队等13个直属大队,下辖7个派出所和4个边防派出所,实有民警556人、职工54人、协辅警1142人。是年,该局立刑事案件4445起,同比下降5.06%,侦破2264起,命案破案率100%,共刑拘1753人,移送起诉1706人;查处治安案件6683起、违法人员3305人次。年内,该局有47个集体、137人被评为省、市、县先进集体和先进个人,其中该局被省委、省政府评为2013～2014年度全省禁毒工作先进集体,被评为全省公安机关执法质量优秀单位、全省公安队伍正规化建设优秀单位和全市“三严三治三强”工作优胜单位,获玉环县“互看互学互比”活动第三名,在玉环县对部门绩效考核中列优秀等次,1人被评为全省公安机关爱民模范。

【天台县公安局】 2014年,天台县行政区域陆地面积1431.98平方千米,下辖3街道5乡7镇,常住人口59.83万人,登记流动人口4.76万人。全县实现生产总值172亿元,财政总收入23.35亿元,其中地方财政收入13.29亿元;城镇常住居民人均可支配收入、农村常住居民人均可支配收入分别为3.23万元、1.58万元,同比分别增长10.1%、10.2%。该局设有21个职能科室,下辖10个派出所,实有民警507人、协辅警452人。是年,该局立刑事案件2521起,同比下降23.3%,侦破1402起,命案破案率100%,共刑拘633人,移送起诉968人;查处治安案件5100起、违法人员2127人次。年内,该局被评为全省公安信访考核县级优秀单位、命案侦破工作成绩突出集体、社区矫正工作先进集体、《平安时报》公安新闻宣传工作先进单位,全市执法质量优秀单位、市级社会综合管理综合治理先进集体、依法行政示范单位和县级机关单位工作目标责任制考核优秀单位。

【仙居县公安局】 2014年,仙居县行政区域土地面积2000平方千米,下辖20个乡镇(街道),常住人口50.87万人,登记流动人口2.9万人。全县实现生产总值151.7亿元,财政总收入18.9亿元,地方财政收入10.6亿元;城镇常住居民人均可支配收入、农村常住居民人均可支配收入分别为2.85万元、1.44万元。该局设4个综合管理机构、10个执法勤务机构,下辖7个派出所和1个看守所,实有民警434人、协辅警 428 人。是年,该局立刑事案件 2133 起,同比下降 6.73%,侦破 1239 起,命案破案率 100%,实现团伙性、系列性盗抢现行案件全破,共刑拘 648 人,移送起诉 1022 人;查处治安案件 2476 起、违法人员 1005 人次。年内,仙居县平安考核得分居全省第五、全市第一,平安测评人民群众安全感满意率居全市第一位。该局被评为全市公安信访工作优秀单位,有 3 个集体和 10 人立三等功。

【三门县公安局】 2014 年,三门县行政区域面积 1072 平方千米,下辖 3 街道 6 镇 1 乡,常住人口 44.06 万人,登记流动人口 6.49 万人。全县实现生产总值 151.9 亿元,财政总收入 21.33 亿元,其中地方财政收入 12.77 亿元;城镇常住居民人均可支配收入、农村常住居民人均可支配收入分别为 3.18 万元、1.7 万元。该局设有 21 个内设科室,下辖 7 个派出所和 3 个边防派出所,实有民警 403 人、职工 17 人、协辅警 341 人。是年,该局立刑事案件 1810 起,同比下降 4.28%,侦破 1013 起,破案率 55.97%,五类案件和命案破案率为 100%,共刑拘 593 人,移送起诉 771 人;查处治安案件 3422 起、违法人员 3129 人次。年内,该局被评为全国公安机关执法示范单位、全省公安队伍正规化建设优秀单位、全省公安机关执法质量优秀单位、全市公安队伍正规化建设优秀单位,群众安全感和对公安工作满意度均居台州市第一。有 1 个集体、13 人立功,获市级以上集体奖励 32 次,63 人次获市级以上部门表彰。

【开发区公安分局】 2014 年,台州经济开发区行政区域土地面积 57.82 平方千米,实际开发建设区域由中心城区、滨海新区两大区块组成。开发区公安分局辖区由台州经济开发区和台州湾循环经济产业集聚区东部新区组成,面积约 120 平方千米,常住人口 7 万余人,登记流动人口 11 万余人。开发区财政总收入为 28.21 亿元,同比增长 10.09%,其中地方财政收入 14.36 亿元,同比增长 10.32%,实现规模以上工业增加值 18.21 亿元,同比增长 9.7%。该分局设 5 个职能科室、2 个直属大队,下辖区东、区西、月湖 3 个派出所,实有民警 161 人、协辅警 353 人。是年,该分局立刑事案件 2369 起,同比下降 7.03%,侦破 932 起,同比上升 1.41%,命案和五类案件破案率为 100%,共刑拘 383 人,移送起诉 418 人;查处治安案件 4632 起、违法人员 1328 人次。年内,该分局被省公安厅评为全省公安机关命案侦破工作成绩突出集体,110 接处警省厅电话回访满意度位居台州市第三,22 个集体、40 人次受到省厅、市局表彰,其中 4 人立三等功。

丽 水 公 安

【市况简介】 2014 年,丽水市辖莲都区及经济开发区,龙泉市,青田、缙云、遂昌、松阳、云和、景宁、庆元 7 县,总面积 1.73 万平方千米。常住人口 265.65 万人,登记流动人口 53.78 万人。全市实现生产总值 1051 亿元,同比增长 7%;全社会固定资产投资 665.08 亿元,同比增长 16.6%;财政总收入 135.02 亿元,同比增长 8.7%;城镇居民人均可支配收入、农村居民人均纯收入分别为 3.04 万元、1.36 万元,同比分别增长 8.6%、12.0%。

【概述】 2014 年,丽水市公安机关围绕创建"平安建设"示范区、"群众满意"先行区、"美丽公安"样板区,为维护社会政治稳定、治安持续安定和人民安居乐业作出贡献。是年,该市共立刑事案件 1.64 万起,同比上升 2.61%,其中"两抢"案件 232 起、通讯(网络)诈骗案件 1215 起,同比分别下降 11.45%和 2%。侦破现行案件 7122 起,破案率 43.47%,同比下降 3.48%,侦破积案 4568 起,同比上升 5.89%。命案、五类恶性案件连续第 3 年全破,城市交通状况满意

图为丽水市委常委、公安局局长卫中强向浙江警察学院负责人介绍"美丽公安局"建设工作(7 月 9 日)

度连续第4年上升，群众安全感满意率98.17%，居全省第一位。年内，丽水市公安局被省委、省政府评为2004～2013年度省级"平安创建工作先进单位"，《人民公安报》头版刊登介绍"美丽公安"创建经验。全市公安机关有2人被评为2014年浙江省劳动模范，1人获第十届"浙江青年五四奖章"，1人被追记一等功，9个集体和4人立二等功，38个集体和107人立三等功。

【机构人员】 2014年，丽水市公安局（简称"丽水市局"）有内设科级行政机构36个、科级事业单位2个，其中刑事科学技术研究所、教育训练处、出入境管理局分别增挂市公安局物证鉴定所、人民警察培训学校和行政审批处牌子。下辖莲都、青田、缙云、龙泉、遂昌、松阳、云和、景宁、庆元和经济开发区10个公安（分）局，全市实有公安派出所87个，共有民警3484人，占全市常住总人口的1.31‰，其中大专以上文化程度占93.19%。

【防范打击邪教组织违法犯罪】 2014年，丽水市公安机关共立、破"法轮功"宣传煽动性案件若干起，查处"法轮功"宣传煽动性事件若干起。6～9月，开展"全能神"邪教组织专项整治"百日会战"行动。其间，查处"全能神"邪教反动宣传事件若干起，其中"4·15"专案成为全省首例"全能神"人员被法院判实刑的案例。年内，实现邪教组织人员零进京、零滋事、零插播目标。

【开展打击假冒伪劣犯罪专项行动】 2014年，丽水市公安机关开展该专项行动。其间，共立侵犯知识产权和制售假冒伪劣产品案件64起，打击处理61人。其中，提请公安部发起集群战役8起，成功发起3起。由丽水市公安局侦办的叶某某等人非法经营案集群战役，系自海关总署、公安部、国家烟草总局建立"联合打击走私烟草专卖品违法犯罪活动工作制度"以来浙江侦破的最大一起走私烟犯罪网络案件。

【开展"猎狐2014"专项行动】 7～12月，丽水市公安机关开展缉捕在逃境外经济犯罪嫌疑人专项行动。其间，共梳理上报10名潜逃境外的逃犯资料，成功劝返4名境外逃犯回国投案自首，境外逃犯追逃率40%，协助检察机关劝回逃犯2名，专项行动绩效列全省第二组第一位，获省公安厅通令嘉奖。

【打击刑事犯罪】 2014年，丽水市公安机关以打防侵财犯罪专项工作为重点，严厉打击各类刑事犯罪活动。是年，共立刑事案件1.64万起，同比上升2.61%，其中命案26起，同比上升3.85%，五类恶性案件30起，同比下降56.67%，盗窃案件近1.13万起，同比上升1.54%，"两抢"案件232起，同比下降11.45%；侦破现行案件7122起，破案率43.47%，同比下降3.48%，侦破积案4568起，同比上升5.89%，命案、五类恶性案件破案率100%；抓获犯罪嫌疑人4160人，同比上升8.73%。成功侦破云和"1·2"故意杀人致两死一伤案件，抓获犯罪嫌疑人1人。

【实现命案全破】 2014年，丽水市公安机关建立和完善多警联动侦破机制，对命案等严重暴力犯罪和其他影响群众安全感的大要案实行快侦快破的指导思想。年内，该市共发命案26起，其中故意杀人17起、故意伤害致死9起，全部侦破。丽水市公安机关连续第3年实现命案全破，其中松阳县公安局连续第17年全破。

【打击防范通讯（网络）诈骗活动】 4～12月，丽水市公安机关创新防范通讯（网络）诈骗新机制，提请市政府把银行柜台窗口汇款劝阻把关工作纳入对各银行的考核，建立宣传工作"五进"（进社区、进乡镇、进学校、进企业、进市场）工作机制。其间，共组织宣传活动50余场，解答群众咨询8万余人次，张贴发放宣传资料32.32万余张。年内，共立通讯（网络）诈骗案件1215起，同比下降2%，打掉团伙13个，涉案金额3295万元。

【推进重点集镇现场统勘】 2014年，丽水市公安机关加强刑事技术现场统勘工作，除开发区公安分局实现辖区现场统勘外，以壶镇、碧湖、古市三大集镇为重点，在24个派出所辖区为统勘区的基础上，新增至33个城区或集镇统勘区，涵盖十类案件年发案量50起以上的镇区所在地。

【成立叶超群工作室】 8月1日，叶超群工作室授牌成立，是丽水市公安局第二个以民警姓名命名的工作室。年内，共核查逃犯信息136人、违法犯罪嫌疑人及维稳对象67人、可疑车辆298辆；通过核查，协助或直接抓获逃犯8人，临控158人次，协助法院临控69人次；完成各部门线索研判87条，反馈有价值线索80条；为外地公安机关提供协查29次。

【加强监所安全管理】 2014年，丽水市公安监管场所开展看守所"五化"（勤务模式科学化、执法行为规范化、管理方式精细化、监管手段信息化、设施保障标准化）建设。年内，全市看守所70项标准平均完成率93.17%，其中丽水市及遂昌、云和、缙云县看守所全部达标，监管场所未发生责任事(案)件。

【推进监所设施建设】 1月12日，丽水市看守所新建监区项目完工，并于4月25日投入使用。9月1日，龙泉市看守所(行政拘留所)完成迁建工程。年内，全市各监管场所开展“三除一创”(消除麻痹懈怠行为、排除监所安全隐患、清除监所内务脏乱、创建平安)活动，共投入整改资金近629.5万元。

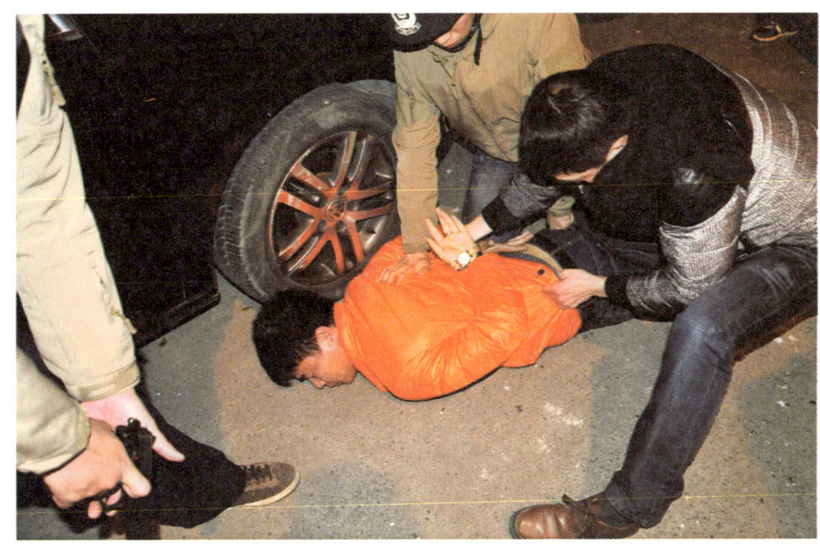

图为丽水市公安局特警支队抓获莲都“2·18”特大贩毒案主犯(2月22日)

【打击涉毒违法犯罪】 2014年，丽水市公安机关推进以打团伙、摧网络、破大案、抓毒枭、缴毒资为主攻方向的缉毒破案工作，整合禁毒委各部门管理资源，构建横向到边、纵向到底的禁毒工作体系，采用“网格化管理、组团式服务”工作模式。年内，共侦破涉毒刑事案件87起，摧毁涉毒团伙29个(其中6人以上团伙案10个)，抓获犯罪嫌疑人201人，查获吸毒人员1176人次，收缴毒品14.25千克、毒品固液混合物78.95千克，铲除毒品原植物近2.3万株，收缴制毒原材料2717.56千克。

【技侦业务评比获奖】 5月26～28日，丽水市公安局在全省技侦手段比武中获第一名。9月11～20日，民警陈进在全国公安技侦训练考核中，理论考试和实战考核均获第一名。10月30日，在全省技侦精品案件评比中，该市选送的《毒战》案件(丽水“2·19”特大制贩毒案)获第三名，入选全省十大技侦精品案件，并被选送参加公安部评比。

【打击网络违法犯罪】 2014年，丽水市公安机关加大对黑客攻击及利用黑客手段实施的网络诈骗、网络盗窃、窃取贩卖公民个人信息及网络赌博等社会反响强烈的网络违法犯罪打击力度。年内，丽水网警部门共侦破涉网案件114起，抓获犯罪嫌疑人139人；与其他业务警种共同侦办案件663起，抓获犯罪嫌疑人241人；勘查涉案电脑、电子存储介质并出具检查报告150余份；协助抓获全国在逃人员42人。

【开展打击整治非法生产销售和使用“伪基站”违法犯罪活动专项行动】 2～6月，丽水市公安机关开展该专项行动。其间，共侦破涉“伪基站”违法犯罪案件23起，其中诈骗案件16起、群发短信扰乱公共秩序7起；刑事拘留犯罪嫌疑人16人，批准逮捕14人，取保候审5人，治安拘留3人；扣押“伪基站”设备及电脑16台、涉案车辆1台、涉案金额60余万元。

【打击网络赌博犯罪活动】 2014年，丽水市公安机关查处网络赌博案件45起，抓获违法犯罪嫌疑人121人，收缴、冻结涉案资金7800余万元。5月22日、28日，先后开展两次集中行动，打击网络赌博平台组织管理者、赌球网站区域代理人，共抓获犯罪嫌疑人25人，涉案金额达6700余万元。6月，松阳县公安局成功侦破“998”平台特大网络赌博案件，刑事拘留犯罪嫌疑人19人，冻结违法所得近7000万元，涉案金额达4000亿元。6～7月，巴西世界杯期间，丽水市公安机关共抓获涉嫌网络赌球违法犯罪嫌疑人30人，当场缴获赌资210余万元，涉案资金近3000万元。

【加强网络安全监管】 2月25日，丽水市公安局印发《关于进一步加强网吧实名上网登记分级管理的规定(试行)》。年内，完成互联网公众服务平台建设，实现等级管理、积分管理，公安机关检查、处罚情况在行业内公开，并实现与丽水市局网上办事大厅对接。截至12月，275家网吧初次定级。

【开展“铁拳2014”专项行动】 2～7月，丽水市公安机关开展“铁拳2014”专项行动，打击整治赌博违法犯罪活动。其间，共侦破刑事案件331起，采取刑事强制措施662人，起诉573人，行政拘留1404人，同比分别上升42.17%、41.1%、21.96%、107%。

图为丽水市公安局民警在市政府广场武装巡逻(5月8日)

【开展"缉枪治爆"专项整治行动】 2～11月,丽水市公安机关先后开展烟花爆竹安全管理大检查、公务用枪安全大检查、放射源安全大检查、爆破作业管理秩序和执法突出问题专项治理、非法制贩管制器具和仿真枪集中打击整治、硝酸铵专项整治、矿区爆炸物品专项治理、民用爆炸物品储存库"库中库"问题集中治理、枪支管理隐患排查整治等系列专项行动。其间,共收缴枪支156支、子弹近1.38万发、仿真枪157支、管制器具4723把、烟花爆竹5127箱、剧毒化学品655.75千克、易制爆化学品3千克;收缴、销毁过期、失效及工程竣工后剩余的炸药近4.29万千克、雷管4.44万余枚、导爆索154.33千米;侦破涉枪涉爆刑事案件36起,采取强制措施41人,查处涉危行政案件121起,处罚169人、单位11家,行政罚款32万余元;缉捕会战中抓获部督涉枪涉爆逃犯2人,办结省公安厅挂牌督办涉枪涉爆案件3起;调查重大责任事故3起,追究5人刑事责任。

【试点民爆视频监管】 3月,缙云县被省公安厅列为"缉枪治爆"重点督办地区。同月,丽水市公安局结合缙云县爆破作业点规模小、散布多、山区信号差的状况,让爆破员、保管员、安全员、技术员分别着不同颜色的工作服,采取现场录像定期移送的方式试点开展视频监管,摸索爆破作业现场信息化监管机制。4月,缙云县公安局印发《缙云县爆破作业现场视频监管暂行规定》。截至12月,缙云县各爆破作业点全部实行视频监管。

【护航"五水共治"】 4月,丽水市公安局印发《丽水市公安局关于全面建立"河道警长制"的实施意见》,确定10名市局党委委员、97名县(市、区)局班子成员、432名辖区民警分别担任市、县、乡镇和村级"河道警长",参与矛盾纠纷化解,防止水环境问题与其他社会问题叠加引发群体性事件。年内,丽水市公安机关共侦破污染环境犯罪案件15起,采取刑事强制措施56人,案件数和刑事打击人数同比上升200%和833%;查处污染环境行政案件6起,行政拘留9人,案件数和行政拘留人数同比分别上升400%和600%;移交环保部门行政处罚案件1起,化解由水污染引起的矛盾纠纷132起。

【开展武装巡逻】 3月始,丽水市公安机关对全市重点目标区域、繁华路段开展武装巡逻防控。年内,武警、巡特警、辖区民警共出动武装巡逻力量2.63万人次、武装处突车组6320车次,抓获违法犯罪嫌疑人343人,刑事拘留67人,治安拘留158人。

【完成警(保)卫任务】 2014年,丽水市公安机关共完成警卫任务10批次,完成市"两会"、国际轮滑公开赛、全国青年田径锦标赛、中国龙舟公开赛(浙江丽水站)、"2014幸福丽水·金马迎春"大型灯会等重要会议和大型活动保卫任务41场次,完成商业大型活动安全监管3场次。

【推进"平安校园"建设】 2014年,丽水市公安机关推进"平安校园"建设,开展矛盾纠纷排查化解,加强高危人员的排查和管控,推进校园警务建设。年内,共召开涉校安全工作会议79次,下发通知277份,制定各类安全方案65份;开展法制教育270次,指导开展演练210批;组织学校内保人员培训班4期,参训人员330余人;在全市中小学、幼儿园配备防护装备、设施2827套,安装技防设备1304套;设立治安岗亭21个、护校岗49个、护学岗937个。

【强化金融安全管理】 2014年,丽水市公安机关联合中国银行业监督管理委员会丽水监管分局开展金融安全检查98批次,指导、督促金融单位完善安全防范工作,健全保卫机构,充实保卫力量。年内,共审批、验收金融机构营业场所、金库安全防范设施建设方案82个,其中市直营业网点32个。3～10月,开展金融安全"心防工程"建设活动,为银行客户挽回经济损失500余万元。

【实施户籍制度改革】 2013年11月,丽水市政府报省政府同意确定云和县为户籍管理制度改革试点单位。按照“先确权,再户改”的改革思路和“先易后难,量力而行”工作原则,采取一步到位、逐步到位、维持不变3种方式,推进户籍管理制度改革。2014年12月15日始,该县正式实施户籍制度改革,取消农业、非农业的户口登记模式,统一登记为居民户口。

【开展户口登记管理专项清理整顿工作】 2014年,丽水市公安机关开展该项工作,重点对百岁老人、人像照片、重人重户、集体户口进行摸排。年内,共清理违法违规办理的户口1009个、重复户口1435人、应销未销户口2070个,纠正412人的户口登记项目差错,完成4.07万余条存疑信息数据和5378条无相片人员数据的核查清理。

【处置涉外案(事)件】 2014年,丽水市公安机关加大对非法涉外婚姻中介的打击力度。年内,共立案2起、破2起,抓获犯罪嫌疑人3人,遣送非法入境外籍女子11人。成功侦办“7·21”王某某组织他人偷越国(边)境案,“3·29”吴某某组织他人偷越国(边)境案等涉及非法涉外婚姻中介的妨害国(边)境案件。2月18日,遂昌县公安局查处该市首例外国人(越南籍女子)重婚案件。

【开展出入境“亮窗暖心 美丽到家”活动】 8～12月,丽水市公安局开展该活动,提升服务质量。市局办证大厅新增面积30平方米,新设制证室、24小时自助服务区,配备6台自助填表机、自助取证机、港澳签注受理机、证件核验机等设施;安装出入境LOGO标志,升级LED电子显示屏和各种功能牌,推行填表、拍照、复印、受理“一站式”服务;推行普通护照、台湾通行证和港澳通行证“三表合一”申请制度。年内,全市公安机关共批准公民因私出国8.94万人次,同比增长21.7%;批准公民赴港澳台4.58万人次,同比增长21.4%;办理外国人签证、居留许可4565人次,同比增长65.8%;办理台湾居民台胞证、签注66人次,群众满意率达100%。

【加强防火救援】 2014年,丽水市共发生火灾819起,同比减少307起,下降27.3%;死亡7人,受伤3人,直接经济损失2000余万元,同比分别下降50%、40%、34.2%。丽水市公安消防部队共接处警2079起,出动消防车3271辆次、消防人员2.1万余人次,抢救被困人员1016人,疏散人员4157人,抢救财产价值1.6亿余元。成功处置开发区“5·27”、“6·15”火灾事故,完成龙泉“6·28”泥石流埋压群众救援、丽水市“8·20”抗洪救灾任务。

【强化消防监督执法】 2014年,丽水市公安消防部队共检查9839家单位,发现隐患9016处、整改8876处,下发责令改正通知书4668份,行政处罚690次,责令“三停”(停止施工、停止使用、停产停业)单位142家,罚款379.82万元,拘留16人。是年,办理消防设计审核项目215个,验收120个,消防设计备案抽查304次,竣工验收备案抽查265次,营业前安全检查后投入使用265家。年内,该市公安派出所共检查单位2.34万余家,下发责令改正通知书4977份,行政处罚242次,责令“三停”单位14家,罚款32.16万元,拘留11人。

【开展重大火灾隐患专项整治和“打非治违”专项行动】 5月30日～10月10日,丽水市公安消防部队开展重大火灾隐患专项整治。其间,共检查挂牌督办重大火灾隐患单位37家,其中省级挂牌督办2家、市级挂牌督办3家、县(区)级挂牌督办32家;发现区域性火灾隐患32处,其中省级3处,市、县(区)级29处。共检查社会单位1.05万余家,发现火灾隐患8534处,督促整改8498处,罚款217.67万元,临时查封25处,责令“三停”单位53家,行政拘留3人。8～12月,开展消防安全“打非治违”专项行动。其间,共检查单位3362家,发现隐患2808处,整改2658

图为丽水市公安局召开重大火灾隐患集中整治专项行动动员部署电视电话会议(5月28日)

处；下发责令改正通知书1985份，行政处罚365起，责令“三停”单位82家，罚款118.2万元，拘留1人；督促拆除消防安全违法建筑83.59万平方米、城中村改造40.7万平方米、旧厂区改造34.2万平方米。

【道路交通事故死亡人数连续第11年下降】 2014年，丽水市共发生上报道路交通事故351起，死亡213人，同比分别下降9.77%、8.97%，实现道路交通事故死亡人数连续第11年下降。全市发生一次死亡3人以上较大事故1起，16起交通肇事逃逸致人死亡案件全部侦破。

【开展道路交通“纠违治危”专项整治行动】 5月21日～12月31日，丽水市公安机关开展该项整治行动，重点查处营运客车（含旅游客车）、校车、危险化学品运输车、农村面包车等重点车辆的严重交通违法行为。其间，共查处公路违法行为为13.5万余起，同比上升44.98%，其中现场查处违法行为7.18万起，同比上升262.59%，现场查处数占总量53.11%，同比提升31.87%；现场查处公路酒驾、超员、超速、涉牌涉证等10类重点交通违法行为4.61万起，占现场查处总量64.24%，同比提升43%。

【开展城市道路严重交通违法行为集中整治行动】 2014年，丽水市公安局共查处城市道路交通违法行为18.6万余起，同比上升33.8%，其中查处机动车违停8.3万余起、非机动车和行人交通违法行为2万余起，市区第一批5条重点整治路段的机动车、非机动车和行人的交通守法率达90%和80%以上。年内，清除影响交通功能的停车泊位520个，完成年度计划104%；配合相关部门施划公交专用道5.3千米；扩大电子监控系统抓拍范围，基本实现市区主要道路电子监控全覆盖。9月，丽水市统计局抽样调查，市区82%的市民对城市交通状况表示满意，同比提升2.7%，77.3%的受访者对治堵专项整治行动满意，85%的受访者认同对乱停车行为的处罚，同比提升10.7%。

【做好信访工作】 2014年，丽水市公安机关以积案化解为抓手，抓好源头防范和机制建设，做好重点敏感时期的维稳工作，未发生进京赴省滋事闹访事件。年内，全市公安信访总量2421件（批），同比上升2.89%，其中市级信访总量823件（批），同比下降1.56%；依法处理涉法涉诉信访案件35件，司法救助和信访救助5件5人次，落实救助资金29.5万；依法处理各类违法上访人员60人次，其中采取刑事强制措施4人、行政拘留27人次、罚款3人、训诫谈话26人次。

【研发治安卡口信息系统】 2014年，丽水市公安局自主研发全市治安卡口信息系统，对分散存储在各县（市、区）公安局的卡口图像、数据资源进行整合，实现卡口系统（30亿级数）全库、全时段、模糊查询。年内，共整合全市（包括交警）抓拍摄像机925个，入库图片总量近27亿张，平均单日抓拍量约300万张，并实现30亿数据的秒级查询。12月28日，向丽水市质量技术监督局申报的地方标准《治安视频监控卡口数据传输技术规范》获得通过。

【启动“综合业务承载三级网”建设】 6月，丽水市公安局启动该项目，建设公安传输骨干网平台，整合公安信息网、视频专网和网警、技侦等业务网络，同时满足物理隔离或逻辑隔离等组网要求，解决传输网络带宽不足、传输网络存在安全漏洞、视频资源利用率低等问题。该项目投资778万元，一期总带宽达400G，具有平滑升级至800G的能力，实现网络带宽从百兆至万兆跨越式发展，骨干网具备SNCP+OLT双路由保护，在全省公安机关率先实现与国防光缆、运营商同级别的网络传输层保护。

图为丽水市公安局举行整治城市交通秩序集中统一行动启动仪式（3月2日）

【110接处警工作】 2014年,丽水市公安机关110报警服务台共接警86.76万起,有效警情31.42万起,指令处警29.43万次,同比上升7.4%;其中应急联动警情14.71万起,占总接警量16.96%,同比上升60.1%;市本级共接警24.32万起,有效警情12.48万起,指令处警13.09万起,同比上升8.8%。"8·20"特大洪灾期间,市本级110报警服务台24小时共接报警3000余起,指令处警1900余人次,指挥抢救被困群众1176人,有效处置加油站漏油险情2起。

【建设法治人才库】 2014年,丽水市公安机关实行提任干部必须通过中级执法资格考试和落实参加高级执法资格考试、司法考试奖励等制度。4月、7月,分两批开展优秀刑事行政电子示范卷评比活动,共形成优秀示范案卷44个,评出第一批4名、第二批22名案件办理指导专家。8月,开展案件质量考评行家、专家的比武,分两批评出案件质量考评行家45人、案件质量考评专家9人。10月,开展执法办案高手、调解能手评选活动,聘请全市一线执法办案高手宣讲团成员5名。

【开通公安微信平台】 4月1日,该平台正式认证开通,具备交通违法信息、驾驶员计分查询,出入境办证查询,公交线路查询,公共自行车租赁实时动态查询等功能;提供户政、交管和出入境业务等办理指南;具备周边警务机构查找功能。截至12月,有粉丝8000余人,推送资讯类信息589条。

【莲都区公安分局】 2014年,莲都区行政区域面积1502平方千米,户籍人口36.72万人,登记流动人口20.21万人。全区实现生产总值261.32亿元,财政总收入18.72亿元,其中地方财政收入10.86亿元;城镇居民人均可支配收入、农村居民人均纯收入分别为3.23万元、1.76万元。该分局设有办公室等8个职能科室和国内安全保卫等8个直属大队,下辖12个派出所,实有民警377人、职工4人、协辅警542人。是年,共立刑事案件5679起,同比下降0.18%,侦破刑事案件3373起,同比上升2.84%,侦破年内刑事案件2090起,破案率36.8%,其中"两抢"案件破案率42.02%,盗窃案件破案率30.74%,命案、五类案件破案率均为100%;受理治安案件8171起,查处8371起。群众安全感满意率为98.83%,居全市第二位。年内,该分局有3个集体、8人获省级先进称号,6个集体、9人获市级先进称号,1个集体立二等功,1个集体、5人立三等功,8个集体和73人受到嘉奖。

【青田县公安局】 2014年,青田县行政区域面积2493平方千米,辖9镇20乡3个街道,户籍人口53.58万人,登记流动人口5万人。实现生产总值185.46亿元,同比增长7.6%;财政总收入20.94亿元,其中一般公共预算收入12.86亿元,分别增长2.2%、8%;城镇居民人均可支配收入、农村居民人均纯收入分别为3.13万元、1.55万元,同比分别增长9.2%、11.8%。该局设有19个科所队(包括3个下属事业单位),下辖15个派出所,实有民警399人、职工74人、协辅警536人。年内,该局共立刑事案件2249起,同比上升1.76%;侦破各类刑事案件1213起,同比上升0.41%,破案率33.04%,其中命案、五类案件破案率均为100%,"两抢"案件破案率47.06%,盗窃案件破案率22.32%;受理治安案件3027起,查处3027起。共发生上报道路交通事故74起,同比下降12.94%;死亡44人,受伤78人,财产损失26.02万元,同比分别下降16.96%、2.5%、36.39%。年内,该局被评为全省公安队伍正规化建设和执法工作先进单位,连续第3年被丽水市公安局评为综合考评优胜单位,连续第4年被评为县综合考核先进单位,获全市公安系统第二届警察体育运动会团体总分第一名。海口派出所被省公安厅评为"温暖警营",山口派出所、交警大队鹤城中队被评为全市"最美所队"。民警叶林军获"五一劳动奖章"和"五四青年奖章"。有1个集体和14人立三等功,8个集体和66人受到嘉奖。

【缙云县公安局】 2014年,缙云县行政区域面积1503.52平方千米,辖18个乡镇(街道),户籍人口46.39万人,登记流动人口5.7万人。实现生产总值187.3亿元,财政总收入17亿元,一般公共预算收入9.5亿元;城镇常住居民人均可支配收入、农村常住居民人均纯收入分别为2.98万元、1.34万元。该局设有24个科所队,下辖10个派出所(分局),实有民警(职工)468人、协辅警360人。是年,该局共立刑事案件2183起,侦破2079起,其中侦破现行案1059起;命案发5起、破5起,实现连续第14年命案全破;七类严重刑事案件发8起、破8起;查处行政案件816件,行政处罚1415人;共发生上报道路交通事故4308起,死亡39人,受伤66人,直接经济损失8.22万元,同比分别下降11.11%、下降15.22%、上升11.86%、下降21.62%。年内,该局连续第3年获评全省公安机关执法质量优秀单位、全省公安信访考核县级优秀单位,被省公安厅记集体三等功;获2014年度全市群众信访工作先进单位、全市县级公安机关2014年度综合考评工作创新奖。缙云县看守所实现连续第6年安全无事故,立集体三等功,"五化建设"

项目完成率100%，获全省“五化建设”示范单位奖。有56个集体和359人获各级荣誉表彰，1人被授予省劳动模范称号，1人被省厅授予“最美警察”称号。

【龙泉市公安局】 2014年，龙泉市行政区域土地面积3059平方千米，辖8镇7乡4个街道，户籍人口29.06万人，登记流动人口1.54万人。全市实现生产总值103.7亿元，同比增长8.2%；财政总收入9.2亿元，同比增长7.8%；公共财政预算收入6.1亿元，同比增长12.6%；城镇居民人均可支配收入、农村居民人均纯收入分别为3.15万元、1.44万元，同比分别增长8.7%、12.5%。该局设有内设机构21个，下辖11个派出所（含水上派出所），实有民警298人、职工10人、协辅警255人。是年，该局共立刑事案件740起，同比下降5.2%；侦破刑事案件981起，查处治安案件983起，抓获各类违法犯罪嫌疑人930人，刑事拘留268人，治安拘留453人，逮捕131人，移送起诉370人，实现连续第2年命案零发生。成功侦破全省首起利用“伪基站”设备实施短信诈骗案、龙泉“7·18”交通肇事逃逸案等重大案件，成功处置各类医患纠纷、安全责任事故、征地拆迁等可能引发群体性事件的案（事）件20起，化解各类矛盾纠纷977起，妥善处置非正常死亡事件97起、101人。年内，该局连续第6年被评为全省队伍正规化建设优秀单位，有2个集体和9人立三等功，9个集体和64人受到嘉奖。

【遂昌县公安局】 2014年，遂昌县行政区域土地面积2539平方千米，下辖2街道7镇11乡，户籍人口23.23万人，登记流动人口2.16万人。全县实现生产总值90.92亿元，同比增长7.5%；一般公共预算收入6亿元，同比增长8.7%；固定资产投资47.92亿元，同比增长17.9%；城镇居民人均可支配收入、农民人均纯收入分别为3.15万元、1.29万元，同比分别增长8.7%、12.3%。该局设有政治处等7个职能科室和治安大队等11个直属大队，下辖11个派出所和看守所（拘留所），实有民警269人、职工8人、协辅警248人。是年，该局共立刑事案件1136起，同比下降5.23%，破案760起，同比上升4.97%；刑事拘留269人，逮捕194人，移送起诉390人，抓获各类上网逃犯60人；共受理治安案件1613起，查处1095起，查处率68%，处罚466人。成功侦破公安部和最高检督办涉案价值达3000余万元的鑫辉铸造厂特大污染环境案、省公安厅督办“5·16”重大团伙案件等重特大案件；侦破的“4·27”苏村赌博案件被评为全省治安系统“2014年度千案竞赛”典型案例、巡逻盘查战术典型案例，并在全省推广经验；推行“警调联动”工作体系建设，调解各类矛盾纠纷7500余起；完成“天网工程”五期建设，新增高清监控探头315个，整合社会视频资源120余处，协破案件246起，抓获违法犯罪人员35人；共发生上报道路交通事故16起，同比下降16%，死亡16人，连续第7年未发生重特大交通事故；上报火灾事故56起，未发生人员死亡、受伤，直接经济损失286万元；县看守所推进“四防一体化”建设，连续第29年安全无事故。年内，该局获全市公安综合考评优胜单位和社会治安评估考核第一位。1人获公安部通报表彰，6个集体和5人获省级先进称号，1个集体立二等功，3个集体和12人立三等功。

【松阳县公安局】 2014年，松阳县行政区域面积1406平方千米，辖3个街道5镇11乡，户籍人口23.5万人，登记流动人口3.95万人。全县实现生产总值79.83亿元，同比增长8.5%；财政总收入6.73亿元，同比增长13.5%，其中地方财政收入4.38亿元，同比增长12.1%；城镇居民可支配收入、农村居民人均纯收入分别为2.65万元、1.2万元，同比分别增长8.2%、12.4%。该局设有职能科队室16个，下辖7个派出所，实有民警301人、协辅警269人，派出所警力占总警力47%，一线所队室警力占总警力的89%。是年，该局共立刑事案件1446起，侦破977起，破案率67.56%，其中命案、五类案件、“两抢”案

图为松阳县公安局开展“全警清洁日”活动，推进“五水共治”工作（3月1日）

件破案率分别为100%、100%、50%;受理治安案件2221起,查处2221起;发生上报道路交通事故24起,死亡20人,受伤14人,直接经济损失8.72万元,同比分别下降17.24%、13.04%、57.58%、18.81%。年内,该局获全省执法质量、队伍正规化建设、"138"工程、执法检查"回头看"、公安信访考核、打击宗教极端违法犯罪优胜单位等荣誉;综合考评、执法质量、情报信息、打击假冒伪劣、逃犯缉捕率、社会数据采集工作列全市第一。西屏派出所被公安部命名为全国公安机关执法示范单位,大东坝派出所被省公安厅评为2012~2013年度全省优秀公安基层单位。有22个集体和23人获市、县级先进称号,1个集体立二等功,7个集体和12人立三等功,16个集体和77人受到嘉奖。

【云和县公安局】 2014年,云和县行政区域土地面积984平方千米,辖4街道3镇3乡,户籍人口11.36万人,登记流动人口4.85万人。实现地区生产总值49.77亿元,同比增长3.6%;财政总收入6.82亿元,同比增长8.8%,其中公共财政预算收入3.66亿元,同比增长8.8%;城镇居民人均可支配收入、农村居民人均纯收入分别为2.87万元、1.28万元,同比分别增长8%、11.8%。该局设有内设机构14个,下辖4个派出所,实有民警216人、职工12人。是年,该局共立刑事案件806起,破648起,破案率80.4%,同比上升13.84%;五类案件发2起、破2起,命案发1起、破1起;移送起诉274人,同比上升18.1%;共受理治安案件1132起,同比下降12.32%,查处1132起;发生上报道路交通事故12起,死亡8人,受伤10人,交通肇事逃逸致死案件发1起、破1起;共发生火灾事故30起,未造成人员伤亡;群众安全感满意率为99.02%,位列全市第一。年内,该局获2014年浙江省节约型公共机构示范单位、全省公安机关人口服务管理工作"成绩突出集体"称号,户籍制度改革试点工作经验在《人民日报》上刊登。有2个集体立二等功,3个集体和12人立三等功,8个集体和56人受到嘉奖。

【景宁县公安局】 2014年,景宁县行政区域土地面积1949.98平方千米,下辖2街道4镇15乡,户籍人口17.33万人,登记流动人口1.85万人。实现生产总值41.5亿元,同比增长6.6%;财政总收入9.78亿元,同比增长2.4%;城镇居民人均可支配收入、农村居民人均纯收入分别为2.62万元、1.24万元,同比分别增长8.1%、11.7%。该局内设15个职能科室队,下辖6个派出所,实有民警204人、公务员1人、职工23人、协辅警101人。是年,该局共立刑事案件610起,同比上升3.92%,侦破396起(其中当年案件330起),破案率64.92%,同比下降6.38%,命案发3起、破3起;成功侦破"6·12"涉恐专案、"7·26"抢劫杀人案、"10·31"白鹤故意杀人案、"4·19"林宗仁等人通讯诈骗案、雷岩慧等人盗窃耕牛案等案件;共发治安案件597起,同比下降24.43%,查处575起,查处率96.31%,处罚违法人员287人;共发生上报道路交通事故39起,死亡4人,受伤20人,直接经济损失16.6万元,连续第7年未发生一次死亡3人以上的交通事故。年内,该局鹤溪镇派出所被评为全省政法系统先进集体,行政审批科连续第27个季度获得县行政审批中心"五星级窗口"称号,9个集体和31人立功受奖。

【庆元县公安局】 2014年,庆元县行政区域面积1898平方千米,辖3街道20乡镇,户籍人口20.65万人,登记流动人口1.32万人。全县实现生产总值52.91亿元,同比增长9.2%;财政总收入4.87亿元,同比增长17.7%;公共财政预算收入3.01亿元,同比增长19.6%;城镇居民人均可支配收入、农村居民人均纯收入分别为2.62万元、1.18万元,同比分别增长9.2%、12.1%。该局内设29个职能科室队,下辖9个派出所,实有民警248人、职工27人、协辅警139人。是年,该局立刑事案件811起,破535起,破案率53.9%;抓获逃犯53人,移送起诉315人,同比上升16.7%;成功侦破胡紘墓被盗案、"7·22"薰坑村故意杀人案、"8·10"银河湾广场故意杀人案;查处治安案件648起,治安处罚365人;启动"庆元·松溪"省际边界警务合作机制。年内,该局共有56个集体、207人次获省、市、县级表彰奖励,其中3个集体和8人立功,42人受到嘉奖。

【丽水经济开发区公安分局】 2014年,丽水经济开发区行政区域土地面积110平方千米,下辖2街道,户籍人口3.22万人,登记流动人口7.5万人。实现工业产值235.78亿元,财政总收入7.05亿元。该分局设有办公室等9个职能科室(队),下辖2个派出所,实有民警71人、协辅警192人。是年,该分局共立刑事案件879起,侦破204起,破案率21.98%,其中命案、"两抢"案件、五类案件破案率分别为100%、37.5%、100%;受理行政治安案件750起,查处702起,查处率93.6%;建成"南城天网工程(一期)"并投入使用,协助侦破案件27起,抓获违法犯罪嫌疑人24人。年内,该分局有9个集体、17人立功嘉奖。

人 物

新(转)任厅领导

【张　钢】 男,汉族,1958年10月出生,籍贯山东新泰,出生地浙江义乌,1982年7月入党,大学学历,硕士学位,二级警监。1976年7月参加工作,历任金华地区金华市雅畈区副区长,区长、区委副书记;金华地区林业局副局长、党组成员;衢州市林业局副局长、党组成员、党组副书记,局长、党组书记;省林业厅办公室主任、人教处处长、助理巡视员(副巡视员);省海洋与渔业局党组成员、派驻纪检组组长、监察专员;省国土厅党组成员、派驻纪检组组长、监察专员。2015年7月任省公安厅党委委员、纪委书记。

【毛善恩】 男,汉族,1962年11月出生,浙江宁波人,1984年6月入党,研究生学历,二级警监。1984年8月参加工作,历任省人民警察学校学生科副科长;省公安厅纪委副科级纪检员、正科级纪检员、办公室主任,警务督察处副处长、处长,纪委副书记兼厅副督察长;金华市委常委、市公安局局长。2015年7月任省公安厅党委委员、副厅长。

【金伯中】 男,汉族,1959年12月出生,浙江新昌人,1984年11月入党,研究生学历,二级警监。1981年8月参加工作,历任绍兴地区公安处秘书科副科长,府山派出所所长;绍兴市公安局治安科副科长、越城分局副局长,绍兴市公安局办公室主任,绍兴市公安局党委委员、办公室主任,政治处主任;诸暨市委常委、公安局局长;绍兴市公安局副局长兼绍兴县委常委、公安局局长;省公安厅政治部副主任、办公室主任、治安总队总队长(2006年8月确定为副厅级);湖州市委常委、市公安局局长。2015年7月,任省公安厅党委委员、副厅长。

【刘　静】 女,汉族,1970年11月出生,河北隆尧人,1995年6月入党,研究生学历,三级警监。1990年9月参加工作,历任省公安厅出入境管理处干部(1990年9月至1991年10月下派湖州市公安局城郊水上派出所锻炼)、科员、副主任科员、科长(2000年4月至2002年4月挂职杭州市公安局滨江分局党委委员、局长助理);省公安厅出入境证照制作中心副主任,出入境管理局副局长,副局长兼机场签证办事处主任;省公安厅政治部副主任兼干部处处长。2013年1月任省政协委员。2014年12月任省公安厅党委委员、政治部主任。

离任厅领导

【陈石春】 男,汉族,1955年2月出生,浙江诸暨人,1979年3月入党,大学学历,一级警监。1970年11月参加工作,历任黑龙江大兴安岭地区林场知青、大兴安岭地区阿木尔区公安局技术员;嘉善服装厂工人,嘉善县二轻局干部;嘉善县公安局刑侦队干事、秘书股副股长,局党委副书记、副局长,书记、局长;嘉兴市公安局党委委员、副局长,党委副书记、常务副局长(正处级)、党委书记。省公安厅政治部副主任，刑侦总队政委。2004年6月任温州市委常委、市公安局党委书记、局长。2009年4月任省公安厅治安总队总队长（保留副厅长级）。2013年11月任省公安厅党委委员、副厅长。2014年10月兼任巡视员。2015年7月，省公安厅转发浙组干任〔2015〕4号、浙政干〔2015〕13号、浙组干通〔2015〕200号文件，免去陈石春的厅党委委员、副厅长、巡视员职务并退休。

先进人物

【陈　怡】 女，汉族，1973年11月出生，浙江宁海人，中共党员。1991年参加公安工作，历任宁海县公安局交警大队民警、宁波市公安局鄞州分局钟公庙派出所民警。2008年担任社区民警以来，探索并提炼了“社区管理专群结合的群防群治工作法”等多个创新管理、服务群众的举措，不断提升群众安全感和满意度，为维护辖区治安稳定作出了突出贡献。先后被评为全国公安机关爱民模范、全省优秀人民警察、全省优秀公安派出所民警、全省公安机关群众满意派出所民警、宁波市模范人民警察，荣立个人二等功1次。2014年11月被评为全国第五届“我最喜爱的人民警察”，并被人力资源社会保障部、公安部授予“全国公安系统一级英雄模范”荣誉称号。

【吴革新】 男，汉族，1972年5月出生，浙江象山人，中共党员。1994年7月参加公安工作，历任宁波市公安局交通警察局海曙大队民警、副中队长、中队长。从警以来，始终奋战在公安交通管理工作第一线，严格执法，文明纠章，共处理交通事故2万余起、查获各类交通肇事案件500余起。他一心为民，七年如一日资助贫困失学儿童，先后救助帮扶群众200余人次。2013年7月19日，吴革新在工作中突发心脏病，不幸牺牲。吴革新先后立个人三等功两次，多次获嘉奖，并被评为全省交警系统执法标兵、全市公安机关优秀共产党员等。2014年1月，被公安部追授“全国公安系统二级英雄模范”荣誉称号。

【马长林】 男，汉族，1960年9月出生，浙江湖州人，中共党员。1980年7月参加工作，1994年3月参加公安工作后，历任湖州市公安局经济技术开发区分局杨家埠派出所民警、副主任科员、主任科员，龙溪派出所主任科员。2008年8月任罗师庄警务室社区民警以来，积极探索社区警务新方法、新途径，创新推出“361工作法”，充分依靠和发动群众，大力开展群防群治，不断强化治安防范和管理，严厉打击各类违法犯罪活动，为维护辖区治安稳定作出突出贡献。马长林先后获得全国特级优秀人民警察、全国政法系统优秀党员干警、全国“五一”劳动奖章、浙江省劳动模范、全省优秀共产党员、浙江省“十大警界先锋”、浙江省公务员廉洁高效先锋、浙江骄傲——2011年度最具影响力人物、浙江杰出志愿者、全省“二十佳百姓贴心民警”和全省优秀人民警察等多项荣誉，立个人一、三等功各2次，并当选为浙江省第十三次党代会代表。2014年4月被公安部授予“全国公安系统二级英雄模范”荣誉称号。

【徐祥青】 男，汉族，1966年2月出生，浙江象山人，中共党员。1984年9月参军入伍，1990年1月参加公安工作，历任象山县看守所民警，象山县公安局泗洲头派出所、巡特警大队、丹城中心派出所、后勤科民警。从警以来，一直扎根基层，爱岗敬业、勤政为民，长期热心照顾孤寡老人，用自己近半收入接济困难群众。2014年2月5日，徐祥青因病医治无效，不幸逝世。徐祥青先后被评为全省优秀人民警察、全省美丽警察、全国公安机关“学雷锋活动成绩突出个人”，立个人一等功1次。2014年5月被公安部追授“全国公安系统二级英雄模范”荣誉称号。

【陈　旭】男，汉族，1975年10月出生，浙江苍南人，中共党员。1997年8月参加公安工作，历任温州市公安局技术侦察支队民警、办公室主任、综合大队大队长。从警17年来，一直奋战在公安技侦第一线，忠于职守，爱岗敬业，发挥技术优势，为一大批重特大案件的成功侦破发挥了重要作用，先后主侦破获各类重大案件233起，抓获犯罪嫌疑人200余名，缴获毒品200余千克，为严厉打击刑事犯罪、维护社会治安稳定作出了突出贡献。特别是2012年被确诊患口腔癌后，仍以顽强的毅力坚守工作岗位，主动承担并出色完成了大量工作任务。2014年4月2日，因病情恶化，经医治无效逝世。陈旭曾立个人二等功2次、三等功7次、获嘉奖3次。2014年5月被公安部追授“全国公安系统二级英雄模范”荣誉称号。

【张　进】男，汉族，1961年2月出生，浙江东阳人。中共党员，1999年10月参加公安工作，生前系衢州市公安局交通警察支队集聚区大队花园中队民警，主任科员。从警以来，始终奋战在公安交管工作第一线，爱岗敬业，勤政为民。2000年2月，在执法检查嫌疑车辆过程中身负重伤，造成六级伤残后，顽强战胜自我，经过一年多康复治疗，毅然重返工作岗位，十三年如一日全身心投入辖区“护学”工作，受到一致好评。2014年3月，在外出途中因交通事故不幸逝世。张进先后被评为全省政法系统“双十优”公安民警、衢州市优秀共产党员，荣立个人一等功1次。2014年5月，被公安部追授“全国公安系统二级英雄模范”荣誉称号。

【陈素青】男，汉族，1957年7月出生，浙江龙游人，中共党员。1981年2月参加公安工作，历任金华市公安局收审所、预审监管支队、刑侦支队民警，刑侦支队四大队大队长，刑侦支队副调研员。从警以来，先后参与侦办大要案件500余起，无一冤假错案，无一上访案件。陈素青先后被评为全国公安机关打黑除恶先进个人，全省模范人民警察，浙江省十大警界先锋，公安部预审办案专家，浙江省第二、三、四届刑侦犯罪侦查专家，浙江省特邀刑事犯罪侦查专家，立个人一等功2次、二等功1次。2014年11月在全国第五届“我最喜爱的人民警察”评选中获特别奖，并被人力资源社会保障部、公安部授予“全国公安系统二级英雄模范”荣誉称号。

【阮林根】男，汉族，1968年7月出生，台州椒江人，中共党员。1986年10月入伍，2005年10月从部队转业到台州市公安局椒江分局工作，现任海门派出所副所长兼衙门巷社区民警。从警以来，扎根基层，心系群众，举办防范宣传活动210余场，被群众称为“防范达人”、“爱心大使”、“社区管家”、“明星教授”。总结提炼的“阮林根社区警务工作法”被群众出版社出版，并入选公安部《公安机关实践党的群众路线经验做法选编》。阮林根先后荣获全省优秀人民警察、全省模范人民警察、全国公安机关爱民模范、全国优秀人民警察等荣誉，立个人二、三等功各1次，2014年11月在全国第五届“我最喜爱的人民警察”评选中获提名奖，并被人力资源社会保障部、公安部授予“全国特级优秀人民警察”荣誉称号。2015年1月当选为“最美浙江人——2014年度浙江骄傲人物”。

典型案例

经侦案件

【温州市公安机关侦破"3·26"假纪念币专案】 3月26日，温州市公安局、平阳县公安局成立由多警种合成作战的"3·26"反假币专案组，对一起涉嫌制售假流通纪念币案件立案侦查。11月15日，温州市公安机关开展收网行动，捣毁位于平阳县昆阳、鳌江两地的假纪念币生产、加工、仓储窝点7个，打掉制售贵金属假币团伙3个，抓获主要犯罪嫌疑人9名、其他涉案人员11名，扣押各种加工机械设备20余台、假币模具上百套，缴获纪念流通假币13万余枚、半成品1万余枚，总涉案金额8000余万元。

【杭州市公安局上城区分局侦破"2·26"特大网络盗开发票案】 2013年12月至2014年2月，杭州市公安局上城区分局陆续接到辖区内16家单位报案，称发现单位的国税通用机打发票被盗开，涉及发票200余份，涉案金额1000余万元。经侦查，2014年2月26日，上城公安分局联合杭州市国税稽查局，对位于三里亭附近的3个开票窝点进行查处，当场缴获大量作案工具，查获未开具的空白发票千余张，抓获涉嫌盗开发票犯罪嫌疑人9名，侦破通过侵入国税局网上开票系统盗开发票2500余张、涉案金额2亿余元的系列盗开发票案。

【杭州市公安机关侦破部督"1040"特大组织、领导传销案】 6月，杭州市公安局余杭区分局根据金融部门传递的可疑资金交易线索，成立专案组开展专案经营，发现并掌握詹某某等人涉嫌组织、领导传销案的重大线索。8月19日，该案被公安部列为打传行动第三批督办案件。10月23日，杭州市公安局组织余杭、江干两地公安机关，会同工商等部门，出动2000余名警力，组成107个抓捕小组，对盘踞在余杭、江干两地的"1040"传销犯罪团伙实施集中收网，共捣毁传销窝点80余处，抓获传销组织者和参与人员449名，其中移送起诉犯罪嫌疑人53名。

【宁波市公安局杭州湾新区分局侦破制售假冒"方太"品牌电器案】 2013年6月25日，根据宁波方太厨具有限公司报案，宁波市公安局杭州湾新区分局对互联网销售假冒"方太"等品牌电器案立案侦查。2014年11月11日，在省公安厅、宁波市公安局的指挥协调下，该分局会同广东省公安机关，在佛山、中山市开展打击假冒"方太"品牌电器全国集群战役广东地区收网行动，抓获涉案人员22名，铲除制假售假团伙3个，关闭售假网店56家，捣毁制假窝点20个、假货仓储点6个，现场缴获假冒"方太"品牌电器成品2000余台，涉案金额5000余万元。

【温州市公安局侦破忠成数码公司骗取贷款案】 2013年2月4日，温州市公安局立案侦查忠成数码有限公司骗取贷款案。经查，犯罪嫌疑人吴某某以忠成数码有限公司和某贸易公司名义与6家商业银行签订融资合同，以并不存在的应收账款为质押，获取6家商业银行贸易融资贷款共计1.2亿美元(约合7.6亿元人民币)，造成商业银行巨额损失。侦查期间，公安机关积极配合人民法院、各受害人对涉案财产先行司法处置，并留存处置款，开启刑民交叉案件财产先行处置的先例。2014年4月18日，温州市公安局将此案移送起诉。

【安吉县公安局侦破部督俞某等人特大系列保险诈骗案】 5月13日，安吉县公安局接湖州市保险行业协会报案，称中国人民财产保险股份有限公司湖州分公司、天安保险股份有限公司湖州支公司在安吉的支公司有15起车辆理赔案件涉嫌骗保。经查，犯罪嫌疑人利用不同保险公司理赔系统数据不共享的漏洞，伙同他人伪造多起交通事故进行保险诈骗。该案共抓获犯罪嫌疑人13名，侦破保险诈骗案件31起，涉案金额100余万元，追回赃款60余万元。

【金华市公安机关侦破"9·16"特大非法经营买卖外汇案】 9月，金华市公安局成立"9·16"专案组，对一起特大非法经营买卖外汇案开展专案侦查。12月15日，在公安部、省公安厅统一指挥下，金华市局组织金华市及婺城、兰溪、义乌等地300余名警力，对盘踞在广东、广西、新疆、江苏、上海、福建等省市以及省内义乌、永康、诸暨等地的多个非法买卖外汇犯罪团伙开展统一收网行动，共打掉犯罪团伙6个，抓获并刑拘犯罪嫌疑人58人，捣毁犯罪窝点26个，冻结涉案银行账户2813个、资金逾亿元，查扣保时捷、宝马等高档车辆23辆和银行卡819张及网银U盾、电脑硬盘、手机以及财务账册等涉案财物一批，涉案金额达2000余亿元。

【衢州市公安局侦破“中宝投资”P2P网贷平台集资诈骗案】 1月2日，衢州市公安局对中宝投资公司法定代表人周某涉嫌非法吸收公众存款案立案侦查。经查，自2011年2月始，犯罪嫌疑人周某利用中宝投资公司在互联网上建立的“中宝投资”网站及“网贷之家”、“网贷天眼”等网络平台进行宣传，以开展“P2P”网络借贷为名，以支付高额利息为诱饵，虚构借款人和借款用途或以自己为借款人，向全国30多个省(市、区)1600余人累计非法吸收资金10.33亿余元。2014年4月15日，该案成功告破，挽回投资人经济损失1.9亿余元。

【台州市公安机关侦破刘某某等人出售假币案】 6月28日，台州市公安局指挥临海、椒江、路桥三地公安机关，对前期研判发现的一个售卖假币犯罪团伙开展收网行动，抓获刘某某等犯罪嫌疑人7名，缴获假币824万余元，捣毁二次假币加工窝点两处，缴获作案轿车两辆及变色油墨、金粉等作案工具一批。

【温岭市公安局侦破“9·3”非法拼装倒卖烟机案】 2013年8月，温岭市公安局获悉有人在本地非法拼装、倒卖卷烟机的线索。经查，以赵某某、王某某等人为首的6个犯罪团伙，从湖北襄樊等地招聘技术工人，在温岭市城南镇、新河镇、大溪镇等地生产伪劣烟机，并通过烟机销售中介商，以货车运输或托运方式，将伪劣烟机以每套20万～30万元的价格销售至福建、广东、河南、湖北等地的假烟生产点。2014年6月6日，在公安部、省公安厅统一指挥下，该案成功收网，共抓获犯罪嫌疑人19名，捣毁生产窝点3个、仓储窝点2个，查获卷烟机、接装机等设备成品6台、半成品13台、配件1000余件以及电脑、账册、银行卡、手机等涉案物品，涉案金额1000余万元。该案系公安部督办案件，被评为2014年公安部经侦局打假经典战役，受到公安部通令嘉奖。

【丽水市公安局侦破杨某某出售非法制造的发票案】 4月9日，丽水市公安局立案侦查杨某某出售非法制造的发票案。经查，该杨以0.15～0.2元的低价向湖南省怀化市、安徽省安庆市等地上线卖家购买假机票，再通过互联网以0.3～1元的高价出售给下线买家，累计200余万份，买家涉及北京、上海、西藏、浙江等30个省(市、区)共1072人，涉案金额10余亿元。经深入侦查，在湖南省怀化市查获由戴某某、杜某某、郭某某等7人组成的制造假行程单团伙，缴获假行程单20万余份，票面金额220亿元。11月17日，根据丽水市公安机关上报的线索，公安部对此案发起集群战役。全国各涉案地公安机关对下线买家共立案侦查31起，抓获犯罪嫌疑人37名。

刑侦案件

【永嘉县公安局侦破王楼黑社会性质组织案】 2009年以来，犯罪嫌疑人王楼及其犯罪团伙骨干成员在永嘉县瓯北一带以经营赌场为依托，先后网罗一批社会闲杂人员跟随其从事违法犯罪活动，逐步形成以王楼为组织领导者，王上楼、王小磊等人为骨干，张东魁、刘祥等人为积极参加者的黑社会性质组织。为树立社会强势地位，操纵当地地下赌博业，该团伙在永嘉、瓯北一带实施聚众斗殴、寻衅滋事、殴打他人、暴力插手民间纠纷等30余起违法犯罪活动。2013年，永嘉县公安机关在工作中发现王楼有结伙作案嫌疑，于3月7日立案侦查。经缜密侦查，成功打掉以王楼为首的黑社会性质组织，抓获犯罪嫌疑人48人，并于8月23日移送起诉。2014年6月20日，法院以组织、领导、参加黑社会性质组织罪对该团伙作出判决，主犯王楼被判处有期徒刑十三年六个月。

【温州市公安机关侦破赵东强恶势力犯罪集团案】 2009年以来，赵东强纠集张连珠、黄国孟等34人，为共同实施犯罪而组成较为固定的恶势力犯罪集团，在温州市鹿城区多次实施诈赌、敲诈勒索、开设赌场、抢劫、非法拘禁、非法持有枪支、绑架、故意毁坏财物等违法犯罪活动。2013年4月23日，温州市两级公安机关从一起非法拘禁案件入手，成立专案组历时7个多月侦查，成功打掉以赵东强为首、长期盘踞在温州市区火车站周边的恶势力团伙，共抓获犯罪嫌疑人31人，侦破诈骗案15起、敲诈勒索案2起，绑架案、抢劫案、故意损毁财物案、开设赌场案、非法持有枪支案各1起，缴获枪支1把、子弹3发及涉案车辆2辆。2014年1月26日，该案移送起诉。11月18日，法院按犯罪集团对该团伙作出判决，主犯赵东强被依法判处无期徒刑，剥夺政治权利终身，并处没收个人全部财产；团伙成员中有8人被依法判处10年以上有期徒刑，有19人被依法判处三至十年有期徒刑。

【宁波市公安机关侦破"2014·1·17"系列爆炸案】

1月17～18日，宁波市海曙、江东区连续发生4起爆炸案。4名外来务工人员分别捡拾丢掷在市区公共厕所、公园绿地、路边的台灯、电风扇等家电，在居住地插电试用时发生爆炸，造成6人受伤。经公安机关勘查，判定系人为故意实施的重大爆炸案件。省、市、区三级公安机关迅速组织开展专案侦查。1月19日，在省公安厅有关部门和杭州市公安局的支持协助下，宁波市公安机关成功抓获犯罪嫌疑人袁某某(男，33岁，湖南省新化县人)，查获11.42公斤炸药混合物、1个制作完成的爆炸装置，以及制作爆炸物的辅助材料、工具等。经查，袁某某因在宁波求职受挫，购买原料自制、放置爆炸物，意图伺机作案敲诈政府。

【杭州市公安局侦破"2014·7·5"公交车放火案】

7月5日17时许，杭州市公交公司一辆7路公交车途经上城区东坡路与庆春路交叉路口时，车内突然起火燃烧，造成30余名乘客受伤。杭州市公安机关迅速行动，第一时间扑灭火势，抢救受伤人员，并成立专案组连夜开展调查工作。公安机关经过48小时侦查，查明系人为恶性放火案件，掌握固定犯罪嫌疑人包来旭(男，34岁，甘肃省漳县人)在公交车上点燃随身携带可燃液体放火的犯罪事实。2015年2月12日，杭州市中级人民法院一审宣判，被告人包来旭被判处死刑，剥夺政治权利终身。4月30日，包来旭被执行死刑。

【台州市公安局路桥区分局侦破"2014·12·30"两名幼童被杀案】 12月30日，台州市路桥区两名5岁幼童同时失踪，引发社会广泛关注。省、市、区三级公安机关高度重视。台州市公安局路桥分局快速反应，台州市局刑侦、技侦、网侦等第一时间同步上案。省公安厅刑侦总队直接组织指挥、参侦实战，先后有20名侦查、视频专家在路桥跟案、盯案、会诊。经39个昼夜的专案侦查，公安机关于2015年2月6日在安徽省涡阳县抓获犯罪嫌疑人史某某(男，39岁，安徽省涡阳县人)。经审讯，犯罪嫌疑人史某某交代因产生矛盾纠纷，将两名儿童误作报复对象的小孩而杀害的犯罪事实。

【义乌市公安局侦破"2014·5·4"持枪杀人案】 5月4日19时26分，义乌市公安局接报称该市佛堂镇双林路附近有人被枪击死亡。案发后，金华、义乌两级公安机关立即抽调精干力量成立专案组，相关警种同步上案，开展案件侦破。经侦查，公安机关查明犯罪嫌疑人丁某某(男，23岁，义乌市人)伙同李某某(男，21岁，义乌市人)于5月4日6时许窜至义乌市佛堂镇双林路丁某家中，持枪威胁索要钱财。19时10分，被害人丁某父亲及其男友王某某发现异常后赶回家中，与犯罪嫌疑人搏斗过程中，王某某被犯罪嫌疑人丁某某用手枪打中头部死亡。是月15日，犯罪嫌疑人丁某某、李某某迫于压力，向公安机关投案自首，从其身上缴获仿64式手枪1支。

【省公安厅刑侦总队组织侦破"7·3"特大网络贩婴案】 2月9日，根据公安部统一部署，省公安厅组织全省公安机关侦办"2013·7·3"特大网络贩婴案。截至5月9日，全省公安机关共传唤涉拐嫌疑人员153人，其中逮捕4人、取保候审16人；成功解救被拐儿童48人，其中不满周岁婴儿27人，联系民政福利部门救助安置13人。

【仙居县公安局组织侦破"8·28"拐卖越南籍妇女案】 2013年8月，仙居县公安局在日常工作中发现，多名越南籍妇女被以"婚嫁"等名义拐卖到当地，随即成立专案组侦查。经侦查，公安机关掌握云南文山、浙江仙居两地李春光等多名犯罪嫌疑人相互勾结，以外出游玩等名义诱骗7名越南籍妇女偷渡入境，以暴力威胁手段限制自由，并以5万元价格卖至仙居本地的犯罪事实。12月16日，该案被列为全国"打拐"专项行动督办案件。专案组远赴云南，进一步查清该犯罪团伙组织结构，抓获全部7名犯罪嫌疑人，成功打掉这一拐卖犯罪团伙。2014年10月16日，仙居县人民法院以拐卖妇女罪对李春光等判处六至十二年不等有期徒刑，并处罚金。

【温州市公安机关侦破"5·30"高速逃费诈骗专案】

4月，省公安厅接省交通投资集团有限公司举报，称有大量货车在省内高速公路行驶中涉嫌逃费诈骗犯罪，累计涉案金额上千万。该案涉案人数多、牵扯范围广，系全省首次出现的高速公路逃费诈骗案，由省公安厅挂牌督办，先期由金华市公安局开展调查，省公安厅于8月指定交由温州市公安局刑侦支队牵头主侦。经研判和侦查，10月28日，在省公安厅统一指挥下，全省公安机关出动2000余人，在富阳、义乌市和温州等地同时对犯罪嫌疑人开展集中抓捕行动，共抓获专案违法犯罪团伙成员156人，成功摧毁一个由安徽籍货车司机组成的特大诈骗犯罪团伙。

【省公安厅组织侦破"3·20"系列网络投资诈骗案】

2014年以来，全国多地出现新型网络投资诈骗案。犯罪嫌疑人通过购买网络交易平台软件，搭建非法交易平台，发展下线代理公司，虚构期货、股票、大宗商品等交易，通过后台操纵交易价格实施诈骗。3月20日，根据公安部部署，省公安厅刑侦总队组织杭州、绍兴、金华、台州等地公安机关刑侦部门，分析研判，扩线查证，成功侦破网络投资诈骗系列案件7串，涉案金额2亿余元。至年底，全省公安机关共摧毁犯罪团伙11个，抓获犯罪嫌疑人480余人，刑事拘留280余人，为群众挽回经济损失6000余万元。

禁毒案件

【省厅禁毒总队侦破萧山“12·4”特大运输毒品案】 12月4日，省公安厅禁毒总队接公安部通报，发现一起重大走私毒品案件线索。是日，由厅禁毒总队、杭州市公安局及萧山区公安分局组成联合专案组，开展侦查。5日，在萧山抓获3名涉案嫌疑人，在货车上缴获毒品冰毒19箱，共计466千克。

【丽水市公安局侦破“2·19”特大制贩毒案】 2013年11月，丽水市公安局根据易制毒非法买卖的线索，开展侦查。2014年2月，在四川、江苏等地警方的配合下，成功侦破“2·19”特大制贩毒案，摧毁以何某为首的制贩毒团伙，捣毁制毒窝点1个，抓获涉毒人员22人，缴获半成品冰毒14.5千克，扣押涉案车辆2辆，收缴盐酸等制毒原材料1000余千克、毒资3万余元以及制毒工具若干。

【宁波市公安局侦破公安部和省厅毒品专案】 11月1日4时，在宁波市公安局的统一组织下，慈溪市、宁波市江东区、海曙区、象山县公安(分)局及禁毒、技侦、边防等部门800余名警力，在宁波、湖州、绍兴市和湖南省等地对“10·10”毒品专案(公安部“2014－572”目标案件)及省厅“2014－152”、“2014－160”、“2014－168”、“2014－169”目标案件进行统一收网。至次日，先后抓获以刘某某、张某某、杨某某等人为首的涉案人员172名，缴获毒品冰毒约29千克，扣押毒资、车辆、银行卡等一批涉案物品，彻底摧毁一个横跨湘、浙、粤3省4市的特大贩毒网络。该案被公安部边防局评为精品案件。

【温州市公安机关侦破公安部“2012－093”号毒品目标案】 2013年12月，经工作获悉，一四川籍男子在温州大肆贩卖冰毒，后该案被公安部确立为“2012－093”号毒品目标案件。2014年11月20日11时许，温州市公安机关在四川、广东、江西等地公安机关的协助下，对该毒品目标案件开展收网行动。至是月22日17时，相继在温州市、四川省等地抓获贩毒团伙成员30名，缴获冰毒7514.5克，成功摧毁以杨某某为首的四川籍贩毒团伙。

治安案件

【海宁市公安局侦破郭某某等人组织卖淫案】 3月18日，海宁市公安局抓获郭某某等6名犯罪嫌疑人。是月19日，该局立案并组织工作专班。经3个多月缜密侦查，摧毁以犯罪嫌疑人丁某等人为首的特大跨省网络招嫖团伙。至6月11日，该案成功抓获违法犯罪嫌疑人97人，其中追究刑事责任31人、治安处罚66人。经查，2013年10月以来，丁某等人利用网络代聊，组织卖淫嫖娼案件数千起。该案被列为公安部2014年打击黄赌犯罪20起典型案例之一。

【绍兴市公安局柯桥区分局侦破潘某某等人开设赌场案】 5月13日，绍兴市、柯桥区两级公安机关联合行动，对位于柯桥区安昌镇多个利用赌博机设赌场所进行冲击，当场查获涉赌场所69家，抓获涉赌人员102人，查扣涉赌机器118台。经查，自2011年6月始，潘某某等人在柯桥区安昌镇的小超市、小饭店等场所摆放赌博机供人赌博。该案移送起诉43人。

【台州市公安局椒江分局侦破黄某某等人组织卖淫案】 5月15日，该分局组织人员在椒江天鑫宾馆附近的广场，抓获犯罪嫌疑人黄某某等人，当场解救4名未成年少女。经查，黄某某等人以家族成员、老乡组成卖淫团伙，强迫、诱骗未成年人卖淫。该案移送起诉8人，取保候审3人，成功解救未成年少女10余人。

【松阳县公安局侦破梅某某等人开设赌场案】 4月9日，该局在松阳县城亿都大酒店等处突击检查，抓获4名犯罪嫌疑人。该局成立专案组，转战5省20余县(市)，历时近半年，成功打掉以梅某某为首的犯罪团伙。经查，自2012年至案发，梅某某等30余人长期在松阳县多个宾馆开设赌场，组织人员赌博。至2015年4月14日，该案29人因开设赌场罪被判刑。

【宁波市公安局海曙分局侦破“3·13”生产、销售假药案】 3月11日，该分局会同辖区食药监部门对宁波世贸大厦韩合美容中心进行检查，当场扣押肉毒素、玻尿酸等美容产品500余件及大量销售记录和快递单据。该分局循线追踪，一举侦破涉及全国30

个省、市、自治区，涉案金额达上亿元的特大制售美容假药案件，扣押假药品、器械77类、5万余件。该案采取刑事强制措施30人。

【温州市公安局龙湾分局侦破江某等人污染环境案】 7月16日，该分局立案侦办江某等人污染环境案。经查，是月初，江某等人将中金岭南公司从附近拉管厂和电镀厂收取的约2300吨的危险废物倾倒至瓯江。该案采取刑事强制措施13人。

【湖州市公安局开发区分局侦破施某等人污染环境案】 4月，该分局成功侦破施某等人污染环境案。经查，犯罪嫌疑人施某等人于2007年以来，为牟取利益将湖州市工业和医疗废物处置中心有限公司仓库内的由其他单位委托其处置的危险废物以低价转由其他无危险废物处置资质的厂家及个人进行非法处置，查明涉及危险废物总量4000余吨。该案移送起诉13人。

【长兴县公安局侦破沈某某等人生产、销售有毒有害食品案】 6月，该局先后抓获沈某某等5名犯罪嫌疑人。经查，2013年以来，犯罪嫌疑人沈某某等人在牛蛙养殖中添加孔雀石绿，陶某、张某某等人明知沈某某购买孔雀石绿用于养殖，仍向其出售。该案移送起诉5人。

【海宁市公安局侦破余某某等人污染环境案】 1月26日，该局抽调100余名警力，分赴江西九江、抚州、浙江德清、桐乡及上海等地统一开展集中收网行动，一举抓获涉案嫌疑人员30余名，查扣污泥装运船6艘，成功侦破该起跨省偷排倾倒有毒印染、制革污泥的特大污染环境案。经查，2012年5月，犯罪嫌疑人余某某等人合股成立江西新悦达能源再生有限公司，在不具备任何污泥处置能力的情况下与桐乡、海宁30多家制革、印染企业签订污泥处置协议，非法处置污泥总量达30余万吨。该案采取刑事强制措施20人。

【金华市公安局婺城区分局侦破范某某等人污染环境案】 7月，该分局成功侦破该案，抓获犯罪嫌疑人范某某等人。经查，2010年5月至2013年4月，范某某等人经营的浙江耐司康药业有限公司为了节省生产成本，私设暗管，利用渗漏等方式，将大部分工业污水非法排放至婺江或工业区污水处理厂。该案移送起诉9人。

【义乌市公安局侦破“8·16”特大跨国生产、销售假药案】 8月，该局接到市场监管局移交的涉嫌制售假药案件线索后，立即成立专案组开展工作。在公安部三局、省厅治安总队统一调度协调下，先后十余次赴广东、河南、上海、江苏等地开展4个多月的专案经营，开展三轮集中收网行动，成功侦破“8·16”特大跨国制售假药案。该案抓获包括3名外籍犯罪嫌疑人在内的41人，涉案价值达8亿元以上。该案的成功侦破得到李克强、张高丽、汪洋、孟建柱、郭声琨等中央领导的批示肯定。

网络案件

【杭州市公安局侦破阿里巴巴服务器被控制案】 2013年11月12～20日，浙江淘宝网络有限公司服务器被非法侵入，导致30余台服务器被他人非法控制，致使服务器大量数据被窃取，系统安全受到重大威胁。杭州市公安局立案侦查。经查，犯罪嫌疑人在菲律宾利用阿里巴巴公司服务器的漏洞，盗用阿里巴巴公司员工账号，侵入阿里巴巴（中国）有限公司的资产管理系统服务器下载数据。2014年5月31日，杭州市局开展统一抓捕行动，抓获犯罪嫌疑人孙某。

【宁波市公安局侦破特大互联网期货投资诈骗案】 1月6日，受害人朱某某在“金叶珠宝订货回购系统”操作平台开展白银投资时，被骗投资款60万元。3月19日，宁波市公安局经过两个多月工作，在福建省福州市开展集中抓捕行动，共抓获违法犯罪嫌疑人53名，查扣涉案银行卡10余张、电脑29台、硬盘等存储设备5个、3G上网卡7张及大量账本、客户资料。经查，该案涉案金额达1318万元。

【湖州市公安机关侦破“8·14”政务网被黑客攻击案】 8月14日，长兴县信息中心政务网部分web服务器疑似被黑客挂马攻击。经湖州市公安局网警支队及长兴县公安局网警大队的调查，发现浙江省政务网系统已有数十台服务器遭同一人非法侵入和控制，长兴县政务网仅是其中之一。经过大量电子数据取证和侦查工作，湖州市局会同长兴县局在江西贵溪警方的协助下，于10月12日抓获犯罪嫌疑人黄某。经审查，犯罪嫌疑人黄某自3月以来多次在互联网下载或者购买黑客软件，通过租用服务器、购买域名等方式，采用弱口令扫描、抓鸡等手段对浙江省各地市政务网上百台服务器进行非法侵入和控制。

【金华市公安局侦破部督“6·27”利用手机木马跨国网络盗窃案】 6月27日，金华市公安局根据上级线索通报，对一个涉及台湾籍人员利用智能手机木马程序实施小额诈骗的犯罪团伙开展立案侦查。7月30日，该案被公安部列为督办案件。8月28日，在公安部的统一指挥下，金华市公安局在金华、龙岩、延边及上海四地同时收网，共摧毁犯罪团伙3个，捣毁窝点6处，抓获犯罪嫌疑人32名，查获扣押作案用银行卡数百张、电脑数十台、资金250余万元。

【台州市公安局侦破部督"8·6"利用黑客手段实施诈骗案】 8月6日，台州市台州湾循环经济管委会网站的办公OA系统被人侵入，并通过远程控制，利用该系统分批向全国不特定对象发送28000余条诈骗短信，该案被公安部列为督办案件。经台州市公安局立案侦查，系犯罪嫌疑人利用黑客手段侵入政府部门计算机系统，再借助系统发送诈骗短信继而实施"钓鱼"式诈骗。台州市局历经半年侦查，陆续抓获犯罪嫌疑人12名，查明该犯罪团伙入侵全国范围内110多个网站，发送1300多万条诈骗短信，诈骗所得金额达340余万元。

出入境案件

【宁波市公安机关侦破"4·4"特大组织他人偷越国(边)境案】 3月26日，绍兴市公安局上虞区分局在审查一名非法入境越南人时，获得有几百名越南人在宁波市鄞州区和慈溪市一些工厂非法务工的线索。在省公安厅出入境管理局统一部署下，宁波市公安机关成立"4·4"饶炎清等组织他人偷越国(边)境案专案组。公安部确定该案为督办案件。经专案组缜密侦查，该案于7月10日成功告破，抓获并移送审查起诉犯罪嫌疑人11名，查获非法入境越南籍务工人员394名。2015年3月16日，宁波市鄞州区人民法院对11名被告人作出判决，主犯饶炎清犯组织他人偷越国(边)境罪和伪造居民身份证罪被判处有期徒刑九年，主犯贺国平犯组织他人偷越国(边)境罪和伪造居民身份证罪被判处有期徒刑八年六个月，陈亚舟、黄秋生等其余9名被告人分别被判处一年六个月至五年不等的有期徒刑。

边防案件

【台州公安边防支队侦破"2014·12·26"吴某某等人非法猎捕野生动物案】 12月26日14时许，该支队通过情报线索在台州市路桥区金清镇南盟村2区3号"南盟超市"抓获正在非法买卖红珊瑚的吴某某等4名犯罪嫌疑人，当场缴获各类红珊瑚9箱5000余件，重约25千克，涉案价值约2000万元人民币，扣押2艘涉案"三无"船舶、1辆轿车，成功切断台州至福建的非法猎捕、销售红珊瑚的通道。截至2015年5月26日，该案共刑事拘留14人，其中逮捕并起诉6人、取保候审1人、列网上逃犯7人。

【温州公安边防支队侦破"2014·12·4"何某某等人非法猎捕野生动物案】 12月4日晚，该支队在与海洋与渔业局开展"一打三整治"联合执法中，在乐清市清江镇南塘东山码头附近海域，查获非法猎捕红珊瑚的"三无船舶"，当场缴获红珊瑚200余克，扣押3艘"三无船舶"。截至2015年1月21日，该案共刑事拘留30人，其中逮捕并起诉18人、列网上逃犯12人。

【舟山公安边防支队侦破"12·4"特大贩毒案】 12月4日，该支队在省公安边防总队和舟山市公安局的统一指挥下，会同禁毒、技侦等部门开展联合行动，在舟山、衢州市等地开展集中统一收网，先后抓获金某等涉案人员24名，缴获毒品冰毒约5.1千克，成功侦破公安部"2014－886"毒品目标案件和省公安厅"2014－226"毒品目标案件，打掉两个长期盘踞在舟山的贩毒团伙。

【宁波机场边检站查获持用骗取证件出入境案】 4月18日，宁波机场边防检查站检查员在执行出入境边防检查任务时，发现内地旅客施某某所持《因公往来香港澳门特别行政区通行证》签发地与当事人户籍不符。经查证，其所持证件与其身份证姓名不一致。当事人承认其花费1.6万元人民币购买《因公往来香港澳门特别行政区通行证》并持用该骗取的证件多次出入境的事实。因其偷越国(边)境行为3次以上，涉嫌追究刑事责任，宁波机场边防检查站将该案移交宁波公安边防支队处理。

【舟山公安边防支队查获"海观山266号"船非法买卖成品油案】 7月，该支队侦查队根据情报线索，在普陀区沈家门港内查获"海观山266号"船涉嫌无合法齐全手续买卖成品油，共查获成品油499吨，价值214万元。

【舟山公安边防支队查获"新和66号"船非法买卖成品油案】 9月30日，该支队小沙边防派出所民警通过情报线索在舟山临城岙山码头对"新和66号"船进行检查时，发现该船上存有大量燃料油，该船负责人张某某(男，1959年11月21日出生，舟山普陀人，系该船船长）以及公司的法人代表鲍某某（男，1965年11月20日出生，定海人）均无法提供燃料油的合法齐全手续。此案查获454.9吨燃料油，案值119.4万元。

火灾事故

【杭州市萧山区瓜沥镇出租房火灾】 1月1日22时40分，杭州市萧山区瓜沥镇沙田头村临港工业园区一居住出租房发生火灾。起火出租房为一户主自行搭建的违章建筑，占地面积10余平方米。火灾过火面积约28.7平方米，造成4人死亡，直接财产损失7.3万元，起火原因系电气线路故障引燃周边可燃物。

【温岭市大东鞋业有限公司火灾】 1月14日14时52分，位于温岭市城北街道杨家渭村的台州大东鞋业有限公司发生火灾，温岭公安消防大队接到市公安局110指挥中心指令后，迅即调派温岭、城东2个公安消防队的8辆消防车、41名官兵赶赴现场，同时调派城北、横峰、牧屿、泽国、大溪、温峤、箬横、新河、松门、石塘10个专职消防队的12辆消防车、38名队员增援。台州公安消防支队指挥中心接到报告后，立即启动二级火情响应及社会联勤联动预案，迅速调集椒江、黄岩、路桥、开发区4个公安消防队的10辆消防车、40名官兵增援，支队全勤指挥部随即赶赴现场，同时调集公安、医疗救护、供水、供电、通信、交通运输等社会联勤力量到场协助火灾处置，经过2个小时扑灭大火。火灾过火面积约800平方米，共造成16人死亡，5人受伤，直接经济损失约30万元。是日晚，省政府成立省公安厅、省监察厅、省总工会、省安监局等部门组成的事故调查组赶赴现场指导工作。经调查，确认该火灾为重大责任事故，直接原因为位于鞋厂东侧钢棚北半间的电气线路故障，引燃周围鞋盒等可燃物引发火灾；间接原因为厂房违章搭建、安全管理混乱，市、街道、村及辖区派出所监管不力。11月27日，温岭市人民法院以重大责任事故罪一审分别判处大东鞋厂法人代表林某某、股东林某某五年六个月、五年有期徒刑；温岭市17名相关党政机关责任人受到党纪、政纪处理。

【庆元县竹口镇竹上村出租房火灾】 4月10日13时55分，丽水市庆元县竹口镇竹上村三通路21号一居住出租房发生火灾，起火建筑为一栋砖混结构的村委自建房，占地面积205.7平方米，建筑面积约600平方米。火灾过火面积约142平方米，造成3人死亡、4户受灾，直接财产损失13.8万元，起火原因系小孩玩火引燃周围可燃物。

【慈溪市桥头镇快餐店火灾】 11月29日零时51分，宁波慈溪市桥头镇桥三路94、96号德梅快餐店发生火灾。火灾过火面积约100平方米，造成4人死亡、2人受伤，直接财产损失108.44万元。起火原因系电气设备故障。

【温州市鹿城区化工市场化学物品爆燃事故】 12月1日下午14时许，温州市鹿城区牛山北路的温州化工市场内一辆槽罐车在卸货时，致装载的醋酸乙烯发生爆燃并引燃存放丙酮、醋酸乙烯的化工仓库，导致3人受伤。温州公安消防支队指挥中心接警后，立即调派9个消防中队以及特勤、战勤保障大队共200余名官兵、32辆消防车赶赴现场。支队全勤指挥部遂行出动，并向省公安消防总队和温州市政府报告。省公安消防总队通过视频远程指挥，提出全程监测、冷却抑爆等作战要求。温州市政府立即启动《重特大灾害事故应急处置预案》和《危化品生产安全事故应急预案》，调派公安、安监、卫生、环保、电力、水务等应急联动力量和技术专家到场协同处置。公安部消防局接报后，政委杨建民、局长于建华等立即到公安部消防局指挥中心通过3G图传实时了解现场情况，远程指挥。现场指挥部全力控制灾情发展，并调集大量黄沙，对毒物泄漏区域进行覆盖、围堵，防止复燃和发生毒物扩散等次生灾害。事故处置期间，现场先后发生5次较大规模爆炸。参战官兵经过3个多小时的英勇奋战，成功将大火扑灭，保住市场内300余种、数千吨危化品，未引发环境污染和次生灾害。

道路交通事故

【G92杭州湾环线高速"2·25"较大道路交通事故】 2月25日23时23分许，王某某驾浙BG7583大型普通客车沿G92杭州湾环线高速往宁波方向行驶至237km+900m处时，刮擦中央护栏后碰撞边护栏并冲破边护栏导致车辆侧翻，造成车上乘客1人当场死亡、4人送医院抢救无效死亡、10人受伤的道路交通事故。

【G92杭州湾环线高速"4·27"较大道路交通事故】 4月27日15时12分许，吴某某驾驶浙ABV300号小型轿车行驶至G92杭州湾环线高速南线往宁波方向293km+600m处时，右侧车头碰撞由徐某某驾驶的浙 B99999 号大型普通客车左前侧车身，随后两车同时碰撞右侧边护栏，浙 B99999 号大型普通客车在碰撞后发生侧翻，造成浙 B99999 号大型普通客车乘客 5 人当场死亡、12 人受伤的道路交通事故。

【S56 省道瑞安段"6·14"较大道路交通事故】 6 月 14 日 10 时 8 分许，张某某驾驶浙 CUP392 号小型越野客车行经 S56 省道 26KM 处（瑞安市高楼镇平阳坑塔石隧道地段）时，与相向行驶由颜某某驾驶的浙 CH1255 号大型普通客车相撞，造成浙 CUP392 号小型越野客车驾驶人张某某及 4 名乘客死亡、浙 CH1255 号大型普通客车乘客 7 人受伤的道路交通事故。

【G56 杭瑞高速公路杭州段"7·12"较大道路交通事故】 7 月 12 日 12 时 37 分许，王某某驾驶皖 R23460 号大型普通客车在 G56 杭瑞（杭徽）高速公路往杭州方向临安出口下匝道处发生侧翻，造成车内乘客 6 人死亡、36 人受伤的道路交通事故。

行业公安机关侦破案件

【省厅机场公安局侦破"7·26"机上盗窃案】 7 月 26 日 16 时许，省公安厅机场公安局接受害人王某报案称，其在乘坐武汉至杭州的 CZ3541 航班上被盗人民币 1.5 万元整。该局受案后，立即展开调查、取证，于是日抓获犯罪嫌疑人彭某某（河南籍）。2015 年 2 月 26 日，彭某某因盗窃罪被判处有期徒刑 7 个月。

【省厅机场公安局侦破"9·3"涉外机上盗窃案】 9 月 3 日 14 时许，省公安厅机场公安局接警称，是日由多哈飞来的 QR868 国际航班上有旅客被盗 6200 美元，飞机预计 15:30 分在杭州萧山国际机场降落。该局立即组织警力，联系边检、卫检、海关及卡塔尔航空公司驻杭办事处，通报情况及公安机关将要采取的处置措施。经侦查，旅客虎某某（河南籍）有重大作案嫌疑。该局民警在飞机污水中过滤出美金 5900 美元，虎某某于当日因涉嫌盗窃罪被刑事拘留。是月 18 日，虎某某被依法取保候审。

【宁波机场公安分局侦破"3·5"机上盗窃案】 3 月 5 日，宁波机场公安分局接受害人骆某某报案称，其在乘坐由宁波至澳门的 NX161 次航班上被盗 13 万港币。该分局受案后立即展开调查、取证。8 月 11 日，在武汉机场抓获正准备冒用他人身份证乘坐飞机的犯罪嫌疑人刘某某、鲁某某。是月 12 日，刘某某、鲁某某因涉嫌盗窃罪被刑事拘留。2015 年 1 月 20 日，刘某某因盗窃罪被判处有期徒刑三年十个月，并处罚金 4 万元；鲁某某因盗窃罪被判处有期徒刑三年六个月，并处罚金 3 万元。

【温州机场公安分局成功处置"1·17"非法干扰航空安全事件】 1 月 17 日 21 时 17 分，温州龙湾机场外问讯处接到匿名电话称，在 HU7252 航班上放置了自制炸弹，要求把飞机拦下来。温州机场公安分局接到报警后，立即启动处置预案，查询 HU7252 航班信息，确定该航班 16 时 28 分从温州机场起飞，于 18 时 57 分在北京首都机场平安降落，同时将该航班遭到恐怖威胁的情况通报给北京机场公安分局。该分局及时与济南机场警方开展并案侦查，并将温州机场遭受恐怖威胁情况电话录音等信息移交给济南机场警方。是月 20 日中午，山东警方抓获犯罪嫌疑人李某某（山东籍）。

【温州机场公安分局侦破机场投毒杀人案】 5 月 1 日 6 时许，温州机场国内候机楼前发生一起喂食毒物杀人（未遂）案，嫌疑人陈某某（浙江籍）在向被害人胡某（5 岁）喂食物品后，自己也服用有毒化学物，两人相继出现中毒症状。该分局接警后，将被害人和犯罪嫌疑人就近送医院抢救。5 月 20 日，龙湾区人民检察院批准逮捕犯罪嫌疑人陈某某。6 月 20 日，该案侦查终结，移交龙湾区人民检察院审查起诉。

【台州机场公安分局成功处置"6·27"非法干扰航空安全事件】 6 月 27 日 8 时许，台州民航局 96555 呼叫中心接到恐吓电话称，从外地飞往路桥机场一架飞机上有炸药、路桥机场里有炸药。台州机场公安分局根据反恐预案，立即组织民警进行现场排查，并及时上报台州市公安局指挥中心。台州市局迅速组织市局指挥中心、反恐支队、刑侦支队、技侦支队、特警支队、路桥公安分局等相关警种及路南派出所民警共 50 余人到路桥机场集结，对航空器、飞行区域、候机楼及相关人员、货物进行防爆检查，并组织力量抓捕犯罪嫌疑人。是日，在温岭市抓获犯罪嫌疑人李某某（河北籍）。经审讯，该事件为虚假信息，李某某被温岭市公安局刑事拘留。8 月，经省级医疗机构鉴定，李某某为精神病患者，案件撤销。

【杭州铁路公安处侦破重大盗窃案】 4 月 5～10 日，杭州铁路公安处乘警支队连续接到乘坐 G7515、G42、G7527、G7512 旅客报警，称放在列车车厢连接处大件行李柜内的拉杆箱被盗，涉案价值5万余元。经立案侦查，发现并确定犯罪嫌疑人刘某某（男，28岁，河北省邯郸市大名县人）。11日，民警在杭州东站候车室抓获该犯罪嫌疑人。经审查，该刘供认在高铁动车上拎包盗窃作案6起的犯罪事实。犯罪嫌疑人刘某某被刑拘。

【杭州铁路公安处侦破重大盗窃案】 7月25日，旅客林某某从杭州东站乘坐G7511次列车时，被盗财物价值1.1万余元；是月28日，旅客蔡某某从杭州东站乘坐G7649次列车，被盗财物价值4.3万余元。接警后，杭州铁路公安处立案侦查。8月4日，在嘉兴市南湖区城东如家旅馆内抓获嫌疑人韩某（男，40岁，河北省沧州市东光县人）。经审查，犯罪嫌疑人供认其于7月13日至8月4日在上海虹桥、无锡、绍兴北站等地乘坐高铁动车共实施9起重大拎包案件的犯罪事实，涉案价值达10万余元。犯罪嫌疑人韩某被刑拘。

【杭州铁路公安处侦破“10·14”杭长高铁电缆被割盗案】 10月14日，杭州铁路公安处衢州站派出所向公安处指挥中心报告称，该所保安员在杭长高铁线366km+647m低路基处发现被割盗过轨电缆2根、吸上线4根，共44米。公安处成立专案组，开展侦破工作。在侦破期间，衢州所管内安仁、湖镇又连续发生6起割盗案。经侦查，确定犯罪嫌疑人史某某（男，39岁，贵州省纳雍县人），并于10月29日在龙游县将其抓获。经进一步侦查，发现犯罪嫌疑人庞某某（男，57岁，龙游县人）、徐某某（男，51岁，龙游县人），先后将他们抓获归案。经审查，犯罪嫌疑人交待了在衢州所管内割盗作案4起、在江西上饶作案6起的犯罪事实。3人被刑事拘留。

【绍兴市公安局侦破特大非法收购、运输、出售国家重点保护野生动物及制品案】 2013年11月18日，该局森林警察支队根据线索排查，对邹某等人利用网络渠道非法收购、出售国家重点保护野生动物及制品案进行立案侦查。2014年5月，抓获犯罪嫌疑人19人，查扣蟒蛇、巨蜥、陆龟等珍贵、濒危野生动物331条（只），案值900余万元。7月，该案移送审查起诉。

【温州市公安局侦破特大非法收购、运输、出售珍贵、濒危野生动物及其制品案】 1月8日，温州市公安局特警支队民警在温州市鹿城区江滨东路东港云天楼附近，发现并当场抓获正在搬运一具虎尸的江西抚州人王某。是日，温州市公安局森林警察支队、鹿城分局对王某“1·8”特大非法收购、运输、出售珍贵、濒危野生动物案立案侦查。经查，涉案老虎属于国家一级重点保护动物。4月，抓获该案主要犯罪嫌疑人王某、杨某、尹某、王某某、冯某。6月，该案移送审查起诉。截至8月底，犯罪嫌疑人分别被法院判处五至十年有期徒刑。

【瑞安市公安局侦破特大失火案】 1月2日，该局森林警察大队根据线索，依法对张某某失火案立案侦查。经鉴定，受害有林面积59.41公顷，烧损林木蓄积1461.3立方米，林木损失价值21.92万元。6月，该案移送审查起诉。7月23日，张某某被法院判处有期徒刑三年，缓刑四年。

【金华市公安局侦破特大非法收购、运输、出售珍贵、濒危野生动物及其制品案】 2月19日，该局森林警察支队根据举报线索，依法对陈某等人非法收购、运输、出售珍贵、濒危野生动物及其制品案立案侦查。经查，犯罪嫌疑人共计非法收购、出售象牙3对、象牙制品77件、熊牙1件。6月，该案移送检察院审查起诉。

【淳安县公安局侦破特大滥伐林木案】 4月26日，该局森林警察大队根据举报线索，依法对周某滥伐林木案立案侦查。经鉴定，犯罪嫌疑人共计滥伐林木蓄积344.643立方米。11月14日，周某被法院判处有期徒刑三年二个月，卢某被判处有期徒刑三年三个月，江某某、江某某均被法院判处有期徒刑六个月，缓刑一年。

【江山市公安局侦破特大滥伐林木案】 8月22日，该局森林警察大队根据举报线索，依法对冯某滥伐林木案立案侦查。经鉴定，犯罪嫌疑人共计滥伐林木蓄积138.725立方米。12月25日，冯某被取保候审。

【杭州市公安局萧山分局侦破特大非法收购、运输、出售珍贵、濒危野生动物及其制品案】 5月15日，该局森林警察大队根据举报线索，依法对汤某等非法收购、运输、出售珍贵、濒危野生动物及其制品案立案侦查。经鉴定，查获《濒危野生动植物种国际贸易公约》附录I中的暹罗鳄（制品）爪子2只、孟加拉巨蜥1只；查获《濒危野生动植物种国际贸易公约》附录II中的非洲狮（制品）肉体1块；查获国家二级保护动物穿山甲24只、雕鸮3只、黑熊（掌）5只。截至年底，共采取强制措施45人，其中1人涉及另案移交滨江区公安分局处理。8月29日，主要犯罪嫌疑人汤某某、陈某某、严某某被批准逮捕。11月20日，犯罪嫌疑人严某某被批准逮捕。

【杭州走私犯罪侦查局侦破“1·24”走私武器弹药案】 1月24日，杭州走私犯罪侦查局对于某等涉嫌走私武器弹药案立案侦查，共抓获犯罪嫌疑人7人，查获、查证走私及其他各类违法枪支112把、铅弹3312发。该案被海关总署缉私局列为一级挂牌督办案件。2015年1月22日，该案侦查终结，移送杭州市人民检察院审查起诉。

【杭州走私犯罪侦查局台州分局侦破“0429”走私成品油案】 4月29日，杭州走私犯罪侦查局台州分局对“0429”走私成品油案立案侦查。经查，自2012年底始，以潘某父子、胡某、蔡某为主的专门从事走私成品油的犯罪团伙，以海上偷运闯关方式走私成品油1.1万余吨，案值1.1亿元，涉嫌偷逃税款2800万元。8月15日，该案侦查终结并移送台州市人民检察院审查起诉。

【杭州走私犯罪侦查局侦破海宁林客贸易有限公司走私皮革案】 5月21日，杭州走私犯罪侦查局对海宁林客贸易有限公司走私皮革案立案侦查。该案涉及走私羊皮5.3万余吨，案值2亿元，涉嫌偷逃税款3100万元，被海关总署缉私局列为一级挂牌督办案件。12月18日，该案侦查终结并移送杭州市人民检察院审查起诉。

【杭州走私犯罪侦查局萧山机场分局侦破“0906”走私珍贵动物制品案】 9月6日，杭州走私犯罪侦查局萧山机场分局在对南非约翰内斯堡至杭州的航班进行检查时，从犯罪嫌疑人王某（女）行李箱内查获非洲象象牙制品162件，重8.68千克。经查，王某等人先后30余次走私象牙制品229千克、象牙手镯709件、犀牛角制品8千克进境，案值1294万元。该案先后抓获犯罪嫌疑人12人，被海关总署缉私局列为一级挂牌督办案件。

【杭州走私犯罪侦查局台州分局侦破“11·13”走私旧服装案】 11月14日，杭州走私犯罪侦查局台州分局对该案立案侦查，并在台州某造船公司码头，将正在卸货的“TIAN XING”轮及前来接货的10余辆拖挂车当场查获，缴获从香港走私进境的旧服装400余吨。经查，犯罪嫌疑人林某、石某、刘某、苏某等人合谋，先后7次通过“TIAN XING”轮以海上偷运方式，从香港走私旧服装进境销售牟利，涉案旧服装共计4000吨。2015年2月15日，该案侦查终结移送台州市人民检察院审查起诉。

【杭州走私犯罪侦查局绍兴分局侦破达利（中国）有限公司涉嫌走私普通货物案】 11月21日，杭州走私犯罪侦查局绍兴分局对该案立案侦查，共抓获犯罪嫌疑人4人。该案涉案走私服装辅料1万米，案值1.6亿元，涉嫌偷逃税款3200万元。

【宁波走私犯罪侦查局侦破“2·28”特大成品油走私专案】 4月29日晚，宁波走私犯罪侦查局在海关总署缉私局的部署下，在省公安厅、解放军某部协助下，联合南京、杭州、广州、南昌等地海关缉私局，出动警力160余人，在宁波、舟山、南通、常熟、吉安、宜春等地同时开展行动，共抓获涉案人员32人，现场查获成品油2500余吨，涉案船只3艘。经查，以宁波弘太石油化工有限公司负责人朱某、戴某等人为首的犯罪团伙自2013年5月起，利用多条运油船到公海走私过驳成品油，绕关入境并存入租赁的多个油库，形成非法运输、储存及销售走私一条龙。该团伙共计走私成品油6.77万余吨，案值4.36亿元，涉税1.48亿元。该案被海关总署缉私局列为一级挂牌督办案件。截至11月，该案采取强制措施43人，起诉29人。

【宁波走私犯罪侦查局侦破“11·6”走私毒品案】 11月6日，宁波机场海关在旅检现场对欲搭乘航班由宁波前往香港的菲律宾籍男子马杜罗所携带的电热水器进行查验，当场在电热水器内胆中查获藏匿的冰毒约5千克。该案被海关总署缉私局列为二级挂牌督办案件，是宁波海关首次在旅检渠道查获的毒品走私案件。2015年2月，宁波走私犯罪侦查局将犯罪嫌疑人移送宁波市人民检察院审查起诉。

【宁波走私犯罪侦查局侦破“6·12”走私进口化妆品案】 6月26日，宁波走私犯罪侦查局对犯罪嫌疑人李某、路某、包某走私进口韩国化妆品案立案侦查。经查，2013年11月至2014年3月，上述犯罪嫌疑人采用伪报品名的方式从宁波口岸走私进口韩国化妆品共计9个集装箱，案值约514万元，涉嫌偷逃税款约181万元。

【宁波走私犯罪侦查局侦破“3·25”走私出口木炭案】 3月25日，宁波走私犯罪侦查局对犯罪嫌疑人李某、路某走私出口木炭案立案侦查。经查，2013年11月至2014年3月，上述犯罪嫌疑人采用伪报品名的方式，将国家禁止出口的原木烧制的木炭伪报为枕头、烫衣板、仿真树向海关申报走私出口，数量共计24吨。

发文目录(部分)

浙江省公安厅 2014 年发文目录

发文时间	题　　目	发 文 号
7 月 29 日	浙江省公安厅关于命名 2013 年度二级公安(边防)派出所和撤销部分二级公安派出所的决定	浙公发〔2014〕7 号
12 月 5 日	浙江省公安厅关于进一步加强全省边防派出所建设的决定	浙公发〔2014〕12 号
1 月 19 日	浙江省公安厅关于印发进一步改进和加强新形势下派出所工作指导意见的通知	浙公通字〔2014〕1 号
1 月 8 日	浙江省公安厅转发公安部关于聘请第四届特邀监督员的通知	浙公通字〔2014〕2 号
1 月 6 日	浙江省公安厅中国移动通信集团浙江有限公司关于依法打击和整治利用“伪基站”实施违法犯罪活动的通知	浙公通字〔2014〕3 号
1 月 14 日	浙江省公安厅关于印发《浙江省县级公安机关执法办案积分制》的通知	浙公通字〔2014〕4 号
1 月 13 日	浙江省公安厅关于印发《浙江省公安机关重大疑难刑事案件集体议案制度》的通知	浙公通字〔2014〕5 号
1 月 13 日	浙江省公安厅关于加强和改进刑事案件法律审核工作的意见	浙公通字〔2014〕6 号
1 月 20 日	浙江省公安厅关于 2013 年度全省公安队伍正规化建设优秀单位的通报	浙公通字〔2014〕7 号
1 月 20 日	浙江省公安厅关于 2013 年度全省公安机关执法质量考核评议结果的通报	浙公通字〔2014〕8 号
1 月 21 日	浙江省公安厅等三部门关于报送 2014 年省级道路交通事故多发点段的通知	浙公通字〔2014〕9 号
1 月 23 日	浙江省公安厅关于印发《核电运营单位反恐怖防范规范》的通知	浙公通字〔2014〕11 号
1 月 26 日	浙江省公安厅　浙江省精神文明建设委员会办公室关于印发《“清剿火患,消防志愿者在行动”主题活动方案》的通知	浙公通字〔2014〕14 号
1 月 28 日	浙江省公安厅　中国银行业监督管理委员会浙江监管局关于全省银行业金融机构安全评估“回头看”暨银行安全大检查工作抽查督导情况的通报	浙公通字〔2014〕15 号
1 月 28 日	浙江省公安厅关于 2013 年度全省信访工作考评结果的通报	浙公通字〔2014〕16 号

续表

发文时间	题　　目	发 文 号
1 月 28 日	浙江省公安厅　浙江省民政厅　浙江省卫生和计划生育委员会关于加强养老服务儿童福利、医疗卫生等机构消防宣传教育培训工作的通知	浙公通字〔2014〕17 号
2 月 11 日	浙江省公安厅　浙江省住房和城乡建设厅关于改革建设工程消防行政审批制度的指导意见	浙公通字〔2014〕18 号
2 月 17 日	浙江省公安厅等三部门关于深化公共娱乐场所消防安全“三提示”宣传工作的通知	浙公通字〔2014〕21 号
2 月 19 日	浙江省公安厅　浙江华数广电网络股份有限公司关于深化警企合作联合推进互联网安全保护措施落实工作的通知	浙公通字〔2014〕22 号
2 月 26 日	浙江省公安厅关于认真做好全省扩大有效投资推进重点建设项目公共安全服务保障工作的指导意见	浙公通字〔2014〕23 号
2 月 28 日	浙江省公安厅关于对全省公安机关打假行动成绩突出集体和个人予以表扬的通报	浙公通字〔2014〕24 号
3 月 3 日	浙江省公安厅关于印发《全省公安机关构建“又好又多”执法办案体系深化执法规范化建设工作推进计划》的通知	浙公通字〔2014〕25 号
3 月 3 日	浙江省公安厅关于 2013 年度全省消防工作考核情况的通报	浙公通字〔2014〕26 号
3 月 4 日	浙江省公安厅　浙江省能源局关于贯彻执行《电力设施治安风险等级和安全防范要求》的通知	浙公通字〔2014〕27 号
3 月 5 日	浙江省公安厅关于 2013 年度全省公安机关执法质量考评工作情况的通报	浙公通字〔2014〕28 号
3 月 3 日	浙江省公安厅关于 2013 年度执法责任书完成情况的通报	浙公通字〔2014〕29 号
3 月 4 日	浙江省公安厅　浙江省住房与城乡建设厅关于印发《浙江省消防技术规范难点问题操作技术指南》的通知	浙公通字〔2014〕30 号
3 月 12 日	浙江省公安厅　中国银行业监督管理委员会浙江监管局关于印发《全省深入推进金融安全“心防工程”建设工作方案》的通知	浙公通字〔2014〕31 号
3 月 7 日	浙江省公安厅　浙江省环境保护厅关于印发《全省“打污染清江河”专项行动工作方案》的通知	浙公通字〔2014〕32 号
3 月 10 日	浙江省公安厅关于对 2013 年度全省公安机关命案侦破工作成绩突出集体予以表扬的通报	浙公通字〔2014〕33 号
3 月 18 日	浙江省公安厅　浙江省卫生和计划生育委员会关于印发《戒毒医疗机构认定吸毒成瘾程序规定（试行）》的通知	浙公通字〔2014〕34 号
3 月 18 日	浙江省公安厅等三部门关于将消防安全教育纳入各级党校、行政学院培训内容的通知	浙公通字〔2014〕35 号

续表

发文时间	题　　目	发 文 号
3月21日	浙江省公安厅　浙江省高等学校招生委员会关于做好2014年公安警察院校招生考试工作的通知	浙公通字〔2014〕36号
3月22日	浙江省公安厅关于印发《浙江省公安厅关于依法处理涉法涉诉信访问题的实施办法》的通知	浙公通字〔2014〕37号
3月20日	浙江省公安厅关于印发《浙江省公安机关办理伤害案件前期取证和法医学鉴定工作规定》的通知	浙公通字〔2014〕38号
4月3日	浙江省公安厅关于印发《2014年全省公安队伍正规化建设评估要点》的通知	浙公通字〔2014〕39号
4月11日	浙江省公安厅关于加强杭州萧山机场公路改建工程施工期间交通管理的指导意见	浙公通字〔2014〕40号
4月11日	浙江省公安厅关于印发《浙江省公安机关办理罪犯解回再审工作规定》的通知	浙公通字〔2014〕41号
4月17日	浙江省公安厅关于印发《浙江省公安厅全面深化改革领导小组工作规则》和《浙江省公安厅全面深化改革领导小组办公室工作细则》的通知	浙公通字〔2014〕42号
4月17日	浙江省公安厅关于下发《2014年浙江省公安机关普法依法治理工作要点》的通知	浙公通字〔2014〕43号
4月23日	浙江省公安厅关于全省公安机关护航“五水共治”工作的实施意见	浙公通字〔2014〕44号
4月21日	浙江省公安厅关于印发《浙江省放射性物品道路运输审批暂行规定》的通知	浙公通字〔2014〕45号
5月4日	浙江省公安厅　中国人民解放军浙江省军区司令部　中国电信股份有限公司浙江分公司　中国移动通信集团浙江有限公司　中国联合网络通信有限公司浙江省分公司关于印发《全省军警民联合护线宣传月活动工作方案》的通知	浙公通字〔2014〕46号
5月5日	浙江省公安厅关于印发《全省公安机关2014年度信访工作考核办法》的通知	浙公通字〔2014〕47号
5月8日	浙江省公安厅关于印发《浙江省公安机关执法质量考核评议实施办法》的通知	浙公通字〔2014〕48号
3月17日	浙江省公安厅　浙江省人力资源和社会保障厅　浙江省教育厅关于加强保安队伍职业化建设的通知	浙公通字〔2014〕49号
5月13日	浙江省公安厅关于印发《浙江省公安机关新录用人民警察初任训练大纲(试行)》的通知	浙公通字〔2014〕50号
5月13日	浙江省公安厅关于印发《全省公安派出所办理经侦部门管辖经济犯罪案件暂行规定》的通知	浙公通字〔2014〕51号

续表

发文时间	题　　目	发 文 号
5 月 12 日	浙江省公安厅　浙江省通信管理局关于加强"伪基站"排查装备建设深化打击整治"伪基站"违法犯罪活动的通知	浙公通字〔2014〕52 号
5 月 19 日	浙江省公安厅关于印发《拘留所办理收拘、解除拘留工作规程》的通知	浙公通字〔2014〕54 号
5 月 19 日	浙江省公安厅关于进一步加强公安民警因私出国(境)管理的通知	浙公通字〔2014〕55 号
5 月 26 日	浙江省公安厅等九部门关于 2014 年"文明交通行动计划"重点工作安排	浙公通字〔2014〕58 号
6 月 4 日	浙江省公安厅　浙江省高等学校招生委员会关于做好 2014 年公安现役院校招收普通中学高中毕业生工作的通知	浙公通字〔2014〕59 号
6 月 12 日	浙江省公安厅关于进一步加强治安巡逻犬建设应用的意见	浙公通字〔2014〕62 号
6 月 16 日	浙江省公安厅关于对全省公安监管部门法治文明窗口建设年活动成绩突出集体和个人予以表扬的通报	浙公通字〔2014〕63 号
6 月 16 日	浙江省公安厅　浙江省卫生和计划生育委员会关于进一步深化维护医疗机构治安秩序的意见	浙公通字〔2014〕64 号
6 月 13 日	浙江省公安厅　浙江省社会管理综合治理委员会办公室　浙江省社会治安综合治理协会关于对 2013 年开展创建治安安全单位活动成绩突出单位予以表扬的通知	浙公通字〔2014〕65 号
6 月 26 日	浙江省公安厅关于进一步加强安全生产管理工作的意见	浙公通字〔2014〕66 号
6 月 25 日	浙江省公安厅转发公安部关于印发《公安机关规范性文件备案审查办法》的通知	浙公通字〔2014〕67 号
6 月 26 日	浙江省公安厅　中国人民银行杭州中心支行　中国银行业监督管理委员会浙江监管局关于进一步加强通讯(网络)诈骗犯罪打防工作的通知	浙公通字〔2014〕68 号
7 月 3 日	浙江省公安厅关于印发《浙江省深化铁路"线路警务室"与周边"社区警务室"治安协作机制工作方案》的通知	浙公通字〔2014〕70 号
6 月 30 日	浙江省公安厅关于落实 2013 年度执法质量考评问题整改及个案责任追究情况的通报	浙公通字〔2014〕71 号
7 月 11 日	浙江省公安厅关于规范社会视频资源整合工作的意见	浙公通字〔2014〕74 号

续表

发文时间	题　　目	发 文 号
8月1日	浙江省公安厅转发公安部关于进一步健全完善公安机关和公安民警经常性联系群众制度指导意见的通知	浙公通字〔2014〕77号
8月4日	浙江省公安厅关于东阳、诸暨两起民警职务犯罪案件的情况通报	浙公通字〔2014〕78号
8月1日	浙江省公安厅关于进一步加强浙江公共安全技术研究院建设的实施意见	浙公通字〔2014〕79号
8月8日	浙江省公安厅关于规范通讯(网络)诈骗案件用语等事项的通知	浙公通字〔2014〕80号
8月11日	浙江省公安厅关于印发《浙江省公安机关信访事项受理办理程序规定(试行)》的通知	浙公通字〔2014〕81号
8月18日	浙江省公安厅　浙江省商务厅　浙江省安全生产监督管理局　浙江省工商行政管理局关于加强购销散装汽油管控工作的通知	浙公通字〔2014〕82号
8月29日	浙江省公安厅关于近期发生多起民警职务犯罪案件的情况通报	浙公通字〔2014〕83号
9月1日	浙江省公安厅关于印发《浙江省公安机关协辅人员保密管理规定》的通知	浙公通字〔2014〕85号
9月2日	浙江省公安厅关于印发《浙江省公安机关血液中乙醇检验工作规范》的通知	浙公通字〔2014〕86号
9月5日	浙江省公安厅关于进一步推行县级公安机关执法办案积分制的指导意见	浙公通字〔2014〕88号
9月5日	浙江省公安厅　浙江省司法厅　浙江省禁毒委员会办公室关于建立强制隔离戒毒工作协作交流机制的通知	浙公通字〔2014〕89号
9月15日	浙江省公安厅关于进一步加强执法安全防止涉案人员非正常死亡的工作意见	浙公通字〔2014〕90号
9月15日	浙江省公安厅关于印发《浙江省公安机关严禁刑讯逼供五项规定》的通知	浙公通字〔2014〕91号
9月25日	浙江省公安厅关于印发《浙江省公安机关下放行政审批项目事中事后监管工作暂行办法》的通知	浙公通字〔2014〕93号
9月25日	浙江省公安厅关于印发《全省优秀公安局优秀公安基层单位和优秀人民警察评选办法》的通知	浙公通字〔2014〕94号

续表

发文时间	题　　目	发 文 号
9月25日	浙江省公安厅关于全面推进全省公安350兆(PDT)无线数字集群系统建设工作的实施意见	浙公通字〔2014〕95号
9月23日	浙江省公安厅　浙江省交通运输厅转发公安部交通运输部关于切实加强城市公共交通安保工作的通知	浙公通字〔2014〕96号
9月30日	浙江省公安厅 浙江省司法厅关于全省"警调衔接"机制建设督导情况的通报	浙公通字〔2014〕97号
10月21日	浙江省公安厅关于印发《浙江省警用直升机使用暂行规定》、《浙江省警用直升机搭乘暂行规定》的通知	浙公通字〔2014〕98号
11月10日	浙江省公安厅等四部门转发公安部等四部门关于进一步加强散装汽油购销安全监管工作的通知	浙公通字〔2014〕99号
11月13日	浙江省公安厅关于印发《户籍管理十二项便民服务措施》的通知	浙公通字〔2014〕101号
11月12日	浙江省公安厅等三部门关于开展2014年度全省机关团体企业事业单位创建"治安安全单位"评估工作的通知	浙公通字〔2014〕102号
11月18日	浙江省公安厅关于印发《浙江省公安机关工作证使用管理暂行规定》的通知	浙公通字〔2014〕103号
11月24日	浙江省公安厅关于印发《浙江省公安厅关于刑事案件办理程序若干问题的规定》的通知	浙公通字〔2014〕104号
11月25日	浙江省公安厅关于印发《全省公安机关涉法涉诉信访事项内导办理衔接机制》的通知	浙公通字〔2014〕105号
11月25日	浙江省公安厅　中国银行业监督管理委员会浙江监管局关于印发《浙江省银行业金融机构第四轮安全评估实施方案》的通知	浙公通字〔2014〕106号
12月4日	浙江省人民检察院浙江省公安厅关于进一步加强缉捕外逃经济犯罪人员协作配合的通知	浙公通字〔2014〕107号
12月8日	浙江省公安厅关于开展"逢嫌必检"查控吸毒人员工作的通知	浙公通字〔2014〕108号
12月18日	浙江省公安厅　中国银行业监督管理委员会浙江监管局关于对2014年全省银行业金融机构安全防范工作成绩突出集体和个人予以表扬的通报	浙公通字〔2014〕111号
12月18日	浙江省公安厅　中国银行业监督管理委员会浙江监管局关于全省金融安全"心防工程"建设工作情况的通报	浙公通字〔2014〕112号
12月23日	浙江省高级人民法院等三部门关于简化刑事案件管辖对接问题的意见	浙公通字〔2014〕113号
12月29日	浙江省公安厅关于公布2014年度全省后进摘牌及继续挂牌治理监所、监管场所等级、多年安全无事故监所名单的通知	浙公通字〔2014〕115号

索　引

说　明

一、本索引采用主题分析方法编制。

二、本索引以汉语拼音为排序依据，按索引条目首字汉语拼音（同音字按声调）顺序排列；首字相同的，按第二字拼音排序，以下依次类推。

三、索引词后的阿拉伯数字表示内容所在的页码，数字后的拉丁字母 a、b 分别表示左栏和右栏。

四、本年鉴的专文、彩图、特载、大事记、组织机构、人物、典型案例、发文目录等内容不做索引。

主题索引

A

爱民固边战略 …… 75a
安防宣传工作 …… 201a
安吉县公安局 …… 202b
安全技术防范体系建设 …… 110b
澳大利亚联邦警察驻华联络官代表团 …… 105a
“安宁行动” …… 55a、212b
“安全促发展”国际论坛 …… 156a

B

百城禁毒会战 …… 65a、168a、177a、219b、237a
班子建设 …… 93b
办理建议提案 …… 103a
保安服务公司管理 …… 213b
保安服务行政审批制度 …… 69a
保安服务职业化建设 …… 69b
保持海上打私高压态势 …… 95b
保险诈骗破案竞赛活动 …… 218b
爆破作业管理秩序和执法突出问题专项治理 …… 69a
北京 APEC 会议 …… 92b、99b
北仑公安分局 …… 182b
被装管理 …… 107b
边防治安防控体系 …… 74b
边检服务水平 …… 75b
编辑出版《浙江警学》 …… 121b
便民利民措施 …… 71a、221a
表彰全省优秀公安局、基层单位和人民警察 …… 132a
滨海公安分局 …… 217a
“百警进项目”活动 …… 230b
“百千万”工程 …… 214a

C

苍南县公安局 …… 194b
长兴县公安局 …… 202b
常山县公安局 …… 229b
场所特业治安管理 …… 205b
车管便民服务 …… 199a
车管所等级评定工作 …… 88a
车驾管工作 …… 214a
车辆检测社会化 …… 239b
城市道路严重交通违法行为集中整治行动 …… 248a
城市交通管理工作 …… 87a
城市交通秩序 …… 179b
城市治堵 …… 227a、232b
城乡新居民管理工作 …… 198a
出口环节走私 …… 96b
出入境“亮窗暖心 美丽到家”活动 …… 247a

出入境便民服务措施 …… 213b
出入境窗口新举措 …… 169b
出入境管理服务 …… 190a
出入境审批权限“一体化”改革 …… 207b
出入境违法犯罪 …… 74a
出租房智能化管理 …… 178b
传销 …… 55a、167a、176a、196b、204a、218b、225a
创建全国文明城市活动 …… 212b
创新实践活动 …… 114b
春节和重阳节慰问活动 …… 154b
春运安保工作 …… 91a
春运交通安全管理 …… 86b
淳安县公安局 …… 173b
慈溪市公安局 …… 183a
慈溪市桥头镇快餐店火灾 …… 261b
从严治警 …… 192a
从优待警 …… 192a
错案预防机制建设 …… 170b
“除黑恶、打盗抢、防诈骗” …… 212b
“创人民满意消防队伍”活动 …… 77a、207b、214a

D

打防控系统信息实战应用 …… 114a
打防侵财犯罪 …… 57a、225a、236a
打拐工作 …… 58a
打黑除恶行动 …… 57b、176b、187a、219a、225b
打击和防范经济犯罪宣传日活动 …… 56b
打击涉黄涉赌违法犯罪 …… 205a
打击严重刑事犯罪 …… 62b
打假行动 …… 218b
大江东产业集聚区公安分局 …… 172b
大榭公安分局 …… 184b
大型活动安保工作 …… 206a、220a
大学生入警和公安现役院校招生 …… 153b
岱山县公安局 …… 234a
单位内部安全防范 …… 206a
党的群众路线教育实践活动 …… 149a、170b
党的十八届四中全会安保专项督察 …… 99b
党风廉政建设 …… 123a
倒票“猎鹰——2014”战役 …… 92a
倒票“秋风——2014”战役 …… 92a
道路安全隐患排查整治行动 …… 208b
道路交通安全管理 …… 190b
德清县公安局 …… 202a
地方公安立法工作 …… 117a
第二届夏季青年奥林匹克运动会安保工作 …… 92b
第三届“我最喜爱的十大人民警察”评选活动 …… 209a
第三届校局合作单位刑侦警务实战与理论研讨会 …… 121b
第十一届“昆仑奖全国见义勇为英雄司机”表彰大会 …… 122b
第四届中国(宁波)智慧城市技术与应用产品博览会安保工作 …… 177b
电子往来港澳通行证 …… 73a
电子物证技术 …… 59b
调整城区公安分局领导班子管理体制 …… 171a
定海公安分局 …… 233b
东钱湖公安分局 …… 184a
东阳市公安局 …… 223a
洞头县公安局 …… 193b
毒驾专项整治工作 …… 226b
毒品、武器弹药等非涉税走私 …… 95a
毒品犯罪 …… 187b、197a
对社会开放日活动 …… 62a
对外援助培训项目 …… 104b
对公安队伍满意度调查 …… 104a
多发性侵财犯罪 …… 176b
“打霸拔钉清障护航”专项行动 …… 236b
“打非治违”专项整治行动 …… 208a
“打黄赌·铲源头”百日行动 …… 168b
“打四黑除四害”专项工作 …… 68a、177b、220b
“大排查、大铲毒” …… 226b
“大排查、大管控” …… 205a
“党建工作年”活动 …… 81a
《道路交通安全法》实施十周年宣传活动 …… 89a

E

恶意逃废债 …… 55b、186b、196a、212b

F

法制建设 …… 191b
法治人才库 …… 249a
反暴恐应急处置能力建设 …… 113b
反恐怖业务培训班 …… 66b
反恐防暴安防体系 …… 91b
反恐防暴工作 …… 97b、237a
反恐系列专项行动 …… 66b
反恐应急处置工作 …… 188a
反恐应急处置综合演练 …… 227a
反走私综合治理 …… 97a
防火救援 …… 247a

抢险救灾 …… 190a
访问澳大利亚和越南 …… 104b
访问俄罗斯和土耳其 …… 104b
飞行安全检查 …… 119a
非法捕捞红珊瑚专项行动 …… 75a
非法集资 …… 55b、204a
奉化市公安局 …… 183b
服务管理对象 …… 153b
妇委会活动 …… 130a
富阳市公安局 …… 174a
“反恐1号”演练 …… 231a
“复合型”巡逻警务模式 …… 169a

G

干部选任 …… 147a
岗位业务能力竞赛 …… 109a、152a
港区公安分局 …… 211b
高速公路安全防控体系 …… 89b
高速公路交通安保和警卫工作 …… 90b
高新公安分局 …… 216b
高新技术产业开发区(滨江)公安分局 …… 172a
高新技术开发区公安分局 …… 184b
公安部人口信息管理系统相关试点工作 …… 72b
公安部重点司法鉴定专业实验室考核 …… 59a
公安档案查询利用 …… 104a
公安档案归档报备工作 …… 104a
公安典型选树和宣传报道 …… 149b
公安队伍正规化建设 …… 131a
公安机关负责人出庭应诉情况 …… 118b
公安交管信息系统建设和应用 …… 88a
公安科技项目管理 …… 110b
公安廉政文化 …… 124a
公安民警心理健康服务队伍建设 …… 152b
公安民警招录培养体制改革试点培养工作 …… 160a
公安特警与武警反恐力量“联训、联勤、联战”工作现场会 …… 66b
公安微电影 …… 233b
公安微剧本、微电影主题大赛 …… 150a
公安微信平台 …… 249a
公安文化多向交流 …… 151a
公安文化建设 …… 201a
公安文联活动 …… 151b
公安武警、火车站公安联勤工作 …… 68b
公安宣传工作 …… 240b
公安宣传新渠道 …… 228a
公安院校招生 …… 152a
公安执法 …… 118a
公安志编纂工作 …… 105a
公车改革调研摸底 …… 107b
公务用枪数字化改造试点工作 …… 69a
公务支出公款消费专项审计 …… 108b
拱墅区公安分局 …… 172a
挂牌督办制度 …… 58b
挂牌整治治安重点地区 …… 168b
关注民生服务群众 …… 121a
官方微博运维管理工作 …… 150b
规范社区警务室建设 …… 220b
轨道交通治安分局 …… 180a
国保队伍建设 …… 54b
国际禁毒日主题宣传活动 …… 65a
国际钱江(海宁)观潮节空中安保任务 …… 119a
“感受温暖警营·寻访最美警察”主题宣传活动 …… 149b
“感受温暖警营 寻访最美警察”(第2季)主题宣传活动 …… 120b
“规范化服务型车管所” …… 208b

H

海宁市公安局 …… 211a
海曙公安分局 …… 181b
海盐县公安局 …… 210a
韩国全南地方警察厅代表团访问浙江 …… 104b
杭长高铁安防设施标准 …… 93a
杭长高铁联调联试安保工作 …… 92a
杭州湾新区公安分局 …… 184b
航空后勤保障 …… 119b
合成作战 …… 196b、219a
黑客攻击破坏 …… 64a、177a
后进监所集中治理活动 …… 60b
户籍制度改革 …… 70b、178b、231b、238b、246b
户口登记管理专项清理整顿工作 …… 71a、207a、247a
户口管理岗位技能等级认证 …… 71a、207a
户口管理清理整治 …… 220b
华东合作区特警队拉动演练 …… 69a
环境污染犯罪 …… 177b
黄标车淘汰和限行工作 …… 180a
黄标车淘汰和重点车辆检测工作 …… 221a
黄赌犯罪 …… 177b、188b、197a
黄岩公安分局 …… 241b
火灾隐患整治 …… 78a、179b、247b
“海陆一体化”治安防控体系 …… 232a
“河道警长制” …… 213b
“护校安园” …… 68b
“护校安园”工作 …… 206b

“惠民十大行动” …………………………………… 196a

J

机场道路交通安全管理 ……………………………… 98a
机场公安分局 ………………………………………… 184a
机场警卫安保工作 …………………………………… 97b
机场治安管理 ………………………………………… 190b
机动车“限牌限购” ………………………………… 170b
机动车驾驶人管理 …………………………………… 88b
机动车检验改革 ……………………………………… 88b
机动车辆和驾驶人管理 ……………………………… 108a
机关服务保障 ………………………………………… 108a
机务维护 ……………………………………………… 119b
机要工作 ……………………………………………… 104b
基础设施建设 ……………………………… 156b、191a
基建项目管理 ………………………………………… 107b
纪检监察部门自身建设 ……………………………… 124b
纪律作风建设 ……………………………… 123a、240b
技侦反恐工作 ………………………………………… 62b
技侦情报信息工作 …………………………………… 62b
嘉善县公安局 ………………………………………… 210a
假币违法犯罪 ……………………………… 55a、225a
假冒伪劣犯罪 ……………………………… 167a、244a
坚持和发展新形势下“枫桥经验”座谈会 …… 121a
监管场所管理 ………………………………………… 236b
监管执法六条纪律 …………………………………… 61a
监所设施建设 ………………………………………… 245a
见义勇为工作 ………………………………………… 122a
见义勇为先进人物 …………………………………… 122a
建德市公安局 ………………………………………… 174a
建设工程领域违法犯罪 ……………………………… 196a
江北公安分局 ………………………………………… 182a
江东公安分局 ………………………………………… 181b
江干区公安分局 ……………………………………… 171b
江南公安分局 ………………………………………… 221b
江山市公安局 ………………………………………… 229b
交管部门执法活动财物专项审计 …………………… 108b
交警便民服务举措 …………………………………… 180b
交通“治堵”工作 …………………………………… 239b
交通安全保卫工作 …………………………………… 87b
交通管理 ……………………………………………… 214b
椒江公安分局 ………………………………………… 241a
接处警一体化 ………………………………………… 232b
接警指挥新模式 ……………………………………… 208b
金东公安分局 ………………………………………… 222a
金融、涉税犯罪 ……………………………………… 196b
金融安全“心防工程”建设 ……………… 69a、206a
金融安全管理 ………………………………………… 246b
金融领域违法犯罪 …………………………………… 218a
禁毒“大排查、大管控”专项行动 ………………… 213a
禁毒工作汇报 ………………………………………… 64b
禁毒宣传教育工作 …………………………………… 205a
禁毒专职社工工作机制 ……………………………… 177a
禁种铲毒专项行动 …………………………………… 65b
缙云县公安局 ………………………………………… 249b
经济犯罪 …………………………………… 186a、236a
经济技术开发区(国际商务区)公安分局 …… 211b
经济技术开发区公安分局 ……… 172b、193a、201b
经济开发区公安分局 ………………………………… 229a
精度射击馆建设 ……………………………………… 214b
精细化执法管理体系 ………………………………… 90b
景宁县公安局 ………………………………………… 251a
警(保)卫工作 ……………………………………… 230b
警(保)卫任务 ……………………………………… 246b
警官警衔管理工作 …………………………………… 153a
警民合作 ……………………………………………… 200b
警示教育 ……………………………………………… 124a
警务保障工作 ………………………………………… 182b
警务督察工作 ………………………………………… 180b
警务工作平台建设 …………………………………… 109b
警务公开 ……………………………………………… 56a
警务实战化建设 ……………………………………… 113b
警衔管理工作 ………………………………………… 148a
警营文化和党团共建活动 …………………………… 105b
警营文化建设 ………………………………………… 241a
警用品报废处置工作 ………………………………… 107a
旧货流通市场治安管理工作 ………………………… 69a
拘留所“三项重点工作” …………………………… 60b
居民身份证 ………………………………… 71a、169b
居住证制度改革试点 ………………………………… 71a
具有杭州特色的城市反恐防暴体系 ………………… 168a
军地协作机制建设 …………………………………… 64a
“基层基础工作月”活动 …………………………… 81b
“基于大数据架构的公安信息化应用公安部重点实验室”工作 …………………………………… 156b
“缉枪治爆” …… 68a、168b、197a、205b、220b、226b、238a、246a
“纪念浙江省见义勇为基金会成立20周年”特别慰问活动 ……………………………………… 122b
“尖刀”系列集中打击行动 ………………………… 213a
“警灯工程” ………………………………………… 185b
“警调衔接”工作 …………………………………… 189b
“警调衔接”机制建设 ……………………… 68b、177a
“警务云”服务平台 ………………………………… 227b

"敬老文明号"创建活动 …… 155a
"纠违治危"整治行动 …… 208a、227a、248a

K

开发区公安分局 …… 243a
开化县公安局 …… 229b
开展追逃行动 …… 187a
看守所"五化建设"工作 …… 60a
看守所思想纪律作风专项整顿现场督察 …… 100a
抗击台风"凤凰" …… 75b、175a
考试录用民警和招录试点班学员 …… 148a
柯城公安分局 …… 228a
柯桥区公安分局 …… 215b
柯山公安分局 …… 228b
科技强警水平 …… 97a
科技信息化保障 …… 112a
科技信息化工作 …… 109b
科研服务能力新提升 …… 156b
客运客车和危化品运输车辆 …… 89b
空防安全管理 …… 97b
跨区域林区警务合作机制建设 …… 94a
快侦快破恶性案件 …… 176b

L

兰溪市公安局 …… 222a
老干部政治和生活待遇 …… 154b
乐清市公安局 …… 193b
离退休干部工作领导小组会议 …… 154a
离退休干部情况通报会 …… 154a
李克强、张德江、张高丽在浙期间警卫任务 …… 80a
立体化社会治安防控体系建设 …… 235b
立线侦查工作机制 …… 58a
丽水经济开发区公安分局 …… 251b
莲都区公安分局 …… 249a
临安市公安局 …… 174b
临海市公安局 …… 242a
灵巧侦防策略"十大项目" …… 54b
领导干部经济责任审计 …… 108b
领导批示件办理 …… 103a
流动人口管理 …… 190a
流动人口居住信息移动采集系统 …… 72a
流动人口综合信息平台(二期)建设 …… 71b
龙泉市公安局 …… 250a
龙湾区公安分局 …… 192b
龙游县公安局 …… 229a
鹿城区公安分局 …… 192b
路桥公安分局 …… 241b
路外安全宣传月活动 …… 93a
旅馆业治安管理 …… 68b
"雷霆"系列专项行动 …… 94a、213a
"利剑扫毒"系列行动 …… 220a
利剑专项行动 …… 217b
"两打两保"专项行动 …… 204a
"两会"安保现场督察 …… 99a
"两会两展"安保工作 …… 175a
"两小区"创建活动 …… 169a
"两志"编委会议暨编纂工作推进会 …… 105b
"亮窗工程"建设 …… 73a、179a
"猎狐2014" …… 100a
"猎狐2014"境外缉逃专项行动 …… 167a
"猎狐2014"境外追逃行动 …… 55a、176a、212b、218a、225a、230b、244a
"六防工程"建设 …… 191a

M

矛盾纠纷排查化解 …… 206b
门户网站日常运维工作 …… 151a
灭火和应急救援基础工作 …… 78b
民爆视频监管 …… 246a
民警教育训练 …… 192a、241a
民警在企业兼职问题 …… 148b
民警枪械训练中心 …… 171a
民警执法权益 …… 101a、199b
命案积案攻坚行动 …… 218b
命案全破 …… 167a、225a、244b
命案上提审核直接起诉机制 …… 240a
命案侦破工作 …… 236a
目标考核 …… 126a
"灭枪"专项工作 …… 58a
"民生66"微信运维管理工作 …… 150b

N

南湖区公安分局 …… 209b
南京青奥会环苏安保专项督察 …… 99a
南浔区公安分局 …… 201b
内参《"解放"派出所》 …… 120b
年度飞行训练任务 …… 118b
宁波港公安局 …… 184a
宁海县公安局 …… 183b
农村道路交通安全管理 …… 87a

O

瓯海区公安分局 …… 193a

P

派出所"三室合一"建设 …… 114b
派出所建设 …… 237b
派出所经侦工作 …… 56b
派出所勤务机制改革 …… 231b
磐安县公安局 …… 224a
袍江公安分局 …… 217a
骗取出口退税犯罪专项行动 …… 55a
平湖市公安局 …… 210b
平阳县公安局 …… 194a
评析2013年度不捕不诉案件 …… 116a
浦江县公安局 …… 224a
普陀公安分局 …… 233b
普陀山公安分局 …… 234b
"平安林区"创建工作 …… 94b
"平安校园"建设 …… 246b
"平安浙江·公安行动——纪念建设'平安浙江'十周年" …… 120b
《平安时报》变更主管主办单位 …… 120a

Q

强盘查抓现行工作 …… 169a
侵财犯罪 …… 167a、186b、231a
侵犯"浙商"品牌知识产权犯罪专项工作 …… 55b
青田县公安局 …… 249b
情报发现能力 …… 97a
情报工作示范点 …… 208b
情报体系建设 …… 191a、240a
情报信息合成作战 …… 233a
情报专业人员岗位资格认证和等级评定工作 …… 114b
庆元县公安局 …… 251b
庆元县竹口镇竹上村出租房火灾 …… 261a
区域警务合作 …… 114a
衢江公安分局 …… 228b
全国公安机关执法示范单位 …… 116b
全国公安监管部门艾滋病防治工作培训班 …… 61b
全国公安厅局长座谈会警卫安保任务 …… 80b
全国特级优秀人民警察 …… 131b
全国刑标委照相分委会、语音工作组工作会议 …… 58b
全国易制毒化学品管制经验交流与工作推进会 …… 65b
全警"大练兵大比武"活动 …… 81b
全军政治工作会议环闽"安保圈"任务 …… 80b
全省岗位业务能力竞赛 …… 72b
全省公安档案数据异地备份工作 …… 104a
全省公安法制业务培训班 …… 118b
全省公安法治建设工作电视电话会议 …… 115a
全省公安机关爱民模范先进事迹巡回报告活动 …… 149b
全省公安机关户籍制度改革现场推进暨人口服务管理工作会议 …… 70b
全省公安机关配置"河道警长"护航"五水共治"工作现场会 …… 217b
全省公安监管安全工作视频会议 …… 60b
全省公安警卫业务工作会议 …… 81a
全省公安警务保障"113"示范工程建设 …… 106b
全省公安情报工作 …… 114b
全省公安首届反恐怖岗位业务能力竞赛 …… 66b
全省公安系统首届警察体育大会开幕式汇报表演 …… 119a
全省公安现役部队党的建设工作会议 …… 153a
全省公安指挥中心接处警情况 …… 112b
全省禁毒工作电视电话会议 …… 64b
全省禁毒社工队伍建设试点工作现场观摩活动 …… 204b
全省劳动模范和模范集体 …… 131b
全省流动人口管理服务工作会议 …… 70b
全省命案侦办质量剖析会 …… 59a
全省县级公安机关分管监管工作局领导培训班 …… 62a
全省县级森林公安局长业务培训班 …… 94b
全省中小学校禁毒教育基地群建设现场观摩活动 …… 65a
全省主干公路交通安全防控体系建设 …… 87b
群体活动 …… 152b
群体性事件 …… 238b
群众安全感对公安队伍满意度调查 …… 104a
"青年文明号"创建系列活动 …… 150b
"全国见义勇为英雄" …… 122b
"全国示范青年文明号集体"称号 …… 183a

R

人口、房屋关联管理 …… 169b
人口服务管理工作 …… 70b、198a
人口基础数据库建设及应用 …… 178b
人口信息服务社会应用 …… 72a
瑞安市公安局 …… 193b

S

三级主官进地方班子工作 …… 75a
三门县公安局 …… 243a
森林公安基础信息化建设 …… 94b
森林派出所等级评定工作 …… 94b
伤害案件取证鉴定工作 …… 59b
上城区公安分局 …… 171a
上海亚信峰会安保现场督察 …… 99a
上海亚洲相互协作与信任措施会议第四次峰会安保工作 …… 92b
上虞区公安分局 …… 216a
社会应急联动工作 …… 113b
社会治安动态视频监控系统建设 …… 181a
社会治安防控体系建设 …… 206b
社会治安状况评估工作 …… 227b
社区村居安全防范 …… 198a
社区警务工作 …… 206b
社区警务规范化建设 …… 189a
社区民警进村(居)班子 …… 178b
涉毒涉枪走私 …… 96b
涉毒违法犯罪 …… 245a
涉法涉诉信访改革 …… 102b
涉黄涉赌违法犯罪活动 …… 68b
涉警信访 …… 124a
涉外安保工作 …… 73b
涉外案(事)件 …… 247a
涉外工作概况 …… 104b
涉外培训工作 …… 164b
省公安厅法治建设领导小组 …… 115a
省公安物证鉴定中心通过实验室国家认可现场评审 …… 58b
省级人口信息人像比对系统 …… 72a
省流动人口服务管理工作领导小组 …… 70b
省市县三级公安机关领导集中下访和包案活动 …… 102a
省厅"1号文件" …… 67a
嵊泗县公安局 …… 234a
嵊州市公安局 …… 216a
十佳政务微博 …… 181b
实有人口管理 …… 238b
食品药品环境违法犯罪 …… 168b、213a
食药环犯罪 …… 188a、197a、226b
使用执法记录仪 …… 89a
世界互联网大会 …… 63b、80b、100a
市、县两级互联网信息监控中心 …… 204b
市区公安指挥一体化工作 …… 239b
市区交警一体化改革 …… 239a
事故多发点段和临水临崖高落差危险路段 …… 87a、221a
试用警用装备 …… 107a
视频监控建设 …… 191a
视频监控系统建设与应用 …… 110a
视频建设及应用 …… 231a
视频破案应用领域 …… 59a
视频侦查 …… 219a、225b
首届警察体育大会开幕式和田径、趣味项目比赛 …… 156b
数据处理、资料积累工作 …… 103b
松阳县公安局 …… 250b
遂昌县公安局 …… 250a
"三表合一"工作 …… 73a
"三改一拆" …… 189b
"三小车"退运整治工作 …… 208a
"扫黄打非·净网2014"专项行动 …… 177a、204b
"十三五"规划编制 …… 106b
"树立法治思维建设法治公安"征文活动 …… 121a
"四个必须"总要求 …… 81a
"四项建设" …… 109a

T

太湖旅游度假区公安分局 …… 202a
泰顺县公安局 …… 195a
特警参与处置群体性事件 …… 69b
特邀监督员到湖州调研 …… 200a
特战队 …… 213b
天台县公安局 …… 242b
厅本级信访办理 …… 102b
厅本级政府信息公开工作 …… 151a
厅第四届法律专家咨询委员会换届续聘工作 …… 117b
厅机关基础设施建设 …… 107b
厅老干部体育协会工作会议 …… 155a
厅领导开展调研 …… 101b
厅直机关处以上领导干部集中轮训班 …… 125a
厅属事业单位人事和厅机关编外用工管理 …… 148b
通讯(网络)诈骗 …… 57b、167a、196b、244b
桐庐县公安局 …… 173b
桐乡市公安局 …… 211a
突出经济犯罪 …… 176a
土地房屋专项治理 …… 107b
"特警3号" …… 67b、119a
"铁拳2014"专项行动 …… 245b
"挺进"专项行动 …… 166b

W

外国政要访浙警卫任务 …… 80b
完成公安部咨询委《人民警察职业保障建设》课题 …… 121b
王辉忠调研检查反恐怖基层基础工作 …… 66b
网警队伍建设 …… 64a
网络安防体系 …… 231a
网络安全管理 …… 196b
网络安全监管 …… 245b
网络安全治理 …… 237a
网络赌博犯罪活动 …… 245b
网络犯罪 …… 226a
网络社会管控工作会议 …… 63a
网络违法犯罪 …… 245a
网络新兴金融犯罪 …… 186b
网上办事服务 …… 181a
网上督察系统建设 …… 101a
网上公安局建设 …… 236a
危险化学品道路运输安全管理 …… 87a
微电影下乡活动 …… 150a
违法犯罪情况统计 …… 103b
违法犯罪线索有奖举报 …… 189a
违法违纪案件 …… 123b
维护医疗秩序打击涉医违法犯罪专项行动 …… 178a、205b
维稳处突专业队建设 …… 231a
温岭市大东鞋业有限公司火灾 …… 261a
温岭市公安局 …… 242a
文成县公安局 …… 194b
吴兴区公安分局 …… 201a
武义县公安局 …… 223b
武装机动巡逻队 …… 178a
物联网治安管控 …… 188b
婺城公安分局 …… 221a
“网上办事大厅”运维工作 …… 151a
“网上打假”专项行动 …… 55a、176a、225a
“伪基站” …… 64a、176b、204b、226a
“五十百千”示范单位 …… 106a
“五水共治” …… 197b、226b

X

西湖风景名胜区公安分局 …… 172b
西湖区公安分局 …… 171b
吸毒人员“大排查、大管控”工作 …… 65a、220a、226a
吸毒人员分类管控工作 …… 65a、168a
下城区公安分局 …… 171b
下放行政审批权 …… 208b
仙居县公安局 …… 242b
先进代表在全国公安机关爱民模范先进事迹报告会上受表彰 …… 131a
县级禁毒办等级评定工作 …… 65b
县级预审机构单设 …… 236b
现场勘查机制 …… 236b
现场统勘 …… 58b
线路治安“百日安全”竞赛活动 …… 93a
线路治安年度目标百日冲刺竞赛活动 …… 93a
向陈怡、薛军毅学习活动 …… 181b
向方鹏跃学习活动 …… 94b
象山县公安局 …… 184a
消防安全管理 …… 232b、239a
消防监督执法 …… 247b
消防社会管理创新 …… 77b
消防行政审批制度改革等工作 …… 170a
消防宣传教育培训 …… 79b
消耗臭氧层物质非法贸易 …… 96b
萧山区公安分局 …… 173a
校学术委员会换届 …… 155b
协调处置重大突发事件 …… 112b
邪教组织非法活动(违法犯罪) …… 54a、186a、244a
邪教组织专项整治“百日会战”行动 …… 196a
新昌县公安局 …… 216b
新城公安分局 …… 235a
新媒体 …… 121a
信访工作 …… 248b
信访活动中违法犯罪行为 …… 239b
信息化建设 …… 98b
信息化实战应用系统建设 …… 56a
信息网络安全保护 …… 63b
信息中心建设 …… 180b
信息资源服务体系 …… 109b
刑事案件现场全面勘查机制 …… 225b
刑事犯罪 …… 244a
刑事技术信息化建设和应用 …… 187a
刑事技术应用 …… 219b
刑侦部门执法活动财物后续审计 …… 109a
行业场所管控 …… 188b
行政复议案件办理情况 …… 118a
行政审批改革 …… 191b、214b
行政审批制度 …… 233a
行政诉讼案件办理情况 …… 118a
行政网上审批模式 …… 227b
秀洲区公安分局 …… 210a

宣传宁波公安形象 …… 181b
学会科研工作 …… 122a
学生科技创新成果 …… 157a
学校人才培养质量得到肯定 …… 155b
学校主要领导职务调整 …… 155b
巡视督导制度 …… 103a
巡特警工作 …… 206b
训练实战一体化建设 …… 209a
“夏安”系列专项行动 …… 168a
“项目警官制” …… 213b
“信息技侦”建设 …… 62b

Y

严管厚爱系列措施 …… 170b
严重暴力犯罪 …… 186b
严重交通违法 …… 86b、179b
研究反恐怖工作 …… 66a
阳光警务建设 …… 124a
洋山公安分局 …… 234b
叶超群工作室 …… 244b
一把手包案化解“钉子案”、“骨头案”活动 …… 102b
移民犯罪与中国新生代农民工犯罪问题国际研讨会 …… 122a
义乌市公安局 …… 222b
异地大走访活动 …… 202a
鄞州公安分局 …… 182b
引智工作 …… 165a
英烈事迹陈列馆奠基及落成 …… 149b
应急保障 …… 107a
应急处突工作 …… 98a
永嘉县公安局 …… 194a
永嘉县公安局侦破王楼黑社会性质组织案 …… 256b
永康市公安局 …… 223a
余杭区公安分局 …… 173a
余姚市公安局 …… 183a
舆情分析研判和新闻发布工作 …… 150b
玉环县公安局 …… 242a
预防处置暴恐事件 …… 197a
越城区公安分局 …… 215b
云和县公安局 …… 251a
“阳光执法” …… 181a、200a、209a
“一打三整治”专项执法行动 …… 74b、179a
“一级英模”称号 …… 131b
“一体化警务”建设 …… 203b
“一先两优”表彰活动 …… 130a
“影子银行” …… 196a
“优作风、强服务、促规范”主题建设活动 …… 125a
“又好又多”执法办案体系 …… 233a

Z

在职民警培训 …… 160b
责任追究和整改 …… 116b
账户管理 …… 107a
招录全省首位公安聘任制公务员 …… 222b
招收普通学历教育本科专业新生 …… 158a
浙江公安英烈纪念墙 …… 149b
浙江警察学院开学典礼 …… 119a
浙江看守所安全工作 …… 61b
浙江省第十五届运动会安保任务 …… 212a
浙江省公安系统首届警察体育大会 …… 152a
浙江省学生禁毒教育读本赠书仪式 …… 66a
侦办大要案 …… 95a
侦办管辖刑事案件 …… 68a
镇海公安分局 …… 182a
争创监所等级达标 …… 219b
正风肃纪 …… 126a、200b
政法网一期工程 …… 110b
政府采购效率 …… 108a
政府网站信息安全等级保护工作 …… 213a
政治理论学习 …… 124b
织里公安分局 …… 202a
执法安全规定 …… 100b
执法办案积分制 …… 117a、181a
执法办案区“四个一律”专项检查 …… 115b
执法规范化建设 …… 76a、115b
执法积分制 …… 240a
执法检查“回头看” …… 56a、100b、102b、208b、227b
执法能力建设 …… 191b
执法信息化建设及应用 …… 118b
执法指导性文件 …… 117b
执法质量考核 …… 56b
执法质量考评活动 …… 116a
执法资格等级考试 …… 94b、117a
指挥中心队伍建设 …… 114a
指掌纹集中比对专项行动 …… 204b
指掌纹自动识别系统 …… 58a
制贩假证 …… 197b
治安卡口信息系统 …… 248b
治安乱点整治 …… 177b、238a
治堵保畅通 …… 198b
智能交通建设 …… 180a
专业技术干部管理 …… 153a
中国—东盟警学论坛 …… 121a
中欧执法合作及警务培训研讨会 …… 105a、156a

中小学生交通安全教育宣传活动 …………………… 89a
中央第五巡视组来浙警卫安保任务 ……………… 80b
中央领导重要指示批示精神专题传达学习会 …… 64b
中央媒体采访报道湖州公安工作 ………………… 195b
重大案(事)件设卡堵截 ……………………… 113a
重大活动安保工作 ………… 75a、112b、115a、197b、224b
重大活动安保警卫工作任务 …………………… 169a
重大活动和重要会议警卫安保工作 ……………… 186a
重大紧急信息报送工作 ………………………… 112b
重大群体性事件隐患专案经营机制 ……………… 175b
重大突发(敏感)案(事)件舆情处置 …………… 150a
重点单位安保工作标准化建设 ………………… 237b
重点工程建设 …………………………………… 189b
重点集镇现场统勘 ……………………………… 244b
重点涉税商品走私 ……………………… 95a、96b
重特大经济犯罪 ………………………………… 204a
舟山港综保区出入境服务便利措施 ……………… 232a
诸暨市公安局 …………………………………… 216a
助推“三改一拆” ………………………………… 213b
抓好外国人管理服务工作 ………………………… 73b
专业训练 ………………………………………… 152a
专业执法能力和规范化水平 ……………………… 95b
专业技术资格评审和职位考试 ………………… 148b
转业复员和离退休移交安置工作 ……………… 153b
总队党委二届二次全体(扩大)会议 ……………… 77a
总结余姚市公安局相对集中办案模式 …………… 121b
综合信息掌握与报送 …………………………… 102a
足迹识别应用系统 ……………………………… 59a
“增强执法自信和执法公信”专题轮训 ………… 151b
“浙江公安论坛”讲座 ………………………… 164a
“浙江公安文化大讲堂”和推进文化走廊建设 … 151b
“浙江好交警”评选活动 ……………………… 89a
“正风肃纪”现场督察 ………………………… 100b
“智慧高速”建设 ……………………………… 90a
“智慧天网”建设 ……………………………… 214b
“综合业务承载三级网”建设 …………………… 248b
《中国公民出入境证件申请表》 ………………… 179a

数　字

110 接处警 ………………………………… 113a、249a
2013 年度文明出行现状发布会 …………………… 88b
2014 海峡两岸暨香港、澳门警学研讨会 ………… 121a
2014 警察与科学国际讲坛暨首届“安全促发展”国际论坛在杭州举办 ………………………………… 105a
2014 年度互联网金融安全论坛暨互联网金融风险透视和犯罪防控高峰会议 ………………………… 56b
2014 年度立功受奖情况 ……………………… 136a
7 人被授予(追授)“二级英模”称号 …………… 131b
APEC 第一次高官会和相关会议安保工作 …… 175a
DNA 数据库建设 ……………………………… 59b
PDT 警用数字集群建设 ……………………… 110a
“2014 大数据和云时代的变革与安全”国际研讨会 ………………………………………… 156a
“2014 猎狐”行动 ……………………………… 196a
“2014 天网行动” ……………………………… 94a
“2014 文明出行全省巡回宣传月”公益活动 …… 89a
“5·15”打击防范经济犯罪宣传日活动 ……… 218b
《2014 浙江公安年鉴》出版 …………………… 105a

图书在版编目(CIP)数据

2015浙江公安年鉴 / 浙江公安史志编纂委员会编. —杭州:浙江古籍出版社,2015.12

ISBN 978-7-5540-0729-7

Ⅰ.①2… Ⅱ.①浙… Ⅲ.①公安工作—浙江省—2015—年鉴 Ⅳ.①D631-54

中国版本图书馆CIP数据核字(2015)第292750号

2015浙江公安年鉴

浙江公安史志编纂委员会 编

出版发行 浙江古籍出版社(杭州市体育场路347号)

责任编辑 陈小林 魏晓丽 裘禾峰

责任校对 余 宏

封面设计 刘 欣

电脑制版 浙江新华图文制作有限公司

印 刷 浙江新华数码印务有限公司

开 本 889mm×1194mm 1/16

印 张 17.75

字 数 587千

插 页 48

版 次 2015年12月第1版

印 次 2015年12月第1次印刷

书 号 ISBN 978-7-5540-0729-7

定 价 186.00元